Série Humanitas Supplementum
Estudos Monográficos

Estruturas Editoriais
Série Humanitas Supplementum
Estudos Monográficos

ISSN: 2182-8814

Lugares, tempos e pessoas

Povoamento rural romano no Alto Alentejo

Volume I

André Carneiro

IMPRENSA DA UNIVERSIDADE DE COIMBRA
COIMBRA UNIVERSITY PRESS

Série Humanitas Supplementum
Estudos Monográficos

Título Title
Lugares, tempos e pessoas. Povoamento rural romano no Alto Alentejo. - Volume I
Places, times and people. Rural settlements in Alto Alentejo in Roman times. - Volume I

Autor Author
André Carneiro

Editores Publishers
Imprensa da Universidade de Coimbra
Coimbra University Press

www.uc.pt/imprensa_uc

Contacto Contact
imprensa@uc.pt

Vendas online Online Sales
http://livrariadaimprensa.uc.pt

Annablume Editora * Comunicação

www.annablume.com.br

Contato Contact
@annablume.com.br

Coordenação Editorial Editorial Coordination
Imprensa da Universidade de Coimbra

Conceção Gráfica Graphics
Rodolfo Lopes, Nelson Ferreira

Infografia Infographics
Mickael Silva

Impressão e Acabamento Printed by
CreateSpace

ISSN
2182-8814

ISBN
978-989-26-0831-0

ISBN Digital
978-989-26-0832-7

DOI
http://dx.doi.org/10.14195/978-989-26-0832-7

Depósito Legal Legal Deposit
384892/14

FCT
Fundação para a Ciência e a Tecnologia
Ministério da Ciência e da Tecnologia

POCI/2010

Lugares, tempos e pessoas. Povoamento rural romano no Alto Alentejo. - Volume I

Places, times and people. Rural settlements in Alto Alentejo in Roman times. - Volume I

Autor Author
André Carneio

Filiação Affiliation
Universidade de Évora

Resumo
O propósito do presente estudo centra-se na leitura do que terá sido a rede de povoamento rural em época romana na região do Alto Alentejo. Uma área territorial extensa e com uma paisagem muito diversa, o que permite tentar perceber como se alteram os padrões de organização de sítios, em função desse quadro natural, mas também das comunidades que já habitavam este território. Também o tempo escolhido é intencionalmente longo, pois na análise considera-se a evolução desde o estabelecimento da paisagem imperial até à data de 711, marco temporal que de alguma forma se assume como significante para estabelecer a fronteira com o mundo antigo. Assim, com uma forte componente de trabalho de prospecção, procede-se a uma análise dos factores que motivaram a criação de uma paisagem onde, durante o Império e a Antiguidade Tardia, as mais diversas pessoas habitaram e modificaram o território que é hoje o Alto Alentejo.

Palavras-chave
Povoamento romano; Villae; Alentejo; Agricultura romana.

Abstract
The aim of the present study is to offer a reading of what the distribution of the rural population of Alto Alentejo may have looked like in Roman times. Dealing with such an extensive territorial area and with such a diverse landscape has allowed us to better understand how the patterns of organisation of rural human settlements were influenced both by the natural environment as well as the pre-existing rural communities.
The period studied is intentionally long: our analysis begins with the formation of the imperial landscape and ends in 711, a milestone which is considered significant in establishing the boundary with the Ancient World. Drawing on substantial work of archaeological prospection, this study therefore proceeds to analyse the factors that motivated the creation of a landscape that was inhabited and modified throughout Empire and Late Antiquity by many diverse people.

Keywords
Roman settlement; Villae; Alentejo; Roman agriculture.

Autor

André Carneiro nasceu em Lisboa em 1973. Entre 1999 e 2006 foi arqueólogo do Município de Fronteira, onde desenvolveu projectos de investigação sobre o povoamento antigo, quer no âmbito autárquico (*Carta Arqueológica do Concelho de Fronteira*, publicado em 2005), quer na análise da ocupação do território em época romana (*Povoamento romano no actual concelho de Fronteira*, de 2004). Docente do Departamento de História da Universidade de Évora desde 2006, completou o seu doutoramento em Arqueologia em 2011 com o trabalho que agora se apresenta, sobre as estruturas e redes de povoamento rural em época romana no território do Alto Alentejo.Dedicou ainda a sua investigação sobre o tema da rede viária no Alentejo em época romana (*Itinerários romanos do Alentejo - uma releitura de "as grandes vias da Lusitânia - O itinerário de Antonino Pio" de Mário Saa*, cinquenta anos depois, de 2008).

Author

André Carneiro was born in Lisbon in 1973. Between 1999 and 2006 he worked as archaeologist in the municipality of Fronteira, where he conducted research programmes about the rural settlement; in the county territory (*Carta Arqueológica do Concelho de Fronteira*, published in 2005) and in the Roman rural settlement analysis (*Povoamento romano no actual concelho de Fronteira*, 2004). Teaching Classical Archaeology at the University of Évora History's Department, he fulfilled the PhD in Archaeology in 2011 with the present work, about the Roman rural sites and settlement architecture in Alto Alentejo, Portugal. He also dedicated his research to the Roman roads in Alentejo (*Itinerários romanos do Alentejo - uma releitura de "as grandes vias da Lusitânia - O itinerário de Antonino Pio" de Mário Saa*, cinquenta anos depois, de 2008).

Sumário

"Olho para tudo dominado pelo espanto."
Homero. Odisseia. Canto IV v. 75

[trad. Frederico Lourenço] Lisboa, Livros Cotovia (6ª ed. 2005)

Aos meus mortos.
Aos de ontem e aos de hoje.
Aos meus mortos, que vivem dentro de mim.

Agradecimentos

Aos meus orientadores, Professor Jorge de Oliveira e Professor Carlos Fabião, que me guiaram ao longo deste processo, concedendo-me importantes pistas de investigação. Aos meus colegas e amigos da área de Arqueologia e do Departamento de História da Universidade de Évora, em particular a Leonor Rocha, Filomena Barros, Hermínia Vilar, Fátima Nunes e Antónia Conde, que me cederam preciosos dados para a pesquisa. E a Cláudia Teixeira, que para além de uma milimétrica leitura das primeiras versões do texto, me guiou pelos infindáveis mundos da Cultura Clássica.

Ao longo de onze anos de colaboração com a Câmara Municipal de Fronteira, tenho a agradecer a todos quantos têm apoiado a Arqueologia, mas em particular ao seu Presidente, Dr. Pedro Lancha.

Em Sousel tive a possibilidade de regressar aos trabalhos intensivos de prospecção, para tal contando com a colaboração de uma equipa de qualificados técnicos, mas sobretudo de amigos, devendo também um especial agradecimento ao seu Presidente, Dr. Armando Varela.

Para este estudo pude contar com o patrocínio da Fundação Eugénio de Almeida, que me concedeu uma bolsa de investigação em 2007, e de um subsídio da Fundação para a Ciência e Tecnologia em 2008/2009.

Para a parte gráfica presto uma reconhecida homenagem ao labor de Joana Valdez, que em tempo recorde geriu toda a massa de dados geo-referenciada, e também ao Rimbo, pelas plantas de São Pedro (Fronteira).

Nas prospecções de campo, Ana Leonor Mata, Ana Luísa Francisco, Vera Viegas, e em particular a Eunice Pimpão, que tão bem tratou dos materiais das escavações de São Pedro. Mas também a todos os alunos, quer os que têm trabalhado comigo nas diversas escavações arqueológicas, quer aos que me acompanharam nas prospecções, e ainda a todos os habitantes que me levaram aos locais, ou mos indicaram, ou simplesmente a todos quantos viram entrar um desconhecido na sua propriedade e o receberam afavelmente.

No Arquivo Municipal de Elvas pude consultar os periódicos locais e a documentação de António Thomaz Pires e Victorino d'Almada.

A Elisabete Pereira, da Fundação Arquivo Paes Telles (Ervedal, Avis), onde consultei toda a documentação deixada por Mário Saa e guardada na instituição.

Agradeço aos funcionários da Biblioteca Municipal de Estremoz as facilidades na consulta do fundo local e, em especial, do acervo respeitante ao jornal *Brados do Alentejo*.

A Nélson Almeida, do IGESPAR-Crato, que além de muita informação de campo, me facultou acesso a dados vários sobre os sítios arqueológicos da área em estudo.

No IGESPAR em Lisboa pude consultar processos com as facilidades concedidas por João Muralha e a eficácia de Ana Sofia Gomes.

Na DRCA-Alentejo tive a oportunidade de conferir os processos de sítios arqueológicos do Alto Alentejo, devendo por isso agradecer de forma encarecida aos seus funcionários o acolhimento havido.

No Museu Nacional de Arqueologia pude consultar o epistolário de José Leite de Vasconcelos graças a Lívia Cristina Coito e ao constante apoio da Carmo. Para o estudo de espólios arqueológicos foram indispensáveis Ana Rita Santos e Luísa Guerreiro, com quem fiz uma exaustiva análise dos registos relativos ao Alto Alentejo. Cabe também um agradecimento a Luís Raposo, Director da centenária instituição.

Um agradecimento muito forte à equipa do Deutsche Archaeologische Institut-Madrid, e em especial à sua Directora, Dirce Marzoli, em cujas instalações pude permanecer em algumas ocasiões, desfrutando da sua magnífica biblioteca.

No Museo Nacional de Arte Romano de Mérida, um agradecimento muito forte aos funcionários da Biblioteca: Francisco Javier Alonso, sempre de uma tremenda disponibilidade, e Victoria Jímenez, Ana Pomar e Luís Fallola. E de forma muito especial à sua Conservadora, Trinidad Nogales Basarrate.

Outras bibliotecas frequentadas foram a Bibliothèque de l'Antiquité Tardive na Université de Sorbonne e a Bibliothèque Gernet-Glotz do INHA (onde pude consultar numerosos textos clássicos), em Paris. Aos funcionários agradeço toda a disponibilidade.

Para a percepção da minha escala de trabalho e das metas que no fundo pretendia atingir foi fundamental a participação no *III Taller de Arqueologia para jovenes investigadores* de 2008, organizado pela Casa Velázquez e pelo Instituto Arqueológico Alemão em Madrid, a cujos orientadores e companheiros de trabalho estou muito grato.

O Engenheiro Barros (Solubema) guiou-me pelos vestígios de exploração de mármore na pedreira da Vigária (Vila Viçosa).

Em Alter do Chão agradeço ao meu colega Jorge António pelas informações sobre o concelho e pela visita aos trabalhos da sua responsabilidade na *villa* de Quinta do Pião.

Na Câmara Municipal de Arronches contei com a amável disponibilidade da Arquitecta Madalena Cabaço e da Urbanista Marta Aldrabinha. No terreno tive a preciosa colaboração de Emílio Moitas e de António Lopes, com quem visitei muitos sítios inéditos.

Na Câmara Municipal de Avis um agradecimento a Paula Freire e a Ana Ribeiro.

Na Câmara Municipal de Borba fui recebido pela Arquitecta Ana Isabel Heitor.

No Município de Castelo de Vide, a Secção de Arqueologia cedeu-me documentação inédita, devendo de forma particular prestar um agradecimento a João Magusto por toda a informação enviada.

Em Gavião tenho a registar a disponibilidade do Sr. Cepião.

Na Câmara Municipal de Nisa, a Carla Sequeira devo a cedência de toda a documentação de âmbito arqueológico, a maior parte inédita.

Nos Serviços Culturais do Município de Vila Viçosa realço a disponibilidade de Licínio Lampreia e de Margarida Borrego.

Numerosos colegas e amigos enviaram-me textos, publicados ou inéditos, que foram preciosos para o esclarecimento de dúvidas e questões. Procurando não esquecer ninguém, agradeço a Paulo Almeida Fernandes, Alexandra Chavarría Arnau, Tomás Cordero Ruiz, Germán Rodríguez Martín e a Félix Teichner toda a amabilidade demonstrada.

Mário Monteiro entregou-me um importante acervo informativo sobre o distrito de Portalegre e o seu trabalho académico sobre Mosteiros (Castelo de Vide). Também a João Carlos Caninas e à Associação de Estudos do Alto Tejo devo a cedência de informação.

Heloísa Santos e Tânia Falcão, da empresa *Archeoestudos*, facultaram-me os dados relativos à segunda fase da Carta Arqueológica de Nisa, a sítios na área de Estremoz e de Alter do Chão.

Joana Aleixo (da empresa Delta) disponibilizou-me muita informação inédita sobre a *villa* da Herdade das Argamassas e guiou-me por este sítio de Campo Maior.

Ao Professor Jorge de Alarcão agradeço as informações sobre os itinerários romanos e o estímulo para a minha investigação.

A Carlos Correia de Carvalho as indicações de grande valor, incluindo uma cópia do seu trabalho académico, e a Francisco Segurado agradeço a disponibilização das *Memórias Paroquiais* relativas ao Alentejo, com transcrições actualizadas. Cedeu-me também muita informação sobre o termo de Bencatel.

No plano pessoal, de forma muito sentida, agradeço a todos quantos estiveram ao meu lado durante este longo percurso que agora termina.

Para a Sara, que se juntou a nós a meio do caminho.

Preâmbulo

Alice perguntou: "pode dizer-me qual é o caminho que devo tomar para sair daqui?", ao que o Gato respondeu: "isso depende muito do lugar para onde quer ir". "O lugar não me importa muito" disse Alice. "Então não importa o caminho por onde vá", respondeu o Gato, "... desde que eu chegue a algum lugar", completou Alice. Ao que o Gato retorquiu: "Oh, vai certamente chegar a algum lugar, se caminhar durante algum tempo".

O trecho escrito por Lewis Carrol presta-se a muitas metáforas, adequadas na perfeição a um estudo de componente territorial. Algumas destas imagens estão relacionadas com a prospecção enquanto ferramenta de investigação, e com as direcções que tomamos quando andamos à procura de algo, ou de como as opções tomadas nos levam a determinado sítio mas, pela inversa, nos afastam de outros, impossibilitando-nos a sua percepção. Outras metáforas possíveis estarão relacionadas com o objecto de conhecimento: o estudo das comunidades humanas do passado, do qual, por mais que caminhemos e tomemos opções, jamais alcançaremos uma análise substantiva e sólida, porque jamais o poderemos recuperar ou experienciar. Ou mesmo com o fragmentário universo informativo, onde os dados são escassos (e em constante delapidação) e apenas concedem uma pálida imagem do esplendor do que já foram estas paisagens habitadas por outras gentes. Mas a metáfora principal, mais rica de conteúdos, será a relacionada com o que aqui se apresenta: ao fim e ao cabo, um itinerário de investigação. Porque quando o iniciamos temos uma pergunta à qual queremos responder e uma noção do percurso. A uma pergunta seguem-se várias outras, mas raramente encontramos respostas – ou quando encontramos uma, tal conduz-nos ao nascimento de ainda mais perguntas. Em todo o caminho vamos pensando para que lugares novos estas perguntas nos conduzirão, e no final o pensamento dominante será o de que não levaram, certamente, ao lugar que pretendíamos no início. No limite, poderemos mesmo pensar se nos levaram a algum lugar, tantas continuam a ser as perguntas e tão difusas se afiguram as certezas.

Se chegámos a algum lugar, como afirma o Gato, tal não será certamente o ponto que desejávamos no início da caminhada. Porque o pretendido era chegarmos ao conforto da certeza, e o encontrado revelou-se afinal o início de outros caminhos ainda mais vastos e indefinidos.

Que a dúvida não instale o impasse, porém. Porque se é certo que tantas perguntas assomam, e que o decorrer do tempo traz a incerteza (em vez das cómodas certezas que muitas vezes esquecemos serem sempre provisórias), a algum lugar teremos de chegar.

E os lugares percorridos no âmbito deste estudo centraram-se no Alto Alentejo. Um espaço entendido em perspectiva ampla, não entrincheirado pelas actuais fronteiras administrativas, como no capítulo respectivo se pretende justificar. No Alto Alentejo o que se procurou encontrar centrou-se na rede de povoamento rural em época imperial e nas suas cambiantes de transformação ao longo do tempo que medeia até à chegada dos exércitos islâmicos em 711. Mas esta data, decisiva para a antiga *Hispania*, deve ser entendida como um mero referente temporal, como o definitivo momento de passagem. Porque ao longo do presente estudo o que interessa detectar são as *marcas da romanidade*, o modo como os momentos seguintes ao final do Império perpetuam, reproduzem, mas também se somam ou transformam os conteúdos clássicos. Por este motivo se justifica a adopção dos termos "Imperial" e "Antiguidade Tardia", este utilizado de acordo com os parâmetros conceptuais e os conteúdos definidos pelos incontornáveis estudos de Peter Brown[1] e de Averil Cameron[2], por se considerar que este é um tempo que prolonga a latinidade. E este conceito inclui também o cristianismo por ser uma religião que, embora decisiva no modelamento do mundo ocidental e da realidade medieval, foi na sua essência uma criação do universo clássico, dele se apropriando, mas também o reformulando[3]. Portanto, e em resumo, não é aqui a *medievalidade* considerada. Esse é já um outro universo, novo e em estabelecimento, mas com substâncias próprias. O projecto de investigação que agora se conclui foi pensado e definido como uma forma de contemplação e análise da presença romana no território escolhido, e no modo como a sua influência foi duradoura para além do marco temporal do fim do Império. Um tempo longo, portanto, justificado (tal como na escolha do palco geográfico) na ideia de que para o olhar existem fronteiras mais permeáveis e fluidas do que a razão gostaria de entender.

O presente estudo poderia ser encarado como uma mera cartografia de pontos. E se tal o fosse, já existiria uma certa ambição: é a primeira vez que para esta área regional se pretendeu fazer uma inventariação sistemática dos

1 Em particular 1978, 1988, 1995.

2 1998 e a introdução à monografia de 1999.

3 Brown, 1996. Veja-se o modo como Henri-Irénée Marrou sintetizou esta noção no título da sua obra de 1985: L'église de L'Antiquité Tardive. 303-604. Porque de facto a Igreja cristã é uma criação do Império tardio.

sítios conhecidos entre o surgimento da paisagem imperial romana e a sua dissolução final. Recolher esses sítios na bibliografia; procurá-los no terreno, descrevendo-os, e de caminho ensaiar a identificação de mais alguns inéditos. Geo-referenciá-los e trazer do campo as informações possíveis. Por estas acções passavam as intenções iniciais.

Todavia, como relembra o Gato, ao fim de tanto caminho percebemos que chegámos a algum lugar, não forçosamente o pretendido inicialmente, mas àquele para onde fomos conduzidos pela própria pesquisa. O propósito inicial de cartografar todos os locais terá sido conseguido, mas não o de os visitar, fosse pelas debilidades da informação, fosse pela ausência de meios logísticos, fosse pela escassez de tempo face à ambição do projecto inicial. Mas outras leituras se foram desenhando: com tanta informação recolhida, mesmo que não comprovável no terreno, surge a intenção de se proceder, não a um mero registo cartográfico, mas a uma análise comparada. Do tempo e do espaço, e de aí serem intencionalmente tão amplos. As fragilidades de tal pretensão são evidentes. Como o fazer, se para tantos sítios nos falta *um tempo* ou *vários tempos* minimamente fiáveis? E como comparar espaços tão amplos, tão variáveis, tão contrastantes?

E todavia tal não podia deixar de ser feito. Por isso o leitor encontrará dois grandes feixes de análise: por um lado, a descrição de sítios e dos panoramas concelhios. Por outro, uma tentativa de reunião da informação procedendo à sua análise global e comparativa, de modo a tentar empreender uma leitura em tempos e espaços longos e variáveis – embora cada vez mais sinta que entre as clássicas coordenadas em que a Arqueologia se move – o Espaço e o Tempo – exista uma outra, talvez dissimulada, mas que as rompe: o esforço e a criação do Homem, que tanto ultrapassa um como o outro. Esta encruzilhada de dados, de leituras, de percepções, talvez nos conduza a outros lugares, muito distantes do pretendido inicialmente (como seria de esperar), mas no fundo resultantes de uma postura e de um procedimento constante: a tentativa de olhar para lá da realidade material para procurar conhecer as comunidades que povoaram este espaço. Ou a partir dos sítios, e dos materiais neles contidos, tentar conhecer as pessoas que por aqui deixaram a sua marca.

1. A paisagem, ou o quadro geográfico de referência

A dimensão territorial de um estudo implica sempre uma opção que se deseja funcional a diversos níveis. Uma opção que (no fundo, como qualquer escolha exige) envolve aceitações e exclusões, definidas em função desses mesmos níveis diferenciados: a lógica de harmonização territorial, a coerência da paisagem, os limites administrativos actuais ou antigos, a operacionalidade do trabalho de campo, condições logísticas à disposição, o historial da investigação, o impacto da época que se estuda sobre esse mesmo território. E ao priorizarmos certas constantes poderemos estar a excluir outras. Mas independentemente dos critérios, e da sua justificabilidade, existe uma condicionante mais forte do que todas as outras: "Quanto ao facto de se escolher uma fronteira moderna, o espaço hoje português, a sua "injustificável justificação" é também de índole pragmática."[4] Naturalmente que na escolha do *cenário* físico da acção interagem sempre múltiplos factores, nem sempre concordantes ou facilmente justificáveis, nem sequer objectivos ou racionais: mas a escolha deve ser pragmática.

No estudo que agora se conclui estas questões voltaram a ser colocadas. A delimitação da área de estudo foi problemática. Definir uma área geográfica homogénea, como a bacia hidrográfica de um curso de água, seria lógico sob o ponto de vista fisiográfico; mas a mente romana, com a sua capacidade modeladora da paisagem, não se prendia a esse tipo de apriorismos ou condicionalismos físicos. Nenhum concelho do Alto Alentejo é homogéneo sob o ponto de vista paisagístico; o território de Fronteira, ponto de partida inicial[5], funciona como um mosaico de paisagens, com as rápidas passagens dos acidentados solos xistosos para os relevos suaves do substrato granítico, intercaladas com as áreas de contacto. Não existe uma sólida fronteira natural, uma barreira impenetrável que compartimente um espaço identitário. Portanto,

4 Fabião, 1998a: 13.
5 Carneiro, 2004.

definir uma sub-área alto-alentejana não permitiria encerrar um território homogéneo sob o critério da, digamos, *harmonia paisagística*. E trabalhar sobre as fronteiras administrativas da época seria também uma tarefa complexa. Desde logo pela sua indefinição; as dificuldades de leitura dos territórios das *civitates* são tremendas. É certo que escolher a área do termo de Marvão[6], possivelmente decalcado sobre o *territorium* de *Ammaia*, seria tentador, permitindo circunscrever um espaço coerente do ponto de vista paisagístico e da geografia da época em estudo. Mas aqui entram outras limitações, resultantes de entrarmos em espaço geográfico actualmente espanhol, o que colocava condicionantes ao acesso à informação, à logística do trabalho de campo e ao conhecimento que o autor tem das realidades de terreno[7]. Do ponto de vista físico, a fronteira é uma imposição artificial: se há continuidade nas duas margens do Sever, maior é aquela que encontramos nos terraços fluviais do Caia e do Guadiana. Entre o Alto Alentejo e a Extremadura a semelhança é óbvia e natural[8]. E não podemos esquecer que tratamos um território cuja capital provincial está ali bem próxima, mas já em espaço espanhol, para onde os eixos comunicacionais que atravessam o Alto Alentejo se orientam. Esta extensão por dois países distintos cria obstáculos vários, que na prática condicionam e limitam o livre desenrolar dos trabalhos, só passíveis de serem superados com um verdadeiro projecto de cooperação transfronteiriço que a Arqueologia Clássica aguarda.

A área inicialmente escolhida acabou por ser delimitada em função de uma construção artificial, mas com a virtude de ser coerente e homogénea.

Do concelho de Fronteira optei por passar para o distrito de Portalegre.

A fronteira actual do termo distrital serviria como espaço de trabalho. Um território artificial, portanto, que não reconhecia acidentes naturais claros e distintivos, à excepção, porventura, do rio Tejo, a norte. Mas a assumpção deste rio como fronteira natural implicava excluir a freguesia de Belver, situada no concelho de Gavião, mas na margem direita. Será talvez escusado lembrar que, se o critério

---

6 A documentação medieval foi estudada e publicada por Possidónio Laranjo Coelho (1924, reeditado em 1993). Chamo a atenção para as informações em Cebola (2005) e no convincente estudo de Basso (1998).

7 Como já foi lembrado, é precisamente sobre as zonas raianas que menos conhecimento existe na bibliografia arqueológica (Fabião, 1998: 14 e 32). Todavia, para a área temos um caso sectorial que rompe a tendência, com os estudos sobre megalitismo na bacia do Sever empreendidos por Jorge de Oliveira, um dos poucos exemplos em que houve condições para uma análise aos dois lados da fronteira (Oliveira, 1998).

8 "Tal situação, recorda-nos amargamente o absurdo que constitui a actual investigação arqueológica continuar a pautar-se por critérios circunscritos às fronteiras nacionais [...] quando na Antiguidade os territórios de referência tinham outras dimensões, limites e fronteiras" (Fabião, 1998: 32). Um dos poucos ensaios para a percepção unitária deste território residiu no estudo conjunto sobre as vias romanas de Almeida, Carneiro, Morgado & Rodríguez Martín, 2011. Sobre o espaço extremenho, ver o texto de síntese de Gonzalo Barrientos Alfageme (1998) definindo as principais linhas de força da geografia física.

fosse o limite natural, a escolha do Tejo como termo seria redutora, bastando pensar nas actividades de mineração desenvolvidas nas duas margens em simultâneo e que criaram um grande couto de actividades económicas, um espaço harmónico e coerente. Mas assumir o limite administrativo implicava incluir Belver como uma fronteira a norte, um espaço *contranatura* por ser a única freguesia fisicamente descolada. Desta forma, a sua exclusão implicou um primeiro desvio ao critério inicial de escolher a fronteira administrativa do distrito de Portalegre, fixando o limite do Tejo. Portanto, logo de início um duplo desvio: aos critérios naturais e a uma artificialidade anacrónica das delimitações municipais.

Outras questões se colocavam, contudo. Escolher um distrito implica eleger uma área geográfica muito vasta. Área onde o investigador reside e se movimenta, mas fazendo-o de forma desigual. Estando o presente estudo alicerçado em trabalhos de campo, tal implica que não se possam empreender deslocações a todos os territórios de forma equitativa; alguns serão privilegiados em função de outros, a uns será mais assídua a deslocação, a visita, a prospecção ou o reconhecimento da paisagem. Este facto leva-nos a outro ponto, mais subjectivo mas fortemente condicionante. Em espaço tão heterogéneo e desigual sob o ponto de vista geográfico o *diálogo com a paisagem* que o investigador estabelece é diverso. Conhecer, e caminhar, nos terraços fluviais de cascalheiras de Gavião será diferente de atravessar os penedos graníticos da Serra de São Mamede ou as fragas xistosas quase verticais de Sousel[9]. E esta situação não é indiferente, quer na prospecção, quer nas lógicas do povoamento da época, constrangidas e arquitectadas em função do quadro natural.

Mas não só.

Diversas paisagens implicam diversos cobertos vegetais; diversas práticas agrícolas; diversas formas de repartição da propriedade; diversas formas de sociabilidade, do modo como as comunidades olham e tratam o seu passado, mas também olham e tratam o arqueólogo. Em alguns concelhos as propriedades estão divididas e a transposição dos seus limites faz-nos ser olhados como um intruso, como uma figura indesejável; em outros espaços, pelo contrário, a percepção do arqueólogo é amigável, as propriedades espalham-se por hectares, a relação com os vestígios do passado é tranquila, a convivência com os arqueólogos faz-se há décadas. Em resumo, os habituais constrangimentos da "Arqueologia da paisagem"[10], adaptadas a um espaço territorial que também detém as suas idiossincrasias.

---

9 "A pesquisa é tanto mais aturada e criteriosa quanto menor fôr a área previamente delimitada e quanto maior fôr a responsabilidade que pende sobre o investigador: não é indiferente fazer levantamento simples para cartografar sítios de interesse arqueológico, ou procurar avaliar e determinar os impactes patrimoniais, resultantes de obras que implicarão destruições irreversíveis; são bem diferentes também os meios postos à disposição dos arqueólogos em uns e outros casos. Tudo isto, para não falar dos preconceitos (no sentido etimológico do termo) dos investigadores, que condicionam também toda a observação." (Fabião, 1998: 123).

10 Relembro as palavras de Christie, 2004: 4, por deterem uma extrema capacidade de síntese na enumeração das diversas problemáticas: "Landscape archaeology is not an exact science or discipline: there is no single all-embrancing methodology: results are dependent on sampling

A escolha do distrito de Portalegre implicava trabalhar com uma imensa massa heterogénea de realidades: físicas, paisagísticas, cadastrais, mas também na qualidade da informação produzida. Um território heteróclito, um mosaico de informações diversas e por vezes contrastantes. Apresentava contudo a possibilidade de ser um espaço coerente sob o ponto de vista administrativo, o que permitia uma lógica intrínseca. É certo que o distrito não é uma entidade homogénea do ponto de vista fisiográfico (muito pelo contrário), como o Algarve ou Trás-os-Montes. Mas quanto à justificação do critério, e na lógica de algum diálogo institucional, a sua eleição poderia ser legitimada.

Mas rapidamente outra escolha teve de ser feita. Porque se a lógica do distrito enquanto unidade de estudo funcionava aprioristicamente, no terreno, e no manuseamento da informação antiga, a situação não se afigurava tão linear. No plano das vias, por exemplo, temos o traçado da via XII entrando na área apenas no seu troço final (antes da passagem do Guadiana), quando chega ao concelho de Elvas. Olhando para o limite sul do território, facilmente se percebe que o distrito de Portalegre não funcionava como fronteira: as afinidades de Sousel com Estremoz são evidentes e o território naturalmente se prolonga para Borba e Vila Viçosa. Estudar estes concelhos implicava olhar para a região dos mármores, um recurso estratégico vital para a linguagem da época, e sobretudo para a valorização económica deste espaço, com a consequente definição das estratégias de povoamento, no fundo o tema estruturante deste trabalho. Integrar a zona dos mármores implicava perceber este recurso como uma força decisiva na modelação da geografia humana e económica; não o integrar implicava um corte à leitura. Para mais, estes três concelhos do distrito de Évora possuem, eles sim, um limite natural, homogéneo e definidor: a Serra d'Ossa, que bloqueia as fronteiras administrativas de Borba, Vila Viçosa e Estremoz e os separa a sul do distrito onde estão colocados. A Serra d'Ossa funciona assim como a fronteira natural, definindo o que é o Alto Alentejo e a separação face ao território de Évora e à peneplanície do Alentejo Central.

Por estes motivos, teremos sempre o "Alto Alentejo", uma expressão neutra que elimina o facto de "Norte Alentejo" se encontrar vinculado ao distrito de Portalegre.

Temos então um misto de opções. A delimitação administrativa distrital de início escolhida acabou ampliada com a inclusão dos concelhos da *zona dos*

---

strategy, survivability of material cultures, field experience even; landscape evolution (alluviation, colluviation, reforestation, dam building, etc.) may mask much key archaeology; interpretations are never straightforward; emphases within projects may skew results to a given period; and poor levels of publication may counter the uselfuness of any results." O autor recorda ainda um outro factor de distorção para quem lida com realidades temporais diacrónicas: certos períodos apresentam elevados padrões de produção de cultura material – é o caso do Império romano – e outros têm, pelo contrário, escassa visibilidade arqueológica – como o período subsequente a 476. Este factor também afecta a qualidade da informação recolhida, e deverá ser devidamente considerado no presente estudo.

mármores: Borba, Estremoz e Vila Viçosa. Dois acidentes naturais de relevo, que, longe de serem intransponíveis, funcionaram como pólos geográficos: a norte, a Serra de São Mamede, e a sul, a Serra d'Ossa, na prática encerram o território de referência. No plano hidrográfico temos dois outros elementos de realce, que configuram a denominada *Mesopotâmia* provincial (de acordo com o léxico estraboniano[11]) e que traçam linhas distintivas: concretamente o Tejo, na primeira direcção (com o seu afluente Sever marcando parte do limite extremenho), e o Guadiana (com os afluentes Caia e Xévora delineando a fronteira administrativa com Espanha, prolongando a bacia hidrográfica do antigo *Anas* para norte). Portanto, um misto de linhas administrativas e de marcadores territoriais delimitando o universo geográfico.

Será legítimo considerar o porquê da abordagem de uma área tão extensa e tão diversa. Como em devido lugar se discute, a mesma questão levanta-se para o tempo da análise, também ele longo e diversificado. Especialmente se pensarmos que, na investigação arqueológica actual (também derivando de constrangimentos vários, essencialmente de índole financeira, que limitam as escolhas dos investigadores) se privilegiam áreas pequenas, coerentes e equilibradas. Precisamente porque aqui se elege a análise da diversidade. Não me interessam os *segmentos curtos*, facilmente manuseáveis, coerentes entre si, mas que funcionam (como dizer?) como *janelas empobrecedoras* da realidade. Janelas porque, no fundo, transmitem uma perspectiva limitada, seguramente mais cómoda mas aprioristicamente definida pelo investigador e com elevadas doses de arbitrariedade. É certo que seria oportuno trabalhar sobre espaços com os quais a interacção já é familiar, como Fronteira e os seus prolongamentos naturais para os diversos pontos cardeais. Ou então sobre áreas coerentes, como a Serra de São Mamede. Mas o que interessa aqui é *recensear a diferença*, perceber o que muda face ao que não muda. Quais as estratégias, as lógicas de ocupação de espaços face aos que os confrontam? A análise do "micro espaço" é confortável, mas já foi realizada para um concelho em concreto – Fronteira, um território heterogéneo, diverso e com cambiantes profundas, é certo, mas espacialmente limitado e delimitado, mais *controlável* na leitura. Interessava agora a diversidade, o entendimento de um *território largo* para perceber a percepção dele construída em momento imperial, quando o entendimento geo-estratégico do espaço era, digamos, mais programático. E daí a eleição deste território, eventualmente desmesurado, mas onde a unidade territorial de análise era (perdoe-se o jogo de palavras) *desunida* e diversa. Tal permitia estimular o uso de comparações, de leituras contrastantes e de tendências, do *que existe* face ao *que não existe*. É certo que a escolha foi em muito influenciada

11 Geog. III.1.6.; III.3.3. O termo de alguma forma acabou por cristalizar, surgindo como "a mesopotâmia d'Entre-Tejo-e-Guadiana" em Vasconcellos, 1905: 7. A este respeito, ver também Fabião, 1998: 1.2.

pela estimulante obra de Chris Wickham[12], cujo amplo ângulo de análise permitiu *cartografar a diversidade*, entender as diferenças de sociedades tão complexas como a que temos diante de nós. E, portanto, a escolha de uma área vasta e discrepante (nos diversos termos de análise) foi uma inspiração estimulante e vista, logo desde o momento inicial, como um desafio que deveria ser encarado de frente.

Todavia, em todo este processo é difícil encontrar a "justa medida", para parafrasear Carlos Fabião[13]. Para além do mais, em época romana é complexa a definição de limites. É seguramente mais cómodo trabalhar com unidades fisiográficas, como habitualmente fazem os colegas de Pré-História, mas no mundo imperial os constrangimentos naturais são superáveis pela capacidade técnica, pela engenharia e também pela *mundivisão* de quem construiu um Império na bacia do Mediterrâneo. E, como já foi constatado, para esta região a delimitação das fronteiras administrativas da época é incerta, e coloca a dificuldade de não ser compatível com os limites actuais. Esta escolha intencional por uma "malha larga" traz outro inconveniente: o de se favorecerem áreas em detrimento de outras. Seja porque existe mais informação de terreno ou localmente produzida, seja porque a logística está facilitada, seja porque a paisagem apresenta uma leitura mais fácil, ou por qualquer outro factor aleatório mas no fundo condicionante da investigação. Assume-se que certos espaços foram mais percorridos e visitados do que outros. Tal influencia a análise final. E é evidente que eleger sub-regiões, particularizando-as e tratando-as de forma independente, traz um outro problema, que consiste na sua compartimentação. Além disso, cria a tentação das leituras deterministas, da hiper-valorização dos condicionalismos geográficos, fazendo esquecer que a época em estudo – pelo menos nos momentos iniciais – modelou a paisagem de forma tão intensa como só o século XIX o voltaria a fazer. A isto acresce que dissociar as disciplinas de análise, separando a leitura arqueológica da geográfica, poderia conduzir, digamos, a *erros de perspectiva*.

Desta forma, e em resumo, o quadro geográfico é intencionalmente largo e diverso, de modo a potenciar os ângulos de análise, a criar modelos comparativos e a evitar as observações casuísticas. O objectivo central é a reconstituição do tecido de povoamento rural. Portanto, o conceito "rural" implica a acepção de lidar com realidades não-urbanas ou, dito de outro modo, de pontos de povoamento que não cumpriam funções próprias de uma *urbs*. O que significa estudar sítios

12 2008.

13 1998: 124, onde se lê: "Em suma, neste caso, como aliás em tantos outros, vemo-nos fortemente condicionados e confrontados com o insuperável dilema de determinar a "justa medida" da observação. Escolhi um território imenso, para fugir às distorções de uma análise excessivamente particularizada; perdendo, em contrapartida, todas as potenciais vantagens de um tratamento mais minucioso das realidades que se pretendem apreender." No fundo, é precisamente esta tensão entre a escolha do micro-espaço e a do macro-espaço que aqui se debate.

privados e locais que cumpriam o papel de "aglomerados secundários", de lugares que congregavam populações, ou multifamiliares, mas sem desempenhar funções de cariz cívico e político. Desta forma, não são considerados os locais que comprovadamente cumpriram essas funções – *Ammaia* e *Abelterium* – que aliás beneficiam de projectos de investigação próprios.

Rica e complexa, a vivência rural clássica apresenta uma função estruturante na concepção do Homem latino enquanto cidadão, mas ainda nos escapam em larga medida as formas de materialização desse universo. Como também nos falta conhecer a apropriação que o cristianismo dela realiza, enquanto espaço natural de evangelização e de disseminação da Palavra, fisicamente albergada nas novas estruturas de culto, de vida e de morte. Por estes motivos, conhecer o campo torna-se fundamental para compreender a herança que nele ainda encontramos. Mesmo que por vezes neste rol de lugares se possam ter incluído pontos de povoamento, que afinal, foram outra coisa. Critérios híbridos, portanto, e não totalmente coerentes: por um lado, a eleição do limite administrativo distrital, mas por outro, a escolha de fronteiras naturais, não significando estas que concedam homogeneidade a um território que na sua essência e no quadro paisagístico (e na informação produzida pelos homens) é tão diverso, desequilibrado e desigual. Na paisagem como na própria ocupação humana.

1.1. O Alto Alentejo, ou o espaço descrito pelos homens

Em primeiro olhar, o dado mais surpreendente reside no facto de não existirem referências nos textos clássicos ao território do Alto Alentejo. Zona de passagem de três itinerários viários e centro de actividades económicas de grande vulto, como a mineração na bacia hidrográfica do Tejo, as pedreiras de mármore ou a agro-pecuária, poderia ser expectável que alguma informação existisse sobre a região. Contudo, os textos não são generosos (não apenas para o Alto Alentejo, mas para a *Lusitania* em geral). É sabido que nos encontramos nas *finis terrae* do Império, em zona geográfica distanciada dos palcos onde ocorrem os grandes acontecimentos. Além do mais, a maioria dos relatos existentes foi-nos deixada por viajantes ou elementos ligados a actividades comerciais que se processavam por via marítima, pelo que a ausência de menções ao interior acaba por ser compreensível, visto que o foco de atenção se prendia com a faixa costeira. Apenas existe uma referência textual, a conhecida passagem de Plínio-o-Velho relativa à presença de cristal (de rocha ?) de grandes dimensões e gemas de *chrysoliton* (crisólito)[14] na "Serra de *Ammaia*".

14 É interessante salientar que a referência pliniana é indirecta, feita a partir da obra actualmente perdida do lusitano Lúcio Cornélio Boco. Leia-se o escrito em N. H. XXXVII, 24: Cornelius Bocchius et in Lusitania perquam mirandi ponderis in Ammaeensibus iugis, depressis ad

É surpreendente a menção a produções que para todos os efeitos são hoje despercebidas, ou dificilmente avaliáveis, ignorando outras incontornáveis, o que coloca interessantes questões sobre o desencontro entre os textos literários e as evidências arqueológicas, ou de como estas testemunham importantes actividades ignoradas pelas fontes. Veja-se, por exemplo, como um recurso central para a geoestratégia imperial passa completamente sem menções: a exploração dos mármores do anticlinal de Estremoz[15]. Mas, afinal, em outros campos, e em outras latitudes, também encontramos uma total omissão das fontes: é essa a realidade litoral das produções de preparados de peixe, cuja relevância a Arqueologia tem vindo paulatinamente a demonstrar, mas cujo mutismo dos textos é paradoxal. Ainda regressando às informações deixadas por Plínio-o-Velho, apenas encontramos alguma coincidência entre passagens textuais e realidade arqueológica no que se refere à riqueza aurífera do rio Tejo[16]. O enciclopedista latino refere ainda as "azeitonas mais doces do que uvas passas" das proximidades de *Augusta Emerita*, podendo ser feita a relação com as azeitonas de Elvas de reputada fama, embora o nexo seja frágil[17].

Entre os autores antigos voltamos a encontrar referências soltas e dispersas nos cronistas árabes: Ahmed ar-Razí, Ibn Saíd ou o geógrafo Edrici deixam-nos algumas menções que em termos genéricos seguem tópicos já desenvolvidos nos textos clássicos: a riqueza agrícola, a amenidade da paisagem, a valia dos cavalos. Neste lote é particularmente curiosa a referência de Al-Himyari a cristais de rocha explorados nas serras de Marvão, de algum modo confirmando as passagens plinianas[18].

Infelizmente são insuficientes os dados trazidos a público pelo estudo da documentação medieval, cujo conhecimento seria relevante por estarmos em território de confrontação de ordens militares no contexto pós-Reconquista. Conhecer os espaços que foram atribuídos a cada uma dessas entidades, e os motivos pelos quais os limites foram escolhidos, seria central para a definição das pré-existências.

Para os momentos posteriores já começamos a ter narrativas de carácter histórico, ou preocupadas com um registo descritivo sobre as origens locais. Nos campos não historiográficos um território específico deve ser realçado:

---

libramentum aquae putis. E também XXXVII, 127: Bocchus auctor est in Hispania repertas quo in loco crystallum dixit ad libramentum puteis defossis erui, chrysolithon XII pondo a se uisam. Transcritos em Guerra, 1995; 42 com comentários em p. 139 e 141; ver também Guerra, 1996: 11-12.

15 As referências dos autores clássicos ao *marmor* são escassas e levantam problemas interpretativos devido à ambiguidade do termo, muito genérico, englobando outros tipos de materiais pétreos. De qualquer forma, nenhuma se refere a esta área regional.

16 Ver o capítulo respeitante às actividades económicas.

17 XV,17: Sunt et praeddulces, per se tantum siccatate uuisque passis dulciores, admodum rarae in Africae et circa Emeritam Lusitaniae.

18 Borges Coelho, 1972; a passagem diz-nos que existiam minas de cristal de rocha a quarenta quilómetros a norte de Badajoz, o que de certa forma confere com a localização geográfica.

nos roteiros de viagens encontramos um importante acervo de dados deixados por autores que deambularam por estes territórios[19]. É o caso de Fr. Claude de Bronseval[20], José Cornide[21], Juan Alvarez de Colmenar[22], ou ainda de D. José de Viu[23]. Contudo, neste campo, como nos anteriores, não dispomos de referências mais concretas ou detalhadas, pelo que a análise terá sobretudo de partir da base concedida pela materialidade arqueológica.

1.2. O Alto Alentejo, ou o espaço habitado pelos homens.

Olhar para a paisagem actual e procurar a sua transposição para a paisagem antiga é um erro perpetuado pelos investigadores. A suposição de que *aquilo que lá está* é *aquilo que sempre esteve* é fundamentada na errada convicção de que o quadro paisagístico é o mais estável dos parâmetros, o *cenário imutável* que resiste a toda e qualquer transformação. Como hoje sabemos (por vezes de forma dramática), não é bem assim. Os recursos esgotam-se, sobretudo quando são explorados em escala tão intensiva quanto a que ocorreu durante o Império, uma sociedade devoradora dos recursos naturais que a alimentavam. A paisagem sofreu fortes alterações, seja pela modificação do quadro climático (os escassos estudos polínicos alertam-nos para a sua extensão), seja pela desflorestação antiga ou recente, seja ainda por uma acção antrópica actuante. Da mesma forma, existem *parâmetros de irracionalidade* tantas vezes esquecidos. Quantas vezes não assistimos a formas de exploração absolutamente irracionais que só são empreendidas porque assim se perpetuam velhos hábitos e costumes[24], ou a constrangimentos tecnológicos e sociais que fazem sentido em determinado

19 Para uma visão geral sobre viajantes no Alto Alentejo ver Carvalho, 2009. Para um estudo abrangente, Garcia Mercadal, 1999 e Romeral Perez, 2001, que procedem à contextualização histórica dos principais agentes e suas motivações. Nos relatos de viajantes que enuncio apenas incluo os que apresentam menções ou descrições de património arqueológico romano em meio rural e/ou vias romanas.

20 1970. A data de redacção é desconhecida, sendo provável o ano de 1535.

21 Cuja obra foi recentemente publicada com comentários de Abascal & Cebrián, 2009.

22 Annales d'Espagne et de Portugal avec la description de ces deux royaumes de 1741, mencionando alguns vestígios arqueológicos em Alter do Chão e Campo Maior. Também visitou a cidade de Ammaia.

23 Na obra Extremadura – colección de sus inscripciones y monumentos [...] publicada em 1852.

24 "[...] as comunidades humanas podem praticar, atavicamente, formas de agricultura ruinosas (numa perspectiva de mercado), somente porque é aquela agricultura que sempre praticaram?..." (Fabião, 1998: 17). Os critérios de racionalidade económica são muito recentes, havendo nas comunidades humanas uma boa percentagem de manutenção de formas de exploração ditadas por factores específicos e fluidos: a manutenção de uma propriedade por questões afectivas, por exemplo, sem que dela se extraia rendimento. Um outro exemplo, em sentido contrário, de irracionalidade económica contemporânea reside nas célebres "campanhas do trigo" que levaram ao plantio de cereais em solos absolutamente inaptos, alterando a paisagem até à desertificação actual.

momento, mas já não o fazem alguns séculos antes ou depois. É também de ter em consideração que estamos a tratar de uma sociedade evolutiva, na qual a sofisticação tecnológica e a capacidade de transformação da paisagem são ainda frequentemente subestimadas, com um entendimento geo-estratégico que fazia com que muitos recursos disponíveis não fossem os efectivamente explorados – ou porque existiam, com menor esforço e maior rendimento, em outros territórios, ou porque tal não era... interessante. Por outro lado, e de forma inversa, muitos recursos foram explorados apagando as marcas anteriores. Na mineração ou nas pedreiras marmóreas as "frentes de exploração" evoluíram modernamente, sacrificando o que do passado ficou. Ouvir os relatos de quem ainda encontrou vestígios romanos nas pedreiras de Vigária ou de São Marcos (ambos em Vila Viçosa) é perceber a dimensão da vertigem obliterante que ocorreu a partir de meados do século XX. De que forma estes recursos foram aproveitados em época romana, e qual a paisagem então existente, são questões cuja resposta se tornou impossível de obter pelo que se seguiu. E não é possível estabelecer uma correlação de vestígios, ou seja, fazer o confronto entre o local de extracção e o local de laboração. Se existissem sítios escavados com forjas ou oficinas de cantaria poderíamos, por meio dos rejeitados ou do recenseamento de materiais arqueológicos, perceber a escala do aproveitado.

A paisagem muda, como mudam os homens que nela habitam. Como mudam as lógicas e as estratégias que os animam. A *imutabilidade* do quadro natural é um pré-conceito habitual que deve ser matizado. Um exemplo claro: em muitos dos sítios do universo considerado encontramos mós e pesos de lagar, indicadores de uma base agrícola alicerçada na célebre *tríade mediterrânica*. Hoje olhamos à volta e encontramos uma paisagem inapta, com solos esqueléticos, escalvados e pobres. Foram esgotados pela prática agrícola recente? Foram-no por uma milenar utilização? Ou já o eram na altura, e esses artefactos testemunham uma prática agrícola *irracional*? Destinavam-se à transformação de produtos oriundos de territórios de exploração mais vastos e não necessariamente vizinhos? Para estes diversos níveis de resposta não há uma afirmação clara. Esquecer a diacronia é esquecer que a paisagem funciona como um palimpsesto, onde ficam cristalizadas as diversas actividades humanas na escala milenar. Da mesma forma, tendemos a esquecer que estamos perante sociedades complexas, onde existem nichos de mercado que não deixam rasto arqueológico, ou tal só seria detectado com escavações extensivas. Algumas das muitas produções são hoje ignoradas, porque pouco ou nada condicionadas pelos recursos actuais: por exemplo, a obtenção de odores e perfumes, com a consequente existência de estufas para flores, mas também conseguida pela via do desenvolvimento e depuração de azeites de elevada qualidade[25].

25 Marcial louva o unguentum do azeite da Campânia (cit. em Brun, 2004: 13) e em Paestum foi encontrado um lagar de azeite para obtenção de perfume (idem: 33).

Ou a apicultura e o mel, frequentemente esquecidos[26]. Em outro âmbito temos as representações iconográficas em mosaicos norte-africanos de faisões, pavões e perdizes, além de tordos, rolas ou as mais comuns galinhas, patos e gansos, que geravam níveis de produções específicos[27]. A este respeito, e para um exemplo concreto, basta consultar a listagem de sítios do Alto Alentejo recenseados em duas obras conjuntas sobre as estruturas hidráulicas de captação e conservação de água[28] para percebermos a importância que a agricultura de regadio em larga escala, centrada na *domesticação* de cursos de água secundários, teve na área. Por outro lado, perceber a dimensão da exploração é tarefa ingrata, pois tratando-se de uma economia complexa torna-se arriscado perceber em que escala estamos: se de auto-subsistência, de âmbito local, provincial ou de exportação. Não é discernível se em muitas actividades teríamos produções que ultrapassavam o âmbito próprio ou local para entrar em cadeias comerciais, possibilitando a inclusão em circuitos económicos de ampla difusão.

Em suma, e enquanto não pudermos dispor de mais informação de âmbito paleoecológico, será arriscado construir leituras feitas a partir de transposições da paisagem actual, ou dos sempre tentadores paralelos etnográficos que geralmente não são mais do que *topoi* literários, com uma boa percentagem de retórica e alguma outra de poética algo ingénua. Confundir a prática agrícola romana, de tecnologia avançada e competências técnicas apuradas e trabalhadas ao nível teórico e tratadístico, com o mundo medieval e as persistências modernas que ainda ecoam no presente, é tresler uma realidade, subestimando-a em função dos períodos subsequentes, que inevitavelmente funcionam com outros modelos económicos e com diferentes vínculos sociais.

Centremo-nos, portanto, nos (escassos) dados disponíveis. Tentemos ler a paisagem da época com base em testemunhos concretos.

Para o perímetro da Coudelaria Real de Alter do Chão existe um estudo antracológico relevante[29], uma das poucas análises substantivas que nos concedem um vislumbre das condições ambientais passadas, apesar das sublinhadas

26 Paladio, por exemplo, dedica constantes referências às abelhas. O tema foi estudado por Pilar Fernández Uriel em diversos momentos: veja-se a primeira abordagem no trabalho de 1988.

27 Os ossos de ganso recuperados na villa de Torrecilla (Getafe) tinham um tamanho superior ao habitual, provavelmente para o desenvolvimento de fígados hipertrofiados (para a obtenção de pastas e patés), que a gastronomia romana muito apreciava (Blanco Bosqued e Lucas Pellicier, 2000). Infelizmente no registo arqueológico os ossos de aves são de difícil conservação nos solos alentejanos.

28 Quintela, Cardoso & Mascarenhas, 1987 e 1995.

29 David Duque, "El médio vegetal de la Coudelaria de Alter do Chao a partir de los resultados antracológicos." In: Oliveira, 2006: 242-256, de onde se retiram as citações seguintes. Ver também Duque, 2005, sendo que estes estudos apresentam (sobretudo no segundo caso) a novidade de lançarem um olhar diacrónico sobre as curvas polínicas e antracológicas.

limitações das amostras. A grande transformação da paisagem inicia-se ainda em tempos neolíticos, com o progressivo desmantelamento de bosques de árvores de grande porte por acção antrópica, com o objectivo de ganhar terrenos para a agricultura. Estes bosques originais seriam formados por combinações mistas de frondosas caducifólias com perenifólias, indiciando a existência de um ambiente mais "atlântico" e húmido. O quadro altera-se por volta do III milénio a.C. com a introdução de espécies perenes (azinheiras e oliveiras do "bosque esclerófilo-perennifolio"), relacionadas com alterações climáticas resultantes do "tránsito del Atlántico al Subboreal" e com a acção antrópica, aos quais se sucedem a intensificação derivada da transição para as sociedades arqueometalúrgicas e oleiras, cujas necessidades de combustível viriam a consumir ainda mais recursos florestais. A adopção dos "sistemas productivos agropecuarios" manifesta-se na presença de mato para forragens de gado e em *Leguminosae sp.* que evidenciam a prática agrícola nos terrenos agora libertos. É a partir do III milénio que encontramos os *Cerealis* que demonstram a domesticação agrícola. Os espaços abertos, relacionados com as práticas pastoris e ganadeiras, encontram-se em crescimento constante, conforme as herbáceas demonstram[30]. A paisagem altera-se, passando para um quadro mais próximo do *maquis* ou de *garrigues*, com descidas dos registos arbóreos. Ainda de acordo com estes dados é em época romana que atinge o seu ponto culminante, demonstrando uma vincada prática agrícola. O fenómeno é, contudo, influenciado por mudanças mais profundas no âmbito bio-climático, de forma contínua[31], com a passagem para ambientes mediterrânicos e secos.

O mesmo autor analisou amostras provenientes de contextos megalíticos, na bacia do rio Sever, portanto bastante mais a norte, mas com resultados genericamente semelhantes[32]. A análise é muito interessante pois o conjunto de dólmenes estudados implanta-se ao longo do curso do rio, cujo traçado apresenta consideráveis cambiantes nos desníveis topográficos, substratos geológicos e ambientes corográficos, funcionando a leitura do conjunto como um micro-cosmos variado e dinâmico, permitindo-nos entrever diferentes paisagens. Existe uma apreciável variação entre os resultados dos dólmenes da zona sul e norte, sendo os do sopé da Serra de São Mamede demonstrativos de um ambiente arbóreo (quercíneas caducifolias e *Leguminosae sp.*) e os da desembocadura do curso de água no Tejo representativos de ambientes de paisagem aberta e de matagal rasteiro (largo predomínio de medronhos – *Arbutus unedo* - e brejos – *Ericacae sp*–, com algumas *Leguminosae sp*, entre outras

30 A fase de "matorralización" definida pelo autor: Duque, 2005: 33.

31 "Los datos antracológicos de la Cuenca Media del Guadiana marcan el tránsito hacia una Fase II, donde factores climáticos y antrópicos van a ser los responsables de la caracterización ambiental hacia un clima más xérico y con temperaturas algo más elevadas que en la fase anterior." (Duque, 2005: 32).

32 Duque, 2002.

espécies). Este facto pode dever-se a específicas questões de âmbito paisagístico (fraca capacidade agrícola dos solos, erosão agravada, menores recursos hídricos na zona sul), mas reflecte também os diferentes modelos socioeconómicos das sociedades construtoras destes megálitos[33], com os pequenos dólmenes de xisto da área norte reflectindo comunidades no limiar da subsistência, adoptando estratégias de economia de largo espectro de cariz agro-pastoril, enquanto as comunidades da Serra desfrutavam de biótopos favoráveis e economias sustentadas que criavam menos pressão antrópica, possivelmente com terraços de cultivo localizados. Este panorama, note-se, é válido para a vizinha zona extremenha de Alcântara[34], onde dados palinológicos confirmaram a existência de um coberto vegetal onde predominavam os castanheiros, comprovando que "o clima seria mais húmido anteriormente, possibilitando que espécies de climas atlânticos ocorressem em zonas hoje ocupadas por espécies de clima mediterrânico."[35] Esta realidade alternaria com os cobertos de carvalho negral (*Quercus pyrenaica*)[36], originando uma paisagem diferente da actual, mais florestada. Em resumo, os dados existentes para a Pré-História final apontam para um "proceso de incidência antrópica creciente"[37] que, será legítimo crer, se acelera e intensifica durante o primeiro milénio a.C., fruto do recurso cada vez mais acentuado a incêndios intencionais com vista a libertar terrenos para práticas agro-pastoris.

Infelizmente, para a época romana os dados são quase inexistentes, se exceptuarmos a já referida leitura diacrónica efectuada por David Duque, que em parte toca este período. Será, contudo, legítimo pensar que é durante a presença romana que ocorre a grande modificação paisagística que, mais do que continuar o movimento em crescendo de épocas anteriores, constitui uma verdadeira ruptura. Porque implica uma desflorestação em grande escala, com a finalidade de libertar solos para a cultura agrícola e angariação de combustível para as actividades de carácter industrial agora em curso (ou para actividades de lazer, como a necessidade de obter lenha para os hipocaustos dos edifícios termais), ou ainda porque supõe uma grande transformação da paisagem pela construção de obras públicas e necessidade de implementação de novas actividades económicas (o impacto da mineração na bacia do Tejo é eloquente testemunho, com as cicatrizes ainda visíveis na paisagem pela construção das levadas de água). Conhecemos o impacto transformador que a civilização romana operou[38], e na região tivemos uma fortíssima alteração do quadro até aí existente.

---

33 Oliveira, 1997: 340 e ss.

34 Ver também os comentários tecidos em Duque, 2002 e 2005, com referências bibliográficas específicas.

35 Oliveira, 1997: 121, nota 6, com bibliografia.

36 Bacharel, 1992.

37 Duque, 2002: 227.

38 As investigações nas camadas de gelo da Gronelândia mostraram que "a poluição do chumbo e do cobre - produzidas pela fundição de chumbo, cobre e prata - eram ambas muito

Outro feixe de informação encontra-se em estudos faunísticos, levados a cabo em três ocasiões[39], que apresentam dados interessantes, com o aliciante de serem coerentes. Todos documentam uma prática agro-pecuária intensiva e centrada na suinicultura, conforme sugerem os textos da época e os exemplos conhecidos para outras províncias[40]. Nos locais recenseados a presença de porco e javali é apreciável, mostrando que a utilização destes animais como fonte proteica seria comum. No primeiro dos casos será legítimo pensar na sua criação em regime livre de montado, como actualmente se retoma, também concordante com as tradições conhecidas do ponto de vista documental e etnográfico[41]. O dado mais anómalo ou inesperado resulta da presença de gamo (*Dama dama*)[42], situação que nos alerta para a existência de um *vivarium*, conforme mencionado em algumas fontes[43]. Desta forma, a presença de certas espécies resultaria, não de práticas venatórias, mas de parques de animais exóticos. No caso do gamo, esta hipótese de uma introdução artificial na zona deverá ser considerada, pois a espécie encontra-se ausente nas colecções do período muçulmano, partindo-se do pressuposto que apenas teria sido introduzida a partir de 1253[44]. O espectro alimentar das fontes proteicas revelado pela lixeira baixo-imperial da Quinta das Longas é revelador, apresentando uma grande percentagem de porco ou javali (no primeiro caso criado em montado), seguindo-se o boi doméstico e os cervídeos. Apenas em quarto lugar surgem os ovicaprídeos, com representação vestigial de lagomorfos. Em Torre de Palma e em Quinta das Longas existe uma próxima representação percentual de espécies domésticas (cerca de 70% e 62,8%, respectivamente) face a selvagens; e as expressões numéricas das diversas espécies são também similares. Apenas nas selvagens existe uma troca entre cervídeos (mais numerosos em Torre de Palma) face a leporídeos (mais presentes em Quinta das Longas), o que pode não representar significados absolutos, mas talvez indique os gostos específicos dos proprietários, mais vinculados às actividades venatórias no sítio de Monforte. Quanto à avifauna, apenas temos os dados de Quinta das

elevadas durante o período romano, decaindo nos séculos pós-romanos para níveis que estão muito mais próximos dos das épocas pré-históricas. Só por volta dos séculos XVI e XVII os níveis de poluição atingiram de novo os da época romana." (Ward-Perkins, 2006: 131).

39 MacKinnon, 1999-2000 para Torre de Palma; Davies & MacKinnon, 2009 para um aspecto detectado em Torre de Palma e São Pedro, com noticia em Público 02.08.2009 (Teresa Firmino), "Gamos terão sido trazidos para território português no tempo dos romanos", p. 12; Cardoso & Detry, 2005 para a Quinta das Longas.

40 Em especial o sítio-referência de Settefinestre: Carandini, 1985.

41 Relembro a indicação de Albert Silbert (1966: 419) sobre o número de porcos existentes em 1860 na região entre Ponte de Sôr e Elvas: 28.623 cabeças, um total expressivo no território nacional. Do ponto de vista etnográfico, alguns concelhos, em especial o de Arronches, articulam à volta da criação suína de ar livre e seus produtos um conjunto de "imagens de marca" da economia e identidade local.

42 Davies & MacKinnon, 2009.

43 Columela, R. R. IX,1; Varrão, R. R. III,12,1-2 e III,13,2.

44 Davis & MacKinnon, 2009.

Longas, onde voltamos a uma maioria de espécies domésticas (galo doméstico e gansos), face às perdizes-vermelhas. O dado mais curioso reflecte-se na existência de espécies não autóctones do território português (como o francolim-escuro, o lagopo-ruivo e o tetraz-lira), o que permite presumir a existência de um espaço para animais exóticos, em clima mais temperado.

Não existe mais documentação de índole arqueológica. Tudo o que podemos inferir resulta das menções deixadas em fontes posteriores.

A área mais retratada e longamente descrita centra-se na Serra de S. Mamede. Frei Amador Arrais[45] e D. Diogo Pereira Sotto Maior[46] deixaram-nos fragmentos de texto que nos descrevem uma serra "de ares aprazíveis" com uma "multidão de claras fontes, doces e frias águas", uma paisagem "toda coberta de sombrios soutos, pomares, vinhas, olivais e mui altos castanheiros", sempre verde na plena "formusura da sua primavera"[47]. O clima ameno propicia que "nunca os verões se sentem muito nela", embora de "Inverno é algum tanto fria"[48]. Alem de "tanta madeira que provê grande parte dos lugares d'Alentejo e dos da arraia de Castela"[49], temos nas produções agrícolas "olivais, vinhas e soutos; há muito azeite e muito vinho e bom, e muita castanha, e todos os mais legumes é muito abundosa: muitas carnes e boas, muita hortaliça".[50]

Na ausência de um tratamento profundo e substantivo dos fundos medievais, um ponto de partida reside nas descrições feitas pelos párocos locais no conjunto conhecido como *Memórias Paroquiais*[51]. Embora datadas de 1758, portanto já distantes do universo temporal em estudo, representam um retrato anterior às alterações do quadro ambiental promovidas no século XX, desde as "campanhas do trigo" até à mecanização da agricultura. O panorama descrito é de uma grande fertilidade, uma paisagem de solos úberes e férteis onde os recursos são louvados pela sua quantidade e qualidade[52]. Se temos várias sub-áreas específicas, em todas os recursos são fartos, por vezes complementares, proporcionando as condições para uma adequada subsistência[53]. Os contrastes sempre foram vincados. Na área norte descreviam-se as paisagens da serra, elogiadas pela fertilidade dos campos e abundância de águas[54]. As tapadas

45 1974, 1ª ed. 1589.

46 1984, 1ª ed. 1619.

47 Arrais, Dialogo IV, cap. VIII.

48 Sotto Maior, Tratado, cap. III.

49 Arrais, Dialogo IV, cap. VIII.

50 Sotto Maior, Tratado, cap. III.

51 Disponíveis em http://portugal1758.di.uevora.pt/.

52 Raras são as notas dissonantes como em Bencatel, Vila Viçosa: "Esta freguezia está situada parte della em campos, e parte em montes; mas pouco asperoso todos fructiferos; especialmente de çenteyo, pois a mayor parte della he terra de estevâes, que só por darem çenteyo, e algum trigo galego."

53 Como afirma o pároco de Monte da Pedra (Crato), "em poucas partes se descobre terra para esse effeito [agrícola], porem se em alguma se descobre terra, e he capaz, cultiva se".

54 Ribeira de Nisa, Portalegre: "Está povoada de arvoredos frutíferos e silvestres, dividida Em quintas de muito regalo e soutos bravos e mansos, que pela maior parte são tão

de castanheiros concediam uma importante fonte alimentar, conjugada com outros frutos da terra, assim listados: "alguns trigos, sevada, senteyo, e milho meudo, vinho, azeite, castanha frutas temporans como peras, macans, sereijas, ginjas, e tambem da mesma qualidade frutas de guarda de excelente gosto e abundancia".[55] Nas paisagens mais a sul e leste predominam os montados de azinhos, conjugados com trigos, centeios e cevadas[56]. As árvores permitem a abundância de bolota que alimenta o gado, em especial os porcos e os ovi-caprinos que no século XVIII constituíam a base da alimentação. As produções diversificam-se ainda mais, aproveitando zonas de solos mais aptos[57]. Um dos aspectos mais curiosos reside nas produções de pomares, que hoje desapareceram. Na freguesia da Matriz de Borba referem-se as "jinjas, as melhores, e mais fromosas do Reino." Em Elvas, a abundância de variedades é exaltada, com "muyta amecha de toda a casta, e romans, marmellos, algumas pêras, nozes, e muytos figos de toda a variedade, e principalmente os singularez figos de rey [...] laranjas da China, limões doces, azedos, e limas[58]".

Quanto à pesca, também a riqueza e variedade de peixe é evidente: barbos, bogas e bordalos[59] nos cursos de água mais mansos, e trutas[60] na área serrana. Nos recursos cinegéticos, a abundância de animais selvagens é um traço indelével nas descrições[61].

A profusão de aquíferos permitia um elevado número de engenhos de água e de moinhos que sustentavam a agricultura de regadio[62]. Ao longo da ribeira de

---

fexados, que nem aos rayos do sol permitem entráda: as fontes são innumeraveiz, e de agoas tão claras e Excelentes, que as não há melhores em todo o mundo, e recolhidas em tanques servem ao gosto, e á conveniencia, Regando os pomares das melhores frutas do Reino."

55 Castelo de Vide, S. João Baptista. É interessante notar que uma outra mancha de castanheiros existia na região, sendo no caso a mais a sul do Alentejo: na Serra d'Ossa, antes de ocorrerem incêndios que precederam o plantio de eucaliptos que hoje revestem a serra. Ver Castro & Costa, 1900: 97.

56 A paisagem de montado surge recorrentemente nas descrições. Talvez o correspondente mais expressivo, e que enumera os cereais aqui descritos, seja o pároco de S. Bartolomeu em Arronches. Também sobre Arronches lê-se "trigo, centeyo, cevada e munta bollotta". Os mesmos cereais surgem em outras paragens, como Ajuda, em Elvas. Note-se que o centeio e a cevada desapareceram das produções actuais. Em Alcórrego (Avis), "Todas as herdades destta freguezia constam de montados de azinho".

57 Em Elvas (S. Pedro) temos "grãos, e favaz e nellas se fabricam muytos meloaes; e samdiaez" [melancias]. Em Ciladas (Vila Viçosa) enumeram-se "munto trigo, cevada, centeyo, grãos, favas, feyjões, tremoços, e mel; e nas hortas laranjas da xina, doces, e azedas, paccas de figo e de abobora, e todas as mais hortaliças, tudo com abundancia, como tambem nozes, e amendoas.

58 S. Pedro, Elvas.

59 Bembelide, Avis, mas surgem mencionados na generalidade dos inquéritos.

60 S. Julião, Portalegre.

61 "he este sittio muito habitado de Bixaria: [...] javalias = veados = corças = gamos = lobos = rapozas = gatos bravos = texugos = coelhos = perdizes [...]". O autor escreve em S. Bartolomeu, Arronches.

62 O pároco da freguesia da Matriz de Borba diz-nos que "Todas as suas cazas tem quintaes com poços de excellente agoa de que uzão os moradores para beberem e regarem suas hortaliças."

Ana Loura, que nasce em Estremoz e, de sul para norte, corre até desembocar na Ribeira Grande, já no concelho de Fronteira, são inúmeras as "azenhas" que cristalizaram na toponímia, embora muitas hoje não tenham evidência material. Só em Arronches o pároco local aponta catorze moinhos de água. Na ribeira de Margem, em Gavião, ainda se encontram em bom estado as azenhas que aproveitavam os caudais. Os mananciais de água abundante existem por toda a região[63] permitindo vencer os estios mais prolongados.

Quanto aos minérios, também algumas indicações existem, embora escassas. Algumas vezes a atenção detém-se em minas e pedreiras[64], sem especificações. Em S. Julião (Portalegre) "no decliuio da serra da parte do nascente há em diuersas partez muitas Canteiras de pedra branca, e parda das quaiz fazem os moradores desta freguezia cal branca e pretta em abundância".

Em resumo, temos um quadro paisagístico não muito distante daquele que até ao final do século XIX se encontrava pelos campos do Alto Alentejo[65]. É por essa altura que a paisagem começa a mudar: pela chegada do caminho de ferro; pela abertura de estradas de macadame e caminhos vicinais, cuja nova lógica, ditada pela chegada do automóvel, cria a primeira revolução no tecido viário, até aí maioritariamente construído sobre o romano[66]; e ao longo das décadas seguintes assistimos a uma nova forma de trabalhar os campos, inicialmente com os primeiros arroteamentos resultantes das "Campanhas do Trigo", feitos à picareta e à força de braços, mas depois incrementado com as maquinarias agrícolas e tractores que a partir da década de quarenta ocupam os terrenos. Na actualidade predominam os cobertos profundamente condicionados por uma vasta gama de alterações, das quais os arroteamentos de solos e a limpeza para a agricultura ou a exploração silvícola, e os incêndios que começaram a deflagrar, sobretudo após as Guerras da Restauração, constituíram as intervenções mais significativas. Duas grandes manchas ocorrem, porém, estritamente dependentes dos substratos geológicos. Nos extensos solos graníticos, seja nas áreas sudeste de Monforte até Elvas e de Arronches até Campo Maior, ou mais a norte, no Crato, Portalegre e mesmo Castelo de Vide, predomina o sobreiro (*Quercus suber*) em regime de montado alentejano. Seja combinado com a exploração cerealífera, seja com o solo deixado a pasto para o gado, nos relevos suaves e ondulados, é a paisagem mais característica. Para os solos xistosos encontramos sobretudo as azinheiras (*Quercus ilex*), aproveitando os

63 Em Arcos, Estremoz, lê-se: "fertilissima de agoas, [...] nella se contao quarenta e quatro fontes".

64 Por exemplo em Alegrete, Portalegre: "Dizem que em alguas partes dos Cabeços, desta villa ha minas de metaes, e pedras".

65 Picão, 1983.

66 Basta ver que muitos dos viajantes do século XVII e XVIII lamentam o mau estado dos caminhos, muitos deles reduzidos a troços de cascalheira ou a sendeiros que se alagam no Inverno, o que indirectamente nos mostra o estado de degradação e de não-arranjo das estradas antigas.

magros terrenos que, em zonas mais inaptas, são deixados ao mato rasteiro: as giestas (*Cytisus multiflorus*), a esteva (*Cistus ladanifer*), os tojos (*Ulex minor*) e plantas afins, que se estendem para os terraços arenosos do arco da Ponte de Sor até Avis (para sul) ou Gavião (para norte). Uma terceira unidade regional destaca-se quando usamos esta *lente ampliada*: o actual Parque Natural de São Mamede, uma extensa mancha que percorre a zona norte-oriental e que contém uma paisagem mais próxima do bosque mediterrânico de florestas e arbustos, com biótopos que, como é comentado nos inventários concelhios, apresentam um quadro mais próximo do centro da Península do que do Sudoeste peninsular[67]. Assume assim uma forte originalidade, com a modelação do relevo propiciando cobertos florestais específicos desta área.

Esta densidade de coberto vegetal e a escassa antropização levam a que ainda permaneçam na memória factos que, à luz da paisagem actual, nos parecem fantasiosos. No concelho de Fronteira até à década de cinquenta do século passado deambulavam lobos na zona de Vale de Seda. Dos mesmos animais se documenta a presença em passagens da imprensa regional, como em 1931, quando grassavam os ataques a rebanhos em Aldeia Velha, Avis[68], ou em Aldeia da Mata, Crato[69]. Mais a norte era "permitido aos pastores e agricultores [...] na Serra de S. Mamede o uso de armas para se defenderem das feras que se acoitavam na floresta" de "frondosos carvalhais de carvalho negral (Quercus pyrenaica)"[70]. Entre esses animais de grande porte encontravam-se ursos, cuja presença indirectamente se infere pelos muros apiários que na serra de São Mamede e em Nisa são frequentes, protegendo as colmeias dos ataques dos animais. O retrocesso e extinção da fauna de grande porte foi lento, gradual mas sistemático, originando hoje uma diversidade faunística mais empobrecida.

Faço ainda notar dois aspectos, ambos relacionados com as contingências da interioridade neste início de milénio. Por um lado, o facto de se tratar de um território ainda relativamente preservado. Os núcleos urbanos, com raras excepções, não cresceram de forma desordenada ou galopante, embora se lamente o estado insípido da Arqueologia Urbana regional, que nos remete para o plano do desconhecimento sobre quase tudo o que diz respeito ao passado das actuais vilas e cidades do Alto Alentejo. Algumas infraestruturas viárias foram construídas, mas apenas temos uma auto-estrada, a A6, cuja data de construção já permitiu que o traçado fosse antecedido de estudos de minimização de impacto. Raras são as zonas industriais que desvirtuaram a paisagem. A agricultura foi fortemente mecanizada a partir da segunda

67 "[...] ce qui donne à ce coin de la région un caractère que tient plutôt de la Beira que de l'Alemtejo; [...]" (Castro & Costa, 1900: 96).

68 Brados do Alentejo de 12-4-1931, ano I, nº 11, p. 12.

69 Brados do Alentejo de 17-4-1932, ano II, nº 64, p. 8.

70 Oliveira, 1997: 121.

metade do século XX, e os seus impactos negativos não podem ser esquecidos, mas a escala das alterações da paisagem subsequentes foi mesmo assim inferior à do restante Alentejo. Desta forma, os grandes impactos ocorreram em dois planos: a construção de barragens, com regolfos de média/grande dimensão, que proliferam em toda a área regional, e a *eucaliptização* que se abateu sobre extensas áreas, desde a faixa norte de Gavião e Nisa[71] até ao limite sul, onde a Serra d'Ossa ostenta, ainda hoje, as cicatrizes derivadas do plantio indiscriminado. Na prática, em escala de incidência sobre o património arqueológico e em área total abrangida, foram estes os dois agentes destruidores e ocultadores que muito condicionam a percepção das redes de povoamento antigas. O outro aspecto negativo, resultante da progressiva condição periférica, centra-se na recessão demográfica. Cada vez mais se vê menos gente. Com o êxodo rural iniciado nos anos cinquenta, e que continua ininterruptamente, quebraram-se os vínculos de sucessão geracional, perdeu-se o profundo conhecimento do território e das cargas de conteúdos nele contidas, desperdiçou-se a secular familiaridade com a terra. Os campos estão hoje ao abandono, as propriedades encerradas, o mato crescendo descontroladamente e as casas agrícolas em ruína, desfazendo-se mais a cada estação do ano. As memórias perderam-se e a descodificação dos conteúdos que a paisagem natural e humana contém está hoje a ser remetida para o limbo do esquecimento. Andar no campo, por estes campos, é cada vez mais um passeio pela solidão.

1.3. As delimitações administrativas

Não existem dados suficientes para que as fronteiras interiores da província da *Lusitania* sejam traçadas com rigor, em especial no tocante às delimitações conventuais e das *civitates*. Não existem dados epigráficos que nos permitam perceber a existência de *termini*, embora algumas inferências possam ser feitas a partir de indicadores indirectos. É certo que não é este o local ideal para tentar traçar ao pormenor estas delimitações, não porque me queira eximir à problemática, que penso ser relevante para a compreensão dos investimentos e das lógicas de alteração da paisagem humana e construída, mas porque o principal propósito radica na compreensão das redes de povoamento e este tema encontra-se (digamos) a montante dessa problemática. Todavia, algumas questões subsistem. E apresentá-las pode ajudar à percepção dessa rede de povoamento, pelo que alguns considerandos são necessários.

Comecemos por um dado genérico sobre a delimitação administrativa da capital. Centra-se na conhecida passagem de Frontino que nos refere ser o

71 Caninas & Henriques, 1995.

território directo de *Augusta Emerita* de impressionante amplitude (*magnitudo agrorum*), pois as terras foram atribuídas até à máxima extensão julgada útil (*agri sunt adsignati qua usque tunc solum utile visum est*)[72]. Portanto temos duas realidades: um território de enorme vastidão, desmesurado mesmo, que começou a ser delimitado a partir dos seus limites exteriores, como de resto era prática[73]; e a percepção de que esse imenso espaço era o reflexo do papel civilizador que se esperava que desde o primeiro momento a capital exercesse sobre a envolvente. É indiscutível que a ordem imperial (neste caso, o próprio Octávio Augusto) via em *Augusta Emerita* uma célula activa de romanização a quem competia organizar um território, interagindo com ele. Esta realidade foi criada sob o ponto de vista administrativo, mas sabemos que a *urbs* não foi dotada de suficientes efectivos do ponto de vista humano para realizar a tarefa, pelo que as repartições ficaram sempre restringidas ou despovoadas[74].

Em relação à fronteira ocidental do termo emeritense, os dados são pouco esclarecedores. Dois indícios existem, todavia: por um lado, os marcos miliários e, por outro, as menções epigráficas da tribo *Papiria*[75]. Começando por este ponto, temos um conjunto de testemunhos de emeritenses na região: *Sextus Aebutius Rufinus*, em Veiros (Estremoz)[76]; na mesma freguesia temos *L. Marius Caprarius*, em Herdade da Guardaria[77]; e na zona de Elvas temos *Gaius Julius Gallus*[78] e *Cornellius Gallus* em Vila Boim. Portanto, os dois primeiros são quem se encontram mais a ocidente, o que tem conduzido a considerar Veiros como o limite, comprovando a referência textual de Urbico[79]. Quanto aos miliários,

72 Sigo de perto Le Roux, 1999: 265; Gorges & Rodríguez Martín, 2000: 136. Para um estudo exaustivo da problemática ver Ariño & Gurt, 1994.

73 O estado romano criava um mappa das circunscrições administrativas, traçando os limites externos das mesmas (ager per extremitatem mensura comprehensus) como forma de delimitação primordial (Saez Fernández, 2002: 402-403). Como Augusta Emerita foi colónia e capital provincial, o seu termo terá sido o primeiro a ser definido, com prioridade sobre todos os outros.

74 Rodríguez Martín, 1999: 124.

75 Contra a utilidade deste argumento, sobre o qual levanta objecções, ver Le Roux, 1999: 271ss, que prefere referir-se a uma "zona de influência". Como afirma o autor, um dos nós axiais neste problema refere-se ao facto de que "nous ignorons ce qu'était le réseau des cités de l'époque julio-claudienne entre Evora, Ammaia et Norba-Mérida" (p. 271), ou seja, esta debilidade da rede urbana não nos permite perceber o "contrebalance" ao peso da capital no território emeritense ocidental.

76 IRCP nº 442.

77 IRCP nº 461, aqui atribuído a "Herdade da Granaria".

78 IRCP nº 577.

79 De controversiis 44,5, citado em IRCP p. 774, que nos diz que a capital iniciou o povoamento do seu território a partir das suas áreas mais afastadas, um princípio conforme à política augustana (Le Roux, 1999: 265). Nesse caso poderíamos ter em Veiros um núcleo de instalação de colonos da geração inicial. O processo indicado foi o utilizado em toda a Hispania: "A partir del reconocimiento del territorio de la comunidad indígena, se procedía al acotamiento o medición del mismo, dentro de la posibilidades administrativas que Roma poseía en esta etapa republicana. A nuestro entender, el sistema era el conocido como ager extremitatem mensura comprehensus como nos informan los agrimensores. Como su mismo nombre indica, el plano catastral sólo recogía los confines externos sin que en él apareciesen las distintas divisiones interiores. Para la Península

a recente correcção de propostas anteriores[80] permitiu atribuir a Herdade de Alcobaça (Elvas) um marco que apresenta explicitamente a contagem da milha LXV a partir de *Emerita Augusta*. Portanto, este referente viário indica que este espaço, quase até ao limite com Monforte, estaria na dependência da capital, como outros autores têm sugerido[81]. Deste ponto a Veiros distam cerca de dez quilómetros, mas no seguimento da via deixamos de ter mais miliários. Note-se, contudo, que o tema se encontra longe de ser consensual. Relembrem-se algumas propostas recentes: Jean-Gérard Gorges e Germán Rodríguez Martín[82] fixaram os limites da *pertica* emeritense em torno da milha XXVIII, entre os miliários da ermida de Bótoa (a *Budua* do Itinerário antoniniano) e o encaixe do Caia[83] no Guadiana, sendo a escolha dos limites feita pelos traçados destes rios e do Xévora. No entanto, Elvas e Campo Maior estariam ainda dentro do âmbito da capital, o que indica que afinal o limite não seria definido pelos cursos de água[84]. Posteriormente foi alvitrada a hipótese de o *territorium* emeritense se circunscrever a limites próximos dos actuais entre Elvas e Badajoz, retirando ainda um espaço no ângulo norte-ocidental da província de Badajoz[85]. Finalmente, a proposta mais recente, de Tomás Cordero Ruiz[86],

---

Ibérica tenemos una alusión directa para los casos de Helmantica y Pallantia, indicando Frontino que este sistema se utilizaba cuando se asignaba el modus universus agri a la civitas o al populus. El estado romano establecía una forma o mappa de esas tierras englobando sólo los límites externos de las mismas, formae que en determinados casos serían utilizadas para resolver los problemas de límites de las mismas en relación con otras comunidades vecinas." (Saez Fernandez 2002: 402-403). Ou seja, as linhas eram definidas a partir das delimitações pré-existentes, respeitando-se os costumes e tradições locais. Situação que se conjuga com o que nós conhecemos do investimento civilizador, pois a escolha pela instalação de colonos visava fixar estes mesmos limites. Note-se contudo que estas instalações em zonas menos povoadas e mais inóspitas, poderiam não ser "bolsas de romanização" a tempo inteiro, mas meras residências secundárias, "élevées à leur risques et périls dans une zone réputée dangereuse [...]" (Gorges & Rodríguez Martín, 2000: 138).

80 Almeida, Carneiro, Rodríguez Martín & Morgado, 2011. Já Maria José Almeida havia abordado esta situação na sua tese de 2000: 163. Quanto ao miliário de Herdade de Alcobaça, ver IRCP nº 670.

81 Alarcão, 1987, p. 77-78; Gorges e Rodríguez Martín, 1999, p. 261-262.

82 1999a.

83 Neste sentido seria muito tentador ver no hidrónimo a evolução do étimo árabe Gayāt, limite, que poderia ser uma confrontação administrativa. A propósito do mencionado em Carvalho, 2007: 117, nota 100.

84 "La zone Elvas/Campo Maior représenterait grossièrement un cercle de 25km de rayon, soit une superfície d'environ 2.000km2, pouvant éventuellement s'ajouter au térritoire émêritain" (Gorges & Rodríguez Martín, 1999a: 262, nota 63). Raras vezes um curso de água constitui um limite, como aliás se comprova mais a sul, com a fronteira entre a Lusitania e a Baetica não sendo plenamente concordante com o traçado do Anas.

85 Ramirez Sádaba, 2004, revendo a sua proposta de 1993. Tal pode obrigar a considerar a existência de um antigo núcleo urbano em Elvas ou nas imediações, situação nunca devidamente esclarecida pela investigação. RP 6/220 propõe para Elvas a existência de um vicus na dependência de Augusta Emerita.

86 2010. O autor realiza também um cuidado balanço historiográfico das diversas propostas (151-160).

volta a situar nos limites fluviais a circunscrição administrativa, contemplando contudo a possibilidade de as pedreiras de Estremoz, Borba e Vila Viçosa se encontrarem sob influência directa emeritense, embora não no seu *ager*. A mais detalhada proposta é a de Vasco Mantas[87] que com base em informações epigráficas coloca o termo "entre Veiros e S. Pedro de Almor, situando-se perto de Veiros um *trifinium* entre *Ammaia*, *Ebora* e *Emerita*", sendo que pela ribeira Grande ou de Avis se poderia desenvolver o limite, de acordo, aliás, com proposta anterior[88]. Em consonância com estes indicadores o termo da capital provincial englobaria uma frente contínua que, em território português, se estenderia desde Elvas até ao limite noroeste do concelho de Estremoz[89], ou o *pagus marmorarius* de Estremoz teria uma autonomia própria na vigilância da capital[90]. Para norte temos um outro indicador viário: os dois marcos miliários de Campo Maior[91] também apresentam a contagem de milhas a partir da capital, e na mesma ordem de ideias deve ser considerada a inclusão deste espaço no aro emeritense, passando por aqui o limite norocidental. Temos então um espaço em estudo parcialmente inscrito na dependência directa da capital provincial, abrangendo os actuais concelhos de Campo Maior e de Elvas[92], e contemplando também a gestão das pedreiras de mármore de Estremoz, Borba e Vila Viçosa, embora deste local seja proveniente uma epígrafe de um membro da tribo *Galeria*[93]. Um território vasto e mais amplo para ocidente do que o geralmente considerado, o que confere à capital provincial um espaço não quadrangular, mas descentrado para ocidente.

O termo de *Ammaia*, mais tardio porque de criação flaviana, foi dado a conhecer por Possidónio Laranjo Coelho[94] e profundamente tratado por José Fraústo Basso com uma proposta convincente[95] feita a partir da doação de Guindintesta por D. Sancho I (13 de Julho de 1194), que provavelmente

---

87 2000: 409.

88 Plana-Mallart, 1995.

89 Alarcão, 1999a. Foi esta proposta apresentada em primeiro lugar por José Maria Alvarez Martínez (1988), que propõe a inclusão do anticlinal na área directa de dependência emeritense, dado o seu valor estratégico.

90 Apesar do tema ser polémico, e para já só passível de ser esclarecido com novos dados epigráficos, poderia corresponder à praefectura ocidental, ainda não localizada, de Augusta Emerita. A favor desta proposta está Canto, 1989, e também Gorges & Rodríguez Martín (2005). Contra ver Le Roux, 1999, que rejeita a hipótese, invocando a inexistência de dados epigráficos conclusivos e a possibilidade de os marcos miliários apresentarem um referente de contagem feito em função da capital de conventus e não do ager.

91 Carvalho, 1988b e 1988c.

92 Ressalvando o desconhecimento da eventual existência de um aglomerado urbano sob ou nas imediações da actual cidade de Elvas, como assinala Jorge de Alarcão (RP 6/220), pois efectivamente existe nesta região um vazio de aglomerados de dimensão relevante.

93 A tribo pertencente à cidade de Ebora. Ver IRCP nº 467.

94 Coelho 2001, sendo a proposta publicada em 1924.

95 Basso, 1988.

seria decalcado sobre os limites de época romana[96]. Teríamos um traçado pelo Vale de Gavião (o termo ocidental com *Aritium Vetus*, provavelmente situada em Alvega[97]), e a partir daí pelo caminho conhecido como *Vereda da Sardinheira*[98] até entrar no espaço actualmente espanhol, onde se estenderia até à foz do rio Salor. Desta forma, uma fatia substancial ficaria em espaço actualmente extremenho. Mais a sul, confrontaria com o termo emeritense algures a oriente da actual vila de Monforte, na medida em que duas epígrafes deste concelho mencionam cidadãos da tribo *Quirina*[99], a que surge inscrita em *Ammaia*. Considerando que para oeste poderíamos ter um limite no actual núcleo urbano de Ponte de Sôr, onde uma inscrição monumental marcaria uma confrontação administrativa[100], teríamos na área centro-sul um amplo território central que ao tempo poderia ser ocupado quase integralmente por *Ammaia*, que atingiria o território monfortense e talvez a Ribeira Grande. Falta-nos contudo perceber o papel de *Abelterium*, caso seja um núcleo urbano de projecção administrativa[101].

96 Para um enquadramento histórico ver o texto de Hermínia Vilar, 1996. Um dado relevante a salientar é o facto de os termos desta doação, e também a da herdade de Açafa, contemplarem territórios a norte do Tejo. Também as circunscrições romanas tinham em geral o entendimento de um rio como um espaço contínuo, pelo que as suas duas margens pertenciam ao mesmo termo (como sucedeu, por exemplo, com o território de Scallabis). É portanto plausível que o espaço ammaiense englobasse áreas da margem norte do Tejo.

97 Casal da Várzea, RP 6/46.

98 Primeiramente apresentado por Mário Saa no seu Tomo III: 203-275 e revisto em Carneiro, 2008: 91-93. Saa também utilizou a documentação apresentada por Laranjo Coelho, mas a sua correspondência com os topónimos actuais foi imperfeita.

99 IRCP nº 578 e 595a. Opinião avançada primeiramente em Alarcão, 1985b: 102-103; ver também Guerra, 1995: 24-25; e Alarcão, 1999a: 74.

100 Sobre a epígrafe ver Silva & Encarnação, 1990. A hipótese de um limite administrativo é lançada por Jorge de Alarcão (2006: 225) nomeando-o como a "extrema oriental do conventus Scallabitanus". A abundância de marcos miliários para oriente em contraste com a escassez no sentido escalabitano é outro indicador indirecto, o que leva a crer que o investimento feito no troço viário entre a Ponte de Vila Formosa e a actual Ponte de Sôr foi efectivo, possivelmente por parte de alguma magistratura local.

101 Feita a comprovação toponímica (António & Encarnação, 2009a), talvez o prosseguimento das escavações venha a comprovar esta hipótese, já adiantada em RP, visto que existe uma enorme distância entre as civitates de Ebora e Ammaia (Alarcão, 1988b: 29).

2. Critérios e metodologias de trabalho no quadro territorial de referência

2.1. Problemática geral

A adopção de uma área tão vasta implica necessariamente uma menor atenção aos detalhes. Esta escolha de amplos territórios leva a que seja adoptada uma "perspectiva *macro*"[102], que conduz a uma análise da rede de povoamento e de ocupação do território em que se pode perder a fidedignidade interpretativa. Valorizam-se mais os sítios principais, de elevada monumentalidade e que por isso *aparecem* mais no registo de investigadores ou de leigos, invertendo-se a projectada pirâmide da arquitectura de povoamento em época antiga. Estando a olhar para uma sociedade complexa, onde as formas de ocupar o território são funcionalmente específicas, sectoriais e estratificadas, corremos o risco (aqui assumido) de entender uma rede onde os locais mais amplos surgem primeiro ao olhar, tornando menos fidedigna essa visão, que simultaneamente perde a sua (digamos) leitura multifacetada. Quanto menos conhecido for um território, mais errónea essa visão se torna, porque menos os sítios *de base* aparecem (ou, dito de outra forma, quanto mais intensamente um território for prospectado, mais clara será a noção das diversas categorias de povoamento e sua complexidade). Em sentido mais abrangente, que não apenas vinculado às redes de povoamento, também posso afirmar que "A principal attraction of archaeological data is that unlike written records everybody created them everywhere - rich and poor, literate and illiterate, Roman and barbarian, in town and country."[103] A título de exemplo, compare-se um caso bem conhecido e palmilhado no terreno, como o de Fronteira, com o concelho vizinho de Alter do Chão, e veja-se a confrontação das redes de povoamento, onde no

102 Fabião, 1998: 123.
103 Barker & Lloyd, 1991: 1.

segundo apenas os sítios monumentais aparecem, por contraponto à densidade de pequenos sítios do primeiro.

Esta leitura pode ser aprofundada com uma outra, cuja constatação é, de certo modo, perturbante e que se traduz no facto de não sabermos se, nos territórios menos prospectados e conhecidos, os sítios valorizados como *mais importantes* ou *mais monumentais* seriam, na época em estudo, os pontos centrais ou articuladores das redes de povoamento. Nem sempre os sítios hoje visíveis eram os mais relevantes na altura; e inversamente, ainda hoje sítios então visíveis permanecem *invisíveis*, passe o paradoxo[104]. Um caso emblemático: o de Mosteiros, no Crato. Um local unicamente mencionado por Mário Saa, em descrição que poderia ser tomada por uma das extremas adjectivações do autor[105]. Talvez por este facto (a *proveniência da informação*) Mosteiros não mais tenha sido mencionado na bibliografia, caindo o manto de silêncio sobre um sítio muito relevante, em área ocupada e abundância de elementos. Outro exemplo que pode ser invocado é o da recente identificação de Horta de Fraguil em Alpalhão, com hectares de extensão e o impressivo *tapete de cerâmica* de um sítio que permaneceu na obscuridade. O que leva à óbvia pergunta: quantos mais sítios monumentais – e centrais – estão ocultos? Veja-se o que não conhecemos sobre as *mansiones* do *Itinerário de Antonino* na zona para se comprovar o grau de desconhecimentos que ainda subsiste.

Temos, portanto, um duplo vector de condicionantes: como saber se os sítios mais visíveis seriam os de conteúdos mais relevantes (os *centros de poder*) na época em causa; e ter também a noção de que outros sítios tão ou mais visíveis/relevantes ainda estão por conhecer, dada a deficiente e desigual investigação arqueológica na região.

Por outro lado, pode colocar-se a questão da fidedignidade dos trabalhos de campo. E aqui pode ser convocado o exemplo do concelho de Fronteira. Note-se que um terreno intensamente prospectado ao longo de quatro anos teve, nas prospecções agora realizadas (de forma aleatória e sem propósitos intensivos) mais alguns sítios a acrescentar ao quadro conhecido. Ou seja, o *retrato* fronteirense tirado em 2004 e 2005 já sofreu actualizações, mostrando o quão enganador é o conceito de *Carta Arqueológica*, que na verdade deveria ser encarado como um *ponto da situação* e nunca como uma *súmula definitiva* de tudo o que existe[106]. O desejável é que se crie uma *sedimentação* da informação,

104 Situação acrescida quando lidamos com realidades históricas (intrinsecamente diferentes das pré-históricas, onde o conceito de visibilidade é diferente), que induzem no prospector a perspectiva de uma relação directa entre "monumentalidade" e "relevância", o que não é necessariamente correcto. Sobre as problemáticas de actuação em paisagens históricas ver em especial Aston, 1985.

105 "É difícil achar em qualquer outro ponto do país um tal alfobre de material romano [...]" em Saa, 1967: 89. Ver ficha de sítio respectiva no concelho do Crato, nº 29.

106 A este respeito, ver a introdução de Carlos Fabião em Carneiro, 2005.

alimentada por vários e distintos olhares, com sensibilidades específicas, que vão lentamente construindo uma informação cada vez mais fidedigna, afinada e, ela própria, evolutiva. A paisagem muda, os sítios arqueológicos mudam, o olhar dos investigadores muda, assim como mudam as épocas em que trabalham e os métodos à disposição[107], e é saudável perceber isso mesmo, o que nem sempre resulta claro na bibliografia arqueológica portuguesa, na qual o conceito de *carta arqueológica* continua a ser algo que nos *desobriga* de voltar ao campo, como se fosse um retrato final e imutável. Também aqui se vê como a ausência de uma tradição de investigação de campo na Arqueologia portuguesa é um fardo pesado que, para esta área em concreto, se sente de forma brutal.

O presente estudo pretende ser, portanto, o retrato de uma época. Não da época romana ou tardo-antiga, mas dos inícios do terceiro milénio d.C.; de um momento da paisagem do Alto Alentejo onde os testemunhos de uma época anterior ainda sobrevivem, em muitos casos esquecidos, e em outros por descobrir, mas também onde tantos (incluindo de centralidade?) se perderam irremediavelmente. Assumir as limitações da análise e do que não se sabe, é, do meu ponto de vista, salutar. Não deve, por isso, ser encarado como um retrato final, mas também não é um mero esboço. Pretendeu ser sistemático na reunião da informação conhecida e ambicioso na angariação de novos dados. É uma síntese de conhecimentos, que reúne, verbaliza e reflecte sobre o que se conhece. O que foi possível registar entre 2007 e 2011 d.C.

Um caso exemplificativo. Os alicerces fundamentais do presente estudo assentam em dois vectores. Por um lado, a informação produzida por outros autores que agora se apresenta, pela primeira vez, compilada de forma sistemática (mas seguramente não exaustiva, pois outros sítios existirão, unicamente registados em documentos não publicados, obras de difícil acesso, páginas ignoradas da imprensa regional ou manuscritos guardados em arquivos locais e que, por isso, escaparam ao olhar). E por outro lado os trabalhos de terreno em busca dos sítios mencionados, e que pontualmente permitiram a identificação de outros lugares, considerados como inéditos. Ora esta estratégia implica várias condicionantes. A mais decisiva será o facto de lidar com *impressões de superfície*, pois é escassa a percentagem de sítios que beneficiaram de escavações arqueológicas (ou, para usar uma dose de ironia, *sofreram* escavações arqueológicas...); e desse universo mínimo é ainda mais residual os que foram publicados e dados a conhecer. O facto de lidarmos

107 Greene (1986: 100) invoca um exemplo muito interessante relativo a prospecções no território grego que permitiram identificar até dez vezes mais sítios do que os reconhecidos até 1970. Não porque as aptidões dos prospectores tivessem mudado, apenas a postura metodológica, pois "the major difference is that the more recent surveys have tended to examine smaller areas in greater detail." No âmbito regional temos o caso de Marvão, em que Afonso do Paço fez um primeiro levantamento (1950 e 1953) aprofundado com o trabalho recente de Oliveira, Pereira & Parreira (2007).

com vestígios de superfície implica um feixe de elementos que não podem ser negligenciados, pois distorcem a análise. O mais decisivo é porventura aquele que se reflecte no resultado final: no limite, temos um conjunto de pontos cartografados no mapa. A plasmação destes pontos no mesmo suporte induz imediatamente a ideia de que a rede de sítios em algum momento funcionou em simultâneo. E tal está longe de ser um facto, uma vez que sobre uma esmagadora maioria de locais não existe qualquer indicador cronológico fidedigno ou, quando existe, não se pode considerar representativo, porque testemunha apenas *material datante encontrado à superfície*. Frequentemente as leituras entusiasmadas de vários investigadores esquecem que os materiais de superfície representam uma complexa variação de factores pós-deposicionais que influem de modo diferenciado em cada sítio arqueológico, para mais em paisagem tão diversa como a do Alto Alentejo, e mais ainda em sociedades tão complexas como a romana, que produziu sítios igualmente complexos, muitos deles com continuidades posteriores e, ao longo da diacronia, com diferentes densidades. A busca pela visibilidade de superfície induz em outro erro, que se traduz na ignorância da *invisibilidade dos registos de superfície*: não será a rarefacção de pontos de povoamento em concelhos como Nisa, Gavião e Ponte de Sôr também devida à utilização de matérias-primas localmente disponíveis que desaparecem sem deixar marcas, como as taipas, adobes e alvenarias com seixos de rio e argilas? Se privilegiamos o silhar de granito como marca da romanidade monumental, que registar em terrenos onde as soluções construtivas poderiam ser outras, ditadas pela ausência de matérias--primas? Em locais com uma cultura material erosionável, que desaparece sem deixar marcas à superfície, o que fica? E em última análise o que nos dizem os materiais de superfície sobre as complexas realidades sociais, demográficas, culturais, políticas e económicas de um momento tão evolutivo quanto este? O que significa catalogar um sítio como *villa* em função do registo de superfície (ou, em sentido inverso, o registo de superfície conceder-nos informações contraditórias com as nossas tipologias de referência)? O que nos diz o acumular de pontos no mesmo suporte cartográfico? Ou seja, como se obtém o registo qualitativo a partir de uma investigação baseada em suportes tão frágeis e lacunares como as *visitas a sítios* ou *prospecções errantes*, efectuadas uma única vez e condicionadas pela época do ano, luminosidade, uso do solo, visibilidade e um largo etc.? Mas por outro lado – contraste total –, por vezes uma prospecção feita em condições óptimas permite-nos perceber melhor um local do que outros escavados, mas cujos registos são lacunares, as plantas inexistentes, os materiais esquecidos... Portanto, os níveis de percepção de análise são diferenciados, flutuantes, e a impressão que fica é... incómoda. De qualquer modo, sempre que foram encontrados materiais datantes à superfície estes são mencionados nas respectivas fichas de sítio, por se considerar que constituem um indicador (não mais do que isso) sobre a vivência dos próprios sítios. Tal como os materiais de superfície não devem ser sobrevalorizados, também em caso algum devem ser ignorados, pelo que a sua anotação é imprescindível. Mas não se encontrarão por aqui descrições de materiais ou o seu registo gráfico. O foco da análise, o cerne da leitura centra-se nos sítios, em cada um deles e na sua estruturação formando redes de povoamento.

Existem severas condicionantes nas bases informativas, quer na *sedimentação* dos dados, quer nas impressões de terreno. Portanto, as leituras que se ensaiam são condicionadas por complexos problemas de análise, e por isso o registo adoptado é muitas vezes *impressionista*, tendo deliberadamente optado por este tom em lugar de uma postura mais objectiva (ou científica, ou padronizada, ou asséptica) para que nunca deixem de estar presente estas condicionantes de base e não se induza em erro o leitor, concedendo uma carga de objectividade efectivamente residual. As "leituras espaciais" são sempre tentadoras, em especial com a parafernália de vectores de análise que a *New Archaeology* foi importando de áreas disciplinares similares, ultimamente potenciados pela utilização de Sistemas de Informação Geográfica. Mas todo este conjunto de ferramentas muitas vezes iludem a precariedade da base informativa, ou então criam outra condicionante, a de olharmos para o tecido do povoamento como um todo standardizado, repetitivo e formatado de modo objectivado e preditivo. O que, para o período em causa, é manifestamente perigoso[108]. Por outro lado, também o relativismo e ausência de novas propostas na pós-modernidade resultam estéreis na assumpção dos modos de superação das crises epistemológicas. Portanto, o trabalho de campo, a leitura do terreno, com todos os excessos empiristas e hiper-subjectivos que podem desencadear, continuam por mim a ser encarados como a melhor forma de ler o espaço e conhecer as gentes que o habitaram.

2.2. Critérios de reunião da informação

A investigação arqueológica sobre o povoamento rural de época romana apresenta uma longa tradição e uma consolidada experiência de terreno. Não sendo este o local para efectuar uma análise sobre alguns dos principais marcos historiográficos[109], destaco contudo uma ideia fundamental que recolho da leitura da bibliografia consultada: mais do que as características intrínsecas da rede de povoamento ou dos quadros paisagísticos da época ou actuais, ou sequer da logística e meios à disposição, a determinação dos resultados depende sempre de adequados e coerentes princípios metodológicos e da sua

108 Tive ensejo de tratar este tema em ensaio recente: Carneiro, Poder e Território.

109 Embora já algo datada face aos desenvolvimentos recentes, consulte-se mesmo assim a súmula bibliográfica para os campos hispano-romanos em Gorges, 1992.

aplicação concreta, ou seja, da postura e do respeito do investigador perante esse quadro referencial.

O presente estudo seguiu uma linha pouco ortodoxa. As prospecções não foram sistemáticas, as descrições de terreno são assumidamente mais descritivas do que objectivas, os desequilíbrios de conhecimentos revelaram-se intransponíveis. No entanto, desde o primeiro momento um compromisso foi adoptado: o de sobre a área geográfica de referência procurar reunir todos os dados que fosse possível congregar. A sistematicidade do quadro informativo de partida (que naturalmente nunca esteve fechado, mas em ampliação constante) foi portanto um *imperativo ético.* Este propósito de congregar toda a informação existente exigiu uma atenção dedicada à análise das diversas fontes e suportes que pudessem libertar esses mesmos dados. Dada a experiência anterior já detida em investigação sobre um território concreto[110], adoptaram-se os mesmos referenciais, com as necessárias cambiantes:

1. Inventários de informação:

1.1. Planos Directores Municipais (PDM). É de realçar o desequilíbrio desta fonte. A generalidade dos PDM para a área em estudo continua a ser de primeira geração, em que o recurso a arqueólogos para a sua realização não foi obrigatória e, por isso, resultou esporádica. A heterogeneidade é notória: alguns apresentam uma mera sinalização cartográfica, sem conteúdos ou descrição, muitas vezes referente apenas aos sítios classificados (como sucede no caso de Fronteira); em outros, o PDM assume um tentame de carta arqueológica, com informação mais coerente, organizada e tratada por alguém com conhecimentos sobre a área. A única vez em que a elaboração de um PDM envolveu trabalhos de campo efectuados por um arqueólogo foi o caso de Sousel, cuja escassa duração se reflectiu no reduzido número de sítios encontrados.

1.2. *Processos de sítios e Endovelico.* Os alfobres documentais depositados na Direcção Geral de Cultura do Alentejo em Évora e no Instituto de Gestão do Património Arquitectónico e Arqueológico (IGESPAR) em Lisboa revelaram muitos relatórios de trabalhos arqueológicos não publicados e numerosa informação contida em correspondência institucional. Quanto ao inventário nacional de sítios arqueológicos[111], reflecte as já mencionadas desproporções informativas, pelo que se torna redundante reforçar o tema. Mas parece-me relevante deixar o mais fiável indicador de aferição, o número de sítios constantes da base de dados geral para cada concelho. Assim, temos[112]:

110 Carneiro, 2005.

111 http://www.igespar.pt/pt/patrimonio/pesquisa/geral/arqueologico-endovelico/

112 Consulta final, revendo as anteriores, feita entre Janeiro e Fevereiro de 2011. Foram consideradas todas as entradas resultantes da busca por concelho, sem descriminação de realidades urbanas ou rurais. Como se torna evidente pelas indicações do Código Nacional de Sítios (CNS) constantes do volume de sítios, a base de dados apresenta erros na localização por

Endovelico: **número de entradas de sítios arqueológicos por concelho**

Concelho	**Nº referências**
Alter do Chão	76
Arronches	43
Avis	121
Borba	47
Campo Maior	48
Castelo de Vide	113
Crato	115
Elvas	164
Estremoz	162
Fronteira	205
Gavião[113]	39
Marvão	232
Monforte	357
Nisa	205
Ponte de Sôr	203
Portalegre	40
Sousel	14
Vila Viçosa	27

2. Informação publicada:

2.1. Bibliografia. Ao contrário do ponto anterior, foi possível manusear os diversos desequilíbrios existentes, que podem ser complementares ou funcionar em diversos patamares de informação. Quero com isto dizer que é necessariamente diferente o feixe de conteúdos que se extrai de uma tese de mestrado ou de uma monografia local; mas em ambos encontramos matéria informativa para ser trabalhada. Portanto, aqui foram considerados os diversos elementos deste universo como estudos gerais, estudos específicos, estudos em âmbito académico, estudos monográficos locais, inventários temáticos, referências dispersas, etc.

2.2. Imprensa regional. Não existindo um periódico de referência durável no tempo nem de temática específica, foram consultados títulos como *Brados do Alentejo*, *O Elvense* e *O Distrito de Portalegre*. Todavia, o universo da imprensa regional é dificilmente controlável a esta escala, pelo que muitos periódicos que poderão conter informações relevantes não foram considerados, em especial os de âmbito concelhio.

2.3. Fundos documentais. Alguns fundos informativos estão ainda por tratar. Refiro-me, por exemplo, às documentações eclesiásticas ou aos arquivos municipais que apresentam um tremendo potencial para o conhecimento

concelho, pois em várias situações os sítios arqueológicos apresentam deficiências de registo, seja por inclusão, seja por exclusão. No primeiro exemplo, alguns concelhos incluem sítios de outras realidades geográficas, como o concelho de Sousel, que regista um menir (Vale de Besteiros) na realidade localizado em Portel. No segundo caso, temos o exemplo do concelho de Fronteira, que na Carta Arqueológica publicada (Carneiro, 2005) e no projecto de investigação objecto de relatório entregue à tutela (Projecto LACF aprovado pelo IPA no quadro do PNTA-2000 e terminado em 2005) registou 222 sítios, mas que no Endovelico apenas inclui 204 entradas, vistos que alguns locais estão dados como pertencentes ao vizinho concelho de Monforte.

113 Inclui a freguesia de Belver.

de dados que podem ser lidos em perspectiva diacrónica: as confrontações administrativas ou os caminhos públicos, por exemplo. Mesmo assim, foram consultadas as *Memórias Paroquiais* parcialmente disponibilizadas ao público na Internet[114]. Alguns recursos puderam ser acedidos: o excepcional fundo de Victorino d'Almada, guardado no Arquivo Municipal de Elvas; o epistolário de José Leite de Vasconcellos, em depósito no Museu Nacional de Arqueologia, para o qual foram escolhidos todos os remetentes enviados a partir de localidades situadas nos dezoito concelhos da área considerada (logo, podendo existir outros na zona mas que tenham escrito a partir de outras direcções), cujas referências e epístolas foram exaustivamente lidas; a documentação de Mário Saa, em depósito na Fundação Arquivo Paes Telles em Ervedal.

2.4. Cartografia. Foram analisados os suportes relativos às Cartas Militares 1: 25000 e às Cartas Geológicas 1: 50000. Em alguns casos concelhios – não em todos, por dificuldade de acesso à informação –, foram analisadas as Cartas Cadastrais 1: 5000 que contêm preciosos micro-topónimos de interesse arqueológico. Desta vez, e unicamente por constrangimentos logísticos, não pude estudar os ortofotomapas existentes no Instituto Português de Cartografia e Cadastro (escala 1:15000), embora o *Google Earth*[115] tenha sido uma preciosa ferramenta. Para a cartografia antiga foram de especial utilidade os conteúdos disponibilizados pela Biblioteca Nacional Digital[116].

2.5. Toponímia e elementos auxiliares. Em todos os suportes consultados foram reunidos os topónimos considerados de interesse arqueológico ou de especial conteúdo relevante[117]. Foram assinalados ou realçados na cartografia, e no terreno foi tentada a sua confirmação ou indagação de origem. Elementos de indicação paleo-económica, como menções a metais, minerais ou recursos aquíferos foram também considerados. Toda a hagiotoponímia foi registada, bem como os conteúdos de carácter simbólico (as "fontes santas", por exemplo). Foram anotados conteúdos sobre lendas e tradições que pudessem testemunhar memórias de algum modo relacionadas com a época em estudo.

2.6. Documentação de planeamento regional. Por consulta directa nos dezoito municípios da área abrangida foram analisados todos os documentos elaborados em âmbito de ordenamento do território: Planos Directores Municipais de todos os concelhos, Planos de Pormenor, Cartas Arqueológicas ou Cartas de Património. Em todos os municípios, a documentação foi consultada nos serviços técnicos ou na biblioteca municipal respectiva.

---

114 http://portugal1758.di.uevora.pt/ Tive acesso a todas as Memórias Paroquiais da área em estudo graças ao empenho do Dr. Francisco Segurado, a quem muito agradeço, que me facultou a documentação já transcrita.

115 http://earth.google.com/intl/pt/

116 http://purl.pt/index/geral/PT/index.html

117 Entre as bases para destrinça de topónimos temos pistas lançadas por J.-G. Gorges (1979: 86).

2.7. Fundos locais. Nas dezoito bibliotecas municipais foram consultados os documentos respeitantes a cada concelho. Nessas secções guardam-se acervos informativos de variada índole, como notícias de jornais, trabalhos especializados, relatórios, trabalhos académicos ou escolares, imprensa local, etc.

2.3. Critérios de prospecção e metodologia de campo

Tratar uma região tão vasta implica um conjunto de condicionantes relativos ao trabalho de campo. Em anteriores estudos[118] havia adoptado o critério da prospecção intensiva. Do ponto de vista teórico, é esta a abordagem metodológica mais correcta em termos de análise de território, distanciando-me de posturas que privilegiam as amostragens, os critérios probabilísticos ou quantitativos, entre outras fórmulas. Todavia, no referido projecto foi possível determinar que, em cinco anos de duração, com uma intensidade média de trabalhos de campo de dois meses ao longo de cada ano, apenas um terço da área total dos 245,2 km^2 do concelho de Fronteira havia sido percorrida. Uma fracção do território, portanto, o que necessariamente criava severas limitações à análise. Tal como nesse projecto[119], a opção rapidamente passou a ser a de encarar o território como um todo, mas tratando-o de forma particularizada, elegendo para prospecções territórios diferenciados mas ilustrativos do que poderia ser o âmbito geral. Ou seja, perante a possibilidade de se tratar um espaço limitado e circunscrito administrativamente, a opção passou por definir sectores que poderiam ser trabalhados com profundidade mediante prospecções intensivas. A junção desses diversos espaços, cumulativamente ao longo do processo, permitiria ganhar uma noção concreta do território, sempre tendo a noção de que a cobertura da superfície total seria inatingível, mas com a segurança que advinha do facto de se perceber profundamente cada um dos espaços que iam sendo prospectados. Ao invés de uma *manta de retalhos* procurar-se-ia conseguir a profundidade sectorial unida pela síntese global. Depois, e de acordo com as possibilidades humanas e logísticas, a opção passou por realizar prospecções intensivas,[120] com malhas variáveis mas apertadas (em "pente", com cinco ou dez metros de separação entre cada prospector), ao longo

118 Carneiro, 2004 e Carneiro 2005, em cuja linha programática o primeiro se inseria.

119 2005: 23-24, "foi claramente definido que a fase inicial dos trabalhos visava sobretudo percorrer o espaço em análise, conhecer e avaliar o todo geral, para depois partir o território em espaços mais pequenos, definindo micro-zonas de prospecção preferencial, avaliadas em função de circunstâncias várias, como a topografia, a existência de recursos hídricos, referências antigas, proximidade a pontos de passagem ou vias naturais... No fundo, conhecer o território, ler a paisagem e avaliar o existente."

120 Sempre em "field walking", ou seja, percorrendo os espaços a pé. Utilizo este termo para distingui-lo de outras formas de prospecção, como se depreende em Ferdière, 1998: 9.

da maior distância que fosse possível percorrer e privilegiando as condições de visibilidade óptimas (terrenos lavrados ou com pouca vegetação). Critérios estritos, uniformes e sistemáticos.

Estes foram os princípios aplicados a um concelho concreto, espacialmente delimitado, relativamente restrito e onde se pôde trabalhar a tempo inteiro. O que fazer, no entanto, com um território tão vasto, desigual e onde as condições logísticas e humanas eram infinitamente inferiores? Um espaço tão extenso, com informação tão desequilibrada e em diferentes estados de elaboração? Como gerir um projecto para o qual nunca houve dedicação exclusiva, visto que houve sempre a necessidade de compatibilizar a sua execução com as solicitações da vida profissional?

A opção passou, desde o primeiro momento, por assumir que não iriam ser feitas prospecções intensivas ou sistemáticas. A intenção nunca passou por visitar todos os sítios ou por percorrer intensivamente áreas novas. A consciência das limitações que enquadraram este projecto foi assumida desde o momento inicial. A filosofia de trabalho não prescindiu em algum momento do máximo rigor, mas foi claramente assumido que este seria um projecto de visitas a sítios para confirmação e recolha de informação. Nem sequer se assumiu a palavra *prospecção*, embora ela estivesse sempre presente e fosse aplicada. Quero com isto dizer que este foi um projecto de investigação que, na vertente dos trabalhos de campo, procurou sempre confirmar a informação existente, admitindo todavia, que seria possível e desejável angariar conteúdos inéditos, mas não fazendo deste item uma prioridade. Portanto, a linha axial dos trabalhos passou por visitar sítios referenciados nas diversas fontes informativas, procurando relocalizá--los e confirmar a informação: geo-referenciá-los, anotar as condições de implantação no espaço, os recursos disponíveis e as informações de superfície. Não foram feitas prospecções sistemáticas intra-sítio, como ocorreu no projecto de Fronteira. Por este motivo, apresenta-se apenas um código de coordenadas para cada sítio (a partir do presumível ponto central). Portanto, reconfirmar a informação existente através de relocalizações e *visitas* a sítios. Com o decorrer dos trabalhos, iniciou-se a recolha de informações de campo e novas direcções de investigação surgiram: uma referência oral que era imprescindível confirmar; um ponto julgado suspeito na paisagem, na análise cartográfica ou da fotografia aérea; algum recurso específico que era necessário analisar melhor. E então começaram a surgir prospecções localizadas, ou seja, a serem escolhidas áreas e extensões territoriais específicas para trabalhos com vista à identificação de sítios inéditos[121]. É por este motivo que o presente *corpus* apresenta alguns

121 Contudo nunca se tomou a opção adoptada por Pedro Carvalho (2007) de, em face da vastidão da área escolhida, eleger uma unidade específica como "laboratório" para nela realizar prospecções intensivas. No caso, o autor escolheu a zona da Ribeira da Meimoa, com resultados relevantes: "[...] neste contexto e face às limitações de recursos, perguntámo-nos se seria mesmo fundamental (e prioritário) procurar localizar e caracterizar de forma sistemática e

sítios que se julgam ainda não conhecidos, embora estes sejam uma fracção do todo geral. Tratava-se de informação que deveria obrigatoriamente ser recolhida, embora não fosse uma preocupação a identificação de novos sítios[122]. Decorrendo naturalmente desta opção começaram a realizar-se, não meras "visitas", mas casos de prospecção direccionada e localizada. Como na experiência de Fronteira, em algumas ocasiões os trabalhos de campo orientaram-se pelo que foi então designado de *prospecção intuitiva*, "apontando especificamente para determinados locais julgados mais sugestivos para a implantação humana"[123], fruto de uma familiaridade que se foi estabelecendo com a paisagem natural e com os padrões de implantação de sítios. Neste plano de trabalhos de campo, feito essencialmente com prospecções individuais, onde há maior margem para essa interacção entre a paisagem e o prospector[124], foram frequentemente escolhidos ambientes julgados mais favoráveis para a existência de um ponto de povoamento. Isto porque efectivamente se fixam na memória quadros paisagísticos onde, de algum modo, julgamos reconhecer um padrão de implantação que se repete em ambientes semelhantes[125]. Vários sítios inéditos foram assim localizados, bem como outros foram relocalizados:

---

com rigor todos os sítios compilados através da pesquisa bibliográfica. Perguntámo-nos também se não seria antes preferível canalizar os meios disponíveis para prospecções de tipo intensivo [...]" (p. 43) [prospecções intensivas] "[...] a adopção desta metodologia de prospecção no vale da Ribeira da Meimoa permitiu aumentar em muito o número de sítios já conhecidos na área percorrida e, sobretudo, possibilitou a descoberta de sítios revelados à superfície por pequenas manchas de materiais. Assim, foi possível identificar 77 sítios de época romana, podendo ser considerados inéditos 58 (75%), correspondendo a maioria dos sítios cartografados (58%) a lugares com áreas máximas de dispersão de materiais iguais ou inferiores e 600m2." (p. 45). No Alto Alentejo optei sempre por realizar pequenas prospecções intensivas em zonas distantes entre si e de forma pontual, pois assumi sempre a perspectiva macro no tratamento do território, sem privilegiar qualquer sub-unidade por mais coerente ou tentadora que fosse. Para além desse facto, a diversidade de paisagens da área de referência impediu que uma zona em concreto fosse eleita como unidade especifica que de algum modo representasse o todo. No entanto, em projectos futuros e com outra profundidade de análise considero a possibilidade de realizar trabalhos deste género como forma de teste aos enunciados do presente estudo.

122 Exceptua-se naturalmente o caso do concelho de Sousel, cuja identificação foi realizada no quadro do projecto paralelo da carta arqueológica concelhia onde foram feitas numerosas prospecções intensivas. Em Fronteira os resultados são de momento anterior (Carneiro, 2004 e 2005) mas a área do concelho ficou longe de estar integralmente batida, pelo que agora foram feitos trabalhos pontuais.

123 Carneiro, 2004: 36.

124 Embora apresentando severas condicionantes e mesmo perigos físicos, a prospecção individual apresenta vantagens em diversos níveis, incluindo a constância de resultados: "Os trabalhos feitos por um único prospector procuravam ter um critério o mais uniforme possível, já que a leitura arqueológica da paisagem era sempre feita pelo mesmo par de olhos." (Bernardes, 2007: 15).

125 "A paisagem deixou de ser um suporte e ganhou um estatuto de importância igual à dos sítios. Na paisagem assim valorizada, o achado de novos sítios não representa a utilização de nenhuma metodologia em particular, apenas traduz um trabalho insistente e a manutenção activa de um conhecimento acumulado que se pode traduzir por uma despretensiosa intuição." (Lopes, 2003: 46).

olhando para determinado lugar e julgando ver nele as condições ideais. Esta estratégia, muito adequada quando não existem grandes condições humanas ou logísticas para trabalhos intensivos, maximiza tempo e esforços, mas exige uma familiaridade com a paisagem ou o conhecimento das redes de povoamento que nem sempre é possível repetir. Todavia, em muitos casos foi esta a estratégia adoptada: percorrer o terreno em viatura, reconhecer pontos de implantação julgados mais propícios e direccionar o esforço de prospecção a pé para essas áreas concretas. Apesar das tentações empiristas que esta estratégia traz consigo, considerou-se ser o melhor meio de lidar com um território tão vasto, construindo um ponto de partida fulcral para o conhecimento das lógicas de ocupação na paisagem.

Esta opção comporta, contudo, um outro perigo, que só as prospecções sistemáticas permitem eliminar: muitos sítios existem que não se adequam ao padrão, ou seja, implantam-se em locais fora da norma habitual. Ainda nas prospecções da *Carta Arqueológica de Fronteira* foram encontradas várias situações deste tipo, com uma grande heterogeneidade nos padrões de implantação (como por exemplo nos monumentos megalíticos, onde existia uma enorme variabilidade, desde os topos de elevações até aos vales em leito de cheia). Para um projecto sincrónico como este o risco tornava-se portanto considerável, pois não era possível realizar prospecções sistemáticas. A tal acrescia ainda um outro factor de ponderação, tendo em conta a especificidade cronológica: o facto de lidarmos com uma realidade – a *paisagem romana* -, que no período em questão apresenta um conjunto de recomendações, normas e situações descritas na literatura que nos foi deixada. Este facto tem contaminado a investigação arqueológica de campo[126]. Porque muitas vezes, nos trabalhos de terreno não sistemáticos, se os sítios correspondiam aos critérios gerais definidos nos textos (meia-encosta com boa exposição solar, proximidade de recursos hídricos e solos de aptidão elevada, ampla visibilidade envolvente, protecção dos ventos de norte, procurando a *amoenitas* tão exaltada...), confirmava-se a ideia pré-concebida e dispensava-se o investigador de procurar outras implantações que fugissem à norma, pelo que outros sítios ficavam por detectar[127]. Assim criava-se um vício circular na detecção das realidades de terreno cruzadas com a base informativa textual.

Todavia, e apesar dos constrangimentos e opções metodológicas já enunciadas, a experiência anterior de prospecção intensiva entretanto adquirida foi decisiva na adopção de uma postura mais cautelosa. Inicialmente com o projecto da Carta Arqueológica de Fronteira, e mais tarde, com a Carta Arqueológica de Sousel, foram lançados os pressupostos metodológicos.

126 Carneiro, Poder & Território.

127 Como afirma Alain Ferdière (1998: 17-18), é um princípio que se deve prospectar sem ideias pré-concebidas, mas isso é quase impossível em absoluto. Em caso de prospecções temáticas, como as do presente projecto, a situação aumenta, pois deve-se estar atento a "tout et rien", como afirma o autor, ou seja, ter a mente e o olhar disponíveis para todas as realidades.

Percorrer intensivamente os campos, ler a paisagem, identificar diferentes modelos diacrónicos e sincrónicos de implantação e estruturação das redes de povoamento, foi essencial para o entendimento das lógicas sistémicas antigas. E, sobretudo, percebemos que nunca se facilita, pois deve sempre ser feita a prospecção que procura pontos de implantação fora do padrão habitual, precisamente para procurar colmatar as *distorções por simpatia* referidas. Em certas paisagens, diferenciadas e menos familiares, o critério da prospecção intuitiva não serve. Casos concretos: em terraços fluviais de solos arenosos, como em Gavião ou Ponte de Sôr, ou na montanha, como na Serra de São Mamede, é mais difícil criar essa indispensável familiaridade com o terreno, que de facto custa a construir. Existe, portanto, uma *paisagem mental* que condiciona cognitivamente o investigador. Deste modo, o que há a fazer é, uma vez no terreno, colmatar os pré-conceitos com uma postura que acaba por ser, afinal, eivada de propósitos de sistematicidade, e que no fundo é imprescindível assumir. Entre outros motivos, porque a área considerada é em geral propícia aos preceitos contidos nos textos clássicos.

Trata-se de uma paisagem amena, suave, onde não é difícil eleger um ponto de implantação que reúna as recomendações genéricas para as construções em meio rural. Também há que ter em conta o facto de se tratar de uma paisagem aberta, ampla, onde as propriedades atingem facilmente as centenas de hectares, e em que as descontinuidades ou barreiras físicas são escassas. Portanto, muitas vezes para a identificação de um sítio foi necessário voltar várias vezes ao terreno e adoptar uma metodologia sistemática. Relembro o caso de Mosteiros, em Crato, um dos locais com maior exuberância, monumentalidade e extensão de vestígios à superfície, conforme com a referência bibliográfica de partida[128], mas só identificado após três descontínuos dias de prospecção. Um local com uma área estimada de dois hectares de extensão apenas localizado com recurso à insistência, ao regressar ao terreno partindo do ponto anteriormente deixado. Por vezes a visita decorreu em momentos que estão longe de serem os ideais, como no fim da Primavera, em que o volume de vegetação oculta por completo a maioria das evidências de superfície[129]. Este facto ajuda a explicar a razão pela qual tantos locais ficaram por identificar: apenas com sucessivas prospecções e batidas de campo se obterão resultados. Como se compreende, em muitas situações não foi possível regressar, ou sequer começar, pelo que muitos dos sítios referenciados em bibliografia estão por certo a aguardar o olhar de outro investigador. Neste sentido, registo ainda que o trabalho de prospecção exige no terreno, mais do que uma estratégia definida para os diversos momentos,

128 Saa, 1967: 76-77 e 89.

129 Outro constrangimento do presente trabalho: as prospecções decorreram durante quatro anos, um lapso de tempo demasiado curto, o que levou a que em todas as épocas do ano se fizessem trabalhos de campo. Portanto, alguns sítios foram visitados em épocas propícias –o final do Verão e o início do Outono – e outros em fases de visibilidade mais dificultada.

diversas estratégias passíveis de serem aplicadas em cada momento: uma flexibilidade prática que, contudo, não pode pôr em causa o rigor metodológico e a coerência de princípios.

De acordo com a experiência descrita em anteriores trabalhos monográficos, no regresso do campo todas as informações obtidas foram convertidas em dois tipos de suporte informático: um caderno de campo, impressionista e subjectivo, efectuado em formato *Word*, depois vertido para fichas individuais, com parâmetros pré-formatados, em sistema informático *FileMaker Pro 10 Advanced*, com registos estereotipados, objectivos e directos. Esta base permitiu gerir uma informação cumulativamente inserida, criando bases de comparação e quantificações imprescindíveis para a análise e gestão de informação.

Como em anterior trabalho referi, o antiquado conceito de *fóssil director*[130] voltou a ser adoptado, considerando-se a tegula como a evidência de superfície que poderia determinar se um sítio seria ou não de época romana, sem embargo de se poderem ter efectuado reutilizações posteriores. Em casos pontuais, contudo, a espessura dos imbrices (maior em época romana) resultou como elemento de valoração na ausência de tegulas.

Todos os elementos de superfície foram registados. As estruturas visíveis foram medidas e descritas (quando tal foi possível e/ou mensurável)[131], bem como os elementos arquitectónicos que porventura se encontrassem. Nunca foram efectuadas recolhas de materiais, ou seja, em nenhuma circunstância as realidades observadas foram deslocadas do seu contexto original. As coordenadas apresentadas são sempre de um ponto julgado central na área de vestígios à superfície – um critério que agora não me parece funcional, preferindo futuramente adoptar o registo em "mancha" de superfície, mais coerente com a realidade de época romana, em que os pontos de povoamento podem ter hectares, ou espalhar-se por núcleos dispersos e, portanto, onde o conceito de "ponto central" se revela manifestamente inapto. Todavia, foi este o critério inicial e assim foi mantido até ao final por uma questão de coerência.

Em todos os trabalhos de campo realizados houve uma especial preocupação com a recolha de informações orais[132]. Sempre que possível foram colocadas

130 Retomo a definição então enunciada (Carneiro, 2004: 45): "Por estes motivos, para atribuir a cronologia de época romana a um sítio identificado foi preciso recorrer a um conceito como o de fóssil director, ou seja, um objecto arqueológico que possua alguma relevância e valor intrínseco seguro do ponto de vista do seu possível momento de fabrico, observado individualmente ou em conjunto com outros materiais arqueológicos visíveis à superfície mas de atribuição menos segura."

131 Realço contudo que é necessário realizar levantamentos topográficos e arquitectónicos aos sítios arqueológicos que ainda apresentam estruturas – e são vários nesta área regional. Este programa de registo gráfico assume carácter de urgência, pois em vários casos as estruturas estão em iminente risco de colapso.

132 No seu estudo sobre a Cova da Beira, Pedro Carvalho realça a relevância das informações orais que lhe permitiram identificar 43 sítios arqueológicos. Em seguida afirma também que a deslocação a sítios de implantação de capelas isoladas acrescentou mais 44 sítios ao inventário (2007: 43).

questões sobre antigos achados, topónimos ou lendas e tradições de modo a reunir feixes de informação directa ou indirecta. Apesar das limitações e perigos desta abordagem, mais do âmbito etnográfico, a opção revelou-se um precioso alfobre de informação, que permitiu identificar sítios inéditos ou em implantações menos propícias. Um caso, entre outros: o de Couto Vale (Crato), onde as referências a uma "antiga igreja" levaram à identificação, após dois momentos de prospecção no terreno, da presumível *villa*.

3. O TEMPO, OU O QUADRO CRONOLÓGICO DE REFERÊNCIA

3.1. O tempo da investigação: uma leitura geral.

Nos capítulos sectoriais por concelho ensaia-se, para cada caso, uma tentativa de súmula da investigação arqueológica (ou patrimonial, para usar um termo mais neutro, visto que nem sempre os agentes foram arqueólogos) produzida em cada um. Nunca assumindo a preocupação da exaustividade, que também aqui não se adopta, pois o balanço historiográfico da pesquisa alto-alentejana mereceria uma análise própria onde as diversas personalidades e tendências ficassem devidamente compreendidas no seu labor individual e contextos temporais. Aqui procuro antes detectar as grandes linhas da investigação, e os seus principais nomes, por considerar serem estes os feixes de leitura verdadeiramente relevantes, e não tanto o pequeno artigo ou a descoberta fortuita. Mais do que o registo sistemático, interessa captar a tendência, a *longa duração* da investigação, para usar um termo braudeliano. Porque não é indiferente tratar um território intensamente estudado ou um outro praticamente virgem. Cada investigador, cada estudioso que lança o seu olhar sobre um sítio, cria mais um nível de entendimento. Nesse sentido pode ser utilizada uma metáfora sobre a *estratigrafia do conhecimento* que se constrói, e que constitui, também, mais um foco de desequilíbrio informativo (de cariz qualitativo). É portanto fundamental conhecer o perfil de investigação realizado anteriormente

Para melhor se entender o que se passou na região, comece-se por uma frase de Carlos Fabião aplicada, na essência, ao sudoeste peninsular: "Para usar uma expressão arqueológica, podemos dividir os diferentes esforços individuais que se foram desenvolvendo ao longo dos anos em: "recolecção de largo espectro" e "recolecção especializada"[133]. Mais do que outro parâmetro

133 Fabião, 1998: 133.

definidor, é este o panorama do Alto Alentejo, e em lugar de adoptar uma sequenciação historiográfica, será aqui que começo.

Olhando para esta área regional observamos várias tendências, que podem ser caracterizadas em termos gerais como um investimento descontinuado, com vários picos na produção bibliográfica intercalados com longos momentos de vazio, motivados por contingências específicas e não necessariamente coincidentes com propósitos científicos ou, sobretudo, com os interesses regionais próprios. O Alto Alentejo é uma região periférica do todo nacional e nunca conseguiu desenvolver uma tradição de investigação própria e autóctone. Desta forma, os olhares que sobre este território foram lançados resultaram de agentes exteriores, que não estavam interessados nas verdadeiras necessidades locais ou no conhecimento e potenciação dos recursos endógenos. Este facto é visível sobretudo nos sítios de época romana escavados, como as *villae* de Torre de Palma e de Santa Vitória do Ameixial, que resultaram de descobertas casuais a que se seguiu o envio de funcionários do actual Museu Nacional de Arqueologia, para onde foram recolhidos os materiais e a informação, sem que de tal resultasse, quer a divulgação programada dessa mesma informação, quer uma mais-valia quanto ao aproveitamento do potencial patrimonial e museológico. Raras vezes tendo gerado investigadores nativos, familiarizados com o terreno, capazes de ler a paisagem e agindo com denodo e sentido de causa, a investigação produzida tem flutuado ao sabor de agentes externos, muitas vezes descomprometidos com a região ou para aqui motivados por situações pontuais[134]. Em alguns casos, o seu interesse foi *omnívoro*, não especializado nem actuando ao abrigo de um qualquer projecto de investigação, mas com o objectivo de proceder à angariação de peças e/ou informação genérica. Registo por exemplo as *excursões arqueológicas* de Leite de Vasconcellos ou os diferentes programas de escavação gizados pelo actual Museu Nacional de Arqueologia, como em Santa Vitória do Ameixial ou na freguesia de Vaiamonte (em torno de Torre de Palma) que, no segundo caso, implicaram muitos mais sítios, ao sabor do que ia aparecendo de forma casuística. Da mesma forma temos as intervenções de Dias de Deus e Abel Viana em várias realidades da zona de Elvas, que tanto incidiam em monumentos megalíticos como em necrópoles da Idade do Ferro ou romanas,

134 Uma das consequências repercute-se na qualidade da informação produzida, nem sempre com os níveis de fiabilidade exigidos. Porque algum do registo arqueológico é identificado por agentes exteriores, pouco familiarizados com as materialidades específicas da região, ou dada a conhecer por interessados pelas questões do património que não têm formação específica em Arqueologia, observa-se que alguns vestígios assinalados acabam por efectivamente não o ser, registando-se confusões. Em trabalho de recenseamento arqueológico Jorge de Oliveira, Bairinhas e Ballesteros (1996: 48) afirmavam que as prospecções de campo permitiram confirmar apenas cerca de 50% das indicações mencionadas por autores antigos, fosse pelas alterações da paisagem, fosse por "algumas incorrecções". Em área onde a detecção do património arqueológico foi muitas vezes confiada a empenhados agentes locais que todavia têm pouca experiência no reconhecimento das realidades arqueológicas, é perfeitamente natural que o grau de imprecisão seja tão elevado.

embora em contexto diferente, é certo, porque se procedia ao salvamento de património posto a descoberto pela mecanização da agricultura. No campo das acções mais abrangentes e não especializadas temos ainda os autores de monografias locais, cujos interesses cobrem o mais amplo espectro diacrónico possível, desde a Antiguidade mais remota até à última eleição autárquica. Agentes com diversas formações, que vão desde o curioso local interessado pelas antigualhas (para usar uma expressão de Leite de Vasconcellos) da sua terra até investigadores credenciados, mas onde a perspectiva é diacronicamente muito ampla. Neste conjunto de informação produzida temos também os (escassos) programas de Cartas Arqueológicas ou de levantamentos[135], onde interessa o registo sistemático do passado, feitos por vezes a título individual e com prospectores sem competências técnicas para a descodificação de alguns períodos (e só em metodologias recentes com propósitos de sistematicidade na cobertura do território). Neste conjunto englobo as acções de minimização de impactes, desde as actuais, feitas com metodologias adequadas e sistemáticas (ou tomadas como tal) e já em âmbitos empresariais, até outras onde o voluntarismo e os constrangimentos diversos conduziram a estudos sem continuidade, a escavações nunca publicadas e uma constante *invisibilidade*[136]. E por aqui se inclui todo o amplíssimo mundo das corografias regionais, das notícias de imprensa, dos acervos enciclopédicos, que geram uma dificuldade de manuseamento de tantos e tão amplos conteúdos informativos.

Temos depois uma segunda categoria onde podemos incluir os estudos especializados ou temáticos. Aqui encontramos análises feitas geralmente em contexto académico por investigadores que, por sistema, são também alheios à região, embora com ela tenham estabelecido uma empatia e vivência mais prolongada. Neste segundo âmbito existe uma profundidade de análise, uma coerência conceptual, uma exigência de rigor e uma constância sistemática que não encontramos no universo anterior. Tal é o caso de teses de mestrado como a de Maria José Almeida sobre Elvas[137] ou a por mim realizada sobre Fronteira[138], não devendo ser esquecida a de Sérgio Pereira, embora centrada sobre uma realidade urbana, a de *Ammaia*[139]. Mais recentemente os trabalhos

135 Como o pioneiro inventário do Parque da Serra de São Mamede: Oliveira, Bairinhas & Ballesteros, 1996.

136 Claro que em última análise podemos invocar a perspectiva de Carlos Fabião (1999), segundo a qual toda a investigação arqueológica portuguesa tem sido caracterizada pelo voluntarismo individual de amadores (no sentido mais nobre do termo), que denodadamente põem o seu esforço na detecção e salvaguarda de um património que a debilidade institucional central não consegue promover. Sendo assim, o quadro traçado não é exclusivo do Alto Alentejo, mas de algum modo caracteriza a própria actividade arqueológica nacional.

137 2000.

138 Carneiro, 2004.

139 Pereira, 2009.

de António Lopes sobre Arronches[140] enquadram-se neste âmbito. Cabem também inventários[141] ou estudos temáticos, como o de Mário Saa sobre as vias romanas[142], ou trabalhos sectoriais em âmbito académico[143], mesmo que de âmbito geográfico mais vasto. Temos ainda o projecto de estudo de *Ad Septem Aras* centrado em Campo Maior que, não tendo produzido resultados publicados, procurou entender as pautas de povoamento e sistema viário, ou o projecto plurianual de escavação na *villa* de Quinta das Longas (Elvas). A diferença em relação aos primeiros reside na, digamos, *afinação do olhar*, nos parâmetros definidores e conceptualmente determinados que enquadram a investigação, que a dotam de uma especialização e, portanto, de uma maior densidade informativa, quer na massa de dados, quer na profundidade reflexiva. E também os torna mais fáceis de aceder e manusear.

Note-se também o tipo de trabalho de campo produzido, que directamente repercute os dois níveis anteriormente esboçados. É interessante notar que nesta região – e ao contrário de outras, nomeadamente mais a sul – o volume de escavações é, apesar de tudo, reduzido, e de algum modo sempre existiu – mesmo que com limitações e desequilíbrios – uma preocupação pelos estudos de território. As teses de mestrado anteriormente referidas tomaram escavações como *case studies* mas, em termos programáticos, a óptica era lançada sobre perspectivas mais amplas. Da mesma forma, sempre houve um interesse pelos estudos de território, mais ou ao mesmo nível que pelas escavações, desde os pioneiros trabalhos de Afonso do Paço na *Carta Arqueológica de Marvão* que foi, a nível nacional, inovadora, mas também no âmbito de uma circunscrição paisagística, o Parque Natural da Serra de São Mamede[144]. Este fenómeno reflecte, no fundo, a condição periférica da região e a consequente debilidade dos meios existentes. Na realidade, quando decorreram escavações foram originadas sobretudo por atenções provenientes das instituições centrais, visto que os agentes locais não conseguiam manter, por si só, as condições essenciais para assegurar projectos de escavações duradouros a longo prazo. Que sítios arqueológicos foram escavados em programas plurianuais? Temos as intervenções promovidas pelo Museu Nacional de Arqueologia em Santa Vitória do Ameixial e em Torre de Palma (na sua primeira fase, depois continuada pela universidade de Évora durante dois anos com José Olívio Caeiro e em seguida pela University of Louisville sob a responsabilidade de Stephanie Malloney). Com menos intensidade temporal

140 Lopes, 2009 e em curso como tese no Mestrado de Arqueologia & Ambiente na Universidade de Évora.

141 Como os realizados para sítios romanos (RP, TIR) ou de epígrafes (IRCP, Atlas).

142 1956-1967.

143 Como os trabalhos de Luís Jorge Gonçalves (2007) sobre a escultura ou a tese de Pilar Reis sobre os edifícios termais (2004), que contêm relevantes dados sobre as materialidades arqueológicas.

144 Paço, 1953, e Oliveira, Bairinhas & Ballesteros, 1996.

temos as intervenções de arqueologia de salvamento, levadas a cabo pelo então IPPC em Elvas e Campo Maior, na década de oitenta do passado século. Outras escavações foram menos constantes no tempo, dependendo de iniciativas e conjunturas específicas: as promovidas em Castelo de Vide pelo grupo de arqueologia local; ou o investimento da empresa *Delta* na *villa* da Herdade das Argamassas (Campo Maior), infelizmente sem continuidade apesar dos promissores indícios. Apenas recentemente a autarquia de Fronteira tem escapado ao panorama global, promovendo anualmente intervenções em São Pedro e na necrópole de Outeiro do Mouro. Neste quadro de profunda dependência dos poderes centrais, será escusado lembrar o cancelamento do projecto PEVLONG centrado na Quinta das Longas, em Elvas, por falta de financiamento central[145]. Ou os obstáculos levantados à generosa acção de Abel Viana e António Dias de Deus na região de Elvas, cujas intervenções de salvamento corriam a expensas próprias. Por estes motivos, mas também pela debilidade e limitações dos agentes locais, a investigação arqueológica acabou por se apoiar mais em estudos de povoamento com recursos a prospecções, cuja logística e encargos são mais leves e fáceis de gerir e não dependem tanto do investimento a médio ou longo prazo. Mas mesmo estes não assumem uma dimensão significativa, porque exigem uma dedicação e progressivo conhecimento do terreno que não é fácil conseguir. Portanto, deste entrecruzamento de condicionalismos internos, da falta de apoios angariados exteriormente, da incapacidade de gerar investigadores regionais qualificados e do alheamento das populações, incapazes de conhecerem e dinamizarem o seu património e valores idiossincráticos, se cria um quadro de conhecimentos anquilosado e com profundos desequilíbrios. Note-se mais uma vez que é na capital de distrito – que em outras províncias funciona como o motor de desenvolvimento regional – que encontramos maiores lacunas no conhecimento do passado e uma genérica incapacidade de gerar acções de recenseamento dos seus valores culturais (e não apenas arqueológicos). O quadro geral, portanto, é singular. O Alto Alentejo nunca teve um investigador, ou grupo, verdadeiramente regional, que encarasse a escala do supra-local, se exceptuarmos a acção recente de Jorge de Oliveira[146], que tem trabalhado

145 Nesta instabilidade se podem incluir os cancelamentos de outros projectos cuja prevista continuidade foi posta em causa por diversos factores: o caso de Monte da Capela (Arronches), em Pombais (Marvão) ou no próprio sítio de Argamassas (Campo Maior)que reflectem as debilidades no apoio financeiro.

146 Para além dos trabalhos de escavação e prospecção, centrados na Pré-História (em especial a monografia de 1997, com um amplo enquadramento historiográfico para os estudos sobre megalitismo) temos a sua acção enquanto editor da revista ibn-maruan, a publicação que de forma mais consistente e regular tem permitido a divulgação de estudos de índole patrimonial, mas também enquanto membro das comissões executivas das I e III Jornadas de Arqueologia do Norte Alentejano, que reuniram conjuntos informativos de excepcional valor que permitiram retratar as acções em curso às datas das suas realizações (1985 e 2005, respectivamente, publicadas em 1987 e 2011).

(sobretudo) as paisagens da área mais a norte. Os mais interessantes agentes do início do século XX, como Laranjo Coelho, Victorino d'Almada ou Thomaz Pires, trabalharam em escalas locais, circunscritas e, em rigor, nenhum deles foi um arqueólogo. Em muitos concelhos nunca houve ninguém que se interessasse pelas realidades locais, o que explica que encontremos um vazio informativo que é, verdadeiramente, gritante. Escassos são os exemplos de agentes eclesiásticos, como o P.e Henrique Louro na zona de Elvas ou (no domínio do património artístico) o P.e José Heitor Patrão com a monografia de Gavião[147], que para outras regiões funcionaram como perpetuadores da memória, sendo escusado lembrar o (porventura) mais notável de todos a nível nacional, o emblemático Abade Baçal na região de Bragança. Não temos uma sistemática acção institucional, seja pela iniciativa de uma Universidade, de um Museu (exceptuando-se as erráticas acções do actual Museu Nacional de Arqueologia) ou de um grupo de estudos, nem sequer um que reunisse uma elite ilustrada ou um grupo de entusiastas. Os raros momentos em que tal se verificou derivam de contextos políticos específicos (Iª República, o pós-25 de Abril de 1974) e não tinham propósitos meramente arqueológicos, dependendo de conjunturas mais vastas.

Mas outras circunstâncias explicam este diagnóstico. Por exemplo, um ponto que considero ser central, sobretudo para uma região que tanto tem dependido da acção de agentes externos: a facilidade de acessos. Manuel de Mattos Silva, correspondente de Leite de Vasconcellos em Ponte de Sôr, adverte-o: "N'esta parte do Alemtejo ha apenas como meios de transporte cavallos com as clássicas carretas, altamente incommodas. São as que posso dispor e desejo que V. Ex.ª me diga qual d'elles prefere."[148] Aqui percebemos como as dificuldades eram reais, enquadrando-se nelas também as frequentes queixas de Leite de Vasconcellos sobre a incomodidade das viagens ou as dificuldades logísticas no seu planeamento[149]. Ou o acesso aos sítios, como a Tapada do Castelo mencionada por Afonso do Paço em Marvão, onde não se deslocou "quer pela distância, quer pela carência de transportes"[150]. De onde se conclui que as contingências da investigação têm muito de esforço individual, denodado e corajoso, que reflecte também a debilidade estrutural da nossa investigação, tantas vezes amadora (e volto a frisar que no sentido mais

147 Patrão, 2003.

148 Epistolário, Mattos Silva, carta 21253 [s.d.].

149 Visíveis em parâmetros mais vastos para além dos acessos. Por exemplo, na correspondência de João Lino da Silva enviada para o Museu Nacional de Arqueologia, a propósito da sua estadia ao abrigo das escavações então em curso na zona de Vaiamonte (em especial Torre de Palma), são constantes os lamentos sobre a falta de pagamentos e de condições financeiras para prolongar a presença na região. Já umas décadas antes, Manuel Pedro Madeira, em Santa Vitória do Ameixial, advertia neste tom a Leite de Vasconcellos, caso pretendesse visitar o local: "[...] jantar em Stª Victoria não vale a pena pois esta gente só sabe fazer migas e assorda" [Epistolário, Madeira, Manuel Pedro (nº 1919), carta 12692 - SVA, 09-08-1915].

150 Paço, 1953: 106.

amplo do termo, ou seja, feita com devoção e escassos meios) e sem suportes institucionais.

Como é natural, a acção promovida por agentes exteriores acabou em determinados momentos por registar um movimento de indignação local por se considerar que as "riquezas" da região eram aos poucos levadas para a capital, sem que alguma mais-valia resultasse para o meio. Em alguns passos da imprensa regional, antes do centralismo promovido pelo Estado Novo, encontramos passagens com esse teor[151] e, após o 25 de Abril, alguns grupos de intervenção fizeram reivindicações contra o alheamento a que as instituições centrais votavam a região. Esta consciência da subalternização não passou, contudo, da mera reclamação nem se reflectiu na promoção de alguma iniciativa mais concertada e estruturada que, de dentro para fora, levasse à ruptura do isolamento.

Desta forma o quadro existente é criado por severos constrangimentos, com dois vectores principais: as debilidades intrínsecas, que raras vezes originaram dinâmicas sustentadas, mas também o desinteresse das autoridades centrais, apenas quebrado quando ocorreram descobertas surpreendentes, mas

---

151 Por exemplo a propósito das escavações promovidas na necrópole de Silveirona, que na altura provocaram um considerável interesse na zona de Estremoz: "Não sabemos se estão ou não dadas por findas as escavações do "cemitério romano visigótico" da herdade de Silveirona neste concelho. Apenas tivemos conhecimento de que se suspenderam os trabahlos [sic] por ausência do arqueologo que dirigia a investigação, dr. Manuel Heleno. Tambem sabemos que os preciosos achados foram dar "valiosa matéria para o Museu Etnográfico de Lisboa", a enriquecer a capital - "sorvedoiro da Nação" - como muito bem disse Joaquim Câmara Manuel no seu artigo - "Património artístico do Alentejo" - em Brados do Alentejo de 22 de Julho, próximo passado, insurgindo-se contra as absorções centralizadoras [...]. Ora! E quem sabe? Talvez tenhamos razão perante certos indiferentismos municipais que costumamos por aí ver! Mas, perguntamos: - Acabaram-se as escavações do Cemitério romano visigótico e deixar-se-há êste abandonado sem respeito pelo seu significado arqueológico local e sem consideração pelos que ali supuzeram ter o seu descanço eterno? Ao menos, uma vedaçãosinha decorosa, para conservar o que não foi possível levantar-se. E até em respeito pelos mortos...." Esta extensa passagem refere-se ao artigo em Brados do Alentejo de 19-08-1934, ano IV, nº 186, p. 1. Sobre o impacto das descobertas na zona e expectativas levantadas entre a população consulte-se o anexo gráfico publicado em Mélanie Wolfram Cunha, 2008, que também reproduz estas referências. Em outro sentido leia--se o esclarecedor artigo assinado por Marques Crespo no mesmo jornal local: "1 - Brados do Alentejo por aspiração fundamentalmente regionalista e cultural, logo à nascença da sua finalidade clamante, de tudo, que no mais elevado sentido patriótico da terra portuguesa, fosse pró Alentejo; e, se não estamos em erro, pela primeira vez, a propósito do achado arqueológico das "Tábuas de Moura", firmou como uma reivindicação regional indispensável, a sua maneira de ver sobre a arrecadação de todo o património regional em museus locais. Viamos, sabiamos mesmo muito bem, por conhecimento directo de certos atentados arqueológicos - alguns de natureza a mais vandálica, ainda que outros por inconsciência de gente que não estava educada à altura de uma necessária compreensão a exigir-se que os meios regionais nem todos estavam mentalmente preparados, com uma cultura pequena que fosse - e tinhamos de reconhecer que havia que acatar em silêncio, a arrecadação, em sítio seguro, embora centralisado longe, de preciosidades artísticas, arqueológicas ou de histórico significado, que se iriam perder ao desbarato." Brados do Alentejo de 29-02-1948, ano XVII, nº 870, p. 1 e 4.

que também não originaram condições para a plena potenciação dos valores locais. É certo que a perspectiva poderia ser invertida: em quadro tão pessimista muito foi feito, precisamente por esforço e denodo dos investigadores, e por isso detemos um volume apreciável de informação. Mas creio não ser possível iludir que, em face das potencialidades regionais, outro poderia ser o quadro.

3. 2. Ciclos da investigação regional

O Alto Alentejo entra no discurso histórico sob o influxo humanista, com algumas dinâmicas que infelizmente não viriam a ter continuidade pela erosão posterior da sua base original: a presença de alguns eruditos da órbita eclesiástica, que impulsionaram uma construção historiográfica que procurou esclarecer as origens regionais, buscando nas leituras dos clássicos latinos as confrontações com os vestígios materiais do passado observáveis e que, de certa forma, faziam parte do quotidiano. É certo que as atenções viraram-se para a putativa vinculação a uma *Medobriga* ou *Meidubriga* que se acreditava ter implantado no termo de Portalegre, anteriormente à descoberta das epígrafes que hoje situam inequivocamente em S. Salvador de Aramenha a cidade de *Ammaia*[152]. Mas este interesse pelo casamento entre o texto escrito e a realidade material, muito ao estilo seiscentista, foi deixando a descrição de terreno para um plano secundário. Mesmo assim podemos apontar algumas referências que ajudam a construir uma *memória das antiguidades locais* que, em muitos casos, serve para o enaltecimento e explicação das grandezas contemporâneas. Neste universo destacam-se sobretudo as obras de Frei Amador Arrais (1589) e de Diogo Pereira de Sotto Maior (1619) sobre a cidade de Portalegre, ou as de António Gonçalvez de Novaes (1635) e do Cónego Aires Varela (indeterminado, entre 1640 e 1650) sobre a área de Campo Maior e Elvas. No século seguinte, temos ainda a obra de Estêvão de Moura e Azevedo sobre Campo Maior (1734?), período em que começamos a encontrar as primeiras corografias e dicionários nacionais que se detêm sobre factos do passado local, cruzados com as fontes clássicas e envoltos em lendas e tradições. Finalmente, na centúria seguinte temos uma outra obra de grande dimensão, o *Compendio de noticias de Vila Viçosa* do Padre Espanca (1892) que está ainda embebido pela tradição renascentista de sistematicamente procurar referenciar as passagens literárias dos textos clássicos com os elementos e sítios da envolvente local.

Mas como se verifica, o lote de estudos e tratados é numericamente escasso, e centrado sobretudo nas duas cidades que por esta altura atraíam a intelectualidade regional: Portalegre, onde a atenção das elites locais procurava

152 Ver a contextualização de Oliveira & Cunha, 1993-1994: 105-109 e Guerra (1996).

vincular a excelsa *Medobriga* à cidade actual[153], e o eixo Elvas/Campo Maior, onde a presença de uma elite articulada com os militares em serviço, irá criar uma assinalável dinâmica cultural[154].

Não tendo havido na região a influência primordial das personalidades oitocentistas que criaram a "Idade do Ouro" da Arqueologia portuguesa[155], o Alto Alentejo entra na investigação científica através das "excursões" de Leite de Vasconcelos, que enquanto director do Museu Nacional de Arqueologia efectuou nas décadas de 10 e 20 do século XX algumas escavações arqueológicas em vários locais (infelizmente nunca publicadas de modo detalhado), a par de recolhas de espólio e de peças que pela sua singularidade captaram a sua atenção, e que de outra forma ter-se-iam perdido. Com o seu espírito ecuménico e dialogante, cultivou relações pessoais com elites locais, encorajando a investigação na zona, mas sem conseguir criar uma tradição de pesquisa que não sobreviveu à sua morte e à alteração da conjuntura política nacional. Deste modo, o próprio esforço desencadeado por algumas destas figuras localmente influentes - Thomaz Pires e Vitorino de Almada em Elvas, Possidónio Laranjo Coelho em Marvão, Júlio Basso em Nisa ou Mattos Silva em Ponte de Sôr[156], entre outros – acabou por não frutificar nos domínios em que se pretendia estabelecer uma dinâmica na investigação: na criação de museus (à excepção do caso de Elvas, que até tempos recentes foi uma das mais antigas e respeitadas instituições museológicas nacionais), na realização de escavações nos monumentos mais emblemáticos, na formulação de monografias, de projectos de estudo e de sínteses regionais.

Estas elites locais merecem uma atenção especial. Efectivamente, nos finais do século XIX e primeiros anos da centúria seguinte encontramos uma assinalável vitalidade, promovida por uma elite social com uma marcada vocação enciclopédica e que, fruto do protagonismo concedido pelos cargos ocupados, se vai dedicar a um processo de recolha e salvaguarda dos elementos mais significativos da memória histórica, em sentido amplo. E é interessante notar que, à distância, esta emergência de interessados é incentivada por Leite de Vasconcellos, que com eles inicia um processo de intenso intercâmbio epistolar e de múltiplas viagens aos locais. O interesse leitiano centrava-se no facto de ver nestes agentes os interlocutores necessários para a recolha de informações, angariação de espólio e propiciação de condições para acções de terreno, mas sobretudo para a salvaguarda dos valores pátrios e da memória

153 Existe uma inscrição proveniente de Ammaia que foi transferida para a Igreja do Espírito Santo de Portalegre, e que hoje se guarda no Museu da cidade. A cidade foi durante muito tempo confundida com a Medobriga citada por Plínio. Frei Amador Arrais terá localizado esta em Portalegre em função da epígrafe.

154 Almeida, 2000: 12-21.

155 Fabião, 1999: 118.

156 Carneiro & Serras, (no prelo).

histórica. Infelizmente, esta teia de relações tão carinhosamente mantida pelo então Director do Museu arqueológico irá ser quebrada com o seu desaparecimento, perdendo-se assim o que poderia ser um conjunto de nexos insubstituíveis entre a capital e o pais periférico. Portanto, a partir da terceira década do século XX esta dinâmica rompe-se, extinguindo-se sem deixar herdeiros.

Temos também de considerar o advento do centralismo do Estado Novo, com o qual cessam as iniciativas locais. As poucas actividades registadas são realizadas directamente por acção de Manuel Heleno, director do Museu Nacional de Arqueologia. Na década de trinta, as escavações nos sítios de Silveirona e Santa Vitória do Ameixial, a par de outras nunca publicadas[157], ficam como importantes manifestações desta estratégia de angariação de peças e de escavação de sítios de elevado potencial. Este centralismo sufocou as poucas tentativas de investigação ao nível local, como as escavações das necrópoles de Elvas feitas por Abel Viana, cuja urgência era particularmente sentida por ter sido nas décadas de quarenta e cinquenta que a mecanização dos campos pôs a descoberto e destruiu muitas evidências arqueológicas. O caso mais emblemático situa-se na freguesia de Vaiamonte do concelho de Monforte: aí decorre um ambicioso programa de escavações arqueológicas, que em anos sucessivos leva à descoberta da *villa* de Torre de Palma, ainda hoje a mais extensamente escavada no sul de Portugal. Em paralelo, outras intervenções decorrem em sítios próximos, como o povoado da Idade do Ferro da Cabeça de Vaiamonte ou um conjunto de pontos de povoamento e de necrópoles romanas que ainda hoje não é conhecido na totalidade. Este programa de escavações torna-se emblemático porque representa um momento estratégico de actuação das instituições centrais: com escassos meios, sem publicação de resultados, e com todo o espólio a ser conduzido para Lisboa, na prática poucas foram as mais-valias que a região viria a receber ou o impacto que localmente se verificou. Em âmbito mais alargado, consultando a imprensa regional vemos como durante as décadas de quarenta, cinquenta e sessenta as únicas acções culturais que se passam na região centram-se na promoção de grupos folclóricos e de palestras sobre a vida familiar. O interesse pelo património definha lentamente e a vida das comunidades fecha-se sobre si mesma, deixando de haver correntes de circulação e contactos para o exterior. A apatia cultural é notória e é evidente a dificuldade de romper os circuitos locais.

Por estes anos os projectos de relevo são escassos. Merece especial destaque o conjunto de trabalhos promovidos pela autarquia de Marvão ao convidar Afonso do Paço para uma *Carta Arqueológica do concelho de Marvão*, no que constitui uma iniciativa inovadora a nível nacional. Efectivamente, foi a primeira vez que

---

157 Note-se que Santa Vitória do Ameixial foi dada a conhecer de modo parcial por Luís Chaves em 1956. Quanto a Silveirona, permaneceu na penumbra até à recente publicação de Mélanie Wolfram Cunha (2008).

uma autarquia se abalançou a tal projecto, convidando uma figura reconhecida na disciplina arqueológica, sendo o trabalho daí resultante pioneiro[158]. Temos ainda o notável esforço individual promovido por Mário Saa sobre os caminhos romanos da *Lusitania*[159] notando-se que, por o investigador residir em Ervedal, surge uma especial atenção para o Alto Alentejo, que ao longo dos seis tomos se torna a região mais longamente debatida e descrita com grande pormenor. No panorama restante, nota-se a quebra de notícias e de projectos durante as décadas de cinquenta e sessenta. E estes são anos fulcrais para a alteração das paisagens rurais, pois é nestas décadas que com a mecanização da agricultura se inicia o processo de libertação de muitos terrenos, com a remoção de vestígios de superfície. Este fenómeno é bem sentido na zona de Elvas, a única onde durante este momento os arqueólogos estão atentos, graças aos esforços de Abel Viana e dos seus colegas António Dias de Deus e Henrique Louro. O imenso volume de informação registado permite-nos perceber a dimensão do vazio que temos para outros concelhos.

A partir da Revolução de Abril de 1974 iniciam-se algumas actividades de âmbito local, inicialmente caracterizadas pelo voluntarismo e sem preocupações científicas, porque mais centrados no activismo social. Em Ervedal (concelho de Avis) constitui-se um grupo de Arqueologia local que irá promover várias iniciativas, quer de prospecção, quer de escavação, sendo o espólio então recolhido depositado na Fundação Pais Telles. Também em Vila Fernando (Elvas) o mesmo fenómeno ocorre, com um grupo local promovendo escavações e chamando a atenção das autoridades nacionais para o abandono e destruição de alguns sítios[160]. Em Santo António das Areias (Marvão) o Grupo de Arqueologia liderado por Jorge de Oliveira conseguiu pôr termo a várias escavações clandestinas[161]. Em comum, estes movimentos têm o facto de se sediarem em freguesias e de agirem em regime de auto-organização. Já o Grupo de Arqueologia de Castelo de Vide, formado nos primeiros anos da década seguinte, teve uma evolução diferente, pois foi enquadrado pela autarquia e originou a constituição da actual Secção de Arqueologia da Câmara de Castelo de Vide. Na maioria dos casos, estas iniciativas acabam por auto-extinguir-se, por diversos motivos, não frutificando em acções mais sérias. É certo que em Marvão e Castelo de Vide estão na génese de estruturas autárquicas ainda existentes (no primeiro caso o Museu Municipal, no segundo a já referida Secção), mas de um modo geral o seu contributo para o conhecimento regional acaba por ser escasso. Data desta época o retomar das experiências de

158 Paço, 1953.
159 1956-1967.
160 É neste contexto que se realizam escavações arqueológicas promovidas pelo então SRAZS e IPPC na freguesia, após o alerta dado pelo grupo local, em sítios como Alcobaça e São Romão.
161 Oliveira, 1997: 54.

levantamento arqueológico concelhio, interrompidas desde o já citado caso de Marvão. Em 1975 Maria da Conceição Rodrigues dá a conhecer a sua *Carta Arqueológica do concelho de Castelo de Vide*, resultante da sua tese de licenciatura, que contudo não apresenta qualquer indicação sobre as metodologias ou estratégias de investigação seguidas pela autora.

Durante os anos seguintes, na década de oitenta, temos novamente acções promovidas por estruturas do estado central, embora em contexto de proximidade dado que se promoveram descentralizações de serviços. Refiro-me concretamente aos Serviços Regionais de Arqueologia da Zona Sul (SRAZS), que irão conduzir intervenções arqueológicas de emergência em sítios ameaçados, e outras procurando disciplinar a actividade arqueológica, ainda muito centrada em euforias amadoras que tinham mais consequências danosas do que relevantes. Contudo, embora o seu objectivo fosse proceder à cobertura de uma extensa área geográfica, o SRAZS acabava por estar mais fortemente ancorado em áreas locais, por não haver meios eficientes para cobrir toda a região. Por isso, consultando os seus arquivos e processos (bem como os das instituições seguintes, o IPPC e o IPA) percebemos como os desequilíbrios persistem: grande actividade de supervisão em áreas como Elvas e Campo Maior ou Castelo de Vide e Marvão, menos atenção para as restantes, dadas as limitações de meios humanos e logísticos. Mas a sua existência foi fundamental, pois foi por sua iniciativa que se conseguiram ganhos relevantes: o termo de acções de delapidação do património por entusiastas locais, como em Castelo de Vide, procedendo ao enquadramento científico de intervenções realizadas em Mascarro (entre outros locais), ou as primeiras acções de Arqueologia urbana em Tapada das Pinheiras (Ponte de Sôr) e Defesa de São Pedro (Campo Maior). É também a década que marca uma viragem estratégica: da Arqueologia vinculada ao saber livresco e erudito passamos para as acções de terreno, ditadas pela urgência do salvamento de sítios e de memórias, e em anos posteriores já com programas de trabalho sistematizados e obedecendo, sobretudo, à tentativa de identificação de sítios no terreno com recurso a prospecções. Por estes motivos nota-se que durante a década de oitenta muitas das notícias ainda resultam de agentes heterogéneos. Funcionários da administração central, como os já mencionados SRAZS e IPPC, investigadores que trabalham em áreas mais vastas[162] ou quadros superiores destacados na região (nomeadamente professores que, por gosto e com formação de base, se vão dedicando ao património local) vão começando lentamente a estruturar acções consistentes. Ainda sem capacidade para contratar técnicos a tempo inteiro, algumas autarquias começam a despertar

162 Nos inventários então realizados é incontornável referir IRCP e RP, dois verdadeiros documentos fundadores para a reunião de um corpus epigráfico e para a cartografia de sítios romanos, respectivamente.

para as problemáticas da Arqueologia, recorrendo a colaborações externas. Alguns projectos de escavações começam então a estruturar-se, aproveitando a progressiva existência de veículos de difusão, como a *Informação Arqueológica*, que permite uma radiografia precisa do que vai acontecendo em termos regionais. No início da década um trabalho de síntese dava conta dos projectos então em curso, auspiciando desenvolvimentos futuros e apontando novos caminhos para uma investigação promissora[163].

Segue-se a progressiva descentralização de poderes e ganho de competências de municípios que permite acções estruturadas por técnicos trabalhando nas autarquias a tempo inteiro. A partir dos anos noventa novos projectos se concretizam com maior intensidade, essencialmente no domínio da prospecção e reconhecimento de sítios, no âmbito da elaboração dos Planos Directores Municipais, embora na maior parte dos casos sem propósitos de sistematicidade. Essencialmente motivadas pela acção de agentes locais – geralmente enquadrada por municípios – estes projectos já assumem uma intervenção estruturada e que reverte para o interesse das comunidades. Estes movimentos trazem também olhares exteriores, sobretudo de jovens investigadores que em âmbito académico procedem à elaboração de teses ou de estudos de território. Será aliás provável que a década de noventa seja no futuro reconhecida como um momento privilegiado na criação de condições para um efectivo conhecimento das realidades locais e para a concretização de acções que permitiram criar uma nova dinâmica. Em vez de estar fundada no voluntarismo de agentes vários, muitas vezes sem meios ou competências, a integração de arqueólogos nos quadros autárquicos ou o interesse de municípios pela potenciação dos seus valores concelhios, frequentemente com financiamentos europeus, permitiu uma viragem nos modelos de trabalho. O recente elenco de cartas arqueológicas reflecte esta actividade[164], que aos poucos vai identificando as potencialidades do património arqueológico regional (como se compreende, não apenas de época clássica). Acresce a este clima favorável a implementação do Instituto Português de Arqueologia (IPA) que permitiu acompanhar e proteger de modo mais sólido o património e os seus agentes.

Todavia, em alguns casos, estes levantamentos já chegaram tarde. Fenómenos de alteração da paisagem não foram antecedidos de trabalhos de documentação do existente. À "florestação maciça do norte do concelho de Nisa que provocou a destruição de 90% dos vestígios arqueológicos aí existentes"[165] podemos acrescentar o caso dos concelhos vizinhos de Gavião e Crato, que

---

163 Encarnação, 1991.

164 Publicadas temos as cartas de Ponte de Sôr (PONTIS, 1999), Fronteira (Carneiro, 2004) e Marvão (Oliveira, Pereira & Parreira, 2007); trabalhos de inventariação não publicados têm sido conduzidos em Nisa, Monforte e Sousel.

165 Oliveira, 1997: 54.

também sofreram, ou, no extremo sul, do sucedido na Serra d'Ossa. A sub-solagem dos terrenos para a preparação da plantação de eucaliptos tem um efeito devastador sobre as realidades arqueológicas. O quadro é agravado pelo facto de nem todas as autarquias terem aproveitado esta conjuntura favorável, pelo que em determinado momento a Arqueologia da região funcionou a diversas velocidades.

A situação manteve-se na passagem para o século XXI, agravada pela perda de oportunidades. A progressiva paralisia do IPA, entretanto redimensionado mas esvaziado de meios, o termo das possibilidades autárquicas (como os Gabinetes Técnicos Locais, conhecidos como GTL, que permitiam equipas multidisciplinares), os estrangulamentos financeiros e a crescente dificuldade de aceder a fundos europeus conduziram a uma perda de possibilidades e ao final de uma conjuntura de optimismo. Esta situação já se reflecte nos debates promovidos no âmbito das *III^as^ Jornadas de Arqueologia do Norte Alentejano*[166], onde as sombras já começavam a tornar-se presentes em algumas intervenções. Basta dizer que nos últimos anos nenhuma autarquia integrou arqueólogos nos seus quadros e que muitos projectos em curso vieram a ser cancelados ou drasticamente reduzidos.

Em resumo, no âmbito regional temos um panorama com relevantes desequilíbrios, faltando um reconhecimento sistemático das realidades arqueológicas para que se possam desenhar ângulos de leitura das redes de povoamento. Para vários municípios não se conhece qualquer *villa*, não porque elas não existam, mas devido à falta de trabalho de campo. Não dispomos de uma única sequência estratigráfica descrita e documentada que permita conhecer os ritmos de ocupação. Nenhum sítio foi extensamente escavado e publicado de modo a conhecermos os quadros do registo arquitectónico, estrutural e material. Outros domínios de estudo em que este panorama se reflecte: poucos elementos epigráficos; nenhum tesouro monetário conhecido; um extenso número de escavações feitas sem qualquer divulgação pública; poucos tapetes de mosaico, esculturas ou outra documentação iconográfica que permita conhecermos o imaginário das elites. Um quadro que reflecte o muito que há para fazer.

3.3 O tempo da História

3.3.1. A criação de uma *paisagem romana*

"Para a maior parte da *Hispania* foi, sem dúvida, a Era do nascimento das cidades, tal como hoje as entendemos; mas não espantaria também se se

166 Carneiro, Rocha, Morgado & Oliveira, 2011.

dissesse que foi aquela onde se afirmou, pela primeira vez um mundo rural, de características muito próprias, que acaba por dar sentido à perspectiva que estabelece *cidades* e *campos*, como realidades económicas e sociais, a um tempo, antagónicas e complementares. Assim, não me parecerá exagerado afirmar que, tal como forjaram a cidade hispânica, também os romanos criaram a ruralidade peninsular, com dimensões e contornos verdadeiramente singulares."[167] A criação de uma paisagem romana implicou portanto a edificação de uma realidade inteiramente nova, com o redimensionamento da escala na qual *cidade* e *mundo rural* eram entendidos e vivenciados. Todavia, e levando a leitura ao limite, o processo foi ainda mais radical, pois no fundo implicou a criação de uma nova *geografia humana*, no sentido em que, a uma escala (ainda) indecifrável, comunidades inteiras foram deslocadas e estabelecidas em lugares radicalmente novos, passando a estar ligadas entre si por estradas e pontes de uma grandeza até aí inconcebível para as gentes indígenas, atingindo horizontes de circulação, intercâmbio, e até de promoção social, absolutamente impensáveis no quadro das sociedades tradicionais indígenas. Portanto, a *romanização* da paisagem (rural, urbana e peri-urbana) atingiu uma dimensão de ruptura e transformação absolutamente transcendente, materializando o "novo mapa cognitivo" na percepção da paisagem lusitana[168].

O melhor exemplo para a área em apreço reside na *urbs* de *Ammaia*. Aparentemente uma cidade *ex novo*, sem pré-existências, com um corpo de magistrados indígenas activo desde momentos precoces (se não desde o momento inicial de constituição) da cidade, mas que agem em espaços e estruturas romanos e de acordo com padrões vivenciais clássicos, em que (aparentemente) se movem com grande à-vontade[169]. Em *Abelterium* também o quadro se mimetiza, bem como em qualquer sítio rural, onde existem descontinuidades com períodos anteriores que são evidentes e implicam o arrasamento ou apagamento de estruturas anteriores, mostrando que não existe qualquer intenção de perpetuação de memórias e sua integração na *nova ordem* agora estabelecida. Este fenómeno é particularmente interessante pois, à luz das leituras pós-processualistas e complexizantes, o fenómeno entendido como *romanização* tem sido visto em lógicas mais inter-actuantes e dialécticas do que tradicionalmente se percepcionava[170]. Não sendo este o espaço adequado para tratar tão complexo tema, relembro contudo alguns traços essenciais.

---

167 Fabião, 1998a: 484, vol. 2. Ver também as perspectivas de J. Edmondson, 1994: 17-21.

168 Edmondson, 1994: 26.

169 Note-se que Pedro Saéz Fernández (2002: 401) chama a atenção para o facto de na Baetica as elites locais terem conservado a sua preeminência (e incentivadas pela administração romana), pelo que o processo deverá ter sido extensivo a outros territórios, ainda em que em inferior grau de orgânica urbanística pré-romana.

170 Ver, por exemplo Blagg & Millett, 1990, em especial o ensaio de Martin Millett, p. 35-41; para um balanço das diversas perspectivas em presença (e por vezes confronto) ver

De acordo com o mundo pluricentrado e multivariado que emergiu na Era da globalização, também assim o paradigma tradicional da investigação se alterou. Da *Romanização* entendida enquanto fenómeno impositivo actuando verticalmente a partir de um Império uno e maximizante que impôs os seus códigos vivenciais aos indígenas, passámos para uma leitura desestruturante de forte interacção entre as realidades locais e os valores globais, assumindo estes uma variabilidade quase camaleónica face às especificidades de cada região. Ou seja, e tomando emprestadas as palavras de Chris Wickham, durante muito tempo predominou o processo do "solipsismo cultural"[171], de forma extrema, e irónica, retratado por Stephen Dyson[172]. No campo, o epítome máximo deste processo civilizador seria a *villa* romana, cuja valorização enquanto estrutura fundiária levou ao apagamento da atenção concedida a outras unidades de povoamento. Esta postura *romanocêntrica* era potenciada pela monumentalização desta classe de sítios, mas também pelo abundante quadro descritivo e informativo propiciado pelas fontes latinas, que portanto permitiam conhecer e caracterizar o paradigma *romanizador*. Ao inverso, a partir das décadas de setenta e oitenta, e de forma sistemática, já durante a década de noventa, sucederam-se as *leituras indigenistas*, segundo as quais a criação da paisagem romana era no fundo o resultado das dinâmicas inter-actuantes com as realidades locais, que desempenharam um papel essencial na modelação das formas de implementação das estruturas vivenciais e dos códigos de poder. Ou seja, o poder de Roma era em parte subsumido pelos quadros locais que actuavam como geradores de complexidade e de soluções diferenciadas, assumindo-se a *romanização* como um processo reactivo entre Roma e as realidades locais. Desta forma teríamos, não uma *romanização* unilinear, mas várias *romanizações* específicas e variáveis.

De que forma podemos rastrear este processo no registo arqueológico?

Como atrás foi escrito, aparentemente a realidade é menos complacente com a visão *dialogante* e desestruturada que a *agenda de investigação* mais recente tem proposto: a radical transformação da arquitectura do povoamento

---

Webster, 2001. Para a realidade portuguesa ver Le Roux, 1995, Fabião, 1998a e, em especial, o seu texto de síntese publicado em 2001.

171 2009: 37. Muitas das visões lançadas sobre o processo de Romanização foram projectadas a partir de momentos históricos posteriores, mostrando o "quanto as visões do Império Romano se forjaram a partir dos paradigmas culturais dos modernos colonialismo e imperialismo europeus." (Fabião, 2001: 111).

172 "It is probably an overstatement to claim that many Romanists are really closet colonialists at heart [...]. Essential to this type of thinking is the notion that in the western part of the Roman empire, the creation of the new order required the extermination of the natives and their replacement by a largely Roman population. For political and ritual reasons, Roman generals emphasised and even exaggerated the casualties they had inflicted on the groups that they had conquered. Historians both ancient and modern have stressed the number of slaves that were taken from areas that the Romans conquered. The picture that results from these two processes is one in which the native population is either eliminated or reduced to a marginal existence." (Dyson, 1991: 27).

corre a par da também radical transformação das *diversas arquitecturas*, sejam elas urbanas ou manifestando-se em espaço rural. Todavia, o processo não é linear e está longe de ser conhecido. Repegando no exemplo de *Ammaia*, qual a escala da ruptura? Porque não é indiferente instalar comunidades indígenas no espaço que já conhecem, embora dentro de um equipamento criado de raiz, em lugar de trazer componentes étnico-culturais novas, como os colonos itálicos, e colocá-los a interagir com as comunidades pré-existentes. Quero com isto dizer que a criação de uma *paisagem provincial* é feita de fenómenos muito mais profundos do que instalações de gentes, sejam estas no sentido de deslocações das pessoas que ali habitam ou de *importações* de pessoas vindas de outros lugares. E nesse sentido os dados são diversos, para mais em área regional onde a pluralidade indígena parece ser tão marcada. Para complexificar o quadro, note-se que as dinâmicas evolutivas já eram uma marca das próprias sociedades indígenas. As *sementes de mudança*, digamos assim, já se encontravam em plena evolução[173], e a chegada de Roma – ou, mais concretamente, a implementação de uma nova ordem administrativa – apenas contribuiu para reformular esse processo. Seja como for, os substratos locais não são suficientemente conhecidos e a percepção da sua valorização não pode ser determinada de momento.

Os centros políticos são indiscutivelmente *ex novo*. As duas *urbs*, *Ammaia* e *Abelterium*, são equipamentos criados de raiz, tal como sucede com a capital provincial, mas diferentemente desta na composição humana, pois enquanto *Augusta Emerita* é uma fundação colonial, *Ammaia* mantém um substrato indígena visível na onomástica dos seus magistrados Próculo e Omuncião; quanto à localidade que subjaz à actual Alter do Chão, pouco sabemos. É provável que esta criação romana, patenteando um tão forte esforço construtivo, reflicta também a ausência de conhecimento das comunidades regionais sobre modelos urbanísticos mediterrânicos, como já foi sublinhado[174], e que por isso Roma tivesse de assumir um papel eminentemente *urbanizador* em área interior, onde as influências helenísticas e semitas não tinham chegado, assumindo a vocação civilizadora que a *urbs* detinha[175]. Note-se, contudo, e em

173 Por exemplo, em Fabião, 1998a: 511, vol. 2: "Apesar de não ser fácil, no estado actual dos conhecimentos, determinar com rigor a magnitude destes fenómenos, sobretudo pelas lacunas de prospecção e pelas escassas escavações realizadas, julgo que poderemos identificar ao longo do extenso período aqui tratado duas situações-tipo: aquilo a que poderemos chamar fenómenos de "esgotamento" de certos modelos de instalação, que sou tentado a definir como transformações estruturais, relacionadas com as próprias dinâmicas sociais; e outros que se poderão considerar de índole conjuntural, embora possam configurar extensas soluções de continuidade nos modelos do povoamento". É certo que as palavras do Autor se referem a um momento anterior, mas as velocidades, as rupturas e as transformações das sociedades locais já estavam em curso antes mesmo da presença latina.

174 Fabião, 1998: 489, vol. 2.

175 Edmondson, 1990: 160-167 e 1994: 18.

outras passagens voltarei ao tema, que no Alto Alentejo o tecido urbano parece sempre ser rarefeito: a urbe situada no concelho de Marvão está descentrada para Norte, e entre esta e *Abelterium* existe uma grande distância, bem como com *Ebora*. Portanto faltam-nos núcleos urbanos[176], mas é também necessário notar que a delimitação dos territórios não dependia forçosamente da presença de *urbs*, podendo ser feita sem se proceder à urbanização do espaço[177].

No campo, na paisagem rural, porém, o fenómeno parece ser diverso. E talvez a debilidade do tecido urbano do Alto Alentejo mais não seja, afinal, que o reflexo da força do mundo rural, do modo como este foi encarado por Roma como uma aposta estratégica fundamental para a potenciação de recursos económicos e para a integração das gentes na órbita do Império. Assim, também no campo vemos o modo como Roma rasgou todos os horizontes anteriores e "provavelmente, pela primeira vez se forjou aquilo a que chamaríamos uma paisagem rural, contraponto indispensável dos novos centros urbanos."[178] Neste fio de raciocínio, talvez a escassa aposta na criação de cidades nesta região demonstre, não um desinteresse de Roma, mas a forte dinâmica autárcica da vivência rural para criar mecanismos de intensificação social e económica próprios.

Todavia, para o entendimento do que foi a criação desta paisagem rural temos apenas indirectos instrumentos de leitura, essencialmente por um generalizado desinteresse da investigação portuguesa onde a percepção dos fenómenos de transformação e mudança foi sempre menos analisada[179]. Basicamente temos a epigrafia, onde poderíamos ler as pervivências onomásticas indígenas (ou as diferentes onomásticas); e os materiais arqueológicos. Aqui poderíamos

---

176 O fenómeno merece um esforço da investigação para aquilatar as suas causas. Geralmente existe uma relação directa entre a concentração urbana e a exploração económica do território envolvente: "C'est presque toujours le cas des colonies et des municipes, ce qui explique la concentration urbaine dans les régions propices à l'agriculture et le nombre élevé de villas que l'on trouve souvent à proximité de ces foyers" (Gorges, 1979: 77). Portanto, o facto de o Alto Alentejo não ter sido mais urbanizado (pelo menos é essa a impressão actual) terá necessariamente de ter uma causa do ponto de vista geo-estratégico pois, como o autor menciona, "les villas sont nombreuses partout où il y a une forte urbanisation [...]".

177 O caso de Munigua é bem conhecido, pois trata-se de uma civitas sem dimensão de urbs: "[...] en el caso de Munigua [...] no existe tal urbs puesto que las excavaciones han demonstrado que se trata fundamentalmente de un santuario que cumplió seguramente en su momento con el cometido de ser lugar tanto de culto como de gestión y reunión de los habitantes de los territorios colindantes sin la necesidad de recurrir a la creación de una urbs. Eso mismo ocorrió incluso cuando se convirtió en época flavia en municipio latino. Se trata, por tanto, de dos formas de civitas, en la que una tiene urbs y la otra no, sin que eso signifique que su sistema organizativo en cuanto a los territorios tuviese que ser diferente." (Saez Fernandez, 2002: 411). Creio que este fenómeno tem sido esquecido no momento de tentar delimitar as circunscrições administrativas romanas.

178 Fabião, 2001: 112.

179 A este respeito resulta estimulante a afirmação de Carlos Fabião (2001: 113) para quem uma "arqueologia processualista [...] não chegou nunca a vingar entre os arqueólogos que, em Portugal, estudavam estes períodos", devendo processualista ser entendido no sentido literal de análise de processos de transformação.

contar com os *níveis de fundação*, acaso eles existissem, mas infelizmente as estratigrafias para estes momentos são inexistentes ou não documentadas. Quanto aos textos, são infelizmente de pouca utilidade, dadas as imprecisões cronológicas, e faltam-nos as vozes locais como contraponto à perspectiva romana, necessariamente comprometida e parcial. Mas, em resumida leitura geral, parece ser possível seguir a perspectiva de Varrão[180]: após as Guerras Civis, pacifica-se o território, com o progressivo termo da instabilidade motivada pelas insubordinações indígenas e lutas entre romanos. Será com Augusto que um profundo movimento de ordenamento da paisagem se irá verificar. A política de reconciliação promovida pelo filho adoptivo de César irá consubstanciar-se "na grande transformação na rede de povoamento no Sudoeste", promovida após a "romanização jurídica"[181]. Procede-se então à organização administrativa com a imposição de um novo quadro referencial que vai enquadrar a vivência quotidiana. A delimitação dos termos provinciais, com a demarcação das áreas de gestão municipal, e a estruturação de um sistema viário que liga os centros de poder vai criar a ruptura com os quadros anteriores. E neste aspecto, se a progressiva identificação de "casais agrícolas" indígenas da Idade do Ferro nos mostra como afinal as sociedades indígenas eram mais agricultoras do que os retratos deixados nas fontes nos levam a crer (dada a ênfase posta no bandoleirismo e nos arcaicos modelos pastoris), convém não esquecer que a escala económica se torna completamente diversa e que, se coincidências existem na implantação espacial de *villae* sobre locais anteriores, tal não passa de isso mesmo: uma mera coincidência – no sentido da descontinuidade temporal, da convergência de estratégias... -, ditada pela proximidade de recursos endógenos, como no fundo coincidências também existem na implantação de montes alentejanos sobre estruturas fundiárias romanas...

Com Augusto, portanto, assistimos à imposição de uma nova ordem[182]. Não custa pensar que a estruturação da paisagem passou também pela infra-estruturação da mesma: exigiu a implementação de uma rede viária e a construção de pontes. Mas sobretudo, o desenvolvimento de competências técnicas, de um novo saber-fazer que criou uma outra forma de exploração agrícola e de apropriação do território[183].

---

180 R. r. I.16.2.

181 Fabião, 1998: 551, vol. 2.

182 É provável que o programa augustano se tivesse preocupado primeiro sobre as zonas litorais e costeiras, essenciais para a implementação dos circuitos comerciais na província. Pelo menos as dedicatórias epigráficas assim o parecem documentar. Deste modo, a organização das paisagens das áreas interiores poderá ter sido ligeiramente posterior no tempo, ou corrido a uma velocidade diferenciada.

183 O novo entendimento que Roma implementa traduz-se na concepção da agricultura como elemento motor do desenvolvimento, quer pela criação de um novo mercado interno agora em nascença, quer pela necessidade de abastecimento da metrópole que vê na Hispania um território fértil e estrategicamente interessante. Esta aposta faz-se pela via da colonização humana, pelas obras necessárias, mas também pelo "développement de nouvelles techniques

Mas a Arqueologia não consegue ainda detectar este processo: infelizmente, para a área não existe uma massa de dados similar à da Vidigueira, onde as sondagens realizadas demonstraram densos ritmos de fundação/refundação/abandono de núcleos rurais, em duas ou três gerações[184].

Voltemos então aos campos de estudo já referidos.

Em textos recentes juntei perspectivas na abordagem às redes de povoamento, combinando as informações de elementos epigráficos[185] e cerâmicos[186], que apresentam conteúdos relevantes para a percepção destes fenómenos de transformação e mudança.

Sobre os primeiros, para esta área regional detemos um texto relevante: o voto anual da *civitas ammaiensis* dedicado a Cláudio[187]. Nas margens da zona em estudo, juntamos os pactos de hospitalidade: o juramento dos *Aritiensivm* a *Caius Ummidius Durmius Quadratus*, legado de Calígula[188], proveniente da área de Alvega do Tejo (próximo de Gavião, no canto noroeste da área em análise) e ainda o pacto estabelecido sob o governo de Tibério com *Lucius Fulcinius Trio*, encontrado próximo de Juromenha[189] (portanto junto ao oposto extremo sudeste). Conjuntamente estes textos documentam, para um período ligeiramente mais avançado, uma instalação pacífica, uma aceitação natural dos novos detentores do poder pelas comunidades residentes. Mas também mostram que o poder de Roma encaixou na perfeição em hábitos já existentes e que consistiam em necessidades de protecção (no mais amplo sentido do termo, fosse defensiva, subsistencial, ou de simples favorecimentos[190]) firmados na sequência de uma tradição anterior. Estas relações que agora se consolidam, em âmbito institucional, como nos dois primeiros casos, ou aparentemente pessoal, no terceiro, reflectem também a ausência, ou insipiência, de uma sociedade hierarquizada, escalonada, antes da chegada de Roma, que verdadeiramente irá proceder à organização dos elementos locais - que pelos vistos, aceitam de bom grado este poder protector. Este processo de fidelização corre entre romanos e indígenas, mas também dentro da própria comunidade

agricoles (amélioration de l'outillage, création d'ouvrages hydrauliques, introduction de nouvelles variétés d'espèces cultivées) [...] (Gorges, 1979: 76)" para além da criação de correntes comerciais e de mercados internos e externos. Quero com isto dizer que Roma não foi apenas a execução de obras materiais, mas a implementação de uma verdadeira nova economia nos modelos e exploração do território, e portanto o seu entendimento, e consequências do ponto de vista arqueológico, tem de ser mais complexo e vasto do que a simples suposição de que se limitou à introdução de villae na paisagem.

184 Mantas, 1998 e Mantas & Sillières, 1990.

185 Morgado & Carneiro, 2011.

186 Carneiro & Sepúlveda, 2011.

187 IRCP nº 615; comentado nas pág. 751-752.

188 IRCP nº 647 e comentário na p. 752.

189 IRCP nº479. A peça pode ser datada de 21 de Janeiro de 31.

190 Materializada na fórmula hospitium fecerunt gravada no documento de Juromenha que manifesta o modo como L. F. Trio os recebeu como clientelam.

latina, como deduzível do facto de a *gens Stertinia* poder ser uma família de colonos. Todos replicam as mesmas fórmulas, portanto.

Rapidamente este processo irá decorrer em âmbitos mais pessoais e privados. A instalação de colonos na margem actualmente portuguesa do *Anas* é um fenómeno ainda mal conhecido por insuficiência de dados arqueológicos e epigráficos. Neste sentido, a escassez de menções de Elvas e, sobretudo, de Campo Maior, é notória. Todavia, temos um documento relevante, embora infelizmente de proveniência incerta (arredores de Elvas). Refiro-me à epígrafe de *Gaius Axonius*, filiado na tribo *Papiria* e veterano da *Legio XX*, que menciona a sua naturalidade de *Firmum Picenum*, na península Itálica[191]. Muito provavelmente datada do tempo de Augusto ou dos inícios de Tibério, documenta a instalação da primeira geração de veteranos. Neste processo insere-se ainda a dedicatória de *Iulia Prima* ao seu marido e antigo patrono, *Gaius Iulius Gallus*, veterano da *Legio VII* e emeritense que recebeu alguma propriedade na zona de Elvas, de onde a peça provém.[192]

Outro plano em que podemos avaliar o processo reside na mistura de contingentes populacionais, no forjar de uma nova sociedade a partir das relações matrimoniais. Nesse aspecto é interessante olhar para duas placas epigráficas do concelho de Monforte, já analisadas em outro momento[193]: nos textos de Herdade de Mateus[194]e de São Pedro de Almuro[195] encontramos dois exemplos de união entre o fundo indígena e o contingente romano. União nas famílias, facto visível através dos antroponímicos, mas também na forma de identificação, combinando os usos latinos com as tradições locais. Ou seja, verdadeiramente, o criar de uma nova sociedade, a partir da miscigenação de contingentes étnicos e de novas formas de auto-identificação e percepção do eu. Uma vinculação à terra e aos outros que vai criar uma nova vivência do território.

Quanto aos padrões cerâmicos, dois singelos fragmentos de *terra sigillata* itálica recolhidos em prospecções na *villa* de Horta da Torre trouxeram dados relevantes para o conhecimento do tempo em que se estabelecem as redes comerciais e circuitos de troca[196]. Indicam-nos uma precoce instalação no local (e ainda que eventualmente o construtor e primeiro ocupante tenha sido um

191 IRCP nº 576.

192 IRCP nº 577 e comentários na p. 643; para uma integração abrangente, ver Edmondson & Hidalgo Martín, 2007. A epígrafe é datada de inícios do século II d.C..

193 Morgado & Carneiro, 2011.

194 IRCP nº 578

195 IRCP nº 595a.

196 Carneiro & Sepúlveda, 2011. Da villa romana da Horta da Torre provêm dois fragmentos com marcas de oleiro e que receberam os números de inventário RS/1 [144] e RS/1 [155]. São de origem itálica e apresentam punções oriundos das olarias de C. SERTORIVS PROCULVS e CN ATEIVS EVHODVS. O primeiro foi um oleiro com oficina em Arezzo e que desenvolveu a sua actividade entre os anos de 15 a.C. e 5 d.C, o segundo refere-se a um atelier da zona de Pisa que funcionou entre 5 a.C. e 40 d.C.

colono itálico), e a criação de uma rede de comércio e abastecimentos que começou a funcionar de forma rápida e consistente[197]. Em relação a outras presenças de importações itálicas, os dados são escassos, dada a inexistência de conjuntos de materiais publicados para a área. Mas pelas poucas informações existentes o afluxo comercial e a integração nas rotas do Império estariam consolidados em pouco tempo. Por exemplo, na "Villa 1" da Quinta das Longas menciona-se uma "fraca presença de *terra sigillata* itálica"[198], mas as produções chegam ao local. Todavia a imagem é irremediavelmente truncada pela dinâmica do próprio sítio arqueológico. Teríamos então um espaço onde o funcionamento do mundo rural ocorre mais rapidamente que a consolidação e animação dos núcleos urbanos, onde a situação parece correr mais lentamente[199]? Esta informação aportada pela *terra sigillata* é concordante com os dados trazidos pelos naufrágios no Mediterrâneo, embora estes carregassem sobretudo produções da *Baetica*. A par de cargas de metais, as ânforas registadas mostram como a paisagem já se encontra reconvertida para o modelo produtivo romano[200], que se irá implementar durante todo o século I d.C., mesmo em contextos de alguma perturbação, como as contendas pela sucessão imperial que ocorreram entre 68 e 69 d.C.[201].

3.3.2. A vida da *paisagem romana* da *Lusitania*

Ao longo do século II – um período genericamente ignorado pela Arqueologia rural, e por isso difícil de caracterizar - o elemento mais relevante parece ser o estabelecimento das plenas capacidades produtivas das *villae* com a concretização dos modelos fundiários de ocupação do território. Se é certo

---

197 Embora até ao momento estas marcas de oleiro não estejam registadas em Augusta Emerita, apenas na Tarraconense. Portanto, o presumível proprietário destes recipientes cerâmicos poderá ter obtido as peças em outros lugares e tê-los transportado consigo. De qualquer modo, o achado destas marcas em território tão interior é relevante, pois até agora só ocorriam em zonas litorais.

198 Almeida & Carvalho, 2004: 375.

199 Para Augusta Emerita temos os dados de Rodríguez Martín, 2006: 189, indicando que, embora o grande programa construtivo seja augustano, os padrões cerâmicos de presenças de importação mostram que a cidade só irá desenvolver dinâmicas comerciais a partir de Tibério.

200 A bibliografia existente sobre os naufrágios é vasta, mas para a perspectiva que nos importa remeto para Gorges, 1979: 32 e ss. e Fabião, 1993-1994. Relembro contudo que a base subsistencial das produções agrícolas já deveria existir, pois as cargas anfóricas recenseadas continham vinho e azeite, e o tempo que vinhas e em especial oliveiras levam para atingir a produção plena nas suas etapas de crescimento é considerável. Para as produções da Lusitania os dados são quase inexistentes, mas foram objecto de uma análise de Carlos Fabião (1998b: 178--183) que permitiu documentar "a inversão da tendência", ou seja, o momento a partir do qual as províncias hispânicas passam de receptoras das produções itálicas a exportadoras de fluxos comerciais para a metrópole.

201 Tácito, Ann. 13. 46; Hist. I,76.

que, na linha dos momentos anteriores, o reforço das vertentes senhoriais é um eixo de força constante, o corolário reside na capacidade de desenvolvimento dos sistemas agro-pecuários. Em concreto, será durante este período que as *villae* se estendem à maior parte do território peninsular, deixando de ser uma realidade típica de zonas costeiras ou de áreas até aí mais romanizadas[202]. Por todo o território encontramos agora *villae*, e seguramente a área cultivada terá aumentado de forma exponencial, com o arroteamento de novos territórios. Este processo, contudo, não parece ter sido estável, dado o rearranjo dos *fundi* que a documentação arqueológica permitiu comprovar em algumas zonas[203]. Também nas zonas mineiras parecem existir dificuldades, como atestado para *Vipasca*[204], ou por causas externas, ou no contexto de novas questiúnculas pela sucessão imperial em que a província se vê envolvida. Após esta convulsão o modelo estabiliza-se, a posse da terra torna-se mais sólida[205] para se afirmar a "personnalité de cette province"[206] e o "domínio do local", pelo menos na viticultura[207]. Em consequência, a *villa* torna-se o centro de um domínio fundiário, ainda sem os fenómenos de monumentalização que se acentuam na centúria seguinte, caracterizando-se por ser um estabelecimento agrícola de grandes dimensões. O edifício de Torre de Palma que corresponde a esta fase parece corporizar de forma plena esta vocação, construído talvez por *Marcus Coellius Celsus*, o dedicante da ara a Marte. A «ruralização» da paisagem, que a historiografia aponta para períodos tardios, poderá não ter fundamento se pensarmos que uma das constantes da província – aliás exemplarmente demonstrada no Alto Alentejo – reside na debilidade dos sistemas urbanos. Desta forma, é natural pensarmos que as *villae* enquanto residências sedentárias, sedes de poder de um proprietário, seriam um fenómeno mais disseminado do que o habitualmente entendido, o que ajuda a explicar a expansão dos tecidos rurais organizados em torno das *villae* durante o século II e III. Este é também um período mal conhecido, com ondas de instabilidade provocadas por perturbações que afectaram o tráfego mediterrâneo mas também pela insatisfação de populações que manifestam o seu descontentamento, possivelmente por questões fiscais[208].

---

202 Gorges, 1979: 39.

203 A melhor conhecida refere-se à envolvente de São Cucufate: Sillières & Mantas, 1990, trouxeram dados que identificaram o abandono de sítios como Boa Vista, Courela das Antas, Choupana e Apariça em torno a estes momentos. A integração em propriedades de maior dimensão tem sido apontada como o factor de abandono. Note-se que este pode ser o momento em que a villa de S. Cucufate sofre uma reconstrução.

204 IRCP 121; Domergue, 1987: 299-301.

205 Deixando de haver a frequência de mudanças de proprietários e propriedades que as escavações em torno de S. Cucufate documentaram (Sillières, 1994).

206 Gorges, 1979: 40.

207 Fabião, 1998b: 183-184.

208 Le Roux, 2010: 140-150.

Estes fenómenos são relevantes para percebermos o que se passa durante o conturbado século III[209]. Aparentemente os danos que a zona ocidental da Península sofre são mais esparsos do que o ocorrido, por exemplo, na Tarraconense, onde efectivamente ocorrem episódios de grande violência, embora mesmo assim de impacto diferencial entre a Catalunha e os territórios interiores do vale do Ebro[210]. A Península parece sobreviver sem grandes danos às crises políticas, pelo que a causa da recomposição da paisagem rural residirá em motivações internas, essencialmente por pressão fiscal e fenómenos de instabilidade financeira. Neste processo também será de considerar a concorrência vinda do Norte de África, dado o crescimento das exportações a partir dos centros produtores, com significativos reflexos visíveis no registo arqueológico da cerâmica fina e nos contentores anfóricos, embora a área regional resista bem, com uma grande vitalidade nos circuitos de abastecimento interiores que trazem a *terra sigillata* hispânica tardia[211]. Portanto, a paisagem altera-se, talvez não por factores externos, mas seguramente pelas dinâmicas internas das sociedades. Uma das decisivas transformações será efectuada pela progressiva concentração fundiária, de que as fontes nos dão conta[212].

As dificuldades de percepção do que realmente se passa durante o século III e a sua passagem para o IV são também potenciadas pelo conhecido declínio do hábito epigráfico. Para esta área regional os escassos dados provêm dos marcos miliários, que de algum modo testemunham a inserção destes suportes "na documentação do culto imperial"[213]. Temos as inscrições miliárias dedicadas a Caracala[214], Heliogábalo[215], Maximino[216], Probo[217], Tácito[218] e Maximiano[219]. Esta profusão é deveras interessante e deve ser lida em vários planos. Mais do que testemunhar uma efectiva renovação viária[220], que só em troços localizados

---

209 É interessante analisar o modo como a historiografia tem oscilado no juízo avaliador deste período, e nas percepções sobre o curso dos acontecimentos. Veja-se por exemplo os reparos de Alexandra Chavarría Arnau (2007: 90 e ss.) à visão catastrofista que Jean-Gérard Gorges apresentou para o momento em causa.

210 Ver, por exemplo, Gorges, 1979: 43-47 e fig. 7. Na zona do Ebro as perturbações são episódicas, o que não ocorre no litoral, onde, por exemplo, a queda de Tarraco em 262 constitui o episódio mais violento.

211 Carneiro & Sepúlveda, 2005.

212 Em meados do século III Cipriano dizia que "os ricos acrescentam domínios aos domínios, expulsam os pobres dos seus confins e as suas terras estendem-se sem medida e sem marcos" (citado em Bernardes, 2007: 66, nota 78).

213 IRCP p. 756.

214 IRCP nº 661 e 662.

215 IRCP nº 663.

216 IRCP nº 664.

217 IRCP nº 668.

218 IRCP nº 666a.

219 RP 6/95.

220 A hipótese da renovação dos troços viários, essenciais para manter com a vitalidade necessária os circuitos comerciais que previsivelmente estariam abalados pela instabilidade do

deverá ter ocorrido, documenta, por um lado, a utilização das inscrições em marcos miliários como elementos de propaganda imperial e da fidelidade das comunidades locais a quem exercia (mesmo que episodicamente) o poder imperial; mas deve ser vista também como "sintoma do interesse com que as populações do *conventus* seguiam a evolução do poder central, a que, sempre que necessário, manifestavam o seu apoio"[221]. Para um momento ligeiramente adiantado, já na tetrarquia, continuamos a deter testemunhos: o exemplar da Terrugem[222] e, sobretudo, o núcleo de Estremoz, muito homogéneo, o que (aqui sim) certamente documenta a renovação de um extenso troço viário[223].

Se os traçados das vias sofrem remodelações, na arquitectura privada em meio rural o mesmo fenómeno terá ocorrido. Em certos casos, podemos falar de ampliações construtivas: Torre de Palma, por exemplo. Em outros, trata-se de uma verdadeira estrutura nova que agora é construída, sem que da anterior fique a pré-existência, como em Quinta das Longas (Elvas) com uma nova residência de planimetria inédita[224]. Na região vizinha da Extremadura espanhola este é também o tempo das grandes *villae*, com instalações sumptuosas que se estendem por hectares[225]. Portanto, e apesar da carência de dados cronológicos, é legítimo supor que a maioria dos grandes estabelecimentos que encontramos no Alto Alentejo reflectem a dimensão autárcica das estruturas fundiárias e a vitalidade da paisagem

século III, deve ser considerada como hipótese muito plausível pelo menos em certos troços, pois a via proveniente de Scallabis apresenta uma homogeneidade temporal nos miliários concentrada em finais do século III (entre 276 e 310, no máximo) e o conjunto da via XII está escalonado em dois períodos: entre 198 e 238 (no núcleo de Barbacena) e entre 317 e 350 (também considerando os períodos máximos compreendidos nas titulaturas). Ver quadro-resumo em Carneiro, 2002: 141-142, e também Alarcão, 2006.

221 IRCP p. 756.

222 IRCP nº 670, cuja datação precisa é mais problemática por não ter inscrita a enumeração dos títulos honoríficos de Diocleciano e Máximo (principado conjunto entre 286 e 305).

223 IRCP nº 673, 674, 675, datados do intervalo entre 317 e 320.

224 À época da redacção do seu trabalho, J.-G. Gorges (1979: 52) afirmava que "nous avons recensé, de manière sûre, plus de cent quarante établissements répartis à travers l'ensemble des Espagnes" que são refeitos ou construídos de raiz nos finais do século III e inícios do IV. Torna-se importante precisar uma outra afirmação do autor, quando afirma (p. 85) que existe uma continuidade na implantação das villae pois "il apparaît que la plupart des installations primitives (République et Ier siècle ap. J.-C.) subsistent au moins jusqu'au milieu du IIIe siècle." Na Quinta das Longas existe uma mesma implantação, mas na prática são dois sítios completamente diferentes, sem uma incorporação da pré-existência na nova estrutura planimétrica que agora se instala. Ou seja, os nexos de continuidade resumem-se unicamente à sobreposição topográfica. O mesmo se passa no paradigmático sítio de São Cucufate, onde se data de 360 a construção de um edifício de planta totalmente nova (Alarcão, Étienne & Mayet, 1990).

225 Ver o reportório de sítios em Fernandez Castro, 1982 e Aguilar Saenz & Guichard, 1993; sobre o processo arqueológico ver Fuentes Domínguez, 1995; Mateos Cruz, 1995; Mateos Cruz & Caballero Zoreda, 1995.

rural. Em resumo, é este efectivamente o "momento de máximo esplendor" na arquitectura rural dos campos hispânicos[226].

Mas este é já um momento em que o tempo acelera, e converte a realidade imperial em outro universo. Um mundo distinto, com outros desafios.

226 Chavarria Arnau, 2007: 93: "El siglo IV constituye el período de máximo esplendor de la arquitectura residencial en la Hispania rural, desarrollo que afectó a gran parte de las provincias occidentales del Imperio. Este fenómeno es particularmente evidente en el interior de la Península: en el valle medio y alto del Ebro, en la zona de la Meseta (valles del Duero y Tajo) y también en la Lusitania, de modo muy significativo en los territorios de Augusta Emerita y de Pax Iulia. Los sectores residenciales de las uillae situadas en estas zonas son objeto de importantes reformas, destacando en todos ellos el cuidado prestado a los espacios dedicados a la representación pública del propietario como los peristilos, las habitaciones de recepción y los conjuntos termales." É certo que este fenómeno não ocorre em todas as províncias da mesma forma, notando-se importantes variações regionais (que a autora frisa), mas na zona central da península, entre o Alentejo e os campos de Salamanca e da Meseta, o processo é bem notório. De notar que raras são as fundações ex novo, resultando a evolução, ou da ampliação de espaços existentes (como a estratigrafia horizontal de Torre de Palma indica) ou da reformulação, por vezes radical, do pré-existente, criando uma estratigrafia vertical como em Quinta das Longas. Note-se ainda que sítios existem, como La Olmeda (e Torre de Palma?), em que a reformulação tem dois momentos.

4. Estruturas de povoamento em meio rural em época romana

A percepção da arquitectura de povoamento em meio rural na Antiguidade alterou-se totalmente nos últimos anos. A leitura que hoje detemos é muito mais apurada e complexa, esbatendo a simplista teoria de que a paisagem imperial se encontrava homogeneamente repartida por grandes *villae* distribuídas repetidamente pelo espaço até ao infinito. O panorama é actualmente polifacético, pela confluência de dois factores:

- uma análise polissémica e culturalista das fontes e documentos textuais, inscrevendo-os no quadro temporal e cultural em que foram escritas, procurando determinar os seus conteúdos substantivos de forma aprofundada e hermenêutica, em lugar de os ler de acordo com molduras pré-concebidas ou excessivamente à letra[227];
- o intensificar da investigação, em particular a que decorreu centrada em estudos intensivos de território que aumentaram em muito o quadro de referência disponível[228]. Em lugar do achado fortuito ou

227 A par de uma leitura menos romanocêntrica, ou seja, uma análise hoje alicerçada no progressivo amadurecimento de uma disciplina que descola de uma visão assente na excessiva valorização do seu objecto de estudo para uma leitura mais atenta a formas menos canónicas e diversificadas de habitação. Quero com isto dizer que o estudo da paisagem romana durante longo tempo encarou a villa como símbolo máximo da realização latina, esquecendo outros tipos de sítios que também coexistiram no tempo e no terreno, incluindo os habitats indígenas até aí menosprezados pelo seu significado atávico e arcaizante. O entendimento actual da paisagem romana é complexo e descomprometido, reconhecendo a diversidade das presenças humanas.

228 Além das questões tratadas nos âmbitos das novas agendas de investigação, a emergência da arqueologia preventiva e da minimização de impactos no decurso de obras veio também permitir a identificação e intervenção em contextos até aí menos apetecíveis e/ou secundarizados, o que ajudou a transformar de modo radical a leitura das unidades de povoamento e dos seus espaços. O fenómeno foi radical em França, criando uma revolução epistemológica no modo como a paisagem romana era até aí entendida (van Ossel & Ouzoulias: 2000) mas em

da descoberta espectacular, que apenas permitia identificar as grandes unidades latifundiárias (quando não somente a *pars urbana*, em busca dos pavimentos musivos...), o palmilhar intensivo da paisagem, muitas vezes no âmbito de grandes obras públicas, da realização de inventários arqueológicos, ou das novas *agendas de investigação*, permitiu iniciar a identificação de pontos de povoamento mais pequenos (por vezes diminutos) ou de sítios distantes do padrão habitual, quer sob o ponto de vista das evidências de superfície, quer na implantação.

Desta forma temos vindo a observar como decorre um processo de transferência de uma análise monolítica e homogeneizante, que perdurou no paradigma da investigação durante longo tempo[229], para um exame centrado na desestruturação, no reconhecimento da (co)existência de redes complexas e na heterogeneidade dos elementos materiais[230]. Esta desestruturação criou um problema. Se até tempos recentes a paisagem era reduzida ao «padrão-*villa*», hoje em dia as categorias conceptuais proliferam, em alguns casos desadequadas face às tradições construtivas e habitacionais das regiões em causa, bem como à própria língua portuguesa. Torna-se complexo definir as diferenças entre «quinta», «granja» ou «casal», ou entre «povoado», «aldeia» e «aglomerado». Da mesma forma, muitos prospectores estão hoje pouco capacitados para decifrar o que vêem, para converter a realidade material visível à superfície em linguagem arqueológica. Daí a proliferação de termos neutros e em rigor inúteis, como «habitat» cuja utilização para contextos de época romana é manifestamente... absurda[231].

Portugal o caso mais paradigmático e precoce talvez seja o conjunto de intervenções realizada no âmbito da rede de transporte de gás (Bugalhão, 2004), que trouxe estudos de caso em Sardos (Monforte), Vinagreira e Pereiras (Elvas).

229 "Over the last twenty years, the study of the Roman villa has been transformed from an art historical exercise in mosaic stylistics and architectural form to a multi-disciplinary endeavor, embracing not only art and architectural history, but, as this volume attests, economics, social history, and even agricultural science." (Bowes, 2006: 73). Portanto, a reconfiguração operou-se em duplo sentido: por um lado, a alteração de paradigma em torno do objecto-villa, que deixou de ser entendido unicamente enquanto "manifestação artística" ou "arquitectónica" para ser hoje complexo, reflectindo toda a carga de perspectivas sobre a vivência no campo que o Homem latino detinha. Mas simultaneamente a leitura da paisagem deixou de estar centrada na villa para se perceber toda a multiplicidade de formas de habitação em meio rural.

230 E na busca de novos critérios para a caracterização dos sítios arqueológicos e o seu encaixe nos termos utilizados. Nesse aspecto uma tentativa interessante foi feita por Maria da Conceição Lopes (2003: 228-234) que criou um conjunto de critérios de ordenamento de sítios passíveis de serem inter-relacionados de modo a criar uma rede tipológica hierarquizada de estabelecimentos com base nesses escalonamentos diferenciais (sirvo-me do léxico utilizado pela autora nos diversos sub-capítulos explicativos).

231 Partilho inteiramente da opinião de João Pedro Bernardes (2007: 18): "Procurámos evitar a utilização do termo "habitat" para designar qualquer assentamento. A palavra é claramente desadequada para identificar locais com um registo arqueológico ocupacional. [...] Em rigor designa todo o espaço de acção ou nicho ecológico que suporta um ser vivo e não apenas o seu abrigo. [...] quando se trata de realidades arqueológicas mais complexas, marcadas por uma clara

Mesmo assim, se analisarmos com atenção a terminologia e a construção conceptual que os autores clássicos fazem do mundo onde viveram, rapidamente descobrimos que estamos ainda distantes de uma leitura que reflicta o carácter polissémico e multi-abrangente que a terminologia tinha na época em que focamos a nossa atenção. No fundo, a paisagem romana era mais complexa no que toca à existência de distintas formas de habitar, panorama que tem sido comprovado arqueologicamente mas que, na realidade, um exame atento da literatura já deveria ter feito supor, se a historiografia não tivesse sido tão enformada pelo "*padrão*-villa". Mesmo assim, e apesar de todo o caminho percorrido nas últimas décadas, não deve ser esquecido que existem numerosas fracturas entre a terminologia literária e a diversidade das realidades arqueológicas[232], criando desfasamentos em dois momentos: na definição arquetípica dos conceitos; e no terreno, no momento de encaixar conceptualmente as evidências de superfície em categorias pré-definidas[233].

Esta perspectiva já foi por mim tratada em alguns momentos[234] e relembro que as clivagens entre os *significantes* e os *significados* têm sido um problema recorrentemente insolúvel ou incómodo para a investigação, apesar de programas de pesquisa consolidados e rigorosos do ponto de vista metodológico[235]. Só que as incertezas iniciam-se a montante, nas categorias conceptuais dos autores da época, que deixam larga margem de dúvida quanto à significação material das realidades descritas.

---

hierarquização e organização do espaço e centradas em núcleos habitacionais bem estruturados é, claramente, de evitar. A palavra "habitat" é ainda etimologicamente desadequada. Vindo do latim habitare encerra uma carga semântica que se prende com um mundo vivo que, por definição, se opõe às comunidades fósseis que são as que o registo arqueológico nos dá a conhecer."

232 Sobre a idealização do conceito "villa" foi recentemente realçado que não existe até ao momento qualquer sítio que corresponda à descrição feita por Catão do modelo da "villa-esclavagista" em que não é feita qualquer concessão ao conforto ou ao otium (Terrenato, 2001: 24-25). Ou seja, o modelo catoniano descreve uma conceptualização até agora não arqueologicamente identificada, o que diz muito sobre os postulados ideológicos dos autores, a sua vinculação ideológica, e os distintos propósitos dos proprietários no momento de materializar as suas residências.

233 Um caso interessante reside no complexo de Valdettores de Jarama, próximo de Madrid, onde um monumental edifício octogonal provido de peristilo foi recorrentemente integrado na categoria villa. Todavia, o local não apresenta qualquer sala de aparato, não possui ornamentos decorativos, não apresenta edifícios termais nem qualquer estrutura interpretável como pars rustica ou de laboração. Assim, deverá tratar-se de um macellum rural ou de um qualquer ponto de convergência de comunidades em momentos concretos, por motivos religiosos ou comerciais. O exemplo é dado em Arce, 2006: 12.

234 Carneiro, 2004: cap. 3; Carneiro, Poder & Território; Dependências agrícolas.

235 Muitos têm sido os projectos de análise territorial, a várias escalas, procurando definir os diversos níveis de pontos de povoamento que compunham as paisagens de época romana. Independentemente dos resultados e quadros fisiográficos em que decorrem, parece-me que duas conclusões são comuns: a diversidade de formas de habitar; e, de modo algo paradoxal, a homogeneidade intra-categórica, ou seja, uma relativa semelhança nas expressões materiais dos sítios que compõem as diversas categorias. Entre os títulos mais significativos registem-se Potter, 1979, Barker & Lloyd, 1991, Leveau, Sillières e Vallat, 1993, Mattingly, 1996 e 2000, Accardo, 2000, Fentress 2000b, quanto aos programas de investigação; ou Leveau, 2002 e Vallat, 2004 no âmbito das reflexões e leituras de conjunto.

4.1. A *villa* enquanto padrão de povoamento

Um dos feixes de potencial dúvida ou incerteza reside na diversidade intrínseca inerente à materialização do conceito-*villa*. Esta questão será discutida mais à frente, quer sob o ponto de vista conceptual, quer na sua manifestação arqueológica. Mas note-se, entre outros, um exemplo concreto, consensualmente adoptado pelos investigadores: do ponto de vista das evidências de superfície, um dos critérios geralmente utilizados para a definição do conceito reside na extensão da área de vestígios. Uma *villa* é balizada a partir do limite artificialmente estabelecido dos 10.000m² de área de dispersão de vestígios à superfície[236]. Mas escavações feitas em sítios arqueológicos evidenciaram a ausência de uma norma no que toca a este domínio, com sítios materialmente circunscritos a áreas distintas[237] e dificilmente enquadráveis em uma qualquer norma. Da mesma forma, a intensificação de programas de prospecção sistemáticos e o aumento do volume de dados permitiu contrastar a própria informação assim obtida com as recomendações indicadas nos textos clássicos, mostrando que as normas não eram canonicamente seguidas, originando então uma diversidade maleável nas formas de adaptação ao terreno[238]. Em resumo, estamos perante vários níveis de segmentação (ou de desfasamento) entre o conceito e a sua materialidade; ou entre o *significado* e o *significante*[239].

---

236 Embora esta leitura tenha sofrido variações caminhando para uma progressiva flexibilidade. Jorge de Alarcão considerava em 1998: 95 que "um lugar com 5.000 a 25.000m² [corresponderá] a uma villa". Esta aparente incerteza era fundada na convicção que múltiplos outros factores existiam, em especial os por vezes negligenciados factores pós-deposicionais, pois já o mesmo autor sublinhava em 1990: 423 que "Não nos parece todavia possível definir com segurança a área mínima de dispersão dos achados de uma villa; essa dispersão não depende apenas da natureza do edifício enterrado, mas de outros factores, designadamente a inclinação do terreno e os trabalhos de lavoura praticados: numa vertente ou num local de há muito agricultado, os materiais terão sido mais longamente arrastados".

237 "La taille des bâtiments groupés est très souvent l'un des critères majeurs de la typologie. Pourtant, les surfaces couvertes sont très différentes: elles atteignent 60x40m à S. Giovanni dei Ruoti, 10x6m à Vittimose, 8x8m à San Nicola, 20x20m à Pareti [...] Sont-ils de la même nature que la villa de Patti Marina avec ses 100x60m, soit 6000m2 [...]?" (Leveau, Sillières & Vallat, 1993: 135). Escusado será fazer o contraponto destas pequenas villae (embora a contabilidade se limite a "superfícies cobertas") com os exemplos máximos conhecidos, como Chiragan em Toulouse com os seus dezasseis hectares de diversas construções e um fundus estimado em mais de mil hectares. Ou ainda o caso de Montmaurin, outro sítio colossal na mesma região. Para as questões levantadas por estes sítios ver Balmelle, 2001.

238 Por exemplo, sobre a implantação das villae na paisagem gaulesa: "[...] il eut ressort à l'évidence que les sites considérés sont établis de façon assez homogène, en fonction des conditions géologiques *et non du relief*. En campagne berrichonne, toutes les formes de relief portent des villas, avec peut-être une concentration particulière sur les rebords des plateaux, aux limites des vallées, mais ce n'est pas là une règle générale. [...] Visiblement, les recommandations des Agronomes antiques relatives à l'implantation des villas n'ont pas toujours été suivies." (Leday, 1980: 57).

239 Carneiro, 2004: 43.

Sabemos hoje que do ponto de vista numérico as *villae* não foram as unidades de povoamento mais significativas na ocupação do território[240], mas foram-no enquanto fenómeno cultural específico na criação do modelo da *paisagem Imperial*: "The most distinctive feature of rural settlement in the north and western provinces of the Roman empire is the phenomenon of villas. No comparable number of large masonry buildings in the countryside had ever been achieved before the late republic and early empire; it would not be equalled again until the post-medieval period."[241] A explosão de *villae* na paisagem representa um momento áureo no valor numérico da frequência de sítios na paisagem, mas apresenta duas consequências colaterais. Uma é o facto de – sabêmo-lo agora – a *villa* ser apenas o elemento mais visível de uma densa rede. A intensificação dos estudos de território não permitiu apenas identificar *villae*, mas inúmeras outras estruturas de habitação, isoladas (casais, pequenos sítios e outros *praedia*), dispersas ou agrupadas (*vici*, *pagi* e outras formas colectivas). Embora materialmente seja a *villa* que apresenta indicadores de monumentalidade, constitui apenas a face visível de uma rede de sítios que se espalhou pelo território de modo tão denso que só no pós-Revolução Industrial encontramos um paralelo equivalente[242]. Em termos absolutos o Império representou um parêntese pela positiva entre a Idade do Ferro e a Idade Média, com a criação de uma dinâmica excepcional (no sentido etimológico do termo, de excepção) assente em múltiplas unidades de povoamento plurifacetados que ocuparam o território, incluindo sazonais, outros hiper-especializados ou ainda alguns originados pelas dinâmicas do mercado. Não custa transpor este plano para as próprias *villae* pois, sabendo que várias poderiam ser detidas por um único *dominus*, percebemos que os padrões de investimento e de construção poderiam multiplicar-se, não em relação directa derivada de fenómenos de crescimento populacional, mas de capacidade de investimento gerada por um único indivíduo. Segundo ponto, e mais interessante para o plano de estudos em que nos encontramos, a *villa* é uma criação distintamente romana[243] – e

240 Seriam as unidades da "base da pirâmide", como os pequenos sítios, os pontos mais numerosos. Ver o caso do concelho de Fronteira em Carneiro 2004 e 2005, onde são os mais representativos.

241 Greene, 1986: 88.

242 O que é diferente de densidade populacional: um mesmo proprietário podia deter várias propriedades.

243 Este facto é visível na existência de uma ligação directa entre a componente populacional itálica que se estabelece na Hispania nos alvores do Império e a cartografia das villae de primeira geração. "Il est donc normal que les villas prolifèrent dans tous les secteurs où la population d'origine italienne est considérable: côté catalane, côte levantine, et bien entendu Bétique [...]" (Gorges, 1979: 79) e, acrescente-se a zona envolvente de Pax Iulia e de Augusta Emerita (para o Alto Alentejo os indicadores cronológicos são escassos). Portanto, a villa é a materialização de um arquétipo cultural estranho à região e que se implementa com a chegada de uma componente exterior, não havendo no fundo indígena fenómenos paralelizáveis.

no caso lusitano, plenamente imperial –, cujo conceito se esgota e termina com a decadência da civilização que a criou. Materializa um conjunto de paradigmas, de conceitos e de expectativas vivenciais culturalmente produzidas naquele contexto específico e que deixam de fazer sentido em momentos posteriores[244]. Mais: representa a junção dos opostos, a coabitação de dois conceitos transcendentes, o de *utilitas* – enquanto exploração fundiária que permitia acrescidas fontes de rendimento – e de *voluptas*, por ser um espaço de evasão e de fruição dos deleites do campo. Uma dupla junção, aliás, pois também se unem o gosto da *rusticitas* com o conforto dos *urbana ornamenta*.. Este complexo entendimento do conceito deveria ainda alertar-nos para uma outra circunstância: o nem sempre poder existir uma completa adequação entre a realidade material construída e a idealização do pretendido. A existência de "*villae*-imperfeitas", de estruturas que por diversos motivos não conseguem concretizar as expectativas do seu promotor, é uma situação não devidamente levada em consideração, mas que certamente terá ocorrido. Isto porque a *villa* é uma das mais distintas criações materiais de uma cultura temporalmente localizada e, nesse sentido, apresenta uma multidimensionalidade de conteúdos onde a preferência individual terá sido, seguramente, um dos pontos acentuados, mas na qual a transposição para o plano material podia, por diversos motivos, não ser conseguida. Este facto chama-nos a atenção no sentido de poderem existir sítios que "não cumpriram a norma" e por isso apresentam um registo deficitário, por alguma incapacidade de investimento ou de cumprimento dos conceitos definidores. Finalmente, a excessiva sobre-valorização da vertente agrícola das *villae* radica de uma leitura demasiado à letra dos dos autores genericamente designados como «agrónomos latinos»[245]. Mas também de um outro ponto, que consiste na insuficiente percepção dos conceitos "rural" e "agrícola", sobretudo se enquadrados na época em estudo[246].

244 Apesar dos fenómenos de revivalismo, como as construções desenhadas por Andrea Palladio (1508-1580).

245 Relembro que, para além das informações contidas nos tratados clássicos que conceptualizam um modelo ideal de villa, nós temos de facto muito poucas descrições concretas sobre estas unidades de povoamento. Excluindo os casos itálicos deixados por Plínio e Cícero, para o território da Hispania temos apenas menções genéricas em Marcial que refere uma propriedade que lhe foi legada por Marcella em Bilbilis e que designa por «cabana» (X, 96 e XII, 18 e 31) e um domínio não localizado de um amigo, Licinianus (I, 49, 19-20). Referência a partir de Leveau, Sillières & Vallat, 1993: 242 e também de Gorges, 1979: 109.

246 Leveau, 2002: 8 lembra-nos que em Pompeia foram encontrados restos ósseos de um rebanho; e que uma das actividades desenvolvidas no entorno das villae era a existência de espaços artesanais como as figlinae. Ou seja, a função agrícola pode também invadir o espaço urbano para além de naturalmente estar presente em meio rural, e neste desenvolvem-se actividades mais complexas e variadas do que as estritamente de cariz agro-pecuário. Esta situação tem consequências, pelo menos do ponto de vista da terminologia jurídica, como recorda o autor: "[...] la différence entre la villa et la domus peut s'appuyer sur une matérialisation précise de la limite entre la ville et la campagne. S'il est à l'intérieur du poemerium, un édifice sera appelé domus. Situe à l'éxterieur, le même sera une villa." (p. 15).

4.2. A *villa* latina: referências literárias e evolução do conceito

A visão que se lança hoje sobre a vivência campestre em época romana continua em larga medida a ser empobrecedora. Povo de lavradores na sua essência, Roma ainda é olhada como uma civilização que manteve os seus atavismos quotidianos até ao contacto com as influências helenizantes, já no final da República, que actuaram de algum modo como um *banho civilizador* sobre os rústicos latinos. Contudo escavações realizadas nos solos da Itália demonstraram outra realidade. Sítios como Grotarossa e Auditorium comprovaram que o luxo privado era bem conhecido pelos aristocratas do século V a.C.[247] Na realidade, a *villa* resulta de uma longa transformação de estruturas de tradições anteriores. Mesmo no século V a.C. a aristocracia fundiária conhecia e apropriava-se de modelos em voga então no Mediterrâneo. Olhando mais longe, a *villa* deriva da evolução do *oikos* que a Grécia arcaica concebera, retratado no palácio de Ítaca que, na *Odisseia* de Homero, é a casa de Ulisses. Um modelo produtivo autárcico, embora neste caso detendo uma maior escala, projecção económica e envolvimento social. O mundo helénico procedeu à evolução do modelo e, em período helenístico, alguma aristocracia na Sicília e nos territórios da Magna Grécia residia em espaços rurais onde as influências orientais conduziram à criação de estruturas mais sumptuosas e monumentais. Também no mundo etrusco se encontrou inspiração para a *villa*, com residências rurais onde as elites passavam parte do seu tempo. E olhando para o tradicional inimigo de Roma, a cidade de Cartago, encontravam-se espaços rurais semelhantes, que em muitos casos irão evoluir para moradias de aristocratas latinos que se estabelecem no norte de África. Portanto, a *villa* resulta da lenta evolução de modelos anteriores[248], mas é um facto que apenas a partir do século II a.C. a componente de luxo e de monumentalidade arquitectónica irá aumentar, passando a funcionar progressivamente como espaço de representação pessoal do proprietário. Contudo (e este aspecto é relevante) nunca perde a essência de estrutura fundiária, marca da ruralidade latina, ou seja, depende intrinsecamente de um *fundus* que a rodeia e lhe atribui significado[249], mas é certo que com o passar dos séculos esta vocação de base

---

247 Terrenato, 2001: 18.

248 Novamente cito Nicola Terrenato, que denomina este processo de "three-step evolutionary line".

249 Curiosamente esta vocação é por vezes desvalorizada nas definições que a historiografia modernamente lança, que enfatizam mais a vocação de urbs in rure, quando na essência a villa é sempre uma estrutura fundiária. E por este motivo cria e organiza um conjunto de relações sociais fundamentais na gestão agro-pecuária. Ou seja, mais do que uma estrutura arquitectónica, a villa é o pólo centralizador de terrenos envolventes e de relações de dependência. Por este motivo parece-me particularmente certeira a definição deixada por Kim Bowes: "But villas, as the controversy surrounding their very definition suggests, were far more than simply country houses. A villa was simultaneously an aristocratic domestic residence, the

se vai esvaziando em detrimento da vocação urbana. A *villa* é uma estrutura – e um conceito – em evolução constante e, olhando a partir do tempo actual, tendemos a esquecer esta dinâmica. É natural que a concepção varroniana de *villa* no século I a.C. seja distinta daquele em que Paládio pensava no século V d.C. Mais, é um processo não suficientemente fixado em qualquer momento. É curioso salientar que o conceito é tão abrangente que entre cidadãos da mesma época, e do mesmo padrão cultural, poderia ter significados distintos. É significativo que Varrão abra o diálogo *Res Rusticae* com uma conversa entre cidadãos que não chegam a acordo sobre o termo[250]. Ou seja, temos aqui uma tripla possibilidade de desfasamentos: entre a substância do conceito, a sua correspondência em termos do entendimento de significados que na época de criação poderiam ser estabelecidos, e os conteúdos materiais associáveis que o investigador actual pode recuperar e relacionar. Três *pontos de fuga*, digamos assim, em que se criam e evidenciam as dificuldades de estabelecimento de pontes entre signos e significados (culturais e materiais).

Este ponto é relevante, pois indica-nos que o conceito *villa* foi aplicado no domínio do quotidiano romano, para além das referências deixadas nos *agrónomos*. Embora a civilização romana fosse marcada pela normatividade, pela necessidade de definir termos e designações, parece claro que o vocábulo foi mais utilizado no domínio literário do que no dia-a-dia ou na linguagem jurídica[251], o que pode indicar uma dificuldade de fixação dos conceitos associados, ou seja, que o vocábulo tivesse mais representatividade, e facilidade de definição, no plano cultural do que material[252]. Na documentação jurídica é

agricultural land attached to that residence, and the vast array of tenurial relationships by which that land was worked, leased, or rented. In other words, villas embodied in a particular way the inherent expansiveness of the Roman domus as home, family, economic unit, and dependency network." (2007: 147).

250 Ver comentários em Marzano, 2007: 3. O dialogo ocorre no livro III entre possessores com concepções contrastantes: Appius Claudius Pulcher, membro de uma respeitável família, detém uma villa de otium, modesta mas sem terrenos, nem produções, nem mais-valias: uma villa inutilis (3.17.1.). Na villa de Q. Axius encontramos a ostentação do mármore, do estuque, dos pavimentos em mosaico (3.2.4. e 3.2.9.), mas temos uma propriedade útil, porque nela se criam porcos (3.2.12.), cavalos de eleição (3.2.4.) e produtos agrícolas, o que a torna digna de muito mais mérito. Ou seja, o contraste máximo não se centra entre a elegância e o luxo, mas na utilização e rentabilidade: a contenção não-produtiva parece ser mais censurável que a opulência que gera rendimentos. Uma terceira villa, de M. Seius (Ostia), não apresenta nenhuma das duas valências (3.2.8.-9.).

251 Leveau, Sillières & Vallat, 1993: 46 lembram que o termo "villa" surge mais disseminado nos textos literários do que na expressão epigráfica, onde a utilização é rara e encontra-se circunscrita ao Norte de África. Juridicamente o termo também foi pouco utilizado, sendo preferível a designação de praedium.

252 Nesse sentido é muito interessante a ênfase posta por Ken Dark no achado de atributos culturais na dimensão artefactual que separa o universo das villae em relação a outras estruturas. Os sinais de literacia são determinantes na criação dessas diferenças, realçando a carga de conteúdos das villae: "Villas were, therefore, economic and tenurial centres that both generated and consumed considerable wealth. They were also perhaps the main rural centres

mais frequente a designação neutra de *praedium*, que ainda se mantém no plano legal, e também é utilizado o termo *aedificium* que designa as construções em sentido genérico, que são termos mais neutros e destituídos de significados vivenciais. O termo *villa*, portanto, parece pertencer mais ao domínio erudito e cultural do que propriamente ao uso corrente. Designa a residência rústica[253] de alguém que pertence a uma elite e, nesse sentido, é um espaço fortemente personalizado que deve transmitir, na estrutura arquitectónica e condições de conforto que oferece, muito do que é a personalidade do proprietário[254]. Mas é sobretudo uma construção conceptual própria de uma cultura, feita *à distância* pelos seus possuidores, o que é fortemente original, embora também ajude a criar problemas nos níveis de entendimento construídos a partir da actualidade[255]. E este facto deriva de um diferente entendimento do que a *villa* se vai tornando efectivamente. Ou seja, neste caso temos uma evolução, a gradual passagem de uma mentalidade que encara a *villa* como uma residência rural para um espaço de sociabilidade e de representação social do proprietário. Essa passagem surge no momento em que Roma toma plena posse dos territórios helénicos. Após a conquista da Grécia as residências rurais começam a ser vistas como o espaço de recepção que o *dominus* tem para as suas redes clientelares.

Johnathan D'Arms[256] analisou o fenómeno no seu estudo sobre a baía de Nápoles, precisamente o epicentro onde a evolução ocorreu. O local, a antiga *NeaPolis* onde uma colónia fundada por cidadãos gregos permaneceu com notável actividade durante o período romano, tornou-se o centro de um conjunto de residências de lazer atraídas pela amenidade do clima e pela paisagem natural. Neste espaço geográfico o primeiro grande proprietário de uma *villa* foi *Cornelius Scipio Africanus Maior*, que em 184 a.C. se retirou para a

for demonstrating this social status and for ordering and controlling resources and people. This was further reinforced by a display of literacy, reflected in finds of styli, seal-boxes and graffiti; literary erudition and the use of inscriptions will have constituted effective 'status symbols' stressing the differences between landowners and estate workers or tenants [...]." (2004: 282).

253 A dimensão "rústica" é sempre relevante, porque o conceito implica uma dimensão ruralizada da vivência. É também por este facto que a villa é um espaço sazonal, que permite retirar o que de mais agradável o campo poderia oferecer. Para as décadas de 460 e 470, portanto, já em momentos tardios, Sidónio Apolinário continua a manter este paradigma em mente, quando nos diz que a vida no campo era adequada durante o Verão, mas durante o Outono o proprietário deveria regressar à cidade.

254 Na sintética e certeira definição de J.-G. Gorges (1979: 11): "Au sens large, la villa constituerait l'exploitation agricole latine typique. Au sens strict, elle n'en répresenterait que les constructions.»

255 "It is clear, for example, that a villa is a country phenomenon and not a town one: indeed, the phrase in villa is sometimes used almost with the meaning of 'in the country' [...]. There is a suspicion, also, that it is a townsman's word: that is, a villa is not simply a place in the country, but a place in the country from the point of view of someone living in the town." (Percival, 1988: 14). Portanto, a villa enquanto conceito rural é construído a partir de uma elite urbana, o que é extremamente relevante.

256 1970.

sua propriedade de *Liternum*. Este homem era o velho Cipião "Africano" que, na Segunda Guerra Púnica, salvou a cidade de Roma. A sua propriedade foi descrita por Séneca[257], naquela que é na prática o primeiro retrato literário de uma grande propriedade fundiária que temos, embora escrito após a morte do proprietário[258]. O texto descreve-nos a casa construída em pedra maciça (*lapide quadratum*), o muro que separa o edificado da zona florestal (*murum circundatum silvae*) e as duas torres e cisterna. Todavia, o retrato do proprietário ainda permanece o de um homem profundamente vinculado aos labores do campo (*abluebat corpus laboribus rusticis fessum*). E seguidamente vem a comparação com o ócio e luxo das *villae* do seu tempo, a geração posterior: "Hoje pensamo-nos pobres e miseráveis se [nas termas] as nossas paredes não brilham resplandecentes com caros e grandes espelhos" ou "se os nossos mármores de Alexandria não são colocados junto a mosaicos de pedras vindas da Numídia", entre outras considerações igualmente relevantes para se perceber como em pouco tempo o entendimento da residência rural havia sido completamente alterado, quer na concepção geral, quer nas componentes arquitectónicas ("as pequenas aberturas a que nem sequer podemos chamar janelas" no balneário termal, por exemplo). As *villae* a que Séneca se refere, e que servem de termo de comparação, já são as do seu tempo (4 a.C.-65 d.C.), propriedades onde o *otium* foi gradualmente substituindo na valorização do "espírito dos lugares" o *fructus* que é necessário obter da terra, com a consequente dotação de espaços de conforto e de ostentação.

O que era então até aí a *villa*? É difícil saber, pois a Arqueologia tem revelado poucos estabelecimentos deste tipo e do tempo de Cipião[259], o que é natural se pensarmos que muitos destes edifícios continuaram a ser ocupados pelos séculos seguintes, e foram sendo reconstruídos e remodelados. É interessante notar que no tempo de Catão, em pleno século II a.C., a *villa* é descrita no seu tratado *De Agricultura* como um espaço de labor, de trabalho duro e frugalidade. Nenhuma concessão é feita ao ócio ou ao luxo. Mas como já foi referido, até hoje nenhum destes estabelecimentos do modelo catoniano foi encontrado[260]. Ou seja, a *villa* rústica e austera parece ser uma fórmula literária, uma idealização construída por um comprometimento ideológico do autor, e não uma realidade concreta[261]. Na geração intermédia entre Catão/

257 Epistulae Morales 86.

258 Séneca visitou a propriedade com a finalidade de se dirigir ao túmulo para prestar homenagem a Cipião.

259 Note-se que na Península Ibérica os estabelecimentos romanos em meio rural mais antigos datam de finais do século III a.C. Tratam-se de pequenas villae (o termo de designação já pode ser este) costeiras na província da Tarraconense como Tossa de Mar, Villanueva Y Geltrú, Llafranc ou Rosas. Nas décadas seguintes, e pela instalação de colonos itálicos (em especial da Campânia), o movimento intensifica-se com a aplicação construtiva dos conceitos e protótipos itálicos, a "quinta vitruviana" (Gorges, 1979: 24-25; 111-113).

260 Terrenato, 2001: 24-25.

261 Tal também deve ser entendido à luz das questões políticas e éticas das individualidades

Cipião e Séneca já o político Mário detinha uma propriedade em *Misenum*, uma *villa maritima* de luxo tão ostensivo que irá marcar o imaginário da sua e da geração seguinte. Pompeu, o homem mais rico de Roma no final da República, dispunha de propriedades em *Cuma*, *Alba*, *Fornia* e *Falernum*, embora não saibamos a sua expressão arquitectónica[262]. Todavia, esta dispersão inaugura um modelo seguido nos séculos seguintes, até pelos Imperadores, que detinham várias propriedades em simultâneo, tornando-se assim "multi--proprietários[263]".

Como se origina esta evolução?

O contacto com o mundo helénico trouxe para a sociedade romana o crescente gosto da *delectatio* ou do convívio. Progressivamente vulgariza-se o hábito de as pessoas com ligações clientelares se relacionarem em espaços privados. Cada vez mais o banquete constitui um momento em que, além da comida e da conversa (e do reforço dos laços político-económicos), se pode desfrutar de uma recitação poética, de uma representação teatral ou de um momento musical. Estes serões, em que o proprietário oferece uma fruição cultural aos convivas, funciona também como uma forma de representação social, de evidência de gostos e de preferências pessoais que unificam entre si a elite em torno da cultura literária. O espaço do banquete enquanto momento de expressão é um hábito helénico introduzido no mundo latino, e que rapidamente se irá vulgarizar dentro de determinados circuitos. Ora esta passagem para uma esfera doméstica implica que sejam necessários outros espaços para estas actividades: salas mais amplas, mais decoradas, com melhor acústica e, sobretudo, espaços com maior ostentação e monumentalidade. Portanto inicia-se o processo de complexificação arquitectónica, mas sobretudo o modo como a *villa* deixa de ser conceptualizada enquanto espaço privado de trabalho para ser um espaço semi-privado de relações sociais e de *otium*. A alteração que permite perceber esta tendência radica na progressiva substituição dos modelos iniciais das casas de átrio e das "casas de pátio" pela *villa* de peristilo. As primeiras são estruturas modestas, mesmo se de grandes dimensões, porque fechadas sobre si mesmas, orientadas em função de uma

---

da altura, que criam discursos literários com segundas leituras e mensagens mais ou menos explícitas. Catão foi um acérrimo defensor dos valores da virtus latina face às correntes helenizantes em voga, e portanto o apanágio das condutas conservadoras ligadas à rusticidade deve ser devidamente enquadrada (embora o próprio Catão fosse uma personalidade complexa na acção, visto que se dedicou ao comércio marítimo de longa distância, uma actividade pouco "dignificante" para os valores da sociedade do seu tempo).

262 D'Arms, 1970: 38.

263 Note-se que os censos regularmente efectuados à população do Império exigiam que fossem nomeadas as duas propriedades mais próximas que cada cidadão tivesse a seu cargo (Edmondson, 1994: 29). Por esta pergunta percebemos duas coisas: que o mesmo indivíduo poderia deter um número ilimitado de propriedades; e que estas estariam separadas entre si, em distintos lugares.

estrutura interna modular, seja um pátio ou um átrio, este planificado nas casas urbanas. O peristilo contém um valor diferente, relacionado com as práticas de sociabilidade, da deambulação que o corredor colunado permite[264], frequentemente ao ritmo de uma conversa. Todavia, durante os inícios da Era, em toda a bacia mediterrânica os planos são repetitivos, denunciando ateliers de arquitectos itinerantes que planificam os projectos sem grandes exigências por parte dos encomendantes[265] que, itálicos ou indígenas, parecem desejosos de replicar os arquétipos metropolitanos.

Cícero, o grande tribuno do final da República, deixou-nos um testemunho vivido das suas *villae* da Campânia. Na região detinha três propriedades, que designa como *Cumanum, Pompeianum* e *Puteolanum* e, em cada uma, escreveu muitas cartas e alguns discursos[266]. A primeira recebeu a carinhosa designação de *Academia*, o que mostra como era um espaço de produção intelectual e de acontecimentos do âmbito cultural que o proprietário organizava para os convivas[267]. Narra as suas viagens a cada uma das propriedades vizinhas, o fenómeno conhecido como *peregrinatio*, que constituía um dos pilares vivenciais no ócio das propriedades e servia para reforçar as alianças e os laços de coesão social, verificando-se de forma sazonal, durante a Primavera e Verão. Os magistrados e senadores deslocavam-se às propriedades vizinhas, e estas visitas constituíam o prolongamento da vida social mantinda na metrópole.

O processo corre rapidamente. Em meados do século I d.C. já Varrão lamenta o facto de todos os cidadãos competirem entre si para terem a melhor e mais elaborada residência de campo[268]. Nas *villae* circulam poetas, filósofos e homens de letras, negociadores e agentes financeiros, elites urbanas e magistrados locais dos territórios envolventes à propriedade. Se é interessante verificar que este processo ocorre nas residências rurais, é bom não esquecer que sucede simultaneamente nos espaços urbanos: as casas da última fase de construções

---

264 Ver Stephenson, 2006: 41-43, revelando como em momentos tardios estas motivações se intensificam.

265 Gorges, 1979: 118.

266 D'Arms, 1970: 45. No total chegou a deter em simultâneo nove propriedades. Uma delas, a villa de Tusculum, foi construída e ornamentada de modo a imitar o modelo do gymnasium que Crasso detinha em propriedade situada nas imediações, o que nos diz muito sobre os fenómenos de emulação e de auto-enaltecimento com base em modelos das elites pertencentes aos círculos imperiais. Texto em De oratore II, 9, 10, referência deixada em Gros 2001: 291, nota 4.

267 Também na correspondência de Plínio o Jovem encontramos exemplos, em especial para a sua estimada propriedade em Tifernum (Ep. II, 17; IV, 6; VII, 4). Note-se contudo que a villa era também um espaço de reforço cultural por outra via, a do isolamento e introspecção, para o proprietário ler, reflectir e escrever. É esta a acepção das epístolas plinianas, resumidas por I. Morand (1994: 212): "La villa est une retraite où l'on peut suivre le chemin des Muses afin de tendre vers la sagesse, c'est-à-dire l'harmonie intérieure; et en même temps elle est un espace ouvert sur la nature et un désir de communion et de participation à l'harmonie universelle. Ces deux aspects composent la notion d'otium: un chemin individuel impliquant un isolement, une retraite, mais qui n'a de sens que parce qu'il participe d'un mouvement cosmique vers l'harmonie."

268 villam urbanam quam maximam ac politissimam, em R. r. I,13,7.

em Pompeia, como a Casa de Salústio ou a Casa do Fauno, demonstram este crescente entendimento da vivência doméstica[269]. Só que as residências rurais permitem conjugar o convívio e deleite intelectual com a *amoenitas* do campo, ou o espaço rural entendido enquanto local de *paradeysos*. No campo pode fazer-se tudo o que a cidade permite, com o acréscimo de segurança, de privacidade, de *contemplatio* e de actividades de lazer e convívio como a caça ou os passeios na propriedade. Mesmo na Península Ibérica, recentemente pacificada, as *villae* propagam-se com uma rapidez assinalável para um Antiguidade "habituellement moins prompte dans ses évolutions"[270]. No Ocidente, aliás, a disseminação das *villae* é impressionante e pode ser o reflexo de uma sociedade com mais dificuldade em passar para vivências urbanas, fazendo perdurar as unidades rurais[271]. O conceito arquitectónico evolui, metamorfoseia-se e em breve outras actividades chegam: Varrão[272] e Plínio[273] escarnecem dos proprietários que se dedicavam à piscicultura mas que, seguindo os exagerados costumes helenísticos, decoravam os peixes com jóias, atribuíam-lhes nomes próprios, sofriam quando os peixes passavam fome e deprimiam-se quando morriam.

É certo que a *villa* nunca perde a sua vocação produtiva. Enquanto jovem, o futuro Imperador Marco Aurélio escrevia ao seu tutor, Frontino, relatando um Verão passado na propriedade de campo ao ritmo da vindima e da leitura da obra de Catão, em contexto plenamente agrário[274]. No século V, um autor, Cassiodoro, elogia a vista dos trabalhadores ocupados com as tarefas do quotidiano agrícola.

---

269 No âmbito da arquitectura doméstica as diferenças entre as residências em âmbito urbano e rural são, nesta fase, pouco expressivas, como se depreende da leitura das fontes e foi devidamente considerado por John Percival (1996: 67): "The point is neatly illustrated by Vitruvius. Having dealt with town houses in the first part of his sixth book, he says that the principles there outlined will apply equally to houses in the country, except that the relative positionning of atrium and perystile will differ; and then he goes on to deal with farmhouses (aedificia rustica, as opposed to urbana), concentrating on animal quarters, storerooms, kitchens and so on. [...] he says that if a degree of refinement in farmhouses is desired, the principles set out for town houses can apply, "provided that there is nothing in such buildings to interfere with their usefulness on a farm" [Vitruvio, VI.6.5.]".

270 Gorges, 1979: 31. A consulta das figuras 4, 5 e 6 mostra a rápida implementação do modelo em províncias romanizadas como a Tarraconense ou a Baetica, com derivações mais lentas para a Lusitania, mas deve ser lembrado que muitos dos pontos em branco nos mapas dizem respeito a territórios pouco estudados. Por estes tempos surgem-nos as primeiras menções a proprietários na Hispania: Sextus Pomponius por Plínio (Nat. Hist. XXII, 56) e Marcus Columella, o familiar do tratadista com raízes em Gadis (R. r. V, 5 e VII 2,4).

271 Percival, 1996: 72-73: "[...] in the western provinces generally that the villa developed most successfully and evolved into the widest range of designs; and part of the reason may well have been the reluctance of the peoples of the west to abandon their traditional non-urban culture. Here, perhaps, in a fuller sense than in Italy, the country, and country living, sustained the city rather than vice versa."

272 R. r. III.17.5.

273 Nat. Hist. IX.171

274 Marzano, 2007: 87-88.

Durante o século III e IV reforça-se a tendência para a progressiva monumentalização dos espaços áulicos. Tornam-se verdadeiros domínios senhoriais, e é ainda mais complexo definir evoluções tipológicas pois, na verdadeira acepção do termo, temos uma "variété infinie des plans des fermes latines"[275], indicando o desejo de individualização dos proprietários. Crescentemente as *villae* ganham uma volumetria maior, quer na dimensão geral do edificado como na área útil de cada um dos compartimentos[276]. As divisões de recepção e de convívio aumentam em largura e altura, destacando-se no conjunto das construções, concentrando o olhar para quem chega de fora e criando impacto visual acrescido, uma vez no seu interior. A tendência para a monumentalidade é reforçada por programas decorativos e iconográficos progressivamente mais ricos e elaborados, que tendem a funcionar como descodificador dos gostos e preferências do proprietário, e também pela adopção de novas soluções arquitectónicas[277]. Os planos tornam-se mais complexos, misturando espaços de recepção abertos aos visitantes com áreas privadas, copiando as soluções arquitectónicas utilizadas pela elite do Império[278]. Em algumas situações o espaço arquitectónico ganha leitura pela inclusão de estruturas específicas para a convivialidade[279], das quais o *stibadium*, pouco conhecido na *Lusitania* mas presente na *Hispania*[280], é o exemplo mais evidente. Esta estrutura é uma evolução morfotécnica do *triclinium*, ampliando as possibilidades de *convivium* e reforço do diálogo e entretenimento[281]. Os valores de axialidade e simetria deixam de

---

275 Gorges, 1979: 115. Não deixa de ser interessante registar esta imensa variação para o âmbito peninsular, quando para outras províncias encontramos a utilização disseminada de tipologias com poucas alterações formais. Na Gália, na Britânia, na Germânia os protótipos são mais rígidos, indicando que os arquitectos seriam em menor número ou inseridos em tradições consensuais.

276 Discutindo se neste período teríamos uma renovação ou renascimento das villae, J.-G. Gorges opta por este último vocábulo que melhor exprime a criação de uma nova paisagem rural na passagem para a Antiguidade Tardia: "C'est bien d'une renaissance qu'il s'agit à partir de 280, et les villas constantiniennes sont l'expression de ce changement brutal des normes architecturales, artistiques, économiques et sociales qui régissaient jusque-là le monde des campagnes" (1979: 48).

277 Em especial o gosto pelas abóbadas, absides, cúpulas, peças em trifólio ou quadrilobadas e nichos nas paredes. A arquitectura torna-se mais volumosa em altura com o abandono dos planos horizontais e verticais em detrimento das formas arredondadas importadas dos ambientes termais com inequívoco sucesso ao longo do século III e IV (Gorges, 1979: 128; 137).

278 Em especial as residências imperiais de Tivoli e de Piazza Armerina. No século IV vemos nascer na Hispania algumas villae que são verdadeiros palácios rurais, com a emulação dos valores imperiais da corte.

279 As práticas de convivium eram fundamentais no ambiente da recepção aos convivas, e a importação cresce durante a Antiguidade Tardia. Como definiu Peter Garnsey (1999: cap. 9), "You are with whom you eat".

280 O caso mais documentado é o de El Ruedo em Córdoba: Vaquerizo Gil e Carrillo Diaz-Pines, 1995.

281 Sobre este assunto em concreto, e sua importância no mundo clássico, Dunbabin, 1996. Os nexos de convivialidade são fundamentais em Roma, e mantêm-se inalterados durante todo o Império e Antiguidade Tardia, pois "it is the meals that are the focus of the hospitality" (p. 66). Esta preocupação leva a que os espaços sejam cuidadosamente escolhidos de modo a criar

ser tão respeitados valorizando uma plasticidade que permite individualizar as soluções em cada sítio. Da uniformidade caminhamos para a diversidade. Em resumo, com o decorrer da Antiguidade Tardia, observamos o modo como as *villae* áulicas (se) monumentalizam (n)a paisagem.

O dado mais interessante reside assim no modo como as relações de convivialidade permanecem sempre um pilar da vivência em meio rural, exigindo espaços e estruturas que se vão reforçando e ampliando o seu papel com o decorrer do Império, bem como no modo como durante a decadência do Império a *villa* não perde dinâmica, antes a reforça devido à privatização da vida pública. As referências textuais a banquetes sumptuosos continuam a encontrar-se mesmo para momentos tardios, mostrando como as relações assim mantidas, e vistas como uma oportunidade para uns quantos[282], permaneciam um pilar insubstituível nas redes de sociabilidade. Por outro lado, não apenas os espaços de refeição são dotados de aparato monumental e decorativo, de que nesta zona é exemplo Torre de Palma; outros espaços surgem, onde as referências culturais dos proprietários funcionam como para *delectatio* e fruição, como o ninfeu da Quinta das Longas (Elvas). Estes *domini* modelam ambientes para procederem à sua própria exaltação, seja na monumentalização arquitectónica, na veiculação de valores e padrões culturais ou mesmo de auto-representação[283], para os quais os tapetes de mosaicos são veículos privilegiados[284].

a atmosfera mais propícia possível, seja pela decoração e arranjo interior, seja pelo cuidado na iluminação (Ellis, 2007), seja pelo desfrute da paisagem, seja pelo aproveitamento das condições atmosféricas favoráveis como nos triclinia exteriores de Verão. Anotem-se as referências deixadas pela autora: "Many accounts, from the late Republic to the end of the ancient world, illustrate the concern of the villa owner for the selection of rooms for dining, with care for such matters as their siting to ensure a view or the provision of favourable climatic conditions; for instance, Lucullus' villas near Tusculum, with open-air dining chambers for summer use (Plut., Luc. 39,3--5); the younger Pliny's lengthy descriptions of the various dining spaces and their attractions in both his Tuscan and Laurentine villas (Ep. 2.17; 5.6); and Sidonius' account of the dining-room at Avitacum (Ep. 2.2.11). It is important to remember that outdoor settings for the meal can be as lavish as those indoors. Indeed, often outdoors and indoors merge, so that a waterfall may run through the dining-room, as described in Sidonius' poem on the castle of Leontius (Carm. 22.206-10), while Pliny describes a cenatiuncula in which a marvellous spring rises (Ep. 4.30.2). There is a theatrical quality about many such settings, where part of the entertainment comes from the setting itself. [...] Hortensius had a triclinium in the midst of his wild beast park, where a singer dressed as Orpheus sang among the beasts (Varro, Rust. 3.4.3.; 3.5.9-17; 3.13.2-3)." (Dunbabin, 1996: 66). Sobre este tema ver o já clássico ensaio de Peter Garnsey (1999).

282 "Both Ammianus and St. John Chrysostom [o autor refere-se respectivamente a Hist. 28.4.10-12 e a 48th Homily on St. Matthew 8-9] talk about the "parasites" who made a habit of frequenting dinner parties to pick up influence and money by appropriate flattering remarks." (Ellis, 1988: 575). Mesmo em finais do século V os nexos de convivialidade são aproveitados por indivíduos que vêm uma hipótese de ascensão nas escalas sociais, pelo menos aos níveis locais.

283 Como Vitalis que se fez representar com a toga de aparato no pavimento de mosaico da villa de Tossa de Mar, ou ainda o conhecido casal de villa Cardilium em Torres Novas.

284 Como sintetizou Jean-Gérard Gorges (1979: 154), "De simple acheteur de motifs, le propriétaire se fait mécène et créateur, et les pavements figurés, plus nombreux, soulignés par une riche polychromie, deviennent le miroir de ses pensées et de ses préoccupations". Relembro

Em resumo, durante o período áureo das *villae* o envolvimento do proprietário na modelação da estrutura vivida, quer a nível do espaço construído, quer da definição dos ambientes, leva a uma individualização de cada casa sentida como "an extension of the man, a tangible symbol of his accomplishments"[285], a tal ponto que a propriedade pode ganhar o nome de um dos proprietários[286]. Neste momento final, muitas decisões do quotidiano já decorrem em ambiente rural. Paládio, no *Tratado de Agricultura*, mostra-nos em pleno séc. V d.C. como a *villa* se tornou decisivamente um ambiente autárcico e tendencialmente auto-suficiente. Mesmo considerando o conservadorismo ideológico do autor, nota-se que a preocupação já não reside na produção para exportação, mas na criação de um complexo produtivo que alberga múltiplos artesãos de distintos saberes. A crescente pressão fiscal do final do Império carrega principalmente os habitantes do mundo rural e, nesse campo, é verosímil que a "fome de terra", fosse directamente explorada ou arrendada, tivesse aumentado. Paralelamente, nota-se a passagem da agricultura especializada e intensiva, directamente relacionada com a economia de amplo mercado imperial, para uma base extensiva e com forte componente pastoril, como parecem comprovar os estudos polínicos[287]. Mas é curioso ver como a linguagem jurídica não acompanha este processo. No final do Império, por volta de 400, o termo *villa* quase desaparece. Na legislação

---

que na vizinha Extremadura existe uma representação em mosaicos com três retratos femininos em Olivar del Centeno, Cáceres (Alfageme Villalain & Gonzalo González, 2005-2006).

285 Bodel, 1997: 10.

286 Em certas regiões do Império tal aconteceu, tornando as propriedades epónimas de algum dominus. Na Aquitânia, por exemplo, marca ainda a toponímia. Para o Alentejo este trabalho de detecção está por fazer.

287 "È possibile che i proprietari fossero obbligati a modificare le strategie economiche e lo sfruttamento delle campagne, a causa della disarticolazione del sistema annonario e della conseguente riduzione della domanda e della regionalizzazione degli scambi commerciali. Analisi polliniche realizzate in diverse zone della Penisola Iberica [...] mostrano come tra i secoli V e VII si verificarono un'intensificazione della deforestazione (provocate a volte da incendi) e un importante degrado dell'ambiente vegetale, dovuti principalmente a un significativo sviluppo dell'allevamento estensivo e del pastoralismo che diventano la principale attività economica di queste aree, in detrimento dell'agricoltura." (Chavarría Arnau, 2004a: 17). Neste aspecto resulta esclarecedor o apontamento deixado por Sayas Abengochea e Garcia Moreno, 1986: 78-79: "Una fuente del siglo IV de la importancia de la Expositio totius mundi, que no hace sino una valoración global exigua de la riqueza de las provincias del Imperio, reserva, sin embargo, un importante lugar, entre los productos comerciales de Hispania, a los agropecuarios, silenciando, en cambio, la producción minera. Se trata de la obra de un mercadero sirio que no tuvo conocimiento directo de Hispania y que debió de manejar la información procedente de otros comerciantes. [...] no deja de ser significativo el hecho de que entre los productos de exportación celebrados - oleum, liquamen, vestem variam, lardum, iumenta, spartum - haya tres relacionados con el sector pecuario." Como os autores assinalam (p. 80) esta alteração na base produtiva pode também reflectir as alterações na ordem social, pois a base ganadeira ou pastoril exige menos mão-de-obra do que a agricultura intensiva e especializada, situação que se pode directamente relacionar com a progressiva perda de aquisições e competências técnicas, mas também com a passagem de um sistema esclavagista para um modelo baseado em trabalhadores livres mas não preparados nos seus saberes.

visigoda encontra-se ausente[288], cedendo o passo a conceitos indefinidos como *praedium* ou *locus*, permanecendo apenas o derivativo *villula*[289]. Este termo, que parece designar propriedades pequenas, é no entanto utilizado para mencionar as antigas *villae*, nomeadamente no passo referente aos estabelecimentos do Guadiana inundados pelas cheias[290].

Neste momento o cristianismo desempenha um duplo papel. Por um lado, o mundo cristão admira o trabalho braçal do campo, que associa a um vasto conjunto de virtudes e de traços de carácter que permitem a libertação dos valores mais nobres da essência humana e a aproximação à graça divina[291]. Mas por outro lado, a riqueza e a opulência são condenadas, os valores pagãos transmitidos no plano decorativo e iconográfico são rejeitados e todo o tipo de *otium* que caracterizava a *villa* deixa de ter sentido. Esta impressão foi tanto mais forte quanto em outros locais persiste ainda o *otium* opulento da mundivisão clássica, com os recitais de poesia, os passeios pelo campo onde decorriam elevadas discussões filosóficas e os banquetes sumptuosos em ambientes refinados. Inclusivamente, sabemos que muitos proprietários adoptavam agora formas de vestir e de apresentação pública de extrema sumptuosidade, procurando igualar o cerimonial do Imperador[292]. Esta coexistência dos dois mundos é um dado relevante e que, em caso algum, deve ser esquecida, pois em ambos existe uma corrente comum: o progressivo desaparecimento das linguagens iconográficas, até aí representadas pelos pavimentos de mosaicos, esculturas e figurações parietais. Sem estas janelas de visualização dos conceitos culturais e representacionais, o panorama parece-nos indiscutivelmente mais pobre, embora na verdade reflicta apenas a transferência progressiva para novas formas de expressão da cultura e personalidade que se vão estabelecendo durante a Antiguidade Tardia. O processo começa-se a desvanecer ao longo do século VI e essencialmente por duas ordens de factores: por um lado, a ruralização da economia, com a quebra dos circuitos de trocas e abastecimentos, e por outro (ou sobretudo) pelo final da cultura erudita e livresca. O crescente militarismo e a emergência do paradigma cultural cristão levam à perda das referências

288 À excepção de um caso designado por uila considerado por Isabel Velazquez como referente a uma pequena propriedade, o que poderia nesse caso significar o esvaziamento de um lugar antigo agora reduzido a uma pequena estrutura habitada por uma família (nº 104 do catálogo em Velazquez: 1989).

289 Isla Frez, 2001: 12. Com esta designação se nomeia o local onde em 672 morreu o rei Recesvinto: villula Gerticos, na zona de Salamanca (Wickham, 2009: 330).

290 Entre os quais deveria estar a villa de Torre Águila que sofreu uma considerável destruição (Rodriguez Martín, 1988 e 2002). O episódio surge mencionado nas VSPE II 98 (villulas vicinas). Para outras referências em fontes ver Isla Frez, 2001: 13.

291 Em curiosa consonância com os valores que os agrónomos latinos atribuíam à vida rural (Salamito, 2000).

292 Entre os séculos V e VII era habitual o emprego de grandes quantidades de ouro e de numerosas jóias como elementos de adorno (Wickham, 2009: 267).

clássicas e à decadência da cultura de prestígio alicerçada nos domínios de uma base civil e literária[293]. É difícil perceber os ritmos e formas deste processo, mas parece óbvio que o cristianismo teve mais efeito no percurso final das *villae* do que outros elementos considerados como decisivos, em especial as invasões bárbaras. A este respeito parece confirmar-se a opinião de Paulo Orósio: "os bárbaros amaldiçoaram os seus próprios gládios, e de imediato se voltaram para o arado. Apoiam agora os Romanos que sobreviveram, na qualidade de aliados e até de amigos..."[294]. Os indicadores de uma presença *bárbara* nas *villae* da península são realmente escassos e pouco expressivos, configurando a hipótese de que, mais do que um agente destruidor, foram integrados no sistema e a vários níveis, como na onomástica pessoal[295]. Este facto alerta-nos para uma outra circunstância. Na realidade, até momentos avançados – na *Lusitania* provavelmente até 711, senão depois – a *villa* continuou a ser habitada[296]. O que se altera, sim, é o sistema das *villae*, ou o seu entendimento conceptual, como lembrou John Percival[297]. Neste aspecto a introdução do cristianismo leva à mudança profunda de uma propriedade centrada no *otium*, e com estruturas arquitectónicas que o possibilitam, para um espaço articulado em torno de uma igreja ou de estruturas produtivas. Talvez se possa afirmar que é, paradoxalmente, com o fim do Império e o advento do cristianismo que a *villa* ganha de facto uma vocação rústica, de labor de campo, que era no fundo a que os *agrónomos* clássicos tanto exaltaram, correspondendo assim ao arquétipo vivencial que em tempos republicanos foi cunhado nos textos latinos.

4.3. Construções literárias do conceito: a *Villa rustica*...

A alma romana sempre manteve uma estreita vinculação aos valores fundiários, mesmo na sua sucessiva metamorfose que a conduziu de uma aldeia à *urbs* e desta a sede de um Império universal.[298] Esta concepção marcou

293 Além do incontornável título de Bryan Ward-Perkins (2006), ver o capítulo II.4. de Chris Wickham (2009).

294 Orósio, Hist. 7.41.7.

295 Wickham, 2009: 309.

296 Seguramente por falta de atenção, ou de sensibilidade dos arqueólogos, em muitas escavações a ocorrência de materiais islâmicos não é conhecida. Em La Cocosa (Badajoz) o edifício manteve-se habitado até este período (Serra Rafols, 1952), situação que ocorre, com prolongamentos para a Idade Média, em estabelecimentos do interior da Meseta.

297 1988: 171: "The continuation of rural life based on the villas is something rather different from the continuation of the villa system, if by this we mean the whole economic framework of which the villas formed a part."

298 "To be fully a Roman, not merely in the earlier centuries of Rome's history, but up and well beyond the time of Virgil, was to be a farmer. Those who owned no land were capite censi, counted by heads, mere numbers, and until the time of Marius were not oficially eligible to serve in the legions." (Percival, 1996: 65). De forma significativa Simona Accardo

decisivamente o perfil laboral e estrutural destas unidades, que ao longo da diacronia mantêm um indiscutível cunho rústico. O paradigma literário por excelência, que persistentemente tem condicionado a leitura das diversas realidades arqueológicas, é marcado pela *villa* de vocação agro-pecuária, vinculada à exploração do seu *fundus* envolvente. Esta identificação foi criada pelo conjunto de autores conhecidos como os *agrónomos latinos*, um lote de tratadistas heterogéneo entre si (quer do ponto de vista cronológico, quer cultural), mas que escreveram obras marcadas pelo mesmo ponto de vista conservador, fortemente ancorado no conjunto de virtudes que se encontravam enraizadas na vivência rural enquanto *habitat* delimitador do protótipo vivencial do cidadão romano. Este *topos* literário e esta postura ideológico-civilizacional foi tão forte que marcou todo o modo posterior de olhar o campo. No entanto, é interessante notar que esta foi uma situação que se verificou mesmo nas próprias épocas em que os distintos autores viveram, acentuando-se durante a Antiguidade Tardia devido ao conjunto de valores inerentes ao ideário cristão[299]. Note-se ainda que o peso desta leitura é acentuada por um constrangimento contemporâneo, o facto de as sociedades industrializadas que se formaram na Europa a partir do século XIX terem construído uma barreira entre a cidade e o campo. Sabemos hoje quando olhamos para as cidades romanas que elas próprias desenvolviam uma componente agrícola considerável e que, portanto, as inter-relações entre cidade e campo eram construídas com outros laços para além dos da mera dependência agro-pecuária e do abastecimento alimentar[300].

(2000: 11) coloca a posse de propriedades fundiárias como um requisito fundamental na "libertà dell'individuo e la condizione indispensabile per l'esercizio dei suoi diritti civili e politici", ou seja, o campo como espaço libertador de plena assumpção da cidadania latina.

299 Salamito, 2000: 38-39, em particular: "[...] l'agriculture est une activité louable; les récoltes s'obtiennent sans aucune fraude; elles sont proportionnelles à la qualité des semailles; la terre rend toujours plus qu'elle n'a reçu. [...] l'exaltation de la terre et de la propriété foncière restait, dans les années 380, une évidence collective que nul ne songeait à remettre en question. [...] le jugement positif sur l'agriculture en général, déjà illustré par Xénophon, par les Economiques du Pseudo-Aristote, par Caton l'Ancien, Cicéron, Virgile, Columelle puis Musonius Rufus, se rencontre non seulement chez Ambroise, mais aussi chez son disciple Augustin, pour qui le travail de la terre est "le plus innocent des métiers" [citando innocentissima artium, De haeresibus 46]. Ou seja, o valor da terra é exaltado desde os tempos republicanos (já desde Catão) como fonte de riqueza agrícola, económica e sobretudo moral, sendo que este último plano é particularmente interessante, pois a capacidade de gerar riqueza advém, não tanto de um domínio técnico ou da inovação, mas do trabalho, aplicação e sacrifício, perspectiva valorizada pela perspectiva cristã.

300 Neste campo recordo o exemplo fornecido por Kevin Greene (1986: 94): "The countryside around Pompeii is famous for its large number of villas, and a part of their economic function has always been assumed to be the supply of food to the town, normally envisaged as densely occupied by houses, workshops and businesses. An extensive study of Pompeii by Wilhelmina Jashemski has necessitated a revision of this image, for as well as the expected ornamental gardens belonging to houses, temples and public buildings, she has revealed important commercial gardens, orchards and vineyards. In exact terms, while ornamental gardens occupied 8 per cent of the excavated area, large food-producing areas occupied 9.7 per cent." Lembre-se que análises polínicas demonstraram que a área adjacente a norte do anfiteatro

E naturalmente tal reflecte-se no povoamento, com a *satelitização* de *villae* em torno dos núcleos urbanos[301].

Pela sua complexidade, não será este o espaço ideal para discutir as questões hermenêuticas relacionadas com os tratados de agricultura[302]. Mas apesar do persistente paradigma da *villa rustica* ter enformado a perspectiva teórica do conceito, tem sido paradoxalmente a componente *urbana* que tem atraído a atenção dos investigadores. Ou seja, a exaltação historiográfica da *villa* enquanto complexo produtivo tem sido constante, mas no momento de escavar e de conhecer o olhar do arqueólogo dirige-se quase em exclusivo para a identificação dos espaços de monumentalidade. Na realidade, sobre o lado *rustico*, *fructuario* ou *frumentario* no mundo lusitano pouco ou nada se sabe[303], realizando-se o seu estudo por circunstâncias fortuitas ou de forma a minimizar impactos (ou seja, quase por *obrigação* ou por *acidente*, o que se encontra distante do que desejavelmente seria pesquisa coerente e concertada que, de resto, no território do sudoeste peninsular nunca se iniciou). Um outro ponto de desfocagem reside no papel excessivo concedido à *tríade mediterrânica*, particularmente sentido em espaços como o Alto Alentejo onde naturalmente domina ainda hoje a paisagem e parece encaixar-se na perfeição nos conteúdos civilizacionais próprios dos textos. A ideia de que a economia da *Lusitania* estaria dedicada aos componentes económicos directos e indirectos provenientes destas explorações não é errada; a noção de que todas as *villae*, e cada uma em exclusivo, estariam dedicadas a estas produções é, ela sim, inadequada e empobrecedora. Esta perspectiva tradicional é fundamentada em dois pilares pré-conceptuais: o destaque que os agrónomos concedem a estes produtos e a visualização etnográfico-económica da região em causa onde o olhar do investigador facilmente encontra uma paisagem que se coaduna com o quadro geral definido no limite teórico. Mas um e outro caso não são integralmente acertados[304]. Por um lado, porque prolonga para o mundo

---

estava ocupada por uma vinha intercalada por oliveiras. Esta situação também foi detectada em Conímbriga, com estruturas de lagar na Ínsula do Vaso Fálico.

301 Veja-se Gorges, 1990, em particular a fig. 1 da página 98 e fig. 2 da página 104.

302 Contudo, estes textos apoiam-se na existência de um conhecimento anterior que infelizmente não chegou até nós: "l'agronomie latine ne s'appuie pas moins sur une tradition méditerranéenne. Les Grecs y occupent une large place: Columelle cite une quarantaine d'auteurs grecs, et Varron une cinquantaine." (Leveau, Silllières & Vallat, 1993: 76), mas também a produção púnica, pois Columela (R. R. I, 1, 13 e 18) cita uma perdida obra de Magão.

303 Circunstância que é válida também para o território da Lusitania na Extremadura espanhola. Anote-se o panorama expresso por Alvarez Martínez & Nogales Basarrate, 1994: 274: "Efectivamente, a excepción de los casos de la villa de «La Cocosa» y de la de «Los Términos» en Monroy, el resto es conocido en una mínima parte, y casi siempre en lo que atañe a la vivienda del dominus, la pars urbana, pues la parición de un pavimento musivo fue la que originó la correspondiente campaña de excavaciones, por lo general abandonada una vez que se salvaron los pavimentos."

304 Para uma perspectiva crítica deixo a citação de Vallat, 2004: 35: "[...] les piteuses généralités sur la trilogie méditerranéenne du blé, de la vigne et de l'olivier, comme si ces plantes étaient toujours et partout présentes, comme si elles étaient uniformes, comme si elles se

clássico a leitura extraída do universo moderno e medieval, como se aquele fosse um mero antecedente da mesma forma atávica e milenar de trabalhar a terra. A economia clássica, como crescentemente a Arqueologia vai demonstrando, era muito mais complexa e sectorizada do que as suas congéneres posteriores. Por outro lado, porque basta uma leitura atenta dos textos medievais, e um conhecimento de terreno da paisagem actual, para perceber que existem produções específicas de grande peso económico que só por si sustentam unidades de produção e que em muitos casos não deixam grande rasto arqueológico[305].

Todavia, a vocação agro-pecuária das *villae* também não pode ser escamoteada, pois na base constitui a essência do ambiente onde se forja o ânimo latino através do duro labor e da vinculação aos valores da terra. Para atingir esta valência, o conjunto construído ganha espaços específicos, corporizando assim os preceitos contidos nos textos clássicos[306]. Desta forma, uma das características mais originais e inovadoras resulta do facto de a *villa* ser entendida como um todo, como um conjunto de áreas construtivas que isoladamente cumprem distintas funções para que o todo da propriedade funcione e apresente os mais elevados índices de conforto e rendimento. Alguns destes espaços prendem-se com a vocação agro-produtiva específica, como os lagares ou os estábulos, enquanto outros derivam do entendimento das lógicas de conforto urbano que os proprietários decidem transportar para o meio rural, como os edifícios termais ou os ambientes de banquete, entre os quais o *triclinium*. O que caracteriza este tipo de edificações é, contudo, a permanente aliança entre a vertente agro-pecuária e a vivência senhorial do *dominus* que, ao contrário do que sucede nas *villae* de ambiente urbano, se faz mais pelo

combinaient toujours de la même façon dans tous les terroirs. D'où les affligeantes banalités sur le poids des terres communautaires aux origines de la colonisation romaine, sur le petit lot des colons ne pouvant subvenir que par l'exploitation de la terre publique, sur le déclin de la petite propriété, les poids des uillae et le fatal et inéluctable développement du latifundium."

305 Veja-se por exemplo o caso das produções hortícolas; das produções frutícolas tão elogiadas nas fontes islâmicas e medievais; do mel, dos queijos ou das peles e curtumes, para citar alguns exemplos. Estas especializações levantam problemáticas interessantes que poderão ser analisadas do ponto de vista arqueológico e que estarão relacionadas com a sazonalidade (ou seja, espaços polivalentes que poderiam funcionar como ateliers para distintas actividades em distintas épocas do ano) ou reorientações produtivas (expansões, melhoramentos, ampliações ou variações que necessariamente implicassem destruições, entulhamentos, beneficiações ou reaproveitamentos de espaços existentes).

306 "On y distingue en premier lieu la villa-ferme (villa rustica), qui abrite les logements des travailleurs, esclaves et préposés, les installations nécessaires à la protection du bétail destiné aux labours, sans oublier les basses-cours, autant d'éléments que Columelle sépare de la villa fructuaria, formé par les celliers, les magasins, les pressoirs et les caves. Vient ensuit la villa urbaine (villa urbana), résidence du propriétaire et de ses proches, et pour les plus riches desquelles Palladius réserve le vocable de praetorium.» (Gorges, 1979: 12). Esta tripartição das villae em módulos próprios funcionalmente distintos e entendidos como tal mostra como este é um conceito específico da época romana, sem replicação posterior. Ainda há a acrescentar o fundus, o terreno que é conceptualizado de forma indissociável dos edifícios.

aparato construtivo do que pela matriz cultural. Ou seja, a grandiosidade arquitectónica é, nestes sítios, uma constante em evidenciação, procurando sublinhar o poder fundiário do proprietário[307] mas coabitando, às vezes de forma próxima, com espaços de cariz agrícola. São também estabelecimentos voltados para o interior, procurando criar os climas propícios para uma vivência permanente. Desta forma, a *villa*, mesmo na sua componente mais rústica, é um todo complexo, com módulos específicos que cumprem distintas funções, o que decididamente a distancia dos protótipos arquitectónicos de épocas anteriores ou posteriores. Por estes motivos, são também as instalações mais amplas, podendo a ocorrência de vestígios de superfície prolongar-se por vários hectares[308].

.... e a Villa pseudo-urbana

O recente estudo de Geoff Adams[309] sobre a função social das *villae suburbanae*, evidenciou como uma cuidada análise planimétrica pode conseguir perceber a utilização destas estruturas para fins eminentemente sociais, distantes da vocação agro-pecuária enfatizada pelos agrónomos latinos. A utilização de cálculos estatísticos para determinar a percentagem de área edificada ocupada pelos espaços de entretenimento, permitiu definir o perfil de ocupação dos sítios. Adams analisou também o modo como o desenho arquitectónico das plantas é feito em função de actividades de *otium*, *amoenitas* e de *delectatium*, privilegiando a contemplação da paisagem. Da mesma forma, a concentração de *villae* em áreas adjacentes a núcleos urbanos mostra como a sua distribuição na paisagem não se fazia por qualquer tipo de preocupação com recursos de cariz agro-pecuário, mas em função da proximidade de vias de acesso ou das redes de sociabilidade que se pretendiam manter no campo. É preciso ter em consideração que muitos dos *domini* destas unidades eram abastados cidadãos, envolvidos em múltiplas actividades sociais e políticas, servindo a residência rural como extensão das redes de contactos e de interdependência que se pretendiam alimentar[310]. A proximidade da *urbs* tinha também evidentes benefícios em termos de segurança e conforto nas deslocações[311], permitindo a *peregrinatio* entre os dois pontos. Todavia, tal não

307 Extrapolando as palavras de J.-G. Gorges sobre as villae de peristilo, "le type même de la maison méditerranéenne où la vie seigneuriale et agricole se déroulent sous un même toit." (1979: 127).

308 O caso mais emblemático pode ser exemplificado com La Cocosa, na região vizinha de Badajoz, cuja área de construções se estendia por mais de 10 hectares (Serra Rafols, 1952).

309 2008.

310 Tal é perfeitamente evidente nas referências literárias feitas sobretudo por autores que escreveram nos finais da República: Columela, Cícero, Plinio o Jovem, Apuleio (Adams, 2008: 4).

311 Plinio, Ep. 2.17.2: decem septem milibus passuum ab urbe secessit, ut peractis quae agenda fuerint salvo iam et composito die possis ibi manere. "It is seventeen miles from the city

nos deve fazer esquecer que o espaço da *villa* é sempre um local de *paradéisos*, pelo que a contemplação – seja dos espaços exteriores, com fachadas rasgadas, seja da monumentalização dos ambientes áulicos interiores – é fundamental[312]. Aliás, a arquitectura das *villae pseudo-urbanae* - ou, por comodidade e para uma melhor sintonia com a realidade do Alto Alentejo, onde as realidades urbanas são escassas, das *villae urbanae* (ou seja, espaços rurais onde se manifesta de modo vincado o gosto urbano) - , reside na existência de um espaço que intimamente se funde com o meio envolvente, dele retirando o melhor para a fruição do proprietário e dos seus convivas. A arquitectura das *villae urbanae* foi pensada para se inscrever na natureza, funcionando em certa medida para que o espaço natural sirva como moldura da estrutura construída, para que esta se dissolva na paisagem envolvente. Isto é válido tanto para a inserção da estrutura nos espaços, como para a inserção dos ambientes naturais trazidos para o interior da casa – através dos jardins e do mecanismo do *trompe l'oeil* das cenas de paisagens campestres inscritas em pinturas murais, situação que infelizmente não temos documentada nesta área regional. Nesse sentido, a arquitectura rural foi pensada como uma *imitatio* da natureza, para se inscrever em plena sintonia. No espaço lusitano, talvez um dos exemplos emblemáticos seja o do sítio algarvio de Abicada, onde a inserção da estrutura construída na magnífica paisagem envolvente foi arquitectonicamente explorada da melhor forma[313].

O autor que melhor explorou este tema foi John D'Arms que demonstrou, no seu modelar estudo[314], a forma como a posse de uma *villa* de *otium* era um instrumento fundamental na sustentação de redes sociais e clientelares, que almejavam fins políticos e honoríficos. Além disso, este é um processo em constante intensificação, aumentando a relevância com o decorrer da República[315] e, sobretudo, após a helenização da intelectualidade romana, fenómeno que origina novas formas de convivialidade[316] com as necessárias

(Rome), so it is possible to spend the night there after essential work is finished, having not cut short or hurried the work of the day." (Adams, 2008: 11).

312 Neste sentido pode ser afirmado, de acordo com Martín de Cáceres (1999: 386) que o espaço construído "estaba diseñado para unos momentos concretos y no eternos".

313 Teichner, 2008, p. 417-448. Em rigor, este será o mais perfeito exemplo de uma villa marítima até agora conhecida no sudoeste peninsular, onde as componentes de requinte urbano estão expressas, sobretudo, na arrojada arquitectura, visto que sobre os programas decorativos ainda pouco se sabe.

314 Já várias vezes citado: D'Arms, 1970.

315 "Certainly by the first decade of the first century, as will be seen, it is delectatio and amoenitas, rather than fructus, which concerned the wealthy owners of villae maritimae [...]" (D'Arms, 1970: 9-10).

316 D'Arms, 1970: 14. Note-se que o autor centrou o seu estudo na baía de Nea Polis onde já existia uma densa comunidade helénica. De qualquer modo, "In the first place, when luxury invaded the Roman world, it came not from the Gallic north, Africa, or Spain, but precisely from the civilized centers of the Greek East, fons et origo of all manner of delicate and pleasurable refinements." (p. 165).

expressões áulicas na arquitectura doméstica. O fenómeno materializa-se na progressiva ostentação doméstica e, sem surpresa, será Catão o seu principal crítico[317], constatando que na sua infância as casas eram despojadas ao passo que, por comparação, agora apresentam demasiado luxo. De qualquer forma, estas *villae* são espaços de *otium*, de lazer e recepção de congéneres com quem se pretendia fortalecer determinado tipo de alianças. É nestes locais que mais se nota a separação entre os espaços de acesso semi-público, aos convidados da casa, e de âmbito estritamente privado, conforme com as normas vitruvianas[318]. Neste sentido, a componente produtiva destes locais é nula ou extremamente reduzida, porque o cerne da ocupação centra-se no espaço de convívio proporcionado pela residência privada[319]. Como é sabido, este processo irá intensificar-se na passagem para a Antiguidade Tardia, momento em que, como foi magistralmente sintetizado por Peter Brown, a *domus* se torna o "*forum* made private"[320].

Portanto o entendimento que temos das *villae* tem forçosamente que contemplar a existência de estruturas em meio rural que de componente produtiva tinham pouco ou mesmo nada. O caso mais emblemático, embora unicamente válido para as regiões do litoral, reside nas *villae maritimae* estudadas por Xavier Lafon[321]. Desta forma (também) temos de pensar nas *villae* enquanto estruturas arquitectónicas que foram espaços de representação das convivialidades urbanas em meio rural, além (ou para além) de locais de

317 De Sumpto Suo, 164 a.C. Varrão, na geração seguinte, tece o mesmo tipo de comentários: villam urbanam quam maximam ac politissimam (Varro, Rust. I,13.7). Por esta altura, o adjectivo politus havia ganho uma conotação pejorativa, de crítica à ostentação (D'Arms, 1970: 11).

318 Vitruvio advoga a separação entre zonas privadas (propia loca patribus familiarum) e públicas (communia cum extraneis). É nestas villae, onde os actos de recepção próprios para celebração de momentos de negotium e de convivium tinham um forte papel, que notamos a aplicação das recomendações vitruvianas, com itinerários de circulação diferenciados para os moradores e visitantes.

319 Cícero tinha uma concepção clara do tempo de otium desfrutado na villa: "For Cicero, a man's otium was simply time free from political duties, negotia and officia. It is a neutral word, which takes its particular sense from its context: otium may be put to fruitful use, or may be abused. If abused, it is molestum [...] linked [...] with voluptas, and breeds luxuriam, inertiam, desidiam: otium Graecum has distinctly derogatory implications." (D'Arms, 1970: 70).

320 1992: 273. A decadência da vida pública leva a que o investimento privado se desloque do campo do evergetismo munificiente para a criação de ambientes áulicos privados que proporcionam o convivium em esfera restrita. De referir que o entendimento do espaço doméstico como local de representação do proprietário sempre existiu no mundo romano, acentuando-se com o passar do tempo: "Las fuentes textuales revelan cómo la calidad y decoración de las casas romanas estaban estrechamente ligadas al rango social y la dignitas de su propietario. Esta estrecha conexión entre residencia y status se entiende en relación con la peculiar naturaleza de la vida pública romana que, en gran medida, se desarrollaba en la residencia de cada individuo. Por ello no es de extrañar que en su planificación se tuviesen en cuenta tanto las necesidades propias del propietario y su familia como aquellas vinculadas a la vida profesional del dominus y su relación con amigos, clientes y otros individuos dependientes." (Chavarría Arnau, 2007: 94).

321 2001; classe de sítios que, como já foi notado, poderiam ter um exemplar lusitano no sítio de Abicada.

vocação agro-pecuária estrita. E, como tal, tinham planimetrias e desenhos arquitectónicos que lhes permitissem desempenhar de forma adequada estas funções, conjugando os ambientes interiores com o desfrute da contemplação da amena paisagem envolvente. Como já foi mencionado, os textos clássicos deixam-nos algumas indicações. Por exemplo, um traço constante das *villae* de características urbanas, ou das *villae* de *otium*, reside na possibilidade de contemplação da paisagem envolvente, o que requeria soluções que são mais difíceis de rastrear nas evidências arqueológicas conservadas, como varandas ou terraços, ou mesmo torreões. Mas as plantas que as escavações extensivas vão revelando podem dar indicações: grandes vãos ou espaços abertos para horizontes vastos são compagináveis com os registos deixados pelos textos[322].

Obedecendo a esta filosofia e princípios de vivência, são estes o locais que mais mudam na passagem para a Antiguidade Tardia[323]. Porque é neste domínio que se fazem sentir as novas linguagens arquitectónicas, monumentalizando os espaços de recepção e propiciando fenómenos de teatralização da figura do *dominus*, que surge perante os seus convidados com uma aura completamente distinta. Nas *villae* temos agora novas formas de planificar o espaço: "El uso de formas arquitectónicas específicas como las plantas basilicales, las columnatas o las formas curvas (ábsides y cúpulas) servían para evocar este carácter público y para dar elegancia y prestigio a un espacio."[324] A verticalização do edifício é também um traço constante, seja no seu aspecto exterior, com a dotação de torreões laterais[325], que concediam ao edifício uma maior imponência[326],

322 "En lisant la lettre où Pline le Jeune décrit à Gallus sa propriété des Laurentes [II, 17], on s'aperçoit de la place qu'y tient le rapport de l'architecture avec l'extérieur: l'ouverture de la villa et son agencement en fonction des éléments naturels sont primordiaux. Cette nécessité est évidente, mais ce qui est remarquable est la constance avec laquelle, chaque fois qu'il est possible, Pline rend compte de cette alliance avec la nature. [...] Ainsi, la salle de réception et de banquet, où se manifeste l'hospitalité du maître, est caractérisée non seulement par sa position de choix, mais aussi par son ouverture sur la nature et sur les espaces à la fois intérieurs et extérieurs que constituent les cours et les colonnades. [...] Quant aux salles à manger, pièces d'honneur et d'apparat de la demeure, leur principal intérêt et leur agrément reposent à ses yeux non en elles-mêmes, mais dans les paysages que l'on contemple à travers leurs portes et leurs fenêtres." (Morand, 1994: 210).

323 Para além de Stephenson (2006), o autor que mais se dedicou a este tema terá sido Simon Ellis, que tem produzido um conjunto de artigos sobre as transformações domésticas no final do Império. Para o presente estudo só foi possível consultar dois trabalhos: Ellis, 1988 e 2007.

324 Chavarría Arnau, 2007: 94. Ver também o texto de Sarah Scott (2004). Para casos regionais, Balmelle 2001, Sfameni 2006b e Romizzi 2006.

325 Embora a existência de villae com torres laterais já fosse conhecida em momentos anteriores, e mesmo em algumas residências de campo helenísticas, a sua situação vulgariza-se durante a Antiguidade Tardia. Esta solução construtiva não se liga em nada com fenómenos de instabilidade ou de militarização da sociedade, mas unicamente – como em São Cucufate – com a criação de planos de contemplação e a dotação de uma fachada imponente, que crie impacto visual nos visitantes. Sidonio Apolinario conta-nos que o seu anfitrião, Poncio Leoncio, era proprietário de uma villa deste género, usando um dos torreões laterais como sala de jantar, de onde se desfrutava de uma magnífica panorâmica sobre a propriedade (Carmina XII,211-212).

326 Na sequência da nota anterior, acrescento o raciocínio de Kim Bowes (2006: 83)

seja na concepção dos espaços interiores, com a utilização de salas de tripla ábside, entre outros recursos[327]. Da mesma forma, os espaços interiores de deambulação, passeio e contemplação reforçam também os seus conteúdos, com a utilização de jogos de água, de *horti* interiores, de peristilos, de ninfeus, de pórticos, galerias com esculturas, etc[328]. Em alguns casos, as soluções são fortemente criativas, importando modelos orientais, como os espaços hexagonais ou octogonais da *villa* do Rabaçal (Penela), ou com plantas atípicas que por vezes encontram descrições nos textos da época[329].

4.5. As *villae* no Alto Alentejo

Foi Jean-Gérard Gorges, autor da mais operacional sistematização das tipologias arquitectónicas para as *villae* hispano-romanas, que afirmou que para certos tempos e para certas regiões os conceitos são mais difíceis de serem relacionados com a realidade arqueológica concreta, pois esta adquire parâmetros de variabilidade que tornam difíceis quaisquer propostas teóricas. Na realidade, e como vimos, a *villa* é um conceito matricial cuja concretização material se encontra em constante reformulação, dificultando as categorizações que a investigação propõe: "Fondées sur l'architecture, elles [propostas tipológicas] sont particulièrement adaptées à la définition des types simples de constructions. En revanche, leur inaptitude à la classification ou à la simple qualification des grands ensembles composites du Bas-Empire demeure flagrante.»[330]

sobre o tema, por me parecer muito expressivo: "The so-called 'fortified villas' depicted on North African mosaics with their distended towers and façades are similarly the visual ekphrases of an elite that fetishized the façade elevation and its dramatic affects above perspectival or proportional accuracy. This particularized emphasis on the façade reflects a tendency to identify place, be it city or villa, through the boundary that separated it from the exterior, using the alterity of 'outside' to emphasize a concomitant interior." Esta perspectiva simbólica do entendimento da visualização da propriedade a partir de outrem foi certamente muito manipulada, incluindo com outros elementos infelizmente ainda não detectados no registo arqueológico: portões, muros de delimitação da propriedade, eventuais termini definidores dos fundi, etc.

327 "The great villas with their overabundance of reception and dining rooms, their endless mosaic floors and manic obsession with apses, domes and all manner of unusual shapes, formed an elite sign language, where buildings, like letters, served to bond the island that was the rural estate to the greater web of aristocratic culture and identity." (Bowes, 2005: 231).

328 São numerosos os exemplos conhecidos destes tipos de soluções na Hispania. Para utilizar uma referência bibliográfica de síntese, recorro a Chavarría Arnau, 2007: 95, onde se elencam vários casos concretos.

329 O caso da descrição que Sidonio Apolinario nos deixou da residência de um seu amigo, Poncio Leoncio, que detinha uma villa com um pórtico de planta em sigma (Carmina XXII,4,157), uma solução arquitectónica que encontramos em vários locais da Aquitania e também em exemplos esporádicos na Hispania.

330 Gorges, 1979: 118.

A leitura da realidade existente na área em estudo apresenta-se dificultada pela parca informação existente. Na região existem apenas duas plantas completas, representando a *pars urbana* de Torre de Palma (Monforte) e de Quinta das Longas (Elvas). Temos depois um conjunto – mesmo assim pouco expressivo – de informação sectorial para sítios cuja escavação se iniciou, mas que não se desenvolveu em extensão suficiente para uma leitura clara, em alguns casos nem se percebendo em que sector da *villa* a intervenção decorreu. São os casos de Pombais (Marvão), Vale da Bexiga e Mascarro (Castelo de Vide), Capela (Arronches), São Pedro e Horta da Torre (Fronteira), São Salvador, São Pedro dos Pastores e Argamassas (Campo Maior), Pereiras, São Romão (Elvas), Santa Vitória do Ameixial (Estremoz), Cerca (Borba). Em casos como São Pedro dos Pastores e São Pedro de Fronteira, as intervenções não foram sequer suficientes para determinar a integração do sítio na categoria de *villa* ou em outra.

Escusado será lembrar que para esta zona não detemos descrições literárias. Nem representações em pavimentos de mosaico ou pinturas parietais de edifícios ou de propriedades. Portanto, é efectivamente muito difícil conhecer como se apresentavam construídas as *villae* do Alto Alentejo, quer na planimetria, quer na elaboração dos espaços, soluções arquitectónicas e programas decorativos. Como tal, é complexa a tarefa de inserção dos edifícios existentes nas tipologias criadas para as *villae* hispânicas[331]. Nem temos possibilidade de traçar parâmetros evolutivos, ou de detectar mutações nos planos, de acordo com o que se conhece para outras áreas do sudoeste peninsular[332].

Em impressão geral, o que temos então?

Comecemos pelos dois planos conhecidos. Quinta das Longas e Torre de Palma são dois sítios com histórias e realidades diversas, mas ambos têm um ponto em comum: *villae*-bloco de peristilo, para operacionalizar a definição de Jean-Gérard Gorges[333], embora no segundo caso se trate de um exemplar de monumentalidade áulica mais complexa. Em ambas os espaços de recepção das salas de tripla ábside (*triclinium*) ocorrem no extremo oposto da entrada do peristilo (e da própria casa), conforme os protótipos habituais[334]. Casas

331 Gorges, 1979: 116, fig. 18.

332 Em particular as "quintas vitruvianas" encontradas na zona de S. Cucufate (Mantas, 1986; Mantas & Sillières, 1990). Remeto para Vitruvio, De Arch. IX. São os protótipos formais utilizados nos primeiros estabelecimentos rurais privados que temos no território actualmente português, a partir dos quais se criam os morfotipos que irão evoluir para as villae imperiais.

333 1979: 121, fig. 19.

334 Demonstrando o modo como os itinerários de condução dos visitantes eram cuidadosamente estudados, dando-lhes a hipótese de vislumbrarem algumas das salas e ambientes privados. Em Torre de Palma e em Quinta das Longas a recepção era feita em um vestíbulo e a entrada para o peristilo permitia que os visitantes encarassem logo de frente a sala de tripla ábside no extremo oposto, criando um impacto visual acrescido, consubstanciando o eixo entrada/vestíbulo/peristilo/sala de tripla ábside. Por este motivo os pavimentos de mosaico dos peristilos são frequentemente monótonos, à base de motivos vegetalistas simples, para que o visitante seja levado a olhar para os ambientes domésticos que o proprietário pretende

voltadas para o interior, para um peristilo onde se encontram as entradas para água e para a iluminação natural, convocando uma predisposição para o intimismo ou para uma deambulação em diálogo. Ou seja, os dois únicos planos conhecidos representam, para a fase de maior apogeu nas estruturas conservadas e interpretáveis, realidades coincidentes e integráveis nos modelos conhecidos. Mas as diferenças correm a vários níveis. Primeiro ponto: o facto de Torre de Palma constituir um dos melhores exemplos de um sítio de *estratigrafia horizontal*: uma casa que começa por ser uma pequena *villa* de átrio de tradição itálica, cuja estrutura fica conservada, mas é subalternizada em função de uma sumptuosa habitação de peristilo. Os módulos que vão sendo construídos são-no em extensão no terreno, por adição, nunca por sobreposição (e apagamento) como se houvesse uma memória do lugar, um *genius locus* que tivesse de ser mantido. Em Quinta das Longas, pelo contrário, há uma destruição com total apagamento da pré-existência, construindo uma *villa II* sobre um edifício anterior do qual pouco permanece.

Como consequência, em Torre de Palma temos uma *pars urbana* de enormes dimensões, que se estende em espaços sucessivos. Todo o conjunto é substancialmente amplo, quer no conjunto, quer nos diversos compartimentos: note-se, por exemplo, o espaço interior da sala de tripla abside ou a ampla dimensão do peristilo[335]. Em Quinta das Longas, pelo contrário, o edificado é pequeno, com áreas de aparato relativamente modestas. Todo o destaque é conferido ao espaço nomeado como ninfeu, enquanto no sítio de Monforte não existe nenhum ambiente semelhante. Aqui temos o investimento concentrado nas salas de aparato e nos pavimentos musivos, bem como eventualmente nos revestimentos parietais. Escasso mármore, nenhum elemento exterior de ornamentação. Na *villa* da área de Elvas, pelo contrário, destaca-se o ninfeu aberto sobre a ribeira, com mosaicos pouco expressivos mas uma gramática escultórica impressionante[336]. Não há registo de pinturas parietais, apenas de frisos marmóreos, sendo esta matéria pétrea profusamente empregue, em especial na *natatio*, sem equivalente em Torre de Palma. Como tal, se pudesse resumir tudo a uma leitura simplista, no sítio localizado em Monforte teríamos uma *villa* ligada aos símbolos da terra, e em Quinta das Longas um edificado sublinhando os valores da água. Em Torre de Palma espaços rústicos, evidenciando o poder do proprietário - fundiário e agrícola –, e no sítio elvense o destaque concedido à mundividência cultural de um *dominus* de pendor urbano, que encararia o sítio como uma residência de

evidenciar. Para além do mais, estes motivos repetitivos criam sensações visuais agradáveis e ritmadas para quem sobre eles deambula (Stephenson, 2006: 44).

335 Entre os de maiores dimensões nas villae hispânicas (18 metros por 16). Veja-se o quadro em Stephenson, 2006: 40 e a sua observação (p. 67) de que as dimensões de alguns peristilos de villae da Hispania quase igualavam os de alguns fora urbanos de cidades hispânicas.

336 Em especial Carvalho & Almeida, 2003.

otium. Na primeira, a vida senhorial e agrícola de acordo com o modelo de uma *villa rustica*; na segunda, um protótipo de uma *villa urbana*. Ambas têm na base planos semelhantes, mas com conteúdos, desenvolvimentos e aparatos completamente distintos.

Sem dispor de mais planos, parece válido dizer que no Alto Alentejo as *villae* de *otium* predominam, ou pelo menos têm exemplos significativos no escasso feixe de informação que pode ser analisado. Santa Vitória do Ameixial parece configurar um estabelecimento deste tipo, possivelmente com patamares escalonados ao longo da topografia e com os mármores desempenhando um papel essencial na composição de atmosferas eruditas. Seguramente teríamos jogos de água, plenamente potenciando os jogos de luz que os revestimentos decorativos poderiam possibilitar. Mais coesa na linguagem dos seus pavimentos musivos do que Torre de Palma, é difícil perceber que tipo de planimetria poderia funcionar na ligeira elevação onde a aldeia hoje se encontra, mas teríamos um ambiente de extremo requinte e qualidade, talvez mesmo o mais perfeito exemplo de *villa urbana* no universo em análise. Outro lugar que pode ser inserido neste lote será São Salvador em Campo Maior. É possível que aqui tenhamos uma *villa* linear de galeria, com varanda panorâmica aberta para o leito do rio e para a linha de horizonte voltada a sul e este. Possivelmente uma *villa urbana* com um plano arquitectónico totalmente voltado para o rio, tirando partido da cenografia natural em que se enquadra. Grandes vãos, corredores alongados, um conjunto vocacionado para o *otium* e para a vivência exterior.

Outras hipóteses são especulativas. É difícil perceber a existência de modelos tipológicos que conhecemos para a *Lusitania* como as *villae* com torreões laterais[337] ou os monumentais estabelecimentos áulicos do Baixo--império, sejam nas suas variantes simples ou mais complexas[338]. Contudo, pelos exemplos tidos, parece ser evidente que predomina o modelo da *villa* de peristilo, onde a componente senhorial ou "urbana" do estabelecimento domina sobre todo o conjunto. Uma das características que podemos entrever na generalidade dos sítios reside no ordenamento em função de "principes élémentaires faits de symétrie et d'axialité".[339] É também provável que, em meados do século IV, as ábsides façam a sua aparição reconvertendo os planos arquitectónicos existentes, pois em várias *villae* escavadas ou por escavar encontram-se estes elementos. As salas de tripla ábside em Quinta das Longas e Torre de Palma, ou as ábsides visíveis à superfície em Quinta do Pião (Alter do Chão), Mosteiros (Crato), Casarões da Misericórdia (Campo Maior) e Horta da Torre (Fronteira) assim o indicam.

337 O tipo 3c de Gorges (1979), em alguma das suas sub-variantes.
338 Sobretudo Gorges, 1979.
339 Gorges, 1979: 136.

Praticamente todas teriam edifícios termais, pois a profusão de dados já recenseados[340] ou de indicadores como os tijolos de *suspensurae* de hipocausto é assinalável, sendo habitual o seu achado em prospecções.

Todos os sítios da área territorial apresentam os elementos característicos da romanidade: escolha por matérias-primas adequadas, adopção de princípios construtivos robustos e perenes, diversidade na cultura material, integração de planimetrias ortogonais. O que varia regionalmente, e permite definir sub-áreas, é a integração desses princípios e a proximidade aos circuitos de abastecimento. Por exemplo, nas matérias-primas: privilegiados os mármores na área sudeste, diminuindo em raridade à medida que nos deslocamos para ocidente ou para norte. Nestas direcções, vemos a adopção dos materiais locais, a progressiva redução das diversidades pétreas ou dos elementos de superfície. Outra das situações que se repetem consiste na grande variedade dos elementos construtivos. Este facto é particularmente visível nas cerâmicas de construção, lembrando-nos que a pedra, mesmo em zonas onde é adequada e abundante, não era por si só o elemento construtivo eleito. Os tijolos, secos ao sol ou em forno, são sempre abundantes e de tipologias variadas. As condicionantes da matéria-prima local são evidentes: por exemplo, em São Salvador (Campo Maior) a pedra utilizada é o seixo de rio, abundante no terraço fluvial onde a *villa* se implanta. Em São Pedro (Fronteira) a variedade de blocos pétreos utilizados nas construções é impressionante, mas a proveniência seria da envolvente, pois o sítio encontra-se em zona de contacto de formações diversas, dada a presença da falha que origina as termas da Sulfúrea (Cabeço de Vide). Esta percepção é relevante, pois mostra-nos a forma como a disponibilidade de matérias-primas não condiciona a aplicação de conceitos e protótipos – neste caso, arquitectónicos. Ou seja, a construção e a criação de ambientes domésticos faz-se superando os constrangimentos locais mas, evidentemente, por vezes o modo de realização pode ser mais bem conseguido com a utilização de materiais de melhor qualidade. O que acaba sim, por condicionar de modo decisivo, é a interpretação do arqueólogo no trabalho de campo. Porque nas zonas onde a pedra de qualidade escasseia o recurso a taipas e adobes foi uma realidade, como evidenciado em Praia da Tojeirinha (Ponte de Sôr). E a escavação do muro UE3 no sector SPD de São Pedro (Fronteira) demonstrou a utilização de panos de parede em adobe sobre socos de alvenaria em pedra.

Quanto aos aparelhos de construção[341], observa-se a presença de *opus quadratum* em muitos socos e alicerces de estruturas, ou nas esquinas de

340 Reis, 2004.

341 Infelizmente são poucas as descrições de estruturas construtivas que temos para a Lusitania em geral. Para o Alto Alentejo exceptua-se o exaustivo estudo de Torre de Palma em Lancha & André, 2000. Para a vizinha Extremadura um bom exemplo das potencialidades deste tipo de leitura analítica encontra-se no artigo de Rosalía Durán Cabello, Germán Rodríguez Martín e Angél Morillo Cerdán sobre Torre Águila (2005-2006).

edifícios, como é mais habitual. Em Torre de Palma, na casa e nos balneários termais, temos a utilização de silhares de granito almofadados muito correctos e bem definidos. O aparelho mais frequente, contudo, é o *opus incertum*, com as faces preenchidas por pedra de médio calibre (quer em casas, quer nas estruturas hidráulicas) e o miolo dotado de pedras unidas por um enchimento de terra ou, em alguns casos, de *opus caementicium*, como em Quinta das Longas (Elvas), embora esta técnica pareça ser mais frequente em estruturas de grande porte do que em construções domésticas. Em São Pedro (Fronteira) os muros imperiais distinguem-se das estruturas posteriores pela técnica de colocação da alvenaria: fiadas de pedra de média dimensão com a face maior voltada para o exterior e enchimento interno de pequenas pedras e terra. Os muros tardios são heterogéneos nos materiais (chegando a incluir uma asa de ânfora inteira na UE53) e na colocação, frequentemente caótica e sem cuidado. Um dos aparelhos construtivos mais impressionantes da região é o pano da barragem do Muro (Campo Maior) com o aparelho de *opus vittatum* e *mixtum*, mas em geral esta solução não foi empregue, nem se registam estruturas unicamente em *opus latericium*, exceptuando casos particulares. Em Quinta do Pião (Alter do Chão), por exemplo, aflorava uma estrutura unicamente em tijoleira, mas esta situação é pouco frequente. Contudo, faltam as técnicas construtivas mais elaboradas, o que é revelador de um *saber-fazer* não muito apurado e que aposta mais na resistência do que na mestria técnica. Como é natural, os dados sobre as construções em madeira são quase inexistentes. Em São Pedro (Fronteira) o achado de pregos e cavilhas em níveis de pavimento é muito expressivo, devendo-se seguramente à sua utilização nas armações dos telhados.

No aparato decorativo temos a frequente utilização de colunas, independentemente das matérias-primas utilizadas. Em muitos sítios os tijolos de quadrante indicam que eram utilizadas como recurso arquitectónico que monumentalizava os ambientes, e essas construções faziam-se sem o recurso a blocos de pedra. É certo que existem colunas maciças de mármore, quer em corpo único (como a grande coluna caída à entrada do sítio de Mosteiros, Crato, ou o exemplar que se guarda na igreja da Madalena, em Monforte, proveniente da *villa* de Horta da Torre, em Fronteira), quer em módulos de tambores de granito, mas a solução não foi disseminada mesmo em zonas de bom substrato rochoso. Como já foi notado, esta fraqueza dos materiais construtivos pétreos implica que a arquitectura térrea fosse predominante[342]. Os capitéis, contudo, são mais raros, e sobretudo da ordem toscana, talvez por serem os de mais fácil

342 Gorges (1979: 139) indica-nos apenas dois sítios, em toda a Península, onde os segundos andares estariam comprovados: São Cucufate, na Vidigueira, onde os torreões ainda se conservam, e Alcalá de Guadaira, com o arranque de uma escada em pedra. Na área de referência temos uma escadaria de cerâmica em São Pedro dos Pastores, mas não é claro se daria acesso a um segundo piso ou simplesmente a um desnível topográfico, como sucede em Santa Vitória do Ameixial (Estremoz).

realização. O mármore é o material privilegiado. Observamos que se continua a empregar até época visigótica, conforme foi registado em Mosteiros (Crato) e Vale da Bexiga (Castelo de Vide).

Na escultura, o reportório não é numeroso, conforme foi recentemente apresentado[343] e aqui se relembra:

Peça	Proveniência	Concelho	Ref.ª principal
Torso de Eros	Hd. Capela	Arronches	Gonçalves, 2007 nº 95
Ara votiva a Marte	Torre de Palma	Monforte	nº 106
Fontanus em pedreira	Vigária	Vila Viçosa	nº 128
Divindade reclinada	S. V. Ameixial	Estremoz	nº 129
Grupo escultórico	Q. Longas	Elvas	nº 130
Tampa sarcófago Eros	(Indeterminado)	Elvas	nº 192
Ara de Calpurnia	Def. Barros	Avis	nº 214
Macaco sentado	N. S. Mártires	Estremoz	nº 232
Sátiro	S. V. Ameixial	Estremoz	nº 233
Estátua de cão	N. S. Mártires	Estremoz	nº 369

Destaca-se obviamente o conjunto ornamental da Quinta das Longas[344], incluído nos "modelos mitológicos tardios del círculo de Afrodisias", possivelmente relacionado com um "coleccionista que atesora grupos y obras en su residência[345]", vinculado à mundividência helenística e procurando reproduzir modelos e programas de obras em grande formato. Um *dominus* que não hesita no momento de escolher um conjunto estatuário proveniente da metade oriental da bacia mediterrânica, de modo a assegurar os mais elevados padrões de qualidade estética, decorativa e ornamental. Neste âmbito existem indicadores de alguma bizarria, como o macaco proveniente de N. Sr.ª dos Mártires (Estremoz), que pertenceria a um grupo escultórico mais vasto (porque do sítio provém também um fragmento de um cão), eventualmente relacionado com o monumento votivo a Cíbele erigido por *Iulius Maximianus*, um liberto[346]. Mas, no restante, duas sensações assomam: o panorama é relativamente *clássico* nas expressões (Eros, Marte, Fontanus...) e pouco variado em termos de conteúdos representativos. Cartograficamente nota-se o domínio esmagador da zona dos mármores. O sítio mais a norte encontra-se em Arronches: todos os restantes estão circunscritos à faixa sul do território. A variedade de proveniências é pequena: em concreto temos Capela, Torre de Palma, Vigária (*in situ* no local de exploração), Defesa de Barros, Quinta das Longas, Santa Vitória do Ameixial e Senhora dos Mártires, ambos em Estremoz. Apenas sete dos sítios em estudo libertaram elementos escultóricos, o que parece manifestamente pouco. Em rigor, alguns nem são propriamente esculturas por si só, antes o suporte plástico de outros conteúdos:

343 Gonçalves, 2007.
344 Nogales Basarrate, Carvalho & Almeida, 2004a e 2004b.
345 Nogales Basarrate, Carvalho & Almeida, 2004b: 143.
346 IRCP nº 440.

o caso da ara votiva a Marte, da tampa de sarcófago ou da ara de Calpúrnia. Finalmente uma nota, a cartografia funcional nos sítios onde foram encontrados os achados escultóricos. Registe-se a variedade nos locais de proveniência, onde temos exemplares que documentam a decoração em âmbito privado de *villae*: Monte da Capela, Quinta das Longas, Santa Vitória do Ameixial. Uma outra *villa* está representada, mas no mundo funerário: a ara de Defesa de Barros. Depois temos um achado escultórico na pedreira de Vigária e um outro encontrado em sítio interpretável como um povoado ou *vicus*, N. Sr.ª dos Mártires. Portanto, apenas três *villae*, ou seja, o âmbito doméstico privado encontra-se sub-representado face ao total, uma situação que se torna um pouco inesperada.

Quanto aos pavimentos, também notamos que a utilização de *opus signinum* e de mosaicos se encontra concentrada no aro sudeste. Na zona de Elvas, quase todos os sítios apresentam *opus signinum* visível em algum ponto, seja *in situ* ou agregado em nódulos arrancados por acção de lavras. A frequência vai diminuindo à medida que nos deslocamos para outras áreas. Nos mosaicos, esta situação ainda é mais visível: estão na zona de Marvão (Garriancho), mas não em Nisa, Gavião ou, para oeste, no sentido de Ponte de Sôr, onde o sítio mais ocidental poderá ser Granja (Crato). Em Ladeira (Avis) surgem tesselas, mas este achado é, para já, de longe aquele que se encontra mais a poente; até lá, o limite encontra-se em São Saturnino, São Francisco e Horta da Torre, todos em Fronteira. Ainda no tocante a mosaicos, é interessante notar que a percentagem de sítios do Alto Alentejo que apresentam este tipo de pavimentos, é genericamente baixa, como em termos peninsulares se verifica[347]. Podemos registar duas tendências. Uma relativa às matérias-primas, que, nos casos em que temos informações, parece utilizar sobretudo tesselas em pedra da região. Pela sua variedade destaca-se o sítio de Horta da Torre (Fronteira), com tesselas em vidro, *terra sigillata* e em vários tipos de pedra (granitos, calcários e de xisto)[348]. No plano iconográfico o panorama é relativamente monótono, apesar da qualidade e força das representações. Predominam os temas mitológicos, mais caros ao reportório clássico, com notas de erudição (o episódio do «canto das Sereias» da *Odisseia* em Santa Vitória do Ameixial, as musas em Torre de Palma), mas em estreita vinculação ao panorama intelectual da *Lusitania* e sobretudo ao aro emeritense[349]. Como nota mais atípica temos apenas a provável figuração de

347 Gorges, 1979: 142 calculou em exactamente 25% o número de sítios que apresentavam mosaicos. Fazendo o mesmo cálculo para as listagens de RP em relação aos sítios de habitação no Alentejo a proporção é idêntica. Para a região em estudo, e restringindo-nos ao que podem ser villae ou sítio de extensão superior a meio hectare, encontramos uma proporção de mosaicos ou tesselas inferior, em torno a 20%, mas que se coaduna com o geral. Como é óbvio, estamos a falar, em todos os casos, do estado da investigação.

348 Ou seja, seguramente na Horta da Torre não teríamos pavimentos bitonais, que por vezes ocorre nesta zona e na Extremadura, mas policromáticos, como geralmente sucede nos tapetes musivos baixo-imperiais.

349 Para um estudo sobre a Extremadura veja-se Alvarez Martínez & Nogales Basarrate,

Epona em Carrão (Elvas), uma divindade gaulesa estranha a esta região (embora assimilada à deusa Diana), embora ali próximo, em Santa Catarina (Elvas) se tivesse recuperado uma ara a outra divindade semelhante, *Belona*. Os restantes mosaicos figurativos apresentam motivos aquáticos, uma situação que ocorre em regiões de interior[350] e temas dionisíacos, em Santa Vitória do Ameixial e Torre de Palma, conforme ao conhecido para a área vizinha[351]. Note-se contudo que existem dois casos de representações de veados ou corsos, o que podem indicar cenas de *venatio*: Coutada do Povo, em Arronches, e Argamassas, em Campo Maior, representações habituais no círculo de *Augusta Emerita*[352], em comparação com o qual temos contudo a ausência dos temas órficos, que são muito constantes nos pavimentos do Baixo Império na região extremenha[353]. Também não existem auto-representações de proprietários, sendo curioso notar que no espaço mais relevante da *villa* de Torre de Palma o tema escolhido tenha sido o dos cavalos, em lugar do auto-enaltecimento de um *dominus* tão próspero. Uma nota inesperada reside no *chrismon* gravado no pavimento de mosaico da sala nº 5 de Quinta das Longas (Elvas)[354]. No quadro geral contudo, o Alto Alentejo apresenta um panorama de indiscutível qualidade mas com conteúdo relativo[355], mais próprio de um conjunto de *domini* que instalam pavimentos

1994. Configura-se assim o "ciclo dos latifundistas", conforme a designação de Chavarría Arnau (2007: 108, nota 451).

350 Mourão, 2008. Na Extremadura destaca-se a belíssima cena de Las Tiendas, além de representações em El Pomar, El Hinojal y La Cocosa, com a notável figuração de um tritão.

351 El Pomar, El Olivar del Centeno e Torre Albarragena.

352 Ocorrências em El Hinojal, de Panes Perdidos, de El Pomar e de Las Tiendas, aqui com caça a uma pantera: Alfageme Villalaín & Gonzalo González, 2005-2006 e Alvarez Martinez & Nogales Basarrate, 1994.

353 Destaco o magnífico exemplo, embora muito mutilado, de El Pesquero. Na musivaria hispanorromana o territorium emeritense detém 50% das representações órficas conhecidas, englobando o núcleo urbano e as suas villae (Alvarez Martínez & Nogales Basarrate, 1994: 284-285).

354 Pela coabitação com o ciclo escultórico clássico do ninfeu contíguo mas também por este ser um motivo raro nos pavimentos musivos hispânicos: "En la Península Ibérica por el momento los motivos cristianos en mosaicos se reducen (además de Centcelles) al crismón que acompaña al nombre Fortunatus de una de las habitaciones de la uilla de Fraga (quizás en relación con un espacio cultual cerca de esta estancia) y un crismón documentado en uno de los pavimentos musivos de la uilla de Prado en este último caso sin relación aparente con algún edificio de culto." (Chavarría Arnau, 2007: 111).

355 O panorama não difere do que se encontra na vizinha Extremadura, onde tampouco existe grande expressão no mundo rural. Note-se que em ambas as regiões os conjuntos figurativos são baixos, o que, mais do que identificar uma tendência, reflecte o facto de poucas serem as villae escavadas em extensão de ambos os lados da fronteira. Para uma síntese, leia-se o que foi escrito por Alfageme Villalain & Gonzalo González, 2005-2006: 357: "[...] el número de mosaicos figurados tampoco es excesivamente amplio, si bien éstos sí se encuentran en zonas de prestigio y representación como los oecii y triclinia. Recordemos las temáticas y sus villas: retratos: El Olivar de Centeno; cinegéticos: El Hinojal, El Pomar y Panes Perdidos; calendario agrícola: El Hinojal y El Pomar; temática órfica: La Atalaya y El Pesquero; temática dionisiaca: El Pomar, El Olivar del Centeno y Torre Albarragena; temática marina: El Pomar, El Hinojal

que representam estereótipos culturais, do que valores intrínsecos da sua personalidade[356]. Quero com isto dizer que os mosaicos conhecidos inscrevem-se mais no quadro da *grande cultura* do que reflectem valores originais que de facto (tirando Santa Vitória do Ameixial, com uma coerência substantiva) não abundam em variedade. Como reportório iconográfico-mitológico é mais sólido o quadro escultórico da Quinta das Longas do que qualquer conjunto de mosaicos do Alto Alentejo, pois estes traduzem no fundo a grande *koiné* mediterrânica, sem conteúdos próprios. Mas esta inscrição conceptual conservadora é no fundo reveladora de um desejo de afirmação, da vontade de cada *dominus* se inscrever nos mais profundos valores de pertença a uma ordem que agora se anuncia. Porque como já foi devidamente assinalado por Jean-Gérard Gorges, o reportório iconográfico da *Hispania*, e também o do Alto Alentejo, não se baseia nos "souvenirs de la mythologie classique" como em outras áreas, mas nos "héros forts et vertueux"[357] que agora chegam ao imaginário e que "remplacent les dieux": Ulisses, Hércules, os ritos báquicos e mesmo os ventos cristãos mostram, no Baixo Império, a chegada de novos paradigmas culturais vertidos em formas representacionais que, embora aparentemente ligadas aos valores conservadores, reflectem no fundo o descolamento do tradicional na passagem para um universo em mudança. Novas mentalidades, novas figurações, uma nova forma de olhar o mundo a partir das grandes propriedades fundiárias, cada vez mais sedes de conhecimento e reflexão. Esta "arte de vida" parece ser uma constante nos (poucos) casos conhecidos regionalmente, mas merece ser sublinhada. Ainda nos mosaicos, analise-se um plano a montante de todos estes considerandos. Muito simplesmente olhemos para as pautas de distribuição de tapetes noticiados:

Sítio	Concelho	Observações
Casa de Alvalade	Alter do Chão	Notícia não confirmada
Convento S. Veríssimo	Alter do Chão	Notícia não confirmada
Quinta do Pião	Alter do Chão	Notícia não confirmada
Monte da Capela	Arronches	Notícia não confirmada
Coutada do Povo	Arronches	Um registado, notícia de outro com representação de veado

y La Cocosa. Como vemos el número máximo de temas no supera un máximo de tres villae, lo que no nos permite elaborar grandes teorías iconográficas, sólo podemos incluirlas, hasta más hallazgos, dentro de las temáticas y corrientes generales propuestas para Hispania."

356 Embora na zona extremenha se note a tendência para a auto-representação de domini que não hesitam em se retratar em posição de valentia ou domínio, acentuando assim as suas virtudes pessoais e comparando-se aos "heróis fortes". Inclusivamente no caso da villa de Olivar del Centeno teremos grafados o nome dos proprietários, RESCI SELENVS. Esta mudança entre a Extremadura e o Alto Alentejo é muito interessante, podendo reflectir de facto o distanciamento da capital, pois no espaço alentejano haveria menos necessidade de enaltecer o prestígio pessoal, ou este far-se-ia através da colocação de cenas mais ligadas ao mundo da cultura do que propriamente do prestígio social, político e pessoal.

357 1979: 160.

São Bartolomeu	Arronches	Notícia não confirmada
Monte do Castelo 1	Avis	Notícia não confirmada
Ladeira	Avis	Tesselas recolhidas em escavação
Cerca	Borba	Dois pavimentos junto a estrutura absidada
Argamassas	Campo Maior	Salas pavimentadas na *pars urbana*, uma talvez com um veado
São Salvador	Campo Maior	Pavimento no peristilo da *pars urbana*
São Pedro dos Pastores	Campo Maior	Pavimento em edifício termal (?)
Herdade da Alivã	Campo Maior	Notícia não confirmada
Mosteiros	Castelo de Vide	Notícia não confirmada
Lage do Ouro	Crato	Notícia não confirmada
Granja	Crato	Cinco pavimentos, um deles hoje parcialmente visível
Almarjão	Crato	Notícia não confirmada
Carrão	Elvas	Seis pavimentos
Quinta das Longas	Elvas	Pavimento na *pars urbana* mas não nas principais dependências
Terrugem	Elvas	Notícia e tesselas à superfície
Santa Vitória do Ameixial	Estremoz	Pavimentos na *pars urbana* e edifício termal
Coelha	Estremoz	Atribuído à *pars rustica*?
São Pedro	Fronteira	Notícia não confirmada
Horta da Torre	Fronteira	Tesselas soltas
São Saturnino	Fronteira	Pavimento ainda *in situ*
São Francisco	Fronteira	Pavimento arrancado
Garriancho	Marvão	Pavimento em zona indeterminada do edificado
Herdade dos Pombais	Marvão	Tesselas recolhidas em escavação
Assumar	Monforte	Notícia não confirmada
Torre de Palma	Monforte	Pavimentos nas principais dependências da *pars urbana*
Torre do Cabedal	Vila Viçosa	Pavimento em zona indeterminada do edificado
S. Marcos	Vila Viçosa	Notícia não confirmada

Em leitura geral, interessa apontar o baixo índice numérico de pavimentos em mosaico registados. Dos dezoito municípios da área em estudo, treze estão aqui considerados, faltando Portalegre, Nisa, Gavião, Ponte de Sôr e Sousel (ou seja, o arco norte e oeste, com excepção de Avis). Todavia, mais interessante torna-se notar que apenas dois concelhos apresentam quatro sítios com mosaicos noticiados (Fronteira e Campo Maior), ou seja, em cada concelho existe um número de locais relativamente baixo. Seguramente que temos um panorama distorcido pela investigação (convenhamos que não é fácil detectar tesselas em prospecção, pelas pequenas dimensões e porque a sua presença à superfície faz supôr uma total destruição de estruturas) mas não deixa de ser curioso notar que em Fronteira nunca um pavimento foi identificado *in situ* nas escavações realizadas. Portanto, é legítimo pensar que algumas das *villae* poderiam afinal ter pavimentos não condizentes com a exuberância de materiais por vezes registados à superfície: o exemplo de Quinta das Longas, onde os mosaicos são relativamente modestos e a sala de tripla ábside, o elemento de maior aparato, tem um piso de *opus signinum*.

Duas outras realidades, ainda não abordadas: os domínios religioso e funerário das *villae*. No primeiro caso, não conhecemos qualquer templo ou estrutura religiosa que tenha sido identificada de forma indiscutível no perímetro das *villae*. A situação mais interessante reside na estrutura interpretada como templo em Torre de Palma, mas esta leitura não é indiscutível[358]. Note-se ainda que nenhuma estrutura de tipo *lararium* foi identificada. Quanto ao ninfeu de Quinta das Longas, resta saber se estamos perante um espaço religioso ou cenográfico[359].

Na relação entre o mundo funerário e as *villae* não temos uma leitura muito clara. Existem duas situações em que ocorreram escavações em simultâneo: em Silveirona/Herdade da Coelha (Estremoz), mas sobre a segunda os dados da intervenção não foram registados, e a mesma parece ter sido tão limitada no espaço que não permitiu inferir grandes resultados[360]. Em Carrão/ Herdade da Chaminé (Elvas) a mesma situação regista-se para o espaço de vida, e quanto à necrópole, os contextos intervencionados mais bem documentados parecem ser a necrópole da Idade do Ferro e a tardo-romana (visigótica?) do que a imperial[361]. Em torno de Torre de Palma algumas áreas funerárias correspondem aos ocupantes da área residencial. Em Elvas foram realizadas escavações em várias necrópoles, mas faltou sempre a relação com os espaços de vida. Em Fronteira, existe o caso de Outeiro do Mouro, onde a necrópole tem sido escavada, mas numerosas interrogações permanecem em relação ao sítio e, de qualquer modo, a área intervencionada foi demasiado exígua[362]. Em alguns sítios, é possível estabelecer uma relação espacial entre um sítio de vida e o espaço tumular correspondente: Horta da Torre e Merouços (Fronteira) ou Lage do Ouro 1 e 2 (Crato), por exemplo, observando-se uma grande proximidade mas não uma contiguidade. Em geral, a distância entre ambos é de cerca de cem a quinhentos metros. Existe quase sempre uma relação visual, mas é frequente ocorrer um obstáculo de permeio (geralmente uma linha de água que marca uma barreira simbólica). Quando é possível fazer o enquadramento

---

358 Lancha & André, 2000: 37; 89; 98; 107; est. XXXVI, propõem que a estrutura E2 situada no centro do "pátio dito nobre" seja um "pequeno templo prostilo de tipo naiskos", em função, também, da sua inusual orientação face ao restante edificado envolvente, sendo esta interpretação também feita com base na análise da planta arquitectónica.

359 "Nymphea, it should be noted, frequently ride the fine line between ornamental grottos and bona fide sacred sites; while some domestic nymphea have produced dedications to the nymphs, others, which share the same form, seem little more than cool summer retreats." (Bowes, 2006: 80). Isto porque o entendimento que o Homem latino tinha de certas formas de expressão religiosa era mais fluido e menos estático do que geralmente consideramos. Um ninfeu podia ser simplesmente um local aprazível para um quente dia de Verão, em que a sua carga religiosa e conceptual fosse esvaziada em certos e determinados momentos.

360 Cunha, 2008.

361 Ver Fabião, 2008, que se ocupou dos contextos da necrópole de incineração em urnas da Idade do Ferro.

362 Resultados preliminares em Carneiro, 2004: 119-127, embora na altura a escavação do espaço sepulcral estivesse no seu início.

geral, a necrópole está entre um troço de via e a *villa*; em Alcobaça (Elvas), contudo, situa-se do lado oposto do itinerário. Aparte Torre de Palma, nenhum mausoléu foi identificado, mas em dois casos poderemos ter a sua presença: N. Sr.ª de Entre Águas (Avis), pois a sacristia da igreja parece assentar em estrutura monumental anterior, com a epígrafe testemunhando a presença de um espaço sepulcral; e São Pedro de Almuro (Monforte) onde uma epígrafe monumental nos indica a presença de uma grande estrutura funerária, talvez subjacente ao actual templo.

4.6. Propriedades e proprietários

Um dos elementos mais desconcertantes no estudo das *villae* reside no facto de não podermos estabelecer uma relação directa entre a evidência arqueológica e o perfil de investimento dos seus proprietários. Pensemos que em teoria poderia existir uma relação entre a materialidade da *villa* e o *dominus*. Assim, conhecendo-se este, tal poderia reflectir-se na realidade arqueológica, mesmo tomando em consideração a inevitável rasura conduzida pelo passar de quase dois milénios. Mas, em época imperial, esta ligação não é directa e exclusiva[363]. Ou seja, a uma *villa* monumental pode não corresponder necessariamente um *dominus* abastado; ou uma *villa* de forte pendor agro-pecuário pode não ser vinculada a um investidor dependente dessas actividades. Portanto, o estudo da realidade arqueológica-*villa* decorre a jusante, e desconexa, dos modos de aceder à personalidade e biografia dos *potentiores*. "Perhaps the most difficult problem of all is that agricultural sites do not consist of settlements alone; an inseparable element in the understanding of agriculture is the study of filed systems and the extent of the lands which they exploited. The physical structure, amenities and decoration of a villa, or the wealth of artifacts found on the site of a farmstead may reflect the prosperity of their inhabitants, but will not reveal the basis of that wealth.[364]" Esta situação, que impede uma relação directa fidedigna para o entendimento do percurso biográfico dos proprietários e para uma correlação entre a estrutura e o seu dono, resulta dos conteúdos culturais e civilizacionais específicos da época. Na realidade, nas construções em meio rural não existe necessariamente um reinvestimento da massa produtiva gerada na propriedade[365]. Ou seja, o rendimento pode

363 Aubert (1994) apresenta uma visão aprofundada sobre as distintas formas de posse da terra em época romana e sobre as diversidades de modos de relacionamento entre proprietários e quem efectivamente geria as explorações. Como curiosidade, note-se que no mundo latino também as mulheres poderiam ser detentoras de bens em caso de ausência de pater familias. No final do Império estes fenómenos de concentração fundiária acentuam-se. Ver alguns exemplos em Banaji, 2001: 173.

364 Greene, 1986: 71.

365 Sobre as valências económicas das villae ver o texto de síntese de Remesal Rodríguez, 2008.

provir de outras actividades, levadas a cabo pelo *dominus* na sua carreira profissional, e não se encontrar dependente dos volumes gerados pela exploração[366]. Aliás, é bem conhecida a existência de proprietários absentistas, que nunca se deslocaram a algumas das suas propriedades[367]. Da mesma forma, em época romana, o consumo sumptuário é uma forma de ostentação e esse direccionamento dos gostos aplica-se tanto a produtos ou a banquetes como às propriedades fundiárias, que podiam ser adquiridas sem qualquer intenção de exploração[368]. Esta circunstância é muito relevante, na medida em que deve ser obrigatoriamente tida em consideração na análise intra-sítio, ajudando-nos a perceber que o perfil exploratório-económico das *villae* não está directamente vinculado ao perfil sócio-económico-cultural do proprietário.

Outro elemento fundamental, mas tantas vezes ignorado, reside no facto de a posse de terra não ser unidireccional. Não existe uma relação unívoca proprietário-*villa*, pois, em época imperial, um proprietário pode ter vários *praedia* – ou seja, propriedades no sentido mais lato da palavra[369]. Aliás, a situação incrementa-se no final do Império, com a concentração de propriedades nas mãos de um único dono, por vezes com terras espalhadas por diversas províncias[370]. Claro que esta situação tinha reflexos na atenção que cada propriedade merecia e no investimento realizado em cada um dos locais[371]. Estes

---

366 Sabemos que vários proprietários hispânicos diversificaram as suas fontes de rendimento. Um dos casos mais conhecidos é o da família Mamilia que ocupou cargos nas magistraturas de Tritium Magallum e que deteria uma oficina de fabricação de recipientes de terra sigillata (Curchin, 1996: 175). Alguns dedicaram-se à exploração de metais, enquanto outros fizeram carreira nas elites senatoriais ou equestres, como os proprietários da villa de N. Sr.ª da Tourega, em Évora.

367 Novamente remeto para Aubert, 1994. Columela (R. r. 1. 1. 19) recomenda que os proprietários adquiram villae suburbanae, onde a facilidade de deslocação é maior, para que possam acompanhar os desenvolvimentos da sua exploração, caso tenham afazeres que os impossibilitem de prestar uma atenção dedicada.

368 Recorde-se como Trimalquião, no Satyricon de Petronio, se vangloriava de poder percorrer toda a península itálica albergando-se sempre em alguma das suas propriedades.

369 "Unfortunately, Roman literature makes it quite clear that large landowners could own many estates, not all of which would be used as residences for any length of time. Thus, a sumptuous building might be erected upon one particular estate because the owner considered it to be a pleasant place to spend time, not because it was the most profitable in terms of agriculture." (Greene, 1986: 89).

370 Sendo porventura o caso mais célebre o que menciona "the two Melanias (the Elder and Younger), tremendously rich landowners/heiresses who in time devoted themselves wholly to Christ, selling off their far-flung properties in central Italy, Sicily, North Africa, Britain and Spain (the latter at the time unsaleable due to barbarian invasions)." (Scott, 2004: 42; também Wickham, 2009: 252 menciona este facto). Para o caso de Simmachus e das suas redes de contactos que também incluíam a posse de propriedades inter-provinciais (Itália, Sicília e Mauritânia) ver Sfameni, 2006: 62-63.

371 No final do Império a correspondência de Simmachus mostra como algumas das propriedades mais distantes ficavam entregues a um conductor, sendo a atenção do dominus muito mais difusa e as deslocações aos locais mais esporádicas. Ver Sfameni, 2006: 65; também Wickham, 2009: 252 e Chavarria, 2007: 44.

«multiproprietários»[372] acentuam-se com a concentração fundiária do final do Império, mas é um processo que encontramos desde os tempos republicanos, mostrando como cada local recebia investimentos diferenciados em função da atenção e expectativas que o proprietário lhe concedia. Inversamente, todavia, mostra-nos a elevada capacidade de circulação que estas elites detinham por todo, ou parte, do Mediterrâneo ou dos territórios inter-provinciais[373], ou o modo como o universo conhecido se estreitou[374].

Infelizmente, para a área em estudo, a análise sobre *quem detém o quê* está comprometida pelo silêncio informativo, sobretudo o epigráfico[375]. Está-nos vedada a percepção sobre a existência de alguma eventual concentração fundiária nas mãos de um ou de poucos proprietários. Os dados onomásticos são poucos, não nos permitindo conhecer quem eram os donos das propriedades. Dois casos, contudo, existem: um em Torre de Palma, onde a variedade de denominações pode indicar-nos que a exploração foi mudando de mãos. *Marcus Coellius Celsus* que dedica uma ara a Marte, não parece ter relação com *Basilius*, registado epigraficamente, pelo que em algum momento poderia ter havido uma transferência, o que explicaria os momentos de ampliação do edificado. Curiosamente, o primeiro poderia ter relações familiares com a elite olissiponense[376]. O outro caso levanta mais questões, resultantes da interpretação do local de achado da epígrafe. Refere-se a PaiAnes/Mosteiros (Castelo de Vide), com uma ara dedicada por P. *Carminius Macer*, possivelmente membro das magistraturas locais de *Ammaia*. Todavia, não é possível saber se a epígrafe é votiva e consagrada em santuário, ou se faz parte de um *lararium* doméstico e, nesse caso, o local será uma *villa*. Da mesma forma, seria interessante perceber quem são as pessoas registadas em epígrafes como Mascarro em Castelo de Vide (aqui sim, seguramente em *lararium* doméstico) ou de São Pedro de Fronteira, por exemplo. Quanto às questões da posse de terra, tratadas em outro ponto, o único documento substantivo prende-se com a epígrafe de Ladeira (Ervedal, Avis), onde *Threptus* se auto-denomina como *servus* em relação ao

372 Sfameni, 2006: 66.

373 Em especial Chavarria, 2007: capítulo II, sobretudo a p. 44.

374 Note-se a jocosa afirmação de Trimalquião no Satyricon, que pretendia acrescentar a ilha da Sicília aos seus domínios de exploração para que, ao viajar, o pudesse fazer sempre percorrendo as suas propriedades.

375 Chavarría Arnau (2005: 539-543) realizou uma resenha geral sobre os testemunhos directos de proprietários de villae na Hispania, observando-se que os índices numéricos são realmente baixos.

376 Esta situação é levantada por Alexandra Chavarría Arnau (2005: 540). Existe um possível nexo de ligação entre Marcus Coelius Celsus e Q. Coelius Cassianus, duúnviro registado em relação com as termas dos Cássios (Atlas: 149) - embora este também se encontre representado em epígrafe de Dois Portos, Torres Vedras, onde aliás existe outro Coelius, indicando que a família poderia ali ter propriedades.

proprietário da exploração, *Gaius Appuleius Silo*[377], registando-se este nome também em Monforte no monumento funerário da Herdade de Mateus[378]. Seriam pai e filho, eventualmente de família detendo várias propriedades na região?

4.7. *Vicus* e aldeias

Um dos problemas centrais no estudo do povoamento rural reside nas dificuldades de definição conceptual. Sabemos que a legislação romana contemplava uma multiplicidade de designações: *oppidum, forum, conciliabulum, castellum, vicus*[379], ou ainda *castrum, pagus, mansio, mutatio, turres, stationes*.... À partida, este facto seria da maior utilidade para nós, pois poderia facilitar-nos em larga medida a descodificação das realidades materiais. O problema, contudo, reside no facto de nas próprias fontes a definição conceptual não ser coerente entre si. O âmbito dos termos resulta polissémico, diversificado e com acepções que de certa forma se contradizem. Alem disso, é necessário ter em consideração dois movimentos: a colonização itálica, que criou de raiz uma densidade de sítios conformes aos cânones e normas romanos; mas também a apropriação dos sistemas de povoamento indígenas, variados e multiformes, que o poder romano integrou nas suas categorias conceptuais pré-existentes, sem as alterar, mas também sem o fazer nos povoados existentes. Ou seja, existe uma acepção linguística para os tipos de povoamento latino que reveste formas de habitar indígena não necessariamente concordantes com as primeiras[380]. Exemplos concretos, para clarificar o que pretendo afirmar: Estrabão[381] afirma que na *Turdetania* se encontravam "mais de duzentas cidades", mas uma leitura atenta permite perceber, de facto, a heterogeneidade desta categoria

377 IRCP nº 437.

378 IRCP nº 578.

379 Cito algumas designações da lex Rubria tardo-republicana mencionada em Le Roux, 1994: 155.

380 Existe também uma outra condicionante derivada da evolução temporal, para mais tendo em conta que a leitura romana vai evoluindo à medida que toma contacto com novas formas de organização indígena ao longo dos distintos territórios que vai conquistando, o que obriga também a alterações conceptuais: "La diversidad de acepciones [...] debemos tener en cuenta los condicionantes históricos; en realidad, en reiteradas ocasiones nos encontramos con que la terminología latina empleada interpreta un ordenamiento indígena, que subsiste adaptado y transformando por el nuevo marco de la romanización; a veces, los términos latinos "traducen" los correspondientes indígenas, pero, con mayor frecuencia, nos encontramos con que los términos empleados son latinos y, en consecuencia, no adecuados estrictamente a la realidad que intentan describir o definir. Además, su contenido conceptual posee una fuerte impronta relativa, debido a que son fruto de un determinado momento histórico y, no obstante, se fosilizan con posterioridad en un marco completamente transformado [...]." (Gonzalez Roman & Padilla Arroba, 2002: 208).

381 Geog. III, 2, 1.

de designação, onde se incluem cidades costeiras, de raiz fenício-púnica, com modelos urbanísticos helenizantes e que irão ser *civitates* romanas, mas também povoados fortificados de altura, correspondentes ao *oppidum*. Da mesma forma, Júlio César descreve alguns dos sítios desta classe, mas a sua caracterização é contrastante: se alguns apresentam sistemas de fortificação e muralhas, em alguns casos muito complexos (como Bibracte), outros parecem ser povoados sem sistemas defensivos, que o próprio César manda amuralhar[382]. Portanto, a sua acepção de *oppidum* não é a de "povoado fortificado", como geralmente considerado pela investigação,[383] mas antes um centro populacional de alguma dimensão[384] que controla um território e onde as legiões podem estacionar e abastecer-se. Que pode ou não ter um recinto muralhado.

Estes exemplos, e outros que poderiam ser invocados, mostram-nos as discrepâncias ou mesmo contradições entre as fontes e as cautelas que devemos ter em relação à utilização de um léxico coerente e claro. Por outro lado, assumo que, mesmo considerando todas as dificuldades que o uso de conceitos latinos implica, a sua utilização é preferencial aos termos actuais ou a designações neutras. Neste contexto tem sido utilizada pela investigação francófona a denominação de "agglomérations sécondaires", enquanto a linha britânica prefere a designação por exclusão de "non-*villa* settlements"[385] para designar povoados que não se enquadram na distinção urbana, mas que também não constituem domínios privados senhoriais. Contudo, considero tratar-se de uma designação excessivamente neutra, na medida em que a investigação se deve esforçar precisamente por ir conseguindo afinar a delimitação conceptual das categorias de designação, em lugar de procurar avançar pelos caminhos mais cómodos. Para utilizar uma linguagem matemática, dever-se-á encontrar o *máximo denominador comum*, os nexos de ligação entre os membros da mesma *família* de sítios.

Em época romana sabemos que existiram aglomerados populacionais não urbanos. Núcleos que se equivalem às actuais *aldeias*, cuja designação, embora de raiz árabe, parece funcionar como critério operativo, por ser um termo histórica e socialmente consensual no território português[386]. Povoados abertos, sem dispositivos defensivos, com várias famílias habitando em espaços individuais contíguos ou dispersos em proximidade, geralmente conotados com áreas de

382 Relembro contudo que o conceito de "recinto muralhado" é em época romana de cariz sobretudo simbólico. O pomerium era traçado desde a fundação e constituía um limite bem definido, mas muitas vezes não era construído um recinto. A noção de espaço fechado é portanto e sobretudo cognitiva.

383 Para o qual estaria reservado o termo castrum, ou o étimo dunon de raiz céltica que cristalizou em muita toponímia latinizada sob a forma donum.

384 Inferior contudo ao de cidade, com a qual apresentaria também a diferença de não ter traçado urbanístico.

385 Hingley, 1989: 75-86, onde também se designam as "celtic farms", para realçar a raiz indígena.

386 Alarcão, 1996: 178.

escassa romanização[387] embora, como veremos, tal não seja necessariamente assim. De alguma forma, o equivalente ao que conhecemos em época romana por *vicus*, embora esta designação levante também algumas questões.

Sabemos que o termo *vicus* tem uma conotação urbana, correspondendo genericamente ao "bairro" de uma cidade ou a um tipo de organização auto-identificativa dos seus habitantes[388]. Augusto dividiu a cidade de Roma em 265 *vici*, circunscrições de pequena dimensão. Também na Península Ibérica temos exemplos que se referem ao mundo urbano[389]. Será por esta vertente que os *vici* rurais costumam demonstrar uma vincada lealdade ao culto imperial ou à divindade tutelar, como sucede na dedicatória no *vicus* de Chocanal (Crato), consubstanciando a aceitação do poder de Roma. Contudo, o termo é cunhado sobretudo com uma acepção rural, e que se encontra em conformidade com a definição deixada por *Festus*[390]: determinados estabelecimentos rurais que possuem uma identidade própria, com algum grau de autonomia e que podem actuar como ponto de reunião de pessoas, incluindo como centros de mercado,[391] visto que são dotados do *ius nundinarum*. Em princípio, constituiriam um modelo de povoamento de raiz indígena[392] que se teria conservado em zonas onde as *villae* não se encontram presentes[393], constituindo inclusivamente uma forma de organização da paisagem quase oposta aos domínios latifundiários[394]. Todavia, esta demarcação territorial nem sempre se verifica, como já foi demonstrado[395], e também na zona em estudo observamos que os locais

---

387 Perez Losada, 1998.

388 "este mismo término define a determinados barrios de las ciudades con denominaciones específicas y a un tipo de edificios urbanos, que configuraban una especie de condominio de sus correspondientes urbanas, conocidos como vicani." (Gonzalez Roman & Padilla Arroba, 2002: 206).

389 Curchin, 1996: 163.

390 502 e 508. A passagem é breve e presta-se a extrapolações várias, como assinala Tarpin, 2002: 53, pois na realidade pouco sabemos sobre a correspondência material do conceito. Torna-se fundamental o achado de mais textos epigráficos, com a vantagem de poderem ter correspondência com as evidências arqueológicas.

391 Curchin, 1985: 328.

392 Visto que praticamente toda a onomástica pessoal das magistraturas é de raiz indígena: Curchin, 1985: 335.

393 Embora mais uma vez as fontes não sejam inteiramente coincidentes entre si na medida em que Varrão (R. R. I, 16, 4; I, 20, 3) dê a entender que o vicus poderia ser um armazém que vendesse os excedentes produzidos por uma villa.

394 Leveau, 2002: 23 sublinha este constraste. Segundo o autor, a villa teria "la régularité d'un plan qui résulte d'un projet conçu par un architecte ou un (grand) propriétaire.Un vicus présentera au contraire une structure irrégulière résultat de l'agglomération de maisons paysannes ou s'allongera le long d'une voie [...]. Mais le développement des fouilles a montré que les choses n'étaient pas si simples. Les travaux réalisés en Languedoc à Lunel-Vieil par C. Raynaud ont établi l'existence de vici qui étaient structurés par une centuriation et prouvaient une régularité analogue à celle d'une villa."

395 Tarpin, 2002: 55: "Mais les cartes de répartition des uici montrent qu'il y a de nombreux uici dans les régions comme la Campanie ou l'Etrurie méridionale, où les villas sont pourtant nombreuses. [...] Rappelons enfin que Varron considère le uicus comme un

que correspondem a *vici* – Chocanal (Crato) e Monte da Nora (Elvas) - se encontram encravados em pleno território de *villae*. No primeiro caso é evidente a proximidade ao sítio de Granja, enquanto no segundo a profusão de *villae* é ainda superior.

Uma pista deixada por *Festus* é também curiosa. Referindo-se às construções, o autor diz-nos que se trata de "edifícios dotados de entradas individuais", o que parece ser compaginável com traços deixados na correspondência de Cícero[396]. Desta forma, teríamos uma estrutura de povoamento feita de edifícios individuais e autónomos, com habitantes que poderiam ou não ter laços familiares ou sociais entre si. Inclusivamente, como se depreende de uma passagem de Tácito[397], o *vicus* poderia apresentar um plano urbanístico e um conjunto de serviços relacionados com as vias de comunicação. Aliás, uma das constantes em redor deste termo parece ser a sua proximidade em relação a itinerários de circulação, que na região em apreço também se verifica em relação a Fraguil, Chocanal (via XV) e Monte da Nora (via XII). É aliás provável que algumas destas unidades se tenham originado *a posteriori* do itinerário, estimuladas pelas oportunidades que a passagem ou encruzilhada de vias pudesse criar.

Um dos conceitos determinantes na categoria *vicus* parece ser o facto de se tratar de uma aglomeração secundária[398], integrada no território de

---

lieu d'approvisionnement possible pour le propriétaire d'une grande villa, ce qui induit une complémentarité entre uicus et villa et non une opposition. [R. R. I,16,4]".

396 Sigo o raciocínio de Michel Tarpin: "De trois passages de la correspondance de Cicéron il ressort que le uicus peut être vendu et acheté et que c'est une forme de placement. [...] le uicus, qui n'apparaît nulle part comme divisible, est un seul lot, partagé en appartements qui peuvent être loués, et qui disposent d'entrées personnelles, liées, cette fois à l'appartement et non à l'unité de la propriété. Cette unité de propriété, ainsi que le fait qu'il y ait des uici de grandes familles nous incite à voir dans ce type de uicus un des sens les plus anciens du mot, encore proche de l'oikos grec." (2002: 284)

397 Opera Minora, 16, 2.

398 Termo que tem sido utilizado pelos autores francófonos, que adoptaram esta designação neutral dado o manto de dúvidas que continua a subsistir sobre o étimo. João Pedro Bernardes (2007: 22) também assumiu esta designação, ressalvando contudo que "Dentro deste conjunto de sítios parece já clara a necessidade de distinguir, para o território português, duas realidades bem diferentes: aldeamentos e vici. Os aldeamentos, cujas raízes, muitas vezes, mergulham na Idade do Ferro, são sítios que para além de possuírem uma clara função agrícola, têm, em regra, uma área mais pequena que a dos vici. A organização deste tipo de assentamentos pauta-se pela ausência ou diluição de quaisquer eixos estruturantes de perfil urbano, sendo os edifícios modestos, por vezes construídos em materiais perecíveis. Os aglomerados secundários propriamente ditos ou vici, para além de poderem apresentar um equipamento monumental ou arquitectónico notável, a que se ligam organismos de tipo urbano mais ou menos complexos, ocupam-se em actividades de produção ou comércio diversificadas, intimamente articuladas com as vias. Apresentam, normalmente, grandes áreas de dispersão de vestígios com artefactos mais abundantes e variados do que nas aldeias. [...]" E depois sublinha: "o termo vicus deverá reservar-se para os casos em que a epigrafia o ateste ou a evidência arqueológica claramente o confirme [...]". Pessoalmente, contudo, não utilizo o termo "aglomeração secundária" por considerá-lo demasiado neutral e asséptico, e porque partilho da posição expressa por Patrick Le Roux (2010: 176) para quem o termo "secundário" implica um julgamento de valor desadequado face à realidade da época. Como

uma *civitas*[399]. O que o distingue da cidade é precisamente a sua insuficiente estruturação, que não lhe concede uma relevância administrativa[400], embora se depreenda que essa possa ser alcançada se houver uma ascensão sustentada[401]. Mas o que caracteriza estas entidades é o facto de não deterem territórios sob tutela própria, pois essa competência encontra-se adstrita à *civitas*. Portanto o termo *vicus* refere-se a uma comunidade rural, um conjunto de pessoas com laços comuns por coabitarem o mesmo espaço e que portanto se organizam dentro de um modelo de gestão. Inclusivamente detêm magistrados próprios, com a função de gerirem os aspectos políticos, religiosos, fiscais e jurídicos[402]. Pressupõe uma certa diferenciação social, uma consciência grupal e a existência de um espaço polivalente de reunião (na medida em que serviria para congregações de carácter político, religioso e comercial) em local central entre as habitações, como um terreiro ou um largo, por exemplo.

Olhando para a região em estudo, que sítios podem ser incluídos na categoria? Um é óbvio, porque auto-nomeado: o *vicus Camaloc*[ani? ensis?] próximo do Crato[403]. Além da raiz indígena, está próximo de um itinerário de via. As impressões de terreno, contudo, são pouco substantivas, resumindo-se a uma mancha de cerâmica, e bem diferente das notícias antigas que mencionam as "ruinas de edificio[404]". É possível que o núcleo principal se encontre sob o edificado, com sugestivas condições para a implantação de um conjunto habitacional. Como foi dito, outro núcleo que se encaixa na categoria de *vicus* é Monte da Nora (Elvas). Um aglomerado indígena em continuidade durante vários séculos, que oblitera o dispositivo defensivo, que desenvolve actividades produtivas próprias, um proto-traçado urbanístico e uma área de congregação da comunidade. Não está directamente próximo de uma via,

---

nota auxiliar, registe-se que Pedro Carvalho realiza uma distinção entre o termo vicus e o de aldeia, designando este último como "aglomeração terciária" (Carvalho, 2007: 387).

399 Le Roux, 1994: 155. Todavia, o autor enfatiza a ascendência das cidades sobre os campos (p. 156). Existe uma epígrafe que refere a integração de um vicus no território de uma cidade: "Dercinoassedenses, vicani Cluniensium" (Curchin, 1996: 163), o que confirma a subordinação em casos pontuais, mas tal não deveria ser sistemática, pois na Península os vici parecem ocupar zonas menos urbanizadas (Curchin, 1985).

400 As civitas detinham esse poder, "les décisions d'ordre administratif, particulièrement en matière religieuse, fiscale et judiciaire, concernant les habitants, échappaient à leur pouvoir [dos vici] et émanaient d'une autorité extérieure ayant son siège au caput civitatis." (Le Roux, 1994: 158).

401 Pelo menos é o sentido que se infere da definição de Isidoro de Sevilha nas Etimologias (XV, 2, 11). O autor menciona explicitamente a "pequenez" destas unidades de povoamento e o facto de serem desprotegidas, por não terem sido dotadas de muralhas nem das ornamentações urbanas das cidades: Vici et castella et pagu hi sunt qui nulla dignitate ciuitatis ornantur, sed vulgari hominum conventu incoluntur, et propter parvitatem sui maioribus ciuitatibus adtribuuntur. É curioso notar que no tempo em que escreve a acepção urbana do termo parece já se ter perdido, designando unicamente as realidades rurais (Sottomayor Muros, 2004: 292-293).

402 Remeto para Martínez Melón, 2006, com uma exaustiva menção dos cargos públicos e funções comprovadas epigraficamente para os vici hispânicos. Ver também Leveau, Sillières & Vallat, 1993: 51.

403 IRCP nº 609; RP 6/104.

404 Abascal & Cebrián, 2009: 672.

mas a curta distância do traçado XII. Também Fraguil (Alpalhão, Nisa) com mais de cinco hectares (considerando que Raposeira seria o prolongamento natural, hoje distanciado pela estrada) apresenta parâmetros que o incluem nesta designação: dispersão de manchas de vestígios e proximidade a um troço de via. Contudo, neste como no caso anterior, a dúvida estará em se classificamos este local como *vicus* ou como uma das *mansiones* do *Itinerário de Antonino* (no caso em apreço a *Fraxinum* do Itinerário XV), e neste caso (mais uma vez) torna-se evidente a dificuldade em manusear as categorias conceptuais romanas na distinção entre *vicus* e *mansiones*. Depois temos os *povoados fluviais* de Caia e da albufeira de Póvoa e Meadas. No primeiro caso, conjuntos habitacionais dispersos, demonstrando famílias que habitam próximo umas das outras mas não em aglomeração. Não há traçado urbanístico nem um espaço interpretado como de reunião (a não ser que Santa Catarina, com a sua valência religiosa, fosse esse local de unificação). Contudo, estão junto a um troço de via que os serve. No segundo caso, todos os requisitos estão também cumpridos. Troços de via, existência de um núcleo congregador (os frisos implicam uma estrutura monumental, possível templo), habitações dispersas, mas reunidas dentro de um mesmo espaço coerente (mais em proximidade do que no Caia, onde o espaçamento é maior). É possível que outros locais se encaixem na categoria, sobretudo Degolados (Campo Maior), onde as informações deixadas por Mário Saa são eloquentes[405]. O itinerário passa próximo da localidade e o quadro descritivo parece ser mais conforme com uma aldeia do que com uma *villa*. Na mesma região, também S. Pedro dos Pastores (Campo Maior) foi interpretado como *vicus*, embora nessa apreciação surjam dúvidas, conforme menciono no texto respectivo. Finalmente, outros *vici* poderiam estar dispersos pelo território, eventualmente sob aglomerados populacionais actuais (aliás, como sucede nos dois casos campomaiorenses), mas nesse plano a Arqueologia urbana regional encontra-se ainda em estado meramente embrionário.

4.8. Sítios de funções viárias

Como ficou evidente, alguns dos locais encontrados no Alto Alentejo apresentam uma óbvia relação com itinerários de circulação. Se nas *villae* definimos uma distância global igual ou superior a quinhentos metros, em outros casos existem manchas de cerâmicas na margem dos caminhos. Já Mário Saa notara esta situação, a ela se referindo em múltiplas ocasiões[406].

Dois tipos de situações orientam a interpretação: a dimensão da mancha de materiais e o tipo de itinerário viário. No primeiro caso temos também duas situações. Por vezes encontramos pequenas manchas de materiais circunscritas,

405 Tomo II, p. 1949; Tomo VI, p. 43. Ver também RP 6/162 e Carneiro, 2008: 75, nota 142.
406 Saa, 1956-1967.

não superiores a 200m^2, unicamente compostas de tegulas e imbrices: entre outros, Merouços 2 (Fronteira) ou Cascalheira (Alter do Chão). Correspondem a pequenos entrepostos comerciais ou a uma *mutatio* de apoio aos viajantes. Em outras situações temos sítios de maiores dimensões, passíveis de serem incluídas na categoria *villa*, não fosse estarem mesmo junto ao traçado da via. A diversidade de vestígios é inequivocamente superior, com pedras aparelhadas, cerâmica de importação e comum e registo de materiais metálicos ou elementos arquitectónicos e decorativos. Desta forma, poderão ser classificados como *mansio*, correspondendo a locais desenvolvidos e com uma estruturação arquitectónica complexa e sustentada. Fonte da Cruz (Ponte de Sôr) é o caso arqueologicamente mais bem definido. Outros apresentam sinais de continuidade, às vezes detendo elevada monumentalidade: o caso de Torre (Arronches). E poderão ter originado núcleos urbanos actuais, como Ponte de Sôr, Degolados ou Assumar, à semelhança do que ocorreu em outros pontos de passagem e estadia. Em um ou outro caso a evidência de superfície é significativa, com extensões de hectares de materiais (Fraguil, Nisa). Portanto, nesta classe existe uma substancial heterogeneidade e vários níveis de leitura. Todos os sítios indicados implantam-se junto a um troço de via. Em situações pontuais, contudo, estão no cruzamento de caminhos, em encruzilhadas ou entroncamentos. Tirando a situação específica de Monte das Esquilas (Monforte), com a dedicatória aos *Lares Viales* em nó viário, temos exemplos em Bufão (Ponte de Sôr) ou em Malhada dos Covões (Campo Maior). Junto a passagens de linhas de água também encontramos Lomba da Barca 1 e Barca da Amieira (Nisa), Porto das Escarninhas (Arronches) e Ilhas (Campo Maior), entre outros.

Um futuro passo dado na sequência de novos trabalhos de campo reside na avaliação conjunta de todos estes locais. Quero com isto dizer que a estruturação, dos sítios dedicados a funções viárias obedecia a ordenamentos bem conhecidos. As *mansiones* implantavam-se com um espaçamento que deveria corresponder à distância passível de ser percorrida ao longo de um dia de viagem[407], e portanto este critério deverá ser avaliado nos terrenos do Alto Alentejo. Quanto às *mutationes*, também deveriam apresentar um espaçamento coerente, embora mais elástico[408], pelo que uma prospecção orientada de forma sistemática, e a análise cartográfica posterior, trarão novos dados.

4.9. Casais agrícolas

É hoje consensual a existência de unidades rurais de média dimensão. Correspondem aos locais que Áxio estranhava não deterem ornamentos

407 Chevallier, 1997: 281.

408 Entre 5 a 12 milhas de permeio entre cada uma. Desta forma, entre cada mansio poderiam estar implantadas entre 6 a 8 mutationes (Chevallier, 1997: 281).

urbanos e dependências rústicas[409]. Para a investigação portuguesa o problema tem residido em dois pontos nodais: a dificuldade da caracterização do ponto de vista arquitectónico e planimétrico, quer em prospecção, quer em escavações arqueológicas; e a proliferação de vocábulos na sua denominação[410]. Jorge de Alarcão[411] escrevia: "Os três termos possíveis para a média propriedade e para a casa correspondente são os de quinta, granja e casal". Todavia, como em seguida se discute, os três apresentam questões várias quanto à sua utilização, seja por problemas de conteúdo intrínseco, seja pela tradição etnográfica específica das regiões nacionais (nem sempre compatíveis entre si ou com as designações medievais). Mais: não são de todo incompatíveis nos seus conteúdos conceptuais, embora a utilização conjunta levante problemas sérios na definição das realidades de terreno e acabe por complexificar em excesso a leitura das evidências materiais.

O estudo da paisagem rural romana tem merecido nos últimos anos um considerável acréscimo de contribuições. Como resultado, verificou-se um aumento substancial nos conceitos operativos que descodificam realidades materiais, embora existam ainda dificuldades várias, seja porque a realidade no terreno é mais diversa que os termos existentes, seja porque estes frequentemente são a adaptação à língua portuguesa de termos de raiz anglo-saxónica ou latina, que não são adequáveis à realidade que se encontra em cada região. Esta situação já foi debatida em outro lugar[412], pelo que me parece redundante adiantar mais comentários. Todavia, e ampliando o quadro então publicado, sintetizem-se exemplos retirados da bibliografia arqueológica portuguesa recente:

	Villa	Granja	Quinta	Casal	Cabana	Pequeno sítio	Tugurium	Abrigo
Alarcão 1976[413]								
Alarcão 1990[414]								
Alarcão 1997								
Alarcão 1998								
Almeida 2000								
Bernardes 2007								
Bugalhão 1998								
Carneiro 2004								
Carvalho 2007								
Lemos 1993								
Lopes 2001/2003								
Mantas 1986								
Vieira, 2004		*						

* Utilizada para a Alta Idade Média, enquanto explorações agrícolas na dependência de mosteiros[415].

409 Varrão, R. R. III, 2, 9, perguntando: Quid igitur, inquit, est ista villa, si nec urbana habet ornamenta neque rustica membra [...].

410 Seguindo as terminologias de Vigil-Escalera Guirado (2006: 90) e partilhando das observações do autor: "En lengua inglesa existen una serie de términos específicos para referirse a determinados tipos de asentamientos rurales en función de su tamaño (stead/farmstead, hamlet, village). Granjas, aldeas y pueblos no son un exacto equivalente en español [...]."

411 1998a: 93.

412 Carneiro, 2004: 40-45.

413 Refere a possibilidade de terem existido micro-unidades territoriais como casebres ou estábulos.

414 Embora marque uma distinção entre casais próprios ou casais arrendados.

415 Vieira, 2004: 31.

Observa-se portanto que existe uma proliferação de termos que se referem às médias e pequenas unidades de povoamento pois, embora o termo *villa* pareça estar conceptualmente bem definido pela investigação (curiosamente, e como comentei anteriormente, melhor até do que parece estar na mente romana), os restantes levantam dúvidas, quer quanto à designação, quer nos conteúdos substantivos. Neste limiar entre "granja", "quinta" e "casal" subsistem indefinições, embora a coabitação entre os últimos dois seja utilizada pelos autores que mais se dedicaram ao tema. Note-se que "granja", por ser um termo derivado do universo anglo-saxónico, não tem sido utilizado.

A definição conceptual das unidades de povoamento que não são *villae* parece ser fácil de fazer, pela negativa ou por exclusão: trata-se de todos os sítios que não apresentam sinais de *urbana ornamenta*, ou seja, mosaicos, elementos arquitectónicos decorativos, estuques, mármores, ou ainda ausência de estabelecimentos termais. Sobre este ponto, os investigadores são consensuais. O elemento mais interessante, contudo, reside na necessidade de definir não uma, mas duas categorias intermédias entre as *villae* e os sítios residuais: a escolha parece recair cada vez mais sobre os termos "quinta" e "casal". Esta situação reflecte distinções que encontramos no terreno: na área de dispersão de vestígios[416], ou na qualidade e diversidade das evidências de superfície[417]. Mesmo a nível da implantação, apontam-se características distintivas[418]. Sendo uma categoria híbrida, entre a de topo (a *villa*) e a de base (os pequenos sítios), apresenta fronteiras dúbias, confundindo-se com locais que afinal poderiam ser outra coisa, como santuários ou pontos de funções viárias. Em termos gerais, acrescento que a destrinça de categorias intermédias de povoamento aumenta à medida que vão sendo feitas prospecções intensivas. Já em 2004, sobre Fronteira, levantava a hipótese de terem existido "*villae* de segunda categoria", empurradas para áreas marginais e com menores condições na

---

416 "[...] a área dos casais poderá variar entre os 600 e os 3000m2 (ainda que na sua grande maioria se situem no intervalo entre os 900 e os 1500m2); as quintas poderão revelar-se tanto em áreas de dispersão que rondem os 1500m2 como noutras bem expressivas que atinjam os 10000m2 (são sobretudo frequentes, porém, os valores na ordem dos 3000 a 5000m2)" (Carvalho, 2007: 294-295).

417 Nas quintas temos as "explorações agrárias que apresentavam uma mancha média de dispersão de vestígios na ordem dos 2500m2, sendo aqueles testemunhos caracterizados por uma certa abundância de cerâmica de construção e doméstica; [...] apresentarão ainda certos indícios de edifícios bem construídos traduzidos pela presença de muros ou pedras mais ou menos bem aparelhadas, fragmentos de colunas ou tijolos de coluna e, eventualmente epígrafes, moedas, vidros, e cerâmica finas de importação." Quanto aos casais, são "sítios cuja área arqueológica é inferi[o]r aos 1000m2, apresentando, em regra, vestígios pouco diversificados constituído quase exclusivamente por cerâmica de construção e alguma, pouca, cerâmica doméstica grosseira." (Bernardes, 2007: 19-20).

418 João Pedro Bernardes também nos diz que "as quintas têm uma localização semelhante à das villae, ou seja, em terras mais ou menos planas ou em vertentes de suave declive", enquanto os casais estão em "vertentes, por vezes de declives apreciáveis, podendo apresentar muros e pavimentos em lateres, já que a abundância de calcário e argila possibilitaria a utilização daqueles materiais sem grandes custos."

sua sustentabilidade económica, mas que mesmo assim apresentavam elementos de conforto, embora sempre com inexistência de "componentes de expressão máxima"[419]. Todavia, o modo como então estava construído o texto levava a crer que essa divisão existia na classe *villa*. No caso fronteirense, os treze "casais" então identificados eram relativamente homogéneos, mas já se notava um patamar de diferença qualitativa entre alguns deles. Na realidade, a subdivisão da classe faz sentido, embora não tenha sido adoptada no presente estudo[420]. É um facto que a categoria "casal" é a categoria mais heterogénea. Temos um patamar de sítios com média-alta dispersão de vestígios (entre 5000m^2 a 10000m^2) e com uma variedade de evidências assinalável, embora sempre sem a ocorrência de elementos de prestígio como mosaicos, elementos escultóricos ou revestimentos parietais. Todavia, em alguns casos temos mármore ou, como em certos sítios do concelho de Nisa, capitéis ou colunas, além de cerâmica de importação. No segundo patamar há sítios circunscritos, com séries monótonas de materiais e indicadores de perfil rústico e actividades produtivas, como pesos de tear, mós e pesos de lagar, escórias e/ou fragmentos de *dolium*. Alguns foram objecto de sondagens arqueológicas, como Praia da Tojeirinha (Ponte de Sôr) e Sardos (Monforte), permitindo identificar unidades unifamiliares com duas divisões, apresentando o espaço de laboração contíguo ao de habitação. Enquanto os primeiros se implantam em posições periféricas, deixadas livres pelas *villae*, os segundos encontram-se muitas vezes próximos das grandes unidades latifundiárias. A disseminação de casais agrícolas já foi comprovada pela Arqueologia[421] e confirma-se também na região, sendo em alguns casos a dominante classe de povoamento, como na Serra de São Mamede. Em sentido inverso, em algumas áreas a rarefacção é evidente, por quase não haver espaço liberto entre as grandes *villae*, como nos concelhos de Campo Maior e de Elvas. É certo que podemos alegar a deficiência da investigação para dois concelhos que não têm levantamentos arqueológicos sistemáticos, mas Elvas já foi objecto da atenção de vários investigadores e a realidade "casal" parece estar mal representada. A área central do universo em estudo apresenta a maior densidade. Os concelhos de Fronteira, Monforte, Arronches e Sousel beneficiam de um trabalho de campo mais apurado e aqui encontramos um lote de registos numéricos que colocam os casais na mais habitual forma de habitação em meio rural. Como já foi dito, a heterogeneidade é a característica principal da

419 Carneiro, 2004: 76 e 77.

420 Dada a heterogeneidade das paisagens e dos modelos de estabelecimento rural, optei por manter a classificação tripartida, por não haver suficientes condições constantes para subdividir a classe "casal". A estrutura tripartida das estruturas de povoamento em meio rural é um elemento frequente em várias épocas: consulte-se Bouchard-Huzard (1870: cap. III) para ver como os domínios agrícolas são assim divididos.

421 Em torno de S. Cucufate apenas 5 dos sítios identificados podiam ser classificados como villae. 42 encaixariam na categoria "casais" ou "quintas" e 11 estariam entre a primeira e a segunda ordem de grandeza (Mantas, 1986; Mantas & Sillières, 1990: 151-160).

classe: de sítios com uma cultura material representativa, com vários elementos de importação, a alguns com grandes séries monótonas de cerâmica de construção e comum, existe um diversificado arsenal de elementos à superfície, demonstrando diferentes capacidades aquisitivas. Em geral, contudo, encontram-se indicadores produtivos como mós, escórias, pesos de tear e fragmentos de *dolium* ou de cerâmica de armazenamento de grandes dimensões. A implantação é diversa, desde zonas de topo a fundos de vale e, de um modo geral, raras vezes estão próximo de manchas de solos de elevada aptidão. Pelo contrário, predomina a opção por zonas de policultivo e de uma agricultura extensiva, muitas vezes com terrenos pobres. Os recursos hídricos não estão longe e a exposição solar é variada. Note-se contudo que existe uma clara diferenciação entre os espaços ocupados pelas *villae* e os ocupados pelos casais. As primeiras dominam as áreas de fáceis acessos e de excelentes condições pedológicas, sendo dominadoras nas paisagens suaves e onduladas. Os casais são remetidos para franjas marginais, áreas de menor acesso e para paisagens menos próximas do ideal clássico, de terrenos acidentados, solos menos aptos e instalação em zonas de policultivo. Planimetricamente temos espaços de duas (ou um número limitado de) divisões, com contiguidade entre os espaços de laboração e a área de habitação. Desta forma poderíamos ter núcleos familiares detendo autonomia própria, dedicados à exploração económica de zonas menos aptas mas onde a aposta em nichos específicos (tecelagem, metalurgia...) permite obter uma base de sustentação económica. Estes habitantes teriam em volta terrenos sob sua exploração em actividades agro-pecuárias complementadas com as já referidas transformações de produtos. Seriam unidades autónomas, distanciadas das *villae* que empregariam outro tipo de mão-de-obra. Encontram-se por isso nos territórios periféricos, em posição de interface entre as *villae* e as extensões quase despovoadas, e nesse sentido, assumem também neste campo uma curiosa posição intermédia, similar à que ocupam nas hierarquias das classes de sítios.

4.10. Pequenos sítios

Quanto aos pequenos sítios, opto pela utilização de uma denominação neutra, mesmo sabendo que em época romana existiam designativos próprios: Isidoro de Sevilha deixou-nos os nomes de *tugurium*[422] e de *capanna*[423] para as realidades que correspondem aos paralelos etnográficos actuais, as malhadas e arribanas onde um trabalhador permanecia durante uma semana inteira, coabitando com o gado

422 Isidoro de Sevilha, Etymologiae XV, 12, 1-2: De Aedificiis rusticis: Casa est agreste habitaculum palis atque uirgultis arundinibusque contextum, quibus possint homines tueri a [ui] frigoris uel caloris iniuria. Tugurium casula est quam faciunt sibi custodes uinearum ad tegimen sui, quasi tugurium.... Este termo surge também mencionado por Columela, R. R. XII, 15, 1, e ainda por Plínio o Velho, N. H. XVI, 14, para momentos anteriores.

423 Isidoro de Sevilha, XV, 12. Ver as considerações apresentadas por Isabel Velazquez, 2004.

que vigiava, ambos dormindo sob o mesmo tecto, mas em divisões separadas, que incluíam ainda uma pequena lareira para o lume de chão[424]. Como já em outro lugar mencionei[425], esta é a categoria mais duvidosa na delimitação temporal, porquanto sujeita a reutilizações de materiais. Uma situação evidente ocorre nos sítios de Pigorrinhas 1 e 2 no concelho de Sousel, em que o sítio 1, de época moderna, utiliza material de construção recolhido no 2, de cronologia romana[426].

Regra geral são manchas circunscritas (não mais de 500m^2) de materiais de construção (sempre imbrices, muitas vezes sem tegulas), com ocasionais inclusões de cerâmica comum (por vezes com fragmentos tão escassos que colam entre si). Em alguns casos notam-se aglomerados de pedra que poderiam ter sido empregues em alvenarias de paredes, mas seguramente a matéria-prima primordial de utilização seria a taipa ou os tijolos em adobe, notando-se em vários locais uma tonalidade mais clara do solo em relação à envolvente. Por vezes encontramos uma concentração de sítios em pouca extensão, o que poderia indicar a existência de unidades com distintas funções. De um modo constante a implantação escolhe pontos altos, desfrutando de grande domínio visual, por vezes junto aos marcos geodésicos[427]. Muitos encontram-se nos *fundi* de *villae* ou de casais, por vezes em proximidade evidente e, neste caso, não teríamos locais de pernoita com o gado, mas alpendres que davam cobertura a actividades específicas ou serviam para guardar materiais. Talvez pelo facto de assinalar esta dependência às *villae* se note que é uma classe que rareia em territórios periféricos e mesmo ultra-periféricos, ou seja, a sua densidade é maior em espaços com elevados índices de ocupação.

Como comentário final, é interessante notar que a sua densidade aumenta na directa relação do investimento da investigação: a frequência é numericamente elevada nos concelhos mais intensivamente prospectados, o que é natural dada a dificuldade de detecção por não-especialistas. Talvez seja também esta circunstância que leva à sua rarefacção em concelhos e territórios onde o coberto arbustivo é mais denso, a menos que as condições pedológicas levem a que nessas áreas a ocupação romana fosse menos intensa.

4.11. *Pagus*

Uma designação que optei por utilizar prende-se com o étimo latino de *pagus*. Não se relaciona com algum tipo de forma de habitação em concreto

---

424 Para a análise deste tipo de construções remeto para Oliveira, Galhano & Pereira, 1994: 264-277. No Alto Alentejo muitas das construções são em pedra, enquanto os exemplos etnográficos dos autores são maioritariamente em materiais perecíveis.

425 Carneiro, 2004: 45.

426 A mesma situação foi detectada em torno de São Cucufate (Alarcão, Étienne & Mayet, 1990: 177).

427 Por exemplo os locais de Alto da Silveira (Arronches) e Carapelha 1 (Sousel).

ou com uma realidade materialmente discernível, mas com um modelo de exploração (e consequente estruturação de rede de povoamento) polarizado em torno de um recurso económico de grandeza, que terá obrigado à criação de um modelo de gestão específico. Seria, no fundo, um distrito territorial rural[428], com funções iminentemente fiscais e de organização da exploração, mas a categoria conceptual é heterogénea, "oscila desde lo estrictamente étnico a la organización territorial especificamente romana, vinculada a la articulación del *ager* de sus ciudades", o que se reflecte nos designativos utilizados[429]. Tem também outras funções, como a manutenção de infra-estruturas comuns e a organização de celebrações religiosas. Não apresenta, portanto, uma ligação específica a um núcleo ou a uma forma de habitação, mas a um território organizado e auto-identificativo[430]. Este espaço podia estar contido dentro de fronteiras naturais ou artificialmente criadas e delimitadas[431], mas refere-se sempre a uma estrutura de povoamento disperso[432].

Note-se, contudo, que o termo também poderia designar os habitantes, embora esta ligação não seja explícita[433]. *Paganus* é utilizado com uma acepção pejorativa, de alguém que está excluído dos modelos vivenciais latinos e que habita no campo, longe de sistemas urbanos e civilizadores[434]. De resto, em algumas línguas, esse ainda é o sentido utilizado. Assim, *vicus* tem uma conotação mais civilizada, sem se referir a um núcleo urbano no sentido latino do termo, enquanto o vocábulo *pagus* é rural[435]. Nesse sentido quase se opõem. Os *vicani* têm inserção na romanidade, os *pagani* estão excluídos desse universo. Mas ambos são termos de âmbito fiscal

---

428 Tarpin, 2002: 181.

429 "Los apelativos utilizados poseen un contenido diverso, que se relaciona con la titulación imperial (Augustus), con toponímia indígena latinizada (Carbulensis y Singiliensis) o con toponimia latina de contenido geografico (Translucanus y Suburbanus) o funcional (marmorarius). Pese a su heterogeneidad, la totalidad de estos pagi poseen un mismo contenido, ya que se vinculan al ordenamiento de los agri de las correspondientes ciudades [...]" (Gonzalez Roman & Padilla Arroba, 2002: 201 e 202).

430 Carrillo Díaz-Pines, 1990.

431 Pelo menos é o que se depreende do texto de Sículo Flaco (De conditionibus Agrorum, CLXIV), que indica que estes territórios são delimitados a partir de um centro urbano que serve como seu referente (daí que por vezes o termo pagus receba o qualificativo de suburbanus).

432 "Su lugar en la gradación es a veces sustituido por territorium, lo que confirma la idea de referirse a viviendas dispersas en el medio rural." (Isla Frez, 2001: 11). Também neste sentido se distingue de um vicus, que se refere a um sistema de povoamento agrupado, enquanto o pagus teria uma organização dispersa, mas suficientemente coesa para deter uma componente auto-identificativa.

433 Tarpin, 2002: 232-233.

434 Varrão menciona as Paganicae, festividades rurais celebratórias de sucessos agrícolas (citado em Curchin, 1985: 338).

435 Embora o maior número de pagi documentado seja proveniente da Baetica, a região mais urbanizada da Península (Curchin, 1996: 164). Portanto, o conceito de pagus parece aplicar-se a um território não urbanizado (embora inserido em áreas urbanizadas, ou de forte romanização) mas que precisa de ser regulado pela existência de recursos específicos.

e censitário. Isto porque os *pagi* eram dotados de um *magister pagus*, um funcionário encarregue de cobrar impostos e/ou taxas e dotado de funções censitárias[436]. A presença destes funcionários implica, portanto, uma organização[437] e a existência de *possessores*, de indivíduos que habitavam o local, implicados em actividades produtivas e de exploração, objectos das taxações de que os *magistri* estavam incumbidos. Em época tardia, o termo *pagus* parece ganhar uma vinculação com uma estrutura de povoamento concreta, desligando-se do conceito de "espaço territorial" para se alocar a algo mais tangível. É, pelo menos, o que se depreende do texto de Isidoro de Sevilha,[438] quando refere os agrupamentos que não são *civitas* por não terem relevância urbana. Aqui surge junto a *castellum* e a *vicus*, indicado em terceiro lugar e em subordinação aos restantes. Portanto, nesta época o *pagus* seria algo entre o *vicus* (uma aldeia) e uma *villa* (um domínio privado), podendo traduzir-se como um conjunto de vivendas dispersas entre si[439].

No território em apreço, tem sido aventada a existência de um *pagus marmorarius* no anticlinal de Estremoz, inteiramente vocacionado para a exploração de mármore, um recurso estratégico da maior grandeza, que certamente estaria na órbita da capital provincial (e que de forma tão profusa a alimentou para a construção de obras públicas e privadas), e que pela complexidade e magnitude da exploração obrigou à criação de uma logística elaborada para o enquadramento dos trabalhos. Efectivamente, na faixa do anticlinal de Estremoz encontramos um conjunto de sítios que parecem corresponder a grandes povoados: Senhora dos Mártires (Estremoz) e em torno de Bencatel (Aldeia das Freiras e Vilares da Galharda) ou de S. Marcos, Fonte Soeiro e Pardais (ambos em Vila Viçosa), ocupam hectares e distanciam-se, por vários motivos, das características do padrão-*villa*: ausência de elementos sumptuários, culturas materiais monocórdicas, grande profusão de blocos de mármores informes à superfície. Nestes sítios existem também indicadores religiosos que poderiam ser templos que congregavam os sentimentos religiosos de responsáveis ou de trabalhadores, e menções a infra-estruturas que poderiam ser públicas, como balneários termais. Em alguns casos, temos estruturas hidráulicas, como o Tanque dos Mouros de Estremoz, e proximidade à rede viária, essencial para o escoamento dos blocos marmóreos. Outro *pagus*

436 Em caso de prefeituras teríamos um praefectus pagi, que poderiam administrar o território sob sua alçada (Martínez Melon, 2006: 115).

437 Esta função censitária e fiscal levada a cabo por um ou vários funcionários vinculados ao local levou a que Leonard Curchin (1985: 343) propusesse que os pagi estivessem implantados em áreas romanizadas enquanto os vici teriam funções em territórios marginais. Este fenómeno também se fundamenta no facto de os primeiros deterem uma denominação latina, enquanto os segundos conservam uma designação indígena.

438 XV, 2, 7, 11.

439 Isla Frez, 2001: 11.

poderia encontrar-se na área do Conhal do Arneiro (Nisa), estando o foco principal articulado em torno da exploração aurífera do Tejo (um *pagus ad metallum*?). A relevância económica da exploração e a existência de complexas infra-estruturas, como as levadas de água, induzem um enquadramento para a exploração compatível com a escala dos trabalhos que aqui tiveram lugar e cujas marcas são ainda hoje bem visíveis ao longo de dezenas de hectares. Não é possível pensar que um recurso de tão elevada importância e impressiva grandeza fosse deixado a particulares. A fonte potencial de angariação fiscal seria demasiado relevante para que o poder público ficasse indiferente. Com grande probabilidade esta exploração foi supervisionada por um *procurator metallorum* ou por um *magister* encarregue de gerir os trabalhos e de colectar as taxas[440].

440 Sobre as regulamentações e organização do trabalho, ver Hirt, 2010.

5. Em síntese: o povoamento rural romano no Alto Alentejo

Lançar o olhar sobre a cartografia dos sítios romanos no Alto Alentejo implica desde logo perceber dinâmicas distintas, consubstanciadas em dois níveis de leitura. Um pode ser designado como o *território global*, um espaço definido pelo investigador (ou seja, não conforme com as lógicas da época) onde se procura ler a realidade, definindo tendências, estratégias, configurações, materialidades. O outro nível é mais complexo: são os *espaços particulares*, as áreas sectoriais que apresentam dinâmicas distintas, por um complexo conjunto de factores que incluem a orografia, recursos naturais, centros de poder, investimentos diferenciados, ou mesmo as escolhas e especificidades da investigação. E deve também ser considerado um outro patamar de leitura: poder-se-ia pensar que os *espaços particulares* seriam comodamente remetidos para os capítulos concelhios, mas raras vezes temos no Alto Alentejo uma coincidência entre os *espaços particulares*, com as suas idiossincrasias próprias, e as delimitações administrativas municipais. Seja porque um *espaço particular* é mais amplo do que um concelho, seja porque cada um destes pode conter diversos *espaços particulares*. Sendo que em todas estas escalas de percepção deve existir sempre a noção de que temos ainda uma outra dimensão que nos escapa quase em absoluto: as estratégias da época em estudo. Que também correm a dois níveis: as lógicas imprimidas pelas magistraturas municipais que têm a incumbência de organizar o seu *territorium* e de o gerir e dinamizar; e a geo-estratégia do Império, de acordo com os interesses de um Estado centralizado e centrípeto, onde as diversas províncias existem e são geridas em função da metrópole.

Comecemos por aqui, porque me parece que existe uma dimensão subvalorizada pela investigação. Já em outro lugar[441] chamei a atenção para um

441 Carneiro, Poder e território. O presente capítulo desenvolve as considerações então expressas no texto que, por constrangimentos vários, resultou uma mera síntese que o decorrer da investigação permitiu aprofundar.

fragmento de texto de Apiano que me parece ser do máximo interesse. Conta-nos o historiador de Alexandria[442] que uma das preocupações fundamentais dos imperadores seus contemporâneos (século II d.C.) se centrou na gestão do adquirido, no "exercício da prudência". A filosofia de actuação estratégica deixou de estar centrada na ampliação territorial para se preocupar sobretudo com a consolidação. Ou seja, Roma assumiu de forma clara e inequívoca a sua vocação de um Império que voluntariamente travou o seu processo de expansão. Mais surpreendente ainda: quando embaixadores de reinos exteriores ao Império, os designados "bárbaros", ofereciam os seus haveres e habitantes como súbditos, desejando voluntariamente integrar-se na ordem imperial, viram as suas intenções recusadas, com o pretexto de não serem de qualquer utilidade para Roma, que em nada ganharia com a integração dessas gentes no seu aro. E por isso deixou-as à margem.

Este facto recorda-nos o pragmatismo imperial. O poder entendeu que para certos territórios *não interessava* prosseguir a expansão territorial. Algumas áreas não tinham nada para oferecer, e portanto o olhar de Roma não se dirigiu para essa direcção. Este fenómeno não foi unicamente exterior, ou seja, direccionado para territórios ainda não conquistados. Na realidade, este desinteresse edificador verificou-se nos âmbitos territoriais do próprio Império, onde o investimento foi muito diferenciado. Em termos gerais observamos que em certas áreas existiu uma intenção de desenvolvimento e exploração, que poderia ser tão estrategicamente vital que foi administrada a mando directo de Roma. Em alguns casos os recursos esgotaram-se rapidamente, assistindo-se ao abandono dos mesmos. Em outras situações não houve de todo um esforço promotor concertado, e os territórios que não eram apelativos não assistiam a qualquer interesse empreendedor. Deste modo, dentro das fronteiras imperiais existiram sempre extensões pouco povoadas ou onde as estruturas indígenas preservaram a sua identidade, assistindo-se a uma presença romana escassa ou mesmo nula. Imaginar uma paisagem densa e repleta de unidades de povoamento de tipo clássico, com pessoas habitando e comportando-se integralmente ao modo latino, é um erro. Porque tal nunca existiu. Porque para Roma nunca interessou investir na criação desse modelo vivencial uniformizante. A gestão foi pragmática e multivariada em função dos interesses da metrópole. Portanto, no espaço do mundo romano existiram diferentes materialidades, hábitos, culturas e quotidianos. Em função do substrato pré-existente mas também dependendo do olhar que Roma lançava, do seu interesse ou não por investir, criar e dinamizar. Definir esta visão *desestruturada* é essencial para deixarmos de encarar o Império, e a *paisagem romana*, como algo monolítico e absoluto.

Olhando para o Alto Alentejo, em perspectiva geral, o que temos? Um território que, neste momento da investigação, com a consciência de faltarem

442 Historia Romana, Prefacio: 7.

locais relevantes, parece ter uma fraca rede urbana, muito espaçada entre si e com pouca capacidade interventiva sobre o *territorium* envolvente. A menção epigráfica que explicitamente nos menciona um *vicus* (*Camaloc*[...] em Chocanal, Crato) ou as *mansiones* listadas no roteiro viário de Antonino mostram-nos locais dotados de algum tipo de centralidade, mas de segundo nível e portanto distante das funções urbanísticas que uma cidade implicava. Seriam sítios secundários, de perfil especializado, com funções eminentemente viárias, comerciais ou sagradas como elementos primaciais, mesmo que possam também ter desempenhado outros papéis, mas distantes do que entendemos por uma cidade, de acordo com o sentido classicizante da palavra. No Alto Alentejo esse papel parece ter sido reservado exclusivamente para *Ammaia*, que mesmo assim se apresenta geograficamente descentrada face à região de implantação e ao conjunto de estradas que a percorre.

Significa isto que terá havido pouco investimento da parte do poder central? Não necessariamente, pois temos a construção de três roteiros viários principais descritos no *Itinerário de Antonino*. Estes caminhos, com a designação de vias XII, XIV e XV, ligavam a capital provincial ao seu porto de mar atlântico, a cidade de *Olisipo*, a actual Lisboa. Orientadas no sentido este/oeste rompem por completo com os tradicionais caminhos da transumância e das migrações pastoris, alinhados em eixos norte/sul. Este exemplo mostra como a geografia territorial do Império rasgou os quadrantes tradicionais que organizavam o espaço onde até aí pessoas e bens circulavam, de modo a criar um novo entendimento geo-estratégico de acordo com os interesses da metrópole provincial. Os diversos monumentos e obras de arte demonstram a extensão do investimento e o modo como o Império redimensionou esta área territorial. Infelizmente falta-nos uma outra dimensão de percepção, proveniente das fontes epigráficas, para percebermos se esta promoção infra-estrutural se deveu à acção das elites locais ou foi concretizada a partir de determinações superiores. E também nos falta conhecer a identidade dessas elites locais, os agentes do poder e qual a capacidade de intervenção e de modelação das dinâmicas sócio-económicas.

O papel do Estado central não se baseou apenas na criação de uma rede viária que pusesse em contacto os distintos mercados, mas seguramente foi esta a pedra basilar que pôs em funcionamento os mecanismos de activação social e económica. Estes corredores de circulação constituíram-se posteriormente como os elementos fundadores de uma rede de povoamento que os tomou como eixo prioritário e deles em tão larga medida dependeu. Possibilitaram a difusão de gentes, produtos e, sobretudo, de ideias. E onde as vias passam percebemos o multiculturalismo, a abertura às concepções do universo clássico.

Na falta de um entendimento correcto sobre o exacto perfil do mundo urbano na região, temos como ponto de partida e análise a vivência em meio rural (mesmo que pudesse ser protagonizada por elites da cidade). E aqui, no mundo das *villae*, percebemos esse desejo de vinculação, de integração na mundividência cultural mediterrânica. Nos mosaicos, nas esculturas e nos deuses que se invocam percebemos essa filiação, que ocorre nas grandes estruturas fundiárias, verdadeiros bastiões da cultura pagã, literata, clássica. Onde estão as *villae* encontramos o espelho de Roma e do mundo clássico; à medida que rareiam, sobressai a identidade indígena. Desta forma temos uma consonância de comportamento entre o poder público e o poder privado, o que nem é de todo surpreendente pois as elites poderiam ocupar o mesmo espaço em simultâneo, circulando entre duas esferas que, no fundo, se inter-penetravam. Ou seja, no Alto Alentejo vemos uma dupla dinâmica: por um lado a acção estatal, criando infra-estruturas de funcionamento; por outro a iniciativa privada, a cargo de *potentiores* de elevada capacidade económica e influência social. Emergiu uma paisagem hierarquizada, dinâmica, inter-actuante e de adequação entre os recursos disponíveis e a infra-estruturação construída.

O mais emblemático modo de podermos ver as dinâmicas de povoamento continua a ser a percepção da implantação topográfica e cartográfica das *villae*. É este campo de análise que mais será desenvolvido, pois apresenta maior densidade de conteúdos, em especial se cruzada com os textos documentais[443].

5.1. Implantação e distribuição das *villae*

Contexto topográfico e ambiente paisagístico - Um dos dados mais relevantes que a distribuição das grandes unidades fundiárias nos mostra é o modo como as *villae* do Alto Alentejo seguem os traços dominantes recenseados para a *Hispania*[444]. Podemos mesmo falar no "determinismo natural"[445], dado que as condições fisiográficas jogam um papel primordial nos factores que presidem à implantação das *villae*, de acordo, aliás, com os preceitos recomendados pelos textos latinos[446]. Deste modo vemos como no entrecruzamento das condições propiciadas por exposição solar, relevo, aptidão de solos, protecção dos ventos e proximidade de recursos aquíferos se jogam os factores primordiais a que

443 Sobre o cruzamento de recomendações e condicionantes que motivavam a implantação das villae no território, ver os quadros I e II apresentados por Fermín Perez Losada (1987).

444 Gorges, 1979: 59-76. Em termos da diacronia a situação não é de todo surpreendente se pensarmos que as villae, devem obedecer a um conjunto de elementos que são no fundo adequados para qualquer época. Ler os preceitos contidos no manual agrícola de Bouchard-Huzard (1870, cap. I) é encontrar ressonâncias das recomendações contidas nos agrónomos latinos, pelo simples facto de estas serem as condições actuais para qualquer tipo de edifício rural em qualquer época. Sobre este assunto, ver também Fabião, 1999-2000: 9.

445 Gorges, 1979: 59.

446 Infelizmente não foi possível incluir um conjunto de variáveis mais profundas, como fez Helen Goodchild (2007) para a região do vale médio do Tibre, como as relações entre as implantações de propriedades e as culturas possíveis, de modo a definir perfis funcionais para cada um dos pontos de povoamento. Estes vectores de análise permitem uma abordagem aos potenciais produtivos e à avaliação económica do território.

se pode acrescentar a proximidade da rede viária[447]. Ou seja, a busca pelas "paisagens ideais"[448] foi efectiva na região alto-alentejana.

Exposição solar - De um modo geral observa-se a matriz vitruviana. A maioria dos sítios encontram-se implantados de forma a beneficiar da máxima exposição solar, quer na topografia, quer na orientação do edificado. Grande parte dos locais encontra-se voltada a sudoeste ou sudeste[449]. Nas imediações não existem irregularidades topográficas ou acidentes de relevo que impeça o aproveitamento da luz solar ao longo do dia. Assim se conseguia manter a salubridade da casa, mas também o desfrute da *amoenitas* exigida para a vivência rural[450]. Em termos gerais, observamos que mesmo as *villae* no fundo de vales encontram pontos de recepção de luz: é o caso de Zumbrete (Borba) ou de Chões (Elvas). Nos sítios intervencionados torna-se claro o alinhamento das estruturas no eixo sudoeste. Torre de Palma (Monforte) é o exemplo paradigmático, com uma disposição que permite a aliança entre a recepção da luz e o desfrute de um amplo panorama visual a sul e oeste que enquadra a *amoenitas* que se sente no local. Em São Pedro (Fronteira) também o alinhamento estrutural é evidente no sector SPD, que dispõe de um campo visual e de uma implantação que maximiza a recepção da luz. Estes fenómenos são omnipresentes ao longo das diversas paisagens (desde Fonte da Cruz, em Ponte de Sôr, às *villae* de Elvas). Apenas nas estruturas visíveis nos povoados serranos de São Mamede não se notam, parecendo que o *ocultamento* é o foco primordial. Nesses povoados, aliás, os alinhamentos nem sempre apresentam grande lógica, com distintas orientações coexistindo no espaço.

Relevo e implantação topográfica- São bem conhecidas as normas contidas nos textos clássicos: a implantação escolhida deverá ser em paisagens suaves, de vistas amplas, com preferências por meia-encosta ou no terço superior, evitando a proximidade dos leitos de cheia ou das bacias de inundação e, ao inverso, os topos de elevações, com pior acesso e mais expostos aos ventos. A implantação

447 Visto que para esta área regional a rarefacção de centros urbanos faz com que estes não funcionem como um factor de atracção preferencial na estruturação das redes de povoamento rural. Para mais, em nenhum dos aglomerados conhecidos se nota a existência de uma satelitização de villae, ou seja, a existência de anéis de sítios rurais em torno de Ammaia ou de Abelterium.

448 Ver as recomendações em Marcial, XII, 98, 1, com especial interesse por se tratar de um autor familiarizado com as paisagens hispânicas.

449 "L'orientation de la façade répond également à ces règles, et ce n'est pas un hasard si près de 90% des villas se trouvent exposées au sud-ouest et au sud-est, contredisant en cela les conseils des agronomes dont les préférences se tournaient vers l'est uniquement." (Gorges, 1979: 133).

450 São vários os textos que se referem à exposição solar, quer para a pars urbana, onde assim se poderia desfrutar de condições ambientais e térmicas favoráveis (Columela, R. r. I, 5; Varrão, R. r. I, 12), quer para a prática agrícola, laboração e transformação de produtos. Por exemplo, a cella vinaria deveria estar orientada a norte, o que a tornaria fria e quase obscura, fazendo Vitruvio (I, 4,2 e VI, 6,2) a expressa recomendação de estar afastada de todos os sítios que pudessem libertar maus odores, como as termas, fornos, latrinas ou instalações de animais. Já para a cella olearia se recomenda a importância do amenidade do espaço, essencial para o azeite não coalhar. Em caso extremo até se aconselha o aquecimento do espaço, levantando o pavimento e montando um forno que permitisse uma temperatura mais constante (Paladio, I, XX,1).

deveria propiciar a *contemplatio*, a panorâmica agradável sobre a paisagem envolvente. Este domínio visual deveria ocorrer em dois planos, como aconselha Varrão[451]: sobre a paisagem natural, de modo a criar a *amoenitas* desejável, mas em especial a panorâmica sobre a paisagem cultivada, ou seja, sobre a exploração agro-pecuária. O controlo visual da propriedade era indispensável, sendo especialmente agradável a visão dos trabalhadores cumprindo as suas actividades[452]. Assim ocorre na grande maioria dos locais. De um modo geral, os relevos são suaves, mesmo nas paisagens declivosas. Na zona de Castelo de Vide e Marvão, por exemplo, as *villae* escolhem propositadamente as poucas áreas disponíveis onde as encostas apresentam uma pendente suave ou, frequentemente, ocorrem plataformas que possibilitam a construção de estruturas. Em Garriancho (Marvão) temos um exemplo evidente: o topo de um outeiro suave, sem qualquer destaque mas de fácil acesso e ampla visibilidade. As *villae* de Castelo de Vide ocorrem todas em pendente suave, amplas, com um agradável domínio visual. Nenhuma *villa* da área em estudo apresenta uma implantação dominadora ou acentuado destaque na paisagem, não havendo um caso em que a estrutura seja visível a grande distância. Também raras vezes temos sítios no fundo de vales ou em terraços fluviais, porque essa implantação implicaria estar próximo de áreas inundáveis, pelo que tal apenas ocorre em circunstâncias particulares: em Zumbrete (Borba) a *villa* encontra-se quase no fundo da encosta, mas separada da ribeira por uma plataforma que a alteia, evitando inundações. A mesma situação encontra-se em Chões e em Correio-Mor (Elvas), mas em ambos os casos, a paisagem é desafogada em algumas linhas de visualização, com descontinuidades no relevo envolvente que propiciam a contemplação de faixas de horizonte. Em sítios interpretados como *villae* não ocorre a implantação em topos, que é rara em todos os pontos de povoamento considerados no presente estudo. Neste parâmetro talvez o caso mais atípico seja o de Casa de Alvalade (Alter do Chão), não porque se implante em cota elevada em termos absolutos, mas por se encontrar no alto de uma ligeira elevação que lhe confere visibilidade para quem se aproxime ao longo da presumível via XIV. Depois existem situações em que o sítio se implanta em local que lhe confere um esplêndido domínio visual, embora (novamente) sem destaque na paisagem. Casarões da Misericórdia (Campo Maior) implanta-se no seguimento de um conjunto de elevações que estendem *in continuum* sobre o vale do Xévora, dispondo de um fabuloso alcance visual para norte, leste e sul. Todavia, actualmente a elevação confunde-se com as restantes[453] e o sítio só é perceptível mesmo na aproximação[454].

451 R. r. I, 6, 1.

452 Plínio, Ep. V, 6.

453 Essa grande visibilidade à distância existe apenas nos locais onde nas Guerras da Restauração se implantam a atalaia de Ouguela e a fortaleza que alberga o actual núcleo urbano.

454 Naturalmente que talvez o cenário pudesse ser diferente em época romana, pois o

Na generalidade dos casos, a edificação principal instala-se em plataforma, aproveitando uma lomba que quebra a encosta ou nela se destaca por criar uma zona plana, um *plateau* onde a *villa* se instala. São inúmeros estes exemplos. De um modo geral o local de edificação apresenta um ligeiro volume (que permite a identificação em prospecção), reforçado artificialmente pela construção e que cria um plano mais elevado face à pendente, onde o edificado é construído de forma a realçar a *contemplatio*. Em Alfarófia (Elvas) o sítio é construído em zona quase plana, onde hoje se encontram os arrozais do Guadiana, mas aproveitando precisamente a única *micro-elevação* existente, o que permite o alteamento, sem contudo lhe conceder qualquer destaque para quem o avista a partir de longe. Em Brancas (Monforte) o edificado está em meio de uma península formada pelo curso da ribeira, aproveitando uma elevação, permitindo desfrutar de uma acrescida panorâmica. Em Santa Vitória do Ameixial (Estremoz) encontra-se também em proeminência, no termo de um pequeno outeiro que quebra a longa linha de encosta trazida desde a Serra do Caixeiro[455]. No restante, contudo, a maioria dos sítios encontram-se no terço superior de uma encosta suave, beneficiando de ampla panorâmica sobre a envolvente. Quando chegamos a Monte das Escarninhas (Arronches) observamos que as duas plataformas mais elevadas foram modeladas de forma a criar uma disposição em patamares de contemplação sobre o rio. O caso de Torre de Palma (Monforte) é paradigmático. Nas *villae*, em termos gerais, uma linha de água encontra-se sempre presente na base dessa pendente.

Outro vector de análise consiste na altimetria. A região apresenta variações de cota significativas, desde os terraços fluviais do Tejo até ao pico de São Mamede. Todavia, existe uma constância na implantação das *villae*, com a maioria entre os 200 e os 400m absolutos. Na aproximação aos terraços fluviais do Tejo deixamos de encontrar esta classe de sítios, e o mesmo ocorre quando nos deslocamos para elevações significativas. Portanto, a cartografia de *villae* indica-nos o modo como o terreno preferencial de colonização se concentrou na área intermédia, onde as altimetrias apresentam valores moderados.

Aptidão de solos - Uma das condicionantes mais respeitadas, de acordo com os preceitos teóricos[456]. Não existe nenhuma *villa* distanciada de classes de solos de maior aptidão: predomina a ligação a manchas de classe B ou C, propícios para uma agricultura de enxada, de cariz hortícola. Também é rara a proximidade a

---

volume do edificado poderia sinalizar o sítio desde muito longe.

455 "En plateau ou en plaine, manifestant une prédilection pour les emplacements d'une certaine hauteur par rapport au sol environnant, les domini les implantent sur des ressauts privilégiés, qui peuvent être modestes (simples levées de terre de quelques mètres, à peine perceptibles, ou petites buttes isolées: les cerros), ou plus marqués dans le paysage (tels les lomas, collines isolées, hautes de plusieurs dizaines de mètres)." (Gorges, 1979: 92). Sem duvida que a vigilância dos domínios do fundus era também uma preocupação estratégica.

456 Paladio, I, 8; Varrão, R.r. I, 12.

solos de categoria A, o que se compreende facilmente por se tratarem de terrenos pesados e difíceis de trabalhar com a tecnologia disponível, porque pesados no Inverno, retendo a água e criando lameiros, e também secos e duros durante o Verão. Portanto, as manchas de solos B e C dominam, permitindo optimizar as variáveis de facilidade de trabalho com o rendimento agrícola obtido. Este panorama prolonga-se para as *Tierras de Barros* da Extremadura espanhola[457]. Um caso exemplar do aproveitamento de uma mancha extremamente fértil reside em Torre de Palma (Monforte), onde a elevada capacidade do solo permitiu que em circunstâncias favoráveis até três colheitas anuais diferentes fossem obtidas[458]. Em geral a escolha centra-se na variedade, permitindo obter um leque heterogéneo que diversifica as fontes de rendimento[459]. A proximidade a zonas aptas para pastos de forragem é notória, cumprindo os preceitos varronianos[460]. Da mesma forma muitos dos sítios encontram-se próximo de áreas que ainda são de bosque ou de coberto arbóreo, de algum modo podendo ser entrevista a existência de terrenos de *saltus* para as práticas de *venatio*, de recolecção de lenha ou de culturas silvícolas, diversificando o leque de actividades económicas.

Em geral, pode afirmar-se que este factor influencia de forma decisiva a cartografia de distribuição[461]. Quando as aptidões são menos propícias, o presumível *fundus* estende-se (os espaçamentos entre sítios), como nas paisagens de montado entre Arronches e Campo Maior, por exemplo. Ou em perspectiva inversa, em algumas situações a contiguidade das explorações é derivada do alto rendimento agrícola proporcionado pela rentabilidade dos solos. Em Elvas ou de Castelo de Vide esta situação pode ser facilmente comprovada. De um modo geral também podemos ver que muitas das zonas "em branco" na cartografia são originadas por extensões de solos de pouca aptidão, pois quando temos *villae* implantadas nestas paragens a sua localização deve-se a recursos específicos ou à existência de bolsas de solos tão reduzidas que não surgem na cartografia[462]. De um modo geral observa-se que a exigência pela aptidão agrícola é permanente[463], bem como a escolha de áreas que permitem o acesso facilitado a distintos recursos em lógicas de complementaridade.

457 Ver por exemplo Gorges, 1979, p. 66 e cartas de distribuição.

458 Esta situação reflecte-se no microtopónimo "Lameira" pelo qual a villa começou por ser conhecida, pois aí existe uma mancha de solos mais barrentos. Informação obtida de um rendeiro de uma das propriedades.

459 E por ser nas zonas de contacto que afloram os recursos hídricos (Fuentes Domínguez, 1995: 233-234).

460 O autor refere que as villae deveriam estar próximo de zonas aptas para o pastio agrestis, o gado deixado em regime de semi-liberdade pastando pelos campos (R.r. II, 6, 4; III, 2, 16.). Também Columela prescreve a diversidade de solos que assim propiciariam uma grande variedade de culturas (I, 2).

461 Vejam-se os resultados apresentados por Goodchild, 2007: 140-146.

462 Este facto deve ser sublinhado pois de algum modo mascara a análise cartográfica, favorecendo uma impressão de dispersão ou de aleatoriedade que afinal tem motivações específicas. O mesmo factor já havia sido sublinhado em Gorges, 1979: 70.

463 J.-G. Gorges concluiu que 97% das villae peninsulares se concentravam próximo de

Protecção dos ventos - Mais uma vez nota-se a implantação canónica, que permite a máxima protecção dos ventos dominantes, em especial em relação aos vindos de norte. Quase todo o universo de sítios encontra-se implantado em condições de máxima estabilidade térmica, quer pelo benefício da exposição solar, quer pela protecção face aos ventos. Na maioria dos casos essa situação favorável é beneficiada por barreiras naturais que quebram as correntes de ar, como as encostas de implantação. Exceptua-se o caso dos sítios em alinhamento sequencial junto ao rio Sever: Tapada Grande (Castelo de Vide), Garriancho, Torre do Azinhal, Pereiro e Pombais (todos em Marvão) encontram-se completamente expostos a norte, com visibilidade para a Beira Baixa e para os contrafortes da Serra da Gardunha, para onde desfrutam de uma plena visibilidade, o que constitui uma situação atípica para a região.

Aquíferos e recursos hídricos - Uma das recomendações mais sublinhadas pelas fontes clássicas[464]. A água tem em época clássica múltiplos usos, desde as práticas de higiene quotidianas até à agricultura, não esquecendo a ornamentação ou a criação de atmosferas propícias. Portanto, os recursos hídricos são fundamentais para os mais variados domínios da vivência rural[465]. A importância do controlo da água para as explorações rurais é bem visível pelo voto de agradecimento a *Fontanus* no sítio da Ladeira (Avis)[466]. Embora os recursos hídricos abundem em todo o Alto Alentejo, verificamos que existe uma escolha deliberada pelo seu aproveitamento. Essa situação reflecte-se na existência de fontes de chão, cuja construção pode datar de época romana. Um caso exemplar é o verificado na zona de Cabeço de Vide (Fronteira) onde o sítio de São Pedro está contíguo a Fonte Santa; mais para leste temos Santo Cristo, onde existe um manancial de água, e na mesma direcção temos, já em Monforte, Santo António das Paredes, cuja fonte de mergulho junto à linha de água tem *opus signinum* incorporado na alvenaria de construção. Em Monte da Quinta (Arronches) está um rico manancial cujos sistemas de contenção de água ainda em uso parecem ser de alvenaria romana. Também no concelho de Elvas encontramos casos de mananciais junto a *villae* romanas, como em Quinta das Longas ou em Horta da Cortina, com o topónimo de "Água de Banhos". Em outra zona, em Mosteiros (Castelo de Vide), está uma fonte que detém pretensas propriedades salutíferas.

Em outro plano, as barragens e outras estruturas de contenção de água constituem ainda marcas significativas na paisagem. Abstenho-me de repetir

---

nove das treze categorias principais de tipos de solos e, apertando a malha de análise, 72,5% em três (1979: 68-69 e fig. 10).

464 Columela, R. r., I, 5; Varrão, R. r., I, 11.

465 "Car si l'eau dans la villa c'est d'abord l'eau domestique – l'eau potable avant tout, mais aussi l'eau utilitaire, celle qui lave et rafraîchit. il ne faut pas oublier que le double aspect de résidence et d'exploitation de ce type d'établissement peut induire une autre forme d'utilisation de l'eau, tout aussi essentielle et plus importante encore en quantité, qui est l'eau à usage agricole." (Gorges & Rico, 1999: 158).

466 IRCP nº 438.

a cartografia destes elementos, já realizada[467], limitando-me a registar a sua disseminação por quase todos os concelhos, desde os limites de Gavião[468] até Elvas e Campo Maior, onde aliás a sua densidade marca bem a dimensão da agricultura de regadio praticada. Note-se ainda a presença de barragens de pouca visibilidade, por serem de alvenaria pouco consolidada ou de aterro, como no caso junto a Porto de Melões, em Fronteira, e que por isso deixam pouco rastro arqueológico. Em contrapartida, para além das barragens, existem outras estruturas de enorme porte e volumetria, como os tanques de Correio-Mor (Elvas) e Tanque dos Mouros (Estremoz, este possivelmente relacionado com a laboração das pedreiras). Outros mais pequenos estão junto ao edificado, como a *natatio* de Ovelheira (Elvas) e a de Torre do Cabedal (Vila Viçosa). Finalmente, não deve ser esquecida a presença de elementos de condução de água, como o magnífico aqueduto de Correio-Mor (Elvas) ou o de Torre das Arcas, no mesmo concelho. Este quadro, denso para o Alto Alentejo, contribui para a afirmação da *Lusitania* no panorama peninsular[469].

Deve contudo ser notado que a proximidade aos mananciais não tinha somente ligação à prática agrícola, mas também se prende com os hábitos vivenciais, nomeadamente com os ambientes termais[470]. Para além do mais, nos critérios da *voluptas* rural estava a *contemplatio* de espelhos de água, com reflexos e jogos de ilusão, o gosto pelo som da água correndo livremente, ou ainda a amenidade térmica que os ambientes aquáticos criavam. Ou seja, existem motivações psicológicas, próprias da sensibilidade da época, inseparáveis da criação destes ambientes. Mas temos também a água para actividades como os trabalhos de talhe de pedra (os mármores) ou as *figlinae* cerâmicas, além das fiações de teares.

Quando não existem mananciais directamente relacionados com os sítios, ocorre a proximidade a linhas de água, na generalidade dos casos correndo na base das encostas de implantação das *villae*. Em quase todas as situações os padrões arquetípicos mantêm-se, com cursos de água de caudal permanente e relativamente estável, ou seja, não existem ribeiros correndo com estrépito na proximidade. Este facto mostra-nos a preocupação pela domesticação da água, seja aproveitando as condicionantes naturais, seja pelo recurso a estruturas construídas, como barragens e açudes. Note-se aliás que raros são

467 Gorges & Rico, 1999; Quintela, Cardoso & Mascarenhas, 1987; 1999.

468 Represa, próximo de Alvega do Tejo, Abrantes, mas junto ao limite com o concelho gavionense.

469 "Singulièrement, c'est précisement dans le sud-ouest péninsulaire que l'on retrouve la plus forte proportion de ces derniers ouvrages – plus de 70% des restes connus – la majorité d'entre eux se situant en Lusitanie, soit trente-cinq au moins sur la cinquantaine de barrages ruraux connus pour l'Espagne antique." (Gorges & Rico, 1999: 160).

470 Helen Goodchild (2007: 163-164 e quadros 4.17 e 4.18) informa-nos que para o vale do Tibre apenas um sítio se encontra a uma distância superior a um quilometro de um curso de água.

os sítios que se implantam junto às linhas de água principais, preferindo todos a proximidade a afluentes secundários, mais fáceis de controlar e de represar.

Relação com vias - Na região existem três itinerários principais de circulação, pelo que um dos focos de atenção centra-se na percepção do modo como influenciaram a localização de sítios. Além do mais, a influência das vias enquanto elementos estruturantes das redes de povoamento já havia sido referida por Jean-Gérard Gorges[471], e confirma-se como uma das condicionantes primordiais de implantação, pois a facilidade e comodidade de acesso era um elemento considerado na escolha. Em certas áreas, os únicos sítios que encontramos estão relacionados com o percurso das vias. A cartografia do povoamento em Gavião ou Ponte de Sôr mostra-nos como o roteiro viário foi determinante na colonização de *territórios ultra-periféricos*, que de outro modo seguramente não teriam uma presença humana permanente. Ao longo de Alter do Chão encontramos a atracção pela rede viária: note-se o alinhamento sequencial ao longo do itinerário XIV em Casa de Alvalade, Quinta do Pião, São Pedro, Horta da Torre, Torre de Palma.... No caso do território fronteirense, a distorção do povoamento motivada por um itinerário é óbvia: das sete possíveis *villae*, seis encontram-se na metade oriental do concelho, ficando apenas Herdade da Palhinha na área oposta, relacionada contudo com um pequeno itinerário de circulação[472]. No caso de Arronches o cordão ao longo da *Calçada do Alicerce* é digno de registo, prolongando aliás o que se nota desde a freguesia de Assumar (Monforte). Tal não é surpreendente, tendo em consideração que as *villae* poderiam em casos específicos desempenhar o papel de *mansiones*[473], apesar de todas as recomendações em contrário. E é por via desta aconselhada prudência que, como havia sido detectado no concelho de Fronteira, as *villae* mantêm uma constância no acesso aos traçados: sempre recuadas entre quinhentos e dois mil metros. Assim se mantém a facilidade de acesso, essencial para o proprietário encarar a deslocação de uma forma cómoda, mas também o distanciamento por motivos de tranquilidade e segurança[474]. Outra situação notável é o facto de a *villa* se encontrar distanciada, mas junto à via estar um pequeno sítio sobre o *diverticulum* de acesso. Este fenómeno é visível em Cabeço de Vide, onde temos Horta da Torre à distância atrás indicada, mas no entroncamento do caminho de acesso que converge na via

---

471 "L'influence du réseau routier sur l'implantation des villas est peut-être plus évident encore." (1979: 77). Em áreas de menor presença humana a villa pode encostar-se ao eixo viário, podendo ter desempenhado funções de stationes, como se depreende de uma passagem de Varrão (R. r., I, 2), embora existam advertências pelos incómodos que tal situação poderia causar.

472 Carneiro, 2004: 165-166.

473 Chevallier, 1997: 282.

474 Columela (R. r. I, 3 e 5) adverte para o facto de o costume de hospitalidade aos viajantes poder ser verdadeiramente ruinoso para um dominus mais desprevenido. Também Varrão (R. r. I, 16) adverte para a insegurança e perturbações da ordem que os viajantes causam.

principal existe uma mancha de cerâmicas, Merouços 2, onde foi encontrado um elemento de mó. Uma pequena *mutatio* ou um armazém para guardar produtos escoados ou em trânsito para o sítio principal? Como em Fonte de São Domingos e Torre de Palma? Os *diverticuli*, aliás, são uma constante, comprovando a relação directa entre o itinerário e a *villa*. Alguns jazem sobre os modernos caminhos, outros são unicamente perceptíveis com uma análise atenta, mas muitos permanecem. Um dos mais notáveis encontra-se no concelho de Monforte, entre a *villa* de Aldinha (Monforte) e o itinerário da via XII próximo de Alcobaça, e está em perfeito estado de conservação por entretanto ter sido abandonado enquanto caminho público. Trata-se de uma extensa recta, ladeada por guardas de pedra com blocos informes, ainda se notando o leito de cascalho que permitia o trânsito mesmo em condições climáticas mais agrestes, por permitir o alteamento da passagem face ao alagamento dos solos pesados. Também em São Pedro e Horta da Torre (Fronteira) temos caminhos de acesso praticáveis em direcção à via XIV. Por regra geral, portanto, a proximidade da rede viária é uma constante, mas as *villae* dependem intimamente dos circuitos viários. Praticamente não temos sítios desta classe em territórios onde as vias não estão presentes. No coração do território das *villae* temos sempre uma relação de espacialidade próxima entre vias e as unidades de povoamento. Contudo, as *villae* não acompanham em absoluto todos os itinerários, pois estes correm muito para lá do seu território, para zonas onde não encontramos estruturas fundiárias, e ao longo do seu traçado os poucos sítios parecem ter outra funcionalidade (*mansio* ou de *mutatio*). Portanto, agrafar as *villae* ao longo das vias é perigoso, porque redutor; para utilizar uma expressão já empregue, as *villae* procuram sobretudo as *paisagens ideais*; quando as vias estão presentes, as *villae* articulam-se ao longo do seu traçado, mas quando avançam para outras envolventes paisagísticas, as *villae* cessam.

5.2. A cartografia de sítios: estruturação das redes de povoamento

Plasmando os sítios romanos do Alto Alentejo no mesmo suporte cartográfico poderemos observar algumas lógicas na estruturação do povoamento:

a) Quanto à ocupação do território - Neste amplo espaço encontramos três realidades na estratégia de povoamento. As manchas de concentração de sítios permitem definir áreas de centralidade[475], zonas de maior espaçamento inter-sítio, e ainda áreas praticamente despovoadas ou marginais. Desta forma podemos criar uma pirâmide hierárquica.

475 Adoptando terminologias consagradas na Geografia Humana. Ver as considerações expressas por T. C. Champion (1995: 1-20).

1. *Territórios centrais*: denominamos como tal os que apresentam maior densidade na distribuição de sítios, onde se encontram mais próximos, ou onde entrevemos locais dotados de preponderância. Como tal, podemos definir factores de atracção dos sítios ao longo dos itinerários das vias e dos biótopos mais favoráveis. A distribuição é obviamente desigual, observando-se concentrações em duas áreas centrais[476]: em torno a *Ammaia*, nos concelhos de Castelo de Vide e Marvão, por vezes com forte densidade, mas onde se evidencia uma cultura material um pouco menos rica e mais vinculada ao fundo indígena; e depois, ao longo do Guadiana e das principais vias de trânsito (XII, XIV, XV), nos concelhos de Elvas, Campo Maior e Estremoz, com *villae* de grande monumentalidade e impacto. Algumas destas unidades são espaços de economia agro-pecuária, muitas são locais de representação de *domini*, do tipo *villa urbana*. Nestas zonas, onde detemos maior número de sítios, o tecido de povoamento parece ter sido reservado quase em exclusivo para as *villae* que apresentam grande visibilidade do ponto de vista da sua expressão material. Destaca-se a concentração na área sudeste, no seguimento do corredor do Guadiana que liga esta região à capital provincial, consubstanciando a densificação do território das *villae* já notada por Jean-Gérard Gorges[477] como prolongamento natural do espaço emeritense.

2. *Territórios periféricos*: áreas que apresentam uma concentração média de sítios e onde a cultura material é igualmente de índice médio, por não apresentar elementos de excepção nem grande exuberância. Temos pontos de povoamento ocupando os espaços deixados livres entre as grandes *villae*, mas beneficiando de solos de elevada capacidade agrícola e de linhas de água secundárias com caudal permanente que sustentam unidades rurais, em geral com dimensões relevantes. Nestas áreas predominam grandes *villae* de vocação agro-pecuária e muitos casais, com povoados que poderão ter desempenhado funções proto-urbanas, como *mansiones* e *vici*. É o território que abrange os concelhos de Crato, Alter, Fronteira, Monforte e Arronches. Portanto, nestes territórios periféricos, ou mistos, de articulação entre as zonas centrais e as semi-desertas, temos mais variedade nas tipologias de sítios: se nas zonas centrais a paisagem está quase integralmente repartida entre *villae*, aqui encontramos maior diversidade tipológica e mais vincado o perfil rústico.

---

476 De forma elucidativa, veja-se a plasmação cartográfica na fig. 1 publicada em Gorges, 1990: 98.

477 1979 e 1990: 97. O Autor quantifica a concentração das villae hispânicas no eixo Extremadura/Alto Alentejo, onde à data se situavam 190 estabelecimentos (quase metade do total recenseado a nível peninsular). Destes, um terço situa-se em torno ao Guadiana, mas mais do que o aspecto quantitativo, destacava que "on trouve les établissements mêlant le mieux les caractères urbains luxueux et les vocations agricoles" (1990: 97). Neste aspecto, o espaço entre Campo Maior, Elvas, sul de Monforte e Estremoz evidencia nexos de continuidade cultural e económica que fazem pensar na existência de um fortíssimo corredor de circulação.

3. *Territórios ultra-periféricos*: áreas quase desertas e despovoadas, longe das *paisagens ideais* e do quadro fisiográfico propício às grandes estruturas fundiárias e ao modelo agro-pecuário conforme aos cânones da latinidade. São os espaços do arco noroeste: de Avis a Ponte de Sôr, de Gavião a Nisa, encontra-se uma arquitectura de povoamento desestruturada, sem organização coerente, baseada em sítios autónomos e isolados. Por vezes próximo de recursos específicos, sobretudo os itinerários viários ou elementos de elevada rentabilidade económica (mineração, como em Nisa, ou pedreiras). Nas paisagens pedologicamente menos aptas, onde dominam os terraços fluviais de cascalheira e de coberto arbustivo, a rarefacção de sítios é notória, e ao longo de larguíssimas extensões não existem pontos. São áreas que, por insuficiência de aproveitamento económico, não estimularam a colonização, ou seja, onde a densidade humana foi nula ou vestigial. Neste espaço encontramos de forma mais vincada a manutenção das identidades indígenas, mesmo que em quadro de adesão aos valores do Império.

b) Quanto à organização do povoamento - Neste tecido podemos definir padrões:

a) *povoamento disperso* – em áreas de forte investimento agro-pecuário observa-se que os locais – geralmente as grandes *villae* – se espalham pela paisagem, repartindo entre si o território de forma espaçada mas nem sempre homogénea. Os *fundi* estariam delimitados (ainda que as fronteiras pareçam impossíveis de reconstituir), com uma elevada densidade populacional, ocupando espaços repartidos de acordo com as possibilidades dos diversos *domini*. Encontramos também áreas de povoamento disperso em outro tipo de paisagens. É o caso da Serra de S. Mamede, onde, quer na rede de época romana, quer em momentos posteriores, encontramos pontos sem articulação entre si, desfrutando de nichos com recurso a uma agricultura de policultivo.

b) *povoamento agrupado* – motivada por recursos específicos de elevado valor económico que ocasionam uma rede de pontos independentes entre si, concentrada em torno desses valores: a bacia aurífera do Tejo ou o *pagus marmorarius* de Estremoz poderão ser exemplos. Por aqui encontramos elevadas densidades de sítios extensivos, atraídos por recursos económicos de rápido retorno. Seria interessante perceber que tipo de pessoas se deslocava para estes locais (mais uma vez falta-nos a dimensão epigráfica), mas será de esperar que a especialização laboral convocasse artífices exteriores, até de pontos distantes do Império[478]. Arqueologicamente observamos uma concentração de sítios, criando um "enxameamento" de pontos. Infelizmente, a laboração posterior ou a ausência de prospecções intensivas impede-nos de perceber esta rede e a sua interacção[479].

---

478 A percentagem de clunienses já notada por Vasco Mantas (2000) na cidade de Ammaia pode ser um sintoma desta situação, conforme salientado no capítulo respectivo.

479 Para além das situações motivadas por recursos específicos, é de notar que o território

c) *povoamento alinhado* – Um modelo que ocorre com grande frequência na região. Ao longo de traçados viários encontramos um *continuum*, motivando um espaçamento sequencial de sítios ao longo da paisagem. Percebemos o modo como os itinerários funcionaram como um recurso apelativo para a fixação de pessoas. O abastecimento de bens e produtos e a possibilidade de escoamento de matérias-primas e de circulação de pessoas foram certamente factores preferenciais nesta escolha de localização. No caso das *villae* temos a facilidade de acesso proporcionada pela estrada, que muito agradava aos proprietários[480]. A situação ocorre em todos os itinerários (vias XII, XIV e XV), por vezes de modo tão notório que a cartografia dos pontos de povoamento permite inferir o traçado da via. Em casos pontuais, a situação também ocorre ao longo de linhas de água, talvez por serem facilmente domesticáveis ou propiciarem a presença de bolsas de solos de grande rentabilidade. Temos o caso da ribeira do Ceto (Elvas), ao longo da qual se distribuem as *villae* de Correio--Mor, Paço e Botafogo. Também ao longo do Caia, do Xévora ou, em outras latitudes, da Ribeira Grande, de Seda ou de Figueiró, encontramos fenómenos semelhantes, motivando a presença de um "cordão" de sítios em alinhamento.

---

teria uma relevante presença de povoamento agrupado, mesmo em zona de grande densidade de villae. Em todos os pontos do Império é rara a presença de sítios com vincado modelo esclavagista (contradizendo a proposta columeliana), sendo por isso de assumir que o recurso a mão-de-obra livre que habitaria nas imediações seria mais frequente que o geralmente considerado. Veja-se, por exemplo, a perspectiva de Chris Wickham (2009: 401): "[...] en todas las épocas existió una materia prima de fácil disponibilidad con la que organizar unas relaciones de producción de tipo esclavista. [...] Sin embargo, los esclavos constituyen un riesgo. Cuanto más numerosos sean, más peligroso y caro resulta controlarlos. Además, es preciso mantenerlos, tanto en las temporadas de bonanza como en las de penuria, en los años buenos y en los malos, mientras que los trabajadores asalariados podían ser despedidos y los tenentes confiados al producto de sus propias parcelas. Para poder cubrir estos riesgos, la utilización de esclavos presupone la existencia de unos elevados niveles de beneficio por la venta de los productos." Ver também Chavarría Arnau, 2007: 55.

480 Alguns destes diverticuli privados de acesso às propriedades ainda hoje se encontram preservados ou servindo como caminhos vicinais. Sobre o facto de as propriedades próximas de traçados viários serem as mais pretendidas por compradores, ver o exemplo fornecido por Plínio o Jovem (Ep. I, 24) quando o seu amigo Tranquillus pretende adquirir uma casa de campo com fáceis acessos.

6. A rede viária no Alto Alentejo

6.1. Considerações prévias

Em monografia recente procurei sistematizar os traçados viários que percorriam a região em estudo[481]. Parece-me no entanto que se justifica uma nova abordagem a esta realidade, essencialmente por duas ordens de motivos:

- porque o texto então escrito inseria-se em âmbito mais vasto, englobando todo o território alentejano, o que fez com que, no caso concreto do Alto Alentejo, várias informações não fossem incluídas, de modo a não pormenorizar excessivamente o texto, e portanto, a desequilibrá-lo;
- porque um novo olhar sobre a informação existente, somado às numerosas prospecções que de então para cá foram realizadas, permitiram coligir mais dados, esclarecer velhas dúvidas e levantar outras, justificando-se portanto um novo balanço, não esquecendo que, como é óbvio, trata-se de um vasto tema que continuará a merecer novos trabalhos de terreno que procurarão esclarecer as numerosas dúvidas em aberto.

Em traços gerais, o que então foi escrito[482] mantém actualidade, pois só pontualmente os trabalhos de campo trouxeram novos resultados. Recorde-se a premissa de partida: no *Itinerário de Antonino* estão três vias de ligação entre a capital provincial, *Emerita Augusta*, e o seu porto de mar, *Felicitas Iulia Olisipo*. Embora para os três itinerários estejam elencadas as *mansiones*

481 Carneiro, 2008.
482 Carneiro, 2008: Parte II, Capítulo 1, "As três ligações entre Lisboa e Mérida", p. 47-76.

com as respectivas distâncias miliárias, esta informação é difícil de gerir e de compatibilizar com a realidade pelas seguintes ordens de motivos:

- as *mansiones* referidas não são correspondentes com a materialidade arqueológica, ou seja, na esmagadora maioria dos casos temos as denominações do *Itinerário de Antonino* mas no terreno não temos os locais identificados;
- a dificuldade de fazer corresponder a categoria tipológica "*mansio*" às realidades arqueológicas. O modo como se expressa materialmente, ou seja, quando identificamos um sítio arqueológico, como poderemos perceber se estamos diante de uma *mansio* ou de qualquer outro tipo de sítio (sendo que para a região não existem provas epigráficas ou aproximações toponímicas esclarecedoras);
- o facto de, aparentemente, existir um nó viário, dado que a via XIV e a via XV apresentam o mesmo topónimo, *Ad Septem Aras*;
- a via XIV e XV têm em comum o facto de servirem *Ad Septem Aras* e *Plagiaria*, mas a primeira tem um ponto de passagem intermédio em *Budua*, que a segunda omite, seja por esquecimento, seja (como é mais provável) porque por ali não passasse. Ora *Budua* corresponde à actual *Botoa*, onde existe um santuário de peregrinação e onde os vestígios romanos comprovam a existência de um sítio atribuível a uma *mansio*;
- o facto de a principal fonte documental, o *Itinerário de Antonino*, ser em si mesmo o resultado de *cópias de cópias*, com a acumulação de erros que em muito confundem a investigação (como é o caso, por exemplo, das omissões ou imprecisões nas contagens de milhas entre *mansiones*, como é evidente no caso do Itinerário XII[483]).

Para além das questões levantadas pelo *Itinerário*, algumas outras existem em torno das problemáticas relacionadas com as vias na região:

- a dispersão dos marcos miliários, que reflecte a dupla vertente das vicissitudes da época somadas com a geografia da investigação. Em certos troços de via surgem marcos miliários ao longo do percurso, balizando-o, mas na maior parte há como que uma *mudez*, que não pode apenas ser atribuída ao facto de certos concelhos terem beneficiado de maior investigação arqueológica que outros, devendo tal ser procurado no investimento viário realizado na época pelas magistraturas municipais[484]. Para além deste facto, há que realçar a

483 O que cria óbvios constrangimentos à análise, nem sempre contornáveis. Observe-se por exemplo que a ausência de uma mansio faz com que em Alarcão, 2006, a via XII seja a tratada com menos pormenor.

484 A mesma situação verifica-se, por exemplo, entre Évora e Beja onde, no primeiro troço entre Évora e Viana do Alentejo existe uma impressionante cadência de marcos, e na

circunstância de alguns marcos terem sido identificados em contexto secundário, longe do seu local original, ou publicados com indicadores de proveniência imprecisos;

- a ocorrência de poucas obras de arte (ou com reconstruções posteriores), consequência de uma paisagem suave com uma rede hidrográfica sazonal, pouco encaixada e que, tirando casos específicos, não obrigava a especiais cuidados na transposição;
- as alterações na paisagem que ocorreram ao longo de dois milénios, obliterando muitos testemunhos, ou camuflando-os sob a rede viária actual;
- o facto de as estradas romanas serem palimpsestos, ou seja, infra-estruturas que continuaram em utilização séculos depois de ter desaparecido a entidade civilizacional que as criou (em certos casos, até à actualidade). Foi esse uso posterior que as mascarou ou alterou significativamente;
- a dificuldade de compatibilizar as propostas de traçados existentes com as conhecidas no lado espanhol da fronteira, onde a investigação tem sido mais frutuosa[485].

Estas são as principais condicionantes que colocam obstáculos de monta ao estudo da rede viária regional[486]. Todavia, e em perspectiva inversa, não posso deixar de referir o contraste com as evidências no terreno. Na realidade, o que mais surpreende é o modo como tantos e tão impressionantes testemunhos da rede viária ficaram conservados na paisagem e escaparam ao olhar dos investigadores. Mas esta situação só se verifica em casos pontuais (o que aí retira qualquer dúvida) e não de forma sistemática para todos os traçados (que levantam muitas dúvidas...).

6.2. Aspectos genéricos dos traçados viários no Alto Alentejo

Quando olhamos para os percursos viários existentes várias impressões se verificam. Em termos genéricos, e sumariando já o que em seguida será desenvolvido, pode-se considerar a existência de dois quadros distintos:

---

segunda metade do trajecto, entre Viana e Beja, não se conhece qualquer exemplar.

485 Gorges & Ródriguez-Martín, 1999; Almeida, Carneiro, Rodriguez Martín & Morgado, 2011.

486 Sintetizadas da melhor forma por Jorge de Alarcão, 2006: 213, quando afirma "A raridade dos miliários com indicação das milhas, as incertezas quanto às suas posições originárias exactas e as divergências dos diversos manuscritos do Itinerário de Antonino quanto às distâncias entre certas estações viárias dificultam a reconstituição dos percursos e a identificação dos lugares por onde as vias corriam."

a) *A implantação*. Os caminhos romanos apresentam um genérico "ar de família" que os torna reconhecíveis ao investigador, embora esta impressão não seja facilmente verbalizável. Os traçados caracterizam-se na sua esmagadora maioria por uma feliz adequação entre a linha recta – utilizada sempre que possível – e as curvas de nível moderadas e facilmente transitáveis. Sempre que as condições morfo-topográficas o possibilitam temos segmentos de recta, unidos por curvas largas e suaves. Não temos rectas com quilómetros, porque as condições de implantação no terreno, em paisagem tão ondulada e com uma rede hidrográfica recortada, não o permitem. O que se observa, sim, são rectas adequadas ao terreno, usando pequenas curvas suaves ou curvas alongadas e abertas que provocam um *serpenteamento* da via. Notamos a cuidada escolha para a implantação do traçado, procurando as linhas de festo e de separação de bacias hidrográficas. Em geral a via tem, de cada lado, a pendente das curvas de nível, transitando pelos topos mais suaves, com largas extensões sem que seja necessário cruzar, sequer, uma pequena linha de água. É o caso, por exemplo, do traçado entre Assumar e Arronches, que se organiza ao longo de vários quilómetros sem que tenha de franquear o mais pequeno ribeiro ou regato. Como tal, mesmo nos períodos de maior pluviosidade, o traçado é sempre transitável, sem que se corra o risco da acumulação de lamas ou da formação de zonas alagadiças. No caso do traçado envolvente a Degolados, por exemplo, vai deixando sempre de um lado a bacia hidrográfica do Abrilongo e de outro a bacia do Caia, orientando-se pela cota de separação entre os dois cursos de água e deixando de cada lado as barragens que hoje os represam. Esta cuidada escolha apresenta um outro elemento característico: mesmo sem atingir cotas altimétricas elevadas, o percurso viário apresenta enorme abrangência visual, com quilómetros de visibilidade envolvente. Nesse mesmo troço entre Assumar e Arronches, por exemplo, todo o território espanhol até Codosera e Albuquerque acompanha-nos, mesmo que a cota mais elevada não atinja os 350 metros. Em pontos mais baixos, como as longas rectas próximas do Monte de Alcobaça (Elvas), desfrutamos de um amplo panorama que em muito valoriza estes traçados do ponto de vista paisagístico. Em resumo, se é certo que, em rigor, nada do que atrás foi dito representa novidade[487], não deixa de ser relevante que estes princípios foram exaustivamente aplicados na região, e tal implicou o profundo conhecimento do território.

b) A *estrutura*. A diversidade de fabrico é o elemento mais impressivo, com uma variedade nos tipos e formas de construção que indica distintos investimentos. Não se encontram os métodos construtivos descritos pelos autores latinos[488]: a

487 Todas estas situações surgem referidas nas obras que analisam pormenorizadamente os princípios de implantação das vias. Remeto especialmente para Chevallier, 1997: 107-108.

488 Ver por exemplo Estácio, Silvae IV, 3, 40-55, reproduzido em Chevallier, 1997. Vitruvio dedica alguma atenção às vias (De Arch. VII, 1, 1-7) e Plínio também concede indicações (Nat. Hist. XXXVI, 186-188).

abertura de trincheiras, o preenchimento com materiais sólidos, as consolidações com cascalho, areão grosso ou tufa vulcânica... Não se pressuponha, contudo, um menor investimento viário: a ponte de Vila Formosa permanece como eloquente exemplo do esforço de infra-estruturação. No entanto, não deve ser esquecido que esta desadequação do texto literário com a variada morfogenia existente é natural, pois a engenharia romana era moldável: "Details of construction vary throughout the empire, according to local climatic and geological conditions, the importance of the road, and the intensity of its traffic"[489], além do investimento que cada *municipium* entendia realizar. E não deve ser esquecido que predomina o conceito da estrada enquanto "construção natural", ou seja, onde o investimento foi mínimo, dotando o caminho das indispensáveis condições para a transitabilidade. Na pragmática mente romana, muitos itinerários foram beneficiados de modo sumário, só sendo realizados investimentos quando estritamente necessário, ou então, pela inversa, enquanto manifestação de um poder (geralmente local) "sumptuário" ou afirmativo. Na realidade, grandes beneficiações iriam provocar uma duplicidade de custos: imediatos, para a construção, e regulares, para a manutenção, o que era de todo em todo indesejável.

Nas *formas de construção* temos as seguintes situações:

- O traçado alteado face à envolvente (*agger*), recorrendo a um aterro que liberta o caminho dos terrenos alagadiços. Este alteamento pode ser salientado com faixas laterais a meia altura, para que as águas pluviais não se acumulem na faixa de rodagem. Nestes casos a via constitui-se como uma verdadeira linha na paisagem, sendo fácil de identificar e percorrer. O troço apresenta guardas laterais que balizam o tabuleiro da via, por vezes reforçada com gravilha ou pedra de pequenas dimensões. Nestes casos assumiu uma função simbólica perpetuada, como no traçado da via XIV entre Alter do Chão e Assumar, que forma o limite dos concelhos de Monforte e Portalegre.
- Percursos à mesma cota da envolvente são os mais frequentes. A via pode ser balizada por guardas laterais ou não, tornando nesta última situação o eixo mais difícil de seguir. Por vezes, para facilitar o escoamento das águas pluviais, nota-se que os limites da via apresentam pequenas valas. Nas guardas laterais temos a colocação de pedras de média dimensão embutidas no solo e fincadas ao alto, balizando os limites. Em outros casos temos pedras de maior dimensão depositadas no chão, em alinhamento sucessivo. De um modo geral os limites da via estão assinalados pelo rebaixamento causado por uma pequena plataforma de terra que serve para as escorrências pluviais.

489 Greene, 1986: 36.

- Percursos rebaixados, ou seja, cuja abertura implicou cavar uma pequena trincheira, apresentando-se a via talhada com vertentes que definem o eixo da via. Na área em estudo os exemplos são escassos, porque o terreno é fácil de transpôr e sem grandes acidentes. Um dos poucos casos é a *via vicinalis* de ligação da *villa* da Farisoa ao itinerário XII, que foi rompida nas suaves elevações. O mais bem conservado será a longa curva que vence o declive da encosta que separa Reguengo de Horta das Freiras, em Arronches, com uma cota inferior em cerca de um metro ao terreno actual.

Nos *tipos* de construção temos os seguintes casos:

- Afloramentos com marcas de rodados, que na área em apreço surgem apenas em pontos específicos. Um dos casos mais facilmente verificáveis, porque mesmo junto ao alcatrão, encontra-se ao lado de uma curva da E.N. 109 que liga Assumar ao IP2.
- Traçados em terra batida, onde não é visível qualquer elemento pétreo. Frequente em áreas de solos arenosos, onde a pedra escasseia, como na zona de Ponte de Sôr.
- Troços com brita ou cascalheira que parecem corresponder ao *rudus* da construção. Leito de via formado por pedra de pequena dimensão, triturada. É evidente a utilidade do método, pois a brita permite que a água das chuvas escorra, não se acumulando de modo a alagar a faixa de rodagem. Nestes casos podemos distinguir entre os troços com brita miúda ou com pedras de pequena dimensão, colocadas no tabuleiro de modo simples.
- Em raros casos encontramos troços lajeados, não sendo evidente se estamos perante a construção original ou em algum dos vários momentos de reconstrução dos itinerários, nomeadamente em ocasiões militares. Um bom exemplo é o troço de via que desce de Cabeço de Vide em direcção às Termas da Sulfúrea, cujo lajeado em espinha deverá ser setecentista, o mesmo acontecendo em troços na encosta de Marvão.

c) A geo-estratégia. A impressão geral dos traçados viários no Alto Alentejo é a de que se trata de um tecido criado e construído em função da mundividência romana. Quero com isto dizer que houve nesta região um fortíssimo investimento directo do poder agora instalado, criando uma rede viária que se destinava a cumprir um novo universo de exigências e de necessidades. Este pressuposto parece-me claro em função das três vias do *Itinerário de Antonino* que punham em contacto a capital provincial[490] com

490 Que assume uma curiosa posição periférica em relação ao território da província, uma situação que de resto na península também sucede com Tarraco, embora em Augusta Emerita a sua implantação em "cruz de caminhos" - em especial a Via de la Plata - seja determinante.

o seu porto de mar e que são uma criação romana[491], sem embargo de em pontos específicos aproveitarem rotas pré-existentes. Estas terão existido, claro, e mantêm-se activas sob o novo domínio, mas em traçados mais secundários, milenares caminhos de transumância[492]. Estas rotas de atravessamento do território terão sobrevivido, mantendo-se a sua utilização ao longo de todo o Império, embora não pareçam fazer parte do tecido viário principal, pois não encontramos nem referência a miliários nem obras de arte. Todavia, aos monumentos megalíticos e povoados da Idade do Ferro que se encontram ao longo destes traçados vemos agora acrescentarem-se sítios romanos que os aproveitam como via de acesso, indicando portanto que a utilização prosseguia. Todavia, os interesses particulares de Roma levam a um redimensionamento da rede viária, pois alguns foram abandonados, por não apresentarem as condições topográficas e estratégicas.

d) factores orogénicos e dinâmicas gerais. Finalmente, é ainda necessário tomar em consideração algumas situações particulares. Uma relaciona-se com a geomorfologia da região, que modela o curso dos caminhos. As grandes rotas da transumância orientam-se genericamente no sentido norte-sul. Tal não ocorre por acaso: na realidade, a transitabilidade da paisagem é mais facilitada neste sentido do que nas rotas este-oeste, onde é necessário atravessar vales cavados ou relevos acidentados. Como a orientação dominante dos maciços tardo-hercínicos se estrutura na primeira das direcções, ou para ser mais rigoroso, de modo noroeste-sudeste, também os mais antigos eixos de comunicação se orientam desta forma. Apenas nas zonas onde os rios rompem em outra direcção – que são pouco numerosos, diga-se, sendo o Sorraia o de maior porte – se consegue atravessar no sentido transversal. Não esquecendo ainda que temos a passagem da grande bacia hidrográfica do Tejo para a do Guadiana, com distintas orientações, e é precisamente sobre esta dobra do relevo que a via XII e a XIV escolhem o seu percurso. Sucede, porém, que a dinâmica geral da romanização é enquadrada pela geo-estratégia da ligação entre a capital provincial e o seu porto de mar. Ora, esta filosofia implica contrariar a tendência dominante do relevo, obrigando a um esforço construtivo suplementar. Onde é possível, o traçado da via acomoda-se ao terreno: é por isso que parte da via XIV segue o traçado da ribeira de Sôr, circulando entre bacias hidrográficas. Mas nem sempre tal é possível, e essas circunstâncias implicam vultuosas obras

491 Jean-Gérard Gorges (1990: 105) chama a atenção para as quatro vias que saíam de Augusta Emerita para os territórios provinciais, sendo três eixos de "interesse económico" e um de "interesse estratégico". O modo como a capital provincial servia de caput viam demonstra o entendimento estratégico que Roma lançou sobre este território, e a consciência da ruptura face aos modelos de organização indígena.

492 Sobre a reconstrução e remodelação de traçados anteriores temos uma interessante menção em Flavius Josephus, Guerras aos Judeus III, 118, que em operações militares menciona o trabalho dos hodopoioi encarregues de refazer os caminhos e torná-los adequados aos interesses romanos.

de arte – a ponte de Vila Formosa, por exemplo, atravessando uma linha de água que corre norte-sul – ou rasgando relevos. É por estes motivos que a rede viária apresenta um maior investimento nas linhas este-oeste – destacando-se a via XII e sobretudo a XIV[493] – do que nos caminhos norte-sul.

O tecido viário romano no Alto Alentejo é portanto constituído por uma mescla de situações diversificadas, nem sempre fáceis de entender e hierarquizar, obedecendo também a diversos momentos de investimento (cuja seriação cronológica não é, para já, possível) mas desenhados em função dos interesses particulares que Roma impõe. É significativo que as três vias do Itinerário sejam em larga medida investimentos *ex novo* que visam ligar a capital provincial ao seu porto de mar, mas também a recursos estratégicos que irão assumir fortíssima importância na simbólica do poder, como é o caso dos mármores do anticlinal de Estremoz servidos pelo Itinerário XII. Torna-se também fundamental perceber se estas *diferentes faces* das vias romanas do Alto Alentejo são uma manifestação do modo como Roma concedia às magistraturas locais uma autonomia de acção que se reflecte, depois, nos diferentes investimentos que nelas observamos[494]. Olhando para a região, um panorama diferenciado emerge: zonas de concentração de marcos miliários, como na Ponte de Sôr, ou troços onde a via se apresenta visível mas subitamente desaparece ou altera a sua morfologia (de cascalho para terra batida, por exemplo), podendo tal indicar que nesse momento entrámos em territórios dependentes de outras administrações, que investiram de forma diferenciada nos caminhos sob sua tutela. Esta cartografia dos distintos *facies* viários deverá ser levada a cabo de modo intensivo, podendo assim também perceber-se, as áreas de poder e de influência, ou o modo como os distintos poderes fractais ao nível local actuavam no seu *territorium*.

Analisemos então o tecido viário principal que percorreu o Alto Alentejo. Os traçados que se apresentam são os constantes do *Itinerário de Antonino Pio*, constituído pelas três estradas que ligavam *Augusta Emerita* e *Olisipo*, ficando por tratar outros caminhos secundários. Esta opção resulta de as outras soluções viárias terem sido apresentadas recentemente[495], não havendo informações a acrescentar ao quadro então esquematizado, e para conceder maior detalhe aos traçados propostos para as vias XII, XIV e XV.

---

493 Que deverá ter sido, dos três itinerários, o mais utilizado e que por isso beneficiou de mais investimento. Os troços conservados, a obra de Vila Formosa e o número de miliários assim o denunciam. A rapidez que proporcionava e a sua fiabilidade é visível, por exemplo, pela densidade de sítios que apresentam conchas de ostra recolhidas em escavações arqueológicas.

494 Esta linha de análise foi sustentada por Pierre Sillières (1990: 695-696) que interpreta várias alterações estruturais como o resultado dos investimentos da governação provincial. Contra ver Le Roux, 1999: 270.

495 Carneiro, 2008: 89-98.

6.3. As três vias entre *Augusta Emerita* e *Olisipo*

Ao contrário da perspectiva adoptada em trabalho anterior[496], opto agora por apresentar os itinerários a partir do *caput viarum* de *Augusta Emerita*, enquanto capital provincial. A opção tem sido assumida de diferentes perspectivas consoante os investigadores olham a partir de Lisboa (portugueses) ou de Mérida (espanhóis), mas deve ser lida em função da realidade da época. Se não é explícita no *Itinerário de Antonino*, surge-nos em contrapartida comprovada pelo miliário com a milha LXV em Herdade de Alcobaça[497] que mostra como a contagem se iniciava na capital provincial (como, aliás, é lógico se pensarmos de acordo com a mentalidade romana), indicando ainda que esse ponto estava incluído no *conventus emeritensis*[498]. Os problemas de identificação do topónimo já foram devidamente discutidos[499], e os trabalhos de campo entretanto realizados permitiram reforçar a passagem por Alcobaça. Portanto creio que é perfeitamente justificado que "Tendo em conta que as 114 milhas que o Itinerário indica entre *Olisipo* e *Ebora* são coerentes com a distância entre estes dois pontos, perfeitamente identificados, parece lógico admitir que o troço *Ad Atrum Flumen – Emeritam* deverá ser lido *a contrario*, ou seja, contando as milhas de *Augusta Emerita* em direcção a *Olisipo* ou, se se preferir, até ao limite do território emeritense.[500]"

Curiosamente os problemas relacionados com a passagem dos três itinerários só parecem adensar-se na aproximação à fronteira entre Portugal e Espanha, pois ao longo do vale do Guadiana os seus percursos são bem conhecidos[501]. O reconhecimento dos traçados já foi realizado com exaustivo pormenor, sendo notada a coincidência entre os limites administrativos actuais e a miliação antiga ou o traçado no terreno – situação, que como veremos, se verifica também para o território em análise. Olhando para o território actualmente espanhol, um outro comentário para a comprovação arqueológica de uma informação literária. Na verdade, Frontino deixa-nos a indicação que o rio *Anas* "traverse la *pertica* de la colonie en son milieu et qu'à proximité de son cours, les terres (*agri*) ont

---

496 Carneiro, 2008.

497 IRCP nº 670

498 Alarcão, 1987, p. 77-78; Gorges & Rodríguez Martín, 1999, p. 261-262; em termos gerais, Rodríguez Martín & Gorges, 2006.

499 Maria José de Almeida (2000: 102) foi a primeira investigadora a considerar que o miliário seria proveniente do Monte de Alcobaça, no limite da freguesia de Vila Fernando com Terrugem, pois a indicação original de Leite de Vasconcellos (1914: 249) mencionava "na herdade de Alcobaça, freguesia de Terrugem, concelho de Elvas, perto da antiga estrada de Lisboa a Badajoz", o que faria coincidir a via romana, grosso modo, com a E.N nº 4. Em ocasião posterior a prospecção permitiu confirmar a presença de um dos troços viários mais bem conservados em todo o Alto Alentejo (Almeida, Carneiro, Morgado & Rodriguez Martín, 2011). Em Alarcão, 2006: 233 discute-se esta problemática.

500 Almeida, Carneiro, Morgado & Rodriguez Martín, 2011.

501 Ver Gorges & Rodríguez Martín, 1999a e em especial 2000 e 2005; de forma mais abreviada em Almeida, Carneiro, Morgado & Rodriguez Martín, 2011.

été assignées là où, d'un bout à l'autre, on a alors jugé que le sol était utile."[502] Efectivamente os traçados viários seguem o rio, acompanhando-o pelas duas margens, funcionando o vale do Guadiana como um tríplice corredor de comunicação e assumindo um papel de eixo vertebrador do povoamento, ou o modo como a linha de água foi entendida como um factor de união congregadora do sistema de povoamento e circulação que se pretendeu implantar *ex novo*. Este conceito geo-estratégico[503] é notável pelo modo como entende a ligação atlântica da capital como fundamental logo desde o momento da fundação (trata-se da única capital provincial sem acesso directo ao mar), e tal torna-se simbolicamente evidente pela construção da magnífica ponte de *Augusta Emerita*, com a longuíssima extensão de mais de oitocentos metros orientada para oeste, no sentido da *finis terrae* atlântica[504]. Exprime também as dificuldades que a gestão do curso de água colocava aos primeiros colonizadores. De facto, o Guadiana não se caracterizava por ser apenas um rio de caudal irregular, com grandes cheias, mas sobretudo por "saltar de leito", por alterar frequentemente o seu curso[505]. Desta forma, os agrimensores criaram um *corredor de segurança* que serviu à implementação das três vias, a XII pela margem esquerda, e as XIV e XV seguindo em conjunto pela margem direita.

A íntima relação de *Augusta Emerita* com o rio, o território e as ligações atlânticas, é visível também na orientação da colónia e na estruturação do espaço rural. A *pertica* emeritense foi alvo de um cuidado planeamento: "À *Emerita*, les *agrimensores* précisent que les terres proches du Guadiana ne furent pas assignées (*subseciva*) et qu'elles appartenaient à la communauté (*ad personam coloniae ipsius pertinere*) et que d'autres vastes espaces furent réservés à des affectations spéciales, à un bois public de 250ha consacré à la déesse Feronia, surtout à des pâturages et des bois communaux (*silvae et pascua publica Agustinorum*[506]); enfin, après trois déductions de colons, il restait encore des terres non assignées."[507]. Quanto às

502 Le Roux, 1999: 265; comentários em Gorges & Rodríguez Martín, 2000: 135 ss e Ariño & Gurt, 1994: 49. Sobre a informação de Frontino ver também De Nardis, 1994: 10-76.

503 Rodríguez Martín, 1999.

504 Alvarez Martinez & Nogales Basarrate, 2004: 265-267. O modelo arquitectónico da ponte é, como referem os autores, itálico, mostrando o directo investimento do poder imperial na estrutura e no que representava do ponto de vista, digamos, ideotécnico. Sobre os paralelos com a ponte de Vila Formosa em Alter do Chão ver a pág. 271 com bibliografia.

505 O caso hoje mais evidente reside talvez na villa de Torre Águila, que no momento da construção estava a sul do rio, e hoje encontra-se na margem oposta. Infelizmente estas mudanças implicaram a destruição de parte das estruturas construídas. Para este sítio ver sobretudo Rodríguez Martín, 1988.

506 Passagem também realçada em Ariño & Gurt, 1994: 49.

507 Leveau, Sillières & Vallat, 1993: 241; fontes em Frontinus, De controversiis, 9; Agennius Urbicus, 44,5 e 46; Hyginus, De limitibus 135, 15. Sobre esta fase ver o estudo integrador de Gorges & Rodríguez Martín, 2005. No registo arqueológico é interessante verificar que estes terrenos comunitários (subseciva) viriam a ser ocupados por luxuosas villae, provavelmente logo no momento posterior, resultante de reformulações dos domínios de solo. Um édito de Vespasiano vem procurar regulamentar a situação, sem grande sucesso (Le Roux, 1999). Note-se que Urbicus

vias, o seu traçado vai orientar-se por "a modo de limite, el espació inundable del rio"[508].

Com as vias a caminharem paralelamente em direcção ao território português, e com o seu traçado bem delimitado no espaço espanhol,[509] temos de procurar rastrear os pontos de entrada para o Alto Alentejo. Podemos considerar que aqui reside um dos grandes obstáculos à investigação: rastrear quais os lugares precisos por onde as três vias cruzavam a fronteira, uma demarcação administrativa que é na prática uma delimitação natural, pois temos dois grandes rios – o Guadiana e o Caia – que são, pela irregularidade dos seus caudais, de difícil atravessamento. A investigação arqueológica deparou-se muito tempo com esta dificuldade na definição dos pontos de passagem. Todavia, uma cuidada análise cartográfica e documental, conjugada com prospecções, permite assinalar três locais com vestígios arqueológicos relacionados com as vias romanas. Dois referem-se a pontes: os impressionantes alicerces de Enxara documentam de forma inequívoca uma monumental forma de atravessar o rio Xévora junto ao lugar de Ouguela, e mais a sul o traçado da via XII atravessaria o Caia em ponte junto da actual. Entre ambos, o atravessamento do Xévora far-se-ia em Ilhas, ainda hoje uma passagem a vau que marca o ponto mais ocidental da fronteira espanhola. Curiosamente ou talvez não, próximo de todos estes pontos encontram-se sítios romanos de grande porte, que funcionam como pontos de portagem, de controlo de passagem, destas ligações estratégicas. Na via XII temos Alfaróﬁa, na via XV o sítio de Casarões, enquanto a norte, temos Pombinha. Mesmo assim, como em cada caso concreto se discutirá, existem outras hipóteses de passagem que deverão ser consideradas.

6.3.1. Via XII

Uma dessas hipóteses é levantada por Gorges e Rodríguez Martín[510] e diz respeito à passagem do Guadiana junto ao encaixe do rio Olivença, o que significaria puxar este itinerário mais para sul, próximo da antiga ponte da Senhora da Ajuda. Aí encontra-se um topónimo sugestivo – "Albalá" e "un tronçon du vieux chemin au nord du *río* Olivenza[511]», mas esta alternativa

(37,13) diz-nos que alguns destes lotes tinham proporções desmesuradas face ao costume, incluindo lotes de 400 jugera, ou seja, mais de 100 hectares (Le Roux, 1999). Este tamanho considerável das propriedades poderia ter como finalidade evitar "la désertion des campagnes habituelle à la plupart des colonies de vétérans" (Gorges, 1979: 100) e permitir a instalação de veteranos de duas legiões em simultâneo, o que não era habitual.

508 Rodríguez Martín, 2002: 19.

509 Gorges e Rodriguez Martín, 2000.

510 2000: 111. e nota 22.

511 Gorges e Rodríguez Martín, 2000: 111.

parece não ser a mais indicada por dois motivos: primeiro, porque desloca desnecessariamente para sul o itinerário, mas também porque a passagem para o lado português, e subsequente subida, não é propriamente fácil para a área de Santo Ildefonso. É um facto que existe um topónimo sugestivo, «Monte da Cascalheira», mas a origem do nome deve ser atribuída ao inúmeros seixos de rio nos terraços fluviais, muitos deles aliás, com talhe do Paleolítico. Todavia, não deve ser excluída liminarmente a hipótese de um caminho junto ao Posto da Guarda Fiscal da Venda, onde até ao século passado as rotas de contrabando passavam o Guadiana a vau na foz do rio Olivença.

A via XII tem sido designada como «Rota dos Mármores». Ligando a capital provincial ao oceano atlântico através de *Ebora*, alimentou as duas cidades com o recurso estratégico fundamental dos mármores do eixo Estremoz-Vila Viçosa, que encontramos nos edifícios públicos de ambas. Como tal, e devido às pesadas cargas que teve de suportar, temos de pensar que este eixo terá beneficiado de relevantes investimentos que criassem condições para um mais simples transporte destes bens, até porque não existia qualquer curso de água que pudesse suprir os incómodos do trânsito terrestre. Nesta linha de raciocínio, o primeiro exemplo estaria precisamente na linha da actual fronteira. Enquanto as estradas de alcatrão atravessam o rio Caia junto ao Posto da Guarda Fiscal, a norte do Monte das Caldeiras, a via XII entra um pouco a sul desta habitação, em ângulo directo. Ainda hoje no leito do rio se encontram silhares desta construção, mas a observação das margens foi impossibilitada por limpezas mecânicas. Todavia, em 1982 a situação era diferente, pois foram encontrados "do lado jusante, algumas aduelas de um arco e sinais de um outro [...] uma obra originariamente romana"[512], além de uma árula então recolhida indicando uma necrópole junto ao traçado da via. Olhando mais atrás já Lereno Antunes, correspondente de José Leite de Vasconcellos, informava sobre Alfarófia:

23-06-1926 (742)

Para se fazer uma escolha consciencioso acho prudente comunicar que os exemplares [refere-se a seixos do Paleolítico, citados em anteriores epístolas] *são todos apanhados à superficie do terreno, onde tambem se tem encontrado alguns instrumentos neoliticos (infelizmente partidos) e que foi habitada pelos romanos, como se pode ver por umas ruinas e sucatas que os meus criados tem encontrado; alem disso, sobre o antigo leito do Caia ha uma ponte inutilisada, de boa construção, muito antiga, onde deveriam ir dar caminhos. Assim o terreno deverá ter sido trilhado por carros desde muitos seculos* [...][513].

A sul encontra-se o sítio de Alfarófia, que mantém contacto visual com a passagem. É provável que também no monte de Caldeiras (que, segundo

512 Maciel & Maciel, 1985b, nota 1.

513 Epistolário de José Leite de Vasconcellos em depósito no MNA, carta do correspondente 152 (Antunes, Lereno) de 23-06-1926 (742). Será esta a "estrada do mau caminho" referida em 14-05-1927 (744) como romana, sem no entanto a localizar?

Vitorino d'Almada, teve uma atalaia fortificada) existam vestígios romanos[514], mas a agricultura intensiva e a criação de terraços artificiais para o cultivo de arroz têm tido um severo impacto. Será por esse motivo que já não se encontra a ponte "romana" cartografada em documento de 1990[515], pois no local encontra-se uma vala de grandes dimensões aberta mecanicamente.

Em diante o caminho não seria difícil de seguir se as plantações de tomate, e tubagens de rega associadas, não tivessem invadido os terraços fluviais. Mesmo assim surge cartografada na Carta Militar como um caminho em linha recta que se dirige para a base da pequena elevação onde está o Monte de São Miguel. Aqui deixa a sul a *villa* de Nora Úveda, pois entre esta e S. Miguel encontrava-se a pequena Ponte Lagarto, que Maria José de Almeida ainda fotografou[516]. Seria este o caminho seguido pelo exercito português em 1730, pois "assentaram arraial na parte de cá do Guadiana, junto à Atalaia da Térrinha ou Atalaia do Guadiana ou, em 1560, como Torre d'Ubeda, que parecia ser do tempo de D. João 1º e que tinha 60 palmos de altura e 76 1/3 de circunfrência"[517]. Esta referência ao antigo caminho das "Mestas" ou "Mestras", um porto do Guadiana em que Afonso da Gama Palha[518] menciona que passaram o porto das Mestras com algum trabalho e assentaram arraial junto à Atalaia da Terrinha. Portanto a utilização deste caminho era estratégico em tempos de lutas com Castela. Mas a partir de Nora Úveda torna-se difícil perceber o desenvolvimento no terreno. Em frente a Ponte Lagarto existe um vau de passagem da ribeira da Lã, em direcção a Padeira e Torre da Sé, e depois uma subida em declive suave passando junto à antiga forca. Creio, no entanto, que o traçado acompanhava o curso de água, por Gramicha. Isto porque a subida permitiria a passagem junto ao santuário a Proserpina em Fonte Branca, cuja identificação parece ter sido conseguida com segurança, na solitária estrutura que ainda se ergue no local[519]. A sua localização no terreno foi incerta por muito tempo, mas a pista decisiva parece ter sido conseguida a partir da estrutura ainda existente. Dado o carácter salvífico e celebratório das epígrafes é de supor que estivessem inseridas em estrutura cultual de grande visibilidade pública, com proximidade à via. Para mais corresponde a um corredor de passagem, aproveitando a pendente moderada entre a ribeira da Fonte Branca e as elevações suaves, pelo

514 Nesta zona foi encontrada uma árula funerária da necrópole que possivelmente corresponde ao espaço sepulcral de Alfaróﬁa. Na notícia da identificação os autores referem a "ponte soterrada nos arrozais do Caia" em que parte da estrutura era ainda visível. (Maciel & Maciel, 1985b, nota 1).

515 Processo IPPAR nº 4.07.007, Ana Carvalho Dias, Informação de IPPC/SRAS de 27 Novembro 1990.

516 Almeida, 2000: nº 47, vista em 04. Setembro de 1998. Não a encontrei no terreno em três passagens pelo local, onde se abriram valas para o regadio intensivo. A ponte pode estar destruída ou aterrada.

517 Pires 1931: 72.

518 Citado em Pires, 1931, entrada Mestras: Relação dos Sucessos da Guerra da Liga, p. 33.

519 Ver Carneiro, 2009-2010.

que a passagem da via por este ponto não implica um desvio forçado ao itinerário. Assumindo portanto que o percurso até Fonte Branca é uma solução exequível e adequada à topografia da zona, uma incógnita levanta-se para o troço seguinte. Estamos agora próximo de Elvas, uma elevação ladeada por dois obstáculos: a norte o Forte da Graça, com a serra da Malefa nas costas e, do lado oposto, a elevação onde se encontra o Forte de Santa Luzia, menos imponente, é certo, mas um ponto que estrangula a passagem. Esta problemática está ligada, também, à existência de um aglomerado urbano sob a actual cidade de Elvas. Se houve um antecedente em época romana, será de considerar que o itinerário a serviria.

A antiga estrada militar orientava-se junto ao chafariz d'El-Rei e, no seguimento para oeste, por Calçadinha, um topónimo que preserva a memória viária, em direcção ao Monte do Menino d'Ouro, Casas Velhas e ao imponente povoado de Atalaia dos Sapateiros. Foi essa a proposta apresentada em 2005, onde para além da memória cartográfica[520], juntávamos o facto de ser o melhor circuito para atravessar as elevações a norte de Vila Boim que são também uma passagem natural, pois separam as bacias hidrográficas dos grandes rios que emolduram esta área geográfica[521]. Na base da Atalaia desprender-se-ia um caminho de ligação à via XIV que seguia por Monte dos Pequeninos. Teríamos a passagem próximo de São Romão em direcção a Alcarapinha, percurso que marca a inflexão na curvatura para norte que a via XII vinha fazendo, passando agora a orientar-se para ocidente. Em Alcarapinha o P^{e}. Silva Louro localizou um povoado, sepulturas e um miliário[522], talvez a coluna na esquina do monte, mas que não tem legenda visível. A partir deste ponto o traçado torna-se mais fácil de identificar cartograficamente, embora no terreno a prática agrícola tenha conduzido a alterações na topografia. Trata-se de um caminho rectilíneo, na direcção sudoeste, que de Alcarapinha segue em direcção ao Monte de Alcobaça. Aqui os indicadores no terreno são numerosos – um extenso troço de via, uma mancha de materiais, notícias de necrópole no lado oposto – mas o elemento mais significativo já não se encontra no local: o célebre miliário com a milha LXV[523]. As questões mencionadas por Leite de Vasconcellos, em que "apareceu na Herdade de Alcobaça, freguesia da Terrugem, concelho de Elvas[524]", já foram esclarecidas por Maria José de Almeida[525] e a atribuição a este local é perfeitamente justificável pela consulta do registo de propriedades,

520 Folha 25 da Carta Geral do Reino de 1872, escala 1: 100.000.

521 "Este traçado evita uma área de topografia mais acidentada a sul e coincide quase exactamente com a linha de festo que separa as bacias hidrográficas da Ribeira do Almuro (Sorraia) e Ribeiras de Asseca e Mures (Guadiana)." In: Almeida, Carneiro, Morgado & Rodríguez Martín, 2011.

522 Louro, 1964: 5-6.

523 IRCP nº 670.

524 Vasconcellos, 1914.

525 Quer em 2000: 163 e nº 34, e artigo conjunto em Almeida, Carneiro, Morgado & Rodríguez Martín, 2011.

que indica ser este o limite das freguesias de Terrugem e Vila Fernando. É daqui proveniente um outro miliário[526] encontrado no sítio de "Cabanas", um micro-topónimo que já não é possível localizar no território da herdade[527]. É de lamentar que a inscrição do segundo marco esteja apagada, não deixando perceber a miliação, mas chama-se a atenção para o facto de que existe uma terminação dos limites administrativos de duas freguesias. Se a este facto juntarmos a circunstância de o Monte de Alcobaça ser um marco na paisagem, pois é facilmente avistável de qualquer ponto nas imediações, temos um lugar relevante na estruturação do território e na definição de limites de administração, facto que deve motivar um olhar atento para o sítio onde o P^e^. Louro refere uma coluna e um capitel e os "grossos tijolos do chão de uma casa sobre a qual hoje se semeia o trigo"[528]. O itinerário conservado em torno a Alcobaça é um dos mais bem preservados na zona, e a densidade de sítios dos dois lados do traçado é um indicador da sua importância como espinha dorsal. Na extensa planície entre Sapateiros e a Serra d'Aires a via romana constitui um elemento indelével da paisagem. O troço torna-se perfeitamente visível na calçada ascendente que dá acesso ao Monte de Alcobaça, onde separa a casa dos anexos agrícolas. Daqui para oeste, e durante quase dez quilómetros pode ser percorrido, ondulando suavemente, com uma estrutura em cascalho grosso, que aos poucos se vai desfazendo, e sem grandes elementos estruturais que a definam. Está quase sempre marginada por vedações, pois funciona como caminho público, de maior largura que os habituais. A densidade de sítios é grande: logo a norte de Alcobaça temos dois grandes pontos, Serrones e Aldinha. Junto deste último segue uma *via privata* extremamente bem conservada, que acompanha a ribeira do Tira Calças até ao Monte de Alcobaça. Se de Aldinha formos mais a norte temos Torre do Curvo, de onde é proveniente um outro miliário[529]. Este local está a cerca de três quilómetros de Alcobaça, e aqui localiza-se um outro sítio romano. Todavia, no território da herdade não existe qualquer troço de via ao qual o miliário seja atribuído, pelo que a visão de Jorge de Alarcão[530] de que estaria integrado na "via de *Abelterium* a *Augusta Emerita* por Elvas" levanta reticências. Como explicar esta ocorrência, com um miliário que, para mais, tem um formulário canónico e paralelizável com outros conhecidos no *conventus* (embora, e de novo, sem a menção miliária)? Talvez a resposta esteja nesse pequeno troço de caminho em direcção a Aldinha e, para norte, Torre do Curvo, que nesse caso não seria uma mera *via privata* mas um *diverticulum* de ligação à via XIV, no ponto dos *Lares Viales* em Monte das Esquilas, que nesse caso, e de acordo com Mário

526 IRCP nº 679.
527 Louro, 1948: 162.
528 1966.
529 IRCP nº664.
530 2006, em especial o anexo 249-250.

Saa, funcionaria como nó viário[531]. De facto, Torre do Curvo encontra-se no alinhamento para norte de Alcobaça com Esquilas, tendo de permeio Herdade dos Vinagres, onde Saa viu restos de "poderosa calçada"[532], e um troço que coincide com o limite administrativo de Monforte com Elvas.

Regressemos à via XII. A sensivelmente quilómetro e meio de Alcobaça temos outro caminho norte/sul, tendo nesta direcção, e na mesma distância (ou seja, o equivalente a uma milha) a *villa* de Farisoa. O caminho prossegue, fazendo a extrema dos concelhos de Elvas com Monforte e, pouco depois, um *trifinium* que tambem inclui Estremoz. É chegado a este ponto, a sul da elevação conhecida como Serra de Aires (e do geodésico de Presa,) que a via novamente deixa de ser percorrida, destruída que foi por uma agressiva agricultura com recurso a *pivots* de rega. Mas volta a ser encontrada junto ao cemitério de Orada[533], caminhando em direcção à vila, à entrada da qual encontra-se sinalizada por azulejos com a "Estrada Romana". Em seguida, no entanto, novas dúvidas se levantam.

Em 2008[534] foi proposto que o itinerário fosse, a partir deste ponto, coincidente com a actual E.N. nº 4, o que obrigaria a uma nova inflexão para sul, até mais pronunciada do que as anteriores. Todavia, alguns indicadores sugerem que o caminho romano segue um pouco mais a norte, o que lhe permitiria manter a direcção Oes/sudoeste que traz desde a Atalaia dos Sapateiros. Era este o percurso da antiga estrada a Lisboa, que Leite de Vasconcellos menciona[535] e Mário Saa também refere: "Os antigos não íam de Estremoz a Elvas por este traçado. Faziam-no mais por Norte, dirigidos a Alcaraviça, que hoje se chama Orada [equívoco do autor, pois são dois locais distintos], do seu orago. De Alcaraviça ia à atalaia da Fonte dos Sapateiros (ponto alto do planalto estremocense), mais conhecida por Atalaião. Daqui, pela Calçadinha, entrava em Elvas.[536]" Esta proposta é pertinente, comprovada pela toponímia ("monte dos Carris", várias designações de Venda" e "Estalagem") e pelo facto de se encontrarem antigas "estalagens" de acolhimento aos viajantes[537]. O caminho seguia sensivelmente pela actual estrada municipal entre Orada e Estremoz (embora em terrenos nem sempre planos e rectos) por São Domingos de Ana

531 "Uma cruz de caminhos" no dizer do autor (Saa, Tomo I: 292).

532 Tomo I: 263. No terreno não foi localizada na visita ali feita.

533 Note-se que de acordo com as Memórias Paroquiais de 1758 referentes a Nossa Senhora da Orada aqui existiam "tres estalages, que ficam na estrada real de Estremoz para Elvas." Teria também uma "ponte de pedraria" na mesma estrada.

534 Carneiro, 2008: 56.

535 Leite de Vasconcellos, 1914.

536 Saa, Tomo I: 130.

537 António Henriques da Silveira menciona dois pontos de referência na estrada militar: "Sahio o nosso Exercito de Estremoz [...] e no primeiro dia se alojou na Ribeira de Alcaraviça, e no segundo, junto da Atalaya dos Sapateiros, e no terseiro junto de Elvas [...]." (Fonseca, 2003: 258). Todavia, a menção à "ribeira de Alcaraviça", e não à localidade em si, não permite perceber o exacto ponto de pernoita.

Loura e Estalagem da Raposa. Próximo de Mamporcão reunia à actual E.N. nº 4 em Monte de Santo António, atravessando a serra dos Caldeireiros junto à Atalaia das Casas Novas. Temos portanto que entre Orada e Estremoz – dois lugares onde existem indubitáveis testemunhos viários - é difícil seguir o caminho, sendo que a dispersão de sítios também não ajuda, pois não é evidente um alinhamento de pontos como entre Vila Fernando e Orada, com uma sequência de *villae* marginando o traçado. As alterações da paisagem e um relevo mais pronunciado conduzem a estas dificuldades de rastrear o itinerário. Ora esta situação acaba por ser lesiva para o entendimento geo-estratégico, pois é precisamente nesta área que se situa o anticlinal de Estremoz e o *pagus marmorarius* que motiva, no fundo, a designação de "Rota dos Mármores" que tem baptizado a via XII. Não deixa portanto de ser irónico que seja no espaço mais decisivo que as evidências do trajecto se percam de forma mais dramática. Resta perceber a localização original do miliário atribuído a Vila Viçosa[538], cuja determinação do correcto ponto de achamento poderia ser vital para se entender o exacto ponto de passagem da via.

Voltemos ao percurso. A passagem da via a sul de Estremoz está comprovada pela existência de um miliário. A referência do achado tem sido ignorada: "No anno de 1784 andando hum lavrador, lavrando hum campo junto da Horta do Agaixa, descobrio huma pedra marmore finissimo de ... palmos de Comprimento; e hum de Largura;"[539] ora, a Horta, hoje grafada "do Agacha", fica a sul de Senhora dos Mártires, em zona plana e por onde a transitabilidade é facilitada. Também outros indicadores são importantes: a dedicatória a Cíbele de *Iulius Maximianus*[540], que faria parte de uma estrutura junto à via (dado o seu cariz laudatório e ervegético, mas também ostentatório, para contemplação pública), e ainda o provável *vicus marmorarius* em Senhora dos Mártires, associado à estrutura industrial de contenção de água do Tanque dos Mouros. Mas a partir deste ponto regressam as dúvidas. É possível que seguisse por Fonte do Imperador em direcção à zona das Aldeias e de Castelo/Castelinhos, onde apesar dos sugestivos topónimos, não se conhecem indicadores arqueológicos. A partir da Represa (outra denominação sugestiva, mas também sem achados de terreno) toma-se uma linha de terra a cota mais elevada que permite manter uma recta constante, durante quatro ou cinco quilómetros, até ao ponto do Pego do Sino.

A travessia da ribeira de Tera apresenta poucos pontos de passagem propícios, pois trata-se de um curso de água caudaloso e, sobretudo, de volume

538 IRCP, nº 676; Alarcão, 2006: 251.

539 Fonseca, 2003: 150. Na imagem ilustrativa lê-se: DD. NN. CONSTANT. / SALVIS. AFANTIO THORIBO. Surge em Crespo, 1950: 5, com leitura errónea: "D.D.N.N. Constant Salvis Afrantio Thoribio / ....E 185....". É o miliário publicado em IRCP nº 675, com leitura entretanto rectificada: D(ominis) N(ostri) CONSTANT[INO] / [VALERIO LICINIANO NOBIL(issimis)] CAESAR(ibus).

540 IRCP nº 440.

irregular, com cheias no Inverno. Trata-se, portanto, de um obstáculo natural, que para a sua transposição necessitaria de uma ponte – note-se, aliás, como a E. N. Estremoz/Évora inflecte o seu percurso buscando uma aproximação mais fácil. Pelas notícias antigas o local de passagem estaria no denominado Pego do Sino: "A cinco kilometros corre a ribeira de Ter, abundantissima em peixe de primeira qualidade. Nesta ribeira existe o afamado pego do Sino, sobre o qual parece ter havido, em tempos remotos, uma ponte, cujos alicerces ainda se percebem. [...] Nos rochedos, quasi impraticaveis, que naquelle sitio são as margens da ribeira, vêem-se uns sulcos semelhantes aos que produzem os rodados das carretas e as patas dos bois.[541]" Este lugar parece ser o mais praticável para se passar a ribeira, embora exista o topónimo de "Foro do Atalho" e referências a uma passagem próximo de Venda do Duque[542]. De Pego do Sino torna-se simples a passagem até ao sopé de Evoramonte[543], seja contornando Outeiro Ruivo por norte ou por sul, dado existirem vales encaixados que permitem uma fácil progressão. O sentido da via seria São Marcos, onde se encontra o sítio romano e a ermida que, conforme a atribuição hagiotoponímica indica, foi até aos anos sessenta ponto de festividades relacionadas com o gado e a transumância. Certamente que o miliário que se encontra na Igreja de Santa Maria[544] será daqui proveniente.

A partir deste ponto o itinerário XII circulava em direcção a *Ebora Liberalitas Iulia*.

6.3.2. Via XIV

Em termos genéricos o traçado apresenta inquestionáveis certezas, mas também fundadas dúvidas[545]. As certezas advêm do cruzamento de informações indiscutíveis: temos uma obra de arte notável, a ponte de Vila Formosa[546]; a *mansio* de *Abelterium*, cuja localização na actual Alter do Chão já não oferece

541 EVORAMONTE, 1906: 278.

542 Embora a informação não seja explícita, dando a entender que existiam dois portos simultâneos: "Os Castilhanos passarão o Rio Tera no dia 7 de Junho, no porto da Venda do Duque, e no mesmo tempo passarão o dito Rio no porto de Evora Monte." (Fonseca, 2003: 240).

543 A descrição de Fr. Claude de Bronseval (1970: 535)indica-nos que ele e seus companheiros passaram no sopé da fortaleza de Evoramonte, percorrendo uma estrada plana: "Et via planissima, tribus leucis peractis, sub forti castro nomine Evremon transivimus [....]." Junto a Venda do Duque encontra-se uma ponte seiscentista de grande volume, embora pareça fazer parte de outro itinerário.

544 IRCP nº 674.

545 Em traços largos foi também este o itinerário percorrido por Fr. Claude de Bronseval (1970: 665-669).

546 Que Mário Saa tomou por obra de arte islâmica: "O bloco de cantaria que fecha superiormente o arco principal, na face a juzante, apresenta, em relevo, o crescente lunar mussulmano, insignia com que foi edificada." (Tomo I, pp. 286-287).

dúvidas; um conjunto de miliários entre Ponte de Sôr e Alter do Chão; e finalmente a própria infra-estrutura viária, vista por Félix Alves Pereira[547], Mário Saa e ainda visível em alguns troços. No capítulo das dúvidas, podemos considerar que, a uma metade ocidental relativamente estável porque visível no terreno, temos incertezas a partir de Alter do Chão para oriente, com duas propostas de itinerário que não se excluem mutuamente, mas que podem pertencer ou a esta via ou à XV. Depois temos ainda a questão de existir um nó viário entre ambas em *Ad Septem Aras*, *mansio* ainda não localizada no terreno, ou seja, devemos supor um ponto em que as vias "trocam" entre si ou, pelo menos, que se aproximam embora não necessariamente se "toquem"[548]. Da mesma forma, e trata-se de um factor comum às três estradas, o «encaixe» no território espanhol suscita dúvidas.

Comecemos por aqui. Nos estudos preliminares para o artigo conjunto de 2005[549], o nosso olhar incidiu na proposta de a via passar por Retiro, Godinha, Porto da Amoreirinha e Pereiras, percorrendo a base do outeiro do Castro de Segóvia. Esta proposta tinha um ponto relevante: no Porto da Amoreirinha, zona de fácil transposição de um curso de água difícil, o Caia, temos o limite administrativo dos concelhos de Elvas e Campo Maior, que corresponde precisamente à contagem da milha XLVI a partir de *Augusta Emerita*[550]. Para mais, com uma reavaliação atenta será de considerar que o grande povoado da Idade do Ferro sedeado em Segóvia desempenhou um papel central na articulação geo-estratégica de todo este amplo espaço, e neste âmbito a sua função – tal como o de outros similares, como Atalaia dos Sapateiros ou Juromenha – tem de ser revista e considerada, não apenas em termos do que *cada um foi*, mas também do que *cada um deles foi em relação com os outros*.

Todavia, creio ser em Ilhas o ponto de entrada no território português. Para além dos dados no terreno, com menção a vestígios romanos, e uma coluna de granito que pode corresponder a um marco miliário, existem valores simbólicos a considerar: trata-se do ponto mais a Este na linha de fronteira, e corresponde de forma precisa à milha XLII contada a partir da capital provincial. Neste duplo aspecto estamos, de facto, perante um "ponto de passagem". A passagem do Xévora é simples e acessível, mesmo em tempos de maior caudal (não sendo no entanto visível qualquer indício de ponte), os solos são estáveis em qualquer altura do ano (ao contrário da zona entre a Godinha e Retiro onde são alagadiços), existem amplas rectas e temos sítios arqueológicos cuja relação com o caminho é óbvia. Refira-se ainda que em

547 1912.

548 Aliás, "quand les Itinéraires antiquent nomment une cité, cela ne signifie pas toujours que la voie traverse la ville elle-même: elle ne fait parfois qu'en toucher le territoire [...]» (Chevallier, 1997: 99).

549 Publicado em Almeida, Carneiro, Morgado & Rodríguez Martín, 2011.

550 Situação já mencionada em Carneiro, 2008: 66, nota 96.

2008 concedi grande destaque a um caminho um pouco mais a norte, que hoje considero um *diverticulum* ou uma ligação secundária[551].

Partindo de Ilhas, a via XIV apresenta uma extensa recta de centenas de metros que conduz ao ponto de passagem mais facilitado nas elevações que se estendem em cordão ao longo do Xévora. Essa suave pendente encontra-se próxima do sítio de Casarões da Misericórdia, cuja relação espacial e de dominância visual com a via é evidente, e prossegue para Monte de Crasto, onde existem indicadores de sítio romano[552]. Para oeste duas hipóteses: pelo vale da ribeira do Muro ou subindo a ribeira dos Cães (onde se encontra a barragem do Muro), sendo a primeira aquela que, entre os marcos geodésicos de Cabeça Gorda e de S. Pedro, melhor permite alcançar o sítio de Defesa de S. Pedro ("dos Pastores"), onde se documentam dois marcos miliários[553], situação que levou à proposta de classificação como *mansio*. É de ressalvar que na zona existem várias possibilidades de trânsito, e caminhos que poderão corresponder a *diverticuli*. Para sul existe um itinerário, em direcção a Porto da Amoreirinha e Godinha, e também a norte, por Calejão e Monte do Comandante, atravessando o Xévora junto à *villa* de S. Salvador, podendo este ser um caminho privado. O tecido viário é complexo, e exige estudos de terreno sistemáticos.

Regressando a S. Pedro, a via XIV orienta-se até à barragem do Caia, deixando a sul um conjunto de *villae* como Silveira, Monte da Eira ou Horta da Capela. Para norte temos uma das mais fascinantes questões da área regional: o nó viário de *Ad Septem Aras*. Até à identificação dos indicadores viários na albufeira do Caia o traçado da via XV parecia límpido, bem como a sua conjugação com a via XIV, correndo paralela a sul. No entanto, as prospecções intensivas feitas por mim próprio e por António Lopes, trazendo novos lugares a conhecimento, bem como as notícias de uma ponte junto a Santa Catarina e o troço de via com miliário em Reguengo, obrigam a abrir o leque de hipóteses. A mais séria tem a ver com a possibilidade de a profusão de sítios em torno da barragem do Caia poder corresponder a *Ad Septem Aras* e nesse caso teríamos, não um nó viário, mas um feixe de ligação norte/sul pondo em contacto os dois itinerários. E isto porque o troço de via com miliário em Reguengo, com óbvias evidências

551 Trata-se do trajecto "através do Calejão (topónimo indicador de caminho), servindo de divisão de propriedades, por alto da Cardeira, vale do Castelo, Monte do Comandante, em direcção a Monte de São Salvador, onde faria a travessia do Xévora, possivelmente junto à villa romana aí situada" (Carneiro, 2008: 76). Sublinhe-se que não nego a existência deste caminho, apenas a pertença à via XIV, pois em época medieval deveria ser muito utilizado, de acordo com a descrição de Fernão Lopes que Saa reproduz, designando "São Salvador da Matança" (Tomo II: 152-153).

552 No pátio da casa agrícola encontram-se duas aras anepígrafas, vários elementos arquitectónicos e, já no exterior, um peso de lagar. É contudo difícil perceber se estes materiais provêm de Casarões da Misericórdia ou de algum sítio mais próximo mas ainda não localizado. Note-se que próximo da horta, na passagem de um pequeno curso de água, se encontram duas grandes lajes de mármore, eventualmente de época romana.

553 Carvalho, 1988b e 1988c.

no terreno, tem uma orientação diferenciada – norte/sul – das duas vias que caminham paralelas em direcção este/oeste.

A via XIV seguiria portanto pela margem direita do Caia, deixando a XV a norte. A seguir ao Monte do Rico segue-se um percurso serpenteante, junto à ribeira de Chaves, transitando por uma paisagem alterada pela presença de pedreiras. Os sítios romanos, contudo, existem: na progressão para ocidente temos Monte do Cachim, Silveira e Monte da Capela/S. Pedro, na base de cuja igreja em ruínas corre um troço de via em excelente estado de conservação. Ondulando entre as suaves elevações, escolhendo as pendentes suaves, temos um caminho com pedras na guarda lateral exterior voltada para a linha de água, com um tabuleiro de circulação que corre alteado até às proximidades de S. Pedro, em que surge ligeiramente escavado para melhor vencer a inclinação natural. Em seguida quase se perde, fossilizado apenas na Carta Militar, mas correria próximo do sítio de Ventosa, onde a capela apresenta uma implantação dominadora que controla o caminho. É possível que em seguida se encontre sob a actual estrada de alcatrão, que prolonga o traçado anterior. A proposta de Mário Saa de fazer passar o caminho em direcção à actual localidade de S. Vicente e Ventosa, sede do "extenso chão arqueológico da Aventosa"[554], é plausível, mas nesse caso haveria que questionar o papel em época romana da actual sede de freguesia, que se situa no centro de um relevante conjunto de sítios: Quinta das Longas e locais associados, Cortina, Vila Cova e Vinagreira, entre outros. Estamos também próximos, a sul, do itinerário XII, pelo que é plausível mais um nó viário de ligação, por Monte dos Pequeninos, possível corruptela de "Peregrinos"[555]. Saindo de S. Vicente pelo caminho de Monte do Mestre, o itinerário vence uma extensa zona plana, sem indicadores, mas com uma topografia adequada. Passa a norte de Alentisca, segue a sul de Monte do Torrão e atinge Barbacena, onde se encontra um relevante centro de peregrinações (Fonte da Lapa, com caminho que em tudo corresponde a um troço de via) e uma ponte que poderá conservar os alicerces de época romana. Em Barbacena conhecem-se dois marcos miliários[556], embora o contexto de proveniência não seja seguro. Nesta proposta o troço de caminho junto a anta do Reguengo[557] parece desfasado para sul, a menos que a via contornasse o núcleo de Barbacena por Horta da Pedra e seguisse pela ribeira da Coutada.

A ponte de Barbacena marca uma nova inflexão. Para ocidente desprende--se mais um caminho de importância estratégica, em direcção a Prazeres (Monforte), passando a norte de Veiros e de S. Pedro de Almuro, de S. Saturnino (Fronteira), para Cabeço de Vide, com troços bem conservados no terreno[558].

554 Saa, 1956: 198.
555 Almeida, Carneiro, Morgado & Rodríguez Martín, 2011.
556 IRCP nº 661 e IRCP nº 663.
557 Viana 1950: 300.
558 Carneiro, 2008: 3.1.3., p. 94-96. De então para cá, novas prospecções permitiram confirmar este traçado.

O caminho que nos ocupa, contudo, segue para Monforte, paralelo à actual estrada de alcatrão, de onde se podem ver alguns troços fossilizados na paisagem, observando-se um ligeiro aterro que suportava a via, que perdeu a utilização como caminho público. O próximo indicador relevante encontra-se em Herdade das Esquilas, sede do templo aos *Lares Viales* encontrado por Mário Saa[559] que, como então sugeriu, seria um ponto de encruzilhada de caminhos, tal como se observa na Carta Militar. Embora alterado pela agricultura recente, o terreno permite fáceis transposições. Por Monte do Passeiro, Horta da Palmeira, Herdade dos Guerros, temos rectas que evitam linhas de água, e sítios romanos (incluindo o núcleo de Monte das Janelas) ao longo da via. Apenas a passagem da ribeira Grande a sul de Monforte levanta dúvidas, pelo estrépito que o caudal apresenta em épocas de pluviosidade, e porque várias pontes medievais possibilitam hipóteses de transposição. Para nordeste entramos na "estrada dos castelhanos" de Mário Saa[560], com indicadores visíveis no alinhamento de sítios, nas fotografias áereas[561] e na repartição administrativa, pois grande parte do traçado constitui a delimitação concelhia entre Fronteira e Monforte. Nota-se um curioso caminho paralelo[562], possivelmente medieval, que serve directamente a basílica de Torre de Palma, enquanto o traçado romano se afasta um pouco mais da *villa*. Portanto, de sudeste para noroeste, serve sucessivamente Torre de Palma e seus "sítios-satélites", Matança, correndo no sopé do povoado da Idade do Ferro de Cabeça de Viamonte, pelos diversos sítios de Caniceira, em direcção à ribeira do Carrascal onde, novamente à sombra de um grande povoado indígena (Castelo do Mau Vizinho), circula próximo a outra *villa*, neste caso Horta da Torre. Para o lado ocidental do percurso, em zona de excelentes solos e vários cursos de água, encontram-se numerosos pontos de povoamento e necrópoles associadas, já no concelho de Fronteira.

Para norte o caminho continua bem visível. Passa junto aos sítios de Merouços, próximos de Horta da Torre, até ao actual, e também romano, balneário termal de Cabeço de Vide. Cortado pela estrada de alcatrão, sobe a encosta em direcção ao núcleo urbano, mas a meio da elevação toma o sentido norte, a antiga Estrada de S. Domingos[563] que, até destruições recentes, era o eixo de ligação entre Cabeço de Vide e Alter do Chão. Com características rectas nos troços conservados, deixa a oriente o sítio de S. Pedro e, do lado oposto, a *villa* de Quinta do Pião (Alter do Chão), demandando Alter Pedroso, também um relevante povoado indígena. Por troços de calçada medieval que se sobrepõem ao velho caminho romano, desce em direcção a Horta do Pote, onde

559 1956: 295.
560 1956: 185-189.
561 Carneiro, 2005: 163-164; Carneiro, 2008: 63-64.
562 Carneiro, 2005: 163, fig. 56, e 164, fig. 57.
563 Carneiro, 2005: 160-163.

temos uma impressionante recta conservada, que para ocidente permitiria mais um nó de ligação, desta vez com Taberna dos Mouros e a via XV, conforme se descreve no ponto seguinte. Para Alter do Chão, a antiga *Abelterium*, a via estaria bem conservada no século XVIII, no dizer de D. José de Cornide[564].

Um dos aspectos mais curiosos do traçado da via XIV reside na acentuada assimetria a partir de *Abelterium*. É certo que também existe uma assimetria de conhecimento, pois para ocidente o caminho foi bem reconhecido por Félix Alves Pereira[565] e por Mário Saa[566], não havendo equivalência para o outro sentido. Mas até à Ponte de Sôr o traçado está visível nas fotografias aéreas disponíveis, bem como (genericamente) nos traçados conservados. Existe uma grande profusão de marcos miliários encontrados no terreno pelos autores que reconheceram a via. Assim, contornando o campo de futebol a sul, e deixando no sentido oposto o núcleo arqueológico de Ferragial d'El-Rei, a via segue por um caminho público largo e bem definido, sempre pelo exterior dos muros da Coudelaria de Alter Real. Próximo de Arribana das Colmeias, uma recente intervenção no âmbito da construção do IC13 deixou à vista um troço lajeado. Sempre em direcção noroeste, circula entre Monte da Porra e Casa de Alvalade, correndo no sopé deste notável sítio arqueológico. Entra depois na Herdade de Monte Redondo, onde a plantação de eucaliptos inviabiliza uma detecção mais conseguida do seu percurso. Por estas passagens, o percurso está comprovado por dois marcos miliários em Monte da Celada[567]. O topónimo encontra-se a sul, mas o autor diz-nos que "estes marcos devem considerar-se deslocados; porque a estrada romana passava mais ao norte."[568] Esta situação mantém-se para o lado oposto da ribeira de Seda, em cuja travessia se encontra um dos mais elegantes monumentos romanos da *Lusitania*, a ponte de Vila Formosa. Transposto o curso de água, existiria mais um miliário, junto ao marco geodésico de "Vale do Gato", que

---

564 "Alter do Chão, que yo deseaba verificar se era el Abelterium del Itinerario de Antonino, situado entre Aritio Pretorio y Matusaro, de lo que efectivamente no me queda [duda]; lo uno porque al entrar en el pueblo se corta la vía militar, que se compone de piedras gruesas y sueltas con poca unión, de 24 pies de ancho; el pueblo está situado en un vallecito frondoso y en la parte superior se halla parte de una fortificación romana en forma cuadrilonga, de 60 pasos de ancho y hasta unos 160 de largo, que parece aún continuaba por lo que hoy ocupan las casas; [...] No hallé inscripción alguna pero sí muchas piedras sillares de cantería, particularmente en los cimientos del castillo moderno [...]." (Abascal & Cebrián, 2009: 682). Como se depreende da indicação, a via contorna a sul o actual núcleo urbano.

565 1912. Infelizmente muitas das referências deixadas pelo autor já não são passíveis de localização, pelas alterações da paisagem física e simbólica. É o caso do micro-topónimo de Horta da Zanga, com um "pontão de tejolo" em arco de cantaria, passível de ser integrado no troço da via, mas actualmente em parte incerta.

566 Em especial o volume de 1956.

567 No original, "Selada" na Carta Militar; um estaria em Compromissos. Indicação em Pereira, 1912: 220, embora o autor não os tenha visto no terreno.

568 Pereira, 1912: 220.

talvez corresponda ao sinal de Lapa. Algures no traçado ficaria um outro, em *Rascão*; "[...] passados pouco mais ou menos 2 quilómetros"[569] teríamos um marco miliário em Vale de Perlim, extrema da herdade de Vale de Barqueiros, onde no Monte das Ferrarias "se conhece a calçada romana"[570], talvez o mesmo marco que Mário Saa encontrou no terreno[571]. Aliás, para o troço seguinte, passa o autor radicado em Ervedal a ser o melhor informante, com a sucessão de marcos encontrados até Ponte de Sôr[572]. Um encontra-se ainda junto ao Monte da Coreia, e resulta semelhante aos registados graficamente por Félix Alves Pereira, com um plinto quadrangular sustentando uma coluna de grandes dimensões[573]. Seguem-se duas outras colunas[574], elevando o total de miliários deste troço entre a ponte de Vila Formosa e S. Marcos para pelo menos cinco, todos anepígrafos, o que faria deste um troço com a miliação integralmente preservada[575]. Aqui a estrada correria um pouco a sul da actual ligação, tendo Saa observado "as três estradas, a Nacional, a estrada velha, e a estrada imperial (dos marcos)"[576], estando a última a ser destruída pela primeira. Entramos depois no troço de S. Marcos, ainda presente na memória local[577]. A estrada seguiria a norte do templo onde hoje acorrem peregrinações, mas estaria do lado oposto da elevação (a norte), onde o relevo é plano e foi localizado o pequeno sítio de S. Marcos. Aqui estaria um outro

569 Pereira, 1912: 219.

570 Pereira, 1912: 220. Algumas destas designações referem-se a micro-topónimos difíceis de localizar.

571 1956: 283: "A coluna imediata, ao km. 112,9, encontra-se a 1555 metros da da Arrabaça. Está reduzida a um fragmento circular e baixo [...]"

572 Terá sido também Mário Saa o último investigador que presenciou a via romana, já no momento da sua destruição pela passagem da estrada de alcatrão. Infelizmente não se cumpriu o propósito anunciado por Leite de Vasconcellos (1910: 248): "A via ficou determinada entre Ponte de Sôr e Villa Formosa. Vou pedir ao Governo que mande tirar a respectiva planta."

573 Junto à casa: Altura máxima da coluna – 117cm; Diâmetro – 57cm; Plinto quadrado – 49 largura, 12 de altura, com base quadrangular, em granito de grão grosso, com muitos líquenes. Todavia, não se vêem letras ou quaisquer vestígios de inscrições. Encontra-se fora da posição original, pois Saa indica a sua implantação cerca de 200m mais à frente. Referenciado a N 39º 13' 44.4" e W 007º 50' 10.1". Deve tratar-se da coluna que Mário Saa identifica com a "Arrabaça", pois a propriedade a sul designa-se de "Rabaça". Leia-se o que escreveu: "Depois, 20 m. ao sul da Estr. Nac., e ao km. 111,35 [o Monte da Coreia encontra-se ao km. 111] - portanto, a 1550 metros das duas colunas tombadas - outra se acha, erecta, muito volumosa e também de granito. Está numa breve elevação de terreno onde chamam a Arrabaça, pertença da herdade da Lapa ou de Vila Fermosa. Tem, a coluna da Arrabaça, 50 cm. de diâmetro, e é alta, apesar de truncada. A base é quadrangular e solidária com o fuste. Não se lhe percebem letras. Vai perdendo a posição vertical e inclina ao Poente." (1956: 283).

574 "Depois da coluna de São Marcos, na estrada das Galveias, encontra-se um grupo de duas, já caídas e tão metidas na terra que não deixam ver os letreiros, se acaso os têm. Estão à distância de 1580 m. de São Marcos, e 100 m. a sul da E. N. N.º 119, considerada, aqui, ao km. 109,8." (1956: 282-283).

575 Ver enumeração exaustiva em Alarcão, 2006: 226.

576 1956: 283.

577 Carneiro, 2008: 61.

marco miliário[578]. Desce depois para Vale da Venda, seguindo o curso da ribeira do Monte Novo. Aqui os marcos miliários regressam, com dois exemplares: um ainda de pé, junto à ribeira do Monte Novo ("Freixial" para Mário Saa) e outro semi-enterrada junto ao sítio arqueológico de Fonte da Cruz[579] e a uma fonte de chão que poderia ser um recurso para o viajante. Ao longo deste caminho a via, circulando junto à ribeira, é claramente visível. Após Fonte da Cruz o itinerário segue junto ao curso de água, infelizmente submerso por pequenas barragens, circulando até ao não localizado sítio de Freixial, e depois inflectindo ligeiramente para o interior (onde as margens se tornam mais acidentadas) em direcção à ermida de Sr.ª dos Prazeres, local de grande relevância simbólica e onde Mário Saa encontrou um marco miliário junto à parede da igreja[580]. Em seguida, e até Ponte de Sôr, o caminho não é fácil de localizar no terreno, devidos às constantes alterações de uso do solo, embora Saa nos tivesse deixado uma impressiva descrição[581]. Na junção da ribeira do Vale do Bispo com a ribeira do Andreu recolheu Leite de Vasconcellos um miliário de Probo[582] no sítio denominado «Monte dos Casamentos», talvez o actual Monte do Barata. Em seguida, e até ao actual núcleo da Ponte de Sôr, a estrada seguiria sob a actual E.N. nº 119. A ponte sobre a ribeira de Sôr foi reconstruída em 1822, mas é herdeira de monumento anterior, sendo ainda visíveis nos arcos mais a oeste alguns silhares[583] dessa estrutura. Outra indicação relevante reside na inscrição honorífica encontrada no local[584],

578 Saa, 1956: 280.

579 "Sobe, com a ribeira do Freixial, até à Fonte da Cruz onde existe, a custo visível, a raiz duma coluna de granito, com 50 cm. de diâmetro. [...] Andados 610 metros para diante da coluna da Fonte da Cruz, outra se nos depara, volumosa e erecta onde a via passa à margem esquerda da ribeira do Freixial. É, como todas, de granito e chamam-lhe «marco do concelho». Não tem sinais de letras, nem as teria." (Saa, 1956. 278-279).

580 Saa, 1956: 275-277; IRCP nº 666a.

581 "Entre uma e outra localidade a estrada subia o Vale da Rainha, passava por M.te dos Cabeceiros, Vale da Fonte, Prazeres. Aqui o assento da extinta Alperesón. O caminho vai sulcado, e ainda denominado, por gente idosa, a «estrada dos Mouros», como sucede no M.te dos Cabeceiros. A estrada corre a sul, e por baixo, do sinal geodésico de Cabeceiros, à distância de 500 metros. Passa a norte, e à retaguarda, da ermida dos Prazeres." (1956: 272). Como foi afirmado em Carneiro, 2008: 60, no terreno a existência de perfis mais declivosos torna difícil perceber quais os pontos de subida onde poderíamos ter o traçado de uma via. Todavia, o caminho surge também descrito em Andrade, 1986: 78: "[...] encontra logo, ao transpor, na estrada, o ribeiro do Barata, e inflectindo para a direita, os restos do Monte dos Casamentos, e de um velho caminho. Seguindo-o sempre, chegará ao Vale da Rainha, aos Cabeceiros, e, mais além, a capela da Senhora dos Prazeres."

582 IRCP nº 668.

583 Provavelmente a pontem lapideum que Fr. Claude de Bronseval (1970: 493) atravessou na sua jornada de viagem em 1532. Ver também Carneiro, 2008: 60.

584 Placa marmórea monumental com consagração a [TRA]IANUS: Silva & Encarnação, 1990.

que pertenceria a um arco ou estrutura evocativa da transposição para outro território conventual[585].

Deixando o actual núcleo urbano para oeste, o traçado volta a ser visível. Inicialmente é sugerido na paisagem por uma longa recta, que permite a ligação à ribeira do Domingão através da passagem por Foros de Domingão, correndo sob a actual estrada de alcatrão. Aproveitando o vale da ribeira, a via romana segue pela margem sul do curso de água, criando um terraço aberto na vertente que a sobre-eleva em relação ao leito de cheia. Feito em terra batida, largo e amplo[586], encontra-se hoje em dia em perigo devido a deslizamentos de terra e ao represamento da ribeira para arrozais. Frente ao Monte das Courelas transporia o curso de água, e segue em rampa constante em direcção ao marco geodésico de Bufão onde, junto, encontramos um sítio arqueológico com alguma relevância. Situa-se em cruzamento de caminhos, ainda bem visíveis na cartografia, sendo que daqui se desprendia uma outra estrada em direcção até Alvega do Tejo[587]. Aqui termina a delimitação administrativa do concelho de Ponte de Sôr, e também do Alto Alentejo, sendo que no seguimento para oeste temos um troço de estrada bem conservado, ondulando pelo curso de um pequeno curso de água até ao relevante sítio de Água Branca, já na circunscrição de Abrantes.

6.3.3. Via XV

Itinerário que levanta fundadas dúvidas interpretativas, porque mais uma vez temos um conjunto de pontos de passagem sem correspondência no terreno: as *mansiones* intermédias de *Fraxinum*, *Montobriga* e *Ad Septem Aras*, esta repetida face ao itinerário anterior. Em relação à monografia de 2008, a grande alteração reside na proposta de identificação da primeira com o sítio de Fraguil (Nisa), o que leva à inflexão para norte do traçado então apresentado[588]. Note-se ainda que, embora esta via não tenha nenhum marco miliário, apresenta uma notável definição de grande parte do seu percurso que é bem visível na cartografia e nas fotografias aéreas disponíveis. Olhando para as propostas historiográficas[589], as dúvidas que existiam sobre o ponto

585 Alarcão, 2006: 225.

586 O trajecto é conhecido entre a população como a "antiga estrada para Abrantes". Já no concelho de Abrantes, cristalizou na toponímia como "Vale da Estrada".

587 Itinerário que também merece um estudo atento. Note-se que, para nordeste, a propriedade seguinte designa-se de "Monte do Padrão".

588 Carneiro, 2008: 67-76.

589 Pequeno balanço de outras hipóteses de traçado em Carneiro, 2008: 68. De forma resumida, adiante-se que as principais dúvidas em relação ao itinerário XV residem na possibilidade de o fazer circular pela faixa norte-ocidental do distrito de Portalegre, como enunciado no presente texto, ou de traçar o percurso por Escaroupim, Erra, Couço e Mora,

de entrada no actual território português estão desfeitas pela realidade arqueológica de terreno. Isto porque os notáveis testemunhos da ponte romana da Senhora da Enxara (Campo Maior) falam por si e são elucidativos da magnífica obra de arte[590]. A sua origem romana está comprovada, quer pela monumentalidade, características construtivas ou por se situar em pleno itinerário, situação avaliada pelo alinhamento de sítios que já se observa no território espanhol e prossegue para o espaço português, mas sobretudo registe-se a impressionante dimensão que a estrutura construída teria. A componente simbólica e processional do caminho permanece até à actualidade no santuário a escassos metros, componente essa que também em época romana poderia já existir, pois do Monte da Defesinha é proveniente uma epigrafe dedicada a *Deae Sanctae*[591] configurando um provável santuário a *Ataegina*. Existe aqui um espaço "de passagem", de transposição de "fronteira", com uma componente sagrada e simbólica muito forte, e que em época romana é densamente povoado, com os sítios envolventes de Malha-Pão, Enxara, Lapagueira, Pombinha e Defesinha configurando uma diversidade de valências que deveria ser atentamente analisada, em especial porque não pertencem ao «padrão-*villa*» mas a lugares com diversos perfis de ocupação (viário, funerário ou sagrado, entre outros). Mário Saa, como outros autores, ignora a ponte da Enxara, porque apenas nos anos oitenta os vestígios foram postos a descoberto, após uma cheia do rio que evidenciou os pegões. Todavia, os dados apresentados por Saa para a reconstituição do itinerário serão a fonte mais fiável, não só porque noticia vários sítios, como observou uma paisagem hoje muito alterada por via da construção das barragens do Abrilongo e do Caia (com a consequente construção de acessos), e pela chegada de uma agricultura de regadio que nos últimos anos em muito transformou o *fácies* da área. Embora Saa não tivesse conhecimento da ponte da Enxara apresenta o já referido itinerário por Calejão e Salvador, que parece corresponder a um *diverticulum*. Esse caminho segue por Salvador, Monte do Comandante, Calejão e Meia Légua até à proximidades do Geodésico do Gato, ponto a partir do qual menciona um conjunto de sítios que não foram passíveis de relocalização: Horta dos Surdos, local hoje ao abandono[592], Monte da Travessa, Eiras do Pompílio, com "extenso povoado"[593], em direcção a Fragustos, com calçada no centro do monte e na travessia da ribeira. Sem negar a validade da proposta, com indicadores que o autor viu e que (para já?) não

como propõe Jorge de Alarcão (2006: 239-242).

590 Barata, 2005: nº 5. Os pegões da ponte só foram recentemente identificados, apesar da magnitude das dimensões preservadas. O sítio tem as coordenadas de Latitude N: 39º 00' 01"; Longitude W: 7º 00' 43".

591 Diogo, 1984.

592 Onde em última proposta situa Ad Septem Aras, indicando ser um sítio importante: Tomo VI: 43.

593 Tomo II, p. 154, e Tomo VI, p. 43.

foram encontrados, com a sólida evidência da ponte da Enxara em consideração, o itinerário deveria orientar-se por Pombinha, Cevadais, Adães e Marco Alto, reunindo-se ao anterior em Azeiteiros, onde haveria uma bifurcação de caminhos, próximo do local onde se encontra um pequeno sítio, em Malhada dos Covões. Nesta hipótese recupera-se um antigo caminho entre Ouguela e Degolados, que lentamente foi caindo em desuso, mas até ao século XX a única ligação entre povoações. Junto de Degolados os indicadores reaparecem. O monte de Marco Alto deve obviamente a um marco miliário a sua curiosa denominação, conforme se torna evidente pela fotografia publicada por Francisco José Lopes e Rui Rosado Vieira: "Esta estrada romana, que no troço espanhol é conhecida por "estrada da calçada" e na parte portuguesa por "estrada do alicerce", atravessava o território da freguesia de Degolados, vinda dos locais designados por Cevadais, Taqual (Ouguela), Adães e Fragustos, e percorrendo a região das minas de ferro, Marco Alto, Tinoca, para depois entrar no termo de Arronches, em direcção ao Alto dos Morenos, cruzando-se com a actual Estrada Nacional, Revelhos (região da antiga freguesia rural de S. Bartolomeu), Folinhos, Rio Caia"[594]. O estatuto de Degolados em época romana é indefinido mas deveria merecer uma análise atenta. A via contorna o aglomerado populacional por norte: a partir de Marco Alto até Azeiteiros é perfeitamente visível um troço em curva larga, um caminho vicinal de maior largura do que o costume e que se orienta por uma curva de nível que tem, dos dois lados, as duas barragens do Caia e do Abrilongo, sendo por isso conhecido como o "caminho que *devéde* as duas ribeiras", de acordo com a pronúncia local. É bem conhecido entre a população de Degolados, mas foi cortado na sua passagem pela estrada de alcatrão que segue para a ribeira de Abrilongo. De Azeiteiros para oeste está visível no terreno, também em fotografia aérea, e pode ainda ser seguido através do relato de Mário Saa, que a viu com pormenor[595]. A via margina o aglomerado de Degolados por norte, deixando-o a cerca de quinhentos metros de distância. De Azeiteiros para oeste é visível no terreno, mantendo a sua função de caminho vicinal, prolongando o arco aberto que o traçado apresenta desde Adães. Como em outras zonas, não há curvas ondulantes, mas uma única curva, muito ampla, ao longo de várias centenas de metros, até surgir uma inflexão suave para nova curva.

Junto ao geodésico de Morenos apresenta-se a uma das cotas mais elevadas do seu traçado, a quase 320 metros. É o ponto em que se desfruta a mais perfeita visibilidade sobre as duas bacias hidrográficas e os regolfos das barragens. É também o momento de chegada ao alcatrão da estrada entre Degolados e Arronches, que aqui a corta, servindo simultaneamente de inflexão nos limites

---

594 Lopes & Vieira, 1987: 12, com fotografia do "Marco Alto, hoje em paradeiro indeterminado".

595 1967: 43.

administrativos deste último com o concelho de Campo Maior. Aqui deveria existir um caminho de acesso para as minas da Tinoca. Junto a Morenos a estrada inflecte para sudoeste, passando um pouco acima de Monte dos Judeus pelo ribeiro das Lajinhas e na base do geodésico de Perdigão, aproveitando a pendente do curso da ribeira da Agulha, em direcção a Granja do Peral, onde se torna novamente bem visível. Junto ao monte encontram-se elementos arquitectónicos de granito cinza e uma coluna que poderá ter correspondido a um marco miliário.

Temos então aqui o grande foco de dúvida, relacionado com a existência do nó viário de *Ad Septem Aras*. A via chega a Granja do Peral vinda de Degolados, e parte em direcção a São Bartolomeu. Sob este aspecto, nenhuma dúvida, tão marcantes são as evidências, com um troço de via galgando a suave elevação. No entanto, para sul, encontra-se o vasto complexo arqueológico da albufeira do Caia. Para além dos numerosos sítios arqueológicos, objecto de apresentação e discussão em outros pontos, existe a informação, não confirmada mas verosímil, da existência de uma ponte[596] (romana?) que permitia a passagem do rio Caia junto à ermida de Santa Catarina, mas actualmente submersa no regolfo da albufeira. E temos entre o Monte do Reguengo e o Monte das Freiras um dos melhor conservados troços de via existentes no Alto Alentejo. Os indícios tornam-se visíveis junto à ribeira das Agulhas, no sopé da elevação do Monte do Reguengo, mas a orientação indica que o caminho vem da zona do Monte das Furadas ou de São Bartolomeu, onde poderia ter uma bifurcação. A calçada (porque de um troço calcetado se trata) surge novamente em curvas largas, dirigindo-se para a ribeira, atravessando-a defronte da igreja de N. Sr.ª da Lameira, e depois inicia uma subida em arco para o Monte das Freiras. Na elevação que separa as duas casas agrícolas temos uma longa curva, de cerca de oitocentos metros, onde se vê o troço calcetado aberto "em trincheira" no solo, a uma profundidade que chega a ter um metro, com guardas laterais orientadas por blocos de pedra não trabalhados que marginam a via, alguns já tombados para o seu leito. A diversidade de soluções construtivas em tão curto espaço de terreno é deveras notável, pois na passagem da ribeira das Agulhas a via encontra-se alteada face à envolvente, protegendo-a dos solos alagadiços, enquanto na subida está escavada e rebaixada. No moroiço junto temos um grande monólito em granito rosa com um plinto quadrado que corresponde à tipologia dos marcos miliários da região. Infelizmente apresenta a superfície picada e cortada em parte, o que impossibilita a detecção de uma eventual inscrição. Depois, na descida para as Freiras, os testemunhos perdem-se por completo. Mesmo Saa não o parece ter visto, pois dele não dá qualquer referência[597].

---

596 Várias pessoas que conhecem bem o território referiram-na, estando bem presente na memoria oral. Aparentemente, há alguns anos a barragem foi esvaziada e o topo da ponte voltou a ficar visível.

597 O local foi-me indicado por Jorge de Oliveira, a quem agradeço a referência, e a primeira visita ao local (24.04.2009) decorreu com a companhia do infatigável conhecedor do

O que podemos perguntar, portanto, é se tão impressivo troço de via corresponde a um itinerário principal ou se fará sentido colocá-lo como um nó de ligação. O facto de se orientar de modo norte/sul, completamente desfasado das vias para a capital provincial que estão encaminhados em sentido este/oeste, reforça a segunda hipótese. Junto a Reguengo o relevo é muito cortado pela rede hidrográfica, orientada em função do rio Caia, que corre em direcção noroeste/sudeste. Os aglomerados da albufeira do Caia terão certamente de pertencer a um âmbito de maiores dimensões, a eventual *Ad Septem Aras* do roteiro. Se olharmos com atenção para a cartografia, rapidamente notamos a existência de um caminho orientado norte/sul, que do Monte da Alentisca[598] segue em direcção à ribeira da Água de Banhos e ao itinerário da via XV. O nó viário, portanto, é exequível e, nesse caso, os povoados da margem do Caia configurariam a existência de *Ad Septem Aras* como, aliás, já havia sido proposto, embora sem comprovação arqueológica[599]. A via XV circula mais a norte, a via XIV a sul, e o troço excelentemente conservado de Reguengo, com a ponte de Santa Catarina, funcionaria como eixo de ligação entre os dois itinerários principais.

Regressemos à via XV. Da Granja do Peral a via toma o sentido noroeste, inflectindo, portanto, ligeiramente o seu traçado. Até São Bartolomeu retoma o tipo de implantação já conhecido, mostrando que, apesar das diversas soluções construtivas (troços alteados ou rebaixados, com ou sem calçada), a topografia é constante: um longo arco aberto, aproveitando o suave declive até atingir o topo de uma ampla língua de terra, com uma visibilidade envolvente que lhe permite continuar a contemplar as duas linhas de água principais de cada lado do seu percurso. Ao lado direito, junto ao alcatrão, encontra-se o "Monte da Calaça", uma corruptela de "calçada" (e anteriormente passámos a sul do "Monte da Corredoura"). Sempre por uma extensa plataforma com amplíssima visibilidade, a via encontra uma descida suave em direcção à igreja de São Bartolomeu. Aqui encontramos mais um sítio com dimensão sacra perpetuada até à actualidade, através de um (também relevante) hagiotopónimo, S. Bartolomeu, um mártir de reconversão, de "mudança de pele". Mas a sacralidade do local está atestada pelo achado de uma epígrafe consagrada a LIBI/RAII, a deusa Libera, aqui dissociada do seu par[600]. A confirmação da via

concelho de Arronches, Emílio Moitas. O miliário é uma peça única, um monólito em granito rosa, fracturado com cunhas. Tem cerca de 1,40m de altura, mas o diâmetro é imperceptível, por fractura. Está a N 39º 02' 34.2" e W 007º 11' 28.8".

598 Refira-se que não consegui avaliar no terreno grande parte deste trajecto pois em várias destas herdades - Alentisca, Pinto, Almeida – existe gado bravo à solta e as porteiras estão fechadas a cadeado.

599 Alarcão, 1999: 73 e 2006: 234: "Nós mesmos sugerimos a margem esquerda do rio Caia, algures a sudoeste de Campo Maior." O autor sugere uma localização "nas imediações de Degolados", apontando para o Caia.

600 IRCP nº 567. A epígrafe foi localizada por António Thomaz Pires (1901).

surge, para além do traçado[601], por um elemento cilíndrico de granito cinzento semelhante ao identificado em Granja do Peral, e que pode corresponder a um miliário anepígrafo. A partir daqui o traçado no terreno torna-se mais difícil de rastrear, embora na cartografia e na fotografia aérea se mantenha presente. O uso agrícola do solo modificou, no entanto, a micro-topografia actual. Na zona de Folinhos deixa de ser visível. Chegados a Monte Branco, onde Saa viu restos de calçada[602], o único indicador que chama a atenção é um lajeado defronte das casas do monte, formando uma rua, mas cuja atribuição à via romana não é segura. No Monte da Figueira de Baixo torna-se visível em secções pontuais, notando-se mais uma vez um ligeiro rebaixamento ou, em zonas próximas de cursos de água, um sensível alteamento face ao terreno envolvente. Surge, contudo, um cordão contínuo de sítios (Sancha, Rabasca) acompanhando a norte o traçado[603].

O ponto onde a via atravessava o Caia está determinado pelas referências nas *Memórias Paroquiais* de 1758[604]. No terreno é evidente a passagem a vau, tendo na margem direita um extenso sítio romano vigiando essa transposição - uma situação que aliás é frequente nesta região. Da ponte, todavia, restam poucos vestígios, apenas se notando um acumulado de vegetação que talvez esconda os pegões, e também muita pedra solta na ribeira. Mais para sul encontra-se uma *villa* (Monte das Escarninhas) servida pela via. Uma derivação para norte, na direcção da vila de Arronches, é também de considerar. Para além do topónimo de "Porto Mane", existem junto ao Monte do Pisão duas pontes de provável fabrico romano. Uma é de pequenas dimensões, mas a outra é de

---

601 Ainda se vê o local da implantação, ligeiramente rebaixado em relação à cota do terreno. Mário Saa afirma: "Na herdade de Revelhos ainda, há anos (1940), conheci, visível a calçada. Desde então, com o aproveitamento da sua pedra para nova estrada em construção, (E. N. N.º 371, Arronches-Campo Maior), totalmente desapareceu" (Tomo II: 148-149).

602 "No M.te Branco assinala-se vigorosa", Tomo II: 148.

603 Talvez o mesmo suceda a sul, junto ao Caia, mas o facto de propriedades terem caminhos fechados a cadeado inviabiliza prospecções. Ressalve-se contudo a implantação próxima do sítio de Monte do Zambujal.

604 "[...] na ditta ribeyra (de Caya) se acha huma – Ponte – por nome – Ponte Velha – cuja antiguidade se não sabe, porem suponsse fora feita no tempo, que os Romanos habitaram as Espanhas, dizem fora feita pello Emperador Trajano com huma calçada que se diz hia direitta a Madrid que pella mesma freguezia se discobrem em algumas parttes muita parte da calçada: esta a ditta ponte aruinada que tam somente tem tres arcos, e segundo parece era de extraordinaria grandeza; a factura della de pedra de cantaria e está por numero encaxando humas pedras e noutras sem que houvessem materiaes alguns segundo se discobrem nos tres Arcos, que ainda presentemente conserva; igualmente eram os alicerces a correspondencia da factura da mesma pontte, passa a dita Ribeyra como ja disse pello meyo dos Baldios....." (reproduzido em Azevedo, 1896: 264). Mário Saa também se refere à ponte, dando a noção de ainda ter visto alguns vestígios: "Da ponte velha conserva-se visível o encontro da banda do Poente, patenteando-se como obra monumental, cujo material – silharia granítica de gradas dimensões –, serve actualmente de pavimento, no leito da ribeira." (Tomo II: 148). Anteriomente denominara-a de "ponte mourisca" (Tomo II: 145).

maior porte e melhor estado de conservação, na margem esquerda do Caia e na passagem da ribeira do Barranco de São Miguel. Poderiam conduzir para os terrenos a norte, nomeadamente em direcção à *villa* da Coutada do Povo, zona de Mosteiros e serra de São Mamede, com as suas zonas de mineração, de onde procuraria *Ammaia*. Finalmente, próximo do Porto das Escarninhas, e na margem defronte da ponte do Barranco de São Miguel, se encontra a Ermida de Santo Isidro, um hagiotopónimo que marca pontos de passagem em rotas da transumância e na celebração de festividades pastoris. Portanto, muitos dados convergentes.

Regressemos ao Porto das Escarninhas para avançarmos em direcção a oeste. Atravessado o Caia entramos naquele que é um dos percursos viários mais bem conservados do Alentejo[605], embora nem sempre passível de ser percorrido visto que em algumas propriedades o caminho público foi vedado ou desmantelado. De início os indicadores não são exuberantes. A via serpenteia pelo vale do Monte das Escarninhas, onde por vezes se vêm troços com brita, passando no sopé da elevação da atalaia do mesmo nome. Atravessa o alcatrão em direcção ao Monte da Tapada do Diogo, próximo de um pequeno sítio romano. Com o aproximar da Saf(a)ra torna-se óbvia: um caminho largo, procurando as trajectórias que permitem vencer com maior facilidade os declives e linhas de água, de tal modo que a trajectória até Assumar nunca atravessa uma única ribeira ou área alagadiça. O caminho não apresenta calçada, antes um troço sobre afloramento (como na Safra) ou em terra batida, ligeiramente sobre-elevado face ao terreno envolvente, orientando-se em extensas linhas rectas ligadas entre si por curvas suaves em arco alongado, conforme descreve Saa: "Entre Assumar e a dita ponte a trajectória é directa, constituindo uma longa série de segmentos, rectos, unidos entre si por ângulos obtusos, muito abertos. É esta a característica principal da Calçada, em toda a sua extensão. Não há curvas, mas ângulos.[606]" Acrescente-se que a partir de Belmonte desfruta-se de uma panorâmica majestosa para o lado da Serra de São Mamede. No alinhamento encontra-se uma sucessão de sítios arqueológicos, sendo evidente a função do eixo viário como elemento vertebrador da estratégia de povoamento. Os vestígios que a marginam são numerosos. Mário Saa foi o único autor que procedeu à sua enumeração, e mesmo assim pecando por defeito, conforme o trabalho de António Lopes veio a demonstrar[607]. Na Safra, Saa enumera um povoado, sepulturas e um santuário[608], enquanto que, próximo, em Alfeijão, existiriam "restos de oficina de *tegula* e *imbrex*, cujos calcinados restos aí se patenteavam em montões, defronte da casa do lavrador"[609]. Menciona Belmonte, com "restos de construções romanas,

605 E também dos mais detalhadamente descritos por Mário Saa no seu relato da "Calçada do Alicerce", como é conhecido. Ver Saa: 1959: 131-147, e 1967: 39-40.
606 1959: 145.
607 Lopes, 2009.
608 1959: 145-146.
609 1959: 147.

e há sinais de povoado",[610] e Monte D'el-Rei, onde viu sepulturas, aparentemente de época anterior à construção da via, por se encontrarem sob o seu pavimento[611]. Continuando o traçado temos a norte Monte da Quinta. Na passagem do alcatrão está a Quinta do Carrefe, denominação que resulta de uma deturpação do nome "Arrecefe". A partir daqui o traçado torna-se quase paralelo com o caminho de ferro. Junto ao Monte da Torre a passagem encontra-se novamente cortada por uma vedação. Próximo encontra-se a enigmática construção conhecida como a "Estalagem" e Saa menciona que se encontram "à beira da via vetustos sinais, romanos[612]". A estrutura de alicerces romanos, todavia, não é mencionada, nem os abundantes elementos materiais existentes, nem a existência de uma *via privata* com cerca de duzentos metros que a liga ao itinerário principal, ladeada com pedras de média dimensão e vestígios de calcetamento.

Segue-se Monte do Campino, outro local com o mesmo padrão de implantação – lado norte da via, no sentido da pendente, a poucas centenas de metros – e Monte da Granja, um dos mais relevantes locais do concelho de Arronches. Ambos não são referidos por Mário Saa, tendo sido identificados nos trabalhos de António Lopes[613]. Do lado sul da via não existem sítios conhecidos, seja porque a construção do caminho de ferro os terá destruído, ou por deficiências de investigação. Próximo do Monte de Joana Dias a via torna-se elemento delimitador dos concelhos de Monforte e Arronches, existindo o suporte documental de 1911 sobre os termos da *Canada do Alicerce* que Mário Saa apresenta[614]. Continuando, temos Casas Brancas e em seguida Monte das Pereiras, também com indicadores estruturais bem visíveis. O itinerário viário contorna o aglomerado populacional de Assumar por norte, descrevendo uma curva em que o deixa sempre à esquerda. Por duas vezes é cortada: uma pelo alcatrão, outra pela linha do caminho de ferro. No entanto encontra-se bem visível, embora pontualmente destruída por sobreiros que crescem no seu leito. Para mais funciona como elemento que marca a fronteira entre Arronches, Monforte e, em dado ponto, também em *trifinium* com o concelho de Portalegre. O perfil de ocupação do local romano em Assumar não é suficientemente conhecido, mas é evidente a proximidade com a via, embora hoje quebrada visualmente pelo caminho de ferro de permeio. A "arruinada ermida de S. Brás, donde colhi fragmentos de telharia romana"[615] mencionada

610 1959: 146; 1967: 39-40, onde refere "degraus escavados na rocha".

611 1959: 146-147. A ocupação da zona em Idade do Ferro está comprovada pelo povoado de Safra, onde se encontra o marco geodésico, com muralhas definindo um recinto onde se encontram numerosos materiais que remontam aos tempos pré-históricos, indicando uma ocupação continuada do local.

612 1959: 145.

613 2009.

614 1959: 139-140.

615 Tomo II: 144.

por Saa também estaria ligada aos caminhos da transumância que aproveitaram a via romana ao longo dos séculos. Neste contorno pelo norte de Assumar o caminho perde-se, mas desembocaria na Fonte da Vila. Deste ponto em diante encontra-se coberto pela estrada de alcatrão que liga Assumar ao actual IP2, que reveste por completo a via romana. Mantém a sua função de delimitador de concelhos, desta vez entre Monforte e Portalegre. Embora não seja bem conhecido o povoamento nesta zona, continuam a encontrar-se lugares como Canas, Alcaide e Escudeiros. Apenas por uma ocasião se encontra preservada, na passagem próximo do Monte das Canas, onde a curva ampla do alcatrão deixou à vista um pequeno troço de via sobre o afloramento, com marcas de rodados. Próximo do Monte de Alcaide desprende-se do alcatrão, de acordo com o limite administrativo concelhio, mas rapidamente a prática agrícola a deixa invisível ao olhar actual. Reaparece em terrenos do Monte da Chaminé, no lado oposto do IP2. Nesse lugar a utilização como caminho público até aos anos setenta do século XX é bem conhecida, tendo sido a construção da nova estrada entre Évora e Portalegre que conduziu ao seu abandono e ao posterior corte do caminho com vedações, situação que se verifica logo na Silveira. Até chegar a esse ponto, todavia, encontra-se muito bem presente na área do Monte da Chaminé, com um traçado em descida suave ao longo de quase três quilómetros de extensão. Uma longa recta que apenas tem curvas (muito abertas e suaves) na aproximação à linha de água. As guardas laterais do lado norte estão conservadas. Na travessia do afluente da ribeira da Estação a passagem era feita com um pontão, com pedras sobrepostas alteando a passagem da via, que a põem a salvo do terreno alagadiço. Para ocidente perde-se e foi cortada. Refira-se contudo que até à ribeira da Estação se encontra impressivamente preservada, parecendo estranho como nem Mário Saa nem nenhum outro investigador faz menção ao caminho[616].

Diga-se aliás que para esta zona Saa apresenta poucas referências, e de difícil manuseamento. Os micro-topónimos– "como Taberna dos Mouros", situada em cruzamento de vias, e "Pedras Ruivas", com possível miliário anepígrafo – não constam da cartografia, nem são localmente conhecidos. Mesmo as descrições não são condizentes com o que se encontra no terreno; é certo que se encontram os "imponentes aterros", mas a calçada não está apenas "sofrìvelmente conservada"[617]: na realidade, o troço até Alter do Chão, embora desigualmente preservado, apresenta ainda impressionantes troços, constituindo um recurso patrimonial de enorme valia e interesse que muito interessava valorizar. Temos uma verdadeira estrada, imponente na sua estrutura, embora

616 Na monografia de 2008 (p. 73) também a descrição era imprecisa, pois ainda não havia feito prospecções no lanço entre Cabeça Alta e o traçado do IP2. Os trabalhos de campo foram coroados de êxito, registando um troço de via em bom estado de conservação, que apenas necessita de uma valorização para poder ser inserido em circuitos pedestres e turísticos.

617 1959: 141.

com pedra britada e não calçada ou lajeada. Um volume que se ergue sobre o terreno confinante, em alturas que chegam a um metro. Delimita hoje os concelhos de Alter do Chão, Crato, Monforte e Portalegre, como também ao longo da história, encontrando-se ao longo do percurso, a uma impressionante cadência, um conjunto de marcos da Ordem de Avis em granito rosa ou cinzento que poderão ser o reaproveitamento de marcos miliários, pois o seu diâmetro é muito largo. No terreno custa a perceber como um trajecto tão evidente e bem preservado nunca mereceu a atenção de qualquer investigador. Apenas o facto de se tratar de uma zona inóspita, porque desabitada e sem acessos (que obrigou a longas prospecções a pé) pode explicar esse facto.

O troço entre Silveira e a linha de caminho de ferro, no sopé de Cabeça Alta, está cortado por delimitações modernas da propriedade. Reaparece, e torna-se transitável, junto ao Ribeiro do Freixo. Aí, na passagem da linha de água, temos duas evidências: o sítio homónimo, que parece servir de "portagem" ao trânsito (como em Porto das Escarninhas, Arronches), e também um aglomerado de pedra no leito da ribeira que poderá ter pertencido a um pontão, pois encontram-se pedras alinhadas no corte do terreno escavado pelo curso de água. Logo na margem direita da ribeira reaparece o impressionante troço viário que irá subsistir de forma ininterrupta até à zona da Cascalheira. Segue delimitando concelhos, e para o alcançar é necessário percorrer despovoados terrenos de pastagem. Esquecida na paisagem, a estrada romana é ainda um testemunho impressivo, embora escondido pela vegetação que no tabuleiro foi crescendo. Atravessada a Ribeira do Freixo, a via segue por um relevo ondulado, mas evitando linhas de água até atingir a ribeira da Navalha. Descreve um arco para norte até o sopé do alto da Chancelaria.

A descrição de Saa menciona uma evidência bem visível, fosse pela união das estradas, fosse por um sítio arqueológico: "nas pedras Ruivas, um conjunto urbano, no ângulo formado pelas duas vias: Estrada do Alicese e Calçada do Alicese[618]", e em seguida: "Há, no cruzamento, empedernidos alicerces e paredes, tangentes à via (a dentro da canada pastoril), a que chamam, localmente, a Taberna dos Mouros. Em torno do que resta do edifício, vê-se profusão de fragmentos da habitual telharia. O edifício, mais se afigura templo que taberna. Mas se fora taberna sê-lo-ia no sentido perfeito da palavra latina. Entre nós não é hábito designar por tabernas, mas por vendas, estas tais instituições viais.[619]" Ainda se encontra a bifurcação de azinhagas, unindo o troço que segue para *Abelterium* (a via XIV) com o orientado para noroeste, dando seguimento ao itinerário XV, um caminho que segue para a ribeira da Enfermaria. Trata-se de uma zona de mato rasteiro, crescendo livremente porque a agricultura há muito não é praticada, o que impede a correcta visualização do terreno e a detecção da "Taberna dos Mouros". Na Chancelaria, portanto, temos a

618 Tomo II: 136.
619 Tomo II: 141.

bifurcação das vias. Um troço, bem marcado, segue para *Abelterium*, por terrenos de Chancelaria, Cascalheira (micro-topónimo que demonstra um troço calcetado, com um pequeno sítio junto à estrada) e Monte do Carrão, onde um alinhamento de moroiços a jusante da charca de água denuncia o levantamento de um troço de calçada, conforme testemunhado pelo proprietário da exploração agrícola. Une-se então à extensa recta da Horta do Pote, em direcção à via XIV. Mas o seguimento da via que nos interessa inclina-se agora para noroeste, seguindo por uma linha de festo mais elevada, a meio do alinhamento das ribeiras da Navalha e Enfermaria. No meio de uma paisagem isolada e abandonada, não são reconhecíveis os sítios que Mário Saa nomeia ao longo do traçado: "Vale do Freixo, Abodaneira, Azinhal, Enfermaria, Almeijão"[620], só sendo passível de identificação este último, a *villa* com barragem de Almarjão. Mais uma vez, temos um troço de via bem conservado, reconhecível pela sucessão de rectas unidas por curvas suaves em arco amplo. Entramos na "Estrada dos Louceiros"[621], um itinerário de grande relevância na memória etnográfica que pode ser percorrido sem dificuldade, embora com significativas alterações estruturais devido a beneficiações de caminhos rurais que não respeitam as pré-existências ou, na construção do IC13, a cortam definitivamente. A via XV atinge a ribeira de Seda próxima da *villa* da Granja, com a qual tem contacto visual. A transposição seria por uma ponte ainda existente, reconstruída no século XVII de acordo com o modelo anterior. Já a congénere a jusante, próximo de Horta do Prado, testemunha itinerários medievais. Vencida a ribeira temos o *vicus* de Chocanal (Crato). Para norte temos outra ponte, sobre o ribeiro do Chocanal, que parece ainda ter elementos construtivos romanos[622]. Por aqui se vencia o desnível que conduz à vila do Crato, onde os elementos viários testemunham as novas centralidades criadas pelo mosteiro de Flor da Rosa.

Em 2008 a via XV foi apresentada a partir de rotas de circulação que eram, na essência, medievais[623] e originadas pelas dinâmicas monásticas. Contudo, apresentava a vantagem de se articular em torno de pontos de povoamento de época romana. Relembre-se, de forma resumida, o que então foi apresentado: Tapada da Colobra, com uma passagem a vau da ribeira e uma ponte medieval (e sítio atribuível à Antiguidade Tardia), em direcção à margem sul da ribeira de Magre (onde Mário Saa elenca sítios em constante alinhamento[624], destruídos pela florestação de eucaliptos), pelas abandonadas aldeias medievais de Chamiço (com a capela de Santo Isidro, hagiotopónimo revelador) e Sôrinho até Porto

620 1959: 135.

621 1959: 141.

622 Sobre as pontes do Crato remeto para Barata, 2005: nº 2 e 3.

623 Carneiro, 2008: 68-71.

624 Como Aguilhão, onde viu "um fragmento de coluna, com caracteres imperceptíveis" e que interpretou como um marco miliário: 1967: 81-82.

do Manejo, onde existia uma antiga ponte[625] para Comenda, e ao trânsito pela ribeira da Venda (Gavião), onde se situa outra ponte com prováveis origens romanas. Este traçado orientava-se a sul de Gavião, procurando Alvega do Tejo, próxima de Abrantes. Permitia também o entroncamento, perto da aldeia de Chamiço, com um importante eixo de ligação este/oeste em direcção ao núcleo arqueológico de Fortios (Portalegre) e Mosteiros (Crato)[626].

Mas de então para cá um novo dado emergiu. A identificação do sítio de Fraguil, a sul de Alpalhão (Nisa), e de um troço de via excelentemente conservado, levantou a hipótese de ser esta afinal a *mansio* de *Fraxinum*. Desta forma, o itinerário proposto pode ser revisto para norte, situação que não se apresenta fácil tendo em conta a orientação dominante, que se guia maioritariamente na direcção noroeste. Além do mais, as evidências entre Crato e Alpalhão são escassas: existe um ponto de passagem, a antiga ermida de Santa Eulália (Vale do Peso), assente sobre construções romanas, mas inserida na rota este/oeste anteriormente mencionada. Na zona de Alpalhão não se conhecem vestígios, mas a norte encontramos outro caminho este/oeste, a designada "Vereda da Sardinheira"[627], embora mais uma vez com esta escolha se perca a coerência do itinerário, por ser demasiado a norte, obrigando a uma súbita viragem para oeste. Seja como for, a identificação de Fraguil mostra-nos o quanto há ainda para descobrir sobre o tecido viário do Alto Alentejo e o modo como uma reavaliação dos dados, assente em profundos estudos de terreno, é necessária.

625 O "Caminho da Estalagem" referido por Mário Saa em 1967: 80.
626 Carneiro, 2008: 97-98.
627 Saa, 1962: 203-275; Carneiro, 2008: 91-93.

7. Actividades económicas

Sobre as actividades económicas na *Hispania* os progressos recentes da investigação têm sido imensos, mas continuamos a desconhecer vários parâmetros da organização produtiva[628]. É também ainda difícil perceber qual o peso real deste território na economia global do Império, e o modo como sobreviveu às vicissitudes económico-sociais que marcaram as conjunturas gerais, evoluindo ao longo do tempo e resistindo à pressão concorrencial de outras províncias. De qualquer forma, para a região em estudo os indicadores são promissores, permitindo perceber uma área de fortes dinâmicas integradas nos circuitos de intercâmbio, alimentados pela capital provincial que funcionou como plataforma giratória para o *territorium* envolvente.

O foco de análise escolhido é maioritariamente centrado sobre as actividades produtivas que competiam ao sector primário (para utilizar uma terminologia actual). As redes comerciais e de troca, quer na importação, quer na exportação, ou as actividades de transformação não são consideradas, por insuficiente conhecimento sobre as pautas da cultura material. Cerâmicas, moedas, metais, produções em osso, vidros e outros elementos deverão ser dados a conhecer, para que se elabore uma análise sustentada, mas é evidente que a área regional (apesar dos naturais desequilíbrios) detinha uma elevada capacidade aquisitiva e beneficiava dos circuitos de troca, demonstrando uma vitalidade económica que, contudo, necessita de ser quantificada.

Pelo facto de o ponto de interesse primordial ser o mundo rural, lancemos a análise sobre as produções da terra, desde a agricultura às minas e pedreiras.

628 Pode servir como síntese a passagem de Leonard Curchin (1996: 171): "Necesitamos conocer quién explotaba estos recursos, con qué mano de obra y con qué medios; dónde se enviaban los productos, en qué cantidades y en qué períodos; si las mercancías se exportaban como tributo o para obtener beneficios; quien eran los mercaderes, de qué rutas se servían y qué medios de transporte utlizaban [sic], y el impacto que el comercio tuvo en la economía hispana." Para perspectivas actualizadas ver o estudo de Hirt, 2010.

7.1. Agricultura

O mundo agrícola constitui o universo mais bem documentado nos relatos das fontes. Enquanto sobre outras actividades económicas temos escassas referências, ou mesmo o silêncio total, a vida campestre e o leque de labores associados permaneceu um objecto preferencial, elevado ao âmbito da tratadística e da redacção de compêndios teórico-práticos. A vida no campo beneficiou de uma reflexão aturada, constituindo uma *arte de viver* que consubstanciava os paradigmas do verdadeiro Homem de Roma[629]. Essa perspectiva de leitura infiltrou-se na pesquisa arqueológica, mais interessada na detecção dos lugares em meio rural (em especial as *villae*) do que em outras formas de habitar[630]. É certo que, para o conhecimento das realidades hispânicas, o quadro de conhecimentos é restrito[631], mas o panorama continua a ser atractivo, em especial se considerarmos que esta é, ainda hoje, uma região essencialmente agro-pecuária, onde podemos ver na paisagem ressonâncias que lembram inequivocamente a herança romana. Estes paralelismos trazem perigos[632], mas são inevitáveis, para mais com a possibilidade de usarmos um valioso manual da vida no campo em tempos anteriores à mecanização agrícola[633].

629 Para além das questões conceptuais, existia uma ligação de facto: estima-se que entre 80 a 90% da população estivesse de algum modo ligada à vida agrícola (Goodchild, 2007: 24).

630 Para uma perspectiva historiográfica intensiva, com apresentação e discussão de casos concretos, recomendo a obra de Pierre Ouzoulias (2006). Naturalmente que este peso específico dos textos deixados pelos autores, muitos com tópicos enfatizados, criou na historiografia vícios de leitura e de correlação com a realidade. Note-se também, como o autor recorda, que os textos latinos adequam-se a uma realidade geográfica e social concreta, a da península itálica, nem sempre paralelizável com outras. Todavia, a leitura dos textos é indispensável, e infelizmente tem sido menosprezada por uma Arqueologia recente que privilegia a materialidade das evidências. Por isso, deixo a opinião expressa por Kevin Greene (1986: 67) sobre a desejável complementaridade de áreas de estudo: "Agriculture is perhaps the most complicated aspect of the Roman economy to study. A deceptive impression is given by the fact that some of its elements are extremely well documented in literary sources. [...] Archaeology can do two main things: first, it can help to place agriculture into a general perspective, by examining the form and extent of rural settlement; second, it can give specific insights through the excavation of farming sites, with full attention to environmental evidence such as plant remains, animal bones and soils. The results of both approaches must of course be integrated with the surviving literary accounts of agriculture."

631 Brun, 1997a: 47: "Traiter de l'oléiculture et de la viticulture en Lusitanie, sur le territoire du Portugal d'aujourd'hui, revient à inventorier nos lacunes: presque aucune source écrite, des vestiges archéologiques encore rares et d'interprétation difficile, une iconographie intéressante mais que l'on doit se garder de surinterpréter."

632 Além do capítulo sobre o espaço e a paisagem remeto também para Carneiro, Dependências agrícolas.

633 Picão, 1983, um relato notável de etnografia alto-alentejana. Notem-se também as observações de Remesal Rodríguez (2008: 49) ao modo como a mecanização alterou as coordenadas conceptuais de relacionamento entre o Homem e o labor agrícola, pois os tractores não apenas alteraram mecanicamente a paisagem, mas também a milenar forma de entendimento das agruras do campo e o custo (no sentido de esforço) das produções.

Vários ângulos de abordagem podem ser lançados:

- O regime de exploração;
- As produções;
- As dependências agrícolas e os vestígios de espaços de laboração;
- As evidências artefactuais e materiais das actividades agro-pecuárias.

Sem querer repetir considerações já expressas[634], noto que, de forma paradoxal, a vivência campestre é o domínio mais exaltado, quer pelas fontes, quer pela investigação arqueológica (mais constrangida e limitada em meios urbanos), mas que recebeu menos atenção por parte desta última, mais interessada na detecção dos espaços de luxo e requinte como a *pars urbana* ou os edifícios termais das *villae* do que nos espaços de laboração e de ambiência rústica (no sentido latino do conceito). Portanto, as evidências materiais são escassas e os suportes para a análise teórica continuam frágeis.

Iniciemos então a análise olhando para o *regime de exploração*, onde a aceitação do latifúndio é um dado adquirido[635], contrariando algumas passagens das fontes[636]. Este quadro adequa-se genericamente ao que hoje encontramos na região, mas também sabemos que a prática romana esteve sempre mais interessada na ampliação do rendimento a partir da anexação de mais propriedades do que por melhorias na organização da produção, ou por avanços nas técnicas de exploração agrícola[637]. Olhando para os *fundi* do Alto Alentejo, contudo, algumas nuances existem: é um facto que os maiores domínios se encontram em grandes *villae* extensivas, com uma forte base agro-pecuária. Seria o caso de Torre de Palma, ou Correio-Mor, em Elvas, com numerosas evidências de laboração (estruturas hidráulicas, mós, pesos de lagar...), ou os sítios de Castelo de Vide e Marvão. Todavia, temos também *villae* com *fundi* menores, mais limitados, indicando uma maior repartição da propriedade, mas onde continuamos a encontrar sinais de laboração agro-pecuária: Quinta das Longas (Elvas), por exemplo, ou

634 Veja-se também o cap. 3 na obra de Helen Goodchild (2007).

635 O autor que mais intensamente se dedica à análise dos territórios de exploração directa tem sido Jorge de Alarcão, que em sucessivos estudos tem revisto as amplas estimativas de Jean-Gérard Gorges (1979).

636 É interessante notar que o conceito original de latifundium refere-se a explorações onde largos números de escravos trabalham; ou seja, o termo refere-se ao regime de exploração, e não ao domínio de exploração propriamente dito, como no significado actual do vocábulo (Curchin, 2004: 98). De qualquer modo, relembro a famosa passagem de Plinio-o-Velho (N.H. XVIII, 35) que apontou o latifúndio como a causa da progressiva ruína da agricultura itálica ao conduzir à extinção das pequenas e médias propriedades. Será talvez escusado lembrar que todos os agrónomos aconselham a que as explorações tenham limites adequados à capacidade de exploração, ou seja, não devessem ter terrenos em excesso que não pudessem ser tratados e eficazmente geridos. A prudência e o bom senso são virtudes constantemente lembradas.

637 Ver por exemplo Saez Fernandez, 1987: 76.

alguns sítios de Arronches, dispostos ao longo dos itinerários viários, onde a contiguidade leva a crer que os territórios sob domínio directo não fossem extensos, dada a confrontação com sítios vizinhos. É certo que nos falta uma dimensão fundamental, o estudo da repartição cadastral da propriedade. Mas várias hipóteses se configuram: ou teríamos *villae* ocupando territórios tão férteis que permitiriam em pouco território obter uma base sustentada de rendimento, ou alguns destes sítios apostariam em produções especializadas de extrema rentabilidade (um nicho sobre o qual não temos evidências materiais), ou ainda algumas *villae* teriam pequenos domínios e a sua vocação seria outra, *urbana* ou residencial, coabitando com outras maiores onde a vertente *rustica* era privilegiada. Mas é curioso notar que algumas das *villae* que mais evidências de vocação agro-pecuária têm – nomeadamente na cartografia dos pesos de lagar – são precisamente as que mais próximo se encontram umas das outras, indicando que os seus *fundi* seriam pequenos, mas com um grande volume de produção e, em consequência, maior rendimento. Portanto, parece haver uma relação directa entre repartições da propriedade, melhores solos e evidências agro-pecuárias, o que esbate um pouco o *parti-pris* latifundiário que domina a investigação e a leitura da paisagem[638]. É importante ainda acrescentar um outro fio de raciocínio: a relevância da agricultura de regadio[639], um dos domínios mais ignorados na vida rural romana em função do peso concedido à *tríade mediterrânica*. Na realidade, a equação atrás referida entre os domínios de *fundi* limitados, as evidências agro-pecuárias e os melhores solos, ocorre precisamente em zonas onde os aquíferos são mais abundantes e onde encontramos estruturas de armazenamento e condução de água antigas (ou modernas, recobrindo as antigas) que permitem a agricultura de horta e enxada. Sabemos já da importância que, em outras zonas, o regadio deteve na estruturação da propriedade[640]; e não custa ver que, em áreas onde o regadio é facilitado, temos mais e maiores *villae*, muitas com indicadores de ocupação tardia[641].

638 Gorges, 1979: 98-99 calculou em 1500 a 8000 hectares a extensão dos latifúndios no Alentejo. Contudo, a proposta foi sobre-estimada e o progredir da investigação trouxe a identificação de sítios que ocuparam os espaços em branco. Já Jorge de Alarcão estimou em 400 o tamanho médio das propriedades, em especial no Baixo Alentejo (1990: 419), mais tarde propondo áreas em torno a 200 hectares (1998: 97-98).

639 Ver, por exemplo, Ferdière, 1988: 41-58, no vol. 2 (técnicas) e 107-109 (produtos).

640 Wickham, 2009: 700. O autor assinala que "la agricultura mediterránea acostumbra a ser una práctica notablemente individualista, y los campesinos que se atarean en ella toman, para sacarla adelante, un considerable número de decisiones respecto a cómo coordinar su espacio, ya sea con sus parientes o con sus vecinos" e que foi a prática do regadio e das relações de convivialidade que permitiu consolidar conteúdos identitários. Note-se ainda que uma das vantagens do regadio reside em distribuir o trabalho agrícola por todo o ano e, através da rotação de culturas, permitir a recolha de produções diferenciadas.

641 Contudo deve ser notado que a existência de distintas formas de exploração pode ser comprovada na mesma região, ou seja, uma agricultura extensiva em determinada propriedade não

Quanto às relações de poder e posse, pouco sabemos. A dedicatória a *Fontanus* em Ladeira (Avis)[642] é preciosa por mencionar um *servus*, encarregue de gerir a exploração em nome de um proprietário absentista. Seguramente teríamos "multi-proprietários", *domini* com várias explorações em simultâneo delegando a responsabilidade em *villici*. Contudo (e os dados são lacunares), é possível que as explorações de evidente investimento agro-pecuário fossem aquelas onde o proprietário estivesse mais presente, ou em permanência. Parece ser esse o caso em Torre de Palma, por exemplo. Uma grande estrutura fundiária de vocação agro-pecuária onde o proprietário do século IV exibe com manifesto orgulho a excelência dos resultados. Da mesma forma, na região de *Ammaia*, grandes propriedades estariam relacionadas com a *urbs*, faltando saber se em residência sazonal e geridas à distância, ou como espaços de permanência da elite rural que habitava em torno à cidade. Neste aspecto, o silêncio epigráfico das *villae* impede-nos uma relação entre os dois universos, embora o único exemplo conhecido seja estimulante[643]. Ainda neste âmbito, o espaço sepulcral também não oferece dados, mas o que podemos ler na necrópole de "Silveirona I" (Estremoz) é uma grande área sepulcral de trabalhadores espacialmente distante da tumulação da presumível elite, aqueles cujo túmulo será espoliado em momentos posteriores[644]. Neste aspecto, um dos dados mais interessantes reside na identificação do povoado de Monte da Nora (Elvas)[645]. Em paisagem dominada e repartida por *villae* temos um sítio da Idade do Ferro que, habitado em permanência, evolui para uma aldeia em época imperial. Com actividades produtivas próprias, incluindo um lagar e um forno, denunciando elevada autonomia e dinâmicas intrínsecas procurando a auto--suficiência em domínios económicos específicos. Seria interessante perceber se estes equipamentos produtivos eram comunitários ou postos ao serviço da população. A grande questão reside, portanto, em conhecer quem eram, e o que faziam, as gentes que aqui habitavam. Teríamos um núcleo indígena que conservou a identidade e as terras, que continuaram em laboração, sustentando

---

anula que a seguinte estivesse dedicada ao regadio. Na mesma região coexistem distintos modelos consoante os investimentos dos possessores. Esta análise foi feita para regiões como o Ager Capenas ou o Ager Veientanus (Vallat, In: Barker & Lloyd, 1991: 13). Note-se ainda que nem todas as produções agrícolas obrigavam à existência de agricultura de regadio, pois a especificidade de certas culturas exigia um regime de sequeiro. Plínio (N. H. XVII 249) especifica que uma irrigação excessiva dos cereais "hurts the roots", danificava o crescimento da planta, verificando-se que as searas em terrenos secos apresentavam um crescimento mais sustentado.

642 IRCP nº 437.

643 O P. Carminius Macer que dedica uma ara em Mosteiros/PaiAnes (Castelo de Vide) (IRCP nº 637) tem paralelos com [C]ornelio Macro de Ammaia (IRCP nº 618), além de Macer de Augusta Emerita e Olisipo. Ver também Mantas, 2000: 402-403. Noto contudo que na minha interpretação o sítio de Mosteiros seria um santuário, e desta forma o dedicante estaria em contexto religioso e não como dominus.

644 Cunha, 2008.

645 Teichner, 2008.

uma comunidade que delas extrai o rendimento, o que lhes concede uma autonomia *in continuum*? Ou uma comunidade que readaptou o perfil vivencial, passando a prestar serviços sazonais para os *domini* das explorações em volta, mas continuando a deter terras de onde ganham o extra de rendimentos que lhes permite subsistir? E afinal este tipo de povoados constitui a excepção nos padrões de povoamento, ou existem mais por identificar, à semelhança do *vicus* do Chocanal e dos *povoados fluviais* do Caia e de Póvoa e Meadas? Seriam as residências de uma mão-de-obra livre, autónoma, que constituía uma reserva sazonal que prestava serviços nas grandes unidades de povoamento em volta[646]? No fundo, aqui reside uma das grandes incógnitas que os trabalhos de prospecção (e, no povoado elvense, também de escavação) não permitem resolver, por não concederem a identidade de quem ocupa estes sítios: uma paisagem dominada pelas *villae*, como o paradigma historiográfico longamente supôs, mesclada com outras formas de vivência, povoados e/ou aldeias onde contingentes de mão-de-obra conservaram a sua autonomia e identidade mantendo recursos próprios e angariando proventos suplementares em regime de laboração sazonal ou esporádica nos *fundi* envolventes. O que leva a assumir três pontos: *a*) nem toda a paisagem estava repartida por *villae*; *b*) o latifúndio não foi a solução dominante, pois teríamos outros regimes de exploração e de propriedade[647]; e *c*) existiam bolsas de recrutamento de mão-de-obra para o trabalho agrícola, esbatendo a importância da base esclavagista que as fontes clássicas já deixam entender[648].

Quanto às *produções* obtidas, é inevitável falar na tríade mediterrânica, *topos* a cujo peso na investigação já dediquei alguma atenção[649]. O modo como domina a paisagem actual constitui mais um factor que reforça a atenção contemporânea, colocando na sombra outras fontes de rendimento possíveis. É um facto que detectamos na escolha de edificação a preocupação pelo acesso a solos de variadas classes, conforme os preceitos dos textos literários[650]. Em

646 Um pouco como no século XIX, em que, em torno a explorações fundiárias de "trigueiros", ou seja, de uma elite de latifundiários abastados, se constituem pequenas aldeias ou lugares, com residências humildes semelhantes entre si, onde reside a mão-de-obra que presta serviço na herdade.

647 É provável que tendo conservado a sua autonomia sem cair em regime servil, estes trabalhadores independentes tivessem mantido formas de auto-organização. Para momentos posteriores temos dados documentais que advogam em favor destas redes de solidariedade. Veja-se o exemplo dado por Wickham, 2009: 782: "[...] las familias campesinas recurrían efectivamente a redes de parientes más amplias en épocas de penuria, hambruna o disputas, como sucede con los vicini et proximi que, según refiere un sermón de Cesáreo de Arles de la década de 510, ayudaron a un hombre a replantar un viñedo [...]." O tema tem sido tratado de forma aprofundada por Alexandra Chavarría Arnau, recomendando-se sobretudo o seu trabalho de 2007.

648 Por exemplo, Catão, um reconhecido conservador, advoga a angariação de trabalhadores livres em regime sazonal, dada a redução de custos (De R. R. X-XI).

649 Remeto para o capítulo sobre a paisagem e a introdução a Dependências agrícolas, com bibliografia crítica.

650 Columela, R. r. II, 15 diz-nos que para o cultivo da vinha devem estar presentes dois

quase todas as *villae* notamos implantações que privilegiam o policultivo ou, pelo menos, a preferência por um variado espectro de soluções. No tema dos produtos cultivados bem poucos dados existem. Ressalta a curiosa menção de sementes de milho miúdo (*Panicum Miliaceum*) em Monte Velho (Marvão)[651].

A análise das *dependências agrícolas e de vestígios de espaços de laboração* é iminentemente arquitectónica e como tal enferma de problemáticas várias, relativas ao débil estudo que à *pars frumentaria* ou *fructuaria* das *villae* tem sido dedicado. Trata-se do universo que nas escavações recebe menos atenção por parte dos investigadores, sendo escassíssimas as plantas e/ou descrições de espaços de laboração. Neste âmbito encontra-se reduzido aos lagares, sendo na generalidade dos casos impossível perceber se com vista à obtenção de vinho ou de azeite[652]. Outros espaços e unidades são desconhecidos: nada sabemos sobre *horti*, flores ou perfumes, ateliers especializados (de fiação e tecelagem, de trabalhos metalúrgicos, de fumeiros, de queijarias, entre outros exemplos), etc.

Na generalidade dos casos, temos referências a "lagares", mas as descrições são realmente poucas. Por exemplo, em Monte da Coelha (Estremoz), foi intervencionado um "pavimento de lagar com dois pisos" de chão em "argamassa de cimento". Em Ovelheira (Elvas), também se refere um lagar, sem mais descrições, situação que ocorre em Santa Vitória do Ameixial (Estremoz), que Luís Chaves interpreta como a base de obtenção da riqueza do sítio. Em Mascarro (Castelo de Vide) a escavação do Sector A incidiu em ambiente interpretado como um "lagar de vinho ou de azeite", onde se encontrou um piso lajeado com dois tanques de meia-cana e uma canalização em granito. No mesmo sítio, o Sector C, com o seu nível de escórias e "borra de vidro", poderia corresponder a um atelier de metalurgia. Em Sardos (Monforte) foi realizada uma escavação de emergência em espaço presumivelmente de lagar, contíguo a um ambiente de tecelagem. Quanto a Monte da Nora (Elvas), o lagar era de pequenas dimensões e sem grande inovação formal: detectou-se o espaço da prensa e foram escavados dois tanques para contenção de líquidos. Aliás, além do caso de Monte da Nora, é relevante notar que os lagares estão sempre presentes nos povoados: de norte para sul, temos em Barragem da Póvoa um compartimento onde se vê o encaixe para a vara do lagar e depressões onde seriam depositados os recipientes contentores;

---

tipos de solos: sabulosi ou arenosos, terrenos leves, fáceis de trabalhar e siliciosos; e cretosi ou argilosos, solos pesados, que no entanto se forem demasiado alagadiços devem ser melhorados com a adição de areias do primeiro tipo. As propriedades de seu tio Marcus Columela em Ceret (próximo de Jerez de la Frontera) tinham esta complementaridade. A propósito desta passagem é interessante lembrar que, por vezes, os textos referem a necessidade de melhorar o solo com vista à facilidade de laboração, mas não existe o conceito da sua beneficiação com o estrumar da terra, por exemplo. Já Plínio (N.H. XVII, 30, 31) conta-nos que para os olivais as propriedades devem estar próximas de solos de cascalho (glareosi), pobres e soltos.

651 Paço, 1953.

652 Ver sobretudo as obras de Jean-Pierre Brun: 1997a, para a Lusitania, e 2004, para o Mediterrâneo.

e o panorama repete-se em dois dos povoados do Caia, Horta Nova e Monte das Freiras, com os alinhamentos das bases pétreas para o assentamento das varas e pesos. Portanto, todos os casos regionais de povoados de tipo aldeia têm estruturas de laboração. Mas na área o melhor exemplo será Torre de Palma, um dos mais relevantes na *Hispania*. O complexo vitivinícola mereceu um estudo convincente[653] e, em leitura geral, assume a particularidade de, na adjacência entre lagar e *cella vinaria*, cumprir as recomendações vitruvianas[654]. A sua construção, durante o Baixo-Império (meados do século IV) marca indelevelmente a ascensão da *villa* como grande complexo agro-pecuário. Note-se também que as sucessivas ampliações durante o século IV, e mesmo uma "notable augmentation" durante o século V[655], mostram como a propriedade intensificou e ampliou o seu âmbito e volume de recolha e transformação. Ou seja, em Torre de Palma temos uma grande propriedade fundiária que, em momento tardio, incrementa a aposta na produção vitivinícola, em volume tão elevado que conduz a uma continuidade na criação de espaços produtivos[656].

Finalmente, a documentação referente às *evidências artefactuais e materiais de actividade agro-pecuária* é, como se calcula, de índole arqueológica. São de vários tipos, consoante as finalidades que se pretendiam obter.

Comecemos pelos materiais associados à produção de vinho, por beneficiarem de um inventário próprio[657], que incidiu em três âmbitos: grainhas de uva recolhidas, alfaias agrícolas e pesos de lagares. Neste último item, "pesos de prensa e bases de espremedura" vitivinícola, a consulta do "Inventário nº 2"[658] resulta esclarecedora sobre a elevada densidade de sítios que, no Alto Alentejo, apresentam indicadores: onze lugares com pesos, o maior número dos distritos portugueses[659]. À excepção de Alter do Chão (núcleo urbano), todos são de *villae* de grandes dimensões com vocação agrícola. Quanto aos dois outros itens,

---

653 Brun, 1997a: 66-67, 1997b, 2000, 2004: 291-294. O autor demonstra os paralelos com estruturas conhecidas na Itálica e na Gália Narbonense. A estimativa dos volumes de produção e stockagem (1700hl) coloca a adega de Torre de Palma entre as de maior capacidade no Mediterrâneo ocidental. A área de vinha estimada para alimentar estes índices seria de 30 a 50 hectares.

654 Vitruvio, VI, 6, 2. De acordo com as recomendações de Paladio I, XVIII, 1, o lagar deveria estar um pouco mais elevado na sua implantação, e a ligação entre os espaços por uma porta, o que aqui parece verificar-se. Também na orientação se observa o respeito pelos preceitos textuais: a cella vinaria deveria estar orientada a norte, o que a tornaria fria e quase obscura, ideal para a conservação do vinho (Vitruvio, I, 4, 2).

655 Brun, 2004: 294.

656 Dois "grands hangars à trois nefs" possivelmente para "stocker le vin produit par des dépendants du domaine", embora a funcionalidade como espaço de armazém de outros produtos ou de estábulos não possa ser liminarmente excluída (Brun, 2004: 294).

657 Carvalho, 1999. Indispensável também a análise do exposto em Fabião, 1998b.

658 Carvalho, 1999: 381-383.

659 Na altura os sítios recenseados foram: Meada, Tapada Grande, Tapada da Figueira, Vale da Manceba, Vale do Cano, Alter do Chão, Quinta das Longas, Torre de Palma, Correio--Mor, Silveira e Botafogo.

são apresentados conjuntamente[660]. Para a área em estudo apenas se cartografa a recolha de utensílios em Santa Vitória do Ameixial, mas Salete da Ponte deu a conhecer uma podoa proveniente da necrópole de Torre das Arcas (Elvas)[661], havendo ainda utensílios agrícolas em ferro no Museu Nacional de Arqueologia, provenientes de Torre de Palma, e outros de Silveirona (Estremoz). Posteriormente foi recolhida, em escavação, uma "*falx uinitoria*, alfaia destinada à poda de videiras, que também poderia ser utilizada para operações análogas em oliveiras, ou outras árvores de fruto" na Quinta das Longas[662]. Destaque para a estranheza causada pelo grande conjunto de Fontalva, essencialmente por não haver um ponto de povoamento conexo[663].

Olhando para o panorama geral, temos um quadro relativamente numeroso, que seguramente irá crescer à medida que a investigação prossiga e novas escavações recuperem evidências até ao momento esquecidas. A frequência de achados relacionados com a actividade vitivinícola é grande, de algum modo contradizendo a afirmação de Estrabão segundo a qual a *Lusitania* seria pobre em vinhos[664]. Pelo contrário, a região teria uma produção vinícola sólida, aproveitando as favoráveis condições pedológicas, o que também explica o baixo índice de ânforas itálicas[665], confirmando-se o rápido declínio das importações de vinho, quadro compaginável com o início da produção local[666].

A oliveira era uma produção essencial no quotidiano, também recomendada pelo elevado rácio entre investimento e rentabilidade, visto que os custos de mão--de-obra e manutenção eram quase nulos[667]. Foi também a produção agrícola hispânica que atingiu maior volume de exportações, quer para Roma, quer para a Mauritânia ou para os exércitos estacionados no *limen* do Reno, do Danúbio e da *Britannia*, no âmbito da *annona militaris*. Finalmente, a presença na região é notável, estando hoje a maior mancha contínua de olival da Europa situada entre os concelhos de Sousel e Estremoz[668]. Contudo, a sua análise confunde-se com a leitura das produções vitivinícolas, dado que as evidências de exploração e os espaços de laboração seriam os mesmos, a menos que seja indiscutível a separação. Neste campo, o único elemento encontra-se na recolha de uma mó oleária na

660 Carvalho, 1999: 385-386.

661 Ponte, 1986: 104

662 Almeida & Carvalho, 2004: 382. Sobre as foices remeto para os exemplos listados no volume 2 de Ferdière, 1988: 50-54 (cereais) e 92 (poda).

663 Alarcão, 1997: 163.

664 Estrabão, (Geog.) III, 4, 2. Deixou-nos todavia a memória de que em determinada ilha do Tejo se encontravam belas vinhas (II, 3, 1).

665 Almeida & Carvalho, 1998; Carneiro & Alves, 2011.

666 Fabião, 1998.

667 Columela, R. R. V, 8, 5.

668 No final do século XIX a extensão seria ainda maior: assinala-se um "grand massif d'oliviers qui s'étend presque sans interruption d'Extremoz à Borba, Villa Viçosa et Alandroal" (Costa & Castro, 1900: 443). Note-se que a presença de olival era significativa na região: os mesmos autores referem que até à cota de 800 metros se encontravam na área de São Julião (Portalegre).

Quinta das Longas[669]. Um dado em falta, por exemplo, são caroços de azeitona identificados em escavações que permitam conhecer os consumos domésticos.

Impõe-se, portanto, uma análise conjunta a um campo específico. Porque numerosos são os pesos de lagar junto ou nos próprios sítios arqueológicos. Sem que seja possível perceber se se tratam de pesos pertencentes a lagares de vinho ou de azeite, anotem-se as ocorrências existentes, juntando-as com os espaços de laboração noticiados:

Concelho	Sítio	Nº	Comentário
Alter do Chão	Casa de Alvalade	1	Peso depositado junto ao Monte da Porra
Arronches	Monte da Freirinha	1	Peso depositado junto à casa
	Coutada do Povo	1	Peso em contexto secundário
	Monte da Quinta	2	Ladeando o acesso de entrada ao Monte
	Belmonte	1	Uma lagareta rupestre junto ao sítio
	Porto das Escarninhas	1	No leito do rio
	Monte das Escarninhas	1	Elemento cilíndrico, talvez de vara
	Horta Nova	1	Compartimento com vara, possível lagar
	Monte das Freiras	1	Compartimento com vara, possível lagar
Avis	Entre Águas 1	1	Peso reaproveitado nos degraus da igreja
	Torre do Ervedal 8	1	Peso em moroiço de pedras
Campo Maior	Tapada da Pombinha	2	Deslocados para as casas
	Casarões da Misericórdia	2	Depositados junto ao Monte de Crasto.
Castelo de Vide	Chão Salgado	?	Informação não confirmada
	Poço de Marvão	1	Elemento reaproveitado na construção
	Mte Dr. Eugénio	3	Provenientes de Tapada Grande?
	Tapada Grande	1	Fotografia em Rodrigues, 1975: 152
	Barragem da Póvoa	1	Compartimento com encaixe, possível lagar
	Tapada da Ameixoeira	?	Informação não confirmada
	Vale da Manceba	?	Informação não confirmada
Crato	Monte do Biscaia 2	1	Lagareta rupestre
	Sampaio	1	Lagareta rupestre
	Tapada da Colobra	2	Lagaretas rupestres
	Monte da Paiola	1	Informação não confirmada
	Monte das Braguinas	1	Depositado no adro das casas
	Couto dos Algarves	2	Lagaretas rupestres arrancadas
	Mato Silva	1	Peso e tanque depositados junto ao Monte
	Granja	1	Peso depositado junto ao Monte
	Monte de Marrocos	1	Um peso fragmentado
Elvas	St.ª Catarina	1	Depositado junto à igreja
	Silveira	1	Depositado junto ao Monte
	Pereiras	1	Depositado junto ao Monte
	Monte da Nora	1	Lagar com dois tanques e uma prensa
	Correio-Mor	2	De grandes dimensões, entrada do Monte
	Ovelheira	1	"Restos de um lagar" detectado
Estremoz	Mte da Coelha	1	"Pavimento de um lagar com dois pisos"
	S. V. Ameixial	1	Estrutura interpretada como "lagar de azeite" mas muito arrasada[670].

669 Almeida & Carvalho, 2004: 382.

Fronteira	São Pedro	2	Reaproveitados no arco da Igreja
	Lagar do Penedo (?)	?	Topónimo
	Almo	1	Elemento rectangular
	Porto de Melões	1	Peso talvez in situ
	Horta da Torre	1	Peso na Herdade de Merouços
	C. Mau Vizinho	1	Depositado junto ao monte
Marvão	Retorta	1	Na ribeira, talvez de sítio em Espanha
	Vale de Cano III	1	Depositado junto ao Monte
	Vale de Cano V	1	Possivelmente in situ
	Mouta Raza	1	Peso em elevação fronteira ao povoado
	Vale de Rodam	1	Peso reutilizado em muro
	Pereiro	1	Depositado junto ao Monte
	Monte Velho	?	Número indeterminado
	Patinha da Burra	2	Peso de lagar in situ; lagareta rupestre
	Ranginha	1	Lagareta rupestre e um peso de lagar
	Vale de Luso	3	Três pesos de lagar; um espaço de lagar
	Ribeira do Lobo	?	Várias lagaretas rupestres, pias, pesos
	Estaca	5	Dois, talvez in situ junto a um sarcófago
	Vedeira	2	Reaproveitados em muro
	Relva	2	Dois pesos e uma pia
	Fonte de Souto I	1	Reaproveitado em construções das casas
	Pombais	1	Um peso de lagar
Monforte	Romacho	1	Depositado junto às casas
	Vale de Zebro	1	Reaproveitado em forno
	Monte do Azinhal	1	Depositado no Monte
	São Cornélio	1	Notícia de base de prensa
	Geod. Besteiros 1	1	Notícia de peso de lagar
	Sardos	1	Casal com peso e prensa de lagar
	Santo António	1	Depositado junto a moroiço
	Torre de Palma	1	De grandes dimensões, in situ em espaço de lagar
	Samarra	1	Junto ao monte; notícia de outros
	Mte das Brancas	1	De grandes dimensões junto à ribeira
	Torre do Curvo	1	Depositado junto à ribeira
	Aldinha	1	Fracturado e depositado junto ao Monte
Nisa	Horta do Vale	?	Noticia não confirmada
	Albarrol	1	Notícia não confirmada
	Fraguil	1	Um peso in situ em Raposeira
Portalegre	Mte da Cabeça	2	Notícia não confirmada
Sousel	Torre do Álamo	2	Em granito reaproveitados na Torre
Vila Viçosa	S. Marcos	1	Notícia de um lagar

Estes dados que se recolhem pela primeira vez de forma conjunta e tão sistemática quanto possível para a região permitem ampliar em muito o inventário dado a conhecer[671]. É certo que alguns dos exemplares inventariados poderão pertencer a momentos posteriores, em especial no caso dos contextos rupestres. E também há que notar que não constituem uma leitura definitiva, pois representam o estado actual da investigação, e inversamente, não mostram

670 Situação referenciada nas escavações realizadas por Luís Chaves, 1956: 73-75.

671 Peña Cervantes, 2010: 183: "Hemos catalogado, a partir de datos de prospección, 31 yacimientos con instalaciones de prensado en Beja, tres en Évora y diez en Portalegre.". Para uma leitura geral ver o seu estudo de 2005-2006.

o real universo da época em causa, pois sabemos que muitas formas de exploração não deixaram evidência arqueológica[672].

De qualquer forma, a cartografia dos dados é muito interessante. O comentário óbvio prende-se com um mapa de disseminação ligeiramente diferente do que poderíamos supor, em especial tendo em atenção a paisagem actual. É certo que se mantém a ausência de sítios no arco ocidental: apenas duas ocorrências em Avis, uma em Alter, e o vazio em Gavião e Ponte de Sôr. Mas é impressionante a inexistência de dados em Borba, terra de vinho e azeite de afamada qualidade, e a baixa expressão em Vila Viçosa (uma referência incerta) e em Estremoz (lagar em Coelha; dados não confirmados em Santa Vitória do Ameixial). Portanto, os concelhos da *zona dos mármores* têm índices irrelevantes, nada concordantes com o que actualmente existe. Onde encontramos mais dados? Em duas áreas geográficas distintas e com expressões qualitativas diferentes. Na zona do Guadiana: Elvas, Campo Maior e em franjas de Monforte e Arronches. Aqui temos pesos de lagar, que pertenciam a estruturas de laboração volumetricamente monumentais, a julgar pela dimensão de muitos dos pesos conservados: os maiores serão o de Torre de Palma[673] e os dois impressionantes colocados à entrada do Monte de Correio-Mor. A outra área abrange parte do concelho do Crato, de Castelo de Vide e de Marvão. E o elemento mais curioso reside no facto de, salvo algumas excepções (sobretudo Braguinas e Granja no primeiro, além de Tapada Grande, no segundo concelho), termos um elevado volume de lagaretas rupestres, bem como uma associação entre estas e/ou pesos de lagar a povoados de tipo aldeia. Ou seja, enquanto na zona do Guadiana temos evidências de laboração em *villae* (com as excepções já referidas de Monte da Nora e dos povoados do Caia), no ambiente serrano temos um tipo de exploração mais (digamos) *rústico e artesanal*. Talvez por isso tenhamos em sítios como Estaca e Vale de Luso uma grande densidade de pesos de lagar, o que reflecte o incremento de uma produção espacialmente condicionada às limitações infra-estruturais existentes. É certo que ainda estamos longe de poder determinar o perfil económico de todos estes sítios, como já sucedeu em relação a outras províncias[674], mas confirma-se assim a

672 Peña Cervantes, 2005-2006: 104, nota 3, pois "sistemas de prensado como la prensa de torsión o la prensa de cuña no dejarían huella arqueológica alguna. En el caso de la prensa de tornillo directa a no ser que el bastidor de madera aparezca anclado al suelo - y aún así sería difícil de detectar y arriesgado de interpretar arqueológicamente, ya que podría manifestarse como unos simples agujeros de poste - es posible que pase también desapercibida, ya puede estar realizada íntegramente en madera. Con las estructuras de pisado ocurre otro tanto: tan sólo si están realizadas en obra seremos conscientes de su existencia. [...] La existencia de una "producción silenciosa", arqueológicamente hablando, impide trazar una visión real de la dimensión socioeconómica de estos productos."

673 Que tem a particularidade de ter sido sacralizado com uma cruz gravada no terço superior.

674 O caso das villae de vocação vitivinícola na Narbonense e Tarraconense (AAVV,

percepção empírica de, no global, este ter sido um território de fortíssima vocação agrícola, onde teríamos especializações sectoriais, mas com uma acentuada diferenciação nos tipos e formas de produção entre as regiões do Guadiana e as pautas de povoamento da Serra de S. Mamede. Mas, em ambos os espaços, a disseminação de pesos de lagar e de espaços de laboração mostra a sustentação económica baseada nos frutos da terra e na sua transformação, provavelmente com intuitos exportadores.

Finalmente, o outro grande elemento da tríade mediterrânica apresenta muito menos elementos de análise: a produção cerealífera. Embora de tremenda relevância económica e simbólica, esta não parece ter sido a produção preferencial da *Hispania*, pois as províncias que tradicionalmente abasteciam Roma estavam situadas no norte de África e Sicília. É também a produção mais difícil de reconhecer do ponto de vista arqueológico, pela ausência de estruturas distintivas: arquitectonicamente não foi delimitado qualquer *pistrinum*, os fornos de cozer pão mencionados em Vitrúvio[675], que implicariam áreas funcionais para amassar o pão, um forno e a presença de água, tal como também não temos evidência de nenhum *horreum* ou celeiro de armazenamento. Um dado possível reside no número de mós que se encontram; a sua contabilização, contudo, é quase impossível ou, pelo menos, requer evidentes cuidados. Na verdade, muitos são os sítios em que se registam elementos de mó, mas nem sempre resulta clara a sua utilização em componentes para obter a farinação, e também o elevado número de elementos fragmentados impede uma contabilização rigorosa[676]. Acrescente-se ainda que dos elementos da tríade este é o menos referenciado nas fontes clássicas, embora a sua relevância esteja documentada de forma plena nas "pizarras visigodas" por se exigirem pagamentos em cereal[677].

Regressemos à leitura geral sobre os produtos da terra. Um campo específico de análise reside nas alfaias agrícolas. Sobre Quinta das Longas já se mencionou a recolha de uma foice, possivelmente relacionada com o amanho das videiras, bem como uma outra peça encontrada em Torre das Arcas. Próximo destes sítios de Elvas encontra-se o mais relevante conjunto artefactual encontrado em escavações na área: na *villa* de Argamassas (Campo Maior) estavam, sob derrubes de telhado, a associação de um escopro, um maço e uma foice (Sondagem 4), e também uma colher e um possível

---

Studies 2007), onde a especialização produtiva levou à construção de grandes lagares e adegas em estreita relação com pequenos espaços residenciais, ou aos casos de villae oleícolas no norte de África (Gros, 2001: 340).

675 VI, 6, 5.

676 Nas fichas de sítio respectivas menciono sempre os achados de elementos de mó.

677 Chavarría Arnau, 2007: 80 "Además de para el consumo propio, los cereales y fundamentalmente el trigo (triticus) eran un producto básico para el pago de impuestos y rentas según reflejan - como ya hemos visto - algunas pizarras, que incluyen largas listas de nombres que pagan modios y sextarios de trigo a un determinado individuo."

elemento de charrua (Sondagem 1). Nota-se, contudo, que o universo em análise é efectivamente escasso, faltando elementos que certamente terão sido encontrados em escavações como Santa Vitória do Ameixial[678] e Torre de Palma[679], sobre os quais não temos informação. No mundo funerário, temos o caso da sepultura 7.1. escavada em Outeiro do Mouro (Fronteira), onde dois pentes de cardagem foram depositados de forma cruzada, selando assim o depósito. Note-se ainda o conjunto nas escavações da Lage do Ouro (Crato) que demonstram a existência de uma comunidade vinculada à exploração agro-silvícola: pelo menos um pedreiro, um carpinteiro, um lenhador e um agricultor ali foram tumulados. Finalmente, também de Torre das Arcas foi dada a conhecer uma foice para o corte de ervas de pasto ou de gramíneas[680].

*

Em resumo, juntando os diferentes vectores informativos conseguimos lançar algumas tendências de conjunto. Cartograficamente a presença de elementos relacionados com actividades agro-pecuárias centra-se em torno a *Ammaia* – concelhos de Marvão e Castelo de Vide, com prolongamento para Crato – e na área da bacia do Guadiana, no arco de Arronches, Campo Maior e Elvas, com derivações interiores até Estremoz, Monforte e Fronteira. Contudo, as duas regiões apresentam distintas vocações produtivas: povoados com pequenos lagares e espaços produtivos de acentuado cariz rupestre, talvez comunitários, no primeiro caso, e evidências articuladas em torno de *villae* com estruturas que denunciam grandes volumes de produção e uma agricultura extensiva em estabelecimentos geridos por um *dominus*, no segundo caso. Quanto mais caminhamos para o interior, menos informação detemos, o que é compaginável com a progressiva desarticulação das redes de povoamento para as *terras de areia* e a passagem para modelos produtivos arcaicos, pastoris e de prática agrícola menos elaborada. Mais uma vez reflecte-se, assim, o quadro do povoamento antigo, mas também as assimetrias da investigação. Reflecte ainda a limitação do *poder civilizador* romano que, tendo introduzido profundas alterações nos volumes de exploração, não terá radicalmente alterado as formas e modos de trabalhar a terra[681], pelo que

678 Luís Chaves (1938: 32) enumera alguns achados, mas deles nunca foi dada notícia circunstanciada: "Na zona da parte agrícola apareciam instrumentos de lavoura: a pala, enxada redonda, em ponta ou de gume recto; o sarculum, sacho quadrado ou triangular; o malleus, martelo com cabeça e rostrum, ou gume; a dolabra, espécie de picareta [...]. A relativa abundância de foices prova ainda mais e melhor a colheita do pão."

679 Algumas peças foram dadas a conhecer no catálogo coordenado por Adília Alarcão (1997), tendo alguns outros exemplares sido expostos na Igreja da Madalena, em Monforte.

680 Ponte, 1986: 104.

681 Entre outros textos possíveis, remeto para Saez Fernandez, 1987, pela confrontação que o autor pôde realizar entre a realidade arqueológica peninsular e as descrições de autores que viveram nesse espaço.

os condicionalismos ecológicos de base foram inultrapassáveis, somando-se ao necessário apego às arcaicas formas de trabalhar as terras que a população indígena conservaria[682]. Ou seja, Roma aumentou a escala de produção, não pela via dos desenvolvimentos técnicos e/ou das elaborações teóricas (seguramente valiosos, mas de contributo menos expressivo), mas sobretudo através do ganho de novas terras e desenvolvimento demográfico. Contudo, os limites à expansão tiveram sempre fronteiras bem marcadas. Mesmo no interior das áreas mais povoadas e exploradas existem zonas de vazio que correspondem, grosso modo, a áreas de menor aptidão agrícola ou acidentes topográficos nunca vencidos, o que se nota também em áreas nunca colonizadas por não concederem condições para obter um rendimento adequado. Seguramente que a base de sustentação económica comum assentava nas produções de cereais, oliveira e vinha. Os indicadores presentes são quase em exclusivo destes tipos[683] – o que, paradoxalmente, não permite descolar a análise do domínio da *tríade mediterrânica*. Para outros produtos, nomeadamente as hortas e pomares tão louvados pelas fontes do século XVIII, a informação é residual.

7.2. Pedreiras e minas

Na exploração dos recursos do subsolo deveremos fazer uma distinção fundamental entre os materiais pétreos e os materiais metálicos. Tradicionalmente pensava-se que o interesse romano recaiu principalmente nos segundos, ficando a exploração das rochas de cantaria remetida ao âmbito local/regional. Esta premissa está posta em causa pelos avanços da investigação, sobretudo a partir do momento em que as análises mineralógicas e petrográficas evidenciaram a enorme extensão dos circuitos em época romana. Todavia, foi construída tendo por base, por um lado, uma leitura excessivamente empírica e pouco profunda da realidade, mas também por um olhar complacente face à realidade histórica em causa, ou seja, julgando que o mundo romano seria pouco capaz de proceder a uma exploração em larga escala deste tipo de recurso económico. Finalmente, radica também sobre uma deficiência de leitura. Na verdade, o termo latino para

682 Invoco também uma passagem de um texto de Carlos Fabião (1999-2000: 8) pelo que contém de revelador sobre o modo como as comunidades no campo perpetuam formas de interagir com o meio que resistem aos novos modelos sociais, por mais fortes que sejam: "O mundo rural, feito de atavismos, de gestos repetitivos e tão profundamente ligado a práticas artesanais absolutamente estranhas à mecanização actual transmite de facto a noção de um mundo atemporal, imóvel que sempre assim esteve quase desde a Antiguidade. Acresce que a tecnologia agrária conservou, literalmente até hoje, traços que remontam a distantes Eras."

683 Com uma excepção entre si, pois os modos de avaliação de produção de cereais restringem-se quase em exclusivo às mós, a silos e a celeiros (o horreum) enquanto para a vinha e azeite temos os pesos de lagar, alfaias agrícolas, as estruturas construídas de transformação e armazenamento, e ainda as ânforas, contentores cerâmicos que documentam, pelo menos, a importação para consumo sumptuário.

material pétreo de construção é *marmor*, correntemente equiparado ao nosso mármore, mas que, na verdade, designa toda a pedra lapidada e empregue em aplicações luxuosas (adquirindo brilhos e tonalidades após polimento, o que permitia a utilização por si só ou em combinações), ou seja, engloba pórfiros, alabastro, ou granitos, basaltos, xistos e calcários, entre outros.

Note-se ainda que, quer as pedreiras, quer as minas, exigiam uma complexa infra-estrutura de apoio, que deveria providenciar matérias-primas e equipamentos para a laboração. Se a mão-de-obra para o trabalho de extracção poderia ser de baixa qualificação e exigir pouco dispêndio na manutenção, numerosos trabalhadores especializados que procediam ao talhe e desbaste de blocos pétreos ou à redução de minério requeriam instrumentos adequados e volumes de pagamento condizentes com a sua qualificação[684]. A leitura do universo infra-estrutural que orbitava em torno das minas e pedreiras falta-nos quase em absoluto.

7.2.1. As pedreiras e a exploração dos recursos geológicos

O Alto Alentejo dispõe de dois recursos estratégicos fundamentais no tocante às matérias-primas pétreas. Uma reside nas pedreiras de cantaria, que serviram de fonte de abastecimento para as construções e estruturas arquitectónicas, em âmbito urbano, mas também rural, que se vão erguendo um pouco por toda a parte. A outra fonte indispensável reside na existência de um elemento económico de excelência para a província, mas também para o Império: os recursos marmóreos do anticlinal de Estremoz, indispensáveis para os revestimentos e ornatos decorativos. Em ambos, os problemas são comuns: a dificuldade de determinação de quais os pontos de extracção explorados na época em estudo, e não em momentos posteriores, dado que apenas por elementos particulares, e geralmente indirectos, se pode ganhar essa certeza, nomeadamente em achados de materiais arqueológicos encontrados junto aos locais de laboração. De um modo geral, as técnicas de talhe e extracção mantiveram-se inalteradas até ao século XIX, pelo que é difícil discernir a que momento pertence qualquer evidência. O segundo problema, ligado precisamente com a industrialização da actividade, radica na posterior laboração, apagando e destruindo as evidências anteriores dada a natureza, digamos, *antropófaga* dos trabalhos em pedreiras.

Antes de mais, um ponto prévio, já bem conhecido: dada a ausência anterior de um *saber-fazer* e de uma monumentalização, não apenas arquitectónica, mas também nos programas decorativos[685], é com Roma e com a implementação

684 Para um estudo integrador ver a obra de Alfred Michael Hirt (2010).

685 Consulte-se o texto de Roldan Gomez, 2007, que demonstra como os exemplos peninsulares encontram-se todos em áreas exteriores à Lusitania.

da *paisagem Imperial* em âmbito urbano e rural que este processo se inicia. Apesar de pontuais formas de aproveitamento destes recursos, a apropriação, com sólidos métodos de planeamento e de trabalho, que Roma empreende, constitui, neste como em outros domínios, uma ruptura esmagadora com o que até aí se fazia[686]. Note-se, contudo, que sobre este tema se torna verdadeiramente ruidoso o silêncio das fontes escritas, que parcas e episódicas referências dedicam a uma actividade que, em especial na laboração marmórea, terá sido central para a península[687]. E a talhe de foice, mencione-se ainda que o panorama para esta zona é escasso também no domínio epigráfico. Não temos qualquer elemento de valor semelhante à epígrafe que menciona a *Statio Serratiorum Augustorum*[688] ou a dedicatória a *Lucius Alfius Lucanus* dos seus *compagani marmorarienses* em Almaden de la Plata[689], como sucede na *Baetica*. Este tipo de menções é muito importante para percebermos a organização das explorações e o seu impacto nas redes de povoamento, como se compreende. Para esta área regional, embora um pouco mais a sul, apenas conhecemos *Hermes*, que se auto-nomeia *servus marmorarius* e se identifica como escravo de *Aurelia Vibia Sabina*. A epígrafe

686 A escultura pré-romana no território português é um fenómeno localizado, dependente de tradições culturais específicas e claro, da matéria-prima disponível: em extensas áreas não existe tradição escultórica ou arquitectónica dada a fragilidade do substrato geológico (como nas áreas de xisto ou nas planícies aluvionares, por exemplo). Para além destas contingências, existe a dinâmica histórica: no norte peninsular as esculturas de berrões e de guerreiros castrejos em granito, e na cultura ibérica do Sudeste, onde se esculpem estátuas em pedras brandas, são exemplos particulares. Em mármore já se conheciam alguns elementos escultóricos, em contextos exógenos muito especiais: os sarcófagos fenícios de Cadiz ou o Esculápio grego de Ampurias.

687 Os textos clássicos que se referem aos materiais pétreos são escassos. Plínio (Nat Hist, XXXVI, 14 e 48) e Estrabão (Geog. V, 222) aludem ao início da exploração das pedreiras de mármore em Luni e Carrara, coincidindo com o início da marmorização de Roma, como o testemunha a célebre frase de Suetónio (Aug. XXVIII). Estamos no início do século I d.C., e embora a cidade já utilizasse materiais pétreos nobres nas construções, é agora que se inicia a exploração em escala verdadeiramente industrial, passe o anacronismo. Durante o Império as menções literárias são escassas, se exceptuarmos as indicações nas listas de inventários do final do Império (com Constantino), embora estas sejam esquemáticas. Temos menções indirectas, como as Naves Lapidariae mencionadas por Petrónio (Sat, 117, 12) que serviam para o transporte dos blocos. Para a Hispania as referências são ainda mais escassas. Plínio enumera um conjunto de produções de vários pontos: a pedra com veios na região de Munda (Nat. Hist. XXXVI, 134), a lapis specularis ou selenite de Segobriga (Nat. Hist. XXXVI, 160), uma cidade para a qual existe uma abundante representação de escravos na epigrafia, a magnetite na Cantábria e a obsidiana na costa ocidental (Nat Hist, XXXIV, 148 e XXXVI, 127). Como já foi mencionado no capítulo próprio, refere o achado, na serra de São Mamede, de um cristal de dimensões incomuns, em lugar onde se exploravam gemas (XXXVI, 197). Diz-nos que na Península havia pedreiras de mármore (XXXVII, 24 e XXXVII, 127) mas nada nos refere sobre a sua importância e utilização. Diga-se aliás que não deixa de ser notável que sobre as produções marmóreas da Península, de tão grande utilização no mundo romano, não exista uma única linha ou referência literária.

688 CIL II 131, 132 (Itálica, Sevilha). Situa-se junto a um rio onde chegaria o mármore da pedreira, de onde provem quase todo o material utilizado no programa de construção urbano.

689 CIL II, 1043, especialmente preciosa pela indicação indirecta de um Pagus marmorensis.

foi encontrada junto ao santuário de *Endovelico*[690], e poderá documentar uma realidade igualmente mal conhecida e que consistia em oficinas de um *lapidarius* que junto ao santuário fariam a gravação dos nomes dos dedicantes das aras.

Consideremos então dois tipos de recursos. Um, as pedreiras de cantaria ou silharia, onde se processava a extracção de pedra para construção. O outro, as pedreiras de rochas decorativas. Em ambos a leitura é dificultada pelo facto de não existirem estudos de proveniência geológica isotópica, realizando a ponte entre os locais de extracção e os de consumo ou utilização.

No primeiro universo, temos poucos dados. Em vários locais existem afloramentos que poderão ter servido de ponto de extracção para empreendimentos próximos, como se calcula na relação entre a *villa* de Quinta das Longas e Pombal (Elvas)[691]. Um caso de maior vulto ocorreu na pedreira de Pitaranha[692] (Marvão), onde as evidências são grandes e extensas. Outra situação ocorre em Horta Nova (Borba), onde a exploração moderna deixou livre uma pedreira onde foi extraída pedra para construção, deixando à vista os característicos escalonamentos derivados da extracção dos blocos[693]. A proximidade à *villa* de Nogueiras, onde os blocos de talhe proliferam à superfície, é evidente.

No segundo universo, temos a laboração no anticlinal de Estremoz[694]. O mármore branco era particularmente apreciado pelo facto de ser uma cor rara na natureza. O mármore de Estremoz é aquele que na *Hispania* apresenta melhor qualidade, de uma grande pureza e suavidade, que permite um excelente trabalho de talhe e polimento e com uma brancura que, com o tempo, adquire uma pátina de tom marfim. Já os mármores de Pardais e Rio de Moinhos são mais escuros dada a presença de grafite, o que os valoriza porque apresentam os característicos veios de um subtil rosa ou cinza. Mas em todo o anticlinal, com os seus 40km de extensão no sentido noroeste/sudeste por cinco a sete

---

690 IRCP nº 497. Note-se contudo que os termos utilizados para designar quem trabalha com a pedra são marmorarius, lapidarius e artifex, de forma indiscriminada e independentemente da matéria. Portanto a primeira designação não se aplica exclusivamente ao mármore. A oficina do faber marmorarius assistia a uma cadeia operativa que, em geral, não era diferenciada, nem em termos de vocabulário, nem de operários. Ou seja, a extracção, o talhe e as primeiras esculturas eram feitas pelos mesmos operários e por isso recebiam designações comuns. Os materiais utilizados eram os mesmos na mineração e nas pedreiras, e são semelhantes aos da actualidade: picareta, cunhas de cabo, marretas, martelos de talhe, picão, enxó, picadeira, escopro ou cinzel, ponteiro. Vitruvio (X, 2) refere máquinas de elevação, as machinae tractores.

691 Almeida, 2000: nº 19.

692 Oliveira, Pereira & Parreira, 2007: ficha nº 149.

693 Na década de 80 do século XX a situação seria mais rica, pois segundo Jorge de Oliveira neste local encontravam-se mós inacabadas, colunas e um pé de altar visigótico. Estes elementos móveis foram entretanto retirados. Junto à villa de Nogueiras encontra-se ainda uma grande laje de mármore esboçada.

694 Próximo geograficamente está a pedreira de Alconera, em Badajoz, com um mármore mais rosado ou violeta de onde foram extraídas as colunas do teatro romano de Regina. As pedreiras situam-se mesmo no limite das províncias da Baetica e da Lusitania, junto à estratégica "Vía de la Plata" de tempos imemoriais.

de largura, encontramos uma paleta de tons de enorme variedade cromática e distintas purezas de grão. No terreno, a laboração apresenta vestígios *in situ* apenas na pedreira de Lagoa (Vila Viçosa), onde negativos de extracção e marcas de cunhas se conservam precisamente na zona de maior qualidade para a utilização arquitectónica. Em Vigária alguns blocos informes foram poupados e, junto a Pardais, as memórias ainda subsistem entre a população. Se, na maior parte dos terrenos, a laboração posterior apagou vestígios, resta realizar prospecções intensivas nos concelhos de Estremoz[695], Borba e Vila Viçosa (três municípios que não dispõem de um levantamento arqueológico exaustivo) para que alguns vestígios subsistentes possam ser registados.

No local de extracção a peça nunca ficava com a forma definitiva, mas apenas esboçada. Os retoques finais e a personalização de elementos – como as cabeças das estátuas – eram finalizadas em ateliers nos locais de destino. O esboço facilitava o transporte, ao eliminar matéria inútil, mas servia também para verificar se o mármore era denso e apto para o talhe. O melhor exemplo deste fenómeno reside nos testemunhos da pedreira da Herdade da Vigária, em Vila Viçosa, encontrados inacabados: sarcófagos e um togado testemunham o modo como as peças eram esboçadas, de modo a facilitar o transporte e a aligeirar o peso. Todavia, como aconteceu, algo podia correr mal: as linhas de fissura naturais foram expostas, levando a uma fragmentação das peças que as inutilizaram e motivaram o abandono no local. Ora toda esta cadeia operativa implicava variados trabalhadores: os que extraíam os blocos, em trabalho duro, pesado mas de grande exigência e rigor, pois era necessário conhecer a estratificação do bloco para que não fracturasse no arrancamento; e os escultores e lapicidas que procediam ao talhe e à preparação, ainda com mais cuidado para que a peça não se perdesse irremediavelmente.

No que toca à regulamentação da exploração, a ideia de um *pagus marmorarius* no anticlinal de Estremoz é deveras sugestiva. Sabemos que Augusto criou um monopólio estatal na exploração marmórea, com uma política rígida também seguida por Tibério, cronologia que podemos estimar para a exploração nesta região, tendo em conta as necessidades de abastecimento para os programas decorativos então em marcha na capital provincial[696]. As grandes obras públicas alimentariam este fortíssimo investimento, que necessitaria de um enquadramento rigorosamente planificado e de uma rede de apoio, a que objectivamente não é alheia a construção da via XII, já apelidada de "rota dos mármores"[697]. Em Estremoz o investimento foi considerável, ficando a imensa

695 Justino Maciel (1998: 236-237) indica um sítio na freguesia da Glória em Estremoz, denominado Pedreira do Regoto, onde se encontrariam desperdícios da exploração de mármore e um bloco onde se iniciou o talhe para dois sarcófagos. Não foi possível confirmar esta informação nem encontrar o topónimo.

696 Cisneros Cunchillos, 1988a, com uma listagem exaustiva, e 1988b; 1997.

697 Almeida & Carvalho, 2004. É interessante notar que o traçado da via afasta-se da zona do anticlinal logo após a área da Glória e do Tanque dos Mouros (Estremoz), porque

obra hidráulica do Tanque dos Mouros (Estremoz) e a sua rede de condutas anexas como um testemunho dessa realidade. O ponto de povoamento próximo, longo nos seus hectares de extensão, e junto ao itinerário da via XII, corresponde a um povoado inserido neste *pagus*, com exemplos paralelos na área de Bencatel (Vilares da Galharda, Aldeia das Freiras, eventualmente Vigária) e Pardais (S. Marcos e Fonte Soeiro). Falta-nos uma noção da área de Borba, em especial de Barro Branco, para ajudar a compor a leitura global. Mas como nos capítulos concelhios se (d)escreve, nestas zonas o quadro de povoamento muda e, com raras excepções, distancia-se das *villae*, constituindo-se largos povoados onde os blocos informes de mármore dominam o registo de superfície, com genérica ausência de elementos de requinte ou importação (as cerâmicas, por exemplo, apenas estão presentes em Nogueiras, motivo pelo qual se propõe a sua classificação como *villa*). Alguns dados desconexos, que apontam para espaços públicos (templos e balneários termais, como em Aldeia das Freiras e Vilhares da Galharda, em Bencatel), possibilitam a existência de aldeias com equipamentos, mas infelizmente nem uma única necrópole foi detectada, de modo a percebermos a identidade de quem habitou estes espaços. Noto contudo que em torno a Bencatel conhecem-se várias epígrafes funerárias, o que não deixa de ser relevante.

A exploração em âmbito doméstico seria uma realidade. Em outras áreas tal já foi comprovado, como na *villa* de l'Enova (*Saetabis*), onde uma pedreira de mármore se identificou nas imediações da casa, ou o mais próximo exemplo de Colaride (Sintra), com zonas de extracção e escombreiras[698]. Em outros pontos foram encontradas evidências de talhe e transformação de blocos pétreos no local de destino e utilização[699]. No caso em apreço, todavia, os dados são raros. Em Borba a superfície do terreno da *villa* de Nogueiras está juncada de blocos informes, bem como de elementos extraídos e picotados, o que faz supor que uma das valências fosse a exploração marmórea. No pólo oposto,

---

as dobras geológicas ocorrem no sentido noroeste-sudoeste, enquanto a via tem de progredir para nordeste, no sentido da capital provincial. Portanto a via passa ligeiramente a norte, sendo a circulação assegurada por uma rede de pequenos caminhos que circulam no sentido dos constrangimentos geológicos, acompanhando as linhas de festo.

698 Sem contradizer o que ficou expresso em anterior nota, a pedreira de Colaride parece ter tido uma laboração ainda em época pré-romana: recolha de cerâmicas cinzentas da Idade do Ferro e de Campaniense B e de dois fragmentos de terra sigillata itálica, além de uma moeda republicana (22-21 a.C.). Ver Coelho, 2002.

699 Talvez o caso mais relevante na Península provenha de La Vega, Albacete (Sarabia Bautista & Muñoz Ojeda, 2004-2005). Aqui, em espaço aberto no meio de um pátio foi encontrado, em escavação de emergência, uma acumulação de blocos de mármore por trabalhar que atingia os 500kg. O conjunto, datado do século II, apresenta uma particularidade relevante: uma grande percentagem de mármore provém do norte de África, a variedade giallo antico de Chemtou, próximo de Tunes, o que indica uma importante viragem: no século II os artesãos e o mármore já provêm do norte de África e cada vez menos de Itália ou do mundo helénico, como acontecia no século I.

temos a epígrafe de Mascarro (Castelo de Vide), uma ara votiva gravada no local de destino, contrastando a fruste gravação com a correcção formal do suporte pétreo. Neste raro exemplo, entrevemos a imensa distância entre o ponto de extracção e o destino final, onde por vezes as competências técnicas eram radicalmente distintas.

Quanto às utilizações nos sítios de recepção o quadro de conhecimentos é ainda menor, devido às dinâmicas da ocupação subsequente dos sítios. Ou seja, muitos programas decorativos foram removidos ou pilhados, fosse pelo seu valor artístico, fosse pela matéria-prima, como no caso do mármore, utilizado para o aproveitamento da cal, como na Quinta das Longas (Elvas), com a ausência dos revestimentos mármoreos da *pars urbana* e do espelho de água a serem explicados por esta situação. Não podemos esquecer também reutilizações em momentos tardo-antigos, como no belíssimo friso decorativo, com folhas de acanto, reaproveitado para a epígrafe de *Talassa*, em Silveirona (Estremoz)[700].

Para a *villa* de Torre de Palma (Monforte) foi realizado um estudo para os revestimentos marmóreos[701]. Os dados são curiosos por se tratar de um local próximo do anticlinal de Estremoz. Na realidade, a utilização do mármore só se verifica após o grande programa construtivo do século III, ou seja, na primeira fase, a que corresponde a "casa de átrio", estes materiais encontram-se ausentes e a matéria privilegiada é o granito rosa trazido das próximas pedreiras de Monforte e Barbacena. A partir dessa época a aplicação faz-se em elementos de elevada monumentalidade, como as colunas de dois metros de altura da "casa de peristilo" ou a arquitrave de um edifício de grandes dimensões. Estes materiais do século III teriam uma requintada qualidade de talhe e escultura, enquanto as aplicações na basílica do século IV já denunciam grande imperfeição, que poderá ser devida à perda de técnicas ou a um menor poder aquisitivo do proprietário. Da mesma forma, os materiais marmóreos aplicados na segunda fase da basílica, a partir de 360, deixam de ser de mármore branco de Estremoz para ser em mármore cinza azulado. Todavia, a construção do baptistério volta a utilizar o mármore branco, com assinalável qualidade de talhe. Ainda de acordo com o referido estudo, a inexistência de restos de exploração no sítio implica que estes elementos chegariam na sua forma final. Nesta área geográfica, outra *villa* que merecia uma reavaliação é Santa Vitória do Ameixial, com um impressionante conjunto marmóreo ligado a espaços de contenção e circulação de água (espelhos de água, fontes). O sítio fica precisamente na extremidade norte do anticlinal, em cujas proximidades voltamos a ter um exemplo, na excelente qualidade de talhe e notável trabalho escultórico registado nos mármores de Silveirona.

700 Cunha, 2008: 185.
701 André, 1997.

Em termos cartográficos, a utilização de elementos em mármore encontra-se, mais uma vez, circunscrita a duas manchas: a sul, entre Elvas e Estremoz, e outra em torno à cidade de *Ammaia*, nos concelhos de Castelo de Vide e Marvão, em algumas das grandes *villae*. Fora destas zonas a utilização da mais preciosa pedra ornamental é raríssima.

7.2.2. As minas

Quando pensamos na exploração metalífera no Alto Alentejo, a primeira impressão radica na profusão de recursos disponíveis. A região é abundante em afloramentos passíveis de exploração, embora nenhum estudo sistemático com prospecções direccionadas tenha sido feito. Todavia, em alguns momentos captaram a atenção de particulares que se propuseram explorá-los: quando consultamos as fichas individuais do *Dicionário* de Victorino d'Almada, respeitantes aos topónimos do concelho de Elvas, contabilizamos um número inesperadamente elevado de pedidos. É no entanto necessário ter em consideração que, salvo excepções localizadas, a rentabilidade dos recursos é baixa, pois não ocorre na região qualquer filão ou jazida de maior vulto. Seja como for, o estudo da exploração das minas é posto em causa – como nas pedreiras – pelos trabalhos posteriores que apagaram realidades que as laborações do século XX encontraram.

Em momentos anteriores, um foco de mineração existiria em regiões próximas, como comprovado em passagens das fontes clássicas[702]. Mas, quando tratamos de uma entidade tão complexa como o Império romano, o primeiro critério a considerar reside na *racionalidade económica*, criando um problema de escala de exploração, pois esta poderia funcionar a diversos níveis, com os pequenos filões entregues a particulares, enquanto os recursos estratégicos receberiam um enquadramento institucional, por questões fiscais. Seguramente que nas primeiras explorações, de âmbito familiar, o *rasto arqueológico* é infinitamente menor ao deixado pelos coutos mineiros de exploração estatal. E, centrando-nos no primeiro caso, o que temos de questionar reside na *aproveitabilidade* dos filões, ou seja, se estes suportavam a actividade de pequenas unidades de povoamento por inteiro, ou se estas teriam de adoptar posturas económicas de maior espectro para prover à subsistência. E, no registo arqueológico de superfície, não temos forma de ler se este perfil ocupacional efectivamente ocorreu na área em estudo, pois as únicas evidências são os escoriais, muitos

702 Por exemplo, a menção por Diodoro (33,7,1) às taças em ouro e prata de que Viriato se servia, ou as indicações de Plínio sobre as braceletes em ouro envergados pelos Celtiberos (Nat. Hist. 33, 39), que comprovam os testemunhos arqueológicos. Curiosa a expressão de Leonard Curchin (1996: 178) quando afirma que "La minería prerromana en España en su mayor parte no fue otra cosa que arañar la superficie", embora os recursos hispânicos motivassem a presença de fenícios, gregos e púnicos, antes dos romanos.

deles impossíveis de atribuir à época romana. Seja como for, constitui uma boa base de partida, esta separação entre pequenas explorações com pequenos sítios associados face aos grandes complexos de exploração com jazidas e povoados.

Comecemos por este último ponto, pois na área regional situa-se parte significativa do complexo de extracção aurífera da bacia hidrográfica do Tejo[703]. As riquezas do *aurifer Tagus* foram louvadas por diversos autores[704] e, por meio das menções indirectas de Estrabão, percebemos que desde momentos precoces seria um recurso em exploração. Todavia, sobre os sítios de Nisa, em particular o Conhal do Arneiro, não temos evidências sobre as formas e ritmos de exploração, embora seja evidente pela magnitude das escombreiras a elevada escala em que a laboração decorreu. Ainda a propósito das fontes literárias, é necessário recordar que (tal como com as evidências arqueológicas) são demasiado imprecisas de modo a serem conjugadas com o grau actual da investigação (sendo naturalmente o inverso também válido): note-se a menção estraboniana ao "país dos Ártabros", que marcava o limite de uma zona mineira iniciada no *aurifer Tagus* e na qual se obtinham ouro, prata e "outros metais"[705], que continua a ser impossível de localizar. Quanto a Plínio-o-Velho, refere que no leito do Tejo se apanhavam pepitas[706], testemunhando uma recolha que não deixa vestígios do ponto de vista arqueológico.

Da mesma forma o silêncio epigráfico impressiona. Seguramente o investimento imperial processou-se de forma directa: as explorações auríferas a céu aberto do Tejo documentam, pela sua escala, um gigantesco volume de exploração gerido a um nível elevado. Sabe-se aliás que Roma olhava para os coutos mineiros da *Hispania* nor-ocidental de forma única e integrada, pelo que o *Tagus* estaria sujeito ao mesmo regime que as zonas das Beiras, Minho, Galiza e Astúrias, incluindo um estrito controlo do *fiscus* com legado imperial e destacamentos de tropas[707]. Daí que se proponha um *pagus* com uma gestão hierárquica (ou seja,

---

703 Domergue, 1987: 493.

704 Remeto para a nota 46 em Domergue, 1990: 8 onde se elencam Catulo, Ovidio, Virgílio, Juvenal, Pomponio Mela (que acrescenta pedras preciosas que o rio arrastava), Plínio, Séneca, Lucano, Marcial, Estacio, Claudiano, Prudêncio, Rutilio Naumatiano, Marciano Capella, Jordão e Isidoro, além de vária legislação, mostrando como esta abrangência temporal de autores evidencia, mais do que um topos literário, a efectiva existência de um recurso estratégico. Amílcar Guerra (1995: 130) situa em "mais de quarenta" as referências "ao longo de toda a literatura latina" (os comentários do autor com enumeração das fontes estão nas pp. 130 e 131). Plínio-o-Velho menciona explicitamente que Tagus auriferis harenis celebratur (4,115) indicando que estas ressonâncias autorais tinham uma tradição consolidada no tempo em que escreve (séc. I d.C.). As mais completas referências textuais encontram-se em TIR J-29: 149, Tagvs Flvmen.

705 Domergue, 1990: 192; a partir de Estrabão, 3,3,4; 3,3,5. Aliás, Claude Domergue frisa as imprecisões das fontes, tanto mais evidentes quanto se avança para domínios interiores, uma vez que a maior parte dos relatos nos foi deixado por descrições feitas a partir do litoral por navegadores ou comerciantes.

706 33,66: fluminum ramentis.

707 Domergue, 1990: 280 e ss. Não é possível saber se na região estaria um procurator metallorum encarregue de gerir a exploração como representante do fisco imperial, mas a hipótese é provável, até pela proximidade do topónimo Aritium Praetorium.

a partir de um supervisor) de uma empreitada de exploração obrigando a uma logística elaborada. É provável que *Ammaia* tivesse sido criada para centralizar a chegada das cargas mineiras situadas na margem esquerda do Tejo.

Infelizmente nada sabemos sobre o perfil de quem esteve ocupado na laboração mineira. Não temos locais de habitação nem qualquer necrópole. Nada sabemos sobre as pessoas que trabalharam neste espaço, o que constitui um tremendo obstáculo à análise. Mesmo do ponto de vista epigráfico apenas se podem fazer conjecturas. É possível que alguns dos *Helvii* documentados se dedicassem às actividades mineiras, porque conhecemos um *M. Helv. M[...]* grafado em lingotes de chumbo recuperados no naufrágio Port Vendres II[708], talvez relacionado com os antropónimos de *Augusta Emerita*[709] e com os Hélvios na epígrafe de um liberto em Fortios[710]. Apesar da tenra idade do defunto (três anos), talvez seja legítimo supor o enquadramento em família dedicada a explorações mineiras na zona, ou em torno à *urbs* ammaiense, ou mesmo em Fortios, onde os topónimos "Água de Prata" e "Monte de Ferro" apontam para jazidas. Da mesma forma, a frequência de habitantes provenientes de *Clunia* registados nas epígrafes de *Ammaia*, podem também representar elementos ligados à exploração de recursos minerais[711]. Seja como for, e regressando ao ponto anterior, a importância da exploração aurífera do Tejo poderá ser a responsável pela implantação descentrada da *urbs* ammaiense. Em zona rica do ponto de vista agrícola e com um tecido viário denso, surpreende que *Ammaia* se encontre localizada tão a norte, longe das três vias entre *Olisipo* e *Augusta Emerita*, mas em contrapartida controlando um conjunto de estradas secundárias que aqui confluíam vindas do grande rio peninsular. A planimetria da cidade, de feição militarizada, a ocorrência de um contingente populacional de *Clunia* e as inequívocas semelhanças com *Egitania*, *urbs* que na margem oposta desempenharia as mesmas funções, são dados que levam a supor a vocação mineira da cidade. Inclusivamente poderia também ocorrer algo descrito nas fontes como o controlo directo que uma cidade efectuava sobre explorações mineiras[712].

---

708 Mantas, 2002: 63, nota 54, talvez o M. Helvius Moderatus (CIL II, 5259) da capital provincial.

709 Treze antropónimos recenseados: Atlas: p. 190-191; Edmondson & Hidalgo Martín, 2007: 492. Veja-se o estudo de Velazquez Jimenez (1988), que contudo não regista algumas epígrafes que ao momento ainda não haviam sido identificadas, pelo que o conjunto é agora ainda mais relevante.

710 IRCP, 633; Mantas, 2002: nº 6. Outros libertos estão documentados em Augusta Emerita como Helvia Prima e M. Helvius Marsua, indicando que os Helvii terão criado uma rede clientelar desenvolvida (Velazquez Jimenez, 1988: 128).

711 Contra ver a argumentação apresentada por Gómez-Pantoja, 1999: 102.

712 "un testimonio claro de la existencia de minas en los territorios de las ciudades, y que eran de su propiedad lo encontramos en Suetonio, Tib. 49, 2 en un texto referido a la anulación, llevada a cabo por Tiberio, de derechos sobre minas de determinadas comunidades: plurimis etiam civitatibus et privatis veteres inmunitates et ius metallorum ac vectigalium adempta." (Saez Fernandez, 2002: 427, nota 133).

Outros coutos mineiros são mal conhecidos. Nas Minas da Tinoca, entre Arronches e Campo Maior, poderiam ter existido filões de maior dimensão explorados a céu aberto ou com recurso a galerias, visto que a dimensão da exploração e a proximidade ao itinerário viário permitem uma laboração de maior dimensão. Outros filões mais pequenos existem, disseminados pela área em estudo, em alguns casos com pontos de povoamento modestos nas imediações, mas as dúvidas centram-se sobretudo em realidades metodológicas. A primeira reside no facto de não existir nenhuma cartografia que os reúna, ou seja, de se tratar de um universo mal conhecido, seja por ausência de trabalhos de terreno, seja pela *micro-escala* da sua natureza que conduz à *invisibilidade cartográfica*. Outro aspecto radica na impossibilidade de se definir a cronologia destas explorações. As prospecções até agora realizadas resultaram inconclusivas quanto a materiais, pelo que a presunção da pertença à época romana é feita pela proximidade de pontos de povoamento contemporâneos, ou por escoriais que documentam actividades de metalurgia. De qualquer forma, é impossível ignorar um conjunto alargado de sítios próximo de aglomerados de escórias ou de cortes onde decorreu uma exploração. Estes pontos disseminados pela área em estudo, são geralmente de pequenas dimensões, por vezes com topos de estruturas aflorando à superfície, sempre em quadro de grande pobreza material. Nos contrafortes voltados a sul da Serra de São Mamede, entre Alegrete e Mosteiros nos concelhos de Portalegre e Arronches, como no vale de Aramenha (Marvão), nos pontos de povoamento de Alagoa, Gavião e Naves, encontramos exemplos: locais próximo de recursos aquíferos, indispensáveis para as lavagens de minério e para as actividades do quotidiano, em solos escalvados e pobres, mas onde o aproveitamento dos recursos mineiros conjugados com outras fontes de subsistência (como a agricultura localizada em torno de rechãs de aluvião, conjugadas com a pastorícia ou o mel) suportariam um núcleo familiar, mas que possivelmente se esgotam rapidamente, sendo de diacronia curta.

Outra questão que podemos colocar prende-se com o momento em que se inicia a montagem deste circuito económico e da laboração. E mais uma vez, os dados são indirectos: podemos presumir que o processo de ascensão administrativa da *urbs* ammaiense, visível nas consagrações epigráficas, acompanha a instalação das infra-estruturas necessárias para a mineração. Seja como for, é legítimo supor que a exploração aurífera da bacia do Tejo foi um processo lento, cuja constituição pode ter levado à criação de uma cidade *ex novo* que também teve um desenvolvimento não muito rápido. Provavelmente foi um processo não tão urgente quanto a exploração das pedreiras de mármore (que levaram à criação de um itinerário viário próprio, a via XII, o que não sucedeu no Tejo, cuja rede viária parece ser, em larga medida, a pré-existente), o que se prende com a morosidade da laboração mineira (o rasgar de condutas e valas). E também nada sabemos sobre o final da exploração. Geralmente aponta-se o final do século III como um momento de "déclin rapide: les textes, la prospection archéologique le montrent clairement."[713] O esgotamento dos filões e os custos crescentes da exploração constituem explicações[714]. A desestruturação da máquina imperial terá tido um papel importante, pois a logística necessária às empreitadas e circuitos comerciais de larga escala entra em colapso. Esta "baixa espectacular" da actividade mineira é comprovada por um complexo leque de indícios, como por exemplo os naufrágios no Mediterrâneo[715]. Mas temos também o início da exploração de recursos mineiros em províncias orientais, como na Dácia, por exemplo, o que terá levado a uma reorientação no investimento imperial[716]. Para a região os dados encontrados em locais de povoamento são inexistentes. Nos sítios em estudo, as evidências de fundição estão, em geral mal documentadas e insuficientemente datadas[717]. Um caso exemplar seria a forja na *villa* de Herdade das Argamassas (Campo Maior), de momento tardio, mas não especificado. Talvez a reorientação produtiva deste e de outros locais fosse concretizada a partir do século III ou IV, concedendo a estes sítios uma economia autárcica de *largo espectro*, em detrimento da especialização da agricultura de regadio, que incluísse o aproveitamento de minas ou filões. Um caso paralelo onde recenseamos esta opção poderá ser a detectada em Mascarro (Castelo de Vide), onde uma sondagem arqueológica incidiu em área de forja, sendo também encontrada escória de vidro. Outra possibilidade de análise reside na realização de prospecções intensivas em torno de sítios arqueológicos de maior dimensão, para identificar sítios anexos dedicados à laboração especializada. Um caso que parece ilustrar esta situação foi detectado em Monte do Farrusco (Fronteira), onde próximo do sítio principal se encontrou uma mancha de cerâmica com pingos de escória e um sedimento mais escuro que o solo envolvente, que poderão configurar um atelier satélite do local principal. No mesmo concelho, uma situação similar pode ser feita na correspondência entre a *villa* de Horta da Torre e o pequeno sítio de Alto da Torre. O dado mais relevante para momentos tardios provém de Monte Velho em Marvão. Aqui, no compartimento intervencionado por Afonso do Paço[718], foi encontrado um depósito de hematite e uma grande mancha de escórias junto a uma estrutura de fundição que comprova inequivocamente a vocação do espaço, mas com uma escala de laboração reduzida e economicamente complementada com a farinação e a obtenção de vinho e/ou azeite. Portanto temos a actividade metalúrgica documentada em momento tardio em contexto

713 Domergue, 1990: 178.

714 Curchin, 1996: 179.

715 Domergue, 1990: 220 e ss. para um elenco de explicações possíveis.

716 Para além da obra de Domergue ver Le Roux, 2010: 146 e Hirt, 2010: 56-68, para a conjuntura política.

717 Ou seja, não temos uma estratigrafia documentada como na villa de Monroy, na vizinha província de Cáceres, onde foi intervencionada uma forja: Martín de Cáceres, 2006.

718 1949: 8 e 9.

de uma economia de largo espectro, ou seja, não-especializada, recorrendo a actividades diversificadas.

Quanto ao mundo funerário, infelizmente não se encontraram elementos representativos de tumulações de indivíduos relacionados com as actividades mineiro-metalúrgicas. Faltam identificar as necrópoles dos coutos ou povoados mineiros e, no panorama funerário já conhecido, não existem registos que permitam relacionar inequivocamente indivíduos vinculados a estas actividades, à excepção de um caso específico da sepultura L 38.5 de Lage do Ouro (Crato)[719], possivelmente de um ferreiro.

7.3. Os barreiros e a produção de cerâmica

A tradição etnográfica na região indica-nos que os barros foram uma das actividades mais representativas para a vivência das comunidades. Três grandes áreas, em especial, se constituíram como alfobre de um conjunto de técnicas de manipulação das argilas que criaram recipientes cerâmicos de elevada qualidade e valor estético: os barros de Nisa, com aplicações de grãos de quartzo branco, formando um característico rendilhado nas superfícies externas; as olarias de Flor da Rosa, no Crato, cuja relevância cristalizou na toponímia viária[720]; e as produções oleiras de Estremoz, aproveitando a argila avermelhada de elevada maleabilidade que se encontra nos solos próximos da cidade.

Todavia, sobre as explorações que em época romana decorreram, não temos informações que nos permitam perceber os ritmos e formas pelos quais este recurso foi aproveitado. Um feixe de leituras poderia ser constituído pela implantação topográfica dos sítios, mas infelizmente não conhecemos com rigor os barreiros e locais de extracção para podermos tentar ler relações nas redes de povoamento. De qualquer forma, não me parece possível supor qualquer regime autárcico nas explorações, por não haver suficiente densidade de barreiros aproveitáveis. Mas também não temos informações sobre as proveniências das pastas das cerâmicas encontradas nos diversos sítios arqueológicos, embora uma leitura meramente empírica possa permitir assinalar a imensa variabilidade dos protótipos e pastas cerâmicas, mas também a sua delimitação em sub-zonas regionais concretas. Portanto, seria imprescindível avançarmos para níveis de leitura mais atentos.

As evidências arqueológicas da actividade são escassíssimas, o que não surpreende, pois sabemos que, por regra, os fornos e estruturas que lidavam com o fogo ficavam afastadas dos núcleos residenciais por motivos de

719 Frade & Caetano, 1991: 47.
720 Saa, 1959: 141.

segurança[721], e como tal não são detectados em escavação. Para a região temos um caso documentado: o forno cerâmico de Mosteiros, em Castelo de Vide, mas não é possível avaliar, nem a relação espacial com o sítio (ou seja, em que sector se implantaria), nem o tipo de produções cerâmicas. Temos ainda o caso do forno em Montinho, Portalegre, mas não sabemos se se trata de uma estrutura de época romana, visto que não chegou a ser intervencionado. Finalmente, um caso muito interessante deriva de Monte da Nora (Elvas), onde um pequeno forno de produção cerâmica foi identificado em zona central do povoado. Note-se ainda que para o centro urbano de *Abelterium* um grafito induz a existência de mais de uma olaria em espaços próximos[722], dentro da localidade. Em meio rural, na *villa* de Quinta das Longas (Elvas), um grafito inciso em pasta húmida, com "letras gravadas com cuidado" e "elegância", documenta a fabricação de *dolia* para o apoio às actividades agrícolas[723].

Particularmente ignorada tem sido a obtenção de ocres (*ochrae*) constituídos por óxidos de ferro, magnésio, cobalto e carbonatos vários a partir dos quais se obtinham pigmentos e substâncias corantes[724]. No Alto Alentejo existem recursos endógenos que ainda servem para as pinturas domésticas, mas sobre o seu aproveitamento em época romana nada se sabe. Nos revestimentos também cabe uma nota para a obtenção de cal, que constitui um património etnográfico fortíssimo. Os fornos contemporâneos pontuam a paisagem, como na Serra de S. Miguel (Sousel), onde ascendem a quase uma centena, em Bencatel (Vila Viçosa), ou no vale da Aramenha, próximo de Marvão, e elementos dispersos encontrem-se em Estremoz, Crato ou Alter do Chão. Também em algumas zonas subsistem fornos para carvão, combustível essencial em época romana.

721 Recomendações contidas em Vitruvio, I,4,2 e VI,6,2.

722 António & Encarnação, 2009a.

723 Guerra, Carvalho & Almeida, 2006/2007: 121.

724 Plínio, N.H. 34, 177-178 e 35, 30. Também Vitruvio faz referências a substâncias corantes em VII,8,6.

8. Geografia sacra e identidades religiosas

Os testemunhos sobre práticas religiosas no Alto Alentejo são escassos e difusos. Os indicadores para a análise dos sentimentos e formas de expressão do sentir religioso são vários, mas para a área territorial não existem modos de os relacionar e compreender os modelos de funcionamento e concretização no quotidiano. Diversas formas de entender estas manifestações são possíveis: santuários e/ou estruturas arquitectónicas, os depósitos de lucernas e a *literacia votiva* testemunhada pelas epígrafes. A este último núcleo informativo, aliás o mais expressivo na região, dediquei recentemente alguma atenção[725], procurando rastrear os universos religiosos. Como sobre as estruturas arquitectónicas quase nada se sabe e são inexistentes os depósitos de lucernas[726], em rigor pouco mais existe a acrescentar ao então escrito. Tentemos juntar outras perspectivas, começando por relembrar o quadro das epígrafes votivas então sistematizado:

Concelhos		Divindades
Nisa	6	Quangeio Tango (3), Jupiter Repulsor (3)
Gavião	0	-
Castelo de Vide	2+1?	Andaeco (1)
Marvão	7	IOM (4) Ocrimira (1) Toga[727] (1) Génio (1[728])
Portalegre	0	-

725 Carneiro 2009-2010. Nas respectivas fichas de sítio retomo as considerações então enunciadas.

726 Exceptuando-se o conjunto exumado no alto da Cabeça de Vaiamonte (Monforte) e dado a conhecer em Fabião, 1998, que levanta interessantes questões sobre a possível existência de uma componente sacra no alto da dominadora elevação, dada a presença expressiva de queimadores em cerâmica, por exemplo. Todavia, os significados e momentos do conjunto levantam interrogações, potenciadas aliás pelas questões inerentes ao enquadramento das escavações, incluindo as possíveis contaminações de materiais com outros sítios em escavação simultânea.

727 Sobre as dificuldades interpretativas do topónimo, tradicionalmente lido como *Alma* mas com proposta de ALENE(N)S(I), ver Encarnação & Guerra, 2010.

728 Mantas, 2000, menciona o achamento de uma segunda epígrafe, que creio nunca ter sido publicada de forma detalhada: *Génio Am/aici ara/ possit.*

Crato	1	IOM (1)
Alter do Chão	1	?
Ponte de Sôr	0	-
Fronteira	1 (?)	Ninfas
Arronches	1	Libera
Monforte	2	Lares Viales (1) Marte (1)
Avis	2	Fontano, Bande Saisabro
Sousel	0	-
Campo Maior	1	Dea Sancta (Atégina ?)
Elvas	8	Proserpina (5) Belona (1) Victoria (?,1) Dea Sancta (1)
Estremoz	1	Cíbele
Borba	2	Quangeio Turicaeco (1) Jupiter (1)
Vila Viçosa	2	Fontano (1) Salus (1)

Em qualquer dos casos o que mais capta a atenção reside no facto de nos encontrarmos perante práticas emolduradas pelo espírito romano. Todas as expressões religiosas têm gramática clássica: nos formulários, nos suportes votivos e, eventualmente, nas estruturas arquitectónicas que as albergariam, bem como nas plásticas decorativas. Mesmo quando se conserva um teónimo indígena, surge-nos enquadrado em práticas clássicas. Portanto, todas as epígrafes estão já processo de *interpretatio* romana[729], mesmo se dedicadas a teónimos indígenas. O que significa que, em contexto imperial, as práticas religiosas estão enquadradas pelos preceitos latinos, embora com distintos matizes e profundidades, como é natural.

Para o estudo dos momentos anteriores, ou dos *fenómenos de passagem*, os indicadores são escassos. Relembro um documento recentemente dado a conhecer: a epígrafe votiva de Arronches[730]. Constitui a marcação territorial mais a sul do designado *universo lusitano*, com um conjunto teonímico pré-romano, cultuado em língua indígena, embora com uma expressão material (rude, é certo) de cariz, digamos, *proto-romano*, pois utiliza o alfabeto latino, embora gravado de forma frustre e de modo tão grosseiro que as dificuldades de leitura são evidentes. Este documento marca uma fase de transferência, na qual as vivências e expressões religiosas indígenas começam a ser enquadradas por formulários clássicos. Em Arronches os fenómenos de contacto são vários, manifestando-se, por exemplo, na enumeração das oferendas com recurso a um elemento numérico (o "X") ou no uso do alfabeto latino. É também de notar que a epígrafe denuncia uma congregação colectiva para uma hecatombe sacrificial, ou seja, a reunião de várias gentes (de uma ou de várias comunidades, não o sabemos), para assistir a um sacrifício múltiplo de animais. Temos portanto uma

729 Apesar das reticências de Vasco Mantas (p. ex., 2000), preferindo o termo de "aculturação" e colocando a ênfase em contactos com unidades militares a partir dos quais se faria a assimilação religiosa, pessoalmente continuo a adoptar o termo por considerar que 1), o fenómeno está culturalmente diagnosticado para muitas situações, pelo que presumo ser a regra e não a excepção, e 2), na região em causa, o fenómeno ter-se-á verificado em divindades tópicas, recobrindo os deuses indígenas ou ocultando-os sob a invocação tutelar.

730 Carneiro, Encarnação, Oliveira & Teixeira, 2008.

vivência colectiva de um momento religioso, que documenta o carácter grupal do sentimento. Esta expressão poderia ser feita ao ar livre, sem necessidade de uma estrutura arquitectónica, como presumivelmente acontece em contexto imperial, visto que quase todas as epígrafes da fase seguinte parecem exigir uma estrutura, monumento ou templo. Exceptuam-se apenas as manifestações de mananciais hídricos, onde a epígrafe poderia estar colocada junto ao local. Portanto, e em leitura preliminar que necessita de comprovação arqueológica, parece assistir-se a uma mudança da religiosidade *campestre* para manifestações cultuais organizadas e enquadradas por uma moldura arquitectónica.

Regressando ao lote de epígrafes votivas, observa-se uma expressão material da religiosidade moldada integralmente de acordo com os formulários clássicos. O que da prática indígena sobrevive são apenas os teónimos tópicos, aparentemente, apenas devido a sentimentos arreigados entre as comunidades locais, que perpetuam essa vivência mesmo após a chegada do novo poder (embora, eventualmente, não durante muito tempo, pois as epígrafes são todas de um arco cronológico restrito). Ou seja, são os localismos que marcam as pervivências dos cultos, que se prolongam após fenómenos da *interpretatio* romana, que os enquadra e reformula na linguagem material.

Que divindades encontramos do fundo indígena em contextos imperiais? *Quangeius Tangus*, com três manifestações; *Deae Sanctae* (2), *Andaecus* (1), *Ocrimira* (1), *Toga* (1), *Bande Saisabro* (1) e um *Quangeus Turicaecus* de parte incerta. Um fundo religioso indígena notável pela diversidade e vitalidade, sem que, em caso algum, possamos entrever a estrutura arquitectónica concreta que albergasse os cultos. Este conjunto expressivo reflecte a dinâmica da paisagem religiosa que vem de um mundo que no território menos *romanizado* (isto é, o arco norte ocidental do Alto Alentejo, desde Marvão e Castelo de Vide, por Nisa e Gavião até Avis) apresentaria um polvilhar de divindades vivas e congregadoras de comunidades locais[731]. Certamente que será mais um elemento aliciante para um pleno conhecimento das sociedades da Idade do Ferro, que nesta região ainda falta empreender. Caso diferente reside no fenómeno de *interpretatio* de *Iupiter Repulsor* em Senhora da Graça (Nisa). Curiosamente, aqui temos uma estrutura arquitectónica, que configuraria um santuário construído[732] recoberto pelo(s) templo(s) cristão(s) e centro de peregrinações que

731 Portanto o Alto Alentejo (especialmente o quadrante norte) ultrapassou o panorama uma vez expresso que lamentava "o conventus pacensis ter fornecido poucos teónimos indígenas, quando, por exemplo, nos outros conventus da Lusitânia, eles se multiplicam profusamente" (IRCP, p. 806). Note-se que algumas das epígrafes votivas foram publicadas ou identificadas após a data de publicação do monumental estudo de 1984.

732 Relembre-se o que foi escrito na ficha de sítio pois as sondagens conduzidas por Jorge de Oliveira identificaram uma estrutura com silharia sob o alicerce do templo cristão no topo da elevação. É certo que poderá tratar-se da torre de Nisa-a-Velha, palco de confrontos medievais, mas a sua interpretação como uma estrutura sacra de época romana não pode ser deixada de ser considerada.

hoje existe(m), perpetuando o conteúdo sacro da elevação. "Repulsor" constitui o epíteto aproximativo, fenómeno bem aceite pelas comunidades locais, pois todos os cultuantes e ofertantes de epígrafes são indígenas. Portanto, o culto evolui, metamorfoseando-se nas expressões arquitectónicas (provavelmente) e, digamos, *plásticas* e designativas (certamente), mas mantendo-se estável no universo de fiéis. As rupturas ocorrem no acessório, mas não no essencial – o sentimento religioso e o público devoto. Valorizar as descontinuidades implica esquecer os nexos na manutenção de um *fácies identitário* bem presente. E o mesmo pode ser constatado no segundo fenómeno de *interpretatio*, centrado no culto a Prosérpina em Fonte Branca, no concelho de Elvas. Provavelmente aqui a divindade latina também recobre um teónimo tópico, cultuado em zona de passagem, talvez mesmo de confluência de gentes de distintos locais. Sem falar de casos por nomear, como em Mosteiros (Castelo de Vide) ou na zona de Alter do Chão. O que significa esta continuidade reformulada? A manutenção de um território marginal, tolerado pelo poder romano, embora enquadrado por este? Como no referido estudo tive oportunidade de abordar[733], não me parece que exista qualquer fenómeno de resistência ou de alheamento. Em *Ammaia* encontramos duas divindades locais, mas o núcleo urbano manifesta de forma inequívoca a adesão à religião oficial, com as dedicatórias ao Génio do Município e a Júpiter *Optimus Maximus*[734]. Coabitação e tolerância, portanto. Note-se ainda que não sobreviveu qualquer divindade local ou protectora de comunidades sociopoliticamente alocadas a espaços concretos e delimitados. Aí sim, poderíamos ter fenómenos de resistência ou de perduração de identidades autóctones. Procurar ler reacções em aras de absoluto recorte clássico (mesmo que de fruste gravação, mas esse é um problema de competência técnica) e de formulários latinos será tresler de forma forçada a realidade. Em resumo, temos na área norte e oeste uma perduração sacra (reformulada e enquadrada) para o período imperial. Situação idêntica para a zona de Valência de Alcântara até Cáceres que, quer na Idade do Ferro, quer em época romana, se constitui como prolongamento do Alto Alentejo[735]. Uma persistência de conteúdos que surge, contudo, transfigurada nos formulários e expressões materiais da devoção, de modo a adequar-se aos cânones do novo poder. A permeabilidade devocional parece ser unidireccional, na medida em que, no universo de cultuantes, encontramos apenas antropónimos indígenas. Mas estes adquiriram as expressões materiais do novo poder, visíveis nas fórmulas de expressão e também na utilização de aras votivas, com os nexos que tal implicaria

733 Carneiro, 2009-2010.

734 Circunstância que levaria a que na cidade, provavelmente no fórum, existisse mais do que um templo. Em particular a epígrafe dedicada ao Genius Oppidi Constituti apresenta "uma distribuição do texto por duas faces, o que lhe confere maior monumentalidade: a ara destinava--se a um lugar público, estando em posição nobre a face com o nome da divindade" (IRCP p. 793) o que indica a sua aposição em estrutura monumental.

735 Olivares Pedreño, 1999 e 2006.

(por exemplo a existência de ateliers de talhe próximo de Senhora da Graça, visto que todas as epígrafes são semelhantes e utilizam a matéria-prima local).

Uma situação diferente encontra-se na região da bacia do Guadiana e da via XII. Ao longo da faixa sul-oriental as expressões devocionais são marcadas pelos cânones latinos[736]. Existe um vincado cosmopolitismo, visível não apenas nas divindades cultuadas, com deuses orientais ou de outras províncias, mas também nos dedicantes, com ofertantes de várias onomásticas que incluem *tria nomina* ou denominações helénicas. Ao contrário da religiosidade mais difusa e telúrica da zona norte e oeste, aqui teríamos uma maior densidade de estruturas arquitectónicas pontuando a paisagem, fossem templos, monumentos ou santuários. De onde podemos pressupor um culto hierarquizado e programático. A relação cartográfica entre alguns dos sítios e troços de vias indica o modo como seriam demandados por populações de âmbito mais vasto, e também por isso em algumas epígrafes a intenção passa pela ostentação pública do ofertante e do agradecimento. É certo que também encontramos os "traços híbridos, sobretudo nas regiões do interior"[737]. É possível que exista uma área de transição, entre Fronteira e Crato, incluindo Avis, Monforte e Arronches, se acaso o universo epigráfico se consolide com mais descobertas. Talvez o exemplo mais interessante, mas também difuso no seu perfil de povoamento, se centre no *vicus* do Chocanal (Crato) com a dedicatória a *Iovi Optvmo Maxvmo* oferecida pelos habitantes locais, os *vicani Camaloc*[*ani*? *ensis*?]. Infelizmente não é conhecido o paradeiro da epígrafe, o que nos permitiria perceber melhor o real significado da dedicatória. Porque duas hipóteses podem ser colocadas: esta comunidade poderia ser de fundo indígena, na leitura tradicional que vê nestas unidades de povoamento uma raiz pré-existente que, após a pacificação, procede a manifestações de lealdade das populações, em contexto de transferência para núcleos urbanos, ou em agradecimento por alguma benesse[738]; ou então, uma fundação de colonos romanos. Ou seja, a leitura da gramática decorativa da epígrafe poderia ajudar-nos a perceber o perfil identitário destas gentes. Note-se, contudo, que no universo epigráfico estão ausentes as decorações emblemáticas com símbolos ou atributos das divindades, configurando uma ausência de tratamento iconográfico das peças. A este facto não é alheia a circunstância de não termos

---

736 A única divindade indígena da zona é Dea Sancta (Atégina?), com uma epígrafe recenseada em Campo Maior e outra em Elvas. Tem um centro de culto situado por Plínio-o-Velho na Baeturia céltica (N.H. II, 14), não sendo por isso de estranhar que o que conhecemos do culto nos chegue enquadrado pelos cânones latinos. Note-se que a epígrafe nos confere a denominação Dea Sancta Burrolobrigensis, um numen local e específico, consagrando de modo inequívoco uma Burrolobriga por identificar. Veja-se também Olivares Pedreño (2006) que cartografou as diversas áreas religiosas pré-romanas.

737 Beltrán Lloris, Francisco (2002), «A tríade capitolina na Lusitânia». In: Ribeiro (2002): 105-109. (p. 107).

738 Ver, por exemplo, Mantas, 2000: 405, e textos em Ribeiro, 2002.

culto às divindades tutelares (exceptuando a manifestação de Marte em Torre de Palma, precisamente a única peça que comprova uma representação figurativa), que, de resto, é uma característica do *conventus*, não apenas da região[739].

Sabemos pelos textos clássicos que para os espaços sagrados existiam várias tipologias, sejam *sacellum*, *cella*, *fanum*, *temenos*, *asklepion*, *templum*, *aedes*, ou outras denominações. Em época tardia, a mesma difusão de significados se mantém[740]. O que não sabemos, porém, é a expressão material no registo de superfície que estes elementos teriam na área regional em estudo. Mesmo os exemplos próximos de São Miguel da Mota (o santuário a *Endovelico*) e Santana do Campo (templo de *Carneus Calanticensis*) são suficientemente contrastantes nas suas variações enquanto possíveis marcos na paisagem[741].

Para esta região existiram recintos sagrados, alguns com elevada monumentalidade: a silharia descrita por Mário Saa em Esquilas, as descontinuidades topográficas em Fonte Branca ou, em maior escala, a estrutura detectada em Senhora da Graça; e o que me parece ser o notável santuário em terraços de Mosteiros/PaiAnes, são ilustrativos deste universo arquitectónico. A concentração epigráfica de Júpiter *Repulsor* em Fonte da Feia, o núcleo sacral de Senhora da Graça, o conjunto de Júpiter *Optimus Maximus* em Marvão, ou de Prosérpina em Fonte Branca, receberiam elevado número de fiéis, bem como (em feição individualizada) o culto oracular (?) a *Andaeico* em Colegiada. E os votos públicos prestados em Senhora dos Mártires, Bencatel e Chocanal, entre outros, poderiam exigir expressão arquitectónica (e, no primeiro caso, escultórica). E, todavia, das estruturas nada sabemos. É certo que muitos destes locais dispensavam as monumentalidades arquitectónicas, pois o ponto de interesse dos fiéis residia no telúrico ponto de manifestação da divindade, fosse a elevação, com destaque na paisagem,[742] ou o manancial aquífero que brota do chão e desta forma salva

739 IRCP p. 799.

740 Na obra De Correctione Rusticorum S. Martinho de Dume mostra-nos que em pleno século VI "o culto pagão continuava, quer em templos, quer nos altos montes e nos bosques frondosos. [...] Para além de se praticar ainda um culto localizado em espaços construídos (templa), com imagines, statuae e arae, na época de S. Martinho Dumiense acreditava-se que deuses (daemones) presidiam aos rios (Lamiae), às fontes (Nymphae) e às florestas (Dianae) e lhes ofereciam sacrifícios. Aqui, mais do que o panteão greco-romano, parece estar presente uma religião cósmica, onde se veneram não só as forças da natureza como até, num sentido apotropaico, o deus Mercurius nas encruzilhadas, com montões de pedras, as traças, os ratos e os gafanhotos, prestando-se atenção supersticiosa aos cantos das aves. Acendiam-se velas nos cruzamentos das vias e caminhos, junto de penedos, de árvores e de fontes." (Maciel, 1996: 76-77).

741 Carneiro, 2009-2010: o primeiro sem evidência arquitectónica mas com uma impressionante diversidade escultórica e epigráfica, o segundo, com uma monumental estrutura, mas uma completa mudez.

742 A sacralização dos lugares de manifestação das forças naturais é antiga, sempre foi combatida e dificilmente controlada: "Destruí todos os santuários em que os povos, por vós desalojados, tiverem prestado culto aos seus deuses, nos altos montes, nas colinas e debaixo das árvores frondosas. Derrubai os altares, quebrai os monumentos, queimai os bosques sagrados e abatei as imagens dos seus deuses; fazei desaparecer daquela terra a sua lembrança"

9. A SOCIEDADE

Chegar às pessoas é o fim último da investigação arqueológica. Os modos de aceder ao conhecimento de quem habitou estes lugares serão obviamente de tarefa complexa na sua interpretação, não apenas pela precariedade dos dados que nos lega o registo arqueológico, mas pelos múltiplos equívocos em que tal empreitada pode incorrer, onde é difícil destrinçar as *cargas subjectivas* que a expressão pessoal necessariamente implica.

Tomemos em consideração alguns dados, recolhidos na epigrafia e nos (poucos) elementos da cultura material.

9.1. A epigrafia: algumas reflexões prévias

A magnífica síntese final contida na obra de José d' Encarnação[748], continua na sua essência válida, não havendo muito a acrescentar quase trinta anos depois. Se olharmos para o Alto Alentejo, temos o reforço das tendências então enunciadas: uma estreita ligação entre algumas linhas de força (matéria-prima, tipologias, decorações, onomásticas, formulários) permite-nos perceber tendências e regionalismos ou áreas onde certas identidades permanecem fortes.

São muito escassas as epígrafes em xisto (mesmo nas áreas onde está presente), pelo que temos dois mundos na matéria-prima: o mármore branco e cristalino domina nas áreas de Elvas, Estremoz e Monforte, e no trajecto para norte é substituído pelo granito, a partir de Crato e Arronches até Castelo de Vide, Marvão e Nisa. A ambos correspondem dois suportes[749]: no primeiro

748 IRCP, p. 821-846. Ver também o texto de síntese de 1987.

749 Registando-se aqui a ausência das cupas frequentes em paragens mais a sul, a não ser que o bloco de granito cinza identificado em Monte da Calada (próximo de Ovelheira, Elvas) seja um destes monumentos.

caso, as placas, com alturas e larguras diversas, molduradas e decoradas ou não; e as estelas, específicas da região do Crato, com linguagens próprias, ou nas aras e árulas de Marvão e Nisa. Estes são suportes híbridos, de transição, digamos assim, pois pela sua especificidade estão presentes em toda a área regional, mas notamos diferenças substanciais entre as aras mais esquemáticas, e até grosseiramente talhadas do noroeste, e os monumentos bem desenhados e esculpidos da envolvente do Guadiana. Portanto, também na epigrafia encontramos manifestações que, no fundo, pertencem a regiões mais amplas: "Mirobriga, Évora e Elvas afiguram-se-nos pertencer a uma tradição tipológica comum" com "a utilização fácil do mármore", a "placa moldurada" à "maneira clássica[750]", enquanto "Os monumento epigráficos da zona mais a nordeste" se ligam com a "epigrafia da margem direita do Tejo até ao território de Castelo Branco", pois "afastam-se claramente dos modelos estéticos do *conventus*"[751].

Sobre a decoração, note-se que não existem figurações que representem instrumentos ou materiais de profissão, o que nos poderia ajudar a perceber as ocupações, ou os gostos pessoais e de lazer, que em vida as populações desta área regional desfrutaram.

9.2. Os novos habitantes

A instalação do poder romano provocou a chegada a esta região de gentes dos mais variados lugares. Conseguimos pressenti-lo, quer pela noção da magnitude que terá representado a integração da área regional no Império, quer pelos dados que nos permitem entrever a presença de novas pessoas. Saber quem eram e de que forma influenciaram as estruturas de povoamento e as relações de convivialidade é, contudo, bem mais complexo. Através da epigrafia temos alguns indícios, parcos, mas de conteúdos que merecem um conjunto de reflexões.

Comecemos por indivíduos extra-peninsulares. Por *Gaius Axonius*, que construiu um monumento funerário para si e para o seu irmão, *Quintus Axonius*, e que expressamente nomeia a sua condição de veterano da *Legio XX* e de natural da *colónia Firmum Picenum*, no nordeste da actual Itália[752]. Infelizmente a peça foi encontrada em contexto secundário, em habitação do núcleo urbano de Elvas, ficando por saber o ponto de povoamento em que se estabeleceu este veterano que pertenceria provavelmente ao contingente de povoadores estabelecido em tempo de Augusto, e terminou a sua vida ainda na primeira metade do século I d.C.. Para esta região é o único testemunho directo de uma presença exterior à *Hispania*, situação que, se comparada com a região de Beja,

750 IRCP, p. 842.
751 IRCP, p. 843.
752 IRCP nº 576.

resulta notável pela escassez que se verifica no Alto Alentejo. No entanto, também *Masonia Veneria*[753] e *Caius Marcius Tusculanus*[754] poderão ter provindo da península itálica, a julgar pelas onomásticas pessoais, bem como os *Cominii* que a epigrafia elvense regista[755], enquanto *Gaius Apuleius Silo*, o possível *dominus* de Ladeira (Avis), poderia ser um descendente de famílias latinas, a julgar pela datação mais tardia[756]. A epígrafe de Silveirona (Estremoz) poderá documentar relações com a Gália, como o patronímico *Gallus* e o nome da filha, *Catulla*, parecem indicar[757]. Quanto ao núcleo dos *Helvii*, bem documentado na capital provincial[758], apresenta significativas presenças na região incluindo o *Q. Helvius Silvanus*, que dedica uma oferenda a Prosérpina[759]. Finalmente, a proprietária de uma taça de *terra sigillata* encontrada em Torre de Palma, *Furnia*[760], parece também ser itálica.

Um núcleo que merece um olhar atento encontra-se na região dos mármores. Aqui temos cognomes que apontam para uma proveniência norte--africana[761]: *Publius Aurelius Niger*, em Herdade do Freire (Bencatel)[762]; *Iulia Maura*, na área de Estremoz[763]; e *Iulia Colomba*, em Terena, Alandroal, já fora da área escolhida, mas em zona de ocorrências marmóreas[764].

De outras áreas da Península temos contingentes mais significativos. Destaca-se o núcleo de clunienses que se instalou na área de *Ammaia*, com três testemunhos[765]. Todos apresentam nomes hispânicos e, em alguns casos, de

---

753 Alfenim & Encarnação, 1997. A onomástica do gentilício e do cognomen surge vinculada a cidadãos itálicos.

754 O cidadão deveria ser proveniente de Tusculum. A peça foi encontrada em Campo Maior: IRCP nº 593. Refira-se que os Marcii estão bem representados na região de Elvas (também IRCP nº 591 e nº 592).

755 IRCP nº 583 e nº 592. A presunção da pertença itálica deriva dos gentilícios gravados e da graciosa e correcta formulação de conteúdos. No primeiro caso, note-se a requintada decoração.

756 IRCP nº 437. É interessante notarque a maior concentração peninsular de antropónimos Silo se localiza em torno a Idanha-a-Velha, com sete ocorrências, tratando-se de uma urbs que creio ter semelhanças com Ammaia, nomeadamente na vocação mineira. Sobre a onomástica, ver Atlas, p. 304.

757 IRPC nº 456.

758 A força social da família está comprovada na península itálica, na Baetica e em Augusta Emerita, onde vários membros desempenharam cargos de relevo: Velazquez Jimenez, 1988; Edmondson & Hidalgo Martín, 2007.

759 IRCP nº 570.

760 Encarnação & Nolen 1997c.

761 Partilho da opinião expressa em IRCP p. 775: "Esperar-se-ia a presença de africanos em meio urbano; ora, a onomástica parece apontar de modo particular para a sua inserção em meio rural ou, de preferência, no meio «industrial» da exploração de mármores, porque daí provém a maior parte das epígrafes."

762 IRCP nº 445.

763 IRCP nº 460, embora a peça levante interrogações interessantes pois a mãe da defunta chama-se Mania Camira, uma onomástica indígena. Portanto poderemos estar perante aculturações onomásticas.

764 IRCP nº 455a.

765 IRCP nº 619 (em reutilização na necrópole de Santa Marinha, Castelo de Vide), 620 e 629.

raiz céltica. Naturalmente que a dúvida radica nos nexos entre as duas regiões, sendo a mineração a hipótese plausível. Outro caso é o de *Quintus Attius Rusticus*, que menciona a sua filiação na *Sergia tribu*, o único testemunho no *conventus*, possivelmente originário de *Italica*[766].

Em resumo, estamos portanto, na presença de um contingente pouco numeroso. Se comparado com a região de *Pax Iulia*, o Alto Alentejo aparece--nos com menor diversidade de gentes, menos multicultural e menos permeável à presença de indivíduos de outras paragens, exclusivamente concentrados na sub-área sudeste (se exceptuarmos o conjunto ammaiense), precisamente a mais próxima das rotas de passagem e da laboração dos mármores. As terras interiores não atraíram colonizadores.

9.3. Os elementos indígenas

A abordagem das problemáticas antroponímicas, com os seus derivativos étnicos, é tarefa que ultrapassa os propósitos do presente estudo. Além das sempre incómodas questões relacionadas com as cambiantes da *Romanização*, a análise levar-nos-ia às leituras de âmbito teórico, em especial às análises desestruturadas e complexizantes que as posturas pós-processualistas propõem. A leitura adoptada é mais conservadora e sintética. Olhar para a sociedade indígena do Alto Alentejo é centrar o pretendido, sobretudo, na onomástica, visto que para outras abordagens, pretendendo ver na cultura material e nos padrões de povoamento outros níveis de leitura, temos infelizmente bem poucos dados.

Os antropónimos indígenas já foram objecto de uma enumeração, com os devidos considerandos[767], pelo que me limito a tecer alguns comentários. Desde logo realço a distinta diferença entre as áreas no aro sudeste face às congéneres da zona noroeste. No primeiro caso, a assimilação da onomástica latina é feita de forma rápida, embora gradual: inicialmente com apenas um nome seguido do patronímico, sendo ambos de conteúdo indígena. Em momento posterior, durante a segunda metade do século I d.C. e inícios da centúria seguinte, assistimos à adopção da onomástica latina, mantendo-se o esquema identificativo. Como foi devidamente realçado, nota-se que certos nomes ganham rápida adesão, em fenómenos de modismo. Seguidamente temos a adopção do esquema onomástico latino de forma plena. A epígrafe que melhor corporiza este "penúltimo estado da aculturação onomástica e, consequentemente, da romanização" será o epitáfio familiar de *Preccius Paetus* de S. Pedro de Almuro em Monforte, onde a sucessão geracional evidencia o processo[768]. Muito curiosa

766 IRCP nº 579 e p. 774.
767 IRCP p. 775-777.
768 IRCP nº 595a.

é a placa de Camugem (Elvas), na qual *Quintus Cornelius Vitulus* se identifica ao modo romano, com onomástica latina, honrando sua mulher, *Calaetica Severa*, com um antropónimo indígena; mas o modo como ambos omitem a filiação demonstra inequivocamente que se trata de um casal indígena enquadrado nos moldes clássicos[769]. Consubstancia-se assim "a existência de um grupo de proprietários fundiários indígenas, profundamente romanizados, alheios à atracção das magistraturas urbanas"[770] por fazerem do campo o seu lugar de última morada. Neste círculo cultural a transição é rápida, por estágios bem definidos e de forma segura. A população, que contacta mais com cidadãos de outras proveniências, pretende integrar a nova ordem, consciente, porém, dos momentos de passagem que a cultura romana exigia.

A outra área estende-se por zonas menos povoadas e onde as marcas da romanização são menores. Nas paragens de Avis até Nisa, passando por Portalegre, Marvão e Castelo de Vide, encontramos indígenas que conservam a sua onomástica. Alguns dos melhores exemplos surgem-nos da *urbs* articuladora da região, *Ammaia*, onde todos os indivíduos nomeados nas magistraturas são dedenominação local: cidade de "nome indígena para um centro urbano cuja população era, na sua esmagadora maioria, indígena", como sintetizou Vasco Gil Mantas[771], demonstrando o paralelo com as vinculações *lusitanas* destes contingentes populacionais. Se no Alto Alentejo as percentagens de nomes indígenas rondam os 46% do total[772], no território de Marvão os totais sobem para 85%, o que é deveras significativo no tocante à fortíssima componente da população[773]. A cartografia torna-se simples: o *Lovesio* ammaiense,[774] nome que encontramos também em Avis, exemplifica de forma perfeita a geografia da dispersão[775] por se situar nas duas extremidades de um arco que, resumidamente, segue por "uma faixa de território que desce de Belver a Aldeia da Mata, Seda e Benavila, flectindo para nascente em direcção a Vaiamonte, subindo depois por Alter Pedroso até Marvão e Nisa."[776] Todavia, algumas situações rompem a norma, o que é natural, pois nesta zona nenhum território é estanque. Um exemplo de repetição interessante é o de *Camira*, registada em Estremoz[777], em Lage do Ouro (Crato)[778] e em Nisa[779], ou seja, um eixo reverso do anterior,

769 Encarnação, 1988c.

770 Mantas, 2000: 402.

771 2000: 399.

772 Encarnação, 1987: 167. Note-se que o autor sublinha a relevante distorção causada pelo concelho de Elvas, que na altura apresentava 51% dos antropónimos latinos.

773 Mantas, 2000: 399.

774 IRCP nº 621.

775 IRCP nº 459 no sítio de Entre Águas para Lobesia.

776 Encarnação. 1987: 167.

777 IRCP nº 460 e Alves Dias, 1986.

778 IRCP nº 624.

779 Carvalho, 1987b.

funcionando na prática como os limites sur-orientais. É na área do Crato que encontramos um outro localismo, de âmbito iconográfico, na decoração das estelas com um crescente. No núcleo a norte, encontramos antropónimos bem definidos com origens lusitanas, destacando deste conjunto os nomes *Tongeta*, *Tanginus* ou *Tancinus* e *Toncius* ou *Tongius* em Nisa[780] e Alter do Chão[781], bem como em Vila Viçosa[782] e Elvas, em contexto votivo[783]. É sobretudo relevante pelo hidrónimo, mostrando a vinculação territorial deste conjunto de deuses e pessoas ao espaço do *Tagus*. Como já foi notado[784], as duas margens deste rio configuram uma mesma área cultural, que para norte se estende para a Beira Interior e para montante continua até à zona de Cáceres, criando uma área regional de forte carga identitária.

Uma outra raiz deriva da evolução da área céltica, que se apresenta mais bem delimitada do ponto de vista territorial, pois a sua circunscrição a norte é evidente. Pela onomástica destaca-se naturalmente *Celtius*, curiosamente filho de *Tongius* que dedicou uma ara a *Iovi Repvlsori* (o que evidencia um relevante cruzamento cultural), em Fonte da Feira, Nisa[785]. Próximo temos *Talabarius*, em Senhora da Graça[786] e, novamente em contexto votivo, *Iulia Saturisca*, que dedica uma ara a *Ocrimira* em *Ammaia*[787]. Ou seja, todos no extremo norte da região e também todosdocumentados em contexto votivo (que parece ser a melhor forma desta comunidade se expressar) ou, no caso de *Talabarius*, com uma epígrafe funerária depositada em santuário. Quero com isto dizer que a expressão desta comunidade apenas se faz em contextos específicos, de devoção, o que talvez leve a crer que a prática epigráfica e as manifestações de literacia tivessem sido adoptadas apenas em momentos de forte motivação.

9.4. Libertos

Uma das condicionantes existentes no estudo das componentes sociais reside no desequilíbrio na expressão qualitativa e quantitativa dos testemunhos de libertos e escravos[788]. Os primeiros exibem a sua condição com orgulho e até com laivos de ostentação, entendendo-a como forma de afirmação social; os segundos expressam-na de forma menos natural ou envergonhada, considerando

780 IRCP nº 638 e 640; Amaral, 1987.
781 IRCP nº 635.
782 IRCP nº 455.
783 Dedicatória a Prósperpina em Fonte Branca, demonstrando a significativa abrangência cultural deste culto: IRCP nº 574 e Carneiro, 2009-2010.
784 Encarnação, 1987 e Mantas, 2000.
785 IRCP nº 638.
786 IRCP nº 646.
787 IRCP nº 610.
788 Ver, entre outros, Mantas, 2002: 50.

ainda que uma significativa franja não tinha meios para honrar os seus deuses ou familiares. Desta forma, é natural que para a região tenhamos uma maior representação de libertos, com particular expressão no termo de *Ammaia*, contrastante por excesso com o que se verifica na restante *Lusitania*[789]. Destaca-se a lealdade manifesta por libertos ao culto a Júpiter, com as dedicatórias de *Faustus*[790] e *Fusca*[791]. Curiosamente, o primeiro destes antropónimos ocorre também em Bencatel, pois *Albius Faustus* seria da mesma condição, dedicando-se à exploração marmórea[792]. Teríamos, portanto, um conjunto de habitantes da cidade que faziam questão em demonstrarem a sua lealdade para com a divindade máxima do panteão, pois encontramos libertos em duas das cinco aras votivas, uma proporção significativa. Ainda na cidade, outra liberta, *Novela* expressa devoção à divindade indígena *Toga*. E, finalmente, temos outro testemunho de uma liberta: *Optata*, alforriada por um cidadão cluniense.

De um modo geral as designações, romanizadas e neutras, não permitem discernir as origens deste contingente populacional. Na cidade de *Ammaia* todas as designações são latinas e a identificação faz-se também segundo estes preceitos, não ocorrendo os habituais antropónimos helénicos[793]. Eles surgem mais a sul: por exemplo, a *Eutichis* recenseada em Bencatel[794], a *P[h]ilete* da área de Fronteira[795] e, ali bem perto, *Hegesistrate* e *Alexander* em Defesa de Barros (Avis)[796] ou ainda os *Tryphon* de Silveirona, em Estremoz[797]. Próximo estaria *Gaius Iulius Parthenopaeus* que erigiu uma dedicatória à deusa Prosérpina[798], possivelmente em Fonte Branca. Significativa é a oferta por *Iulius Maximianus* de um monumento à deusa Cíbele, possivelmente com rica decoração, atendendo aos elementos escultóricos conhecidos, e destinado a ser contemplado ou visitado a partir da via XII[799]. Regista-se portanto um considerável conjunto na zona dos mármores e dos eixos de passagem, em áreas cultural e economicamente vinculada à capital provincial. O que quer isto dizer? Que temos aqui contingentes populacionais vindos da área helénica, para trabalhar em explorações rurais, como nas *villae*, ou enquanto artífices especializados na laboração do mármore? Ou trata-se de um modismo, um

789 "A indicação da condição de liberto, pouco frequente na epigrafia da área ocidental da Lusitânia a sul do Tejo, conhece no território ammaiense notável representação [cinco epígrafes], correspondente a 20% das referências seguras" (Mantas, 2002: 64).

790 IRCP nº 607; Mantas, 2002: nº 1.

791 IRCP nº 608; Mantas, 2002: nº 2.

792 IRCP nº 438.

793 Mantas, 2000: 404.

794 IRCP nº 443.

795 IRCP nº 447.

796 IRCP nº 448. Não é de mais reforçar a requintadíssima decoração, que no conventus tem poucos paralelos.

797 IRCP nº 450. O defunto apresenta um cognomen de elevada erudição, Argyrius.

798 IRCP nº 571.

799 IRCP nº 440, proveniência de N. Sr.ª dos Mártires.

hábito cultural reflectindo uma pretensa, ou real, erudição literária, própria de meios culturalmente abertos mas elitistas, de proprietários abastados que, por moda, assim denominavam os seus escravos[800]?

Seja como for, tornam-se patentes duas situações. Em primeiro lugar, a distribuição geográfica está confinada a áreas específicas: urbana, no caso de *Ammaia*, e de laboração de recursos estratégicos como o mármore, ou no contexto agrícola de Fronteira, Avis e Estremoz. Em outros territórios não os encontramos, com pontuais excepções. Segundo ponto a considerar: a frequência numérica para o total conventual é baixa, sobretudo se comparada com regiões como o litoral algarvio ou o entorno de *Pax Iulia*[801]. Do ponto de vista das relações sociais há um dado interessante a reter: a epígrafe que nomeia *Iulia Prima*, que ofereceu a dedicatória fúnebre a *Gaio Iulio Gallo*, veterano da *Legio VII*. Gaio foi seu patrono e marido, o que significa que contraiu matrimónio com a antiga escrava, situação pouco documentada[802] - a menos que fosse ela própria descendente de escravos libertos.

9.5. Escravos

Como foi mencionado no ponto anterior, a expressão numérica de indivíduos em condição de *res cum vox* são pouco expressivas, sobretudo se contrastadas com os libertos[803].

Curiosamente, de *Ammaia* procede um belíssimo exemplar epigráfico, de paginação correcta[804], que documenta uma criança de três anos de idade, filha de Amena, escrava de Júlia, um gentilício honorífico revelador das clientelas geradas nos tempos finais da República, bem expressivas aliás no território alentejano.

É natural pensar que a maioria dos escravos registados epigraficamente estivesse incorporada em ambientes domésticos, mas sobre este tipo de situações nada nos é dito. *Tertiolus* seria alguém ligado com a produção de grandes contentores cerâmicos, mas não sabemos qual o seu local de laboração, unicamente o fragmento de *dolium* com a gravação onomástica encontrado

800 Os mesmos domini que expressam na iconografia musiva essa tentativa de adesão a uma mundividência clássica orientalizante. Vejam-se os mosaicos, sobretudo as temáticas báquicas, por vezes com enunciados crípticos de difícil descodificação: em Torre de Palma e Santa Vitória do Ameixial encontramos este universo, e no sítio de Monforte temos as expressivas denominações dos cavalos vencedores.

801 Que em 1984 detinham quase 40% e quase 30% dos totais, respectivamente: IRCP p. 770.

802 IRCP nº 577 e comentários na p. 643.

803 "A epigrafia de Ammaia não se desvia do panorama normal, contando neste momento com um total de sete libertos confirmados para apenas um escravo, num conjunto de sete epígrafes" (Mantas, 2002: 50).

804 IRCP nº 622; Mantas, 2002: nº 7.

em Quinta das Longas[805]. Também pouco sabemos sobre o enquadramento laboral, aparte o *marmorarius* identificado um pouco mais a sul da área em estudo[806]. Mesmo no campo das relações pessoais apenas temos o testemunho de Caldeiras (Elvas), com o monumento dedicado por *Helpis* a *Festivus*, "*Marito benemerenti*"[807]. No restante, existe ainda o documento encontrado próximo de Vila Viçosa, deixado por *Semne* e *Semnus* a *Pultarius*[808]. Aliás, a presença de escravos na região é expressivamente baixa (sobretudo se comparada com outras no *Conventus*), onde assume os índices numéricos mais reduzidos. É difícil encontrar uma explicação para este facto, talvez originada no próprio tecido das actividades económicas, onde o recurso à mão de obra livre poderia ser uma realidade mais frequente do que em áreas a sul, onde as actividades industriais exigiriam outra realidade[809]. No entanto, para um real balanço é preciso ter a noção de que o universo epigráfico da *Lusitania* é ainda escasso, faltando mais escavações em necrópoles[810].

805 Guerra, Carvalho & Almeida, 2006/2007.

806 Santuário de Endovelico em S. Miguel da Mota, Alandroal: IRCP nº 497.

807 Maciel & Maciel, 1985b.

808 IRCP nº 466.

809 IRCP, p. 767. Notem-se os números na região de Beja ou, em especial, o núcleo de Quinta do Marim. O recurso a mão-de-obra livre para o trabalho braçal nos campos seria generalizado. Gorges, 1979: 148 relaciona a ausência de ergastula na Península Ibérica (com excepção de Els Munts) com esta situação. Note-se que na Gália a sua existência também não foi recenseada nas escavações de villae (Ferdière, 1988: 110).

810 Embora note que a frequência de epígrafes nas necrópoles escavadas é, também, escassa.

10. Evoluções entre 476 e 711: os debates historiográficos

Na imensa área de estudos constituída pela Arqueologia Clássica, um ramo específico ampliou-se de forma exponencial nas últimas duas décadas, a tal ponto que se assistiu a uma *explosão criativa* nos inúmeros contributos e estimulantes perspectivas epistemológicas. Refiro-me à "Antiguidade Tardia", ao momento histórico de reformulação dos códigos vivenciais tardo-imperiais, na dupla confluência da estrutura imperial em desagregação combinada com o influxo da nova religião dominante, o cristianismo. Não sendo este o lugar para um balanço da investigação recente, tantos e tão densos seriam os conteúdos a discutir, relembre-se a imensa massa de informação produzida ou reelaborada sob novas leituras[811], ou o intenso debate historiográfico produzido a propósito das diversas formas de encarar o período[812]. Em última análise estão em debate questões culturais e civilizacionais que em muito transcendem o campo de estudos em causa, para se deslocarem ao âmbito do mundo desestruturado e pluricêntrico em que hoje vivemos[813]. Este conflito funcionou como duplo contaminador: se

---

811 Como introdução ao tema recomenda-se a exaustiva resenha bibliográfica em Chavarría Arnau & Lewit, 2004. Nesse e em outros volumes da colecção Late Antique Archaeology encontram-se listagens da maior utilidade, que constituem também um imenso repositório de informação sectorial sobre o período. Destaco o excelente texto de Kulikowski (2001) e o volume coordenado por Bowes & Kulikowski (2005).

812 Definindo duas correntes que se poderão designar de "estruturalistas", consoante valorizam os nexos de continuidade e persistência, ou de "catastrofistas", conforme colocam a tónica no colapso de Roma e no final abrupto da civilização clássica. No primeiro campo a perspectiva foi aprofundada por Peter Brown, que inclusivamente cunhou e definiu o termo. A segunda, próxima de uma leitura gibbonniana, foi retomada por Bryan Ward-Perkins no estimulante ensaio com edição portuguesa de 2006, em cujas páginas iniciais podemos ler um rápido balanço historiográfico, naturalmente emoldurado pela sua perspectiva crítica.

813 Ward-Perkins (2006) considera que o esvaziamento da perspectiva catastrofista se deveu ao impulso de uma Europa em busca da união política, movimento originado pelos países da área central e do norte, de onde provieram as hordas bárbaras que colapsaram o

olhado a partir do Império, valoriza-se a queda ou a continuidade; se visto na perspectiva medievalista, valoriza-se o nacionalismo ou o imperialismo[814] ou, como afirma Alexandra Chavarría Arnau, "Spanish research was dominated virtually till the 1990s by a Gibbonian vision of decline and fall, and thus all changes which took place in villas from the third century onwards were interpreted in terms of the dramatic consequences of barbarian invasions."[815] Esta revalorização de um período esquecido, porque apressadamente arrumado com o rótulo de "decadente", trouxe estimulantes contribuições para o debate sobre uma das mais apaixonantes questões do mundo antigo: o legado de Roma.

É certo que as perturbações ocorreram, e em tal escala que provocaram rupturas catastróficas. Seja pela instalação de novos contingentes populacionais, pelas alterações sociais, pela emergência do cristianismo alcandorado a religião oficial, pela pressão fiscal e alterações estratégicas que conduziram ao colapso da economia imperial[816], ou ainda por desígnios naturais[817], entre

---

Império. Nesse sentido era necessário suavizar a leitura: "Não surpreende que uma imagem da invasão germânica violenta e destrutiva fosse muito vívida na Europa continental nos anos que se seguiram à Segunda Guerra Mundial. Mas na última metade do século XX, quando se estabeleceu uma nova Europa ocidental pacífica, as opiniões sobre os invasores suavizaram-se gradualmente e tornaram-se mais positivas." (p. 18) e nesse sentido "Palavras como «declínio» e «crise», que sugerem problemas no final do império e que eram muito usuais nos anos setenta do século XX, desapareceram em grande parte do vocabulário dos historiadores, sendo substituídas por termos neutros, como «transição», «mudança» e transformação»". (p. 15).

814 No caso da leitura de Wickham, 2008: 37, as perspectivas nacionalistas foram designadas de «solipsismo cultural», por procederem à valorização de temas que só ganham sentido para os historiadores porque ocorrem dentro das suas fronteiras, visto que a alto-medievalidade é o período "en el que las sociedades y las formas de gobierno configuraron por primera vez las entidades que constituyen los antepasados genealógicos de los estados-nación de hoy" (p. 36). Ou então os historiadores tratam do período como a continuação de uma grande unidade, o Império, valorizando os nexos de continuidade em abordagem supra-territorial (p. 38).

815 Chavarría Arnau, 2005: 521; ver também 2004c: 68.

816 Remeto para a fundamental obra de A. H. M. Jones, 1973.

817 Como a catástrofe em Baelo Claudia que levou ao definitivo abandono da cidade. Na região em estudo também o colapso de Ammaia foi explicado pela tradição popular com o sepultamento da urbe sob uma enxurrada de lama, faltando agora a comprovação arqueológica. A mudança climática foi confirmada de várias formas: "En las últimas décadas algunos especialistas han apuntado la existencia de significativas mutaciones climáticas que pudieron provocar, a su vez, cambios en la economía rural, en el tipo de producción y como consecuencia de ello también en las pautas de asentamiento" (Chavarría Arnau, 2007: 83; na nota 350 a autora cita Vita-Finzi: 1996, que propôs uma pequena idade glacial caracterizada por diminuição de temperaturas e aumento da pluviosidade). E refere: "A partir de finales del siglo V, y al menos hasta el VIII, las condiciones climáticas empeoraron considerablemente con episodios de erosión y aluviones documentados en todo el Mediterráneo. El paisaje durante estos siglos se habría caracterizado por una importante presencia de praderas húmedas y zonas palustres lo que se relaciona con una importante intensificación de la actividad pastoril." Também Pedro Saez Fernandez (1987: 34) notou que as fontes do século I referiam que na Baetica a vindima se efectuava no mês de Agosto (Columela), enquanto no século V e na legislação visigoda se menciona a apanha de uva em Setembro (Paladio), o que indica mudanças climáticas que causaram um arrefecimento capaz de provocar atrasos no amadurecimento dos bagos.

outras situações. Em sentido inverso, observa-se a estabilidade nos padrões de povoamento, a manutenção das identidades, as reconstruções e os desígnios de perpetuação da ordem, sobretudo por parte do poder político que, seja qual for, se reclama como herdeiro do Império. E entre ambas encontramos os fenómenos de transformação, de lenta metamorfose com contributos que se somam ao edifício civilizacional antigo[818]. Estas impressões contrastantes são alimentadas por fontes que na sua essência são diferentes das de épocas anteriores. Mas sobretudo, toda a polémica, todo o intenso debate, resultam do facto de este ser um momento histórico, afinal, complexo.

Perceber esta complexidade é entender que os factores de mudança resultam da justaposição e combinação de factores. As transformações globais no final do Império aceleram os ritmos de mutação social: "La caractéristique la plus évidente de cette société, pour les contemporains comme pour les historiens, est l'élargissement du fossé qui sépare les riches des pauvres."[819] Ao longo do século IV o fosso amplia-se[820], motivado pelas necessidades de alimentar uma máquina militar crescentemente maior[821], juntamente com uma burocracia também em ampliação constante[822] para proceder à cobrança de impostos. Este imenso funcionalismo irá provocar desequilíbrios sentidos pelos contemporâneos[823] e também resulta de lentamente se esvaziar de funções o nó central da ideologia imperial: a cidade. As relações sociais, políticas e económicas que a urbe alimentava vão transferir-se para outras

818 De aí que Ken Dark (2004: 280) utilize o conceito de cultura "romano-cristã" para evidenciar a síntese dos dois universos: "Culturally, the period is usually seen as comprising a synthesis between Roman imperial ways of life with all their regional, social and economic diversity and the Christianization of society from the fourth century onward. Thus, one way of thinking about Late Antiquity is as a 'Romano-Christian' culture, albeit one in which Christianisation was an ongoing process and in which religious identity was never the sole defining characteristic. Thus, to be 'late antique' was to participate in the re-formation of 'Roman' ways of life in an Empire that had adopted Christianity as its official religion, or to adopt or maintain such ways of life, partially or wholly, outside Roman (including Early Bizantine) political control."

819 Brown, 2005: 31.

820 Ver alguns dos ensaios contidos em Bowden, Gutteridge & Machado, 2005, sobre o aumento de pobres e desfavorecidos, e o seu registo arqueológico no mundo da Antiguidade Tardia.

821 Em meados do século IV o contingente militar atinge os 600.000 homens, uma das maiores concentrações da história universal (Brown, 2005: 24).

822 "La multiplication des provinces, la mise en place d'un vicariat de diocèse installé à Mérida eurent pour conséquence la croissance de fait des officia ou bureaux destinés à épauler les responsables dans leurs tâches civiles." (Le Roux, 2010: 250). Seria interessante perceber se a identidade dos possessores dos sítios rurais, designadamente os que mais investem na criação de equipamentos nas villae, é directamente relacionável com o crescimento do funcionalismo público burocrático, ou seja, se são os mesmos agentes que estão implicados na governação e na tributação que investem os seus rendimentos em propriedades rurais.

823 "En 300 ap. J.-C., les citoyens se plaignent: depuis les réformes de l'empereur Dioclétien (284-305), «il y a plus de collecteurs d'impôts que de contribuables»." (Brown, 2005: 24). Todavia, como assinala o autor (p. 28 ss.), será a ascensão de alguns destes burocratas – como Ausonio ou o próprio Agostinho - que irão forjar uma nova cultura e uma diferente percepção do mundo.

sedes onde se desenrolam os jogos de poder, sejam os palácios e cortes, sejam as residências privadas no campo. No mundo rural, precisamente, o panorama também muda, embora a estrutura fundamental pareça ser a mesma. Note-se que entre os séculos IV e VII não existe notícia de qualquer reorganização do território e dos cadastros, pelo que as repartições da propriedade alteram-se em função das naturais transmissões de bens e não por iniciativas estatais, que irão decorrer sob domínio islâmico[824]. Mas a desestruturação do Império cria novas relações, novos modelos de povoamento e um diferente quotidiano. E com o cristianismo, a vida e a morte são entendidas de outra forma.

Entre o Império e o Islão, a *Hispania* evolui de modo específico, com fenómenos que demonstram uma vitalidade e originalidade há muito reconhecida[825]. Chega uma nova religião, criam-se novos jogos de poder, relações sociais, afastamentos, fissuras ou aproximações entre actores que desempenham novos cargos, surgidos com o crescente desprestígio do *cursus honorum* e trazidos pela hierarquia eclesiástica. Alguns dos protagonistas são recém-chegados, e por aí também se criam dinâmicas diferenciadas. Se o colapso das redes de circulação comercial que o Império sustentava é notório, certo será que as trocas e intercâmbios de gentes e ideias prosseguem. Em *Augusta Emerita* observamos uma presença cristã relativamente tímida nos séculos iniciais, e neste aspecto a Arqueologia matiza um pouco a célebre epístola do bispo Cipriano de Cartago[826] dirigida ao "povo cristão" de algumas cidades, incluindo a emeritense. Seguidamente temos na península os primeiros martírios documentados[827], mais numerosos na centúria seguinte. Os primeiros testemunhos de presença cristã na província datam de 380, com duas epígrafes: uma funerária, outra eventualmente relacionada com a construção de uma basílica ou um local de culto[828]. Esta data relativamente tardia mostra-nos como a cidade era, nesta fase, uma urbe vinculada aos cânones tradicionais, o que Javier Arce[829] relaciona com a presença de uma elite política tradicional[830]. Esta elite permite a manutenção das dinâmicas

824 Díaz, 1994a: 305.

825 Por exemplo, Palol, 1972: 181-182.

826 Ep. 67 datada de 254. Ver Maciel, 1996: 31.

827 Em 259 temos o martírio de Fructuoso, bispo de Tarraco, e de seus diáconos Augurio e Eulogio.

828 Mateos Cruz, 1995: 241.

829 Arce, 1982: 210; 2002: 16: "En Emerita residía el vicarius hispaniarum. El vicarius - que sustituyó al vicens agens praefectus praetorio - dependía directamente del emperador [...]. El officium de un vicarius venía a incluir unas 300 personas, y el de gobernadores provinciales en torno a las 100. Toda esta enorme cantidad de burócratas constituían una militia non armata, y eran la esencia misma de la organización del poder tardorromano." Na p. 18 refere que os vicarii conhecidos "son todos individuos de alta cultura y pertenecientes o adscritos casi sin excepción al paganismo más notable de la época, de viejo cuño y de larga tradición."

830 Note-se que em Mérida os locais de espectáculo continuam em utilização: o circo (a lápide do auriga Sabinianus - curiosamente, um cristão - demonstra o impacto social das corridas), o teatro ou o fórum.

urbanas, dos fluxos comerciais e da vida cultural que atrai para a cidade gentes e ideias que atravessam o Mediterrâneo. Por isso se cria a ascensão sustentada da presença cristã, progressivamente fortalecida e hierarquizada, e se renovam infra-estruturas, sinal de que a cidade segue em funcionamento[831]. O martírio de Eulália durante as perseguições promovidas por Diocleciano, nos primeiros anos do século IV, e a presença de bispos emeritenses nos concílios[832] mostram como a actividade cristã se estrutura[833]. Este movimento será premiado por Diocleciano, que nomeia a urbe emeritense capital da *Diocesis Hispaniarum*, o que reforça o seu prestígio e peso estratégico[834]. Se no século V o momento é de transição, durante o século VI a cidade mostra a decadência dos espaços pagãos e a prevalência cristã, evidente no relato (panegírico, é certo) da *Vida dos Santos Padres Emeritenses* (VSPE)[835] e com a edificação de uma basílica martirial dedicada a Santa Eulália. Durante este processo a cidade desempenha um papel crucial a nível provincial e hispânico, reforçando as áreas de influência[836]. Resta-nos ainda conhecer a interacção da urbe com os territórios dependentes, nomeadamente os do vale do Guadiana, embora os indícios sejam de grande vitalidade nos espaços rurais[837].

Vejamos algumas das linhas principais de evolução, procurando rastrear as transformações no Alto Alentejo.

10.1. Evoluções nos locais de povoamento

Do ponto de vista conceptual, a maior dificuldade no estudo das estruturas de povoamento em meio rural no final do Império radica nas modificações terminológicas que se operam[838]. Os modos de designar os sítios mudam. Novas palavras, novos signos e significados, indicando alterações nos *fácies* de conceptualização e construção. Em termos gerais o processo funda-se na

831 O caso das muralhas e da ponte, além de outras obras em espaços públicos (Cruz Villalón, 1985: 28-29).

832 Em 308 o bispo Libério está no concílio de Iliberri , que reuniu 19 bispos e 24 presbíteros, e em 314 no de Arles, sendo na ocasião o único hispano presente. Ver Jorge, 2002.

833 Mesmo assim a presença numérica de bispos será reduzida: "Hispania remains a starkly under-bishoped province by any standard. The Spanish bishop would thus have found his geographic area of responsibility much larger than that of his Gallic or Italian colleagues, and his hold on the furthest regions of his diocese would have depended very much upon his personal interest and energies." (Bowes, 2005: 237).

834 Arce, 2002; Gómez Fernández, 2003.

835 Obra escrita por volta do ano 630. Foi utilizada a edição de 2008 com tradução e notas de Isabel Velazquez, Madrid, Editorial Trotta.

836 Ver, por exemplo, Cruz Villalón, 1985: 18-28; Arce, 2002.

837 Rodríguez Martín, 2002.

838 Ver sobretudo Chavarría Arnau, 2007; Arce, 2006; Sottomayor Muros, 2004; Isla Frez, 2001.

substituição dos tradicionais termos latinos por outros, em alguns casos de denominação neutra, pois neles não vemos conteúdos distintivos. A linguagem parece ser eminentemente jurídica, sem associação de valores culturais ou funcionais - embora, note-se, a natureza das fontes seja jurídica, ela própria. O caso mais conhecido radica no termo *villula*[839]. O qualificativo de propriedade rural mantém-se[840], embora a conotação decadentista atribuída ao termo possa e deva ser revista[841]. Também certos designativos são empregues, embora sem que se perceba a que realidades se referem: *locus, terra, domus, casa, portio,* ou *possessium*. Surgem em textos igualmente neutros, como as reuniões conciliares ou a legislação visigoda.

Em todas as categorias que compõem a rede de povoamento romana, a que mais concentra o olhar dos estudiosos mantém-se: a *villa*, símbolo máximo do poder de Roma nos campos provinciais. A detecção das suas linhas evolutivas e a análise dos factores e sintomas de transformação alimenta um intenso debate, fascinado com as possibilidades de rastrear a pretensa transformação da *villa* em vila, aglomerado na raiz do municipalismo moderno. Mas um problema resulta da deformação nas leituras: a principal preocupação de quem realizava escavações em *villae* era atingir os níveis imperiais, o "momento de apogeu" materializado nos pavimentos de mosaico que de forma emblemática representam o esplendor artístico-cultural do Império e polarizavam as publicações dos resultados[842].

---

839 O termo já era empregue em momentos anteriores. Cícero menciona-o: "Cicero could distinguish between a villa which was philosopha (tastefully, but not sumptuously, appointed) and those which exhibited insane extravagance. It is extremely doubtful whether any one of his own estates, which he variously calls voluptarias possessiones, villulas, praediola, maritima, ocellos Italiae [...]." (D'Arms, 1970: 45). No período imperial designa pequenas unidades englobadas no termo de villae: "Hasta la Antigüedad tardía el término uillula se utilizaba como sinónimo de uilla para referirse a una pequeña propiedad o parte de una propiedad más amplia. Este sentido diminutivo parece ser todavía válido en algunos textos del siglo IV, como en el relato de la manumisión de los esclavos de las propiedades de Melania, donde se menciona que éstos habitaban en 62 uillulae, es decir, pequeñas granjas dependientes de una uilla mayor en las que trabajan algunos esclavos y que funcionaban como estructuras colónicas. En Hispania el término se difunde a partir del siglo VI cuando en algunas fuentes parece convertirse en sinónimo de uilla. Así las VPSE se refieren a las uillulae destruidas por un desbordamiento del río Guadiana [II, 22], mientras que en la Regula Fructuosi se invita a los monges a renunciar a sus riquezas y a sus uillulae. [Regula monachorum, VI]." (Chavarría Arnau, 2007: 154). Note-se que no concílio de Toledo I (397-400, Cânone 5) villa tem ainda a acepção clássica.

840 A descrição de Ausonio (Carmina, III, 1) da sua villula é contudo, semelhante à que para momentos anteriores seria feita para uma villa, pelo que o termo teria o cariz afectuoso do diminutivo, visto que pela área total da exploração seria um domínio significativo; a descrição que o poeta do século IV nos faz coloca em destaque os terrenos envolventes: de 200 jugera de extensão os prados de cultivo, 100 plantados de vinha e 50 com prados, além de bosques de extensão indeterminada.

841 Javier Arce recorda que "la Historia Wambae denomina el lugar donde murió del rey Recesvinto como villula [III, 37-39], aunque probablemente era una villa regia." (Arce, 2006: 10).

842 No Alto Alentejo esta particularidade é sentida de forma intensa. Note-se que nos dois principais sítios escavados os mosaicos são os únicos domínios dados a conhecer. Luís Chaves (1956) deixou para Santa Vitória do Ameixial (Estremoz) uma descrição genérica das restantes estruturas, mas os pavimentos ocupam o lugar central. Para Torre de Palma (Monforte), os diversos

Entretanto, todos os níveis superiores, incluindo aqueles de menor facilidade de detecção – com materiais perecíveis, camadas de abandono, reconversões arquitectónicas com materiais de menor qualidade – eram destruídos ou desmontados, salvando-se apenas as estruturas de maior visibilidade (como as basílicas ou baptistérios). Portanto, a real extensão dos últimos momentos de ocupação foi tratada de desigual forma, e falseia a leitura actual[843]. Tal é perfeitamente visível em muitos sítios emblemáticos desta área, como Santa Vitória do Ameixial (Estremoz) ou Torre de Palma (Monforte), em que os últimos níveis de ocupação não são conhecidos. Em Elvas, zona de grandes *villae*, percebemos melhor o que se passa no mundo funerário do que no âmbito doméstico. O único sítio intervencionado com metodologias modernas, Quinta das Longas, foi abandonado precocemente[844]. Desta forma, não dispomos de sequências estratigráficas finas, também porque não conhecemos de forma apurada as produções tardias (africanas e orientais), subalternizadas face às de momentos anteriores, mais apelativas do ponto de vista técnico e decorativo. A *terra sigillata* africana é um produto cerâmico recente na investigação, e as produções de âmbito local/regional não estão afinadas nos seus tempos, ritmos e locais de circulação. Portanto, temos um problema de leitura do tempo.

Um outro nível de dificuldade reside na insuficiente relação entre a documentação e a realidade arqueológica. As fontes são escassas, com o problema acrescido do desequilíbrio: os primeiros indicadores encontram-se no século III, mas temos uma quebra nos séculos IV e sobretudo no V, à qual se segue um progressivo aumento a partir do século VI. A maior parte das fontes sobreviventes são cristãs, na qualidade de *religião vencedora*, oferecendo-nos portanto uma leitura ideologicamente comprometida que enfatiza o declínio teleológico da cultura pagã e o "barbarismo" dos povos. Como contraste, é interessante notar que as poucas fontes pagãs existentes (Sidónio Apolinário, sobretudo[845]) falam-nos de *villae* onde decorrem recitais poéticos, recepções e um ambiente conservador, ignorando a ruína de um universo[846]. Além disso, como afirma Neil Christie[847], quando surge mais documentação, no

tapetes concentram em exclusivo o olhar de Manuel Heleno no único relato das escavações (1962), e irão também motivar a missão francesa que elegeu os pavimentos como o segundo conjunto a ser divulgado após a Casa dos Repuxos, em Conímbriga. Neste caso, contudo, embora sejam os mosaicos a razão da publicação, esta apresenta um estudo de integração vasto, o único que permite compreender a planimetria do sítio (Lancha & André, 2000).

843 Um caso exemplar encontra-se na villa de Almenara de Adaja (Valladolid), inicialmente considerada como tendo sido abandonada em meados do século V, mas recentes leituras demonstraram uma presença humana estável até meados do século VI (Sanz Serrano, 2007: 476; ver também Chavarría Arnau, 2007: 224-225).

844 Almeida & Carvalho, 2004.

845 Por exemplo, a antecipação de um jantar em casa de um amigo: Ep. IX, 8.

846 Ou fugindo intencionalmente dele, de acordo com a perspectiva de Rosa Sanz Serrano (2007: 467).

847 2004: 6.

século IX, os campos parecem "estar cheios de gente", o que indica uma contínua ocupação[848]. Mas dispomos de preciosos testemunhos[849]. Para a *Hispania* surgem descrições: em *Augusta Emerita* as *VSPE* documentam-nos a elite de uma cidade. Um pouco mais longe, Braulio de Zaragoza descreve poderosos aristocratas rurais[850]. Depois, para os territórios gauleses contamos com o poeta Ausónio[851], que nos deixou descrições das viagens entre a terra natal e a península itálica; e Rutilio Namantiano, um poeta e senador que detinha extensas propriedades, embora raramente a elas se deslocasse; e o já referido Sidónio Apolinário, o poeta natural de *Lugdunum*. Em termos gerais, estes autores concedem-nos uma leitura de continuidade, de manutenção das formas de habitar o mundo rural e dos *domini* se relacionarem entre si. Muitas das *villae* que estes autores do século IV e V nos descrevem são de aparato, de magnificência. Sidónio Apolinário, por exemplo, retrata-nos a propriedade de *Avitacum*[852], um estabelecimento que é, mesmo nestes tempos, perfeitamente pagão ou, dito de outro modo, clássico. A *villa* é dotada de um pórtico "de inúmeras colunas" que permite a contemplação do lago, servido por um curso de água que alimenta o edifício termal em pleno funcionamento, incluindo a sala de massagens e unguentos. Quanto ao edifício principal, a descrição revela a majestosidade do espaço: a sala de recepção tem um *stibadium*, junto ao qual se dispõem os hóspedes, um *triclinium* de Inverno (*hiemale triclinium*) e um outro utilizado por sua mulher (*triclinium matronalis*), por cuja via tinha herdado a propriedade. Neste sítio, como em outros descritos na literatura (incluindo no tardio tratado de Paladio) o ambiente conservador prossegue, propiciando o *otium ruris litteratum et philosophicum*[853]. A mesma impressão é

848 A desertificação das cidades, a "ruralização das elites", tem gerado um intenso debate historiográfico. Recordo uma passagem de Sidónio Apolinário destinada a um clérigo das suas relações, Salonius, lamentando que sempre que se desloca à cidade onde reside este se encontre ausente na sua propriedade rural(Ep. 7.15.1.).

849 Talvez o mais completo repositório de fontes seja o efectuado por Carla Sfameni (2006a: 61-71).

850 Sem ter tido acesso ao original, sigo o relato de Wickham, 2009: 329-330, sobre a "hagiografía, la Vita S. Aemiliani de Braulio de Zaragoza, escrita en torno al año 636 y en la que se habla del santo actualmente conocido como San Millán, que falleció en el año 576". Não sendo pormenorizada nas descrições, deixa-nos um relato das propriedades na zona média do vale do Ebro: "Toda esta zona parece ser un espacio habitado por aristócratas [Sicorio, Nepotiano, Honorio e Maximo] con propiedades de ámbito local que siguen la tradición tardorromana, al menos a lo largo de todo el siglo VI."

851 Ausónio é uma das mais fascinantes personalidades do seu tempo, notando-se bem no seu perfil psicológico a dupla tensão entre o conservadorismo pagão e a nova fé: "Statesman, rhetor, and acolyte of the Muses, the late fourth-century Gallic poet Ausonius seems to embody a late antique status quo. His Christian sentiments —subdued and neatly knit into a cloak of Roman traditionalism — likewise appear to reflect the ease with which a conservative elite serenely adopted a new faith. [...]" (Bowes, 2007: 144).

852 Ep. II, 2, 4-13.

853 Sfameni, 2006: 64.

evidente em Rutilio, *De reditu suo*, que relata o périplo do autor com o intuito de visitar as suas propriedades na Gália. Apesar de algumas destruições, em especial nas cidades, e de uma generalizada instabilidade e insegurança para quem se deslocava nas estradas, a visão da vida nas *villae* visitadas continua a ser a de uma notável tranquilidade, com serões poéticos, contemplações da bucólica paisagem, banquetes e cerimoniais requintados.

Todavia, os sinais de mudança encontram-se presentes. O mais interessante, e revelador do modo como os hábitos evoluem, reside nas descrições deixadas por Sidónio Apolinário das visitas às *villae* de Domício[854], Cosencio[855] e Poncio Leontino[856], testemunhando-nos o estado de abandono do edifício termal[857], pelo que teve de se banhar no curso de água próximo. Mais paradigmática é a impressão causada pelo encontro com Máximo, antigo responsável da administração provincial que se retirara para a sua *villa*, um edifício sem especial interesse decorativo ou arquitectónico, onde se alimentava de modo frugal, usava uma longa túnica e deixara crescer a barba, vivendo de modo monástico[858]. Este exemplo reflecte a paulatina passagem do ambiente áulico de *luxuria privata*, para a introspecção e uma vivência despojada e humilde. Sublinhar este aspecto é importante, pois estamos perante uma alteração no paradigma de vivência quotidiana, que prossegue nos mesmos ambientes arquitectónicos, embora as explicações historiográficas tradicionais tendam a ver neste despojamento a "perda das técnicas", os "retrocessos tecnológicos" ou, em casos em que prevalece a leitura étnica, a substituição do fundo indígena por populações "bárbaras"[859]. Observamos a afirmação de novos valores culturais, ou seja, onde em tempos anteriores reinava a ostentação, agora temos a austeridade. O despojamento quotidiano torna-se a regra, fenómeno sentido na vida de Sidónio Apolinário (século V) e acentuado nos séculos seguintes. Afinal, como Chris Wickham[860] afirma, "Sin embargo, en todo el antiguo imperio romano se observa, de manera uniforme, el desvanecimiento del principal elemento que había determinado el estilo de vida aristocrático durante el período imperial: la existencia de una cultura literaria civil y erudita",

854 Ep. II, 9. Curiosamente, a dado passo Sidónio utiliza um termo, basílica, para nomear o edifício termal.

855 Ep. VIII, 4.

856 Esta propriedade é muito interessante, pois é explicitamente referido o aspecto fortificado da mesma. Todavia, Sidonio informa-nos de que se encontrava na posse da família de Poncio há duas gerações (Carm. XXII, 117-19; 142-4), pelo que o projecto arquitectónico é anterior. No topo de um dos torreões (turris) estava uma sala de jantar (cenatio) panorâmica. Para uma análise comparada dos diversos ambientes ver Stephenson, 2006: 184-188.

857 Balneas habebat in opere uterque hospes, in usu neuter: Epistola II, 9, 8.

858 Epistola, IV, 24, 3-4.

859 Raros são os contextos arqueologicamente demonstrados de destruições causadas por "povos bárbaros", e note-se que também não era do seu interesse levar a cabo destruições que não beneficiariam os próprios em processo de instalação.

860 2009: 376.

substituída pelo militarismo e pela cultura cristã. Estes paradigmas mostram-se na figura de Máximo: um *dominus* apresenta-se publicamente de forma completamente distinta do que o faria um congénere no auge do Império. Escolhe um visual humilde, mas há quem opte por uma aparência militarizada ou quem, pelo contrário, assuma o gosto por jóias e adornos inspirados nos modelos da aristocracia visigoda ou do poder bizantino. Neste aspecto, as necrópoles visigodas do centro da Península – um contexto particular, é certo, pela proximidade da corte em Toledo – mostram-nos como os elementos de adorno eram exibidos, na vida como na morte[861].

Um fenómeno ocorre, porém, de forma desigual nas províncias, mas em ritmo sistemático: o abandono das *villae* ou, pelo menos, a transformação de alguns dos seus espaços. Este movimento está documentado do ponto de vista arqueológico, mas encontra também ressonâncias literárias. Higino conta-nos que vários *possessores* foram adquirindo propriedades, das quais conservavam algumas, mas deixavam outras ao abandono definitivo[862]. Portanto as *villae* alteram-se, prolongando um mecanismo de mudança que podemos filiar no século III, aquando dos primeiros fenómenos de expansão do edificado e de monumentalização dos ambientes áulicos. Enquanto nesse momento víamos a diluição do prestígio civil do Império e da carreira pública, com a "privatização" das esferas de poder, vemos no século V e VI a concretização: o mundo romano desagregou-se definitivamente, novos actores emergiram, e o poder cristão tomou o lugar das magistraturas civis. Como tal, os locais de "representação" das cenas da vida pública transformam-se também. Em alguns casos pela imponência e majestosidade, em outros pelo despojamento. Uma das grandes transformações no mundo rural tardio radica nesta evolução das *villae* que, em última instancia, irá implicar a sua radical transformação, ou o seu desaparecimento. As mudanças documentadas nos sectores residenciais, ou seja, na *pars urbana*, processam-se em várias direcções. A sua definição foi feita por Alexandra Chavarría Arnau[863], que diagnosticou as principais tendências na *Hispania*. Vejamos as principais, tentando olhar igualmente para o Alto Alentejo.

a) a mais frequente no mundo mediterrânico, embora escassamente documentada na *Lusitania*, consiste na *reconversão dos espaços nobres em zonas de actividade económica*. Estas são de âmbito variado: como lagar, como área de

861 Em resumo, considero muito interessante a inversão da perspectiva tradicional feita por Gian-Pietro Brogiolo e Alexandra Chavarría Arnau (2008: 202): "Teniendo en cuenta la frecuencia con que estos elementos aparecen, tal vez haya que plantearse la posibilidad no sólo de la profunda romanización de las poblaciones bárbaras, sino también el fenómeno contrario: la población romana fue absorbiendo progresivamente nuevas formas de vida y signos de identidad traídos por inmigrantes e invasores." Para além da chegada de novas comunidades e de um novo poder, há então que considerar as influências cristãs e a emulação da elite de poder oriental. Distintas influências, uma complexa encruzilhada cultural.

862 Citado por Chavarría Arnau, 2006: 32.

863 2007; ver também 2004c: 76 ss. As linhas mestras foram traçadas por Ripoll & Arce, 2001.

armazenamento usando *dolia* ou silos, ou são instalados fornos de produção cerâmica. Nestas diversas situações as amplas divisões são compartimentadas em espaços mais pequenos, com alterações que inclusivamente destroem os pavimentos de mosaico. Na área de referência ainda não foram diagnosticadas, com segurança, estas realidades, embora existam indícios fortes em Herdade das Argamassas (Campo Maior). Temos contudo os benefícios nas instalações em Torre de Palma, conduzindo à ampliação e reforço produtivo, que levam a pensar que ocorreu um fenómeno de concentração fundiária. É provável que as *villae* começassem a anexar propriedades vizinhas, com residências abandonadas ou reconvertidas para outras funções[864]. Há a reconfiguração da paisagem rural, com sítios abandonados em detrimento de outros que incrementam a base de rendimento.

b) fenómeno semelhante reside na *compartimentação de espaços áulicos*, geralmente com materiais perecíveis, que mereceu a designação de "squatterização", por se pensar que são comunidades semi-nómadas que pontualmente se instalam nestes espaços. Este processo, de resto, está mal documentado arqueologicamente (quais as motivações? qual a época?) e tem sido vinculado às deslocações de povos bárbaros, sem provas materiais convincentes[865]. Eventualmente temos uma situação deste género em Igreja de São Pedro (ISP), onde na face exterior da igreja um grande compartimento, construído com alvenaria cuidada, foi cortado sensivelmente a meio por um muro de pedra disposta de forma caótica, encerrando uma área repleta de cinzas. Também em Santa Vitória do Ameixial (Estremoz) se documentam camadas de cinza e fenómenos de recolecção na dieta alimentar. Mas este é um fenómeno difícil de diagnosticar em escavações antigas, porque o registo arqueológico é feito de materiais perecíveis e de estruturas negativas, e não havia, em termos gerais, atenção a este tipo de evidências. Em alguns casos, contudo, marcas mais duráveis ficaram: serão os remendos em *opus signinum* no pavimento de mosaicos do peristilo de Torre de Palma um sinal destas presenças, situação que também se verifica em Argamassas[866]? Ou as estruturas lajeadas com tijoleiras que rebentaram o pavimento da *natatio* em Quinta das Longas? Como lembra Ken Dark[867], não é de esperar que os proprietários

864 Chavarría Arnau, 2004c; 2007.

865 Não é de mais recordar que Van Ossel & Ouzoulias (2000: 142) documentaram arqueologicamente a recuperação da utilização da madeira na arquitectura do século IV na Gália, não pela instalação de novas gentes, mas por moda, e para permitir o acréscimo de produção e ampliação de espaços (contrariando as tradicionais visões de "crise e decadência").

866 Sendo que a arte dos pavimentos em mosaico desaparece durante o século V ou inícios do seguinte, acompanhada pelo desaparecimento dos ornamentos parietais pintados, substituídos pela ornamentação esculpida (Palol, 1972: 185). Para exemplos tardios de mosaicos hispânicos: Blazquez, 1986.

867 2004: 289: "Impoverishment of the previous owners fails to explain the lack of interest shown in retaining the internal organisation and well-preserved decoration of the house. [...] Impoverished owners might be expected to conserve their homes, not destroy the most luxurious fittings. [...]".

transformem de modo radical os ambientes onde vivem, pelo que estas alterações evidenciam viragens profundas na percepção dos ambientes[868].

c) em outros casos temos a reconversão da pars urbana *em necrópole ou espaço sepulcral.* Nos exemplos referenciados parece tratar-se de um fenómeno delimitado no tempo, em torno aos séculos IV (nos momentos finais) e V, sendo abandonado à medida que se vão construindo edifícios de culto que assumem um efeito polarizador e congregador, e para onde se deslocarão os cemitérios[869]. No entanto, se olharmos para a escala peninsular, observamos uma assinalável diversidade, com a existência de extensas necrópoles, de sepulturas agrupadas, de sepulturas isoladas ou ainda com um sarcófago ocupando uma posição central. Portanto, é perigoso analisar estas situações sob uma perspectiva conjunta, pois não é fácil perceber as motivações, muito menos quando não sabemos em que parte dos antigos edifícios se implanta a necrópole, visto que as áreas não foram extensivamente escavadas. Por exemplo: o que significa o sarcófago de São Pedro dos Pastores, em Campo Maior, e qual a parte do edifício em que é colocada (e para que havia servido esse edifício, que sofre uma ampla remodelação?)? Em Silveirona (Estremoz) e Terrugem (Elvas), em que área pré-existente se implanta a necrópole tardia e os edifícios quadrangulares que parecem orientar as tumulações? Portanto, sem este tipo de leituras não é possível compreender as relações espaciais e sua valorização simbólica. De qualquer forma, e com variações, parece ser este o fenómeno mais habitual. Observem-se as situações:

Sítio	Concelho	Área de implantação da necrópole
Quinta do Pião	Alter do Chão	Pars urbana[870]
Pombais	Marvão	Edifício termal
São Pedro dos Pastores	Campo Maior	Espaço de habitação (pars urbana?)
São Salvador	Campo Maior	Em edificio termal (?)
Silveirona	Estremoz	Pars rustica (?)
Terrugem	Elvas	Próximo da pars urbana
Monte da Nora	Elvas	Em meio do povoado, após abandono
Ovelheira	Elvas	Sepultura em compartimento absidal
Vale da Bexiga	Castelo de Vide	Em meio a estruturas
Barragem da Póvoa	Castelo de Vide	Em meio a habitações
Mascarro	Castelo de Vide	Em meio a habitações, pars rustica?
Monte das Freiras	Arronches	Próximo de habitações
Horta de S. Pedro	Sousel	Informações orais apontam para sepulturas em zona de muros
Torre de Palma	Monforte	Núcleo funerário a sudoeste da basílica sobre área habitacional anterior

868 Como afirmam Gisella Ripoll e Javier Arce (2001: 26), "La arquitectura residencial evoluciona en muchos casos hacia una reestructuración de sus espacios cambiando su función utilitaria, es decir el concepto planimétrico originario pierde su validez al ser desarticulado", ou seja, a reconversão de espaços é a expressão material de profundas viragens da percepção como os mesmos são encarados.

869 Torre de Palma já evidencia este fenómeno com sepulturas no interior da basílica de dupla abside.

870 Agradeço ao Dr. Jorge António a comunicação da situação detectada em escavação por si realizada.

O caso mais extensamente escavado é Pombais, onde uma comunidade apreciável se tumulou em meio ao hipocausto de um edifício termal[871]. Também em Silveirona e em Terrugem as comunidades são significativas, embora tenham sido escavadas apenas uma parte das necrópoles. Aliás, em nenhum caso se conhece a real extensão destas necrópoles. Em São Pedro dos Pastores temos uma sepultura isolada, monumentalizada em sarcófago, ocupando uma posição de destaque, tendo a colocação no centro da sala obrigado à remodelação do antigo espaço. Esta sepultura privilegiada não seria a única, pois mais algumas foram documentadas em zonas secundárias.

Ainda sobre as necrópoles, note-se um outro fenómeno detectado, que aqui não aprofundo por não ser este o tema central do presente estudo. Existe também um prolongado nexo de continuidade com espaços tumulares anteriores. O melhor exemplo, sem dúvida, será Chaminé (Elvas), onde em sucessão temos, pelo menos, quatro fases de tumulação, desde os finais da Idade do Ferro até momentos visigóticos. Estes nexos de continuidade no mundo funerário (Padrãozinho, Serrones e Torre das Arcas), por vezes reaproveitando materiais epigráficos (Herdade da Camugem, em Vila Viçosa, Silveirona, Estremoz, ou Santa Marinha, Castelo de Vide), são significativos.

d) já a *reconversão da* villa *em templo cristão* surge-nos surpreendentemente mal documentada[872], quer nos contextos, quer nos ritmos, por óbvias dificuldades de datação[873]. Em termos gerais, parece haver dois momentos: até ao século V reformula-se um templo pagão pré-existente; em momento posterior, constrói-se de raiz nas imediações do edifício de residência, após o seu abandono. Também do ponto de vista da implantação existem variantes. Em primeira fase, esta «intrusão» do templo cristão parece endógena, a partir do edificado pré-existente, como no paradigmático exemplo de Monte da Cegonha (Beja). No momento seguinte desloca-se para um edifício marginal, seja em ponto periférico da estrutura áulica ou no complexo termal (situação frequente, por exemplo, na península itálica ou na Catalunha, mas menos conhecida na Lusitânia)[874]. Como é evidente, estes diferentes fenómenos de mutação

871 Curiosamente, esta parece ser uma situação pouco frequente na Lusitania e mais bem documentada na Tarraconensis (Chavarría Arnau, 2004c: 82). A escolha do edifício termal levanta uma questão: a pars urbana continuava em ocupação, sacrificando-se um espaço desfuncionalizado?

872 Do ponto de vista arqueológico, visto que nas fontes temos dados (indirectos, é certo) que indicam que o fenómeno foi muito dinâmico. Por exemplo, no Concilio de Toledo I, em 397 (canon 5 e canon 9), surgem recomendações com vista ao controlo da Igreja, propondo-se que unicamente fossem reconhecidos os templos directamente sob a alçada de um bispo ou por ele consagrados. Esta situação é reiterada em concílios posteriores, indicando que o processo foi gerido com dificuldades operacionais de terreno por parte da hierarquia eclesiástica. Quanto à vertente arqueológica, remeto para Chavarría Arnau (2007 e 2008) e para o exaustivo levantamento de Kim Bowes (2002).

873 Como se compreende, a cultura material dos edifícios, sobretudo a nível cerâmico, é escassa, e uma das características dos espaços reside na austeridade artefactual (Bowes, 2005: 207).

874 "There are two basic structural types of villa-churches, the intra-villa church, constructed inside the villa urbana or rustica by modifying an extant space, and the extra-villa

implicam distintos significados, pois não é indiferente iniciar a construção de um templo cristão em espaços ainda em funcionamento, ou fazê-lo em locais abandonados ou desfuncionalizados. Desta forma, distinguem-se diversos sub-tipos, que expressam significados complexos. E em nenhum dos casos a construção de um templo cristão irá "perpetuar" a vida da *villa*, pois existe uma reformulação completa de vivências e de substância nos conteúdos simbólicos, embora no primeiro esse processo de *transferência* seja gradual, e no segundo implique um hiato. Tal é o caso da basílica de Torre de Palma, construída longe do edificado, embora, de modo significativo, próximo da antiga área sepulcral, um prolongamento não despiciendo de memórias e significados.

*

Desta forma, em termos gerais (e apesar de exemplos em contrário, que indiciam perdurações), a passagem do século V para o VI marca o final da vivência nas *villae* no sentido clássico-pagão do termo, mesmo que a presença humana seja prolongada no espaço construído[875]. Na área regional domina o processo de reconversão destas estruturas em necrópole, mas em geral, o núcleo primacial reside na construção religiosa cristã, que irá articular o desenvolvimento futuro, e não nas componentes clássicas que agora definitivamente se esboroam. Na área em estudo temos o caso de Torre de Palma, onde a construção da basílica se faz em área exterior à *villa*, possivelmente quando esta já se encontrava em decadência ou, pelo menos, com a sua estrutura alterada. No restante, contudo, temos poucas indicações sobre o modo como se faz, de facto, a entrada do cristianismo. Note-se o exemplo de Silveirona: uma significativa comunidade plenamente cristianizada, mas cuja sede arquitectónica não é

---

church, a free standing building located 100-500m from the villa proper." (Bowes, 2001: 324). Os sítios que ilustram o primeiro exemplo são Monte da Cegonha (p. 324), Montinho das Laranjeiras (p. 327-8), e a basílica na villa de Fortunatus (p. 328-9); para o segundo exemplo temos Torre de Palma (p. 329), La Cocosa (p. 329-331) e Carranque (p. 331-333).

875 Brogiolo & Chavarría Arnau, 2008: 198: "En su inmensa mayoría, sin embargo, a partir de mediados del siglo V los indicios de inversiones significativas en los edificios residenciales de las villas son muy reducidos y, muy al contrario, se detectan generalmente elementos que abogan más por la ruptura que por la pervivencia de un sistema de vida aristocrático en estos complejos. En numerosas villas aparece material arqueológico posterior al siglo V, pero con frecuencia esos materiales se relacionan con formas de ocupación residual caracterizadas por la presencia de hogares, de muros de compartimentación construidos con técnicas rudimentarias, de agujeros de poste que indican la presencia de cabañas, de basureros, silos, etcétera. Tampoco la presencia de edificios de culto en relación con algunas villas puede ser considerada - como se ha valorado con frecuencia - indicio de la continuidad de la vida aristocrática en las villas, puesto que por lo general, estas iglesias no fueron construidas en el siglo IV o V, sino a partir del siglo VI, cuando las villas habían sido ya abandonadas." Muito interessante a leitura que os autores fazem (nota 14) da ideia transmitida por alguns investigadores que lêem nas villae a existência de "células missionárias na propagação do cristianismo", pois efectivamente o que temos nestes momentos muito avançados é a existência de uma vivência das villae que já nada tem a ver com o conceito primordial do termo.

conhecida. Aliás, em Silveirona, em Terrugem e em São Pedro dos Pastores é provável que a *necropolização* dos ambientes obedecesse a um processo mais amplo, com a localização do espaço sepulcral a fazer-se na envolvente de uma basílica.

Como será natural, estas alterações seriam sentidas em outros campos. A actividade religiosa supõe um presbítero, que forçosamente teria de habitar próximo do local de culto, construindo assim novas relações de sociabilidade. Estes edifícios residenciais anexos poderão vir a ser identificados, como o "northeastern building" de Torre de Palma.

Neste processo podemos entrever a fragmentação do conceito clássico da "*villa*" com a progressiva implementação de um proto-aglomerado estruturado em torno de um símbolo de autoridade, agora de cariz simbólico e religioso, e já não civil ou político. Esta transferência de conteúdos é infelizmente ainda mal conhecida, mas parece constituir a paradoxal solução de, por um lado, permitir a sobrevivência material destes espaços em meio rural, mas por outro levar à sua extinção[876] do ponto de vista do *paradigma conceptual* que o termo *villa* implicava, processo feito através de uma radical reformulação do conjunto de conteúdos que caracterizavam estas estruturas. Ou seja, os dados que vêm sendo reunidos permitem afirmar que a *villa* enquanto paradigma vivencial morre efectivamente nos finais do século V ou durante a sexta centúria[877], mantendo-se alguns focos de permanência em situações esporádicas, mas distantes da carga de conteúdos que o conceito original implicava. Verifica-se também que esta transformação decorre sem um padrão unilinear. Quando assistimos à *necropolização* de uma *villa*, não existe qualquer continuidade nos nexos temporais e simbólicos, mas uma inversão dos modos de percepção e de valorização de estruturas construídas, agora (re)utilizadas para a deposição dos membros de uma comunidade, enquanto anteriormente eram espaços de vida. Quando se constrói uma basílica próximo de uma *villa*, ou quando a mesma é transformada em complexo produtivo, isso indica-nos que a *villa* enquanto invólucro, por assim dizer, já não serve e se encontra desfuncionalizada, e as estruturas materiais são agora percebidas de outra forma. De resto, na região não existem exemplos de passagem de uma *villa* para uma "vila" (em movimento de continuidade), para um aglomerado urbano, mas mesmo para outras regiões creio que esse fenómeno é mais casuístico e, no fundo, um *topos* sugestivo. Quanto muito, uma convergência de estratégias dita essa sobreposição topográfica, a mesma que existe na sobreposição de alguns montes e casas a *villae*. Em resumo, portanto, verificam-se linhas

876 Ou eventualmente, estariam já extintas, como explicitado por Alexandra Chavarría Arnau, 2007.

877 Chris Wickham (2009: 670) afirma: "En el Occidente del año 300 dominaban las villas, pero hacia el año 700 se habían esfumado prácticamente todas." O fenómeno correu a variadas velocidades, e mais uma vez as periferias foram as primeiras a ser abandonadas: na Grã Bretanha, em torno ao ano 450, já praticamente todas haviam desaparecido (Dark, 2004).

de evolução diferenciadas que levam a que no século V ou VI o espaço das *villae* seja utilizado para outros fins. Na área em apreço temos remodelações, instalação de áreas produtivas, de espaços sepulcrais ou de templos cristãos (nas imediações). Estes movimentos serão de algum modo concordantes com os dados documentais que demonstram, também, a progressiva extinção do termo *villa*, agora substituído por designações mais neutras[878].

Note-se, contudo, estes fenómenos têm de ser avaliados com precaução, pois existem dados que, até ver, nos parecem contraditórios, indicando que as evoluções ocorreram de variadas formas. Isto porque na vizinha Extremadura documenta-se uma relativa perenidade de ocupação em muitas *villae*, com indícios de continuidade ao longo do século VI e mesmo VII. A novidade reside na presença cristã, materializada em estruturas de culto, que pelos dados existentes proliferam em toda a região emeritense[879]. Em um ou outro caso teríamos mosteiros[880] e estruturas isoladas, que procuram o afastamento do mundo. São ainda mal conhecidas[881], embora para a Extremadura existam exemplos sugestivos[882]. Em Herdade da Palhinha (Fronteira) uma recente

878 "También resulta sorprendente que las menciones de villae desaparezcan de la Hispana a partir, precisamente, de circa 400. [...] En las fórmulas visigodas, un repertorio de textos elaborado en el último período del reino visigodo para servir de modelo en diferentes actos jurídicos, conservamos algunas que tienen que ver con la compraventa de tierras, la fundación de centros eclesiásticos o las cartas de dote. Curiosamente en ninguna de ellas se menciona la villa como referente del mundo agrario [...]. Nos encontramos, sin embargo, con termos más genéricos del tipo locus o, en algún caso, possessio (Form. IX) e, incluso, terrae in locum... (Form. XXXVI)." (Isla Frez, 2001: 12). Em seguida, o autor reflecte sobre o já referido termo villula, relembrando a menção das VSPE, de especial interesse por se alocar a sítios nas margens do Guadiana, por cujas cheias foram danificadas. Germán Rodríguez Martín procurou ver no abandono de Torre Águila uma das manifestações destas cheias (Rodríguez Martín, 1988; 1999; ver o seu artigo de contextualização sobre o período tardio na bacia do Guadiana de 2002).

879 Fuentes Dominguez, 1995: 235-236.

880 Como poderá ser o caso de Palhinha, Fronteira, e de São Pedro dos Pastores, Campo Maior. Em casos particulares, poderíamos ter outros espaços, construídos com finalidades específicas. Veja-se o significativo exemplo deixado por Kim Bowes (2006: 95): "The letters exchanged between Paulinus and Sulpicius describe in some detail the latter's elaborate provisions for his ever-increasing relic collection. Sulpicius, who had attempted to procure the body of Martin de Tours, had to be content with that of Clarus, Martin's disciple, which he housed in a church on his estate-cum-ascetic community, along with a number of Holy Land relics."

881 "En fin, para la época que nos ocupa, a partir especialmente del siglo V, otro establecimiento que esta ausente de representación en el registro arqueológico es el monasterium, bien aislado, bien incluido o reutilizando las estructuras de una villa romana anterior." (Arce, 2006: 12). Ver Maciel, 1996: 99.

882 "Los únicos edificios identificados con bastante posibilidad como iglesias monásticas son actualmente San Miguel de los Fresnos (Frenegal de la Sierra, Badajoz) y Santa Lucía del Trampal (Alcúéscar, Cáceres)." (Chavarría Arnau, 2004b: 17). Algumas referências nos textos visigodos são feitas a estruturas deste tipo, por vezes em acepção ampla: "En el Elogium de Ildefonso de Toledo, debido también a la pluma de Juliás, se nos dice que aquél creó un monasterio femenino in Deibiensi villula (PL, XCVI, 43s). [...] Quizá puede ayudar otra mención de Félix de Toledo contenida en la Vita Iuliani, en la que nos cuenta cómo el monasterio de San Félix está Cabensi in villula dedicatum (Vita 3, PL, XCVI, 446). Se trata, pues, de monasterios que se

proposta de leitura epigráfica trouxe sugestivas indicações[883], e em Campo Maior existe outra menção a uma estrutura do género[884]. Finalmente, a menção documental ao *monasterium* de *Apalantri* que serviu de termo territorial para a doação de Açafa à Ordem do Templo em 1199[885]. Identificar e caracterizar estas estruturas será um dos próximos desafios da investigação, que permitirá atingir outros patamares qualitativos na percepção da *paisagem cristã*.

Este dado é relevante pois ajuda-nos a perceber que a introdução do cristianismo não constituiu uma ruptura, antes uma evolução e transformação de um perfil vivencial, com a adição de elementos culturais novos que, também eles, se mesclaram com as pré-existências, criando realidades inéditas. Inicialmente um fenómeno minoritário, o cristianismo irá ser, mesmo após adoptado como religião oficial, confrontado com as realidades pagãs, mas também com as correntes heréticas que paralelamente se instalam, e nessa progressão lenta decorrerão vários séculos. O movimento decorre das cidades para os campos, o que revela também a lentidão das transformações. É cada vez mais evidente que os momentos de passagem são largos, permitindo a chegada e assimilação de outros contributos que só agora estão a ser considerados. Neste campo, todo o século VII constitui uma encruzilhada de diversas influências, desde as marcas cristãs e visigóticas até às influências bizantinas, criando códigos que se materializam na formulação de uma nova arquitectura[886]. Desta forma – e mais uma vez – estamos perante fenómenos complexos que geram realidades plurais e multiformes.

10.2. Evoluções nas redes de povoamento

No colapso do mundo romano, o efeito mais visível reside na retracção das redes de povoamento. A impressão geral é a de uma tremenda inflexão nas pautas de densidade de presença no território. Se realizássemos um gráfico comparando o número de sítios ocupados antes, durante e depois do Império romano, facilmente verificaríamos que este foi um momento excepcional (no sentido

construyeron sobre la base de propiedades existentes e, incluso, de unas realidades constructivas previas que debieron ser remodeladas [...]." (Isla Frez, 2001: 11).

883 Alves Dias & Gaspar, 2006: [nº 156] relêm a linha 3 com a proposta de Lancie mon(a)st(erio) (p. 258).

884 Alves Dias & Gaspar, 2006: nº 157 onde está expresso o Monasterio Silve(s)ter. Infelizmente as dúvidas sobre o local de origem desta peça são muitas: poderá provir de Defesa de São Pedro, a hipótese mais provável, mas Deus, Louro e Viana (1955) atribuem-na a Herdade de Alivã.

885 Cebola, 2005: 20.

886 Para uma percepção geral, Maciel, 1996. Sobre a arquitectura do século VII veja-se o texto de Almeida Fernandes (2009), reavaliando alguns dados subvalorizados ("[...] a época visigótica está repleta de novidades trazidas à luz nos últimos anos", p. 262), bem como vários contributos na mesma monografia (Caballero Zoreda, Mateos Cruz & Utrero Agudo, 2009).

etimológico do termo) de enorme presença quantitativa nos pontos de presença humana. Após o final do Império[887] o panorama muda substancialmente. A retracção é tremenda, em dois planos: no abandono dos territórios marginais, ou *ultra-periféricos*; e nas redes de povoamento hierarquizadas, pois deixamos de ter sítios ocupados em todos os escalões: muitas *villae* são abandonadas, quase todos os casais, todos os pequenos sítios. A estratificação da pirâmide de povoamento altera-se substancialmente: onde antes tínhamos uma proliferação de pequenos pontos de povoamento articulados em torno de grandes domínios fundiários, temos agora estes solitários na paisagem, apenas com alguns pequenos sítios com sinais de ocupação. Em termos gerais, a diversidade perde-se por completo: enquanto em momento imperial é perceptível o perfil funcional de um sítio (*villa*, casal, estabelecimento viário, etc.), para momentos tardios a indecisão é total. Os sítios praticamente reduzem-se a *villae* com epifenómenos de ocupação (seja sepulcral, seja produtiva, seja com espaços religiosos, como vimos) e a pequenos sítios com materiais pouco diferenciados.

Este fenómeno de retracção e abandono dos espaços marginais é bem visível no Alto Alentejo. Os territórios *ultra-periféricos* não apresentam sinais de presença humana. Nisa, Gavião, Ponte de Sôr, Avis, são áreas onde praticamente não se manifestam fenómenos de continuidade para momentos tardios, indicando o abandono de áreas paisagisticamente menos sugestivas. Nos locais *periféricos* encontramos a redução aos sítios principais, dotados de maior centralidade ou mais próximos da rede viária (que parece ter um papel central no modo como os locais próximos parecem "resistir" melhor à passagem do tempo); mesmo nas áreas centrais a densidade numérica de indícios de ocupação tardia reduz-se de forma significativa. A cartografia do povoamento no Alto Alentejo mostra como os índices numéricos baixam de modo notório. No concelho de Fronteira, por exemplo, apenas quase um décimo dos sítios tem indícios de continuidade. Este fenómeno verifica-se em termos absolutos (na quantidade), mas também nos parâmetros das categorias e atinge de forma evidente os sítios de base, pois após o final do Império a presença humana está restringida às *villae*, mostrando-nos como uma das formas de avaliação da importância de um determinado sítio é a sua continuidade, a sua perduração no tempo.

As alterações nas redes de povoamento manifestam-se em várias direcções, como a *aldeanização* dos campos[888]. Bem visível em duas áreas onde

887 Ou talvez antes: Christie (2004: 15) coloca a hipótese dos agri deserti mencionados nas fontes tardias terem sido abandonados durante a crise do século III, sendo ocupados mais tarde por franco-germânicos.

888 Este processo foi demonstrado para outras regiões. Ver Brogiolo & Chavarría Arnau, 2008: 201: "Además de las fortificaciones en altura, en algunas zonas se observa también, a partir del siglo V, el nacimiento y desarrollo de núcleos de habitación aglomerados, que podemos considerar aldeas en el momento en que ofrecen residencia a una centenar de personas y que constituyen un grupo social en condiciones de producir suficientes recursos, de expresar una

as possibilidades de obtenção de rendimentos são grandes, por se encontrarem, não em habitats de especialização, mas de economia de largo espectro. Refiro-me concretamente aos *povoados escondidos*[889] da Serra de São Mamede e nos *povoados fluviais* do Caia e de Póvoa e Meadas. Em ambos os casos, temos modelos de povoamento que ocorrem sensivelmente no mesmo espectro cronológico (século IV em diante?, os dois universos apresentam marcas de romanidade) e que constituem um modelo alternativo, talvez mesmo substitutivo ao das *villae*. Tratam-se de unidades de habitação implantadas de forma próxima entre si (mais no caso da Serra) embora com dispersão, escolhendo nichos com acesso a fontes de rendimento: o rio, no caso de Arronches, a Serra em Marvão e Castelo de Vide. Com hortas delimitadas por estruturas pétreas (evidentes em Contenda, no caso do Caia, e Joucel, em Castelo de Vide), zonas de lagar (construído no Caia, rupestre nos ambientes serranos) e de transformação de produtos em estruturas que poderiam ser comunitárias, pois em alguns pontos detectam-se arruamentos que a elas conduzem. O interessante, agora, seria perceber a efectiva área de dispersão destes sítios, ou, dito de outra forma, os limites da mancha de distribuição. Por exemplo, próximo de Póvoa e Meadas, junto a um curso de água vizinho, encontramos o sítio de Patalou (Nisa)[890]. Com um registo de superfície monótono, apresenta contudo uma impressiva cultura material, infelizmente arrancada ao solo por detectores de metais e por isso descontextualizada. Que tipo de sítio seria? Uma *villa* romana com ocupação prolongada até momentos tardios? Uma aldeia, prolongando

propia identidad y cohesión respecto a un territorio distinto al de otras comunidades." Os trabalhos de Alfonso Vigil-Escalera Guirado (2000, 2006) identificaram com clareza alguns destes sítios para a área central da Península, relacionando-os com as necrópoles visigodas contíguas. Todavia, neste caso estamos perante fundações ex novo de comunidades em instalação. Para o Alto Alentejo, o fundo hispano-romano parece-me evidente.

889 Curioso notar que o mesmo fenómeno de ocultamento de povoados está diagnosticado para uma área completamente distinta, quer em termos das dinâmicas de povoamento, quer no ambiente fisiográfico. Note-se o que João Pedro Bernardes (2005: 568-569) regista para Leiria, designando-os de "povoados envergonhados": "Para além de continuidade de ocupação de algumas das terras férteis ocupadas por villae romanas e já então intensamente exploradas, aparecem na região um conjunto de sítios que, mais do que os anteriores, reflectem os novos tempos pós-romanos. Distinguem-se dos anteriores pela sua implantação topográfica, onde é marcante o isolamento e a preocupação de serem pouco ostensivos na paisagem. Estes "sítios envergonhados", manifestando uma certa continuidade de tradições da cultura material ou a prática de simples reaproveitamentos de materiais de antigas edificações, podem apresentar vestígios romanos, ainda que inscritos numa matriz arqueológica que não corresponde à que é típica dos assentamentos rurais da Antiguidade. Fisicamente, definem-se como sítios de serranias e matagais, ocupando vertentes ou colinas que permitiam ver sem ser visto, onde predominava o ambiente da silva ao dos agri, se avistavam corredores de passagem com terras férteis e uma linha de água por perto passíveis de serem controlados visualmente a partir dos assentamentos. Já arqueologicamente, são sítios que se definem antes de mais pela penúria; penúria de estruturas e materiais que os tornam de difícil percepção ao arqueólogo conforme tem sido demonstrado para outras regiões do país e do estrangeiro."

890 Archeostudos 2009: ficha nº 100.

o modelo de ocupação no curso de água (agora albufeira) paralelo? A cultura material impede que pensemos em uma ocupação pontual, de tipo "squatter"[891], pelo que é forçoso pensar em modelos de vivência permanentes. Mas quem vive aqui? Hispano-romanos que recebem estes materiais pelas oportunidades propiciadas por novas correntes comerciais, com produtos inovadores em circulação, ou comunidades estranhas a este território, trazendo consigo os seus artefactos? Em resumo, temos a evolução de um sítio anterior ou a implantação de um novo modelo? Com novas gentes? E em que condições? Em Monte da Nora temos um abandono, ou a reconfiguração do perfil de povoamento, com necrópoles condenando espaços produtivos e habitacionais. Portanto, a vida destes povoados não foi idêntica em todos.

É possível que alguns destes sítios repliquem à escala regional os povoados que começam a ser identificados em outros locais da *Hispania*[892]. É certo que os exemplos do Alto Alentejo parecem ser diferentes: não existem estruturas fundiárias de tipo *villae* nas imediações com os quais possam vinculados, pelo que também não podem ser inferidas relações sociais (de tipo colonato ou como recursos de mão-de-obra sazonal)[893]. E como já foi frisado, nesta região os povoados ocupam zonas onde têm acesso a uma gama variada de recursos de subsistência que lhes permitem sobreviver em regime de economia não–especializada. Ou seja, os seus moradores poderiam trabalhar nas *villae* que se encontram a média distância, mas também dispõem de recursos na envolvente imediata que lhes permitem subsistir com recursos próprios e um elevado grau de autonomia.

Seja como fôr, torna-se urgente definir a representatividade deste modelo. Encontramo-lo em quatro áreas: Monte da Nora (Elvas), albufeiras do Caia e de Póvoa e Meadas, e Serra de São Mamede. Talvez Patalou, ou as "moradeias" entre Nisa e Alter, possam ser integrados neste conjunto. Tratam-se de sítios difíceis de serem caracterizados no registo de prospecção: pautas monocórdicas de cerâmica de construção em manchas espaçadas e dispersas que poderão ser confundidas com casais rústicos. É certo que em alguns povoados de São Mamede encontramos estruturas e espaços habitacionais delimitados, bem como nos povoados das albufeiras. Mas tratam-se de situações particulares: no primeiro caso, porque o impacto agrícola e as condições de alteração da paisagem não são sentidas, permitindo a preservação estrutural, no segundo

891 O termo terá sido introduzido por Simon Ellis (1988), que caracterizou as subdivisões e compartimentações, feitas com materiais perecíveis, de estruturas edificadas de grandes dimensões que em fases de pós-abandono poderiam ser reocupadas pontualmente por comunidades em trânsito. O autor referia-se sobretudo a exemplos registados em edifícios urbanos de cariz civil e público, mas o termo generalizou-se para designar as realidades rurais.

892 Chavarría Arnau, 2007: 61 e ss.

893 Banaji, 2001: 190-202 estudou a problemática. Ver também a incontornável obra de Chris Wickham, 2009, em particular a segunda parte (p. 239-542).

caso porque as subidas sazonais de cota das albufeiras vão pondo à vista as estruturas, sujeitas a uma fortíssima erosão e arrasto de sedimentos. Em Patalou, por exemplo, tal não sucede, e por isso torna-se mais complexo avaliar situações. Portanto, e reentrando no tema, torna-se necessário perceber se em outros sítios, onde o registo de prospecção não é tão eficaz, teríamos o mesmo tipo de situações, e qual a efectiva perduração no tempo deste modelo, que por enquanto parece ser prolongado. Sabemos que em época tardia o conceito de *vicus* se mantém, embora com conotações modestas[894].

Na área do possível *pagus marmorarius* do anticlinal de Estremoz existem sinais de presença humana, e também de laboração. Elementos arquitectónicos de mármore, quer os utilizados em estruturas religiosas, como aquele incorporado na igreja de S. Tiago de Vila Viçosa, ou a base de cruzeiro em S. Brás dos Matos (Alandroal), quer os deixados nas pedreiras sem terem sido concluídos, como o de Horta Nova (Borba), indicam que a laboração do mármore prosseguia, não com a finalidade de produção de *urbana ornamenta*, mas para alimentar as igrejas e templos cristãos. Estas peças mostram-nos que continuavam artesãos a trabalhar, mas talvez agora em escala muito mais reduzida, autónoma e com condições logísticas mais débeis. Por exemplo, na epigrafia funerária vemos o modo como se perde a especialização da gravação das letras.

Outros nexos de continuidade podem ser encontrados em locais próximos de itinerários de vias, por onde o trânsito de pessoas e bens se continua a processar. A maior parte dos locais que demonstram perduração de presença humana estão situados junto a vias, sendo os mais rapidamente são abandonados aqueles mais distantes. Neste campo também observamos distinções: no caso do concelho de Fronteira, por exemplo, os locais com evidências tardo-antigas estão próximos do itinerário: São Pedro, Horta da Torre, São Saturnino ou São Francisco. É certo que Burraz, onde foi recolhido um ábaco paleo-cristão, nos surge em paisagem deserta e pouco povoada; mas encontra-se inserido em um eixo norte-sul, o mesmo onde, para norte encontramos Herdade da Palhinha, e a sul temos Horta de S. Pedro (Sousel), pelo que nas proximidades poderíamos ter um caminho secundário. Portanto, para uma melhor leitura destes movimentos será necessário proceder a uma cartografia apurada destas diversas inter-relações espaciais.

894 "Solamente en cuatro ocasiones aparece el concepto vicus en los concilios hispano-romanos y visigodos. Dos de ellas son citas de otros concilios (del Laudiceno y del de Sárdica), otra es en el Tomus de Ervigio ya citado, y solamente una procede directamente de los padres conciliares [Can. IV, Tol. XII]. En todas ocasiones significa local habitado de poca importancia, como son también las villulae o la modica ciuitas con las que en los cuatro textos aparece asociado." (Sottomayor Muros, 2004: 292). Relembro ainda a menção nas Etymologiae de S. Isidoro (XV, 2), o que nos indica que em época do autor o termo prosseguia em utilização, embora sempre com conotações rústicas, pois a vertente urbana (de "bairro") ter-se-ia perdido.

10.3. Evoluções na sociedade

A grande questão que o final do Império coloca reside na suposta instalação de novos contingentes populacionais[895]. A Arqueologia da Meseta ibérica tem demonstrado a dimensão destas comunidades que, não constituindo as "hordas bárbaras" da leitura tradicional, apresentava números que não devem ser negligenciados[896], contrariando a sua suposta *invisibilidade*[897]. Portanto, a presença visigoda é um facto que o registo arqueológico confirma, mas que também levanta questões, porque regra geral a sua presença não pressupõe a fundação de sítios *ex novo*, mas a instalação de um pequeno conjunto populacional – frequentemente a elite – em locais previamente habitados, geralmente ao abrigo de mecanismos legais existentes[898]. Esta situação é conhecida[899], mas as indicações para o território alto-alentejano parecem ser diferentes.

Na área em estudo existem materiais visigóticos encontrados de forma descontextualizada. São maioritariamente fivelas de cinturão e algumas moedas. O seu achado levanta interrogações. Primeiro, porque não podem

---

895 Um texto de síntese em Lopez Quiroga, 2004b.

896 Existe uma já considerável bibliografia sobre as necrópoles da Meseta, mas reproduzo um fragmento de texto de síntese de Chavarría Arnau (2007: 72): "La documentación arqueológica muestra en cambio cómo una parte de la población visigoda se estableció en el campo y concretamente en la Meseta en la zona comprendida entre las ciudades de Palencia, Toledo y Calatayud (provincias de Palencia, Burgos, Soria, Segovia, Madrid, Guadalajara y Toledo). En esta área se han descubierto hasta el momento una decena de conjuntos funerarios dotados de ajuares con objetos de cultura goda y cronología comprendida entre finales del siglo V y el VII. [...] En algunos casos se trata de cementerios de grandes dimensiones (más de 500 tumbas en Castiltierra y Duratón, 347 tumbas en Madrona; 272 en El Carpio de Tajo). Los materiales que componen los depósitos funerarios (fíbulas, placas de cinturón, collares, pendientes y anillos) permiten, por un lado, establecer una seriación cronológica bastante precisa de estos cementerios y, por otro, verificar cómo, en líneas generales, se trata de materiales relativamente pobres (mayoritariamente son de bronce con cabujones de pasta vítrea), sin rastro de armas, lo que aboga por una población de tipo campesino. Los reyes y la nobleza se instalaron en los núcleos urbanos pero una parte de población se instaló en el campo y concretamente en los ricos y fértiles latifundios de la Meseta.". Como a autora afirma, a instalação na Meseta deveu-se a propriedades da família imperial que passaram de forma directa para o fisco visigodo.

897 Chavarría Arnau, 2004c: 74: "In fact, Vandals, Alans and Sueves have practically no archaeological existence in fifth-century Iberia. This invisibility supports the current theory that these gentes were deeply romanized [...]."

898 Procópio descreveu situações no Norte de África com a instalação vândala. Pela sua obra percebemos a dimensão das confiscações de terras, mas também como os novos ocupantes se preocuparam em mimetizar o estilo de vida romano, desde a prática de venatio até à frequência de teatros, passando pela adopção dos banhos em estabelecimentos termais. Um resumo da situação em Ripoll & Arce, 2001: 40-41.

899 Talvez o caso mais conhecido seja o da villa gaulesa de Mienne-Marboué (Châteaudun, Eure-et-Loire) onde um provável franco de nome Steleco, fez gravar o nome no pavimento de mosaicos da entrada principal (EX OFFICINA FERRONI FELIX VTISTELECO). Nas imediações foi localizada uma necrópole merovíngia. Para referências ver Chavarría Arnau & Lewit, 2004: 30.

ser correlacionados com outros elementos identificativos, na medida em que as comunidades visigodas não trouxeram consigo artefactos distintivos. A similitude da cultura material visigótica com o arsenal hispano-romano já levou ao diagnóstico da "invisibilidade deste grupo no registo arqueológico"[900] - à excepção de elementos específicos, como as fivelas de cinturão -, o que provoca dificuldades na detecção destas comunidades. Este facto leva-nos a um outro, na interpretação da realidade material: não é possível identificar quem eram os portadores das poucas peças conhecidas, se visigodos em instalação, se hispano-romanos atraídos pela utilização por efeito de *status* social. Portanto, os materiais podem não ter o significado de marcador "cultural" ou "étnico", o que objectivamente baralha a leitura. Tentar ler a presença de novas gentes a partir de algumas peças, que podem chegar por modismos, é manifestamente arriscado.

Para além do mais, os sítios com *presença visigoda* são mal conhecidos. Vinagreira (Elvas) foi interpretada como um "abrigo"[901]. Os elementos estruturais, contudo, são relevantes[902], mas em nada denunciam contingentes forâneos, o que levanta duas questões: teríamos um ponto de povoamento de época romana reaproveitado para a instalação de uma comunidade exógena? E esta tem uma vivência pontual, como sugere a autora, ou com prolongamento temporal e subsequente investimento construtivo (ou beneficiação feita com materiais perecíveis)? Ainda na zona de Elvas, temos presenças em pontos de povoamento (Valbom?) e em áreas funerárias (Fontalva), mas não detemos informação sobre contextos de enquadramento. Portanto, não conseguimos avaliar indícios de "squatterização", em especial na remodelação ou rearranjo de espaços anteriormente ocupados, ou de estabelecimento destas comunidades em novos (ou velhos) sítios. Ainda sobre a presença visigoda, o sítio que detém mais expressiva cultura material está na área de Nisa, no local de Patalou, ao qual se juntam achados numismáticos isolados no mesmo concelho cuja determinação de proveniência poderia ser fulcral para entender os modelos de povoamento. E, finalmente, há que não esquecer materiais na *urbs* de *Ammaia*[903].

Contudo, não esperemos grandes viragens, pois as gentes que agora se instalam deixam um contributo limitado. Durante a Antiguidade Tardia a sociedade hispânica mantém a essência dos critérios na diferenciação social.

900 Chavarría Arnau, 2007: 73. Note-se ainda que muitas das presenças de material germânico na península ocorrem em contextos diferentes dos de uma "invasão". Por exemplo, algum armamento encontrado em contextos sepulcrais poderia pertencer a soldados integrados nas legiões romanas (Lopez Quiroga, 2004b), um processo historicamente bem conhecido.

901 Bugalhão, 1996: 107.

902 Dois embasamentos de muros em alvenaria de xisto formando um canto de compartimento rectangular e, fora de contexto, um "elemento de cantaria em calcário, eventualmente pertencente a uma fonte" (Bugalhão, 1996: 101).

903 Sérgio Pereira (texto em Oliveira, Pereira & Parreira, 2007: 66) noticia uma fivela de cinturão, "pintada a ouro", e anéis e amuletos em pasta de vidro negro que mostrariam a existência de redes de contacto comercial com o Médio Oriente até ao século VI.

Não existem grandes mudanças na esfera das relações pessoais[904]. É certo, contudo, que a adesão ao cristianismo opera alterações[905], mas tal sucede sobretudo no forjar de novas alianças entre elites aristocráticas e religiosas com interesses em comum. Neste capítulo, é fundamental considerar que a viragem mais profunda que se operou foi a *consciência da fragmentação*, a noção de que uma unidade política, cultural e civilizacional se quebrou definitivamente[906]. Esta desintegração foi marcante para várias gerações, e repercute-se nos diversos registos (históricos e arqueológicos) de longa duração como Chris Wickham demonstrou[907], mas no domínio do quotidiano os impactos parecem ser mais distendidos.

Outro universo parece comprovar esta situação. No mundo funerário não temos espólio que permita identificar sinais de distinção social. No exemplo mais bem documentado, Pombais (Marvão), não encontramos um elemento definidor de hierarquias, nem nas de Castelo de Vide (Boa Morte e Santa Marinha). As necrópoles tardias são padronizadas no espólio votivo entregue. A identificação de "necrópoles visigodas" no mundo rural está por fazer, o que talvez indique que estas comunidades estariam concentradas nos centros urbanos.

Sabemos também que uma das evoluções reside nas onomásticas pessoais[908]. Quando olhamos para a epigrafia de Silveirona[909], o único núcleo que na área tem expressão numérica, observamos denominações como *Petrus*[910], *Pedanus*, *Sabinus*, *Veran*|ia|*nus*, *Flavianus*, *Savinianus* e *Talassa*. Apenas este último levanta dúvidas, podendo ser relacionado com um antropónimo grego ou mesmo indígena[911], o que não deixa de ser curioso se tivermos em consideração que será uma das mais tardias da necrópole (544 d.C.), colocada sobre a de *Veranianus* e *Savinianus*[912]. Quanto aos restantes (exceptuando o primeiro) temos nomes comuns durante o Baixo Império, apresentados ao modo cristão

904 «Les sociétés provinciales calquées sur la société civique romaine reproduisaient les hiérarchies fondées sur des critères inchangés à savoir la richesse foncière, l'honorabilité, la puissance sociale ou dignité résultant en partie encore de l'exercice de fonctions au service de l'administration impériale » (Le Roux, 2010: 295).

905 "Yet other strands of thought, such as those voiced in Luke 10.37–38, enjoined Christians to renounce their blood families in favor of a new family in Christ [...]" (Bowes, 2007: 163), ou seja, a Igreja incitava ao reconhecimento dos fieis como integrantes de uma nova família.

906 Brogiolo & Chavarría Arnau, 2008: 207.

907 2009.

908 Processo bem documentado em necrópoles com suficientes testemunhos que permitam uma análise, como por exemplo na basílica do Rossio do Carmo em Mértola. Consulte-se Alves Dias & Gaspar, 2006.

909 Cunha, 2008.

910 Maria Manuela Alves Dias e Catarina Gaspar (2006: nº 112) atribuem-na a Silveirona. A denominação tem paralelo na versão feminina de Palhinha (Fronteira): Petra (Batata, Boaventura & Carneiro, 2000, com releitura em Alves Dias & Gaspar, 2006: nº 156).

911 José d'Encarnação inclina-se para a segunda hipótese mas M. Albertos Firmat considerou a raiz semântica. Ver comentários em Alves Dias & Gaspar, 2006: 217.

912 Cunha, 2008: 83.

(*-nus*), mas ainda não encontramos as denominações típicas do cristianismo antigo, inspiradas nas primeiras figuras ilustres cristãs ou em nomes germânicos. Ou seja, um momento de transição, de mudança, efectuada sob a influência do cristianismo mas ainda não em corte total com as tradições anteriores. Neste contexto note-se um pormenor: a inscrição de *Sabinus vir honestus*, interpretado como um dos *honestiores* que detinham a terra face aos *humiliores*, os indíviduos de menor extracto social, gravada como símbolo de *status*, fosse ele económico ou de conduta. Um "homem notável" que se eterniza perante os seus.

Esta questão poderia ser prolongada para o universo das relações sociais no mundo rural, mas infelizmente os dados são escassos. Crescentemente as teses que advogavam o regime do colonato desde o século IV têm vindo a ser postas em causa, dando lugar a uma "multiplicité de situations" patente em termos como *originarius*, *adscriptius* e *inquilinus*[913]. Deste ponto de vista, a chegada do cristianismo parece não interferir neste universo, que depende mais das relações económicas ao nível local e da pressão fiscal do Estado.

As alterações na posse da terra são visíveis em dois episódios narrados nas *Vitas Sanctorum Patrum Emeritensium*. O primeiro narra-nos a história do Abade Nancto[914] que recebeu do rei Leovigildo uma herdade (*locum fisci*) com seus rendimentos. Os habitantes do lugar, ao conhecer o novo senhor, ficaram tão desiludidos com o seu humilde aspecto que o assassinaram, recusando-se a servi-lo (*domino servire*). No outro episódio[915] um dos habitantes mais prestigiados de *Augusta Emerita*, senador e *illustris vir*, em reconhecimento à acção do Abade Paulo por ter curado a sua esposa, ofereceu-lhe a metade dos seus bens, tão ricos que as propriedades que a Igreja detinha eram ínfimas em comparação. Mais tarde, por morte do Abade, a Igreja de *Augusta Emerita* recebeu todo o património, tornando-se na maior detentora de bens da *Hispania*. Estes episódios são muito interessantes por vários motivos: mostram como as grandes propriedades estavam concentradas nas mãos de *domini*, presumivelmente da aristocracia hispano-romana, mas também da corte visigoda, com bens derivados do regime da *hospitalitas*[916]. Mostra o crescente papel da Igreja, que recebe bens por doação de laicos e de membros da hierarquia, visto que o Abade Paulo doou os bens recebidos a título individual. Indicam ainda que, independentemente de estas figuras poderem ser "multi-proprietários", dispõem de propriedades *in continuum* extensas, pois Nancto recebe uma herdade de muito grandes dimensões. Estes bens imóveis

913 Le Roux, 2010: 300, com comentários sobre o significado de cada um destes termos.

914 VSPE III, 8 ss. Mereceu análise em Chavarría Arnau, 2004b. O relato é balizado entre 570 e 580 d.C.

915 VSPE IV, 1-18. Para ambos ver os comentários de Pablo Díaz, 1994a.

916 De acordo com o Código Teodosiano (VII, 8, 5) todos os bens imóveis eram repartidos em um terço para os novos inquilinos. É muito difícil perceber se este regime foi cumprido, mas o episódio narrado mostra-nos como a corte dispunha de vastas extensões de propriedades.

são trespassados com os habitantes, vinculados às propriedades e que delas fazem parte em regime possivelmente servil[917]. Se os escravos permanecem "omnipresentes" na legislação visigoda[918], seguramente teríamos uma grande percentagem de indivíduos livres mas submetidos por constrangimentos económicos[919], mas com autonomia para assassinarem o seu novo *dominus* ou, em certos casos, de arrendarem as propriedades e as gerirem[920]. Possivelmente vivem em pequenos povoados próximo de *villae*, ou tumulam-se em extensas necrópoles[921]. Finalmente, documenta ainda o modo como muitos destes trabalhadores se encontravam em regime de *absentia domini*, ou seja, o proprietário não era alguém presente no quotidiano.

Quanto às produções, torna-se complexo analisar a base económica da região, por falta de dados de índole arqueológica. Sabemos pela documentação textual que a partir do século V o modo fundamental de pagamento seria em

917 "En el caso de la propiedad de Nancto no se precisa la categoría jurídica de los agricultores que formaban parte de la propiedad. Se los define como habitantes. Estos habitantes denominan al abad dominus noster lo que implica sin duda cierta relación de dependencia económica posiblemente porque trabajan las tierras dadas a Nancto y le pagan un canon o tributo que proporcionaría al monasterio los ingresos suficientes para obtener los alimentos y vestidos [...]. [...] no se puede intuir, en ningún caso que los habitantes in eodem loco sean esclavos. Viven en la propiedad pero lejos del propietario y, al menos para las cuestiones de carácter más cotidiano, independientes del mismo aunque están adscritos a la tierra y la venta o cesión de la misma implica la suya propia." (Chavarría Arnau, 2004b: 115). A autora chama a atenção para a legislação visigoda onde existem mais exemplos de doações de propriedades com os trabalhadores: ""El campesino está obligado a seguir pagando el tributo o census aun en el caso en que se produzca un cambio en la titularidad de la tierra que trabaja debiendo hacerlo ahora al nuevo patrón"(I, 15, em Chavarría Arnau, 2007: 57).

918 Díaz, 1994a: 303, nota 31, embora a afirmação pareça ser matizada pelas descobertas recentes no domínio da legislação visigoda.

919 "Existen además textos que se refieren con términos como plebei, homines o rustici a individuos que vivían de forma más o menos independiente trabajando las tierras de otros y pagando unas rentas al dominus de la propiedad." (Chavarría Arnau, 2007: 57). Além destes termos, também a designação operari surge (p. 61).

920 "La acumulación de propiedades y la dispersión geográfica de las mismas hace que difícilmente este patrimonio pudiese ser gestionado de modo directo y lleva a pensar que, como en otras provincias, es posible también en Hispania que el sistema de arrendamiento de tierras fuese uno de los modos utilizados por los grandes proprietarios para explotar el territorio." (Chavarría Arnau, 2004b: 116).

921 Sobre os dois fenómenos reproduzo a passagem de Chavarría Arnau, 2005: 526, quando afirma que"The discovery of habitational structures, sometimes of agglomerative nature, near villas such as El Ramalete, Los Quintanares, and La Olmeda, which served as the home of the dependent estate population, may provide evidence of the tuguriae, casae, pagi or vici described in textual sources. Further testimony to these dependent farmers and the importance of these Meseta villas comes from a series of large cemeteries on the Castilian plateau known as the Duero necropolis." E acrescenta-se na nota 13: "Some of the Duero necropoleis - e.g., San Miguel del Arroyo (Valladolid), Fuentespreadas (Valladolid), Hornillos del Camino (Burgos), La Nuez de Abajo (Burgos), Roda de Eresma (Soria) or Las Ánimas (Saldaña, Palencia) - which are often identified as belonging to nucleated settlements may in some cases actually be related to the region's huge villas."

bens, nomeadamente em cereais[922], com a debilidade das correntes de circulação monetária a provocar a escassez de numerário[923]. Os dados sobre a vida rural mostram também como cresce o papel da pastorícia, com a criação de gado a reforçar o seu papel na vivência económica[924]. Se pensarmos na dificuldade na manutenção ou reconstrução das estruturas hídricas de épocas anteriores, então poderemos pensar no progressivo abandono da agricultura de regadio, em detrimento da agricultura extensiva e menos especializada[925]. De algum modo, talvez possamos ver esta mudança no surgimento dos povoados em torno da área dos actuais regolfos da barragem de Póvoa e Meadas (Portalegre) e Caia (Arronches). Sítios inequivocamente tardios, que reflectem um novo modelo de subsistência, em torno a biótopos de amplo espectro onde as fontes de subsistência são variadas e complementares. Para além dos recursos que o rio proporciona a nível de caça e pesca, temos ainda a proximidade de terrenos interiores, onde a pastorícia e a agricultura extensiva são praticáveis, a par com a recolecção. Mas sobretudo, mesmo defronte das casas, temos patamares murados que demonstram uma agricultura de horta e enxada, de pequena escala mas suficiente para alimentar as unidades habitacionais. Nestes povoados a base de subsistência está assegurada pelo acesso a várias fontes de alimento que coexistem a curta distância. De certa forma, o mesmo acontece nos *povoados serranos* de São Mamede, onde a paisagem proporciona um complemento de várias oportunidades, mas onde em alguns povoados se nota a presença de pequenas hortas, como em Aldeia, Ribeira de Lobo (Marvão) ou Joucel (Castelo de Vide), por exemplo. Para o universo das *villae*, a detecção está dificultada pela escassez de dados arqueológicos. Em Torre de Palma (Monforte) a ampliação dos espaços de lagar e adega indica um reforço produtivo. Claramente temos um local que em época tardia aumenta os volumes de laboração, seja por ampliação do *fundus* próprio em exploração directa, seja porque passou a receber cargas de propriedades vizinhas, em algum regime de associação ou por prestação de serviços. Portanto, a concentração fundiária a que as fontes fazem referência foi uma realidade marcante, permitindo criar uma nova paisagem rural que caminha, progressivamente, para extensos domínios. Desta forma, é plenamente possível que as grandes unidades fundiárias tivessem continuado em funcionamento, embora com

922 As pizarras visigodas da área de Salamanca demonstram meios de pagamento em cereais.

923 Chavarría Arnau, 2007: 86.

924 "Las pizarras visigodas se refieren a caballos (39 y 42), a yeguas (43), vacas y terneras (uitulas) y novillos (nouellos) (54), corderos (54), ovejas (75 y 97), carneros (76 y 97), cerdos (92) y marranas (scrona) (54)." (Chavarría Arnau, 2007: 81). A autora cita dados arqueológicos onde se evidencia a manutenção do sistema misto de criação de gado reforçado com o recurso à caça. De um modo geral, as pautas no registo osteológico mantêm-se constantes em relação ao Império, apenas crescendo o papel do gado bovino e desaparecendo as espécies exóticas à região.

925 Sobre as dificuldades de percepção destes momentos, e algumas pistas para a investigação, ver Lewit, 2009, que apresenta uma considerável bibliografia sobre o tema.

severas reformulações arquitectónicas e uma progressiva transfiguração dos conceitos vivenciais. Até quando? Não existem dados de resposta mas é possível que, à semelhança do que se passa na bacia ocidental do Mediterrâneo[926], seja o século VII o momento de definitiva dissolução do modelo das *villae*. Cada vez menos, cada vez mais diferentes e concentrando cada vez mais terras. Esse movimento também se processa em torno dos novos pólos das comunidades rurais: os locais de culto.

10.4. A religiosidade: o cristianismo

Os sinais da nova religião, agora dominante, podem ser rastreados em dois domínios: cultura material e estruturas arquitectónicas. Antes de prosseguir na análise, recordo contudo um ponto fulcral: o tema aqui tratado reside no estudo de uma paisagem rural (neste caso, do Alto Alentejo). Relembrar esta premissa é fundamental, pois sabemos que uma das preocupações fundamentais das hierarquias católicas dos tempos iniciais do cristianismo residiu precisamente na *domesticação da paisagem rural*, no ordenamento de um universo que misturava de forma complexa os seculares ritos pagãos e o desejo de uma elite aristocrática aproveitar os vazios de poder e utilizar os edifícios de culto cristão como uma das mais eficazes formas de organizar as comunidades rurais em volta[927]. Portanto, mais do que no mundo urbano, temos na paisagem rural um conjunto de complexos fenómenos, por vezes passíveis de distorcer a leitura do registo arqueológico, para o entendimento de um período fascinante mas também dúbio. O mundo dos *rustici* era difícil, ingrato para a pregação e implicou sempre um cuidado próprio por parte da hierarquia eclesiástica, como se torna evidente pela consulta de certa documentação[928]. Regressemos portanto aos dados arqueológicos, ao registo material como modo de ler a presença cristã e o processo de reconversão dos campos. Iniciemos a leitura pelos dados artefactuais.

A massa de informação para a *Lusitania* provém sobretudo de contextos funerários. Tal não é de todo surpreendente, quer a nível peninsular[929], quer

926 Chris Wickham, 2009, considera ser este o momento decisivo, não por qualquer facto politico marcante, como a historiografia tradicional manifesta, mas pelo culminar das profundas transformações que os séculos anteriores haviam assistido. Sobre esta perspectiva ver também a análise de Jairus Banaji (2001: 257-268).

927 "Taken together, the canons of the councils of Zaragoza and Toledo attest to the presence of extra-episcopal villa-churches that were viewed as a threat to episcopal control. Their rural setting suggested non-orthodox practices specifically associated with agricultural rituals. [...] The villa churches similarly suggest a semi-independent, rural Christianity, tied to the dominus and the fundus, and founded in areas with few urban entities and even fewer bishoprics." (Bowes, 2001: 336; 338).

928 Sobre o tema ver sobretudo Maciel, 1996, com documentação exemplificativa.

929 O volume de informações começa pela arquitectura funerária, muito representada na

pelo entendimento que em qualquer época se faz do mundo sepulcral como forma de transporte da identidade e de perenidade de crenças e valores. Mesmo assim, o volume de informação é escasso: aparte o conjunto epigráfico de Silveirona, temos a necrópole de Terrugem, estruturalmente semelhante à anterior (organização em torno de uma estrutura quadrangular), mas onde se encontrou uma colher utilizada como alfaia litúrgica. No restante, incluindo em contextos mais tardios (como nas necrópoles de Castelo de Vide – Santa Marinha e Boa Morte), a *invisibilidade* do mundo funerário cristão é, afinal, um fenómeno digno de nota: também em Pombais (Marvão), uma necrópole indiscutivelmente cristã pela sua orientação, não encontramos sinais distintivos do ponto de vista artefactual, o que mostra como as comunidades cristãs, de algum modo, não sentem necessidade de transportar elementos auto-identificativos para a última morada.

Nos contextos de habitação também temos escassíssimos dados. O elemento mais impressivo, mas de contornos simbólicos indefinidos, resulta no *chrismon* da *villa* da Quinta das Longas (Elvas)[930], aparentemente no mesmo contexto temporal em que se procede à construção do impressionante ninfeu de cariz pagão e classicista que caracteriza aquele sítio arqueológico. Nas restantes *villae* do Alto Alentejo, as marcas cristãs são trazidas unicamente a partir da construção de estruturas de culto.

Como já foi discutido, a presença de espaços de culto cristão faz-se de várias formas, sendo que nessa diversidade seguramente se reflectem ritmos e concepções distintas. Não será idêntico iniciar a reconversão de um *lararium* ou templo pagão para um espaço de culto cristão no meio do edificado pré-existente, ou construir de raiz uma basílica a algumas centenas de metros de uma *villa*, por vezes já abandonada. Mas o que parece interessante notar é que, neste polimorfismo, parece existir desde o início a concepção da basílica cristã como espaço semi-público, ou pelo menos acessível a mais fiéis para além dos residentes na *villa*. O fenómeno foi notado por Kim Bowes, com um exemplo eficaz: "these basilicas are more than private chapels. For instance, the church at Monte da Cegonha occupies about 13 percent of the villa as excavated. The church was only accessible from outside the domestic core, suggesting permeability to extra-household members."[931] Esta questão é muito relevante, pois implica um arranjo do espaço edificado que permita o acesso a pessoas que não vivem na *villa* e que entram para um espaço carregado de um cunho de privacidade caro ao espírito romano. Portanto, seriam criados novos

Hispania: "If even half of the 'possible' mausolea are in fact Christian, Hispania possessed an unusually rich and elaborate corpus of Christian funerary architecture, including designs and materials clearly 'imported' from outside the peninsula. Even more worthy of comment is the fact that this corpus is largely situated in the countryside, rather than the suburban necropolei." (Bowes, 2006: 93).

930 Oliveira, Carvalho & Almeida, no prelo.

931 Bowes, 2001: 334.

circuitos, que no limite poderiam ser concebidos como uma forma de enaltecer a figura do *dominus* e de impressionar os *rustici*, levando-os a percorrer áreas da *villa* que o proprietário entendia "mostrar". Todavia, este efeito não pode ser sobrevalorizado, como por vezes ocorre, pois a própria estrutura das sociedades hispano-romanas não era de molde a alterar-se de forma tão significativa em pouco tempo. Ou seja, nestas *villae* onde a partir do edificado se constroem basílicas, o acesso deveria continuar a ser, como sempre, restrito e circunscrito a um âmbito de redes de convivialidade, sem que se possa pressupôr que estes espaços irão funcionar como "células de missionação"[932] irradiando para as comunidades em volta. Talvez em Torre de Palma, com a construção de uma basílica fora da *pars urbana*, este fenómeno se tenha verificado, mas não de modo generalizado.

Mas implica também outra situação, sobretudo a partir do estabelecimento da hierarquia eclesiástica a partir do século V. A construção de uma basílica, mesmo que nestes moldes "semi-privados", implica também a constituição de um corpo sacerdotal que, se não em permanência (pois os concílios advertem-nos para o facto de um mesmo presbítero supervisionar várias paroquias), pelo menos com supervisão, situação unicamente possível com uma estrutura por parte da igreja que organize e controle os territórios rurais. No caso de Torre de Palma esta leitura não pode deixar de ser considerada, com o único baptistério da área regional. E a existência de um baptistério implica a presença, pelo menos uma vez por ano, de um bispo que administre os sacramentos, tarefa que não podia ser concedida a um qualquer membro. Por isso, no designado "northeastern building" tem sido proposta uma residência de um membro da hierarquia eclesiástica, que seria o encarregado por essas tarefas. Mesmo que no citado edifício não se tenha até ao momento registado o achado de qualquer alfaia litúrgica (o que pode indicar um abandono planeado), indispensável para cerimónias tão complexas como o baptismo e a admissão de novos fiéis. Contudo, a iniciação de um crente não poderia ser celebrada por um sacerdote, mas unicamente por um bispo, pelo mais elevado membro da hierarquia eclesiástica, que não necessitaria de ficar em permanência no local, podendo aqui deslocar-se pontualmente ou apenas uma vez por ano. Portanto, temos duas linhas de raciocínio: o baptistério de Torre de Palma é uma estrutura congregadora, polarizadora a nível regional, da mais elevada dignidade, e que necessita de um reconhecimento eclesiástico ao mais alto nível; mas a sua existência só por si não implica a presença de um "northeastern building" votado à presença de um sacerdote, necessário, é certo, mas insuficiente para a administração da consagração do baptismo, sendo mais provável que este espaço pudesse funcionar como uma espécie de *Academia*, no sentido em que poderia haver uma estrutura construída onde se procedesse à evangelização de fiéis. A estrutura em *cubicula* deste edifício parece viabilizar a leitura. Seja como

932 A partir de Jorge, 2002: 165: "Ces villae, témoins de l'enrichissement de leurs propriétaires, pouvaient de la sorte constituer de vraies cellules missionaires."

for, Torre de Palma levanta questões muito interessantes em relação à estruturação do culto cristão e sobre a sua indefinição, situação que é tanto mais curiosa quanto nos concílios do século V existe uma omissão absoluta em relação à administração paroquial[933], o que indica que nos primeiros tempos se constroem estruturas que só irão ser regulamentadas mais tarde. Durante alguns séculos o culto cristão age de modo desestruturado, muito por iniciativas privadas, face à dificuldade da hierarquia católica de operacionalizar meios de controlo sobre os meios rurais. Aliás, a debilidade de acção dos agentes das mais elevadas hierarquias da Igreja já foi realçada[934] e seria um factor não despiciendo na sua organização.

Talvez este conjunto de factores ajude a explicar um dos dados mais surpreendentes na arquitectura cristã da *Hispania*: a diversidade de planos e de soluções em meio rural, muito superior aliás ao que temos para as cidades[935]. Esta riqueza de formas de expressão arquitectónica reflecte, por um lado, a debilidade das redes de controlo por parte da Igreja, como já foi referido, mas também as intenções de as elites seculares afirmarem a sua influência ao nível local. Esta expressão de autoridade poderia ser feita de múltiplas formas, incluindo na elaboração de *martyria* e de espaços de *memoria* de relíquias e símbolos que servissem como uma (digamos) *mais-valia* ao nível das formas de atracção de fieis. Esta progressiva edificação de locais de culto vai polarizar os investimentos destas elites, servindo simultaneamente para a afirmação de novas linguagens, quer do ponto de vista arquitectónico, quer sobretudo iconográfico, que vão progressivamente substituir a cultura literária pagã clássica, transformando-a em novas formas de expressão erudita. Este fenómeno é no fundo a reformulação de soluções construtivas e decorativas que já havíamos visto nos espaços domésticos, na *pars urbana* das *villae* que se encontram, também elas, em mudança (neste caso, nas etapas finais de evolução)[936].

---

933 "However, the church councils of the fourth and early fifth century are silent on matters of parish organization. The only canons scholars have cited as evidence for such organization are precisely those condemning villa-churches." (Bowes, 2001: 334).

934 Kim Bowes (2005) realça o modo como durante os primeiros tempos da acção da Igreja a rede episcopal hispânica seria débil e pouco activa, como aliás se infere da presença de bispos em concílios. Apesar das determinações hierárquicas, as relações de âmbito regional com a elite secular condicionariam a acção dos agentes da Igreja, muito ligados a alianças de carácter clientelar ou de patronato.

935 Chavarría Arnau, 2007. Veja-se Bowes, 2005: 228, onde se lê: "Just as the functional aspects of these rural Christian buildings show a surprising variety and complexity, so, too, do their designs and construction techniques. Unlike the garden-variety plans and generally modest materials of Spain's urban churches, the peninsula's rural commemorative monuments display a dizzying array of plans and materials, many of them otherwise unknown in Hispania. While standard designs can be found within the corpus, Hispania's countryside also boasted a number of real Christian architectural oddities, displaying plans that were either rare or unique for their date."

936 "Temples, churches and mausolea were, in one sense, simply an extension of a built culture that flourished in Hispania more fully than in any other western province. That is, the strong rural component in Spain's early Christian architecture is in part an outgrowth of its unusually strong villa system." (Bowes, 2005: 231).

Regressando ao Alto Alentejo, dois tópicos podem ser abordados. O primeiro reside na existência de basílicas, onde apenas temos a considerar o caso de Torre de Palma. Um edifício que provavelmente terá sido construído apenas no século V, talvez quando a *villa* já se encontre desfuncionalizada ou com meros indícios de ocupações pontuais (de tipo "squatter"). É então construído um edifício basilical (a "grande basílica") de ábsides contrapostas, sendo uma (a oriental) um possível santuário com altar, enquanto a outra apresenta uma sepultura privilegiada. Um edifício de considerável majestosidade, com colunatas laterais, que irá sofrer constantes beneficiações, incluindo pavimentações com lajes de mármore e novas fases construtivas (a "pequena basílica"). Nestes momentos seguintes, talvez no século VI, será edificado o espaço do baptistério, que indica a grande relevância que o edifício teve na *geografia sagrada* da região. Neste brevíssimo resumo, onde não afloro as questões polémicas que têm rodeado as propostas de datação e evolução das principais fases construtivas, ficam patentes a densidade de conteúdos arquitectónicos, estruturais e simbólicos que o sítio apresenta, o investimento contínuo e a relevância do local, tão forte que em pleno século XII, em contexto pós-Reconquista, se constrói uma capela aproveitando as ruínas da "pequena basílica". Mas sobretudo fica patente o modo como Torre de Palma configura uma situação pouco habitual na *Lusitania*: distante do edificado residencial romano, sem pré-existência, com baptistério e uma monumentalidade que o configuram como um espaço aberto a uma comunidade e até, possivelmente, a forâneos, com a proximidade à via servindo de centro de peregrinação e sepulturas no interior da basílica, o que não é habitual no contexto da época. Com tantos significados fora do comum, resta explicar este denso conjunto de conteúdos.

Perceber qual a rede de templos cristãos na região é uma tarefa dificultada pela precariedade informativa, mas aqui avançamos para outro feixe de leitura: os dados indirectos. Uma forma de tentar ler essa realidade resulta na detecção dos elementos arquitectónicos. São escassos, porém relevantes, como se pode confirmar:

Sítio	Concelho	Descrição
Fortios	Portalegre	Elemento embutido na fachada da Igreja de S. Domingos
Mosteiros	Crato	Capitel visigótico
S. Pedro de Almuro	Monforte	Dois elementos de cancela
Torre de Palma	Monforte	Cancela e pia baptismal
Burraz	Fronteira	Ábaco
Horta de S. Pedro	Sousel	Ábaco
Defesa S. Pedro (?)	Campo Maior	Placa epigrafada
Silveirona	Estremoz	Ábaco, colunelo e capitel
R. João de Olivença	Elvas	Pilar[937]
(Indeterminado)	Elvas	Fragmento de mesa de altar[938]
Terrugem	Elvas	Colunelo e placa perfurada
Horta Nova	Borba	Pé de altar
Igreja de S. Tiago	Vila Viçosa	Pé de altar embutido na fachada

937 Pinto, 1932: 5-6.

938 Pinto, 1932: 6.

O papel crescente do cristianismo e da Igreja é visível do ponto de vista arqueológico, mas sê-lo-ia muito mais nas relações sociais e de poder. Desde logo porque abre uma alternativa possível de carreira, tanto mais interessante quanto o *cursus honorum* e as magistraturas públicas encontram-se paralisadas ou extintas. Ingressar na hierarquia eclesiástica permite uma preponderância social extremamente aliciante[939]. Nestes tempos finais, a força da Igreja será tanta que o presbítero local age não apenas como um "guardador de consciências" mas como um verdadeiro "guardador de propriedades", "actua como un auténtico *villicus*, un administrador patrimonial[940]". Esta leitura terá uma concretização prática. Na verdade, sabemos que muitos eram os membros das mais elevadas esferas da hierarquia eclesiástica que a título pessoal detinham propriedades. Em algumas situações por herança familiar, em outras por património adquirido, e em casos esporádicos a título de recompensa, como Potâmio, bispo de *Olisipo*, que por volta de 360 faleceu a caminho de uma *villa* (um *fundus fiscalis*) recebida pelo seu apoio à causa do arianismo[941]. É certo que o caso deste presbítero poderá ter sido originado por circunstâncias particulares[942], mas lembra-nos que este tipo de situações ocorreu, como também no caso do já referido Abade Nancto. De qualquer forma, a Igreja começa a estar presente no campo como proprietária a partir do século IV, quer a título institucional, quer pelos seus agentes[943], o que irá desencadear algumas resistências[944], em momentos posteriores agravadas pelas correntes heréticas.

939 Naturalmente que o fenómeno não se restringia às elites, pois muitas faixas da sociedade viam na vida eclesiástica uma possibilidade, embora os critérios de ingresso fossem apertados. Sobre o tema ver Jones, 1973: 920-929.

940 Díaz, 1994a: 307.

941 Maciel, 1996: 38-39. Ver também Chavarría Arnau (2006: 40): "Gracias a la denuncia realizada a finales del siglo IV por los presbíteros luciferianos Faustino y Marcelino presentada al emperador Teodosio (año 384) sabemos que el obispo de Lisboa, Potamio, recibió del emperador Constancio II un fundus fiscalis cerca de Olisipo en compensación por haber abjurado de su fe cristiana ortodoxa y defender al arrianismo. El relato revela pues la existencia de propiedades del fisco en la Lusitania."

942 Victoria Escribano Paño (2005: 140) vê neste exemplo um caso de ambições pessoais: "More than to the temptation of wealth, however, Potamius owed his defection to personal ambition and the desire to become the privileged mouthpiece of power in the peninsula in an environment in which religious disobedience was equivalent to political disloyalty."

943 "[...] também na Lusitania os bispos possuíram propriedades rurais fundiárias, quer para produção quer para descanso ou otium como os seus congéneres da Itália ou da Gália, seja por pertencerem a famílias aristocráticas detentoras de grandes fundi no campo, seja como administradores dos bens eclesiásticos, desde que Constantinus distribuiu à Igreja massa fundorum." (Maciel, 1996: 39).

944 Manuel Justino Maciel (1996: 47) vê na adesão ao priscilianismo uma reacção de "uma camada significativa de cristãos que não via na institucionalização progressiva da Igreja, seja por motivos religiosos, seja por motivos sociais, a melhor solução para um quotidiano em que ainda fermentava o espírito pré-constantiniano do cristianismo e que preferia apostar num certo profetismo e numa democratização mais dinâmica de acordo com as propostas evangélicas de igualdade e justiça social. Daí a simpatia e o acolhimento popular [...] designadamente por

Um outro fenómeno existe, contudo, que para o nosso olhar actual parece difícil de entender: a coexistência entre o emergente culto cristão e os antigos valores pagãos. Na área regional em estudo temos um exemplo significativo: o caso da Quinta das Longas que nos mostra a coabitação entre a presença cristã – um *chrismon* inscrito em pavimento em mosaico[945] – e um ambiente perfeitamente pagão de uma divisão inteiramente dedicada a um ninfeu. Em princípio, ambos os espaços poderão ter coexistido ou pelo menos ocorrido em intervalo temporal curto. Este dado é muito relevante, pois em primeiro olhar estaríamos perante realidades inconciliáveis. Todavia, tal não é bem assim. Primeiro, porque o ninfeu pode ter significados mais no âmbito de um coleccionista que angaria peças de elevadíssimo valor artístico e estético do que em sentimentos do foro estritamente religioso. Ou seja, a criação de um ambiente de *delectatio* e de elevado requinte pode ter uma significação mais diletante (digamos assim) do que religiosamente substantiva. Segundo, porque estes contrastes são conhecidos para outros casos, e até naturais em época onde os cânones não se encontram suficientemente fixados e certos conteúdos não são considerados como conflituantes. Algumas situações demonstram-no para situações particulares[946], mostrando a mescla de crenças e de adesões simbólico-religiosas próprias de uma época de mudança[947]. E esta combinação de tão diversos componentes culturais deve colocar-nos de sobreaviso para as precauções que é necessário tomar na análise de um período que foi, afinal, tão rico e complexo.

parte das mulheres [...]." Este controlo dos campos por parte da Igreja, em marcha sobretudo a partir do século V, não foi implementado apenas pelas intenções de pregação e conversão, mas foi-o também de facto, com a posse de terrenos e de propriedades, o que desencadeará reacções.

945 Figuração tanto mais relevante quanto são raros os símbolos cristãos em mosaicos (Chavarría Arnau, 2005: 543).

946 Curchin, 1996: 228-229 menciona um epitáfio de Tarraco que combina o crismon com a fórmula D(is) M(anibus), além de um sincretismo entre duas mártires e o culto a Adónis.

947 Notem-se os exemplos recolhidos por Rosa Sanz Serrano (2007). Em particular, um é expressivo: Ausonio (p. 446), que no seu círculo de amigos teve convívio com alguns dos mais eminentes pagãos do seu tempo.

11. O povoamento rural no Alto Alentejo: definindo leituras

A observação da cartografia dos sítios rurais e tardo-antigos no Alto Alentejo permite definir alguns fios de raciocínio.

Em primeiro lugar, observa-se de modo inequívoco como o território não foi encarado como um todo. Repegando na observação de Apiano, observamos que mesmo no interior do Império cada área regional beneficiou de distintos níveis de investimento. A criação de diferentes linguagens de caracterização reflecte esta realidade: temos *territórios centrais*, aos quais se seguem *territórios periféricos* e, nas franjas da área em estudo, *territórios ultra-periféricos* onde a rede de povoamento não tem organização discernível. Esta estruturação do espaço termina com as leituras complacentes das posturas processualistas que viam a paisagem como um todo standardizado, repetido até ao infinito, e com a perspectiva historiográfica que encarava Roma como uma entidade civilizadora que de modo absoluto padronizou e estruturou uma paisagem repleta de *villae*. Efectivamente tal não ocorre. Em certos espaços, em largas extensões, a mão de Roma não se faz sentir, ou manifesta-se unicamente de acordo com os interesses da metrópole: construindo uma via de ligação, indispensável para unir territórios, atravessando espaços desertos de gentes, ou então porque um recurso económico de primeira grandeza leva à criação de, por exemplo, um couto mineiro, ou de núcleos em torno de uma pedreira. Portanto, a paisagem não foi um todo idêntico, nem os sítios se encontram regularmente espaçados pelo território. A multivariação de cada unidade de povoamento - ou seja, o polimorfismo arquitectónico que cada *villa* apresenta, e que lhe confere uma individualidade - encontra um paralelo nas diversas classes de sítios, na variedade e nas diferenciadas fórmulas de ocupação do território que criaram uma estrutura de povoamento especializada e hierarquizada.

Roma teve, portanto, a capacidade de criar e modelar uma arquitectura de povoamento rural variada, fluida e heterogénea. Mas outro dado que ressalta da análise é a dimensão da presença humana. Porque é por demais evidente que o momento romano foi de uma intensa densidade de sítios e gentes neste território. Olhando para as pautas de distribuição de pontos de povoamento para momentos anteriores e posteriores, verificamos como durante o Império existe um assinalável pico de representação numérica que não teve, nem volta, a ter paralelo. Houve portanto um inigualável conjunto de sítios e, mesmo tendo em conta o perfil funcional não unívoco de alguns (ou seja, sítios que não correspondem necessariamente a um local de habitação ou a uma residência permanente unifamiliar, dado o fenómeno de "multi-proprietários"), será legítimo supor que foi também um momento de grande volume demográfico comparado com outros períodos.

A cartografia dos distintos territórios permite-nos também perceber que esta nova geografia foi criada *ex novo*, embora definindo realidades substantivas indígenas, ou, se preferirmos, uma pré-existência que, não sendo decisiva no modelamento, foi-o na dinâmica e nos conteúdos adicionados. Quero com isto dizer que os *territórios centrais* são de algum modo os grandes espaços da romanidade, da adesão a uma mundividência clássica sólida e coerente. Quer na cartografia de sítios, seu volume e monumentalidade, quer nos indicadores de actividades económicas ou nas expressões de religiosidade, observamos que no arco sudeste de Elvas, Campo Maior, ou de Estremoz e Borba temos perfis de gentes que respiram os ambientes culturais clássicos: uns por instalação, sendo colonos itálicos, outros por adesão, porque pretendem fazer parte da nova ordem. Temos sítios onde chegam materiais e ideias que de forma decisiva moldam as expressões e espaços arquitectónicos onde habitam estas populações. Embora seja difícil perceber qual o verdadeiro tecido de povoamento indígena, por falta de uma consistente investigação, raras vezes vemos uma expressão cultural autóctone, quase parecendo que toda a população imediatamente esqueceu o seu substrato identitário original[948], embora alguns nexos de continuidade não devam ser menosprezados[949]: nos locais de povoamento, como na proximidade entre a Cabeça de Vaiamonte e Torre de Palma, em Monforte (embora com estratégias de implantação radicalmente distintas), no mundo funerário, como as necrópoles de Elvas (em especial Chaminé) demonstram, ou ainda nas expressões votivas, o universo onde parece existir maior *permeabilidade*, indicando que estes processos poderão ter corrido em distintas direcções. São também os espaços onde vemos a pervivência para a Antiguidade Tardia, as longas durações, embora reformuladas pela adesão ao cristianismo, a manutenção de modelos vivenciais. Em resumo, a região mais estável.

Nos *territórios periféricos* observamos situações mistas. Na área de charneira de Fronteira, Monforte, Arronches ou Crato, o perfil de exploração agro-pecuária domina a paisagem, e a *villa* de *otium* de elevada sumptuosidade

948 Que, em rigor, apenas se mantém durante algumas gerações no plano onomástico.
949 Fabião, 1998.

já não é detectável da mesma forma. Se por um lado a extensão e volume das arquitecturas parece ser ainda maior - certos sítios arqueológicos apresentam uma massa de construções impressionante, bem como elevadas áreas de dispersão de vestígios - a variedade de materiais visíveis à superfície parece indicar uma vocação mais voltada para os circuitos regionais e para vinculações mais estritas em relação aos territórios envolventes. Ou seja, um tipo de *villa* mais *rustica*, em lugar das *villae urbanae* que parecem predominar nos territórios centrais - embora, note-se, estas sejam meras impressões resultantes da análise cartográfica e das visitas aos sítios. Em alguns casos mantém-se formas ancestrais de auto-identificação ou reportórios iconográficos arcaicos ou, também programas decorativos conservadores e menos arrojados. Nestas áreas, verdadeiramente de transição, temos unidades de povoamento extensivas, denunciando *fundi* de maior dimensão, que em largas zonas deixam os biótopos menos favoráveis para unidades pequenas, como casais agrícolas ou sítios de mineração. O povoamento ocorre a escalas ainda mais diversas, observando-se uma estrutura de povoamento piramidal. Grandes *villae* remetem casais e pequenos sítios para espaços marginais, embora não distantes dos anteriores. Temos, verdadeiramente, a maior diversidade de formas e unidades de povoamento. Com o final do Império, se alguns destes sítios são abandonados, temos uma grande capacidade de resistência de muitos outros sítios, que prolongam os sinais de ocupação. São todavia as *villae* que resistem, pois os casais e pequenos sítios certamente não terão aguentado o colapso do Império que permitia uma almofada económica de base para a sobrevivência de pequenos nichos de exploração.

Quanto aos *territórios ultra-periféricos*, podemos observar duas situações. O vazio quase absoluto, em zonas onde a *paisagem romana* não se encontra no quadro ambiental e fisiográfico. No arco de Avis, Ponte de Sôr ou Gavião, a escassez e rarefacção de povoamento é notória, observando-se que os traçados viários que demandam o Tejo são os únicos factores de atracção para as poucas gentes que por aí se fixam. Na zona de Nisa, o couto mineiro em torno do grande rio peninsular esbate este quadro, observando-se contudo que a área mantém um acentuado perfil indigenizante.

Este perfil mantém-se para o espaço actualmente ocupado por Castelo de Vide e Marvão, mas aí a fundação da *urbs* de *Ammaia* (e, diga-se, também os abundantes aquíferos e as bolsas de solos férteis) concedem a esta zona uma outra centralidade, resgatando-a da condição periférica a que poderia ter sido votada. Consegue inseri-la na lógica de um *território central*, embora situado perifericamente em relação à rede viária ou aos grandes domínios fundiários de expressão clássica, mas confere-lhe uma forte estabilidade no ordenamento da paisagem rural. Em torno de *Ammaia* temos grandes *villae* e um conjunto de santuários que se estendem para a área de Nisa, um conjunto de conteúdos sagrados e simbólicos que o poder de Roma assimila, mas não transforma de modo notório. Trata-se portanto de uma zona que se quer integrar no ambiente clássico, essencialmente por motivações económicas, mas onde as expressões da mundividência mediterrânica não se fazem sentir com tanta intensidade como nos territórios centrais. Mas mostra como o *poder civilizador* de Roma agiu de forma decisiva, pois *Ammaia* é o exemplo de um território que emergiu para um outro patamar por via do investimento romano, que contudo preservou (e premiou) as elites locais. Este espaço resiste muito bem ao final do Império, embora assistindo à desestruturação das redes de povoamento imperial, e reconvertendo o modelo fundiário em povoados comunitários de tipo aldeia, ocultos na paisagem e aproveitando os nichos de exploração favorável propiciados pela Serra de S. Mamede. Se Nisa parece deter uma relevante presença forânea de origem visigoda, eventualmente atraída pelos despojos da exploração mineira, Ponte de Sôr, Gavião ou Avis despovoam-se quase por completo, mostrando a fragilidade destas redes ultra-periféricas e a sua dissolução no momento em que o Império que as sustentava deixou de funcionar.

Diversas escalas, portanto, distintos modelos de implementação e de vivificação do espaço. Que, talvez de forma surpreendente, apresenta - pelo menos para já - uma quase ausência de centros urbanos, e seguramente de um que servisse de polarizador do espaço em estudo. Na rarefacção de um tecido urbano, ou pelo menos tendo em conta a sua *não-detecção* no actual momento da investigação, vemos como certos sítios formam um *núcleo duro* que organiza o território. Serão estes sítios rurais, com uma elite dinâmica e promotora, que acaba por assumir a *conectividade* empreendedora que caracteriza, no geral, as comunidades do Mediterrâneo[950], aproveitando a tessitura de uma rede viária que pôs em contacto o Atlântico e a capital de província. Todavia, o fenómeno relevante parece ser o modo como esses sítios são domínios privados, constituídos por grandes *villae* autárcicas, relevantes unidades que polarizam as sub-áreas regionais, repartindo o acesso aos melhores recursos. São focos de cultura, bastiões de desenvolvimento económico que terão desempenhado um papel mais relevante do que para já, com tão escassas intervenções arqueológicas, conseguimos entrever.

Regressando à rarefacção do tecido urbano, teremos então de considerar de quem partiu a iniciativa empreendedora e actuante. É complexa, a resposta a esta questão. Existem recursos económicos de primeira grandeza, como a área de exploração do *aurifer Tagus*, onde um *procurator* imperial poderá ter supervisionado os trabalhos, ou do *pagus marmorarius* do anticlinal marmóreo, onde os perfis de povoamento se alteram (de *villae* passamos a ter povoados dedicados à extracção e talhe do mármore) e talvez houvesse uma supervisão directa da capital provincial. Em segundo lugar, se os núcleos urbanos parecem ter sido escassos, a rede viária beneficiou de um considerável investimento,

950 Horden & Purcell, 2000.

embora desigual. A cartografia dos marcos miliários indica uma concentração entre *Abelterium* e a actual Ponte de Sôr, curiosamente no troço que conduz à ponte de Vila Formosa, outro relevante indicador. Os troços viários melhor conservados, contudo (embora sem miliários durante larga extensão, gerando um desequilíbrio relevante[951]), estão para oriente de *Abelterium*, em direcção a Barbacena (onde temos mais marcos miliários, e na proximidade da qual se encontra o templo aos *Lares Viales* de Esquilas, em Monforte), e também entre Crato e Degolados, mas só em Campo Maior (São Pedro dos Pastores) voltamos a ter mais marcos e outro elemento monumental, a ponte de N. Sr.ª da Enxara. Cartografar e realizar no terreno, de forma exaustiva, um levantamento das condições infra-estruturais das vias, talvez nos ajude a perceber o papel munificiário das elites e magistraturas locais.

A unidade de povoamento que centraliza e dinamiza o território é, sem dúvida a *villa*, sede de uma estrutura socioeconómica que representa o paradigma da romanidade - mas que, nas cambiantes planimétricas e de implantação, demonstra como as elites souberam carregar de conteúdos próprios o paradigma da *villa* ideal ou *perfecta*. Sejam de perfil urbano ou vinculadas à exploração agro-pecuária, são os *possessores* que dão vitalidade ao território. Nas *villae* de *otium*, com maior arrojo arquitectónico e decorativo: Quinta das Longas (Elvas), Santa Vitória do Ameixial (Estremoz) ou São Salvador (Campo Maior) parecem ser bons exemplos. Nas unidades extensivas, o panorama é conservador: Torre de Palma (Monforte), Granja (Crato) ou Carrão (Elvas) detêm quadros vinculados ao classicismo, embora em momentos tardios a evolução seja distintiva - curiosamente, parecem ser os primeiros os sítios abandonados mais cedo, no século V, enquanto os segundos apresentam sinais de conversão ao cristianismo e perdurações na presença humana... Mas seja como for, e apesar das cambiantes, torna-se claro que, também no Alto Alentejo, a *villa* constitui a expressão monumentalizante dos gostos e investimentos da elite, que nos seus peristilos, salas de tripla ábside ou pavimentos de mosaico, exprimem de forma plena os conceitos e as vivências que encontram os melhores ambientes nos espaços áulicos rurais, situação que atinge o expoente máximo no decurso do século IV e, talvez, também durante o V.

Para o conhecimentos destas gentes, a mais relevante hipótese de leitura é, para já, a epigrafia. Nos territórios centrais, dominam as expressões latinas. Nos espaços ultra-periféricos, temos maioritariamente indígenas, cultuando os antigos deuses. Quando olhamos para a área de Portalegre ou do Crato vemos como toda a estética iconográfica é de raiz indígena. O mesmo se passa na onomástica. No Crato, a necrópole da Lage do Ouro apresenta um conjunto artefactual próprio de uma comunidade que não beneficia dos plenos circuitos de abastecimento, ou não tem condições económicas para adquirir peças

951 Alarcão, 2006: 226.

relevantes. Em Outeiro do Mouro (Fronteira), onde os trabalhos de escavação prosseguem, o quadro repete-se: um conjunto artefactual onde as cerâmicas de importação são a excepção, e não a regra. Se a norte ainda temos as epígrafes em suporte de granito, a situação muda na chegada a Monforte e Fronteira, com as placas em mármore de onomásticas diversas. Portanto, também nos territórios periféricos parecemos ter duas sub-áreas, situação que seguramente será calibrada com a investigação.

Se a ocupação da paisagem foi dinâmica no espaço, tê-lo-á sido ao longo do tempo. E mais uma vez, observamos *diferentes tempos* – embora, diga-se, esta seja uma dimensão de análise dificultada pela ausência de estratigrafias que permitam, na realidade, *ler os tempos*.

Para a *implementação da paisagem* romana existem sinais contraditórios. De grande adesão e rápida integração, no arco sudeste, até fenómenos de perduração na área noroeste, que não deve ser vista como uma resistência ou intransigência ao poder civilizador, mas antes, lida no quadro da passagem de Apiano já por diversas vezes relembrada. Porque é nesta área que menos vemos o investimento civilizador do poder romano, o que conduziu a que as estruturas e vivências indígenas se tivessem por mais tempo mantido no quotidiano dos tempos imperiais. Na bacia do Guadiana, novas pessoas instalam-se e iniciam a dinamização do território, apoiados pelas vias que se constroem e permitem o abastecimento de cargas e mercadorias tendo, no sentido inverso, o escoamento de produtos. Os fenómenos são rápidos e atingem as áreas periféricas, pois em Monforte e Fronteira vemos o modo como pessoas e bens se instalam. Nas áreas de Nisa, Castelo de Vide e Marvão temos *outras velocidades temporais*, patentes na configuração de um poder romano que investe na criação de infra-estruturas (em momento temporal precoce, como se depreende pela fundação de *Ammaia*), na *resposta conciliadora* das elites locais (na *urbs* e nos santuários) e no reconhecimento dessa adesão por parte dos poderes romanos, com a ascensão da cidade a outros níveis de representatividade administrativa. Se o século II é, ainda, um momento obscuro, a partir do século III temos a *aceleração das dinâmicas*, com a implementação, em grande escala, de uma estrutura articulada em torno de grandes propriedades que procedem (sobretudo nos *territórios periféricos*) à exploração dos recursos que o território tinha para oferecer: das pedreiras à agricultura, passando pelas minas ou pecuária. A remodelação da estrutura viária, no século IV, documenta esta dinâmica, uma vitalidade económica que em larga medida depende dos circuitos terrestres[952] para o abastecimento, e escoamento, dos produtos. É neste momento que as grandes estruturas fundiárias, com os seus morfotipos arquitectónicos inovadores e os programas decorativos estruturados,

952 Visíveis na preponderância dos fabricos de terra sigillata hispânica tardia sobre os pacotes artefactuais norte-africanos, que apenas surgem com mais força a partir do século IV: Carneiro & Sepúlveda, 2005.

se diversifica, mas não por todo o território: se nos *territórios centrais* e *periféricos*, a diacronia parece repleta de inovações e mudanças, os espaços *ultra-periféricos* parecem imunes à mudança (ou, pelo menos, os níveis de leitura não estão suficientemente aperfeiçoados de modo a possibilitar-nos um vislumbre do que sucedeu). O século IV, contudo, parece ser o grande momento de *ramificação das evoluções*: a Antiguidade Tardia marca a explosão de novos momentos criativos. As marcas conservadoras reforçam-se, como nos pavimentos de mosaico, mas combinam-se com as influências vindas do oriente (na arquitectura, por exemplo) ou com a chegada de uma nova religião. O cristianismo modela de forma decisiva a paisagem, com a construção de edifícios de culto e a instalação de necrópoles em espaços que eram até então os locais de vida e circulação. A concentração fundiária leva ao reforço de alguns núcleos produtivos e ao abandono de *villae* e de vários pontos de povoamento. A desestruturação da economia imperial, por fim, leva ao refluxo da ocupação de espaços e áreas menos aptas. No entanto, só pontualmente se verifica o fenómeno que ocorre em outras regiões - especialmente na bacia oriental do Mediterrâneo[953] - de, em época tardo-antiga, se proceder à colonização de novas áreas. No nosso território esta situação só sucede em nichos específicos: junto a cursos de água de grande dimensão, com os povoados de Póvoa e Meadas e do Caia, e nos ambientes da Serra de S. Mamede, talvez ligados à *pulverização* da cidade da *Ammaia*, como foi proposto[954], ou à dissolução dos domínios fundiários articulados em torno da *urbs*. Mas parecem ser casos pontuais, derivados talvez de novas estratégias económicas, que procuram e alcançam biótopos que permitem uma economia de largo espectro. Na restante região, a marca dominante é contrária: uma retracção das pautas de povoamento, permanecendo alguns *sítios-âncora* que congregam populações, eventualmente graças a um acréscimo de funções e/ou de territórios sob exploração directa.

Nestes tempos finais da Antiguidade, um outro elemento permanece em aberto nesta equação que é, afinal, o surgir de uma nova realidade civilizacional. Refiro-me em concreto à chegada de novas gentes. Se os "bárbaros" se instalam, parecem fazê-lo em edifícios que, afinal, estão ainda de pé, embora em seu redor existam as ruínas de um Império. E o dado mais surpreendente na sua presença, ou nos indicadores de uma suposta presença, reside no modo como, quer em *territórios centrais*, quer em *territórios periféricos*, os encontramos. Se na zona de Elvas temos artefactos, e possivelmente necrópoles, também em Castelo de Vide ou em Nisa, nas áreas onde o *fácies indigenizante* se havia mantido, rastreamos materiais.

O grande domínio de transformação e mudança, contudo, parece ser aquele trazido por uma nova religião. O cristianismo modifica decisivamente a topografia dos campos. Com a construção de espaços dedicados ao culto triunfante opera-se

---

953 Ver Lewit, 2009: 86, com referências bibliográficas, e em geral, a obra de Wickham, 2009.
954 Oliveira & Pereira, 2010.

uma decisiva alteração nos antigos locais de vida, nos grandes focos difusores de cultura e empreendimento económico. A chegada do cristianismo transforma de modo radical as *villae*, conduzindo ao fim de um universo pagão de forte pendor literário e erudito, e condenando os espaços que consubstanciavam uma vivência sumptuosa que permitia a plena fruição da paisagem campestre. Mas, de forma algo paradoxal, será o cristianismo que prolonga a presença humana nestes, e em outros locais, embora transformando-os radicalmente: de espaços de habitação transformam-se em estruturas produtivas, locais de culto ou áreas funerárias. Ao longo de *diferentes tempos* - mais uma vez -, com dinâmicas que, no estado actual das crono-estratigrafias disponíveis, são difusas e difíceis de entender, mas que com a progressão da pesquisa estarão calibradas, permitindo perceber como foi, de facto, o fim das *villae* e a transformação da paisagem que Roma deixou na região.

Um olhar final

Um velho provérbio shingouz[955] lembra que "é preciso de tudo para fazer um universo". Uma observação que deve ser tomada no sentido literal, seja qual for a perspectiva utilizada na investigação arqueológica: se olhamos para o espaço, temos um universo alto-alentejano repleto de evidências, tantas ainda aguardando um olhar. Se privilegiamos o tempo, então vemos como ao longo de oito séculos as estratégias se alteraram, os protagonistas se foram sucedendo ou as vontades foram mudando, criando novas realidades de acordo com novas ideias, sentimentos ou conceitos.

É preciso de tudo para fazer um universo, e como tal a percepção da paisagem rural é hoje muito mais complexa do que o era há alguns (não muitos) anos atrás. Sabemos que o território foi ocupado de muitas e variadas formas, com unidades de povoamento bem distintas entre si. Uma realidade que, aliás, só conseguimos entrever, e portanto não apreendemos totalmente, uma vez que a investigação só agora se preocupa em diagnosticar esta diversidade, em *recensear a diferença*. Durante o Império romano, esta é a marca distintiva da paisagem: múltiplas formas de ocupar o território, com distintas preocupações (exploração agro-pecuária, mineira, de pedreiras, apoio viário, locais de culto ou lugares de *otium*, entre outras); várias unidades de povoamento distintas, criando a possibilidade de as categorizar, mas também obrigando a perceber a existência de espaços hierarquicamente organizados; e finalmente, uma variedade de espaços tão diversificados, aplicando arquitectonicamente as concepções e gostos de cada promotor que, no limite, podemos afirmar que não existiram dois idênticos. Também aqui, desde os espaços de recreio e lazer aos de laboração, foi preciso de tudo para fazer um universo. Daí a sua riqueza.

955 Da série Valérian & Laureline, argumento de Pierre Christin e desenhos de Jean-Claude Mézières.

E nos tempos seguintes, apesar de numericamente diminuírem os lugares, a variedade mantém-se, criando-se ainda novos perfis: espaços de habitação continuam a sê-lo, contudo, outros há que se alteram, pois onde viveram gentes, agora as comunidades tumulam os seus mortos, ou temos agora áreas de trabalho. E, finalmente, locais de culto a uma nova religião pontuam agora a paisagem, e em seu torno, muitas vezes rompendo velhos muros e paredes, as pessoas tumulam os seus defuntos.

É preciso de tudo para fazer um universo. Foi necessário percorrer caminhos antigos, itinerários velhos porque há muito tempo foram criados. Rastreando os passos dos antecessores, foi necessário regressar a velhos lugares, procurando que o olhar identificasse o que outros aqui viram. Em outros casos foi necessário caminhar por trilhos novos esperando, como diria o Gato de Alice, chegar a algum lugar, não necessariamente aquele que era o esperado aquando da partida. Se no final deste(s) caminho(s) sabemos mais qualquer coisa do que no início, não sabemos, afinal, tudo o que compunha este universo. Por isso há que continuar o caminho.

Fontes

Apiano

Roman History. Trad. Horace White, 4 volumes, Cambridge Massachusetts, Harvard University Press (Loeb Classical Library), 1972.

Ausonio

Ausonius. Trad. H. G. Evelyn-White, 2 vols., Cambridge Massachusetts, Harvard University Press (Loeb Classical Library), 1919-1921.

Catão

De Re Rustica. Trad. Andrew Dalby, Prospect Books.

Cícero

Letters to Atticus. Trad. D. R. Schackleton Bailey), London/ Cambridge Massachusetts, Harvard University Press (Loeb Classical Library), 1999.

Columela

Libro de los Árboles. La labranza [de re rustica] libros I-V. Introd., trad. Y notas de José Ignacio Garcia Armendaríz, Madrid, Editorial Gredos, 2004.

Res Rustica, Trad. Harrison Boyd Ash, 3 volumes, Cambridge Massachusetts, Harvard University Press (Loeb Classical Library), 1960.

Frontino

The stratagems and the aqueducts of Rome. Trad Charles E. Bennett, London/New York, William Heinemann/Putnam's Sons (Loeb Classical Library), 1925.

Frontão

The correspondence. Trad. C. R. Haines, 2 vols, London/New York, William Heinemann/Putnam's Sons (Loeb Classical Library), 1919.

Higino

Hyginius. Corpus Agrimensorum Romanorum V, Trad. O. Behrends *et alli*, COST Action G, 2000.

Marcial

Epigrams. Trad. D. R. Schackleton Bailey, Harvard University Press (Loeb Classical Library), 1993.

Marco Aurelio Antonino

The communings with himself of Marcus Aurelius Antoninus Emperor of Rome together with his speeches and sayings. Trad. C. R. Haines, London/New York, William Heinemann/Putnam's Sons (Loeb Classical Library), 1916.

Orósio, Paulo

História Apologética 7. 41. 7 (trad. Paulo Farmhouse Alberto e Rodrigo Furtado), Lisboa, Colibri, 2000.

Palladio

Traité d'Agriculture. Trad. R. Martin, CUF, Paris, 1976.

Plinio-o-Velho

Natural History. Trad. H. Rackham, 10 vols, Cambridge, Massachusetts, Harvard University Presse (Loeb Classical Library), 1917

Plinio-o-Jovem

Letters. Trad. William Melmoth, London/New York, William Heinemann/ Putnam's Sons (Loeb Classical Library), 1931.

Rutilio Namaciano

Sur son retour [De redito suo], trad. e notas Étienne Wolff, Paris, Les Belles Lettres, 2007.

Sidonio Apollinário

Lettres. Trad. A. Loyen, Paris, Les Belles Lettres, 1970.

Poèmes. Trad. A. Loyen, Paris, Les Belles Lettres, 1970.

Varrão

De Agricultura. Trad. Rev. T. Owen, Oxford, Oxford University Press, 1800.

Vitas Sanctorvm Patrvm Emeretensivm

Vidas de los Santos Padres de Mérida. Trad. Isabel Velázquez, Madrid, Editorial Trotta, 2008.

Vitruvio

Tratado de Arquitectura. Trad. M. Justino Maciel, Lisboa, Instituto Superior Técnico Press.

Bibliografia

Abreviaturas utilizadas:

Atlas = *Atlas antroponímico de la Lusitania romana*. Grupo Mérida, Mérida-Bordéus, Fundación de Estúdios Romanos/Ausonius Éditions.

IRCP = Encarnação, 1984

RP = Alarcão, 1988a

TIR = AAVV, 1995

[s.a.], 1978 Alfarófia, povoado romano condenado a desaparecer. *Cadernos do Centro Elvense de Arqueologia*, Elvas, nº 3, p. 11-15.

AAVV, 1995 Alarcão, Jorge de *et alii* (eds.) = *Tabula Imperii Romani: Hoja J-29 Lisboa (Emerita--Scallabis- Pax Iulia-Gades)*. [Madrid], Consejo Superior de Investigaciones Cientificas/ Instituto Geográfico Nacional/Ministerio de Cultura.

ABAD CASAL, 2003 Abad Casal, Lorenzo (ed) = De Iberia in Hispaniam. *La adaptación de las sociedades ibéricas a los modelos romanos*. Actas del Seminario de Arqueología organizado por la Fundación Duques de Soria. Soria, Convento de la Merced, 23-27 Julio 2001, Alicante, Universidad de Alicante.

ABASCAL & CEBRIÁN, 2009 Abascal, Juan Manuel & Cebrián, Rosario = *Los viajes de José Cornide por España y Portugal de 1754 a 1801*. Madrid, Real Academia de la Historia.

ABASCAL & ESPINOSA, 1989 Abascal, Juan Manuel & Espinosa, Urbano = *La ciudad hispano-romana: privilegio y poder*. Logroño, Colegio Oficial de Aparejadores y Arquitectos Tecnicos de La Rioja.

ABASOLO, 1990 Abasolo, José António = El conocimiento de las vias romanas. Un problema arqueologico. *In: Simposio sobre la red viaria en la Hispania romana*, Tarragona (Zaragoza), 24 al 26 Septiembre de 1987, Zaragoza, Institución Fernando el Católico, p. 7-20.

ABREU & CORTE REAL, 1994 Abreu, Alexandre & Corte Real, Luís = *Plano Director Municipal de Estremoz*. Estremoz, Câmara Municipal de Estremoz, 2 vols. [policopiado].

ABREU & JAFFE, 1993 Abreu, Mila Simões de, & Jaffe, Ludwig = *Gravado no Tempo. Projecto de Inventário total da arte rupestre portuguesa. Primeira fase de pesquisas – concelho de Estremoz*. Oeiras, [policopiado, 6 págs. agrafadas].

ACCARDO 2000 Accardo, Simona = Villae Romanae nell'agger Bruttius. *Il paesaggio rurale calabrese durante il dominio romano.* Studia Archaeologica 107) Roma, "L'Erma" di Bretschneider.

ADAM, 1996 Adam, Jean-Pierre = *La construcción romana, materiales y técnicas.* León, Editorial de los Oficios.

ADAMS, 2008 Adams, Geoff W. = *Rome and the social role of Elite Villas in its suburbs.* (BAR International Series 1760) Oxford, Archaeopress.

ADROHER AUROUX & LOPEZ MARCOS, 2002 Andrés Maria Adroher Auroux, António Lopez Marcos = El Impacto romano sobre los asentamientos ibéricos en la alta Andalucia: las intrabéticas septentrionales. *In* Gonzalez Roman & Padilla Arroba (ed.), *Estudios sobre las ciudades romanas de la Bética*, Granada, Universidad de Granada, p. 9-48.

AGUILAR SAENZ, 1991a Aguilar Saenz, A. = Excavaciones arqueologicas en la villa romana de "La Sevillana" (Esparragosa de Lares, Badajoz). Campaña de 1987, 1988 y 1989. *Extremadura Arqueologica* II.

1991b Dependencias con funcionalidad agrícola en las villas romanas de la Peninsula Iberica. *Alimenta. Estudios en homenaje al Dr. Michel Ponsich, Gerion* (Anejos III), p. 261-279.

AGUILAR SAENZ & GUICHARD, 1993 Aguilar Saenz, António & Guichard, Pierre = *Villes romaines d'Estremadure: Doña Maria, La Sevillana et leur environment.* (Collections de la Casa de Velazquez 43) Madrid, Casa de Velazquez.

1995 *La ciudad antigua de Lacimurga y su entorno rural.* (Colección Arte y Arqueologia nº 14) Badajoz, Diputación de Badajoz.

AILLAGON, 2008 Aillagon, Jean-Jacques (dir.) = *Rome et les Barbares.* Rome, École française de Rome [catálogo exposição no Palazzo Grassi, Venezia].

ALARCÃO, 1997 Alarcão, Adília Moutinho (coord.) = *Portugal romano. A exploração dos recursos naturais.* Lisboa, Museu Nacional de Arqueologia.

ALARCÃO & ALARCÃO, 1964 Alarcão, Adília, & Alarcão, Jorge de = *Vidros romanos do Museu Municipal da Figueira da Foz.*

1970 *Dez anos de actividades arqueológica em Portugal. 1960-1969.* Separata de II Congresso Nacional de Arqueologia [dactilografado].

ALARCÃO, 1960-1961 Alarcão, Jorge de = Algumas peças de terra sigillata na secção arqueológica do Paço Ducal de Vila Viçosa, *Conímbriga* II-III, p. 181-201.

1968 Vidros romanos de Museus do Alentejo e Algarve. *Conimbriga* VII, Coimbra, p.7-39.

1974 *A vida rural no Alentejo na época romana.* Projecto de investigação apresentado como prova complementar de Doutoramento em Pré-História e Arqueologia, Coimbra, FLUC, [dactilografado].

1976a Sobre a economia rural do Alentejo em época romana. *Conímbriga* XV, p. 5-43.

1976b Torre de Palma. *In*: *The Princeton Encyclopedia of classical sites.* New Jersey, Princeton University Press.

1978 Vidros romanos do Alentejo no Museu Nacional de Arqueologia (Lisboa). *Conímbriga* XVII, p. 101-112.

1983 *Portugal Romano.* Lisboa, Editorial Verbo.

1984 Sete jarros de vidro romanos. *Lvcerna*, nº de homenagem a D. Domingos de Pinho Brandão, p. 173-178.

1985a *Introdução ao estudo da casa romana.* Coimbra, IAFLUC.

1985b Sobre a romanização do Alentejo e do Algarve. A propósito de uma obra de José d'Encarnação. *Arqueologia* 11, p. 99-111.

1988a *Roman Portugal.* Londres, Warminster, & Phillips.

1988b *O Domínio Romano em Portugal.* Mem Martins, Publicações Europa-América.

1990a A produção e circulação dos produtos. *In* J. de Alarcão (ed.) – *Portugal das Origens à Romanização.* (Nova História de Portugal, vol.1., dir. Joel Serrão e A.H. de Oliveira Marques) Lisboa, Editorial Presença, p. 409-441.

1990b Identificação das cidades da Lusitânia portuguesa e dos seus territórios. *In:* AAVV *Les villes de Lusitanie Romaine.* Paris, CNRS, p. 21-33.

1998a A paisagem rural romana e alto-medieval em Portugal. *Conimbriga*, XXXVII, p 89-119.

1998b Três níveis de aglomerados populacionais romanos. *O Arqueólogo Português*, Série IV, nº 16, p. 175-186.

1999a Três notas sobre o Alentejo Romano. *Al-madan*, IIª série, nº8, p.72-74.

1999b Os arredores das cidades romanas em Portugal. *Archivo Español de Arqueologia*, nº 72, p. 31-37.

2004 *Introdução ao estudo da tecnologia romana.* Coimbra, IAFLUC.

2006 As vias romanas de *Olisipo* a *Augusta Emerita. Conímbriga* XVL, p. 211-251.

ALARCÃO, ÉTIENNE & MAYET, 1990 Alarcão, Jorge de; Étienne, Robert & Mayet, Françoise (dir) = *Les villas romaines de São Cucufate (Portugal).* Paris, E. de Boccard.

ALARCÃO & PONTE, 1976 Alarcão, Jorge de & Ponte, Salete da = As lucernas romanas do Paço Ducal de Vila Viçosa. *Conímbriga* XV, p. 73-90.

ALLEN, GREEN & ZUBROW, 1990 Allen, K.; Green, & Zubrow, E. (eds.) *Interpreting Space: GIS and Archaeology.* Londres, Taylor and Francis.

ALFAGEME VILLALAIN & GONZALO GONZÁLEZ, 2005-2006 Alfageme Villalain, Elena e Gonzalo González, José Maria = Programas ornamentales en las *villae* de Extremadura (I). Villas extremeñas y programas musivarios. *Boletín de la Asociación Española de Amigos de la Arqueología: Homenaje a D. Vicente Viñas y Dª Rosario Lucas Pellicer* nº 44, p. 339-367.

ALFARO AREGUI & MARTÍN BAÑON, 2000 Alfaro Aregui, M. & Martín Bañon, A. = La Veja, asentamiento visigodo en Bobadilla del Monte (Madrid). *Boletín de la Asociación Española de Amigos de la Arqueologia* 39-40, p. 225-237.

ALFENIM & ENCARNAÇÃO, 1997 Alfenim, Rafael, & Encarnação, José d' = Placa funerária de Masónia Venéria. *Ficheiro Epigráfico* 56, nº 260.

ALFENIM & LOPES, 1995 Alfenim, Rafael & Lopes, Maria da Conceição = A basílica paleocristã/visigótica do Monte da Cegonha (Vidigueira). *IV reunió d'Arqueologia Cristiana Hispánica (Lisboa, 1992)*, Barcelona, p. 389-399.

ALMAGRO BASCH & MARCOS POUS, 1958 Almagro Basch, Martín & Marcos Pous, Alejandro = Excavaciones de las ruinas romanas de epoca visigoda en la aldea de San Pedro de Merida. *Revista de Estudios Extremeños* Tomo XIV nº I, p. 75-93.

ALMAGRO GORBEA & MARTIN, 1994 Almagro Gorbea, Martin & Martin, Ana Maria (eds) = *Castros y Oppida en Extremadura*, (*Coplutum* Extra 4). Madrid, Ed. Complutense

ALMAGRO GORBEA & RUIZ ZAPATERO, 1992 Almagro Gorbea, Martin & Ruiz Zapatero, G. (eds) = PaleoEtnologia de la Peninsula Iberica. *Complutum* 2-3, Madrid.

ALMAGRO GORBEA & ALVAREZ MARTINEZ, 1999 Almagro-Gorbea, Martin & Alvarez Martinez, José Maria (ed.) (1999) *Hispania. El legado de Roma,* Mérida, Museu Nacional de Arte Romano.

ALMEIDA, 1958 Almeida, Fernando de = Inscrições paleocristãs do Museu Arqueológico de S. Miguel de Odrinhas. *Comunicações dos Serviços Geológicos de Portugal* 39, p. 11-25.

1958 Pedras visigodas de Lisboa. *Revista de Guimarães*, 68 (1-2), Jan-Jun 1958, p. 117-137.

1962 Arte visigótica em Portugal. *O Arqueólogo Português*, Série II, Vol. 4, p. 5-278.

1964 Uma inscrição inédita, dedicada à deusa Salus. *O Arqueólogo Português*, Série IV, vol. 5, p. 454-459.

1970 O mosaico dos cavalos (Torre de Palma). *O Arqueólogo Português*, Série III, nº 4, p. 263-276.

1971 Notas sobre moedas visigóticas. *O Arqueólogo Português*, Série III, nº 5, p. 215-226.

1972-1974 Torre de Palma (Portugal). A basílica paleocristã e visigótica. *Archivo Español de Arqueología*, vol. 45-47, nº 125-130, p. 103-112.

ALMEIDA & FERREIRA, 1967 Almeida, Fernando de & Ferreira, Octávio da Veiga = Varia Epigráfica. *Revista de Guimarães*, 77 (1-2), p. 47 e 68-69.

ALMEIDA & MATOS, 1969 Almeida, D. Fernando de & Matos, José Luís de = Notícias arqueológicas. *Actas das Primeiras Jornadas Arqueológicas*, Lisboa, Associação dos Arqueólogos Portugueses, vol. 2, p. 413-424.

ALMEIDA & PAÇO, 1962 Almeida, Fernando de & Paço, Afonso do = Duas inscrições inéditas do Museu de Marvão. *Revista de Guimarães*, 72 (1-2), Jan.-Jun-, p. 142-151.

ALMEIDA, 1952 Almeida, J. A. Ferreira de = *Introdução ao estudo das lucernas romanas em Portugal*. Tese de Doutoramento em Ciências Sociais apresentada à Faculdade de Letras da Universidade de Lisboa, Lisboa [dactilografado].

ALMEIDA, 1987 Almeida, Maria Amélia Fresco de = *Escultura arquitectónica e funerária dos séculos IV ao VIII, a Sul do Tejo*. Dissertação final de Mestrado, em História da Arte, apresentada na Faculdade de Ciências Sociais e Humanas da Universidade Nova de Lisboa, Lisboa, 2 vols [dactilografado].

ALMEIDA, 1999-2000 Almeida, Maria José de = Testemunhos da ocupação romana no concelho de Elvas: elementos para a história da arqueologia regional. *a cidade* nº 13-14, p. 53-76.

2000 *Ocupação rural romana no actual concelho de Elvas*. Dissertação de Mestrado apresentada à Faculdade de Letras da Universidade de Coimbra, 2 volumes [policopiado].

ALMEIDA, CARNEIRO, RODRÍGUEZ MARTÍN & MORGADO, 2011 Almeida, Maria José de; Carneiro, André; Rodríguez Martín, F. Germán & Morgado, Paula = De *Augusta Emerita* a *Olisipo*: proposta para o traçado do primeiro troço da via XII do Itinerário de Antonino. *In:* Carneiro, Rocha, Morgado & Oliveira (ed.), p. 193-202.

ALMEIDA & CARVALHO, 1998 Almeida, Maria José de & Carvalho, António = Ânforas da *uilla* romana da Quinta das Longas (S.Vicente e Ventosa, Elvas): resultados de 1990-1998. *Revista Portuguesa de Arqueologia*, Vol. 1(2), p. 137-163.

2004 Vias e circulação de produtos na SW do *conuentus emeritensis:* o exemplo da Quinta das Longas (Elvas, Portugal). *In:* Gorges, Cerrillo & Nogales Basarrate (eds.), *V mesa redonda internacional sobre Lvsitania romana: las comunicaciones*. Madrid, Ministério de Cultura, p. 369-389.

2005 *Villa* romana da Quinta das Longas (Elvas, Portugal): a lixeira baixo-imperial. *Revista Portuguesa de Arqueologia*, Vol. 8(1), p. 299-368.

ALMEIDA FERNANDES, 2009 Esplendor ou declínio? A arquitectura do século VII no território "português". *In*: Caballero Zoreda, Mateos Cruz & Utrero Agudo (coord.), p. 241-274.

ALONSO ÁVILA, SAGREDO SAN EUSTAQUIO & CRESPO ORTIZ DE ZÁRATE, 1985 Alonso Ávila, A.; Sagredo San Eustaquio, L. & Crespo Ortiz de Zárate, S. = *Hispania Visigoda: bibliografia sistemática y sintese historica*. Valladolid, Universidad de Valladolid.

ALVAREZ MARTÌNEZ, 1988 Alvarez Martinez, José María = Algunas observaciones sobre el *territorium emeritense*. *Homenaje a Samuel de los Santos*. Albacete, Instituto de Estúdios Albacetenses Don Juan Manuel, p. 185-192.

ALVAREZ MARTINEZ & NOGALES BASARRATE, 1994 Alvarez Martinez, J. M. & Nogales Basarrate, T. = Algunas consideraciones sobre la decoración de las *villae* del *territorium* emeritense: musivaria y escultura. *In*: Gorges & Salinas de Fría (eds), p. 273-296.

2004 Calzadas de Lusitânia: programación e ideologia imperial. *In:* Gorges, Cerrillo & Nogales Basarrate (eds.), *V mesa redonda internacional sobre Lvsitania romana: las comunicaciones*. Madrid, Ministério de Cultura, p. 255-276.

ALVES & CARNEIRO, 2011 Alves, Vera & Carneiro, André = Ânforas romanas no concelho de FRonteira. Exemplares recolhidos entre 1999 e 2002. *In:* Carneiro, Rocha, Morgado & Oliveira (ed.), p. 163-192.

ALVES DIAS, 1983 Alves Dias, Maria Manuela = A propósito da inscrição funerária de *L. Marius Caprarius* encontrada em Veiros, Estremoz. *O Arqueólogo Português* Série IV, nº 1, p. 301-313.

1986 Inscrição funerária de São Bento do Cortiço (Estremoz). *Ficheiro Epigráfico* 16, nº 73.

ALVES DIAS & GASPAR, 2006 Alves Dias, Maria Manuela & Gaspar, Catarina = *Catálogo das inscrições paleocristãs do território português*. Lisboa, Centro de Estudos Clássicos da Faculdade de Letras de Lisboa.

AMARAL, 1987 Amaral, A. E. Maia do = O epitáfio de Tongeta Tvlori F. (Nisa). *Ficheiro Epigráfico* 23, nº 107.

AMARAL, 1993 Amaral, Paulo = *O povoamento romano no vale superior do Tâmega*. Porto, Dissertação de mestrado apresentada à Faculdade de Letras da Universidade do Porto [policopiada].

AMO Y DE LA HERA, 1973 Amo y de la Hera, Mariano del = Estudio preliminar sobre la romanización en el término de Medellin (Badajoz). La necrópolis del Pradillo y otras villas romanas. *Noticiario Arqueologico Hispanico*, nº 2, p. 51-130.

ANDRADE, 1986 Andrade, Primo Pedro da Conceição = *Cinzas do passado*. Ponte de Sôr, Edição da Câmara Municipal da Ponte de Sôr, [imp.] 1986.

s.d. Concelho da Ponte de Sôr. Sua história, seus valores. Separata de *Álbum alentejano*, Lisboa.

ANDREOU & KOTSAKIS, 1999 Andreou, Stelios, & Kotsakis, Kostas = 3. Counting people in an artefact-poor landscape: The Langadas case, Macedonia, Greece. *In*: Barker, G. & Mattingly, D. (eds), The *Archaeology of Mediterranean Lanscapes*. Vol. I Reconstructing past population trends in Mediterranean Europe (3000BC – AD1800), London, Oxbow Books, p. 36-43.

ANTÓNIO & ENCARNAÇÃO, 2009a António, Jorge & Encarnação, José d' = Grafito identifica Alter do Chão como *Abelterium*. *Revista Portuguesa de Arqueologia* 12 (1), p. 197-200.

2009b Árula votiva de Alter do Chão. *Ficheiro Epigráfico* 88, nº 401.

ARCE, 1978 Arce, Javier =La crisis del siglo III d.C. en Hispania y las invasiones bárbaras. *Hispania Antiqva* VIII, Valladolid, p. 257-269.

1982 *El último siglo de la España romana (284-409)*. Madrid, Alianza Editorial.

1992 Las *villae* romanas no son monasterios. *Archivo Español de Archeologia*, nº 65, p. 323-330.

1993 Los mosaicos como documentos para la historia de la *Hispania* tardía (siglos IV-V). *Archivo Español de Arqueología*, 66, p. 265-274.

1997 *Otium et negotium*: the great estates, 4th-7th century. *In*: L. Webster & M. Brown (eds), *The transformation of the Roman world AD400-900*. London, British Museum Press, p. 19-32.

1999 El siglo III d. C.: los preludios de la transformación de Hispania. *In:* Almagro-Gorbea & Alvarez Martinez (ed.), p. 397-405.

2002 Mérida tardorromana (300-580 d.C.). *Cuadernos Emeritenses* 22, Mérida, Museo Nacional de Arte Romano.

2005 Antigüedad tardía hispánica. Avances recientes. *Pyrenae* vol. 1, núm. 36, p. 7-32.

2006 Villae *en el paisaje rural de* Hispania *romana durante la Antigüedad tardía.* Chavarría, Arce & Brogiolo (eds), p. 9-15.

ARCHEOESTUDOS, 2009 Archeoestudos = *Carta Arqueológica de Nisa – 2ª fase. Relatório final.* Alter do Chão, 2 volumes [relatório policopiado].

ARIÑO & GURT, 1994 Ariño, Enrique & Gurt, Josep = Catastros romanos en el entorno de *Avgvsta Emerita.* Fuentes literarias y documentación arqueológica. *In*: Gorges & Salinas de Frías (eds), p. 45-66.

ARIÑO GIL, GURT ESPARRAGUERA & PALET MARTÍN, 2004 Ariño Gil, Enrique, Gurt Esparraguera, Josep & Palet Martín, Josep = *El pasado presente. Arqueologia de los paisajes en la Hispânia Romana.* Salamanca/Barcelona, Universidad de Salamanca/Universidad de Barcelona.

ARIÑO GIL, RIERA & RODRÍGUEZ, 2002 Ariño Gil, E., Riera, S. & Rodríguez, J. = De Roma al medioevo. Estructuras de habitat y evolución del paisaje vegetal en el territorio de Salamanca. *Zephyrus* 55, p. 283-309.

ARIÑO GIL & RODRÍGUEZ HERNÁNDEZ, 1997 Ariño Gil, E. & Rodríguez Hernández, J. = El poblamiento romano y visigodo en el territorio de Salamanca. Datos de una prospección intensiva. *Zephyrus* 50, p. 225-245.

ARRAIS, 1974 Arrais, D. Frei Amador = *Diálogos.* Porto, Lello & Irmão [1º ed. 1589].

ARRIBAS DOMÍNGUEZ, R. 2000 Los modelos arquitectónicos de culto cristiano en el ámbito rural lusitano: el ejemplo de la villa de El Saucedo (Talavera la Nueva, Toledo). In: *V Reunión de Arqueologia Cristiana Hispánica . Cartagena (Abril 1998).* Barcelona: Monografies de la Secció Històrico-Arqueològica, VII: p. 103-111.

ARTHUR, 2004 Arthur, Paul = From *Vicus* to village: Italian landscapes, AD400-1000. *In:* Christie (ed.), p. 103-133.

ASTON, 1985 Aston, Michael = *Interpreting the landscape. Landscape archaeology and local history.* London & New York Routledge.

AUBERT, 1994 Aubert, Jean - Jacques = *Business managers in Ancient Rome. A social and economic study of* institores, *200 B.C. – A.D. 250.* Leiden-New York-Köln.

AUDIN 1984 Audin, Pierre = La réutilisation de sites antiques par les églises. *Caesarodunum* XIX (Actes du Colloque «Ethnohistoire et Archéologie», Paris, 1983), p. 63-107.

AZEVEDO, 1983 Azevedo, Estevão da Gama de Moura e = *Notícias da Antiguidade, aumento e estado presente da vila de Campo Maior* (...). Campo Maior, CMCP. [edição original de 1734?]

AZEVEDO, 1896 Azevedo, Pedro A. de = Extractos archeologicos das «Memorias parochiaes de 1758». 61. S. Bartholomeu (Alemtejo). *O Archeologo Português*, vol. II, Lisboa, p. 264.

1897 Extractos archeologicos das «Memorias parochiaes de 1758». 177. Degolados (Alemtejo). *O Archeologo Português*, vol. III, Lisboa, p. 243.

1900 Extractos archeologicos das "Memorias Parochiaes" de 1758. *O Archeologo Português* Vol. V, nº 11 e 12, p. 343-344.

AZKARATE & QUIRÓS, 2001 Azkarate, A. & Quirós, J. A. = Arquitectura doméstica altomedieval en la Península Ibérica. Reflexiones a partir de las excavaciones arqueológicas de la catedral de Santa Maria de Vitoria – Gasteiz (País Vasco). *Archeologia Medievale* XXVIII, p. 25-60.

B. L. A., 1934 Duas lápides com inscrições latinas. *Arquivo Transtagano*, 2(6), 30.Mar.1934, p. 81-83.

BACHAREL, 1992 Bacharel, Pedro = Clima e vegetação na Serra de S. Mamede nos séculos XVI e XVII. *Ibn Maruán* nº 2, p. 198-207.

BAIXO RELEVO, 1882 Baixo relevo encontrado em Elvas. *O Occidente*, Lisboa, 5/118, 1.Abr.1882, p. 78, 80.

BALMELLE, 2001 Balmelle, Catherine = *Les demeures aristocratiques d'Aquitaine. Société et culture de l'Antiquité Tardive dans le Sud-Oest de la Gaule* (Aquitania, suppl. 10), Bordeaux, Ed. Ausonius.

BANAJI, 2001 Banaji, Jairus = *Agrarian change in late Antiquity: gold, labour and aristocratic dominance.* Oxford, Oxford University Press.

BARATA, 2005 Barata, Filomena = *Pontes históricas do Alentejo.* [Lisboa], Ministério da Cultura/ Instituto Português do Património Arquitectónico.

BARKER & LLOYD, 1991 Barker, Graeme & Lloyd, John (eds) = *Roman landscapes: archaeological survey in the mediterranean region.* (Archaeological Monographs of the British School at Rome 2) London, British School at Rome.

BARRIENTOS ALFAGEME, 1998 Barrientos Alfageme, Gonzalo = Introducción geográfica: Extremadura, una realidad diversa. *In*: Rodriguez Diaz (coord.), *Extremadura Protohistorica: paleoambiente, economia y poblamiento*, Cáceres, Universidad de Extremadura, p. 15-28.

BARTON, 1995 Barton, J. M. (ed.) *Roman public buildings.* Exeter, University of Exeter Press.

1996 Barton, J. M. (ed.) *Roman domestic buildings.* Exeter, University of Exeter Press.

BASSO, 1988 Basso, José Fraústo = O concelho de Nisa na doação de Açáfa. *a cidade (Revista cultural de Portalegre)* nº 1, Janeiro-Junho.

BATATA & BOAVENTURA, 1999 Batata, Carlos & Boaventura, Rui = Fragmento de placa funerária das Brancas (*Conventus Pacensis*). *Ficheiro Epigráfico* 61 nº 278.

BATATA, BOAVENTURA & CARNEIRO 2000 Batata, Carlos; Boaventura, Rui & Carneiro, André = A inscrição paleocristã de Palhinha 1 e o seu enquadramento. *Revista Portuguesa de Arqueologia*, 3 (2), p. 237- 246.

BELTRÁN FORTES, 1989 Beltrán Fortes, José = El mármol en la Antigüedad clásica. Una aproximación a su estudio. *Gallaecia* 11, p. 165-207.

BENDALA GALÁN & ABAD CASAL, 2008 Bendala Galán, Manuel & Abad Casal, Lorenzo = La *villa* en el marco conceptual e ideológico de la ciudad tardorromana. *In:* Fernández Ochoa, García-Entero, & Gil Sendino (eds), p. 17-25.

BERNARDES, 2005 Bernardes, João Pedro = Entre romanos e medievos. O problema do povoamento da região de Leiria durante a Alta Idade Média. *Arquipélago-História*, 2ª série, IX, p. 563-576.

2007 *A ocupação romana na região de Leiria.* (Promontoria Monográfica 6) Faro, Universidade do Algarve.

BERNARDO, 2003 Bernardo, Bonifácio = *Aldeia dos Fortios. Memória histórica.* Lisboa, Edições Colibri.

BERTONCELLO, 2002 Bertoncello, Frédérique = *Villa/Vicus*: de la forme de l'habitat aux réseaux de peuplement. *Révue Archéologique de la Narbonnaise* 35, p. 39-58.

BESSAC, 1996 Bessac, Jean-Claude (ed.) = *La pierre en Gaule Narbonnaise et les carrières du bois de Lens (Nîmes): histoire, archéologie, ethnographie et techniques.* (Journal of Roman Archaeology Supplementary series number 16) Michigan, Ann Arbor.

BINTLIFF & HAMEROW, 1995 Bintliff, John, & Hamerow, Helen (eds) = *Europe between Late Antiquity and the Middle Ages. Recent archaeological and historical research in Western and Southern Europe.* (BAR International Series 617), Oxford, Tempus Reparatum.

BLACK, 1987 Black, E. W. = *The roman villas of south-east England.* (British Archaeological Reports British Series 171), Oxford.

BLAGG & MILLETT, 1990 Blagg, Thomas & Millett, Martin (ed.) = *The early roman empire in the West.* Oxford, Oxbow books.

BLANCO BOSQUED & LUCAS PELLICIER, 2000 Blanco Bosqued, M. C. & Lucas Pellicier, M. L. (ed.) = *El yacimiento romano de La Torrecilla: de* uilla *a* tugurium. Madrid (Patrimonio Arqueológico del Bajo Manzanares 4).

BLAZQUEZ, 1980 Blazquez, José Maria = Los mosaicos romanos de Torre de Palma (Monforte, Portugal). *Archivo Español de Arqueologia* nº 53, Madrid, p. 125-161.

1986 Mosaicos hispanos de la época de las invasiones barbaras. Problemas esteticos. *Los visigodos. Historia y civilización. (Antigüedad y cristianismo III)*, Murcia, p. 463-490.

1991 *Urbanismo y sociedad en Hispania*, (Col. Fundamentos nº 114) Madrid, Ed. Istmo.

BOAVENTURA, 2001 Boaventura, Rui = *O sítio calcolítico do Pombal (Monforte): uma recuperação possível de velhos e novos dados.* Lisboa, Instituto Português de Arqueologia.

BOAVENTURA & BANHA, 2006 Boaventura, Rui & Banha, Carlos = Ânforas da região de Monforte: contributo para o conhecimento do comercio rural romano. *O Arqueólogo Português*, Série IV, nº 24, p. 369-399.

BODEL, 1997 Bodel, John = Monumental villas and villa monuments. *Journal of Roman Archaeology*, volume 10, p. 5-35.

BOISSELIER, 1999 Boisselier, Stéphane = *Naissance d'une identité portugaise. La vie rurale entre Tage et Guadiana de l'Islam à la Reconquête (Xe-XIVe siècles).* Lisboa, Imprensa Nacional--Casa da Moeda.

BORGES COELHO, 1972 Borges Coelho, António = *Portugal na Espanha Árabe.* Lisboa, Seara Nova.

BORRALHO & MENDES, 1987 Borralho, Maria Leonor & Mendes, António José Caria = Vestigios romanos ou proto-cristãos na Serra de S. Mamede (Portalegre) (Nota prévia). *Actas das 1as Jornadas de Arqueologia do Nordeste Alentejano*, p. 163-165.

BOUCHARD-HUZARD, 1870 Bouchard-Huzard, Louis = *Traité des constructions rurales et de leur disposition.* 2ª ed., Paris, [ed. autor].

BOWDEN, GUTTERIDGE & MACHADO, 2005 Bowden, William, Gutteridge, Adam & Machado, Carlos (eds) = *Social and political life in late Antiquity.* (Late Antique Archaeology vol. 3.1.) Leiden-Boston, Brill.

BOWDEN, LAVAN & MACHADO, 2004 Bowden, William Lavan, Luke & Machado, Carlos (eds) = *Recent research on the Late Antique countryside.* (Late Antique Archaeology vol. 2) Leiden- Boston, Brill.

BOWERSOCK, BROWN & GRABAR, 1999 Bowersock, G. W., Brown, Peter & Grabar, Oleg (eds) = *Late Antiquity. A guide to the Postclassical world.* Cambridge and London, Harvard University Press.

2001 *Interpreting Late Antiquity. Essays on the Postclassical world.* Cambridge & London, Harvard University Press.

BOWES, 2001 Bowes, Kim = "...*Nec sedere in villam.*" Villa-churches, rural piety, and the priscillianist controversy. *In* Burns & Eadie (ed.), p. 323-348.

2002 *Possessing the holy: private churches and private piety in Late Antiquity.* Dissertation presented tod the Faculty of Princeton University in candidacy for the degree of Doctor in Philosophy, Princeton [policopiado].

2005 Une coterie espagnole pieuse: christian archaeology and christian communities in fourth- and fifth-century Hispania. *In*: Bowes & Kulikowski (2005): 190-258.

2006 Building sacred landscapes: villas and cult. *In*: Chavarría, Arce & Brogiolo, p. 73-95.

2007 "Christianization" and the rural home. *Jounal of Early Christian Studies*, 15: 2, p. 143-170.

BOWES & KULIKOWSKI, 2005 Bowes, Kim, Kulikowski, Michael (Ed.) = *Hispania in Late Antiquity. Current perspectives.* (The Medieval and Early Modern Iberian world 24) Leiden – Boston, Brill.

BRANDÃO, 1971 Brandão, Domingos de Pinho = Estela funerária com inscrição latina do Crato (Alto Alentejo). *Trabalhos de Antropologia e Etnologia*, Porto, XXII (1), p. 57-62.

BRAZUNA, 2003 Brazuna, Sandra = Villa da Herdade das Argamassas. Relatório dos Trabalhos Arqueológicos 2002/2003. Lisboa, Era-Arqueologia, S.A., relatório apresentado ao Instituto Português deArqueologia [policopiado].

2004 Intervenção arqueológica do lote 3A do gasoduto nacional. Escavação de emergência na *villa* da Herdade das Pereiras (Elvas). *In*: Bugalhão (ed.), *Arqueologia na rede de transporte de gás: 10 anos de investigação.* (Trabalhos de Arqueologia 39), Lisboa, IPA, p. 85-95.

2011 A *Villa* da Herdade das Argamassas - 1.os resultados de um projecto em curso. *In:* Carneiro, Rocha, Morgado & Oliveira (ed.), p. 227-240.

BRAZUNA, JORGE & SARRAZOLA, 2002 Brazuna, Sandra; Jorge, Ana & Sarrazola, Alexandre = *Villa* da Herdade das Argamassas (Campo Maior). Relatório dos trabalhos arqueológicos de 2002. Lisboa, Era-Arqueologia, S.A., relatório apresentado ao Instituto Português deArqueologia [policopiado].

BRITO, 1597 Brito, Frei Bernardo de = *Geografia antiga de Lusitânia.* Alcobaça, António Alvarez.

BROGIOLO, 1988 Brogiolo, Gian Pietro = *Archeologia dell'edilizia storica.* Como.

1994 *Edilizia residenziale tra V e VII secolo. 4º Seminario sul tardoantico e l'alto Medioevo in Italia centrosettentrionale*, Monte Barro – Galbiate (Lecco), 2-4 Setembro 1993. *Documenti Archeologia* 4, Mantua.

1996 *La fine delle ville romane: transformazioni nelle campagne tra tarda Antichità e alto Medioevo. Iº Convegno archeologico del Garda*, Gardone Riviera (Brescia) 14 Ottobre 1995, *Documenti Archeologia* 11, Mantua.

BROGIOLO & CHAVARRIA ARNAU, 2003 Brogiolo, Gian Pietro & Chavarria Arnau, Alexandra = Chiese e insediamenti tra V e VI Secolo: Itália Setentrionale, *Gallia* Meridionale e *Hispânia.* G. P. Brogiolo (ed.), *Chiese e insediamenti nelle campagne tra V e VI Secolo*, 9º Seminario sul Tardo Antico e l'Alto Medievo, Garlate, 26-28 Settembre 2002, Padova, *Documenti di Archeologia 30,* Mântua, p. 9-37.

2008 El final de las *villae* y las transformaciones del território rural en Occidente (siglos V-VIII). *In*: Fernández Ochoa, García-Entero e Gil Sendino (eds), p. 193-213.

BROGIOLO, GAUTHIER & CHRISTIE 2000 Brogiolo, Gian Pietro, Gauthier, Nancy & Christie, Neil (ed.) = *Towns and their territories between late Antiquity and the early Middle Ages.* Leiden-Boston, Brill.

BROGIOLO & WARD-PERKINS, 1998 Brogiolo, Gian Pietro, & Ward-Perkins, Bryan = *The idea and ideal of the town between Late Antiquity and the Early Middle Ages.* (ESEF Transformation of the Roman World) Leiden and New York, Brill.

BRONSEVAL, 1970 Bronseval, Fr. Claude de = *Peregrinatio Hispanica*, (Int., trad. e notas de D. Maur Cocheril), Paris, Presses Universitaires de France.

BROWN, 1978 Brown, Peter = *The making of Late Antiquity*. Cambridge Mass, Harvard University Press.

1981 *The cult of the Saints: its rise and function in latin Christianity*. Chicago, University of Chicago Press.

1988 *Power and persuasion in late Antiquity. Towards a Christian Empire*. Madison, University of Wiscosin Press.

1995 *La Toge et la Mitre. Le monde de l'antiquité tardive*. Paris, Thames & Hudson.

1996 *The rise of western christendom: triumph and diversity AD 200-1000*. Oxford, Blackwell Publishers.

BRUN, 1997a Brun, Jean-Pierre = Production de l'huile et du vin en Lusitanie romaine. *Conímbriga* XXXVI, p. 45-72.

1997b "Uma adega e um lagar na *villa* de Torre de Palma". *Portugal romano. A exploração dos recursos naturais*. Lisboa, p. 149-151.

2000 "Les installations agricoles". *In*: Lancha & André (eds), p. 115-122.

2004 *Archéologie du vin et de l'huile dans l'Empire romain*. Paris, Éditions Errance.

BUENACASA PEREZ, 1997 Buenacasa Perez, Carles = La decadencia y cristianización de los templos paganos a lo largo de la Antigüedad Tardia (313-423). **www.ub.es/grat/grat/32. htm**. [publicado em *Polis* 9, p. 25-50].

BUGALHÃO, 1998 Bugalhão, Jacinta = O povoamento rural romano no Alentejo: contribuição da arqueologia preventiva. *Revista Portuguesa de Arqueologia*. 1 (2) Lisboa, p. 123-136.

2004a O abrigo tardo-romano da Vinagreira, Elvas. *In*: Bugalhão (ed.), *Arqueologia na rede de transporte de gás: 10 anos de investigação*. (Trabalhos de Arqueologia 39) Lisboa, IPA, p. 97-108.

2004b O núcleo de povoamento rural dos Sardos, Monforte. *In*: Bugalhão (ed.), *Arqueologia na rede de transporte de gás: 10 anos de investigação*. (Trabalhos de Arqueologia 39), Lisboa, IPA, p. 109-150.

BURNS & EADIE, 2001 Burns, Thomas S. & Eadie, John W. (ed.) = *Urban centers and rural contexts in late Antiquity*. East Lansing, Michigan State University Press.

CABALLERO ZOREDA, 1992 Caballero Zoreda, Luis = Visigodo o asturiano? Nuevos hallazgos en Merida y otros datos para un nuevo "marco de referencia" de la arquitectura y la escultura medieval en el Norte y Oeste de la Península Ibérica. *XXXIX Corso de Cultura sull'arte ravennate e bizantina*. Ravenna, Edizione del Girasole, p. 139-190.

1994-1995 Un canal de transmisión de lo clásico en la alta edad media española. Arquitectura y escultura de influjo omeya en la Península Ibérica entre mediados del siglo VIII e inicios del siglo X. *Al-Qantara*, vol. XV, p. 321-348; vol. XVI, p. 107-123.

CABALLERO ZOREDA & MATEOS CRUZ, 2006 Caballero Zoreda, Luis & Mateos Cruz, Pedro (eds) = *Escultura decorativa tardorromana y altomedieval en la Península Ibérica*. Anejos de Archivo Español de Arqueologia XLI, Mérida.

CABALLERO ZOREDA, MATEOS CRUZ & UTRERO AGUDO, 2009 Caballero Zoreda, Luís, Mateos Cruz, Pedro & Utrero Agudo, Mª Ángeles (coord.) = *El siglo VII frente al siglo VII: arquitectura*. Anejos de Archivo Español de Arqueologia LI, Madrid.

CAEIRO, 1974-1977 Caeiro, José O. da Silva = O espólio da Herdade do Reguengo, Vaiamonte. *O Arqueólogo Português*, Série III, Vols. 7/9, p. 227-241.

1977 Quatro peças inéditas de «sigillata hispânica». *Conímbriga* XVI, p. 1-6.

1978 A sepultura nº 3 da necrópole da Herdade do Reguengo (Vaiamonte). *Setúbal Arqueológica* vol. IV, p. 203-208.

1979 O espólio arqueológico da Herdade do Reguengo (Vaiamonte). 1. Materiais dispersos. *Conímbriga* XVIII, p. 113-120.

1983 Três elementos arquitectónicos medievais do Alentejo. *Al-madam* Iª Série nº 1, p. 14-15.

1984a Materiais das sepulturas 1 e 2 da necrópole da Herdade do Reguengo – Vaiamonte. *Volume d' Hommage au géologue G. Zbyszewski*. Éd. Recherche sur les civilisations, Paris, p. 411-430.

1984b *A necrópole II da Azinhaga da Boa Morte – Castelo de Vide*. Portalegre, Assembleia Distrital de Portalegre.

1984-1985 Intervenção de emergência na 'Defesa de S. Pedro' (Campo Maior). *al-madam* Iª Série, nº 4-5, p. 2-6.

CAESSA, 1990 Caessa, Ana I. = As ninfas: divindades locais? (a propósito de um artigo de Santos Júnior e M. Cardozo). *Homenagem a J. R. dos Santos Júnior*, vol. I, Lisboa, p. 143-149.

CAETANO, 2002a Caetano, José Carlos = Necrópoles e ritos funerários no Ocidente da Lusitânia romana. Vaquerizo, D. (ed.), *Espacios y usos funerario en el Occidente romano*, Cordoba, Universidad de Cordoba, p. 313-334.

2002b Lucernas da necrópole romana da Lage do Ouro. *Conímbriga* XLI, p. 197-217.

CALADO & CALADO, 2002 Calado, Carlos & Calado, Carla = Notícias sobre vestígios de exploração romana de ouro aluvionar no concelho de Nisa: o Conhal do Arneiro. *Actas do Congresso Internacional sobre o património geológico e mineiro*, Lisboa: Museu do Instituto Geológico e Mineiro, p. 265-272.

CALDEIRA, 2004 Caldeira, Ana Isabel Marreiros = *Alguns materiais arqueológicos romanos da Herdade do Reguengo (Vaiamonte, Monforte). Subsídios para a investigação.* Trabalho de Seminário em Arqueologia apresentado à FCSH/UN [policopiado].

CÂMARA, 1810-1854 Câmara, Paulo Perestrello da = *Dicionario Chorographico, historico, politico e litterario do Reino de Portugal e seus domínios*. Lisboa, [s.n.]

CAMBI & TERRENATO, 1995 Cambi, F. & Terrenato, N. = *Introduzione all'archeologia dei paesaggi*. Roma, NIS.

CAMERON, 1985 Cameron, Averil = *Procopius and the sixth century*. Berkeley, Routledge.

1998 *El mundo mediterráneo en la Antiguedad Tardia 395-600.* Barcelona, Editorial Crítica.

1999 Remaking the past. *In*: Bowersock, Brown, Grabar, (eds), p. 1-20.

CAMPOS, 1907 Campos, Manuel Joaquim de = Acquisições do Museu Ethnologico Português. *O Archeologo Português* 12, p. 217-226.

CANINAS & HENRIQUES, 1995 Caninas, João Carlos & Henriques, Francisco = Exemplos da destruição do património arqueológico no sul da Beira interior. *Al-madan* IIª série, nº 4, p. 115-118.

CANTINO WATAGHIN, 1992 Cantino Wataghin, Gisella (ed.) = *Cristianizzazzione e pratiche funerarie. Tarda antichitá e altomedievo (IV-VII secolo)*. Turín.

1999 "*...ut haec aedes Christo Domino in Ecclesiam consecretur*. Il riuso christiano di edifici tra tarda Antichitá e alto Medioevo. *Ideologie e pratiche del reimpiego nell'alto medievo.* XLVI Setimana di Studio del Centro Italiano di Studi sull'Alto Medioevo, (Spolleto 1999), p. 672-749.

CANTO, 1989 Canto, Alicia = *Colonia Augusta Emerita*: consideraciones en torno a su fundación y territorio. *Gerión* 7, p. 149-205.

1995 Extremadura y la romanización. *Extremadura Arqueologica* nº 4, p. 151-178.

CAPOGROSSI, 2002 Capogrossi Colognesi, L. = *Persistenza e innovazzione nelle struture territoriali dell'Italia romana.* Naples, Jovene.

CARANDINI, 1985 Carandini, Andrea = *Settefinestre. Une villa schiavistica nell' Etruria romana.* Modena.

1989 La villa romana y la plantagione schiavistica. *In:* Momigliano, A.; Chiavone, A. (eds.), *Storia di Roma 4. Caratteri e morfologie,* Turín, p. 101-200.

1991 *Storie dalla Terra: Manuale dello scavo archeologico.* Torino, Giulio Einaudi Editore.

CARANDINI & SETTIS, 1979 Carandini, Andrea e Settis, S. = *Schiavi e padroni nell' Etruria romana.* Bari, De Donato.

CARDOSO, 1987 Cardoso, Guilherme = Quadrante solar romano de Freiria (S. Domingos de Rana, Cascais). *O Arqueólogo Português* Série IV, nº 5, p. 219-224.

CARDOSO, 1999 Cardoso, João Luís = O Professor Mendes Corrêa e a Arqueologia Portuguesa. *Al-madam* IIª série, nº 8, p. 138-156.

CARDOSO & CARVALHO, 1987 Cardoso, J. L. e Carvalho, R. = Constribuição para a Carta Arqueológica da freguesia de Belver. *Actas das 1ªs Jornadas de Arqueologia do Nordeste Alentejano.* Portalegre, p. 86-91.

CARDOSO & DETRY, 2005 Cardoso, J. L. e Detry, Cleia = A lixeira baixo-imperial da *uilla* da Quinta das Longas (Elvas): análise arqueozoológica e significado económico-social. *Revista Portuguesa de Arqueologia* 8 (1), p. 369-386.

CARIA MENDES & GOULART, 1991 Caria Mendes, A. J. & Goulart, Artur = A lápide árabe da Serra S. Mamede. *Ibn-Maruan* nº 1, p. 59-66.

CARNEIRO 1999-2000 Carneiro, André = A *villa* romana da Horta da Torre (Cabeço de Vide, Fronteira). *A Cidade,* Nova Série, nº 13-14, p. 77-93.

2002 O fim do Império e a cristianização no território da *civitas ammaiensis*: mudança e continuidade no concelho de Fronteira. *Ibn Maruan,* p. 135-157.

2004 *Povoamento romano no concelho de Fronteira.* Câmara Municipal de Fronteira/Câmara Municipal de Cascais/Edições Colibri.

2005a *Carta arqueológica do concelho de Fronteira.* Câmara Municipal de Fronteira/Edições Colibri.

2005b Espólio da necrópole romana dos Pocilgais (Fronteira): Uma leitura integrada. *O Arqueólogo Português,* Série IV, nº 23, p. 283-320.

2008 *Itinerários romanos do Alentejo. Uma releitura de «As grandes vias da Lusitânia – o Itinerário de Antonino Pio» de Mário Saa, cinquenta anos depois.* Lisboa, Edições Colibri.

2009 Sobre a Cristianização da Lusitânia: novas reflexões a partir dos dados históricos e das evidências arqueológicas. *Espacio, Tiempo y Forma. Serie I, nueva época, Prehistoria y Arqueologia.* T. 2, p. 205-220.

2009-2010 A cartografia dos cultos religiosos no Alto Alentejo em época romana: uma leitura de conjunto. *Hispania Antiqua* nº 33-34, p. 237-272.

2011 Espaços e tempos no sítio arqueológico de São Pedro (Cabeço de Vide, Fronteira): um balanço dos trabalhos de escavação realizados entre 2000 e 2004 (e uma perspectivação do que se poderá seguir). *In:* Carneiro, Rocha, Morgado & Oliveira (ed.), p. 147-162.

(*Poder e território)* (no prelo) Poder e Território: O Alto Alentejo entre o Império e a Antiguidade Tardia. *In: Poderes e saberes no mundo antigo,* Porto Alegre.

(*Dependências agrícolas*) (no prelo) Em *pars* incerta. Estruturas e dependências agrícolas nas *villae* da Lusitânia. *Conímbriga.*

CARNEIRO & CALVINO, 2001 Carneiro, André & Calvino, João = "Olhares Guardados". *Caderno cultural da Câmara Municipal de Fronteira* nº 4, Fronteira, número monográfico de publicação do espólio fotográfico legado por Augusto Serras à vila de Cabeço de Vide.

CARNEIRO, ENCARNAÇÃO, OLIVEIRA & TEIXEIRA 2008 Carneiro, André; Encarnação, José d'; Oliveira, Jorge de; Teixeira, Cláudia = Uma incrição votiva em língua lusitana. *Palaeohispanica* 8, p. 167-178.

CARNEIRO, ROCHA, MORGADO & OLIVEIRA, 2011 Carneiro, André; Rocha, Leonor; Morgado, Paula & Oliveira, Jorge de (ed.) = *Arqueologia do Norte Alentejano. Comunicações das 3as Jornadas*. Lisboa, Edições Colibri/Câmara Municipal de Fronteira.

CARNEIRO & SEPÚLVEDA, 2001 Carneiro, A. & Sepúlveda, E. = Sondagens arqueológicas na necrópole romana da Talha de Baixo: primeiros resultados, *Al-madam*, IIª série nº 10, p. 12-13.

2005 Terra sigillata hispânica tardia do concelho de Fronteira: exemplares recolhidos entre 1999 e 2003. *Revista Portuguesa de Arqueologia*, 7 (2) p. 435-458.

CARNEIRO & SERRAS (no prelo) Carneiro, André & Serras, Martinha = Entre o centro e a periferia: a relação epistolar de J. Leite de Vasconcellos e Manuel Mattos Silva. *O Arqueólogo Português*.

CARRERAS MONFORT, 2001 Carreras Monfort, César = *Sistemas de Informacion Geográfica – Novas aplicações para a Arqueologia*, Barcelona, Universitat Aberta de Catalunya.

CARRILLO DÍAZ-PINES, 1990 Carrillo Díaz-Pines, J. R. = Técnica constructiva en la villa romana de El Ruedo (Almedenilla, Córdoba). *Anales de Arqueologia Cordobesa* 1, p. 81-108.

1991 El poblamiento romano en las Subbéticas Cordobesas. *Anales de Arqueologia Cordobesa* 2, p. 225-252.

1992 Técnicas constructivas en las villas romanas de Andalucía. *Anales de Arqueologia Cordobesa* 3, p. 309-339.

1993 Los estúdios sobre las villas romanas de Andalucía: una revisión historiográfica. *Anales de Arqueologia Cordobesa*, 4, p. 223-257.

CARVALHO, 1992 Carvalho, António = A villa Romana da Quinta das Longas (S. Vicente e Ventosa, Elvas), *Almadan*. II ª Série nº1, p. 90.

1994 A *villa* romana da Quinta das Longas (S. Vicente e Ventosa, Elvas): as prospecções de 1990. In *Actas das V Jornadas Arqueológicas* (Lisboa, 1993). Lisboa: Associação dos Arqueólogos Portugueses, p. 239-251.

1999 Evidências arqueológicas da produção de vinho nas *villae* romanas do território português. Graínhas de uva, alfaias vitícolas e lagares de vinho. *In* J.G. Gorges e F.G. Rodríguez Martin (eds), p. 361-390.

CARVALHO & ALMEIDA 1999-2000 Carvalho, António & Almeida, Maria José de = A *villa* romana da Quinta das Longas (S. Vicente e Ventosa, Elvas): uma década de trabalhos arqueológicos (1991-2001). *a cidade*, Nova Série, nº 13-14, p. 13-37.

2000 Conjunto de esculturas descobertas na *Uilla* da Quinta das Longas (Elvas). *Al-madam*, IIª Série, nº 9, p. 8.

2003 A água e o mármore na *villa* baixo-imperial da Quinta das Longas (S. Vicente e Ventosa, Elvas). *Elvas–Caia. Revista Internacional de Cultura e Ciência*, p. 113-126.

CARVALHO, ALMEIDA & PINTO, 1997 Carvalho, António; Almeida, Maria José de & Pinto, Isabel = Notícia de identificação do sítio romano de Horta do Rangem. *Al-madam* nº 6, IIª série, p. 169-170.

CARVALHO, 2009 Carvalho, Carlos Correia de = *O Norte Alentejano visto através dos relatos de viajantes e estrangeiros (1726-1846)*. Trabalho de Seminário apresentado ao Departamento de História da Universidade de Évora [policopiado].

CARVALHO, 2004 Carvalho, Pedro C. = Sobre o processo de identificação e classificação de sítios rurais no Portugal romano. *Passado em cena: narrativas e fragmentos (Miscelânea oferecida a Jorge de Alarcão)*. CEAUCP/FCT, Coimbra/Porto, p. 121-140.

2007 *Cova da Beira. Ocupação e exploração do território em época romana*. (*Conímbriga*, Anexos 4) Fundão/Coimbra, Câmara Municipal do Fundão /IAFLUC.

CARVALHO, [1985] Carvalho, Rogério = *Estação arqueológica do Ribeiro da Nata (Belver)*. Portalegre, Edição da Assembleia Distrital de Portalegre.

1985 Quinta do Ribeiro da Nata – Fonte da Moura (Época romana – Séc: I-IV D.C.) – 1983. *Informação* Arqueológica nº 5, Lisboa, IPPC, p. 93-95.

1986 Estação romana do Ribeiro da Nata. *Informação Arqueológica* nº 7, Lisboa, IPPC, p. 55-57.

1987a Contribuição para a carta arqueológica da freguesia da Comenda-Gavião. *Actas do I Encontro de História Regional e Local do distrito de Portalegre*, ESEP, Portalegre.

1987b Ara de Camira. *Ficheiro Epigráfico* 23, nº 104.

1987c Ara achada em Nisa. *Ficheiro Epigráfico* 23, nº 105.

1987d Ara votiva de N. Sr.ª dos Prazeres (Nisa). *Ficheiro Epigráfico* 23, nº 106.

1988a Placa funerária de Campo Maior. *Ficheiro Epigráfico* 25, nº 113.

1988b Miliário de Campo Maior. *Ficheiro Epigráfico* 25, nº 114.

1988c Miliário de Severo Alexandre em Campo Maior. *Ficheiro Epigráfico* 25, nº 115.

CASEAU, 1999 Caseau, Béatrice = Sacred landscapes. *In*: Bowersock, Brown, Grabar, (eds), p. 21-59.

2004 The fate of rural temples in Late Antiquity and the christianisation of the countryside. *In*: Bowden, Lavan, Machado (eds), p. 105-144.

CASTILLO MALDONADO, 1999 Castillo Maldonado, P. = *Los mártires hispanorromanos y su culto en la Hispania de la Antiguedad Tardia*. Granada, Universidad de Granada.

2005a *Pro amore Dei*: donantes y constructores en la provincia Baetica tardoantigua (testimonios literarios y epigrafitos). *Antiquité Tardive* 13, p. 335-350.

2005b *Angelorum Participes*: the cult of the Saints in Late Antique Spain. *In*: Bowes & Kulikowski (eds),p. 151-188.

CASTILLO PASCUAL, 1996 Castillo Pascual, Maria José = *Espacio en orden: el modelo gromatico-romano de ordenación del territorio*. Logroño, Unviersidad de la Rioja.

CASTRO 1762-1763 Castro, João Baptista de = *Mappa de Portugal Antigo e Moderno*, 2ª Ed., 3 vols, Lisboa: Officina Patriarcal de Francisco Luiz Ameno.

1870 *Roteiro terrestre de Portugal*, Coimbra, Officina Luiz Secco Ferreira (1ª ed. 1748).

CEBOLA, 2005 Cebola, Carlos = *Nisa - A outra história*. Lisboa, Edições Colibri/Câmara Municipal de Nisa.

CENTRO ELVENSE DE ARQUEOLOGIA, 1977/1978 Estação romana de Alfarófia. *Informação Arqueológica* nº 1, Braga, Universidade do Minho – Unidade de Arqueologia, p. 80.

CEPAS PALANCA, 1997 Cepas Palanca, Adelia = *Crisis y continuidad en la Hispania del siglo III*. (Anejos del Archivo Español de Arqueologia XVII) Madrid, CSIC.

CEPEDA 2000 Cepeda, Juan José = *Maiorina Gloria Romanorum*. Monedas, tesoros y areas de circulación en Hispania en el tránsito del siglo IV al siglo V. *Archivo Español de Arqueología* nº 73, p. 161-192.

CHAMPION, 1995 Champion, Timothy C. (ed.) = *Centre and periphery. Comparative studies in archaeology*. 2ª ed., London & New York, Routledge.

CHAVARRÍA ARNAU, 2001 Chavarria Arnau, Alexandra = Poblamiento rural en el *territorium* de Tarraco durante la antigüedad tardía. *Arqueología y territorio medieval* nº 8, p. 55 – 75.

2004a Considerazioni sulle fine delle ville in Occidente. *Archeologia Medievale* XXXI, p. 7-19.

2004b Monasterios, campesinos e *villae* en la *Hispania* visigoda: la trágica historia del Abad Nancto. *In:* Balmelle, Chevallier & Ripoll (ed.) *Mélanges d'Antiquité Tardive (II) De Ínfima Antiqvitate Stvdiola in honorem Noël Duval*, Brepols Publishers, p. 113-125.

2004c Interpreting the transformation of late roman villas: the case of *Hispania*. *In:* Christie (ed.), p. 67-102.

2005 Villas in Hispânia during the fourth and fifth centuries. *In:* Bowes & Kulikowski (ed.), p. 519-552.

2006 Villas en *Hispania* durante la Antigüedad Tardia. *In:* Chavarría, Arce & Brogiolo (eds), p. 17-35.

2007 *El final de las* villae *en Hispania (siglos IV-VIII).* Turnhout, (Bibliothéque de l'Antiquité Tardive 7), Brepols Publishers.

2008 Chiese rurali in Hispania prima e dopo il 711: ipotesi su un'altra transizione, *In* Gasparri (dir.), *774. Ipotesi su una transizione*, Brepols: Turnhout, 2008, pp. 313-327.

2010 Alcune osservazioni sulle chiese rurali di epoca tardo antica: documentazione testuale e fonti archeologiche, *In*: Galleti (dir.), *La tarda antichità tra fonti scritte e archeologiche*, DPI quaderni 7, Bologna, 2010, pp. 35-54.

CHAVARRÍA, ARCE, & BROGIOLO, 2006 Chavarría, Alexandra; Arce, Javier & Brogiolo, GianPietro = Villas tardoantiguas en el Mediterráneo Occidental. *Anejos del Archivo Español de Archeologia* XXXIX, Madrid, CSIC.

CHAVARRIA & LEWIT, 2004 Chavarria Arnau, Alexandra & Lewit, Tamara = Archaeological research on the Late Antique countryside: a bibliographic essay. *In*: Bowden, Lavan, Machado, (eds), p. 3-51.

CHAVES, 1917 Chaves, Luís = Arqueologia artística. *O Archeologo Português*, vol. XXIII, p. 220-237.

1922 Latifúndios de romanos no Alentejo. *Boletim da Associação Central de Agricultura Portuguesa* 24, p. 83-95.

1932 Acerca da "villa" lusitano-romana de Santa Vitória do Ameixial. Ecos e notas de uma campanha arqueológica em 1915-1916 no Alentejo. *Revista de Arqueologia* 1, p. 250-255.

1936 Mosaicos lusitano-romanos em Portugal. *Revista de Arqueologia*, vol. III, nº 3, p. 21-23, 56-60 e 83-87.

1956 Estudos lusitano-romanos. I – A Villa de Santa Vitória do Ameixial. *O Arqueólogo Português*, vol. 30, p. 14-117.

CHEVALLIER, 1997 Chevallier, Raymond = *Les voies romaines*. Paris, Picard.

2000 *Lecture du temps dans l'Espace: topographie archéologique et historique.* Paris, Picard.

CHIC GARCÍA, 2002 Chic García, Genaro = El comerciante y la ciudad. *In:* Gonzalez Román & Padilla Arroba (ed.), *Estudios sobre las ciudades romanas de la Bética*, Granada, Universidad de Granada, p. 115-147.

CHOUQUER & FAVORY, 1991 Chouquer, Gérard & Favory, François = *Les paysages de l'Antiquité. Terres et cadastres de l'Occident romain.* Paris, Éditions Errance (Collection des Hésperides).

CHRISTIE, 2004 Christie, Neil (ed.) = *Landscapes of change. Rural evolutions in late antiquity and the early Middle Ages*. London, Aldershot.

2006 *From Constantine to Charlemagne. An Archaeology of Italy AD 300-800.* Aldershot, Ashgate.

CHRISTIE & LOSEBY, 1996 Christie, Neil & Loseby, S.T. (eds) = *Towns in transition. Urban evolution in Late Antiquity and the Early Middle Ages.* Aldershot, Scolar.

CIARDELLO, 2007 Ciardello, Rosaria = *La villa romana.* Napoli, L'Orientale Editrice.

CISNEROS CUNCHILLOS, 1987 Cisneros Cunchillos, Miguel = Testimonios epigráficos sobre el empleo de mármol en Hispania. *Boletín Museo de Zaragoza* nº 6, p. 197-220.

1988a *Marmoles Hispanos: su empleo en la España romana.* Zaragoza, Universidad de Zaragoza.

1988b Consideraciones metodológicas para un estudio de canteras de mármol en Hispania a partir de un texto de Plinio (N.H., III, 3,3). *I Congreso Peninsular de Historia Antigua*, Vol. 1, Santiago de Compostela, p. 259-269.

1997 Mármoles de importación y mármoles de sustitución: su utilización en algunas ciudades hispanas. *Veleia* 14, p. 195-203.

CLARIANA & PREVOSTÍ, 1988 Clariana, J. F. & Prevostí, M. = Un exemple de ruralització a l'antiguitat tardana: La vil.la de Torre Llauder. *IIIª Reunió d'Arqueologia Cristiana Hispànica, Maó*, 1988. Barcelona, 1994, p. 117-126.

CLÉMENT, 1999 Clément, Vincent = Le territoire du Sud-Oust de la péninsule Ibérique à l'époque romaine: du concept au modèle d'organisation de l'espace. *In*: Gorges & Rodríguez Martin (eds), p. 109-120.

COELHO, 2002 Coelho, Catarina = Estudo preliminar da pedreira romana e outros vestígios identificados no sítio arqueológico de Colaride. *Revista Portuguesa de Arqueologia* vol.5 (2), p. 277-323.

COELHO, 2001 Coelho, Possidónio Laranjo = *Terras de Odiana – subsídios para a sua história documentada. Ibn-Maruan* nº 11, Marvão [fac-símile da edição de 1924].

COOPER, 2008 Cooper, Kate = *The fall of the roman household.* Cambridge, Cambridge University Press.

CORCHADO Y SORIANO, 1969 Corchado y Soriano, M. = Estudio sobre las vias romanas entre el Tajo y el Guadalquivir. *Archivo Español de Arqueologia*, XLII, p. 124-158.

CORDERO RUIZ, 2010 Cordero Ruiz, Tomás = Una nueva propuesta sobre los límites del *ager emeritensis* durante el Imperio Romano y la Antigüedad Tardía. *Zephyrus* LXV, jan-jun. 2010, p. 149-165.

CORSI & VERMEULEN, 2007 Corsi, Cristina, & Vermeulen, Frank = Elementi per la riconstruzione del paesaggio urbano e suburbano della città romana di *Ammaia* in *Lusitania. Archeologia Aeria* 3, p. 13-30.

CORTEZ, 1950 Cortez, Fernando Russell = Objectos de liturgia visigótica encontrados em Portugal. Séculos V a VII (Alguns elementos para a sua cronologia). *O Instituto.* 114, p. 52-92.

CORTIJO CEREZO, 1993 Cortijo Cerezo, Maria Luísa = Algunos aspectos sobre el medio rural en la Betica romana: pagi e vici. *Hispania Antiqva* XVII, p. 197-214.

COSTA, 1982 Costa, Alexandre de Carvalho = *Marvão, suas freguesias rurais e alguns lugares.* Marvão, C. M. Marvão.

COSTA, 1929-1949 Costa, Américo = *Diccionario chorographico de Portugal continental e insular: hidrográfico, histórico, orográfico, biográfico, arqueológico, heráldico, etimológico.* 12 vols, Porto Livraria Civilização.

COSTA, 1868-1869 Costa, António Carvalho da = *Corografia portugueza e descripçam topográfica do famoso reyno de Portugal.* 2ª ed., 3 vols, Braga, Typographia de Domingos Gonçalves Gouvea (1ª ed. Lisboa, 1706-1712).

COSTA & CASTRO (dir.), 1900 Costa, B. C. Cincinnato da & Castro, D. Luiz de (dir.) = *Le Portugal au point de vue agricole*. Lisbonne, Imprimerie National.

COSTA, 1962 Costa, Mário Alberto Nunes = Estremoz e o seu concelho nas Memórias Parochiaes de 1758. *Boletim da Biblioteca da Universidade de Coimbra*, 25, p. 186-350.

CRESPO, 1950 Crespo, Marques = *Estremoz e seu termo regional*. Estremoz, Ed. do autor.

CRUZ, 1986 Cruz, M. Domingos = *Carta Arqueológica de Montargil*. Porto, FLUP [policopiado].

CRUZ VILLALÓN, 1985 Cruz Villalón, M. = *Mérida visigoda. La escultura arquitectónica y litúrgica*. Badajoz, Diputación Provincial de Badajoz.

CUNHA, 1985 Cunha, António Maria = *Monografia geral sobre o concelho de Monforte*. Monforte, Câmara Municipal de Monforte.

CUNHA, 2007 Cunha, Melanie Wolfram = As necrópoles de Silveirona (Santo Estêvão, Estremoz). Reflexões sobre a Antiguidade Tardia. *Vipasca. Arqueologia e História*, nº 2, 2ª Série, p. 456-463.

2008 *As necrópoles de Silveirona (Santo Estevao, Estremoz). Do mundo funerário romano à Antiguidade Tardia*. (O Arqueólogo Português, Suplemento 4), Lisboa, Museu Nacional de Arqueologia [publicação da tese de mestrado apresentada à Faculdade de Letras da Universidade de Lisboa em 2004].

CURADO, 1987 Curado, Fernando Patrício = Fragmento de ara de Nisa. *Ficheiro Epigráfico* 23, nº 103.

CURCHIN, 1985 Curchin, Leonard. A. = *Vici and pagi* in Roman Spain. *Révue des études anciens*, 87 (3-4), p. 327-343.

1996 *España Romana*. Madrid, Gredos (Monografias históricas).

2004 *The romanization of central Spain. Complexity, diversity and change in a provincial hinterland*. London & New York, Routledge.

DARK, 2004 Dark, Ken = The Late Antique landscape of Britain, AD300-700. *In* Christie, Neil (ed.), p. 279-299.

DARK & DARK, 1997 Dark, K. & Dark, P. = *The landscape of Roman Britain*. Stroud, Sutton.

D'ARMS, 1970 D'Arms, J. = *Romans on the bay of Naples. A social and cultural study of the villas and their owners from 150 BC to AD 400*. Cambridge Massachusetts, Harvard University Press.

DAVID & THOMAS, 2008 David, Bruno & Thomas, Julian (eds) = *Handbook of landscape archaeology*. Walnut Creek, Left Coast Press.

DAVID 1947 David, Pierre = *Études historiques sur la Galice et le Portugal du VIe au XIIe siècle*. Paris, Institut Français au Portugal.

DAVIS & MACKINNON 2009 Davis, Simon & MacKinnon, Michael = Did the Romans bring fallow deer to Portugal? *Environmental Archaeology* 2009, vol. 14, nº 1, p. 15-26.

DE NARDIS 1994 De Nardis, Mauro = *The writings of the roman land surveyors: technical and legal aspects*. Thesis submitted to the University of London for the degree of Doctor of Pholosophy, London [policopiado].

DEUS, LOURO & VIANA, 1955 Deus, António Dias de; Louro, Henrique da Silva & Viana, Abel = Apontamentos de estações romanas e visigóticas da região de Elvas (Portugal). *III Congresso Arqueologico Nacional (Galicia 1953)*. Zaragoza, p. 568-578.

1994 Dias, Ana Carvalho = Monte de S. Salvador. *Informação Arqueológica* nº 9, p. 122-125.

DÍAZ, 1994a Díaz, Pablo C = Propriedad y explotación de la tierra en la Lusitania tardoantigua. *In* Gorges & Salinas De Frias (eds), p. 297-309.

1994b La ocupación germánica del valle del Duero: un ensayo interpretativo. *Hispania Antiqua* XVIII, p. 457-476.

DIDIERJEAN, 1978 Didierjean, François = Le paysage rural antique du Nord-Ouest de Séville: Campo et Aljarafe. *Mélanges de la Casa de Velazquez*, vol. XIV, Madrid, p. 5-33.

DILKE, 1971 Dilke, O. A. W. = *The roman land surveyors. An introduction to the* Agrimensores. Newton Abbot.

1995 *Les arpenteurs de la Rome antique*. Sophia Antipolis.

DIOGO, 1983 Diogo, António Dias = Notícia de um "turibulum" em bronze de Ouguela (Campo Maior). *Arqueologia* nº 7, p. 52-53.

1984 Ara votiva de Ouguela, Campo Maior (*Conventus Pacensis*). *Ficheiro Epigráfico* 8, nº 32.

1996 Estela funerária de São Pedro (Alter do Chão). *Ficheiro epigráfico* 52, nº 238.

1999-2000 Ânforas romanas provenientes do Nordeste Alentejano (Herdade do Reguengo, Torre de Palma, Cabeço de Vaiamonte e Santa Vitória do Ameixial). *Ibn-Maruán* nº 9/10, p. 311-327.

DOMERGUE, 1983 Domergue, Claude = A propos de Pline, *Naturalis Historia* 33, 70-78, et pour illustrer sa description des mines d'or romaines d'Espagne. *Archivo Español de Arqueología* 47, p. 499-548.

1987 *Catalogue des mines et des fonderies antiques de la Péninsule Ibérique*. Madrid, Casa de Velazquez.

1990 *Les mines de la Péninsule Ibérique dans l'Antiquité romaine.* (Publications de l'École Française de Rome 127) Rome, École Française de Rome.

DUARTE, 1996 Duarte, Cidália = Sepultura romana das Casas do Canal (Estremoz). Estudo bio-antropológico. *Vipasca* 5, p. 121-125.

DUNBABIN, 1996 Dunbabin, Katherine M. D. = Convivial spaces: dining and entertainment in the Roman villa. *Journal of Roman Archaeology* vol. 9, p. 66-80.

DUQUE ESPINO, 2002 Duque Espino, David = Aproximación a la evolución del paisaje vegetal neolítico de la cuenca del río Sever a partir de los datos antracológicos preliminares de varios monumentos megalíticos. *Ibn Marúan* 12, p. 199-230.

2005 Resultados antracológicos de los yacimientos de la Coudelaria de Alter do Chao y su integración en las secuencias paleoecológicas y paleoambientales de la Prehistoria reciente en el Suroeste peninsular. *Revista Portuguesa de Arqueologia* vol. 8, nº 1, Lisboa, p. 21-41.

DURÁN CABELLO, RODRÍGUEZ MARTÍN & MORILLO CERDÁN, 2005--2006 Durán Cabello, Rosalía; Rodríguez Martín, Germán & Morillo Cerdán, Angél = Arquitectura y secuencia ocupacional en las *villae* de las vegas bajas del Guadiana. El caso de Torre Águila (Montijo, Badajoz). *Cuadernos de Preistoria y Arqueología de la Universidad Autónoma de Madrid* nº 31-32, p. 9-27.

DYSON, 1991 Dyson, Stephen = The romanization of the countryside. *In*: Barker & Lloyd (dir.), p. 27-28.

EDIA, 1999 Silva, António Carlos (ed.) = *Empreendimento de fins múltiplos de Alqueva: minimização de impactes patrimoniais.* Beja, EDIA, (Memórias d'Odiana - Estudos Arqueológicos do Alqueva nº 1).

EDMONDSON, 1990 Edmondson, Johnathan C. = Romanization and urban development in Lusitania. *In*: Blagg & Millet (ed.), p. 151-178.

1994 Creating a provincial landscape: roman imperialism and rural change in Lusitania. *In:* Gorges e Salinas de Frias (eds.), p. 13-30.

EDMONDSON & HIDALGO MARTÍN, 2007 Edmondson, Johnathan C.; Hidalgo Martín, Luis Ángel = Hallazgo de dos soldados *Augustani* (emeritenses) a finales del siglo I d.C. *Mérida, Excavaciones Arqueológicas* 2004, nº 10, p. 479-507.

ELLIS, 1988 Ellis, Simon. P. = The end of the roman house. *American Journal of Archaeology* 92, p. 565-579.

2007 Shedding light on late roman housing. *In:* Lavan, Ozgenel, Sarantis (ed.), p. 283-302.

ENCARNAÇÃO, 1975 Encarnação, José d' = *Divindades indígenas sob o domínio romano em Portugal. Subsídios para o seu estudo.* Lisboa, Imprensa Nacional-Casa da Moeda.

1977a Inscriptions mal connues du *Conventus pacensis*: cinq plaques funéraires du Musée de Elvas (Portugal). *Conímbriga* XVI, p. 45-57.

1977b Epigrafia do Nordeste alentejano. Nisa, Torre de Palma e Silveirona. *Conímbriga*, XVI, p. 59-67.

1977c Estela funerária de Aramenha. *Conímbriga* XVI, p. 69-82.

1984 *Inscrições Romanas do Conuentus Pacencis.* Coimbra, IAFLUC.

1985 «A colecção epigráfica de Mário Saa no Ervedal». *Hvmanitas* XLVII: 629-645.

1987 A população romana do Nordeste Alentejano. *Actas das 1as Jornadas de Arqueologia do Nordeste Alentejano*, p. 167-170.

1988a *Nisa ao tempo dos romanos – a população e as suas crenças.* Nisa, Câmara Municipal de Nisa.

1988b Epitáfio de *Calaetica*, de Vila Boim. *Ficheiro Epigráfico* 25 nº 116.

1988c Estela funerária de Fortios (Portalegre). *Ficheiro Epigráfico* 29 nº 132.

1989a A população romana de Campo Maior. *Trabalhos de Antropologia e Etnografia*, vol. 21, p. 83-94

1989b Uma homenagem a Agripina, mulher de Germânico. *Conímbriga* XXVIII, p. 157-167.

1991 O Nordeste Alentejano no tempo dos romanos – balanço e perspectivas da investigação. *Conímbriga* XXX, p. 23-37.

1995 Ara votiva da Colegiada (Castelo de Vide) (*Conventus Emeritensis*). *Ficheiro Epigráfico* 49 nº 221.

ENCARNAÇÃO & CARVALHO, 1984 Encarnação, José d' e Carvalho, Rogério = *Belver ao tempo dos romanos. A população e suas crenças.* Portalegre, Assembleia Distrital de Portalegre.

ENCARNAÇÃO & GUERRA, 2010 Encarnação, José d' e Guerra, Amílcar = The current state of research on local deities in Portugal. *In*: J. Alberto Arenas-Esteban (ed.), *Celtic religion across space and time: fontes epigraphici religionvm celticarvm antiqvarvm.* Toledo, CEMAT, p. 94-112.

ENCARNAÇÃO & NISA, 2006 Encarnação, José d' e Nisa, João R. = Miliário de Constâncio Cloro, em Alter do Chão (*Conventus Pacensis*). *Ficheiro Epigráfico* 83 nº 374.

ENCARNAÇÂO & NOLEN, 1997a Encarnação, José d' e Nolen, Jeannette U. Smit = Um grafito sobre a mulher de Úrbico. *Ficheiro Epigráfico* 55 nº 252.

1997b Um grafito romano de Torre de Palma. *Ficheiro Epigráfico* 55 nº 253.

1997c Grafito num púcaro de Torre de Palma. *Ficheiro Epigráfico* 55 nº 254.

ENCARNAÇÂO & SILVA, 1994 Encarnação, José d' & Silva, José Rafael Correia da = Ara votiva identificada em Avis (*Conventus Pacensis*). *Ficheiro Epigráfico* 46 nº 206.

1995 Peso de tear com grafito. *Ficheiro Epigráfico* 50 nº 229.

ESCRIBANO PAÑO, 2005 Escribano Paño, Victoria = Heresy and orthodoxy in fourth--century Hispania: arianism and prisciallianism. *In*: Bowes & Kulikowski (ed.), p. 121-149.

ESPANCA, 1983 Espanca, P^e^. J. J. da Rocha = *Memórias de Villa-Viçosa*. (Cadernos Culturais de Vila Viçosa nº 1 a 35), Vila Viçosa, Câmara Municipal de Vila Viçosa [1º ed. 1885].

1895 Monumento sepulchral de Juromenha. *O Archeologo Português*, Série I, Vol. 1, p. 216-217.

ESPANCA, 1978 Espanca, Túlio = *Inventário artístico de Portugal. Distrito de Évora*. 2 volumes, Lisboa, Academia Nacional de Belas Artes.

ESPINOSA RUIS & CASTELLANOS, 2006 Espinosa Ruis, U. & Castellanos, S. (ed.) = *Comunidades locales y dinámicas de poder en el Norte de la Península Ibérica durante la Antigüedad Tardia*. Logroño, Universidad La Rioja.

EVORAMONTE (1906) «Evora-Monte». *O Archeologo Português* Série I, vol. XI, Lisboa, p. 271-280 [notícia não assinada publicada originalmente no periódico O Meridional, de Montemor-o-Novo, de 18 e 25/11/1906].

FABIÃO, 1988 Fabião, Carlos = Para a História da Arqueologia em Portugal. *Penélope: fazer e desfazer a História*, Vol. 2, Lisboa, p. 10-26.

1998a *O Mundo indígena e a sua romanização na área céltica do território hoje português*. Lisboa, Faculdade de Letras da Universidade de Lisboa, Dissertação de Doutoramento apresentada à FLUL [Policopiado].

1998b O vinho na Lusitânia: reflexões em torno de um problema arqueológico. *Revista Portuguesa de Arqueologia* 1 (1), p. 169-198.

1999 Um século de Arqueologia em Portugal – I. *Al-madam*, II série, nº8, p.104-126.

1999-2000 Estudar o mundo rural na Antiguidade. *a cidade*, Nova Série, nº 13-14, p. 7-11.

2001 Mundo indígena, romanos e sociedade provincial romana: sobre a percepção arqueológica da mudança. *ERA-Arqueologia* nº 3, p. 108-131.

FARINELLI, 1942 Farinelli, Arturo = *Viajes por España y Portugal desde la edad media hasta el siglo XX: nuevas y antigas divagaciones bibliograficas*. (Studi e Documenti nº 11) 2ª ed. Roma, Reale Academia d'Italia.

FARINHA, 1966 Farinha, Agostinho = Contribuição para o estudo da Arqueologia do concelho de Alter do Chão (Alto Alentejo). *Lucerna*, nº 5, p. 384-414.

FENTRESS 2000a Fentress, Elizabeth (ed.), *Romanization and the city. Creations, transformations and failures*. Proceedings of a conference held at the American Academy in Rome to celebrate the 50th anniversary of the excavations at Cosa, 14-16 May, 1998. *Journal of Roman Archaeology*, Supplementary Séries 38, Portsmouth.

2000b 5. What are we counting for?. *In*: Barker, G. & Mattingly, D. (eds), The *Archaeology of Mediterranean Lanscapes* vol. 5, Extracting meaning from Ploughsoil assemblages London, Oxbow Books, p.44-52.

FERDIÈRE, 1988 Ferdière, Alain = *Les campagnes en Gaule romaine*. 2 tomos, Paris, Éditions Errance.

1998 Les prospections au sol. *In:* Dabas; Delétang; Ferdière; Jung & Zimmermann (dir.), *La prospection*, Paris, Éditions Errance, p. 9-77.

FERNANDES, 1983 Fernandes, Isabel Cristina = Escavações no concelho de Marvão. A necrópole do Monte da Herdade dos Pombais. *Al-madam* Iª série nº 1, p. 52.

1985 Necrópole do Monte da Herdade dos Pombais. *Informação* Arqueológica nº 5, Lisboa, IPPC, p. 96-97.

1986a Monte da Herdade dos Pombais. *Informação Arqueológica* nº 6, Lisboa, IPPC, p. 56.

1986b Herdade dos Pombais. *Informação Arqueológica* nº 7, Lisboa, IPPC, p. 60.

1987a Monte da Herdade dos Pombais. *Informação Arqueológica* nº 8, Lisboa, IPPC, p. 63.

1987b Espólio da necrópole dos Pombais (I). *Actas das 1as Jornadas de Arqueologia do nordeste alentejano*, p. 101-116.

FERNANDES & OLIVEIRA, 1995 Fernandes, Isabel Cristina & Oliveira, Jorge de = Os mosaicos romanos do Garriancho Beirã – Marvão. *Ibn-Maruán* nº 5, p. 13-23.

FERNANDEZ CASTRO, 1982 Fernandez Castro, María Cruz = *Villas romanas en España*. Madrid, Ed. Nacional.

FERNANDEZ CORRALES, 1987 Fernandez Corrales, José Maria = *El asentamiento romano en Extremadura y su análisis espacial*. Cáceres, Universidad de Extremadura.

FERNÁNDEZ LÓPEZ, 1994 Fernández López, Maria Concepción = *Sidonio Apolinar, humanista de la Antigüedad Tardía: su correspondencia*. Antigüedad y Cristianismo XI, Murcia, Universidad de Murcia.

FERNÁNDEZ OCHOA, GARCÍA-ENTERO e GIL SENDINO, 2008 Fernández Ochoa, Carmen, García-Entero, Virginia & Gil Sendino, Fernando (eds) = *Las* villae *tardorromanas en el occidente del Imperio. Arquitectura y función*. IV Coloquio Internacional de Arqueología en Gijón, Gijón, Ed. Trea.

FERNÁNDEZ OCHOA & MORILLO CERDÁN, 2005 Fernández Ochoa, Carmen, & Morillo Cerdán, Ángel = *La Arqueología hispanorromana a fines del siglo XX. Bibliografía temática y balance historiográfico*. (Trabajos de Arqueología Hispánica 2) Madrid, NRT Ediciones.

FERNANDEZ UBIÑA, 1998 Fernandez Ubiña, José = Clasicismo y fin del mundo antiguo en la historiografía moderna y contemporánea. *"Romanización" y "Reconquista" en la Península Ibérica. Nuevas perspectivas*. Salamanca, p. 191-213.

2002 El obispo y la ciudad. Aspectos seculares del poder episcopal en Osio de Córdoba. *In* Gonzalez Roman, Cristobal, & Padilla Arroba, Ángel (eds) *Estudios sobre las ciudades romanas de la Bética*. Granada, Universidad de Granada, p. 149-175.

FERNÁNDEZ URIEL, 1988 Fernandez Uriel, Pilar = "Algumas anotaciones sobre la abeja y el miel en el mundo antiguo". *Espacio, tiempo y forma*. Série II, Historia Antigua, nº 1, 185-208.

FERNANDÉZ VEGA, 1994 Fernández Vega, Pedro Ángel = Las áreas periurbanas de las ciudades altoimperiales romanas. Usos del suelo y zonas residenciales. *Hispania Antiqua* 18, p. 141-158.

FERREIRA, 1985 Ferreira, F. Bandeira = Alguns topónimos indicativos de monumentos arqueológicos, *Boletim das Bibliotecas, Arquivos e Museus de Lisboa*, nº 1 p. 279-362; nº 2, p. 559-678.

[FERREIRA] 1988 Ferreira, Brazão = *Alter Romano. Listagem de peças expostas*. Alter do Chão [Folheto fotocopiado de acompanhamento a exposição].

FERREIRA, 1950 Ferreira, Octávio da Veiga = Notas arqueológicas de Extremoz e Vila Viçosa. *A Cidade de Évora*, ano VII (nº 21-22), Jan.-Jun. 1950, p. 65-73.

1964 Abel Viana (1896-1964). *Revista de Guimarães*. Vol. 74, Guimarães, p. 172-176.

1966 Uma estela tipo "Pedra Formosa" encontrada no castro de Fontalva (Elvas). *Revista de Guimarães*, vol. 76 (3-4), p. 358-362.

1970 Alguns objectos inéditos, bastante raros, da colecção do Professor Manuel Heleno. *O Arqueólogo Português*, Série III, vol. IV, Lisboa, p. 165-173.

1974 Notícia da descoberta de jóias auríferas no distrito de Portalegre. *Estudos Italianos em Portugal*, Lisboa, 37, p. 79-82.

FERREIRA, 1969 Ferreira, Seomara da Veiga = Marcas de oleiro em território português. *O Arqueólogo Português*, Série III, vol. III, Lisboa, p. 131-177.

FIGUEIREDO, 1887 Figueiredo, A. C. Borges de = Três monumentos epigráficos d'Elvas e do seu termo. *Revista Archeologia e historica.*, Lisboa, 1, 97-100; 136-137.

1889 Baixo-relevo romano, descoberto em Elvas. *Revista Archeologica*, Lisboa, 3, p. 161-162.

FIGUEIREDO, 1895 Figueiredo, António Mesquita de = Informações archeologicas colhidas no «Diccionario Geographico» de Cardoso. *O Archeologo Português* Vol. I, nº 1, p. 316-319.

1933 *Subsídios para a bibliografia da História local portuguesa.* Lisboa, Biblioteca Nacional.

FIGUEIREDO, [s.d.] Figueiredo, José F. = *Monografia de Nisa.* Lisboa, Imprensa Nacional Casa da Moeda/Câmara Municipal de Nisa.

FISCHER, 1999 Fischer, Peter F. Geographical Information Systems: today and tomorrow? *In*: Barker, G. & Mattingly, D. (eds), The *Archaeology of Mediterranean Landscapes* vol. 3, Geographical Information Systems and landscape Archaeology. London, Oxbow Books, p. 5-11.

FONSECA, 2003 Fonseca, Teresa = *António Henriques da Silveira e as memórias analíticas da vila de Estremoz.* (Biblioteca fontes & inventários, 2ª série geral 1) Lisboa, Edições Colibri/ CIDEHUS.

FORNELL MUÑOZ, 1999 Fornell Muñoz, Alejandro = *Las* villae *romanas de la Andalucía Meridional y del estrecho.* Tesis doctoral presentada a la Facultad de Humanidades y Ciencias de la Educación de la Universidad de Jaén [policopiado].

FRADE, 1982 Frade, Helena = Estela funerária do Crato (*Conventus Pacensis*). *Ficheiro Epigráfico* 2 nº 9.

1993 As termas medicinais da época romana em Portugal. *Actas do II Congresso Peninsular de História Antiga*, Coimbra Faculdade de Letras da Universidade de Coimbra, p. 873-915.

FRADE & CAETANO, 1987 Frade, Helena & Caetano, José Carlos = A necrópole romana da Lage do Ouro. Primeiros resultados. *Actas das 1as Jornadas de Arqueologia do Nordeste Alentejano*, p. 133-143.

1991 A necrópole romana da Lage do Ouro: novos elementos. *Conímbriga* XXX, p. 39-57.

1993 Ritos funerários romanos no nordeste alentejano. *Actas do II Congesso Peninsular de História Antiga.* Coimbra, Faculdade de Letras da Universidade de Coimbra, p.847-873.

FRANCESCHINI, 2005 Franceschini, Marina de = *Ville dell'agro romano.* (Monografie della Carta dell'Agro Romano 2) Roma, L'Erma di Bretschneider.

FREIRE, 1982 Freire, José Geraldes = Mulher de *Amaia* curada em La Rioja (Castela). *a cidade. Revista cultural de Portalegre.* Iª Série, nº 4, p. 42.

FRIZELL & KLYNNE, 2005 Frizell, B. S. & Klynne, Allan (ed.) = *Roman villas around the urbs: interaction with the landscape and environment.* (The Swedish Institute in Rome. Projects and Seminars 2) Rome, Swedish Institute in Rome.

FUENTES DOMINGUÉZ, 1989 Fuentes Dominguez, Angél = *La necrópolis tardo-romana de Albalate de las Nogueras y el problema de las denominadas "necrópolis del Duero".* Cuenca.

1991 La cultura hispanorromana: la romanidad tardía. *Boletín de la Asociación Española de los Amigos de la Arqueología* 30-31, Madrid, p. 227-246.

1995 Extremadura en la tardia antiguedad. *Extremadura Arqueologica* IV, Badajoz, p. 217-237.

1997 Aproximación a la ciudad hispana de los siglos IV y V d. C. *Congreso Internacional "La Hispania de Teodosio"*, Junta de Castilla y Léon/Universidad SEK, Salamanca, II vol., p. 477-496.

FUGATE, 1993 Fugate, Susan = *The roman baths at Torre de Palma, Portugal.* Thesis submitted to the University of Louisville for the Degree of Master of Arts [policopiado].

2000 A new look at the bath buildings at Torre de Palma. *Actas del III Colóquio Internacional de Arqueologia en Gijón. Termas romanas en el Occidente del Império.* (Serie Património 5), VTP Ed., Gijón, p. 361-364.

G. R. de, 1880 Templo do Espírito Santo de Portalegre. Uma antigualha. *Boletim da Real Associação dos Architectos Civis e Archeólogos Portuguezes.* 2ª série, 3(2), p. 24-25.

GALLAY, 1986 Gallay, Alain = *L'archéologie demain.* Paris, Belfond.

GALVEZ PEREZ, 2003 Galvez Perez, María Soledad = De *villa* a ermita: la pervivencia del hábitat en la Campiña sur extremeña. *Bolskan* 20, p. 191-200.

GAMITO 1982 Gamito, Teresa Júdice = A Idade do Ferro no Sul de Portugal: Problemas e Perspectivas. *Arqueologia.* Vol. 6, p. 65-78.

1988 *Social Complexity In Southwest Iberia (800-300 B.C.): the case of Tartessos.* (BAR International Series 439) Oxford, British Archaeological Reports.

GARCIA, 1950 Garcia, António Elias = As moedas visigodas da Lusitânia. *Revista de Gvimarães*, 60 (1-2), Jan.-Jul. 1950, p. 73-153.

GARCIA DE CASTRO, 1995a Garcia de Castro, Francisco Javier = *Sociedad y poblamiento en la* Hispania *del siglo IV d. C.*, Valladolid, A. G. Juárez.

1995b La trayectoria historica de Hispania romana durante el siglo IV d.C. *Hispania Antiqva* XIX, p. 327-362.

GARCIA MERCANDAL, 1962 Garcia Mercandal, Javier = *Viajes de extrangeros por España y Portugal desde los tiempos más remotos, hasta fines del siglo XVI.* Madrid. [Ed. 1999, Salamanca, Junta de Castilla y León]

GARCIA MORENO, 1986a Garcia Moreno, Luis A. = El campesino hispanovisigodo entre bajos rendimientos y catastrofes naturales. Su incidencia demografica. *Los Visigodos. Historia y civilizacion.* (Antiguedad y Cristianismo III). Murcia.

1986b Las transformaciones de le topografia de las ciudades en Lusitania en la Antigüedad Tardia. *Revista de Estudios Extremeños*, 42 (I), p. 97-114.

1989 *Historia de España Visigoda.* Ediciones Catedra, Madrid.

1991 El habitat rural disperso en la Península Ibérica durante la Antiguedad Tardia (s. V-VII). *Arte, Sociedad, Economia y religion durante el Bajo Imperio y la Antiguedad Tardia. Homenaje a J. M. Blazquez Martinez.* Murcia.

1998 El hábitat rural agrupado en la Península Ibérica durante la Antigüedad Tardía (siglos V-VII). *Homenaje a José Maria Blázquez* 6, Madrid (1996), p. 99-117.

GARCIA PROSPER, 2006 Garcia Prosper, Elisa Guérin, Pierre, Madaria, José Luis de, Sanchéz Pérez, Paloma (eds) = *Catastros, habitats y vía romana. Paisajes historicos de Europa.* Valencia, Generalitat Valenciana (Proyecto Interreg 3C Vitoria).

GARCÍA SANJUÁN, 2005 García Sanjuán, Leonardo = *Introducción al Reconocimiento y Análisis Arqueológico del Territorio.* Barcelona: Editorial Ariel

GARNSEY, 1999 Garnsey, Peter = *Food and society in classical antiquity.* Cambridge, Cambridge University Press.

GIRÃO, 1933 Girão, Amorim = *Esboço duma carta regional de Portugal.* 2ª ed., Coimbra, Imprensa da Universidade.

GODOY FERNANDEZ, 1995 Godoy Fernández, Cristina = *Arqueología y liturgia: Iglesias hispanicas (siglos IV al VIII).* Barcelona, Universitat de Barcelona.

1998 Algunos aspectos del culto de los santos durante la Antigüedad Tardía en Hispania. *Pyrenae* 29, p. 161-170.

GOFFART, 1988 Goffart, W. A. = *The narrators of barbarian history (A.D. 550-800). Jordanes, Gregory of Tours, Bede and Paul the Deacon.* Princeton, Princeton University Press.

GOMES, MACEDO & BRAZUNA, 2001 Gomes, Sofia de Melo, Macedo, Marta & Brazuna, Sandra = Apresentação dos trabalhos arqueológicos de 1997 na *villa* de Santa Vitória do Ameixial. *Era-Arqueologia* nº 1, p. 52-67.

GÓMEZ FERNÁNDEZ, 2003 Gómez Fernández, Francisco José = Augusta Emerita en el transcurso del siglo V. Morfologia y vitalidad urbana. *Hispania Antiqva* nº 27, p. 263-279.

GÓMEZ PALLARÈS, 1997 Gómez Pallarès, Joan = *Edición y Comentario de las inscripciones sobre mosaico de* Hispania. *Inscripciones no cristianas.* (Studia Archaeologica 87) Roma, «L'Erma» di Bretschneider.

GONÇALVES, MORÁN, POSSELT & TEICHNER, 1999 Gonçalves, A.; Morán, E.; Posselt, M.; Teichner, F. = New aspects of the romanization of the Alto Alentejo (Portugal): evidence from a geophysical and archeological survey at the Monte da Nora (Terrugem). *Arqueologia* 24, p. 101-110.

GONÇALVES, 2007 Gonçalves, Luís Jorge = *Escultura romana em Portugal: uma arte do quotidiano.* (Studia Lusitana 2) 2 vols., Merida, MNAR.

GONZALEZ CORDERO *et alli*, 2001 Gonzalez Cordero, António; Castillo Castillo, Jesus; Vélazquez Jimenez, Agustin; Cerrilo Cuenca, Enrique & Heras Mora, Javier = Archivo Bibliográfico de Arqueología Extremeña (1536-2000). *Extremadura Arqueologica* IX, Mérida.

GONZÁLEZ ROMÁN, 1999 González Román, Cristobal = El trabajo en la agricultura de la Hispania romana. *In:* Rodríguez Neila, J. F., González Román, C. Mangas, J. e Orejas, A. (ed.) *El trabajo en la Hispania romana*, Madrid, Sílex., p. 119-206.

GONZALEZ ROMAN & PADILLA ARROBA, 2002 Gonzalez Roman, Cristobal, & Padilla Arroba, Ángel (eds) = La no ciudad en la Bética. *In:* Gonzalez Roman & Padilla Arroba (eds) *Estudios sobre las ciudades romanas de la Bética.* Granada, Universidad de Granada, p. 185-211.

GONZÁLEZ SALINERO, 2009 González Salinero, Raúl = La dimensión edificante del espacio sagrado: la arquitectura de culto cristiano en las fuentes escritas hispano-visigodas del siglo VII. *In*: Caballero Zoreda, Mateos Cruz & Utrero Agudo (eds), p. 11-30.

GOODCHILD, 2007 Goodchild, Helen = *Modelling roman agricultural production in the middle Tiber valley, central Italy.* Thesis submitted to the University of Birmingham for the degree of Doctor of Philosophy [policopiado].

GOODMAN, 2007 Goodman, Penelope = *The roman city and its periphery. From Rome to Gaul.* London/New York, Routledge.

GORGES, 1979 Gorges, Jean-Gérard = *Les Villas Hispano-Romaines: inventaire et problématique archéologiques.* (Publications du Centre Pierre Paris, 4) Paris, E. de Boccard.

1990 Villes et villas de Lusitanie: interactions – échanges – autonomies. *In: Les villes de Lusitanie romaine: hierarchies et territoires.* Paris, CNRS, p. 91-113.

1992 Archéologie et économie des campagnes hispano-romaines: vingt-cinq ans de bibliographie commentée (1968-1992). *Mélanges de la Casa de Vélazquez*, Tome XXVIII – 1, p. 93-142.

2008 L'architecture des *villae* romaines tardives: la création et le développement du modèle tétrarchique. *In:* Fernández Ochoa, García-Entero & Gil Sendino (eds), p. 27-48.

GORGES & NOGALES BASARRATE, 2000 Gorges, J. G. & Nogales Basarrate, T (Coord.) = *Sociedad y cultura en* Lusitania romana. *IV Mesa Redonda Internacional*, Mérida, Junta de Extremadura.

GORGES & RICO, 1999 Gorges, Jean Gérard & Rico, Christian = Barrages ruraux d'époque romaine en moyenne vallée du Guadiana. *In*: Gorges & Rodríguez Martin (eds) -*Économie et Territoire en Lusitanie romaine*. (Collection de la Casa de Velásquez 65) Madrid, Casa Velázquez, p. 157-195.

GORGES & RODRÍGUEZ-MARTÍN, 1999a Gorges, Jean-Gerard, & Rodríguez-Martín, F. Germán = Un nouveau milliare de Magnence en Hispanie. La borne de Torre Águila (Montijo, Badajoz): épigraphie et territoire. *In:* Gorges & Rodríguez Martin (eds) *Économie et territoire en Lusitanie romaine*. (Collection de la Casa Velazquez 65) Madrid, Casa Velazquez, p. 241-262.

1999b Un exemple de grande hydraulique rurale dans l'Espagne du Bas-Empire: la villa romaine de Correio Mor (Elvas, Portugal). *In:* Gorges & Rodríguez Martín (eds) *Économie et territoire en Lusitanie romaine*. (Collection de la Casa de Velazquez 65) Madrid, Casa Velazquez, p. 227-240.

2000 Voies romaines, propriétés et propriétaires à l'ouest de Mérida: problèmes d'occupation du sol en moyenne vallée du Guadiana sous le Haut-Empire. *In:* Gorges & Nogales Basarrate (Coord.) *Sociedad y cultura en* Lusitânia romana. *IV Mesa Redonda Internacional*, Mérida, Junta de Extremadura, p. 101-154.

2005 Los territorios antiguos de Mérida. Un estudio del *Territorium* Emeritense y de sus areas de influencia. *In*: Nogales Basarrate (ed.), *Augusta Emerita. Territorios, espacios, imágenes y gentes en la Lusitania romana.* (Monografías Emeritenses 8), p. 93-129.

GORGES & SALINAS de FRÍAS, 1994 Gorges, Jean-Gérard & Salinas de Frías, M. (eds) = *Les campagnes de lusitanie romaine: occupation du sol et habitats*. (Collection de la Casa de Velázquez nº 47) Madrid /Salamanca, Casa de Velázquez/Ediciones Universidad de Salamanca.

GREENE, 1986 Greene, Kevin = *The Archaeology of the Roman Economy*. London, Batsford.

GROS, 1996-2001 Gros, Pierre = *L'architecture romaine du début du IIIe siècle av. J-C. à la fin du Haut-Empire*. 2 vols. (vol. I – Les monuments publics, 1996 vol. II – Maisons, palais villas et tombeaux, 2001), Paris, Picard.

1998 *Villes et campagnes en Gaule romaine*. 120º Congrés Internationale des sociétés historiques et scientifiques (Aix-e-Provence, 1995). Paris, Comité des travaux historiques et scientifiques.

GUERRA, 1995 Guerra, Amílcar = *Plínio-o-Velho e a Lusitânia*. Lisboa, Edições Colibri.

1996 *Ammaia, Medobriga* e as ruínas de S. Salvador de Aramenha. Dos antiquários à historiografia actual. *a cidade* nº 11, p. 7-33.

GUERRA, CARVALHO & ALMEIDA, 2006/2007 Guerra, Amílcar; Carvalho, António & Almeida, Maria José de = *Tertiolus*: um antropónimo na *villa* romana da Quinta das Longas (Elvas, Portugal). *Anas* 19-20, p. 117-125.

GUTTERIDGE, 2006 Gutteridge, Adam = Some aspects of social and cultural time in Late Antiquity. *In:* Bowden, Gutteridge, Machado (ed)., 2006: 569-601.

HALEY, 1991 Haley, E.W. = *Migration and Economy in Roman Imperial Spain*. Barcelona, Universitat de Barcelona.

HAHN, EMMEL & GOTTER, 2008 Hahn, Johannes, Emmel, Stephen & Gotter, Ulrich (eds) = *From temple to church. Destruction and renewal of local cultic topography in Late Antiquity*. (Religions in the Graeco-Roman world 163), Leiden/Boston, Brill.

HARVEY & HUNTER, 2008 Harvey, Susan Ashbrook & Hunter, David G. (eds) = *The Oxford handbook of early Christian studies*. Oxford, Oxford University Press.

HAUSCHILD, 1982 Hauschild, Theodor = Técnicas y maneras de construir en la arquitectura paleocristiana hispânica. *IIª reunião de Arqueologia cristã hispânica*, Barcelona, p. 71-84.

1989-1990 Arquitectura religiosa romana em Portugal. *Anas* 2/3, Mérida, p. 57-76

1995 Transformações no campo na baixa romanidade cristã. *IVª reunião de Arqueologia cristã hispânica* (Lisboa, 1992), Barcelona.

2002 Templos romanos na província da Lusitânia. *Religiões da Lusitânia*, Lisboa, p. 215-223.

HEITLAND, 1970 Heitland, W. E. = *Agrícola. A study of agriculture and rustic life int the graeco--roman world from the point of view of labour.* Westport, Greenwood Press [1ª ed. 1921]

HELENO, 1948 Heleno, Manuel = Ainda a colher de Terrugem. *Ethnos* vol. III, p. 494-495.

1951 Arqueologia de Elvas. Notícia preliminar. *O Arqueólogo Português*, Série II, nº 1, p. 83-94.

1953 Notas sobre algumas estações de época lusitano-romana. *O Arqueólogo Português*, Série II, nº 2, p. 257-260.

1956a Um quarto de século de investigação arqueológica. *O Arqueólogo Português*, Série II, nº 3, p. 221-237.

1956b A *villa* romana de Torre de Palma. *Boletim da Academia Portuguesa de História*, vol. XIX, 1956, 75-76.

1962 A *villa* lusitano-romana de Torre de Palma (Monforte). *O Arqueólogo Português*, Série II, nº 4, p. 313-338.

HENRIQUES, CANINAS & HENRIQUES 1984 Henriques, Francisco, Caninas, Carlos e Henriques, António = Senhora da Graça. *Informação Arqueológica* nº 4, Lisboa, IPPC, p. 28-31.

HINGLEY, 1989 Hingley, Richard = *Rural settlement in rural Britain.* London, Seaby.

HIPÓLITO, 1960-1961 Hipólito, Mário de Castro = Dos tesouros de moedas romanas em Portugal. *Conímbriga* vol. II-III, Coimbra, p. 1-166.

HIRT, 2010 Hirt, Alfred Michael = *Imperial mines and quarries in the Roman world. Organizational aspects 27 BC – AD 235.* Oxford, Oxford University Press.

HODDER & ORTON, 1990 Hodder, Ian & Orton, Clive = *Análisis espacial en Arqueologia*, Barcelona, Ed. Critica.

HODGES & BOWDEN, 1998 Hodges, R. & Bowden, W. (eds) = *The sixth century. Production, distribution and demand.* TRW 3, Brill, Leiden-Boston-Colonia.

HORDEN & PURCELL, 2000 Horden, Peregrine & Purcell, Nicholas = *The corrupting sea. A study of Mediterranean history.* Oxford, Blackwell Publishing.

IGLESIAS GIL, 1999 Iglesias Gil, José-Manuel = Ciudad y territorio. *In*: Almagro-Gorbea & Álvarez Mártinez (ed.), 153-157.

INGOLD, 1986 Ingold, Tim = *The appropriation of Nature: essays on human ecology and social relations.* Manchester: Manchester University Press

1993 The temporality of the landscape. *World Archaeology*, London, Routledge, 2.5.2., p. 152--174.

ISIDORO, 1962 Isidoro, Agostinho = Esboço arqueológico do concelho do Crato (Alto Alentejo). *Anais da Faculdade de Ciências do Porto*, XLIV, p. 206-228.

1963/1964 Esboço arqueológico do Crato (Alto Alentejo) – novos elementos. *Trabalhos de Antropologia e Etnologia*, 19 (1), 1963, p. 71-75; 19 (2), 1963, p. 174-177; 19 (3), 1964, p. 353-359.

1966 Contribuição para o estudo da arqueologia do concelho de Alter do Chão (Alto Alentejo). *Lvcerna*, 5, p. 384-414.

1973 Esboço arqueológico do concelho do Crato (Alto Alentejo). Novos elementos (IV). *Trabalhos do Instituto de Antropologia Dr. Mendes Correia*, Porto, 20, 5p.

ISLA FREZ, 2001 Isla Frez, Amâncio = *Villa, villula, castellum*. Problemas de terminologia rural en época visigoda. *Arqueologia y território medieval* nº 8, p. 9-20.

JALHAY, 1947 Jalhay, Eugénio = Epigrafia amaiense. Contribuição para o estudo da Aramenha romana (concelho de Marvão). *Brotéria*, 45(6), Dez. 1947, p. 615-633.

JIMENEZ GARCIA, 1982 Jimenez Garcia, A. M. = Los primeros establecimientos permanentes de visigodos en Hispania. *Hispania*, 152, p. 485-503.

JONES, 1973 Jones, A. H. M. = *The Later Roman Empire 284-602. A social economic and administrative survey.* 2 Vols, Oxford, Basil Blackwell.

JONES, MARTINDALE & MORRIS, 1971 Jones, A. H. M., Martindale & J. R., Morris, J. = *The prosopography of later Roman Empire.* Cambridge, Cambridge University Press.

JORGE, 2002 Jorge, Ana Maria C. M. = *L' épiscopat de Lusitanie pendant l' Antiquité tardive (IIIe – VIIIe siécles).* (Trabalhos de Arqueologia 21) Lisboa, IPA.

KEAY, 2003 Keay, Simon = Recent archaeological work in Roman Iberia (1990-2002). *The Journal of roman studies*, vol. 93, p. 146-211.

KEIL, 1943 Keil, Luís = *Inventário artístico de Portugal. Distrito de Portalegre.* I. Lisboa, Academia Nacional de Belas Artes.

KELLER & RUPP 1983 Keller, D. R. & Rupp, D. W. (ed.) = *Archaeological survey in the Mediterranean area.* (BAR International Series 155), Oxford.

KNAPP, 1977 Knapp, Richard C. = *Aspects of the roman experience in Iberia, 206-100 B. C.* Vitoria (Anejos de Hispania Antiqua IX).

KNIGHT, 1999 Knight, J. K. = *The End of Antiquity. Archaeology, Society and Religion AD 235--700.* Stroud, Tempus.

KULIKOWSKI, 2001 Kulikowski, Michael = The interdependence of town and country in Late Antique Spain. *In:* Burns & Eadie (ed.), p. 147-160.

KUZNETSOVA-RESENDE, 1999-2000 Kuznetsova-Resende, Tatiana = Reflexos da cultura e da religião no Portugal romano do início do séc. IV. O Mosaico das Musas e da procissão báquica de Torre de Palma. *a cidade* nº 13-14, p- 39-52.

LAFON, 2001 Lafon, Xavier = Villa maritima. *Recherches sur les villas litorales de l'Italie romaine (IIIe siècle av. J.-C. / IIIe siècle ap. J.-C.).* Rome, E.F.R. (BEFAR nº 307).

LAMBRINO, 1951 Lambrino, Scarlat = *L. Fulcinius Trio*, governeur de Lusitanie sur une *tabula patronatus* de Juromenha. *O Arqueólogo Português*, Série II, nº 1, p. 151-169.

1967 Catalogue des inscriptions latines du musée Leite de Vasconcelos. *O Arqueólogo Português*, Série III, nº 1, p. 123-217.

LANCHA & ANDRE, 1994 Lancha, Janine & André, Pierre = La campagne de la région d'Évora a l'époque imperiale: mise à jour des recherches récents. *In* Gorges & Salinas de Frías (eds.) p. 189-202.

2000 *Corpus dos mosaicos romanos de Portugal. II – Conventvs Pacensis. 1 –A* villa *de Torre de Palma.* 2 volumes, Lisboa, Instituto Português de Museus.

LANGLEY, 2006 Langley, Maia M. = *Est in agris*: a spatial analysis of Roman *uillae* in the region of Monforte, Alto Alentejo, Portugal. *Revista Portuguesa de Arqueologia* 9 (2), p. 317--328.

2008 Invisible converts: non-visibility of christian culture at Torre de Palma (Monforte, Portugal). *In*: Fernández Ochoa, García-Entero e Gil Sendino (eds), p. 639-646.

LAVAN, 2005 Lavan, Luke = «Political life in Late Antiquity: a bibliographical essay.» *In:* Bowden, Gutteridge & Machado (2005): 3-40.

LAVAN, OZGENEL, SARANTIS, 2007 Lavan, Luke, Ozgenel, Lale, Sarantis, Alexander (Eds) = *Housing in Late Antiquity. From palaces to shops.* (Late Antique Archaeology volume 3.2.), Leiden, Brill.

LE ROUX, 1982 Le Roux, Patrick = *L'armée romaine et l'organisation des provinces ibériques d'Auguste à l'invasion de 409.* Paris, Centre Pierre Paris.

1994 *Vicus* et *castellum* en Lusitanie sous l'empire. *In* Gorges e Salinas de Frías (eds.), p. 151--160.

1995 *Romains d'Espagne. Cités et politiques dans les provinces. II siécle av. J.C. – III siécle ap. J.C.*, Paris, A. Colin.

1999 Le territoire de la colonie auguste de Mérida: réflexions pour un bilain. *In:* Gorges & Rodríguez Martin (eds) -*Économie et Territoire en Lusitanie romaine.* Madrid, Casa de Velázquez (Collection de la Casa de Velásquez vol. nº 65), p. 263 - 276.

2010 *La Péninsule Ibérique aux époques romaines (fin du IIIe s. av. n. È. – début du VIe s. de n. È.).* Paris, Armand Colin.

LEAL, 1990 Leal, Pinho = *Portugal antigo e moderno*, Lisboa, Cota d'Armas.

LEDAY, 1980 Leday, Alain = *La campagne à l'époque romaine dans le centre de la Gaule. Villas, vici et sanctuaires dans la cité des Bituriges Cubi.* (BAR International Series 73) 2 vols, Oxford.

LEMOS, 1993 Lemos, Francisco Sande = *Povoamento romano de Trás-os-Montes Oriental.* Braga, Dissertação de Doutoramento apresentada à Universidade do Minho [Dactilografado], 3 volumes.

LEVEAU, 1983 Leveau, Phillipe = La ville antique et l'organisation de l'espace rural: *villa*, ville, village. *Annales* 38, 2, p. 920-941.

1993 *Territorium urbis.* Le territoire de la cité romaine et ses divisions: du vocabulaire aux réalités administratives. *Révue des études anciennes*, Tome 95, nº 3-4, p. 459-471.

2002 Introduction: les incertitudes du terme *villa* et la question du *vicus* en Gaule Narbonnaise. *Révue Archéologique de la Narbonnaise* 35, p. 5-27.

LEVEAU & BUFFAT, 2008 Leveau, Philippe, & Buffat, Loïc = Les bâtiments agricoles et l'architecture des *villas* de la fin de l'Antiquité. *In*: Fernández Ochoa, García-Entero & Gil Sendino (eds), p. 133-165.

LEVEAU, SILLIÉRES & VALLAT, 1993 Leveau, Phillipe; Silliéres, Pierre & Vallat, Jean--Pierre = *Campagnes de la Mediterranée romaine.* Paris, Hachette.

LÉVI-PROVENÇAL, 1953 Lévi-Provençal, Evariste = La «déscription de l'Espagne» d' Ahmad al-Razi. *Al-Andalus* t. XVIII, fasc. 1, p. 51-108.

LEWIT, 2003 Lewit, Tamara = 'Vanishing villas': what happened to elite rural habitation in the West in the 5th-6th c.? *Journal of Roman Archaeology*, vol. 16, p. 260 -274

2004 *Villas, farms and the late rural economy (third to fifth centuries AD).* (British Archaeological Reports International Series 568), Oxford, Adrian Books.

2009 Pigs, presses ans pastoralism: farming in the fifth to sixth centuries A. D. *Early Medieval Europe* 17.1., p. 77-91.

LOPES, 2010 Lopes, António = *Povoamento romano no actual concelho de Arronches.* Trabalho de Seminário apresentado ao Departamento de História da Universidade de Évora [policopiado].

LOPES & VIEIRA, 1987 Lopes, Francisco José, & Vieira, Rui Rosado = *Degolados (Elementos para a sua história)*. Degolados, Junta de Freguesia de N.ª Sr.ª da Graça de Degolados.

LOPES, 2001 Lopes, Maria da Conceição = "Mundo rural em *Pax Iulia* – estrutura e funcionamento". *era Arqueologia* nº 3, p. 132-149.

2003 *A cidade romana de Beja. Percursos e debates acerca da "*civitas*" de* Pax Iulia. (*Conímbriga* Anexos 3) Coimbra, IAFLUC, 2 vols.

LOPES, CARVALHO e GOMES, 1997 Lopes, M. Conceição; Carvalho, Pedro C. e Gomes, Sofia M. = *Arqueologia do Concelho de Serpa*. Serpa, Câmara Municipal.

LÓPEZ QUIROGA, 2004a Lopez Quiroga, J. = *El final de la antigüedad en la Gallaecia: la transformación de las estructuras de poblamiento entre Miño y Duero (siglos V al X)*. A Coruña.

2004b La presencia "germánica" en *Hispania* en el siglo V d.C. *Cuadernos de Preistoria y arqueología de la Universidad Autónoma de Madrid* nº 30, p. 213-223.

2006 Entre la *villa* y la *aldea*. Arqueología del hábitat rural en *Hispania* (SS V al VII). *In*: Lopez Quiroga, Martinez Tejera, Morín, (eds) *Gallia e Hispania en el contexto de la presencia "germánica" (s. V-VII). Balance y perspectivas*. Actas de la mesa redonda, Madrid, 19-20 Deciembre 2005 (BAR IS 1534), p. 19-59.

LOPEZ QUIROGA & MARTINEZ TEJERA, 2006 Lopez Quiroga, J. & Martinez Tejera, A. M. = El destino de los templos paganos en *Hispania* durante la Antigüedad Tardía. *Archivo Español de Arqueología* 79, p. 125-153.

LOPEZ QUIROGA, MARTINEZ TEJERA & MORÍN, 2005 Lopez Quiroga, J.; Martinez Tejera, A. M. & Morín, J. (eds) = *Gallia e Hispania en el contexto de la presencia "germánica" (s. V-VII). Balance y perspectivas*. Actas de la mesa redonda, Madrid, 19-20 Deciembre 2005. (BAR International Series 1534) Oxford.

LOPEZ QUIROGA & RODRIGUEZ MARTIN 2000-2001 Lopez Quiroga, Jorge & Rodriguez Martin, F. German =, El "final" de las *villae* en la *Hispania*. I. La transformación de las *pars urbana* durante la Antigüedad Tardia. *Portvgalia*, vol. XXI-XXII, p. 137-190.

LOURO, 1948 Louro, Padre Henrique da Silva = Inscrição cristã de há 1600 anos encontrada na Terrugem. *Ethnos*. Vol. III, p. 347-348.

1959 Inscrições lapidares de Veiros. *Alto Alentejo* 4, p. 15-25.

1961 *Vila Boim e a sua história*. Évora, Gráfica Eborense.

1964 *Terrugem*. Évora, Gráfica Eborense.

1966 *Monografia histórica de Vila Fernando*. Évora, Gráfica Eborense.

1970 Inscrições romanas de Barbacena. *Actas e Memórias do I Congresso Nacional de Arqueologia*. Lisboa, vol. 2, p. 105-106.

LUCAS PELLICIER, 1986-1987 Lucas Pellicier, Maria del Rosário = La influencia africana en la iconografia equina de la *villa* de Aguilafuente (Segóvia). *Cuadernos de Preistoria y Arqueologia de la Universidad Autónoma de Madrid* 13-14, p. 219-236.

LUGLI, 1957 Lugli, Giuseppe = *La Tecnica edilizia romana*. Roma, Giovanni Bardi Editori.

MACHADO, 1964 Machado, João Saavedra = Subsídios para a História do Museu Etnológico do Dr. Leite de Vasconcelos. *O Arqueólogo Português*, Série II nº 5, Lisboa, p. 51-448.

MACHADO, 1920 Machado, Luís Saavedra = Aquisições do Museu Etnológico Portugues. *O Archeologo Português*, Série I, nº 24, Lisboa, p. 241-270.

MACIEL, 1996 Maciel, Manuel Justino = *Antiguidade tardia e paleo-cristianismo em Portugal*. Lisboa, [edição de autor].

1998 Arte romana e pedreiras de mármore na Lusitânia: novos caminhos de investigação. *Revista da Faculdade de Ciências Sociais e Humanas* 11, p. 233-245.

MACIEL & MACIEL, 1985a Maciel, Manuel Justino & Maciel, Tarcísio Daniel = Fragmento de placa funerária do Monte do Passo, Elvas (*Conventus Pacensis*). *Ficheiro Epigráfico* 15 nº 65.

1985b Árula funerária da Herdade das Caldeiras (*Conventus Pacensis*). *Ficheiro epigráfico* 15 nº 66.

MACIEL, MACIEL & ENCARNAÇÃO, 1994 Maciel, Manuel Justino, Maciel, Tarcísio, & Encarnação. José d' = Ara a Belona, de Santa Eulália, Elvas (*Conventus Emeritensis*). *Ficheiro Epigráfico* 46 nº 207.

MACKAY, 1977 Mackay, Alexander = *Houses, villas and palaces in the roman world.* London, Thames and Hudson.

MACKIE, 1983 Mackie, Nicola = *Local administration in Roman Spain, A D. 14-212.* Oxford, British Archaeological Reports (BAR International Series 172).

MACKINNON, 1999-2000 MacKinnon, Michael = O papel dos animais na economia rural da Lusitânia romana: zooarqueologia de Torre de Palma. *a cidade*, nº 13-14, p. 129-139.

MALONEY, Maloney, Stephanie J. = Early christian double-apsed churches in Iberia. Some considerations. *Art History* vol. 3 nº 2, p. 129-143.

1999-2000 As escavações da Universidade de Louisville na *Villa* de Torre de Palma, Portugal 1983 – 2000: alguns resultados preliminares. *a cidade*, nº 13-14, p. 105-119.

MALONEY & HALE, 1996 Maloney, S; Hale, J. R. = The villa of Torre de Palma (Alto Alentejo). *Journal of Roman Archaeology*, 9, p. 275-294.

MALONEY & HUFSTOFF, 2002 Maloney, S. & Hufstoff, M. = Torre de Palma: fact or fiction? *O Arqueólogo Português*, série IV, vol. 20, p. 135-146.

MANTAS, 1986 Mantas, Vasco Gil = Implantação rural romana em torno da villa de S. Cucufate (Vidigueira). *Arquivo de Beja*, 2ª série, vol. 3, p.199-214.

1990 A rede viária do convento escalabitano. *Simpósio sobre la red viária en la Hispânia romana*, Zaragoza, Institución Fernando el Católico, p. 219-239.

2000 A sociedade luso-romana do município de *Ammaia. In:* Gorges, & Nogales Basarrate (coord.), *Sociedad y cultura en* Lusitania romana, IVª mesa redonda internacional, Mérida, Junta de Extremadura, p. 391-420.

2002 Libertos e escravos na cidade luso-romana de *Ammaia. Ibn Marúan* nº 12, p. 49-68.

2010 Os *Lares Viales* na Lusitânia. *Vialibvs – Revista de Cultura da Fundação Arquivo Paes Teles* nº 2, p. 13-34.

MANTAS & SILLIÉRES, 1990 Mantas, Vasco Gil & Silliéres, Pierre = La vie économique du domaine et des villas. *In*: Alarcão, Étienne e Mayet, 1990, p. 149-186.

MAR & VERDE, 2008 Mar, Ricardo & Verde, Giuseppe = Las villas romanas tardoantiguas: cuestiones de tipología arquitectónica. Fernández Ochoa, García-Entero, & Gil Sendino (eds), p. 49-83.

MARIANO, 1912 Mariano, Frei João = *Memoria historica de Campo Maior.* Elvas, Typ. Elvense.

MARROU, H. I. (1977) Marrou, Henri Irenée = *Décadence romaine ou Antiquité Tardive? IIIe-VIe siècle.* Paris, Éditions du Seuil.

1985 *L'église de L'Antiquité Tardive. 303-604.* Paris, Éditions du Seuil.

MARTIN DE CACERES 1985 Martin de Caceres, Enrique Cerrillo = Arqueologia y agricultura romana en la Peninsula Iberica. *Norba* 6, p. 161-164.

1986 Pequeños espacios y pequeños límites: espacios y fronteras en las villas romanas. *Norba* 6, p. 187-192.

1987 Un modelo para el estudio del asentamiento rural romano en el W. *Actas das 1as Jornadas de Arqueologia do Nordeste Alentejano*, p. 159-162.

1994 Arqueología de los centros de culto en las iglesias de épocas paleocristiana y visigoda en la península ibérica: ábsides y santuários. *Cuadernos de Arqueología de la Universidad de Navarra*, 2, p. 261-282.

1995a Reflexiones sobre las *villae* romanas en Hispania. *In*: *Poblamiento rural romano en el Sureste de Hispania*, Actas de las Jornadas celebradas en Jumilla del 8 al 11 de Noviembre de 1993, Murcia, Universidad de Murcia, p. 17-26.

1995b Cristianización y arqueología cristiana primitiva de la Lusitania: las áreas rurales. *IV Reunió d'Arqueología Cristiana Hispanica*, Barcelona, 1995, p. 359-375.

1997 La prospección sistemática y el poblamiento romano en Extremadura. *Nakla* 2, p. 99-115.

1999 Los campos de Hispania. *In*: Almagro Gorbea & Alvarez Martínez (ed.), p. 385-395.

2006 "«La villa romana de Monroy»", en Chavarría Arnau, Arce, Brogiolo (eds.), p. 197-206.

MARTIN DE CÁCERES & FERNANDEZ CORRALES, 1980 Martin de Cáceres, Enrique Cerrilo & Fernandez Corrales, José Maria = Contribucion al estúdio del asentamiento romano en Extremadura. Analisis espacial al Sul de Trujillo. *Norba* I, p. 157-175.

1981 Un ejemplo de relación campo-ciudad. La distribución espacial de los mosaicos romanos en Lusitania. *Norba* 2, p. 153-164.

MARTÍN DE CACERES, FERNÁNDEZ CORRALES & GARCÍA DE LA SANTA, 1990 Martín de Cáceres, Enrique Cerrillo; Fernández Corrales, José María; García de la Santa, Gregorio Herrera = Ciudades, Territorios y vía de comunication en la Lusitania meridional española. *In* AAVV - *Les villes de Lusitanie Romaine.* Table ronde internacionale du CNRS, Valence 1988. Paris, CNRS, p. 51-72.

MARTÍN BRAVO, 1999 Martín Bravo, Ana Maria = *Los origenes de Lusitania. El primer milénio a. C. en la Alta Extremadura.* (Bibliotheca Archaeologica Hispana 2), Madrid, CSIC.

MARTÍNEZ MELÓN, 2006 Martínez Melón, José Ignacio = El vocabulário de los asentamientos rurales (Siglos I-IX d.C.): evolución de la terminología. *In*: Chavarría, Arce, Brogiolo, p. 113-131.

MARTINS, 1955 Martins, Mário = A legenda dos santos mártires Veríssimo, Máxima e Júlia, do cód. CV/1-23 da Biblioteca de Évora. *Revista Portuguesa de História* 6, p. 45-93.

1957 *Peregrinações e livros de milagros na nossa Idade Média.* 2ª ed., Lisboa, Brotéria.

1975 *Alegorias, símbolos e exemplos morais na literatura portuguesa medieval.* Lisboa, Brotéria.

MARZANO, 2007 Marzano, Annalisa = *Roman villas in central Italy. A social and economic history.* Leiden-Boston, Brill.

MATEOS CRUZ, 1995 Mateos Cruz, Pedro = La cristianización de la Lusitania (siglos IV--VII). Extremadura en época visigoda. *Extremadura Arqueologica IV*, p. 239-263.

MATEOS CRUZ & CABALLERO ZOREDA, 2003 Mateos Cruz, P. & Caballero Zoreda, L. (eds) = *Repertório de arquitectura Cristiana en Extremadura: época tardoantigua y altomedieval.* Anejos de Archivo Español de Arqueologia XXIX, Mérida.

MATOS, 1995 Matos, José Luís de = *Inventário do Museu Nacional de Arqueologia. Colecção de escultura romana.* Lisboa, Instituto Português de Museus.

MATTINGLY, 1996 Mattingly, David = *Farming the desert*. Paris, UNESCO.

2000 2. Methods of collection, recording and quantification. *In*: Barker & Mattingly (eds), The *Archaeology of Mediterranean Lanscapes* vol. 5, Extracting meaning from Ploughsoil assemblages London, Oxbow Books, p. 5-15

MATTINGLY & GILLINGS, 1999 Mattingly, D.; Gillings, M. (eds.) = *Geographical Information Systems and Landscape Archaeology*, Oxbow, Oxford

McCORMICK, 2001 McCormick, M. = *Origins of the European economy: communications and commerce AD. 300-900*. Cambridge, Cambridge University Press.

MENDES DE ALMEIDA & FERREIRA, 1967 Mendes de Almeida, João; Ferreira, F. Bandeira = Varia epigraphica. *Revista de Guimarães* LXXVII, p. 47-69.

MILHEIRAS, 1997 Milheiras, Jerónimo Velez = *Memórias de Galveias*. Galveias, Junta de Freguesia de Galveias.

MILLET, 1990 Millet, Martin = *The romanization of Britain. An essay in archaeological interpretation*. Cambridge, Cambridge University Press.

MONTEIRO, 2003 Monteiro, Mário = A *villa* romana dos Mosteiros (Castelo de Vide). Trabalho apresentado ao Seminário de Arqueologia da FLUL [policopiado].

MORAND, 1994 Morand, I. = *Idéologie, culture et spiritualité chez les propriétaires ruraux de l'Hispanie romaine*. (Publications du Centre Pierre Paris 27) Paris, Diff. De Boccard.

MORGADO & CARNEIRO, 2011 Morgado, Paula & Carneiro, André = Os rostos de Janus: estratégias de povoamento na mudança da Era no concelho de Monforte. *In:* Carneiro, Rocha, Morgado & Oliveira (ed.), p. 137-146.

MOURÃO, 2008 Mourão, Cátia = Mirabilia Aqvarvm. *Motivos aquaticos em mosaicos da antiguidade no território português*. Lisboa, EPAL.

MOUTINHO ALARCÃO, 1960-191 Alarcão, Adília Moutinho = Algumas peças de terra sigillata na Secção Arqueológica do Paço Ducal de Vila Viçosa. *Conimbriga*, II-III, p. 181--201.

MURTA, 1987 [?] Murta, José Dinis = Inscrições romanas do concelho de Nisa: novos achados. *Actas do I Encontro de História regional e local do distrito de Portalegre*. Portalegre, 24-27 de Setembro de 1987 [consultada cópia dactilografada existente na CMN].

NATHAN, 2000 Nathan, Geoffrey S. = *The family in Late anitiquity. The rise of Christianity and the endurance of tradition*. London and New York, Routledge.

NEVES, 1972 Neves, Josefa = Uma colecção particular de materiais romanos de Aramenha. *Conímbriga* XI, p. 1-33.

NOGALES BASARRATE, CARVALHO & ALMEIDA, 2002a Nogales Basarrate, Trinidad; Carvalho, António & Almeida, Maria José = O grupo escultórico da *villa* romana da Quinta das Longas (S. Vicente e Ventosa, Elvas). *In:* Ribeiro (ed) *As Religiões da Lusitânia: Loquuntur Saxa*. Lisboa, Instituto Português de Museus, p. 297-299 [fichas de peças p. 497-502].

2002b El programa decorativo de la Quinta das Longas (Elvas, Portugal): modelo excepcional de la *villae* de la Lusitania. *In*: *Actas de la IV Reunión sobre Escultura Romana en Hispania* (Lisboa/Cascais, 7 a 9 de Fevereiro), p. 103-156.

NOLEN, 1981 Nolen, Jeannette U. Smit = A grave group from Monte dos Irmãos (Montargil). *Conímbriga* XX, p. 181 – 192.

1985 Cerâmica comum de Necrópoles do Alto Alentejo. Vila Viçosa, Fundação da Casa de Bragança, 1985.

1995-1997 Acerca da cronologia da cerâmica comum das necrópoles do Alto Alentejo: novos elementos. *O Arqueólogo Português* Série IV, nº 13/15, p. 347-391.

NOVAES, 1635 Novaes, António Gonçalves de = *Relação do Bispado de Elvas.* Lisboa, Tip. Lourenço Craesbeeck.

OLEIRO, 1956 Oleiro, José Bairrão = Archeologia, 1955. *Humanitas* 7-8, p. 274-284.

OLIVARES PEDREÑO 1999 Olivares Pedreño, Juan Carlos = El panteón religioso indígena en el área extremeña. *Hispania Antiqva* XXIII, p. 97-118.

2006 Cultos romanos y indigenismo: elementos para el análisis del proceso de romanización religiosa en la *Hispania* céltica. *Lvcentvm* XXV, p. 139-157.

OLIVEIRA, 2006 Oliveira, Cristina = Mosaicos romanos: balanço de uma década de investigação em Portugal. *Conimbriga* XLV, p. 275 - 299

OLIVEIRA, CARVALHO & ALMEIDA (no prelo) Oliveira, Cristina; Carvalho, António & Almeida, Maria José de = "A villa de Quinta das Longas (Elvas – Portugal): les mosaïques du Bas-Empire", *X Colóquio Internacional da Associação Internacional para o Estudo do Mosaico Antigo* (AIEMA) (Conimbriga, 29 de Outubro a 3 de Novembro de 2005)

OLIVEIRA, GALHANO & PEREIRA, 1994 Oliveira, Ernesto Veiga de; Galhano, Fernando & Pereira, Benjamim = *Construções primitivas de Portugal.* (Portugal de Perto nº 17) Lisboa, Publicações D. Quixote.

OLIVEIRA, 1997 Oliveira, Jorge de = *Monumentos Megalíticos da bacia hidrográfica do rio Sever. Ibn Maruan* – Edição especial, Tomo I, Lisboa, Edições Colibri.

2005 Oliveira, Jorge de (Coord.) = São Salvador da Aramenha. Histórias e Memórias da freguesia. *Ibn Maruan* nº 13, Lisboa/Marvão.

2006 *Património Arqueológico da Coudelaria de Alter e as primeiras comunidades agropastoris.* Lisboa, Edições Colibri/Universidade de Évora.

OLIVEIRA, BAIRINHAS & BALESTEROS, 1996 Oliveira, Jorge de; Bairinhas, António & Balesteros, Carmen = Inventário dos vestígios arqueológicos do Parque Natural da Serra de S. Mamede. *Ibn Maruan* nº 6, p. 43-61.

OLIVEIRA & CUNHA, 1993-1994 Oliveira, Jorge de & Cunha, Susana S. S. S. = A cidade romana de *Ammaia* na correspondência entre António Maçãs e Leite de Vasconcelos. *O Arqueólogo Português* Série IV, nº 11/12, p. 103-134.

OLIVEIRA & PEREIRA, 2010 Oliveira, Jorge de & Pereira, Sérgio = A pulverização da *Ammaia* na Alta Idade Média. *In*: Oliveira, Oliveira & Patrocínio (eds.) *Espaços e paisagens. Antiguidade Clássica e heranças contemporâneas.* Actas do VII Congresso da Associação Portuguesa de Estudos Clássicos (Évora, 10-12 de Abril de 2008), APEC, Coimbra, p. 171-186.

OLIVEIRA, PEREIRA & PARREIRA, 2007 Oliveira, Jorge de; Pereira, Sérgio & Parreira, João = *Nova Carta Arqueológica do concelho de Marvão. Ibn-Maruan* nº 14, Lisboa/Marvão.

OLIVEIRA, SARANTOPOULOS & BALLESTEROS, 1997 Oliveira, Jorge de; Sarantopoulos, Panagiotis & Ballesteros, Carmen = *Antas-capelas e capelas junto a antas no território português.* Lisboa, Edições Colibri [separata].

OLIVEIRA & PALMEIRO, 1993/1994 Oliveira, Vera & Palmeiro, Maria de Fátima = *Actualização do estudo arqueológico feito no concelho de Alter do Chão.* [s.l.], policopiado.

OREJAS, 1991 Orejas, Almudena = Arqueologia del Paisaje: Historia, problemas, perspectivas. *Archivo Español de Arqueología*, vol. 64, nº 163-164, Madrid, p. 191-230.

OREJAS & ÁRBOL, 2008 Orejas, Almudena & Árbol, María Ruiz del = Territorio y dominio en las villas romanas: el *fundus* de Veranes. *In*: Fernández Ochoa, García-Entero e Gil Sendino (eds), p. 167-191.

OSSEL 1992 Ossel, Paul van = *Etablissements ruraux de l'Antiquité Tardive dans le Nord de la Gaule*. (Gallia, Sup. 51) Paris.

2005 Rural impoverishment in Northern Gaul at the end of Antiquity: the contribution of archaeology. *In:* Bowden, Gutteridge & Machado (2005): 533-565.

OSSEL & OUZOULIAS, 2000 Ossel, Paul van & Ouzoulias, Pierre = Rural settlement economy in northern Gaul in the late Empire: an overview and assessment. *Journal of Roman archaeology* 13, p. 133-160.

OUZULIAS, 2001 Ouzoulias, Pierre = *Les Campagnes de la Gaule à la fin de l'Antiquité*. Actes du Colloque, Montpellier, 11-14 Mars 1998, IV Colloque de l'Association AGER, Antibes.

2006 *L'économie agraire de la Gaule: aperçus historiographiques et perspectives archéologiques*. Thèse de Doctorat en Archeólogie presentée à l'Université de Franche-Comté, 2 vols., [policopiado].

PAÇO, 1949 Paço, Afonso do = Inscrição do Monte Velho (Beirã, Marvão). *Brotéria* 49 (1), Jul., p. 40-54.

1951 Antiguidades de Fontalva (Elvas). I – Fivela visigótica. *Revista de Gvimarães* nº 61 (3-4), Jul.-Dez, p. 416-425.

1953 Carta Arqueológica do concelho de Marvão. *Congresso luso-espanhol para o progresso das ciências – 7ª secção. Ciências históricas e filológicas* (Lisboa, 1950), Lisboa, Associação Portuguesa para o progresso das ciências, p. 93-119.

PAÇO & FERREIRA, 1951 Paço, Afonso do; Ferreira, Octávio da Veiga = Antiguidades de Fontalva (Elvas). *Revista de Guimarães* LXI [separata com numeração própria].

PAÇO, FERREIRA & VIANA, 1957 Paço, Afonso do; Ferreira, O. da Veiga & Viana, Abel = Antiguidades de Fontalva: neo-eneolítico e época romana. *Zephyrus*, vol. 8(1), p. 111-133.

PALOL, 1972 Palol, Pedro de = Los monumentos de Hispania en la arqueología paleocristiana. *Actas del VIII Congreso Internacional de Arqueologia Cristiana*, Barcelona 5-11 Octobre 1969, Barcelona, CSIC, p. 167-185.

PARREIRA, 1996 Parreira, Rui = *O conjunto megalítico do Crato (Alto Alentejo). Contribuição para o registo das antas portuguesas.* Dissertação de Mestrado em Arqueologia apresentada à FLUP, 2 volumes, Porto [policopiado].

PATRÃO, 2003 Patrão, José Dias Heitor = *Gavião – memórias do concelho*. Lisboa, Edições Colibri/Câmara Municipal de Gavião.

PEÑA CERVANTES, 2005-2006 Peña Cervantes, Yolanda = Producción de vino y aceite en los asentamientos rurales en Hispania durante la Antigüedad Tardía (IV-VII d.C.). *Cuadernos de PreHistoria y Arqueología. Universidad Autónoma de Madrid* 31-32, p. 103-115.

2010 Torcularia. *La producción de vino y aceite en Hispania.* (Documenta 14) Tarragona, Institut Català d'Arqueologia Clàsica.

PERCIVAL, 1988 Percival, John = *The roman* Villa. *An historical introduction*. London, Batsford.

1997 Desperately seeking Sidonius: the realities of life in fifth-century Gaul. *Latomus* 56.2, p. 279-292.

PEREIRA, 1912 Pereira, Félix Alves = A ponte romana de Vila Formosa (Alter do Chão). *O Arqueólogo Português*, Iª Série, nº 17, p. 207-222.

PEREIRA, 2009 Pereira, Sérgio = A cidade romana de *Ammaia*. Escavações arqueológicas 2000-2006. *Ibn Maruan* (nº especial II 2009), Lisboa/Marvão.

PEREZ LOSADA, 1987 Perez Losada, Fermin = Sobre o concepto de *villa* no mundo romano. *Cadernos de Arqueologia de Braga,* série II, nº 4, p. 79-110.

1998 Cidades e aldeias na Galiza romana: uma proposta de classificação hierárquica do habitat galaico-romano. *O Arqueólogo Português,* série IV, nº 16, p. 151-174.

PICÃO, 1983 Picão, José da Silva = *Através dos campos: usos e costumes agrícolo-alentejanos.* (Biblioteca de Etnografia e Antropologia nº 2) Lisboa, Publicações D. Quixote.

PINTO, 1999-2000 Pinto, Isabel = Arqueologia no concelho de Arronches: o Projecto de Estudo do Povoamento Rural Romano. *a cidade* nº 13-14, p. 95-104.

2000 Povoamento rural romano no actual concelho de Arronches (Portalegre, Alto Alentejo, Portugal): a amostra disponível. *Arqueologia da Antiguidade na Península Ibérica. Actas do IIIº Congresso de Arqueologia Peninsular.* Vol. VI, Porto, ADECAP, p. 441-452.

PINTO, 1932 Pinto, Rui de Serpa = Restos visigóticos de Elvas e Campomaior. *A águia,* sep. do nº 2 (ano XX), p. 5-7.

PIRES, 1901 Pires, Antonio Thomaz = Catalogo do Museu Archeologico de Elvas. *O Archeologo Português* VI, p. 209-236.

1931 *Estudos e notas elvenses. XIII Excerptos de um estudo sobre a toponýmia elvense.* Elvas, Tipografia Progresso.

PITA & MAGUSTO; 1996 Pita, António Manuel & Magusto, João Francisco = Levantamento arqueológico da zona sudoeste do concelho de Castelo de Vide: Feitosa, Figueiras 1, Lavradores e Cangão. *Actas do II encontro de história regional e local do distrito de Portalegre,* Lisboa, Associação dos Professores de História, p. 63-74.

PLANA-MALLART, 1995 Plana-Mallart, Rosa = *Ebora* et son territoire. *In:* Clavel-Lêvêque, Monique et Plana-Mallart, Rosa, *Cité et territoire,* Coloque européen, Béziers, 14-16 Oct., Centre de Recherches d´ Histoire Ancienne, Espaces et paysages 5, p. 231-242.

PONTE, 1986 Ponte, Salete da = Algumas peças metálicas de necrópoles romanas dos distritos de Portalegre e de Évora. *Conímbriga* XXV, p. 99-129.

PONTIS, 1999 Pontis, Grupo de Estudos Arqueológicos de Ponte de Sôr = *Carta Arqueológica de Ponte de Sôr.* Ponte de Sôr, Câmara Municipal de Ponte de Sôr.

POTTER, 1979 Potter, T. W. = *The changing landscape of South Etrúria.* London, Paul Elek.

QUINTELA, CARDOSO & MASCARENHAS, 1987 Quintela, António de Carvalho; Cardoso, João Luís & Mascarenhas, José Manuel = *Aproveitamentos Hidráulicos Romanos a Sul do Tejo: contribuição para a sua inventariação e caracterização.* Lisboa, Ministério do Plano e da Administração do Território.

1999 Barrages romains au sud du Tage (Portugal). *In:* Gorges & Rodríguez Martin (eds), p. 197-226.

RAMIREZ SÁDABA, 1993 Ramirez Sádaba, José Luis = Dos termini augustales del territorium emeritense; uno de Valencia del Ventoso y otro de Montemolín. *Veleia* 10, p. 301-305.

2004 Las comunicaciones en el *territorium* emeritense. *In:* Gorges, Cerrillo & Nogales Basarrate (eds.), p. 109-116.

REDDÉ, 2003 Reddé, Michel (ed.) = *La naissance de la ville dans l'Antiquité. De l'Archéologie à l'Histoire.* Paris, Diff. De Boccard.

REIS, 2004 Reis, Maria Pilar = *As termas e os balneários romanos da Lusitânia.* (Studia Lusitana 2), Mérida, Museo Nacional de Arte Romano.

REMESAL RODRÍGUEZ, 2008 Remesal Rodríguez, José = La *villa* como sistema económico. *In:* Revilla Calvo, González Pérez & Prevosti Monclús (Eds.), *Actes del simposi "Les Vil·les romanes a la Tarraconense. Implantació, evolució i transformació. Estat actual de la investigació del món rural en època romana*". (Monografies 10) Barcelona, Museu d'Arqueologia de Catalunya, p. 49-54.

REVELL, 2009 Revell, Louise = *Roman imperialism and local identities.* Cambridge, Cambridge University Press.

REVILLA CALVO, 1992-1994 Revilla Calvo, Victor = Poblamiento y economia en el Bajo Ebro en época romana. Bases para un modelo de paisaje rural. *Lvcentvm* XI – XIII, p. 145-163.

1995 Producción cerámica, viticultura y propiedad rural en Hispania Tarraconensis (siglos I a.C.- III d.C.). *Gerion* 13, p. 305-338.

REYNOLDS, 1995 Reynolds, Paul = *Trade in the Western Mediterranean AD 400-700: the ceramic evidence.* (BAR International Series 604) Oxford, Tempvs Reparatvm.

2005 Hispania in the Late Roman Mediterranean: ceramics and trade. *In*: Bowes & Kulikowski (ed.), p. 369-485.

RIBEIRO, 2003 Ribeiro, Ana = Contributo para o conhecimento do povoamento rural romano no concelho de Borba. A *villa* da Cerca. *al-madan* IIª Série, 12, p. 47-53.

2008 Uma primeira leitura da Carta Arqueológica de Avis. *al-madan – adenda eletrónica*, II Série (16) [http:// **www.almadan.publi.pt**].

2010 Novos elementos para o estudo do sítio arqueológico da Ladeira, Ervedal – resultados preliminares da primeira fase do projecto de investigação. *Vialibvs – Revista de Cultura da Fundação Arquivo Paes Teles.* nº 2, p. 35-64.

RIBEIRO, 2002 Ribeiro, José Cardim (coord.) (2002) *Religiões da Lusitânia. Loquuntur Saxa.* Lisboa.

RIBEIRO, 1987a Ribeiro, Orlando = *Portugal: o Mediterrâneo e o Atlântico.* 5ª Edição, Lisboa, Livraria Sá da Costa.

1987b *Introdução ao estudo da geografia regional.* Lisboa, Livraria Sá da Costa.

RIBEIRO & LAUTENSACH, 1987 Ribeiro, Orlando & Lautensach, Hermann. = *Geografia de Portugal.* 4ª edição, Lisboa, Edições Sá da Costa.

RIPOLL & ARCE, 2001 Ripoll, Gisella & Arce, Javier = Transformación y final de las *villae* en occidente (siglos IV-VIII): problemas y perspectivas. *Arqueología y territorio medieval* nº 8, p. 21-54.

ROCHA, 2005 Rocha, Leonor = *As origens do megalitismo funerário no Alentejo Central: a contribuição de Manuel Heleno.* Tese de doutoramento apresentada à FLUL[policopiada].

2011 Contributo para o conhecimento do património arqueológico no concelho de Sousel. *In*: Carneiro, Rocha, Morgado e Oliveira, p. 351-360.

RODRIGUES & PEREIRA, 1987 Rodrigues, Jorge & Pereira, Paulo = Alguns elementos medievais encontrados em Flor da Rosa (Concelho do Crato). *Actas das 1as Jornadas de Arqueologia do Norte Alentejano*, p. 183-191.

RODRIGUES, 1975 Rodrigues, Maria da Conceição, *Carta Arqueológica do concelho de Castelo de Vide*, Lisboa, Junta Distrital de Portalegre.

RODRÍGUEZ MARTÍN, 1988 Rodríguez Martin, F. Germán = La villa romana de la dehesa de Torre Águila en Barbaño – Montijo (Badajoz). *Extremadura Arqueologica* I, p. 201-219.

1990 Algunas notícias sobre la producción de aceite en las Vegas del Guadiana (entre Talavera – Barbaño), durante los primeros siglos del Imperio (I-III d.C.). *XII Jornadas de viticultura y enología de Tierra de Barros*, Almendralejo 7-11 de Mayo de 1990 Zafra, Junta da Extremadura [policopiado], p. 273-281.

1999 Los asentamientos rurales romanos y su posible distribución en la cuenca media del Guadiana. *In:* J.G. Gorges e F.G. Rodríguez Martin (eds), p. 121-134.

2002 La cuenca media del Guadiana entre los siglos V-VII d.C. Un espacio en transformación en un contexto de transición. *Actas de los V encuentros de Historia en Montijo*, Badajoz, Diputacion de Badajoz, p. 19-35.

2006 La comercialización de productos emeritenses hacia los campamentos astures durante el Alto Imperio. *In*: Morillo Cerdán (ed.) – *Arqueología militar romana en Hispania. Producción y abastecimiento en el ámbito militar*. Universidad de León, p.185-204.

RODRÍGUEZ MARTÍN & CARVALHO, 2008 Rodríguez Martin, F. Germán, e Carvalho, António = Torre Águila y las villas de la Lusitania interior hasta el occidente atlántico. *In:* Fernández Ochoa, García-Entero e Gil Sendino (eds.), p. 301-344.

RODRIGUEZ MARTÌN & GORGES, 2006 Rodriguez Martín, Germán & Gorges, Jean--Gérard = La estructuración del paisaje antiguo en el territorio emeritense en el Alto Imperio: el ejemplo del valle medio del Guadiana. *Arqueologia Espacial* 26, p. 171-191.

ROLDAN GOMEZ, 2007 Roldan Gomez, Lourdes = Edilicia romana. Un arte al servicio de la técnica. *In*: Trinidad Nogales Basarrate & Pilar Fernández Uriel (eds), *Ciencia y tecnología en el mundo antiguo*. (Monografias Emeritenses 10), Merida, MNAR, p. 157-175.

ROMERAL PÈREZ, 2001 Romeral Pérez, Carlos Garcia = *Bio-bibliografia de viajeros por España y Portugal*. 3 vols., Madrid, Ed. Ollero y Rams.

ROMIZZI, 2006 Romizzi, Lucia = Le ville tardo-antiche in Italia. *In*: Chavarría, Arce & Brogiolo (eds) p. 37-59.

RORISON, 2001 Rorison, Monica = *Vici in Roman Gaul*. (BAR International Series 933), Oxford, Tempvs Reparatvm.

ROSA, 2001 Rosa, Jorge = *Montalvão. Ecos duma história milenar*. Lisboa, Edições Colibri/ Câmara Municipal de Nisa.

ROSSITER, 2000 Rossiter, J. J. = Interpreting roman villas. Rez. zu J. T. Smith, Roman Villas. *Journal of Roman Archaeology* vol. 13, p. 572-577.

SAA, 1956-1967 Saa, Mário de = *As grandes vias da Lusitânia: O itinerário de Antonino Pio*. Lisboa, Ed. Autor, 6 volumes [Tomo I, 1956; Tomo II, 1957; Tomo III, 1960; Tomo IV, 1963; Tomo V, 1964; Tomo VI, 1967].

SABIO GONZÁLEZ, 2008 Sabio González, R. = *Villas, propietarios y nombres de lugar en la Hispania Romana. Metodología toponímica y catálogo de los casos recogidos en Castilla- La Mancha y Madrid*. (Colección Monográfica, Serie Historica 1) Madrid, La Ergástula.

SAEZ FERNANDEZ, 1987 Saez Fernandez, Pedro = *Agricultura romana de la Bética I*. Écija, Monografias del Departamento de Historia Antigua de la Universidad de Sevilla.

2002 Algunas consideraciones sobre el território de las ciudades de la Bética. *In*: Gonzalez Roman, Cristobal, & Padilla Arroba, Ángel (eds), *Estudios sobre las ciudades romanas de la Bética*. Granada, Universidad de Granada, p. 390-445.

SALAMITO, 2000 Salamito, Jean-Pierre = Prédication chrétienne et mentalité aristocratique: aspects occidentaux d'une confrontation (Ive – Ve siècle). *In*: Santos, Juan, e Teja, Ramón (eds), *El Cristianismo. Aspectos históricos de su origen y difusión en Hispânia*. Actas del Symposium de Vitoria-Gasteiz, 25 a 27 de Novembro de 1996. Vitoria-Gasteiz, Instituto de Ciências de la Antigüedad, p. 37-52.

SANTOS & TEJA (2000) Santos, Juan, e Teja, Ramón (eds) = *El Cristianismo. Aspectos históricos de su origen y difusión en Hispânia*. Actas del Symposium de Vitoria-Gasteiz, 25 a 27 de Novembro de 1996. Vitoria-Gasteiz, Instituto de Ciências de la Antigüedad.

SANZ SERRANO, 2007 Sanz Serrano, Rosa = Aristocracías paganas en Hispania Tardía (s. V-VII). *Gerión*, vol. 25 (Extra nº 1), p. 443-480.

SARABIA BAUTISTA & MUÑOZ OJEDA, 2004-2005 Sarabia Bautista, Julia & Muñoz Ojeda, Francisco Javier = "Los mármoles de La Vega (Balazote, Albacete). Tipos y morfología". *Lucentum*. XXIII-XXIV, p. 157-163.

SARNADAS, 1996 Sarnadas, Hernâni = Levantamento arqueológico da área da bacia de enchimento da barragem de Póvoa e Meadas. *Actas do II encontro de história regional e local do distrito de Portalegre*, Lisboa, Associação dos Professores de História, p. 52-62.

SCOTT, 2000 Scott, Sarah = *Art and society in fourth-century Britain: villa mosaics in context*. (Monographs 53), Oxford, Oxford University of Archaeology.

2004 Elites, exhibitionism and the society of the late Roman Villa. *In:* Christie, Neil (ed.), p. 39-65.

SEPÚLVEDA & CARNEIRO, 2011 Sepúlveda, Eurico & Carneiro, André = Marcas de oleiro em terra sigillata exumadas no actual concelho de Fronteira. Um indicador fiável de trocas comerciais? *In:* Carneiro, Rocha, Morgado & Oliveira (ed.), p. 203-222.

SEPÚLVEDA & CARVALHO, 1998 Sepúlveda, Eurico & Carvalho, António = Cerâmicas de paredes finas no Museu Municipal de Elvas. *Conimbriga*, Vol. XXXVII, p. 233-265.

SERRAS, 1997 Serras, Augusto = *Cabeço de Vide – Vila – Memórias de um povo de ontem e de hoje*. 2ª ed., Cabeço de Vide: Edição da Junta de Freguesia de Cabeço de Vide [1ª ed. 1990].

SFAMENI, 2004 Sfameni, Carla = Residential villas in Late Antique Italy: continuity and change. *In*: Bowden, Lavan, Machado (ed), p. 335-376.

2006a Commitenza e funzioni delle ville «residenziali» tardoantiche tra fonti archeologiche e fonti letterarie. *In*: Chavarría, Arce & Brogiolo (ed.), p. 61-72.

2006b *Ville residenziali nell'Italia tardoantica*. Bari, Edipuglia.

SILBERT, 1966 Silbert, Albert = *Le Portugal méditerranéen à la fin de l'Ancien Régime (XVIIIe – début du XIXe siècle). Contribution à l'histoire agraire comparée*. 2 vols., Paris.

SILLIERES, 1982 Sillières, Pierre = Centuriation et voie romaine au Sud de Mérida: cointribution à l'délimitation de la Bétique et de la Lusitanie. *Mélanges de la Casa de Vélazquez* (XVIII – 1), p. 439-443.

1990 *Les voies de communication de l'Hispanie méridionale*. Publications du Centre Pierre Paris 20, Paris.

1994 Les prémiers établissements romaines de la région de Vila de Frades. *In* J.-G Gorges e M. Salinas de Frías (eds.), p. 89-98.

SILVA & ENCARNAÇÃO, 1990 Silva, José Rafael e Encarnação, José d' = Uma placa monumental de Ponte de Sor. *Ficheiro Epigráfico* 36 nº 162.

SILVA, 1895 Silva, Manuel de Mattos = Notícia das antiguidades pré-históricas do concelho de Avis. "Anta Grande" da Ordem. *O Archeologo Português* I, p. 120-125 e 214-216.

1896 Notícia das antiguidades pré-históricas do concelho de Avis. *O Archeologo Português* II, p. 239-240

SIMÕES, 2007 Simões, João Miguel = *Borba. Património da vila branca*. Lisboa, Edições Colibri/Câmara Municipal de Borba.

SOTTO MAIOR, 1984 Sotto Maior, Diogo Pereira = *Tratado da cidade de Portalegre*. Lisboa, Imprensa Nacional-Casa da Moeda [1ª ed. 1619].

SOTTOMAYOR MUROS, 2004 Sottomayor Muros, Manuel = Términos de la organización territorial eclesiástica de los concílios hispano-romanos y visigodos. C. Balmelle, P.

Chevallier e G. Ripoll (ed.) *Mélanges d'Antiquité Tardive (II) De Ínfima Antiqvitate Stvdiola in honorem Noël Duval*, Brepols Publishers, p. 283-297.

STEPHENSON, 2006 Stephenson, John W. = *A social history of Late Roman Villas in Hispania.* Dissertation submitted to the Faculty of the Graduate School of Emory University for the degree of Doctor in Philosophy, [policopiado].

SUBTIL, 2001 Subtil, Manuel = *Vale do Peso. História e tradição.* 2ª ed., Vale do Peso, Junta de Freguesia de Vale do Peso.

TARPIN, 2002 Tarpin, Michel = *Vici et pagi dans l'Occident romain.* (Coll. de l'école française de Rome nº 229) Paris-Rome, École Française de Rome.

TEICHNER, 1994 Teichner, Felix = Acerca da villa romana de Milreu/Estói – Continuidade da ocupação na Época Árabe. *Arqueologia Medieval* nº 3, Mértola, p. 89-100.

2000 Christianization, Romanization and Islamicization in southern Lusitania. *Antiquity* 74.

2008 Entre tierra y mar. Zwischen land und meer. Architektur und Wirtschaftsweise ländlicher siedlungsplätze im Süden der römischen Provinz Lusitanien (Portugal). Studia Lusitania 3, Merida, MNAR, 2 volumes.

TERRENATO, 2001 Terrenato, Nicola = The Auditorium site in Rome and the origins of the villa. *Journal of Roman Archaeology* Volume 14, p. 5-32.

THÉBERT, 2003 Thébert, Yvon = *Thermes romains d'Afrique du Nord et leur contexte méditerranéen. Études d'histoire et d'archéologie.* Rome, École française d'archéologie (Bibliothéque des Écoles françaises d'Athènes et de Rome 315).

TIMÓTEO, 1978 Timóteo, Maria Abranches = Arqueologia romana do concelho de Alter do Chão (Subsídios para o seu estudo), *Actas das IIIas Jornadas Arqueológicas.* Lisboa, Associação dos Arqueólogos Portugueses, p. 273-292.

VALDEZ, PINTO & NISA, 2008 Valdez, Joana; Pinto, Filipa & Nisa, João = Sepulturas escavadas na rocha do Monte do Biscaia. *al-madan –adenda electrónica* IIª Série (16) [http://www.almadan.publi.pt].

VALLAT, 2004 Vallat, Jean-Pierre = Prospections, fouilles et perspectives de l'histoire économique et sociale: l'exemple de l'Italie. *Pallas* 64, p. 35-61.

VAQUERIZO GIL & CARRILLO DIAZ-PINES, 1995 Vaquerizo Gil, D. e Carrillo Diaz--Pines, J. R. = The roman villa of El Ruedo (Almedinilla, Cordoba). *Journal of Roman Archaeology*, 8, p. 121-154.

VARELA, 1915 Varela, Aires = *Theatro das antiguidades d'Elvas com a historia da mesma cidade e descripção das terras da sua comarca.* Elvas, Typ. António José Torres de Carvalho.

VASCONCELLOS, 1895a Vasconcellos, José Leite de = Notícias várias. 4. Inscripção romana de Benavilla. *O Archeologo Português* I, p. 224.

1895b Notícias várias e perguntas. *O Archeologo Português* I, p. 64.

1895c Culto de Prosérpina (No Alto-Alemtejo, na epocha luso-romana). *O Archeologo Português* I, p. 244-246.

1896 Acquisições do Museu Municipal de Elvas. *O Archeologo Português*, II, p. 2-5.

1897 Lapide romana de Villa-Boim. *O Archeologo Português* III, p. 121.

1905 *Religiões da Lusitânia.* 2º vol., Lisboa, INCM [reimp. 1989].

1910 Chronica. Excursão archeológica. - Excavações. – Acquisições. *O Archeologo Português.* Série I, p. 247-252.

1914 Crónica – Excursão alentejana. *O Archeologo Português* XIX, p. 392-397.

1916a Entre Tejo e Odiana. *O Archeologo Português*, XXI, p. 152-195.

1916b Notas epigráficas – 1. Dois monumentos sepulcrais do Alentejo. *O Archeologo Português* XXI (1-2), p. 316-319.

1921-1922 Notícias arqueológicas do Alto Alentejo. *O Archeologo Português*, XXV, p. 118-123.

1927-1929 Antiguidades do Alentejo. *O Archeologo Português*, XXVIII, p. 158-200.

1930-1931 Antiguidades alentejanas. *O Archeologo Português*, XXIX, p. 173-187.

1942 *Etnografia portuguesa – tentame de sistematização*. Lisboa, Imprensa Nacional Casa da Moeda [III vol.].

VELÁZQUEZ, 1989 Velázquez, Isabel = *Las pizarras visigodas: edición crítica y estudio*. Murcia, Junta de Castilla y León.

2004 *De constrvctione*: lengua y literatura técnica en las *etimologías* de Isidoro de Sevilla (a propósito de unos trabajos recientes de Montero Cartelle 2001 y 2003). *Sacralidad y Arqueología. Antiguidad Cristiana* XXI, Murcia, p. 203-235.

2005 *Hagiografia y culto a los santos en la Hispânia visigoda: aproximación a sus manifestaciones literárias. Cuadernos emeritenses* 32, Mérida, Museo Nacional de Arte Romano.

VELAZQUEZ JIMENEZ, 1988 Velazquez Jimenez, Agustin = Una Helvia, flaminica en Augusta Emerita. *Anas* nº 1, p. 125-132.

VIANA, 1950 Viana, Abel = Contribuição para a arqueologia dos arredores de Elvas. *Trabalhos de Antropologia e Etnologia,* Vol.12 (3-4), p. 289-322.

1953 Notas de Arqueologia alto-alentejana. Cerâmica luso-romana do Museu Arqueológico de Vila Viçosa. *A Cidade de Évora*, ano X (33-34), Jul.-Dez., p. 235-258.

1955 Notas de corografia arqueológica. *Brotéria*, Vol.LXI, p. 545-556.

1956 *Algumas notas sobre António Dias de Deus e suas pesquisas arqueológicas no concelho de Elvas.* Beja, Minerva Comercial.

1959 *Vidros Romanos em Portugal: breves notas.* Separata de *Trabalhos de Antropologia e Etnologia*, vol. 18, Porto.

VIANA & DEUS 1950a Viana, Abel & Deus, António Dias de = Necrópolis celtico-romanas del concejo de Elvas. *Archivo Español de Arqueología,* Vol. 23 (nº80), p.229-253.

1950b Explorações de algumas necrópoles celtico-romanas do Concelho de Elvas. *XIII Congresso Luso-espanhol Para o Progresso das Ciências: 7ª secção – Ciências Históricas e Filosóficas,* Tomo VIII, Lisboa, Associação Portuguesa para o Progresso das Ciências, p. 67-74.

1951 Exploración de algunos dólmenes de la región de Elvas, Portugal. *Crónica del II Congreso Arqueológico Nacional*, Madrid, p. 185-201.

1955a Nuevas Necrópolis celto-romanas de la region de Elvas (Portugal). *Archivo Español de Arqueologia*, Vol.28, p.33-68.

1955b Necropolis de la Torre das Arcas. *Archivo Español de Arqueología*, Vol.28 (92), p. 244-265.

1955c Notas para o estudo dos dolmens da Região de Elvas. Trabalhos de Antropologia e Etnologia, Vol.XV (3-4), p.143-189.

1956 Campos de Urnas do Concelho de Elvas. *O Instituto*, vol. 118, p.133-193.

VIEGAS, NOLEN & FERRER DIAS, 1981 Viegas, João Rosa; Nolen, Jeannete U. Smit & Ferrer Dias, Maria Luísa = *A Necrópole de Santo André.* Coimbra, IAFLUC (Separata de *Conímbriga* Vol. XX).

VIEIRA, 2004 Vieira, Marina Afonso = *Alto Paiva. Povoamento nas épocas romana e alto--medieval.* (Trabalhos de Arqueologia 36), Lisboa, Instituto Português de Arqueologia.

VIGIL-ESCALERA GUIRADO, 2006 Vigil-Escalera Guirado, Alfonso = El modelo de poblamiento rural en la Meseta y algunas cuestiones de visibilidad arqueológica. *In*: Lopez Quiroga, Martinez Tejera, Morín, (eds) *Gallia e Hispania en el contexto de la presencia "germánica" (s. V-VII). Balance y perspectivas*. Actas de la mesa redonda, Madrid, 19-20 Deciembre 2005. (BAR International Series 1534), Oxford, p. 89-108

VILAR, 1996 Vilar, Hermínia Vasconcelos = Uma fronteira entre poderes: as dioceses de Évora e da Guarda no nordeste alentejano. *Revista de Guimarães* nº 106, p. 152-174.

VILLANUEVA ACUÑA, 1991 Problemas de implantación agrária romana y la organización del território en la Península Ibérica en el Alto Império. *Espacio, Tiempo y Forma. Historia Antigua* 4, p. 319-350.

1994 Aspectos de la organización económica de las villas de Hispania. *Espacio, Tiempo y Forma. Historia Antigua* 7, p. 105-139.

WARD-PERKINS, 1984 Ward-Perkins, Bryan = *From classical antiquity to the Middle Ages*. Oxford.

2006 *A queda de Roma e o fim da civilização*. Lisboa, Aletheia Editores.

WEBSTER, 2001 Webster, Jane = Creolizing the Roman provinces. *American Journal of Archaeology*, Volume 105 nº 2, p. 209-226.

WHITE, 1970 White, K.D. = *Roman farming*. London, Thames and Hudson.

WICKHAM, 1984 Wickham, Chris = The other transition: from ancient World to feudalismo. *Past and Present*, núm. 103, p. 3-36.

2008 *Una historia nueva de Alta Edad Media. Europa y el mundo mediterráneo, 400-800*. Barcelona, Crítica.

WITCHER, 1999 Witcher, Robert = GIS and landscapes of perception. *In*: Barker, G. & Mattingly, D. (eds), The *Archaeology of Mediterranean Lanscapes* vol. 3, Geographical Information Systems and landscape Archaeology. London, Oxbow Books, p. 13-21

WOOD & QUEIROGA, 1992 Wood, Mark, & Queiroga, Francisco (eds) = *Current research on the romanization of the Western provinces*. (BAR International Series S575) Oxford, Tempvs Reparatvm.

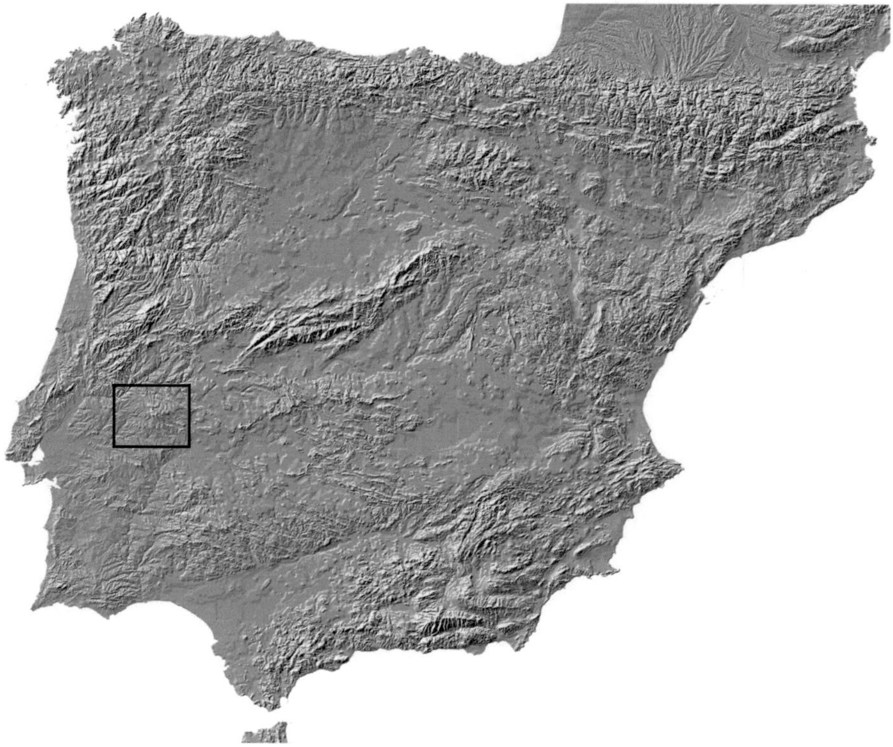

Figura 1 - Localização da área em estudo na Península Ibérica

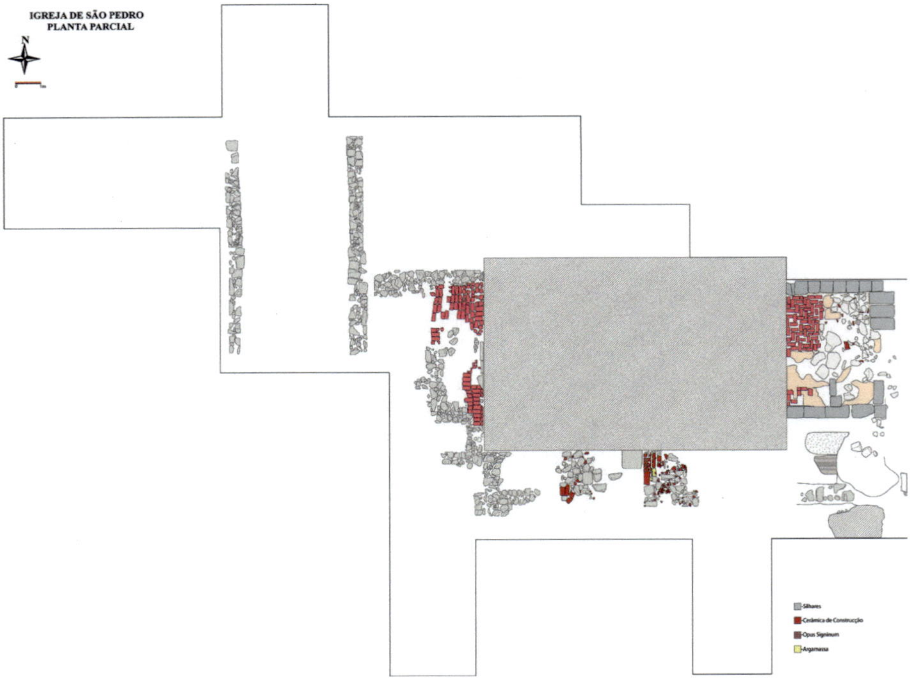

Figura 2 - Planta geral da igreja de São Pedro (Fronteira, 10.01), sector ISP.
Desenho de Pedro Lourenço

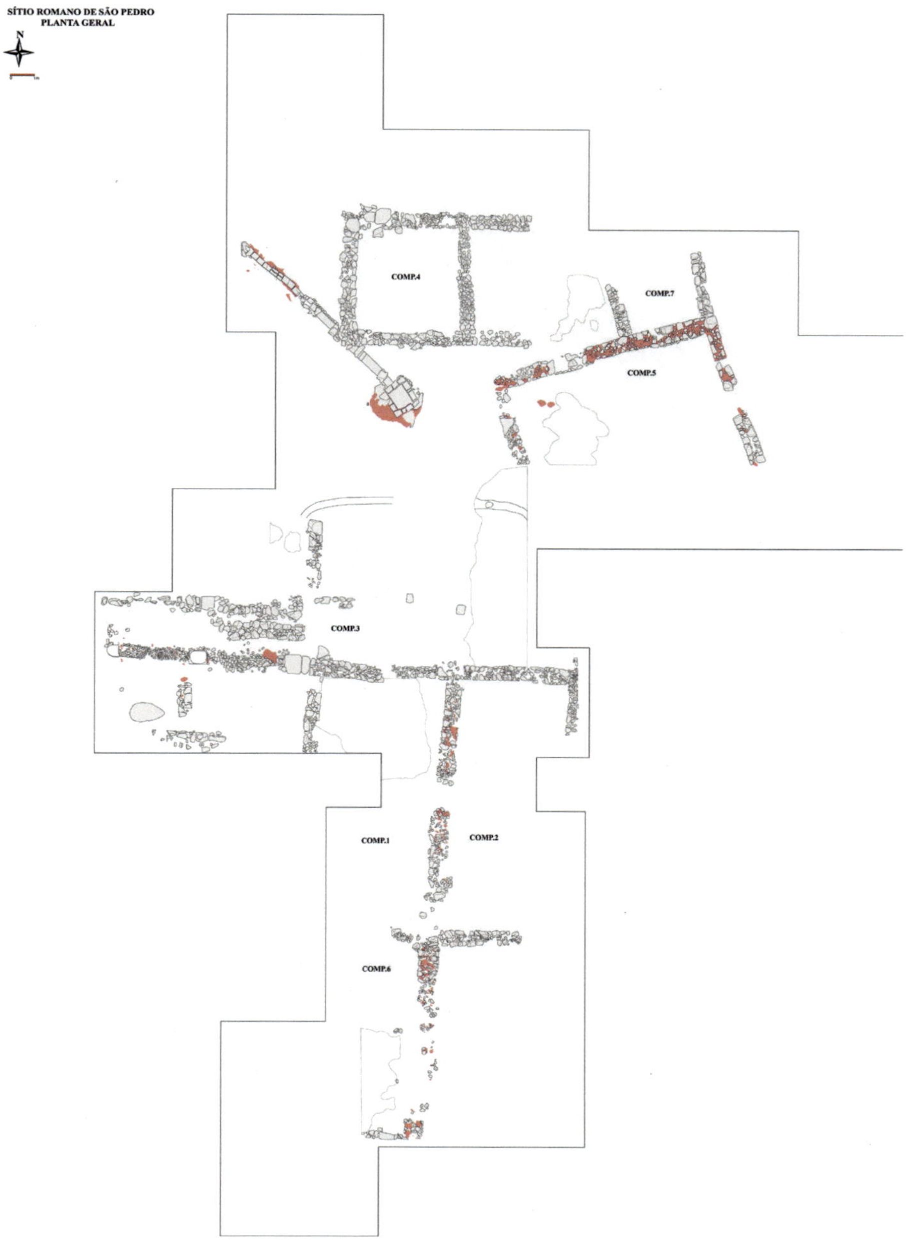

Planta geral de São Pedro (Fronteira, 10.01), sector SPD. Desenho de Pedro Lourenço

Casa de Alvalade (01.08): lanço melhor conservado do grande muro existente no local

Casa de Alvalade (01.08): vista geral do topo do local a partir do caminho de acesso.

Convento de S. Veríssimo (01.11): Vista da actual vila de Seda a partir da plataforma onde se implanta o sítio arqueológico. Em primeiro plano, um silhar de granito

Monte da Granja (02.22): alinhamentos de muros e possível entrada original do sítio, sob os pilares.

Torre (02.24): construção mais recente reaproveitando numerosos materiais de época romana

S. Bartolomeu / Revelhos (02.40): vista geral da igreja a partir de Sul. O sítio romano poderá estar implantado na base da elevação.

Horta Nova (02.44): grande compartimento rectangular em meio a mais construções.

Monte do Reguengo / Igreja de N. Sr^{a}. da Lameira (02.49): Alinhamento de muro com blocos pétreos de grande dimensão.

Monte das Freiras (02.50): canto de um compartimento visível junto ao regolfo da albufeira.

M. Srª Entre Águas (03.03): epígrafe funerária reaproveitada (canto superior esquerdo) e materiais de construção romana também reaproveitados (lado direito), na parte posterior da actual igreja.

Zumbrete (04.02): vista a partir do sítio, com manchas de materiais em primeiro plano

Nogueira (04.13): laje de mármore picotada deixada no local

Nogueiras (04.13): pedreira romana da Horta Nova, contígua ao sítio arqueológico.

S. Salvador (05.13): vista actual da área intervencionada no sítio arqueológico.

S. Salvador (05.13): outra perspectiva da área intervencionada.

Casão do Leandro (06.02): elementos reaproveitados em casão agrícola.

Casão da Machouqueira (06.04): elementos reaproveitados em casão agrícola.

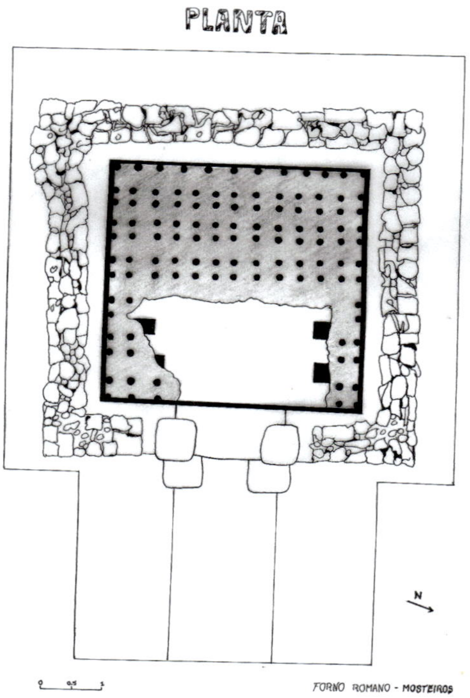

Mosteiros (06.05): planta geral do forno cerâmico identificado em sondagens arqueológicas.
Documento gentilmente cedido pelo Gabinete de Arqueologia de Castelo de Vide.

Mosteiros (06.05): zona na base da elevação onde trabalhos (arqueológicos?) colocaram à vista um canto de compartimento de época romana.

Mosteiros (06.05): extenso pavimento de opus signinum na plataforma intermédia.

Tapada Grande (06.10): vista do paredão da barragem.

Vale da Bexiga (06.13): vista actual da área, com materiais depositados em moroiço.

Azinhaga da Boa Morte (06.14): fotografia dos trabalhos arqueológicos ali realizados nos anos oitenta do século XX. Gentilmente cedida por Jorge de Oliveira.

Boa Morte (06.14): fotografia dos trabalhos arqueológicos ali realizados nos anos oitenta do século XX. Panorâmica de espaço habitacional com lareira. Gentilmente cedida por Jorge de Oliveira..

Boa Morte (06.14): vista actual de parte da necrópole.

Barragem da Póvoa (06.15): fotografia da década de oitenta do século XX mostrando a identificação dos vestígios após o refluxo do regolfo da albufeira. Gentilmente cedida por Jorge de Oliveira.

Barragem da Póvoa (06.15): vista actual de parte das estruturas.

Mascarro (06.24): fotografia dos trabalhos arqueológicos realizados nos anos oitenta do século XX. Imagem gentilmente cedida por Jorge de Oliveira.

Santa Marinha (06.25): vista geral da necrópole após os trabalhos de conservação ali realizados. Fotografia gentilmente cedida pelo Gabinete de Arqueologia de Castelo de Vide.

Lage do Ouro 2 (07.20): coluna reaproveitada em muro delimitador de propriedade.

Mosteiros (07.29): área de edificação vista a partir da linha de água.

Almarjão (07.43): Vista do aparelho construtivo da barragem.

S. Pedro/Silveira (08.11): ruínas da antiga igreja coroando uma elevação onde também se encontram materiais romanos. Na base existe um troço de via.

Carrão (08.19): abside pertencente à pars urbana.

Pomarinho de Torre das Arcas (08.29): troço conservado de conduta de água, provavelmente a terminação de um aqueduto.

Quinta das Longas (08.38): pavimento da sala 5 constituído por figuração de um chrismon no centro da abside. Fotografia de Danilo Pavone gentilmente cedida por António Carvalho (Projecto PEVLONG).

Quinta das Longas (08.38): pormenor do chrismon no centro da abside da sala 5. Fotografia de Danilo Pavone gentilmente cedida por António Carvalho (Projecto PEVLONG).

Correio-Mor (08.40): imagem parcial do interior do tanque a partir da parede este.

Correio-Mor (08.40): vista parcial do aqueduto.

Correio-Mor (08.40): um dos pesos de lagar depositados junto à casa agrícola.

Correio-Mor (08.40): núcleo de estruturas visíveis na terminação do aqueduto (a 18.02.2008; entretanto este conjunto foi destruído pela colocação de tubagens de rega).

Correio-Mor (08.40): núcleo 3 de estruturas aflorando.

Fonte Branca (08.44): vista geral da implantação com a cidade de Elvas ao fundo.

Alfaróﬁa (08.46): no sector anterior, troços de muro desmantelados pelos trabalhos de terraplanagem para as plantações de arrozais.

Ovelheira (08.50): alicerces de um conjunto estrutural implantado na possível entrada do sítio, na vertente norte.

Ovelheira (08.50): vista geral exterior do tanque.

Reguengo/S. Domingos de Ana Loura (09.13): área onde decorreu a intervenção arqueológica.

Senhora dos Mártires (09.16): vista de uma das paredes da grande estrutura hidráulica do Tanque dos Mouros.

Vista do vale da Aramenha e da cidade de Ammaia a partir do alto de São Mamede. À direita, a vila de Marvão.

Vale do Cano IV (12.04): pequena ara embutida na frontaria do casão agrícola. Em volta encontram-se materiais romanos e um peso de lagar.

Torre do Azinhal (12.07): vista da antiga construção registada por Afonso do Paço em 1949 e entretanto destruída. São visíveis alguns materiais pétreos em reaproveitamento.

Pereiro/Fadagosa (12.10): peso de lagar depositado junto à casa agrícola.

Pombais (12.11): vista actual das estruturas pertencentes ao balneário termal.

Monte Velho (12.12): Mancha de cerâmica de construção junto a sepultura escavada na rocha.

Monte Velho (12.12): Aglomerado de cerâmicas de construção em meio à área intervencionada por Afonso do Paço..

Patinha da Burra (12.18): um dos núcleos de construções mais próximas da linha de água.

Patinha da Burra (12.18): lagareta rupestre no centro do povoado, com materiais cerâmicos e pétreos depositados no topo.

Pitaranha (12.34): blocos deixados por terminar na área da pedreira.

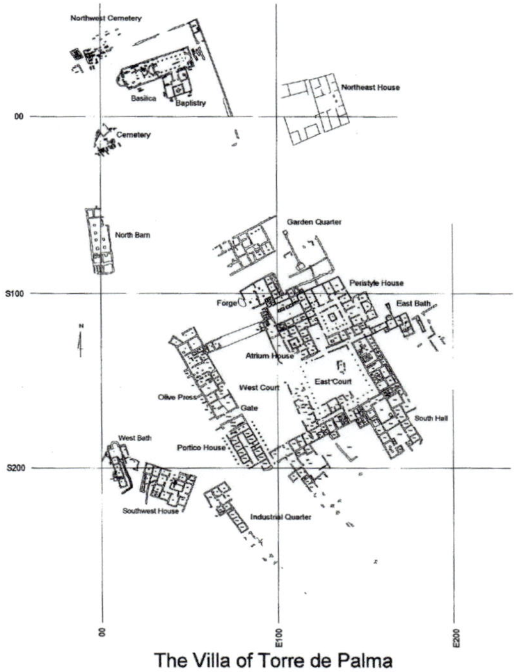

Torre de Palma (13.25): Planta geral retirada de Maloney & Hale, 1996.

Aldinha (13.50): Materiais de construção depositados no pátio do monte.

Fonte da Feia (14.08): as epígrafes dedicadas a Ivpiter Repvlsor terão sido encontradas, ou no topo da elevação de onde a imagem foi obtida, ou na fonte parcialmente visível em frente às casas do monte de Pêro Galego.

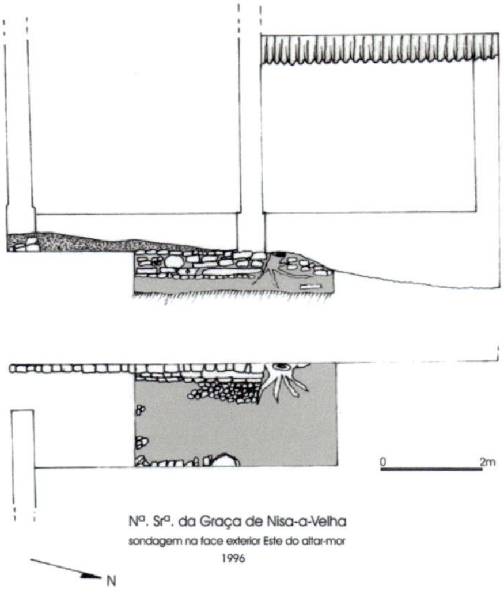

N. Sr.ª da Graça (14.14) - Imagem gentilmente cedida por Jorge de Oliveira: planta e alçado finais da sondagem arqueológica realizada em 1996 na face exterior Este do altar-mor da igreja, mostrando o aparelho construtivo (romano?) detectado sob a estrutura medieval.

N. Sr.ª da Graça (14.14): vista actual do complexo religioso. O templo romano estaria no topo da elevação, sob a actual igreja.

N. Srª da Graça (14.14): ara dedicada a Quangeio Tango (FE 23, nº 106) reaproveitada como lintel na construção anexa à ermida.

Fraguil (14.30): extensão de materiais cerâmicos visíveis à superfície.

Capela do Monte Novo 1 (15.05), ou Ermida da Senhora dos Prazeres, vista a partir do sítio 2 (15.06).

Frei Álvaro (16.02): alinhamentos de blocos de pedra definindo o limite da área do povoado.

Fortios (16.03): elemento arquitectónico paleo-cristão embutido na parede norte da igreja de S. Domingos.

Represa (17.05): imagem de parte do paredão da barragem.

Torre do Álamo (17.31): o monumento seiscentista apresenta dois pesos de lagar reaproveitados como material de construção e embutidos na porta de entrada.

Igreja de Santiago, Vila Viçosa: elemento paleocristão reaproveitado na fachada do edifício.

Lagoa (18.06): evidências de laboração em época romana. Em primeiro plano, cunhas para fractura de blocos; em segundo, negativo de extracção de um sarcófago.

Via XII: extensa recta muito bem conservada a oeste do Monte de Alcobaça (Elvas).

Via XII: diverticulum privado de acesso em direcção ao Monte da Aldinha (Monforte). Ao fundo da imagem identifica-se o Monte de Alcobaça, entre cujas casas transita a via.

Via XII: marco miliário (IRCP nº 674) reaproveitado como pilar da pia de água benta na Igreja de S. Maria em Evoramonte (Estremoz).

Via XIV: marco miliário colocado junto ao Monte da Coreia (Ponte de Sôr), a oeste da ponte de Vila Formosa.

Via XIV: ponte romana de Vila Formosa entre Ponte de Sôr e Alter do Chão.

Via XIV entre Monte do Carrão e Cascalheira (Alter do Chão): alinhamento de moroiços em sequencia que são o resultado do desmonte da calçada feito pelo proprietário do terreno.

Via XIV: Barbacena (Elvas), ponte que poderá ter reconstruído uma antecessora romana, em zona onde foram encontrados miliários e uma epígrafe funerária.

Via XIV: troço rebaixado e com guardas laterais a seguir a S. Vicente e Ventosa (Elvas). Ao fundo, no topo da elevação, a antiga igreja de S. Pedro (08.11).

Via XV: vista do alicerce mais bem conservado da ponte romana de N. Srª da Enxara (Campo Maior).

Via XV: troço em rampa ascendente que parte de Granja do Peral em direcção a S. Bartolomeu/Herdade de Revelhos (Arronches).

Via XV: vista de um troço entre Arronches e Assumar (Monforte). Observe-se a largura do actual caminho público, superior ao habitual nesta região.

Via XV: troço entre o IP2 e o Monte da Chaminé. Guardas laterais ainda conservadas.

Via XV: troço a Oeste do Monte da Chaminé, na divisória concelhia entre Monforte e Portalegre. Aflorando estão guardas laterais em pedra.

Via XV: elemento de granito que poderá ter pertencido a um marco miliário, implantado no troço próximo da ribeira da Navalha. Serve ainda hoje como delimitador de propriedades e de concelhos entre Monforte e Portalegre.

Via XV: junto ao elemento anterior, um outro delimitador de território: um marco sinalizando os domínios da Ordem de Avis, implantado junto ao troço da via.

Possível via XV: poldra na passagem da ribeira junto ao sítio de Fraguil (Alpalhão, Nisa) com silhares de granito.

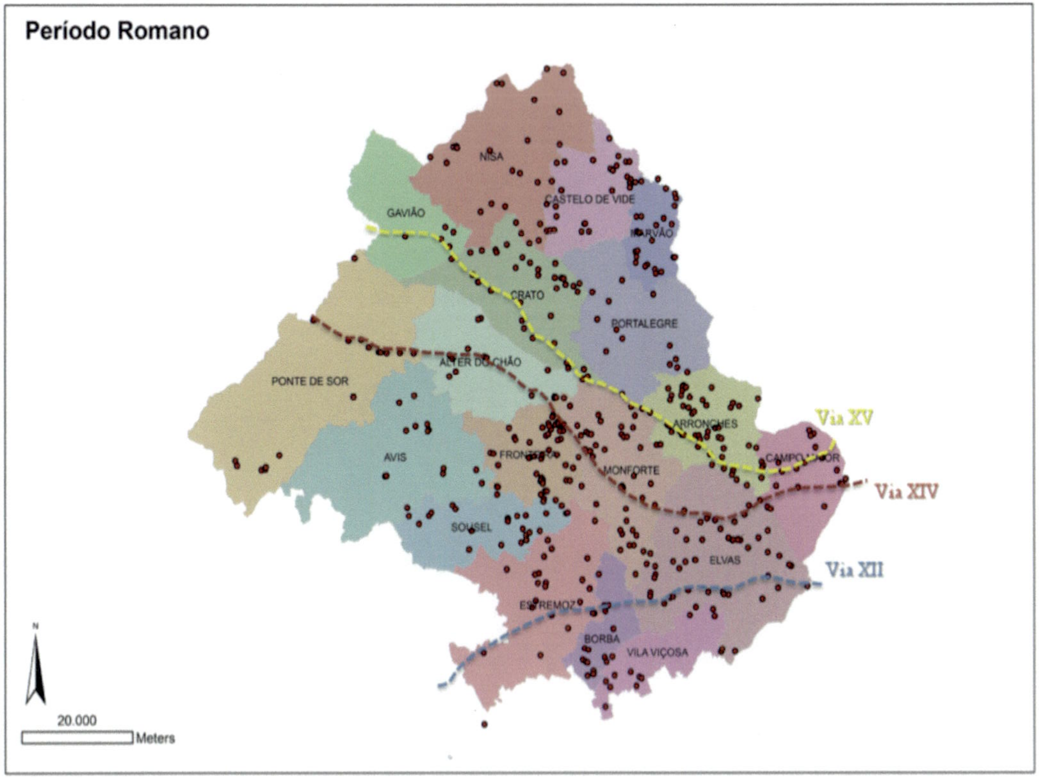
Período Romano
NISA
GAVIÃO
CASTELO DE VIDE
MARVÃO
CRATO
PORTALEGRE
ALTER DO CHÃO
PONTE DE SOR
ARRONCHES
Via XV
MONFORTE
Via XIV
AVIS
SOUSEL
ELVAS
Via XII
ESTREMOZ
BORBA
VILA VIÇOSA
N
20.000
Meters

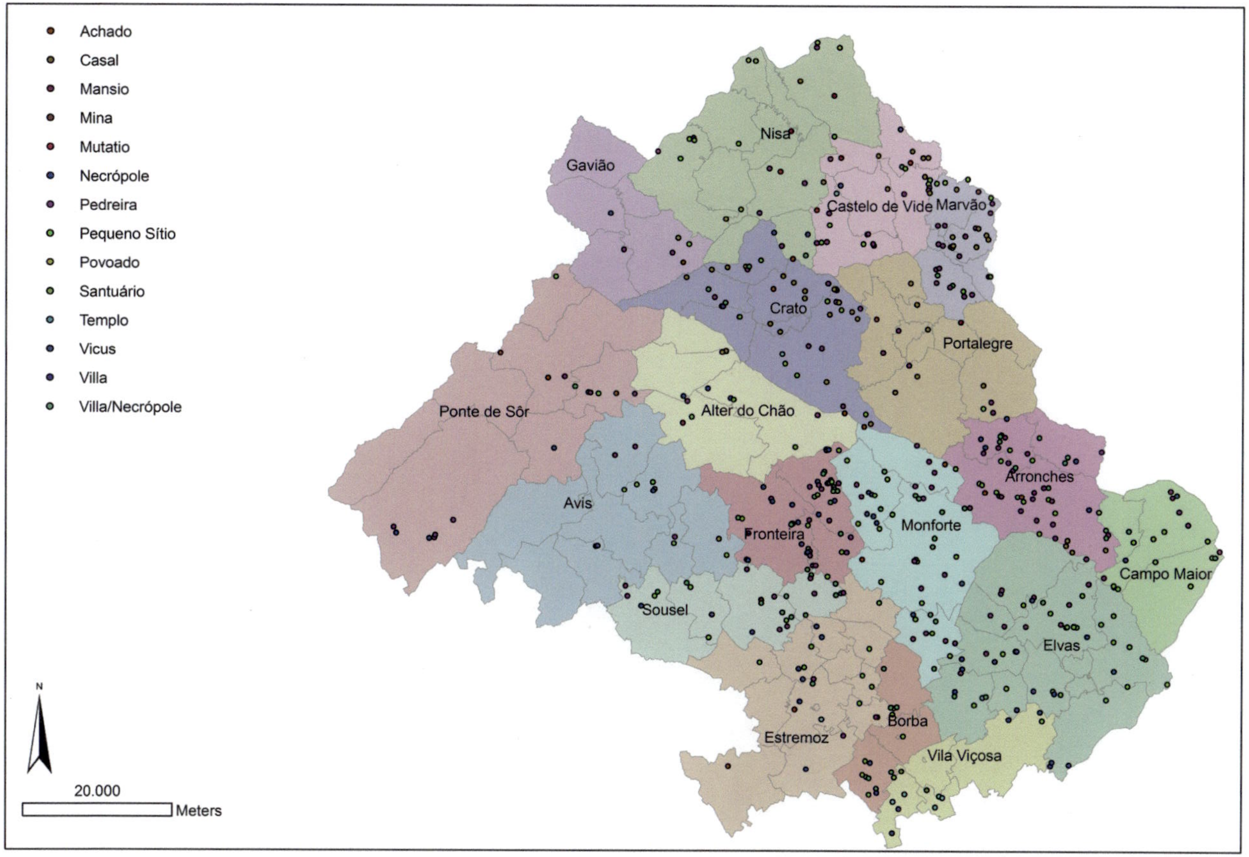
Achado
Casal
Mansio
Mina
Mutatio
Necrópole
Pedreira
Pequeno Sítio
Povoado
Santuário
Templo
Vicus
Villa
Villa/Necrópole
N
20.000
Meters
Nisa
Gavião
Castelo de Vide
Marvão
Crato
Portalegre
Ponte de Sôr
Alter do Chão
Arronches
Avis
Fronteira
Monforte
Campo Maior
Sousel
Elvas
Borba
Estremoz
Vila Viçosa

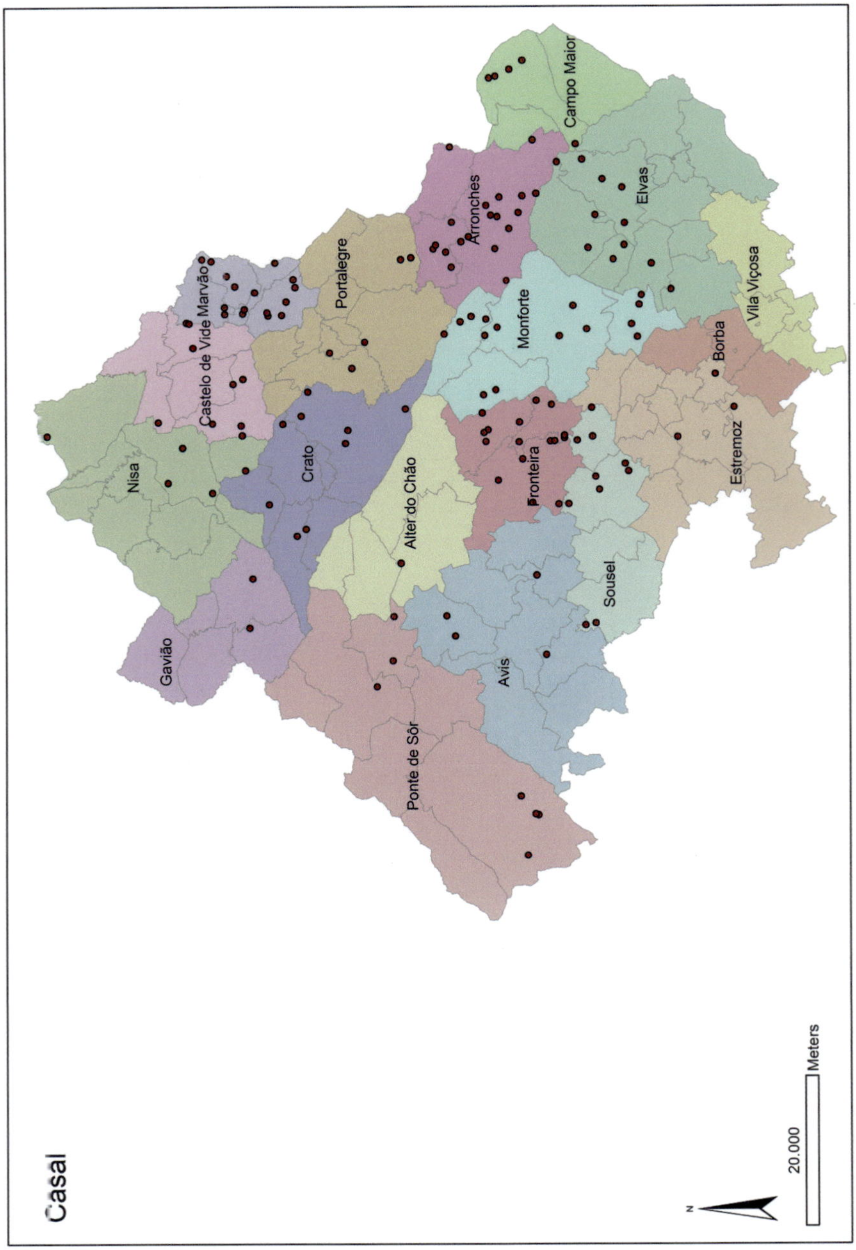
Casal
Campo Maior
Elvas
Arronches
Vila Viçosa
Portalegre
Castelo de Vide Marvão
Monforte
Borba
Crato
Alter do Chão
Fronteira
Estremoz
Nisa
Sousel
Avis
Gavião
Ponte de Sôr
N
20.000
Meters

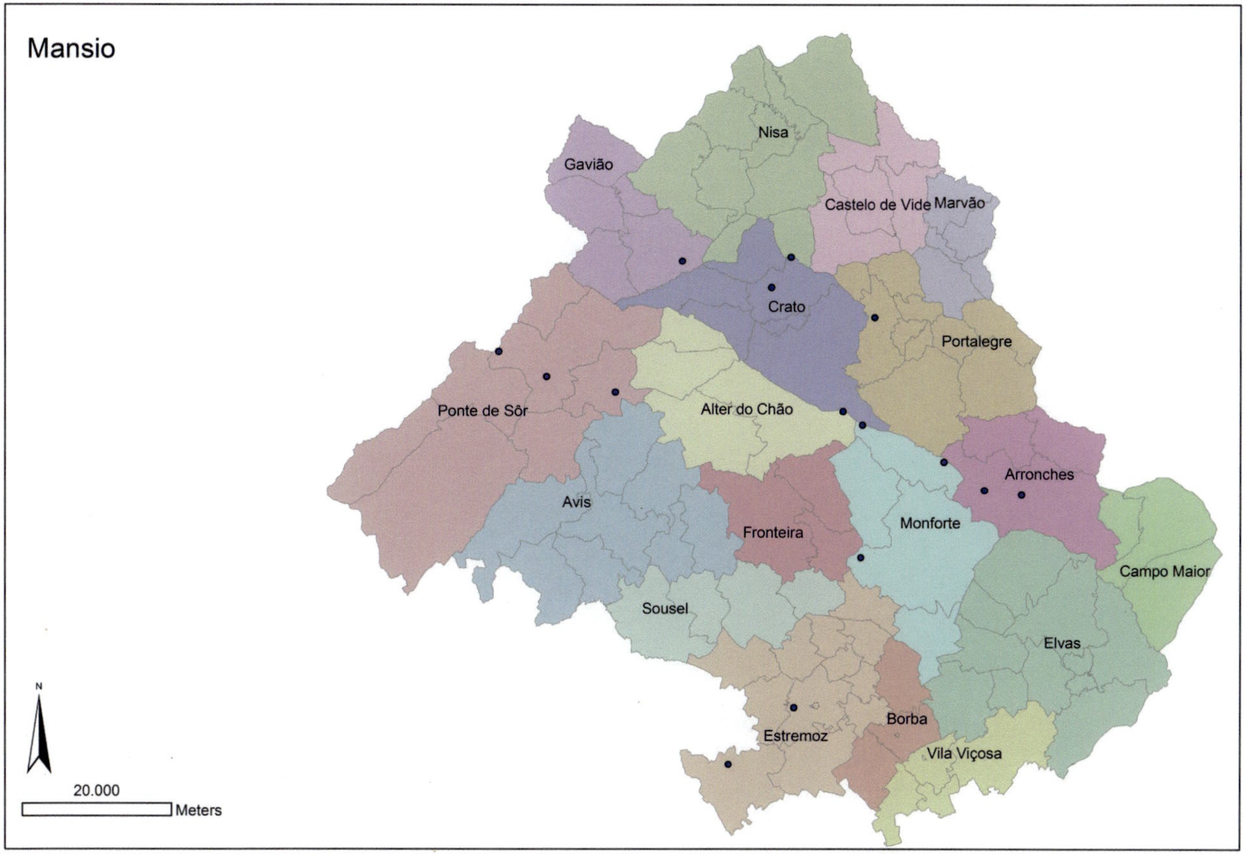
Mansio
Nisa
Gavião
Castelo de Vide
Marvão
Crato
Portalegre
Ponte de Sôr
Alter do Chão
Arronches
Avis
Fronteira
Monforte
Campo Maior
Sousel
Elvas
Borba
Estremoz
Vila Viçosa
N
20.000
Meters

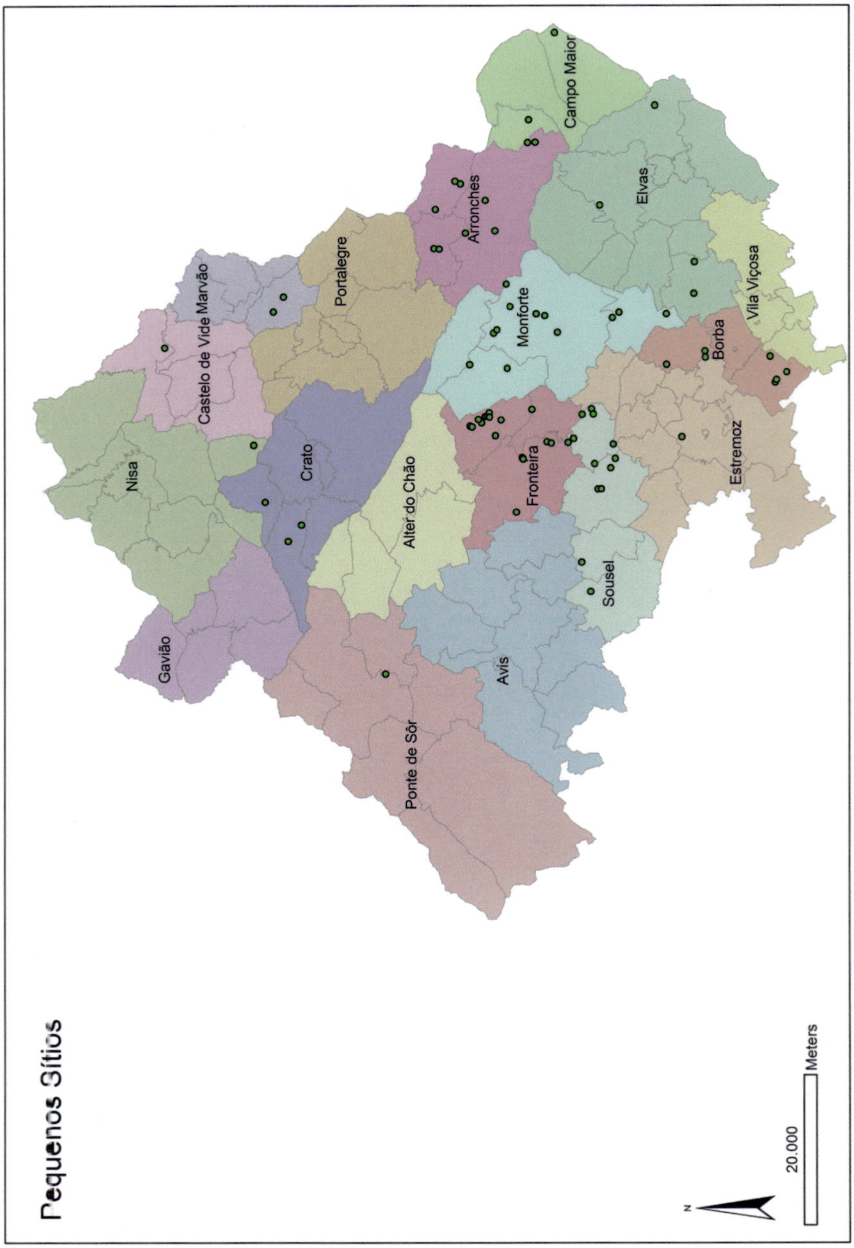
Pequenos Sítios
Nisa
Castelo de Vide Marvão
Portalegre
Arronches
Campo Maior
Elvas
Vila Viçosa
Borba
Estremoz
Monforte
Crato
Gavião
Alter do Chão
Fronteira
Sousel
Avis
Ponte de Sôr
N
20.000
Meters

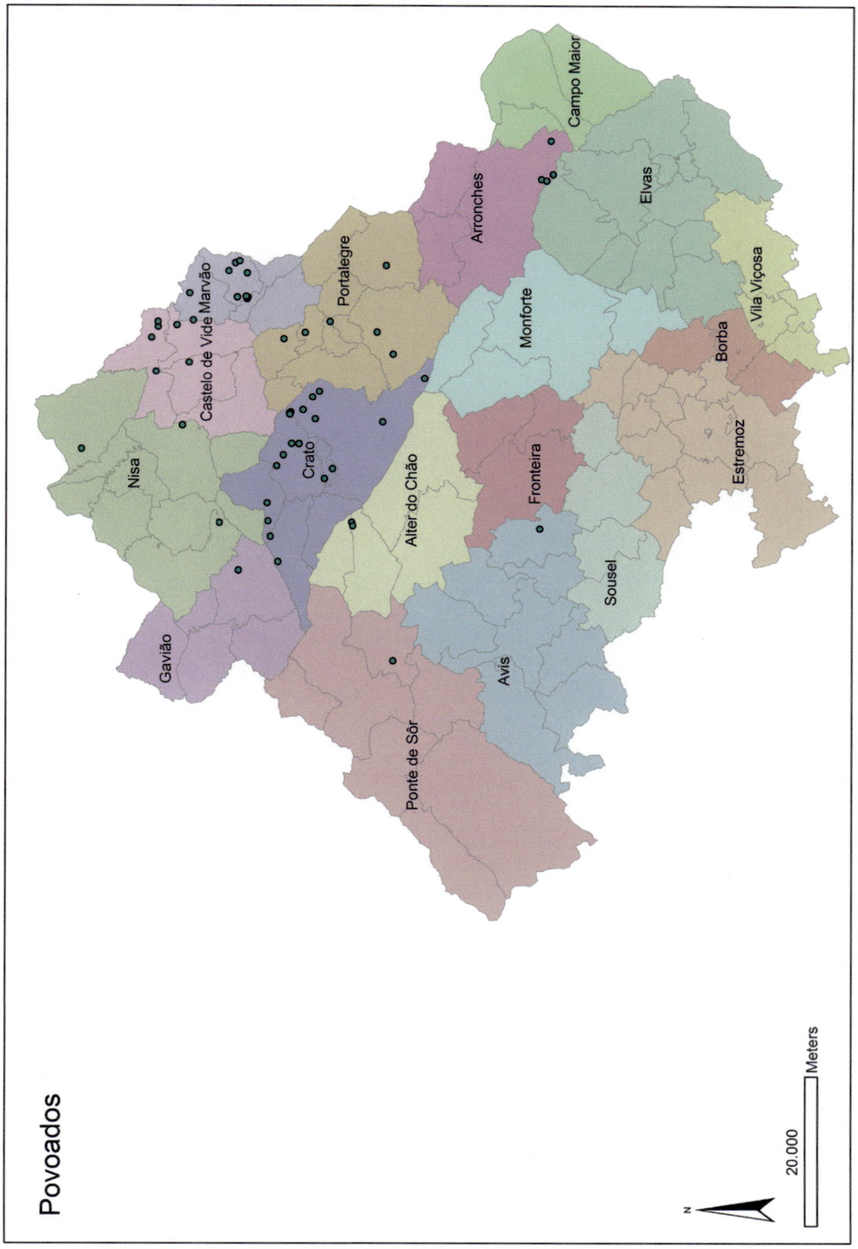
Povoados
Campo Maior
Arronches
Elvas
Portalegre
Castelo de Vide Marvão
Vila Viçosa
Monforte
Borba
Nisa
Crato
Alter do Chão
Fronteira
Estremoz
Sousel
Gavião
Avis
Ponte de Sôr
N
20.000
Meters

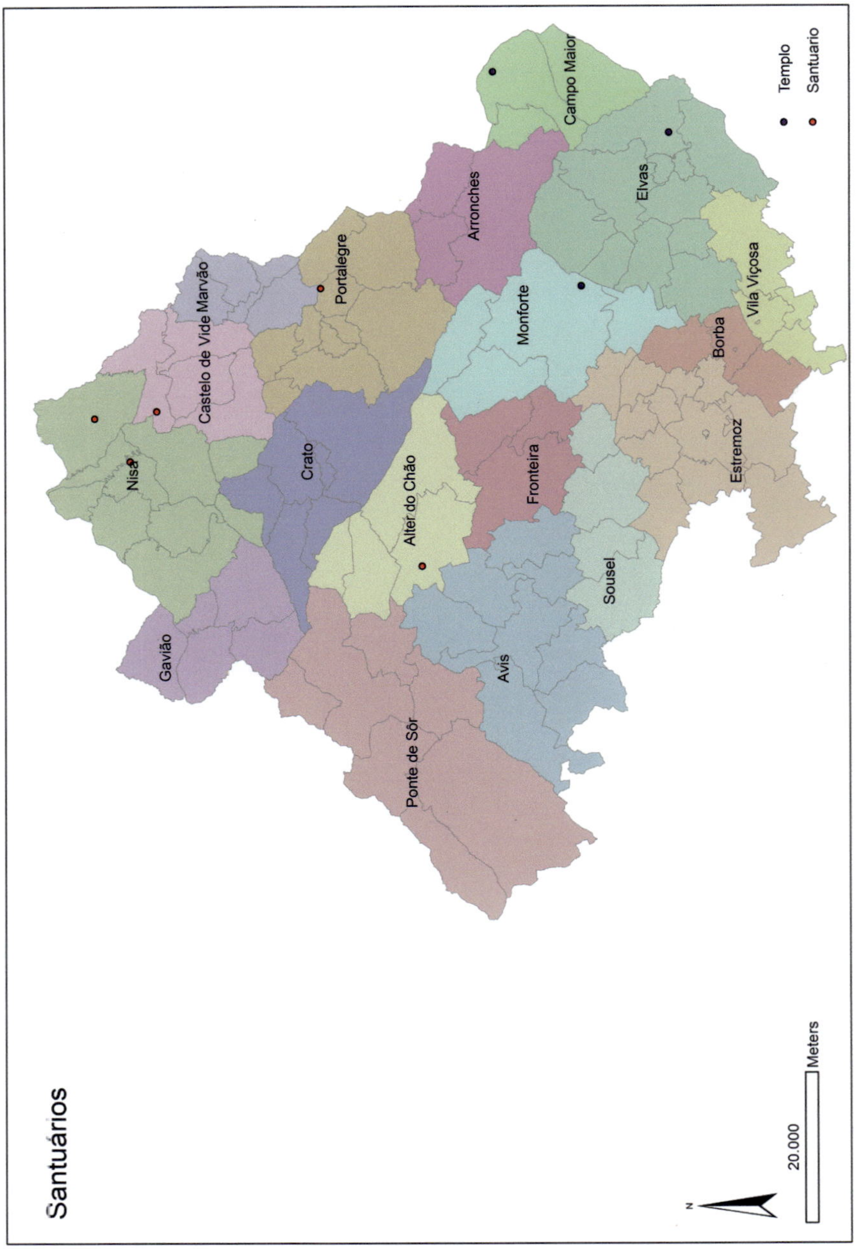
Santuários
Nisa
Gavião
Castelo de Vide Marvão
Crato
Portalegre
Alter do Chão
Ponte de Sôr
Arronches
Monforte
Fronteira
Avis
Sousel
Campo Maior
Elvas
Vila Viçosa
Borba
Estremoz
Templo
Santuario
N
20.000
Meters

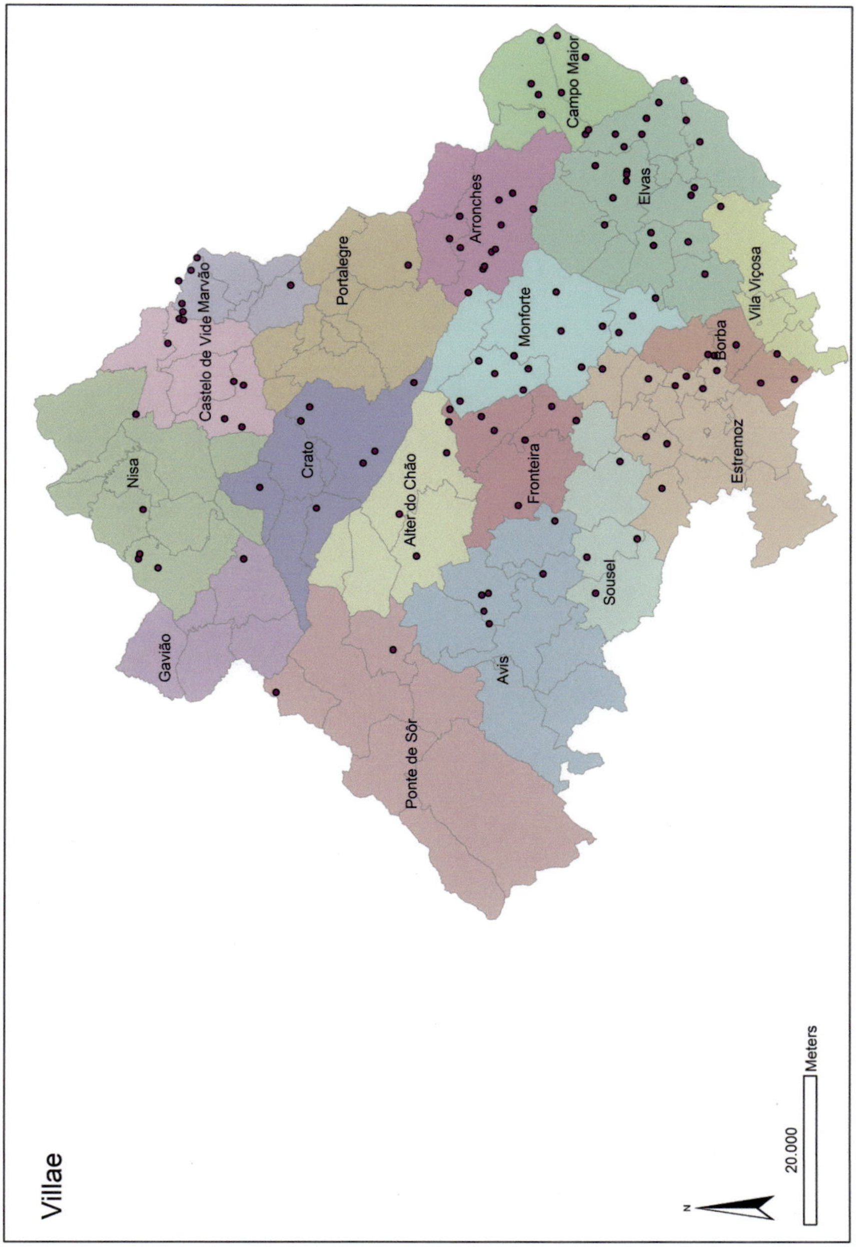
Villae
Campo Maior
Elvas
Arronches
Portalegre
Castelo de Vide Marvão
Nisa
Crato
Alter do Chão
Monforte
Fronteira
Vila Viçosa
Borba
Estremoz
Sousel
Avis
Gavião
Ponte de Sôr
N
20.000
Meters

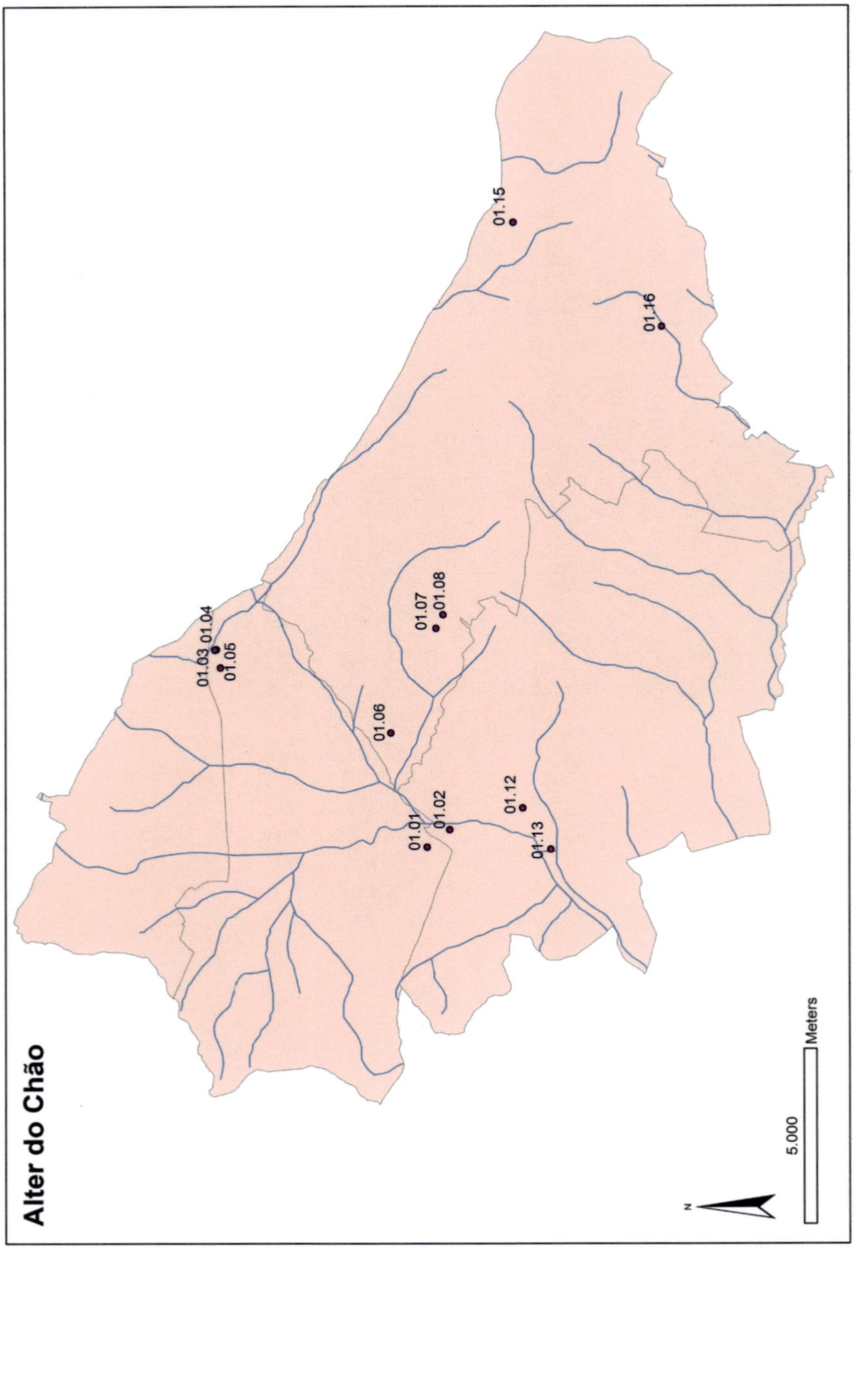
Alter do Chão
01.01
01.02
01.03
01.04
01.05
01.06
01.07
01.08
01.12
01.13
01.15
01.16
N
5.000
Meters

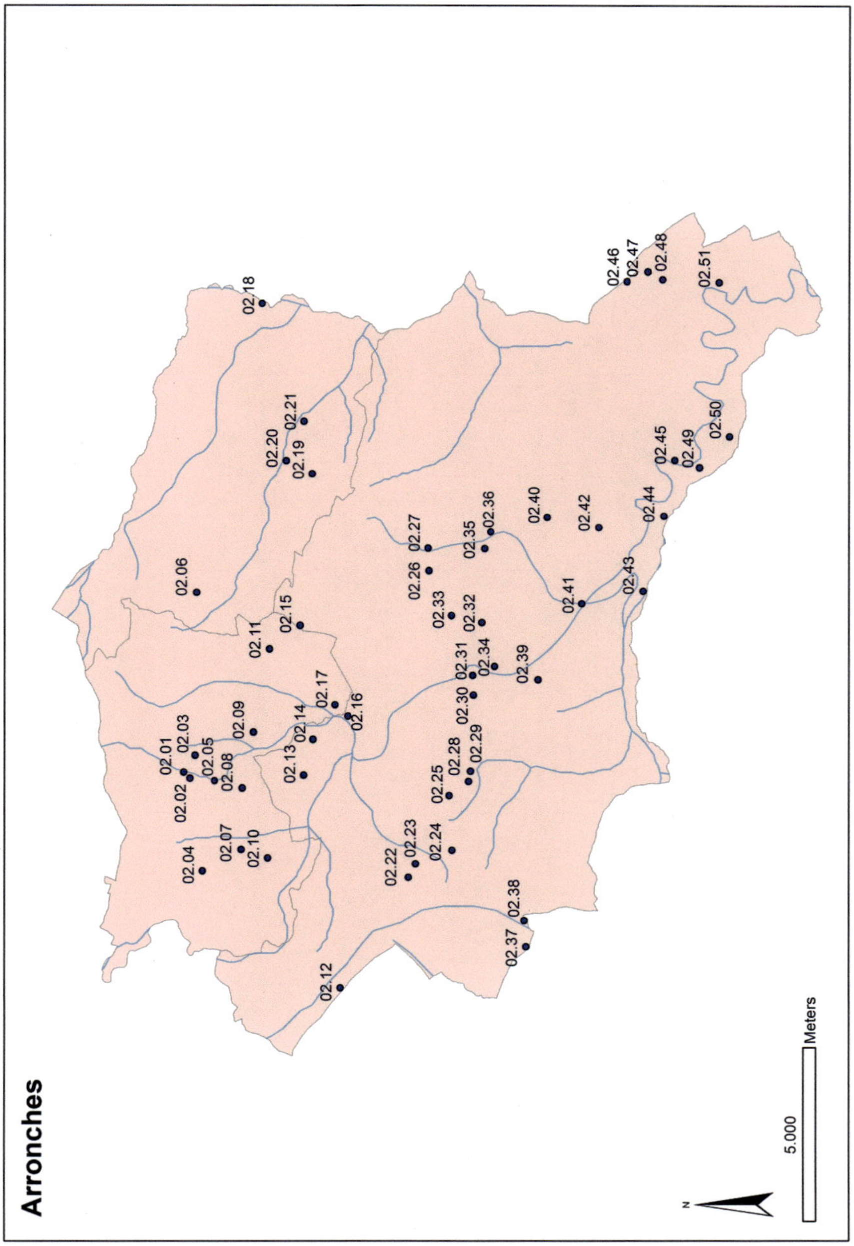
Arronches
02.01
02.02
02.03
02.04
02.05
02.06
02.07
02.08
02.09
02.10
02.11
02.12
02.13
02.14
02.15
02.16
02.17
02.18
02.19
02.20
02.21
02.22
02.23
02.24
02.25
02.26
02.27
02.28
02.29
02.30
02.31
02.32
02.33
02.34
02.35
02.36
02.37
02.38
02.39
02.40
02.41
02.42
02.43
02.44
02.45
02.46
02.47
02.48
02.49
02.50
02.51
5.000
Meters
N

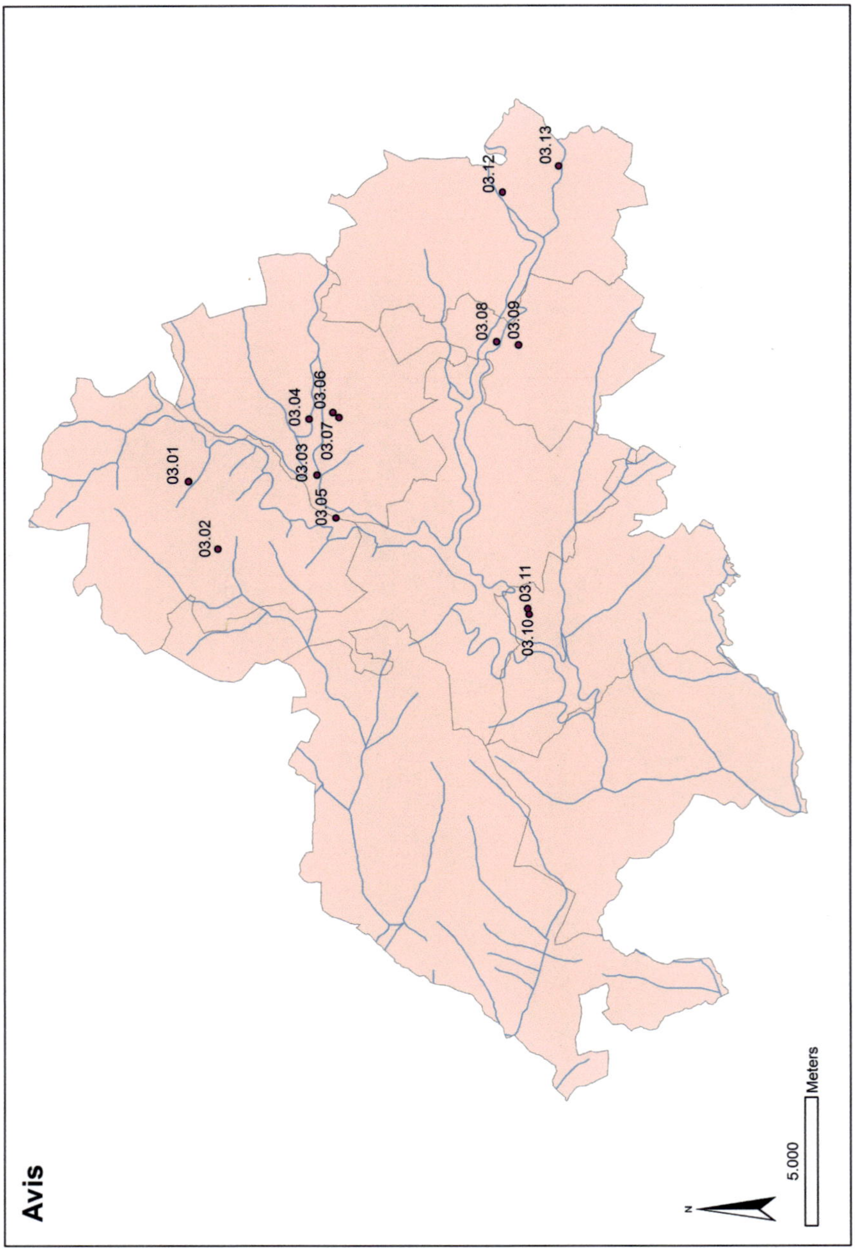
Avis
03.01
03.02
03.03
03.04
03.05
03.06
03.07
03.08
03.09
03.10
03.11
03.12
03.13
N
5.000
Meters

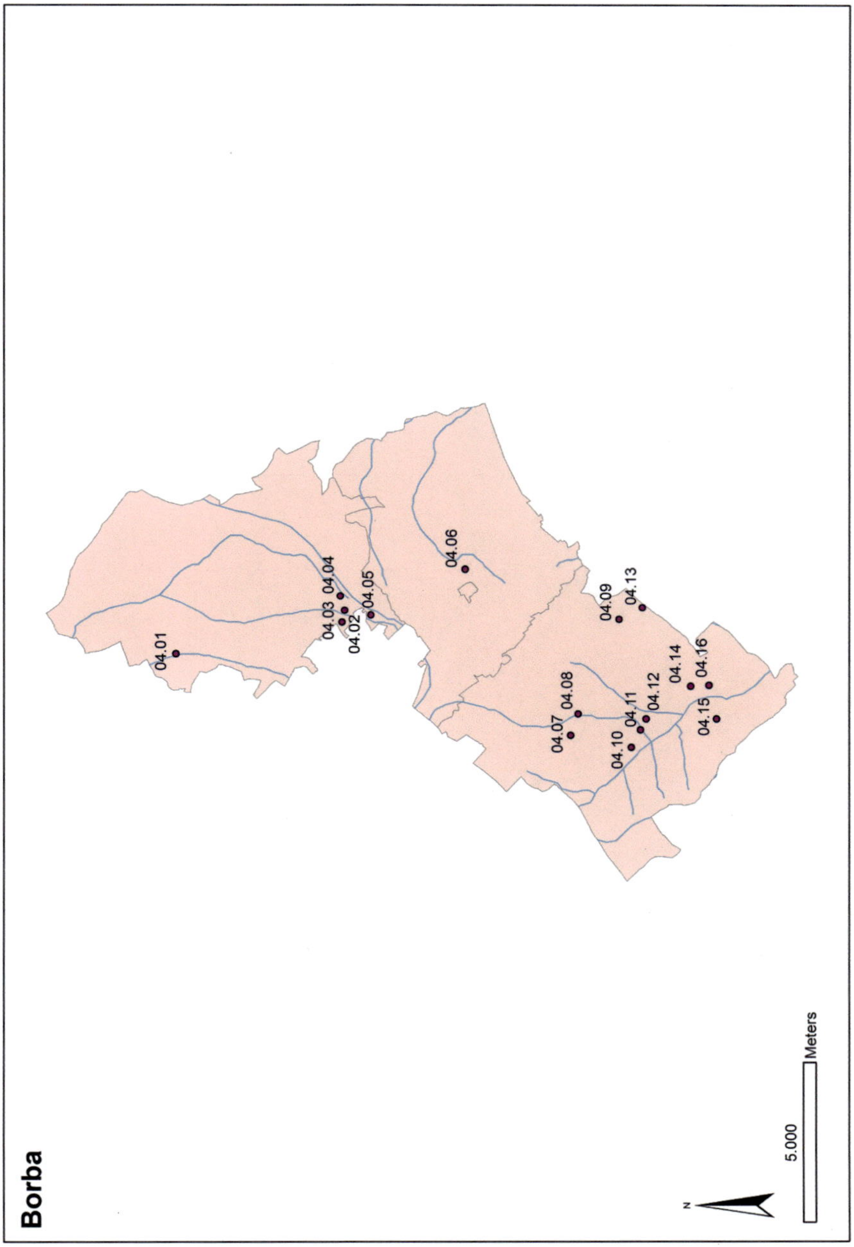
Borba
04.01
04.02
04.03
04.04
04.05
04.06
04.07
04.08
04.09
04.10
04.11
04.12
04.13
04.14
04.15
04.16
N
5.000
Meters

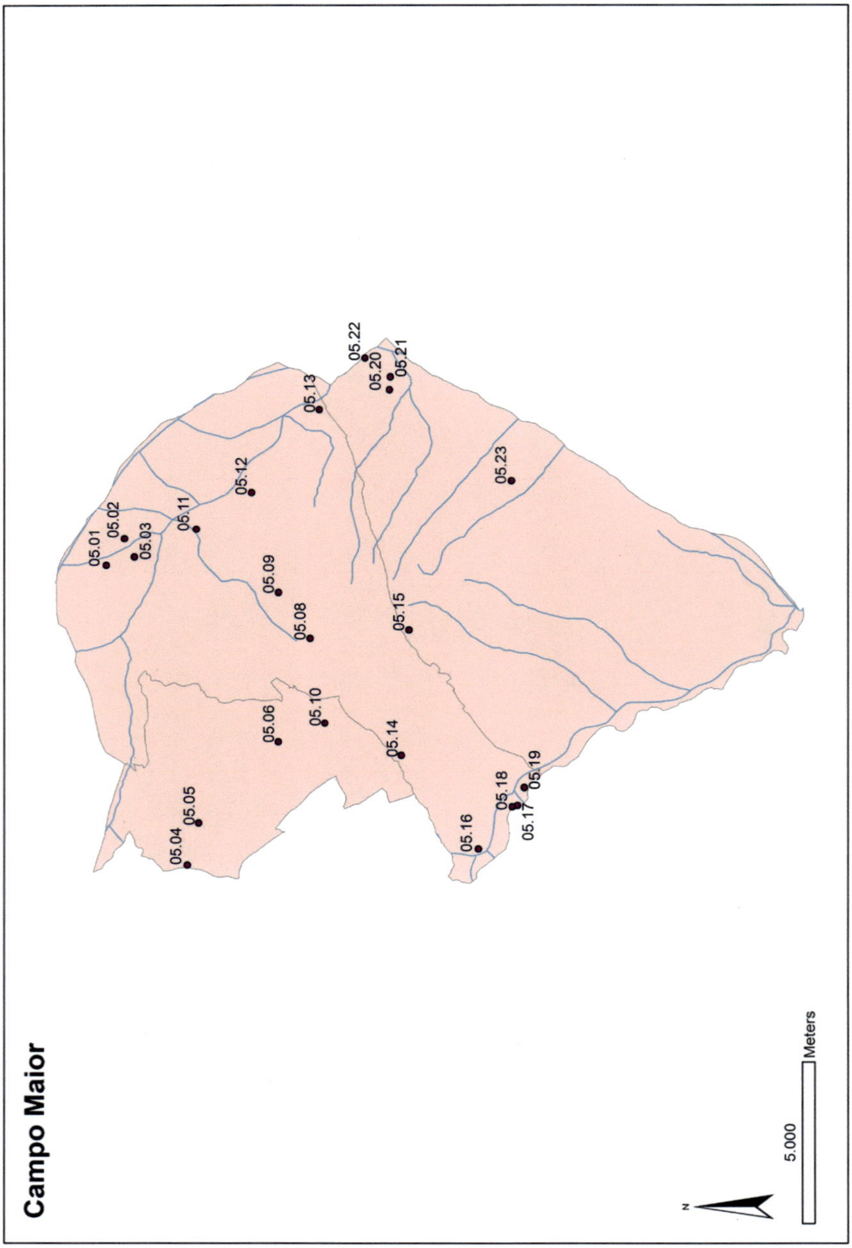
Campo Maior
05.01
05.02
05.03
05.04
05.05
05.06
05.08
05.09
05.10
05.11
05.12
05.13
05.14
05.15
05.16
05.17
05.18
05.19
05.20
05.21
05.22
05.23
N
5.000
Meters

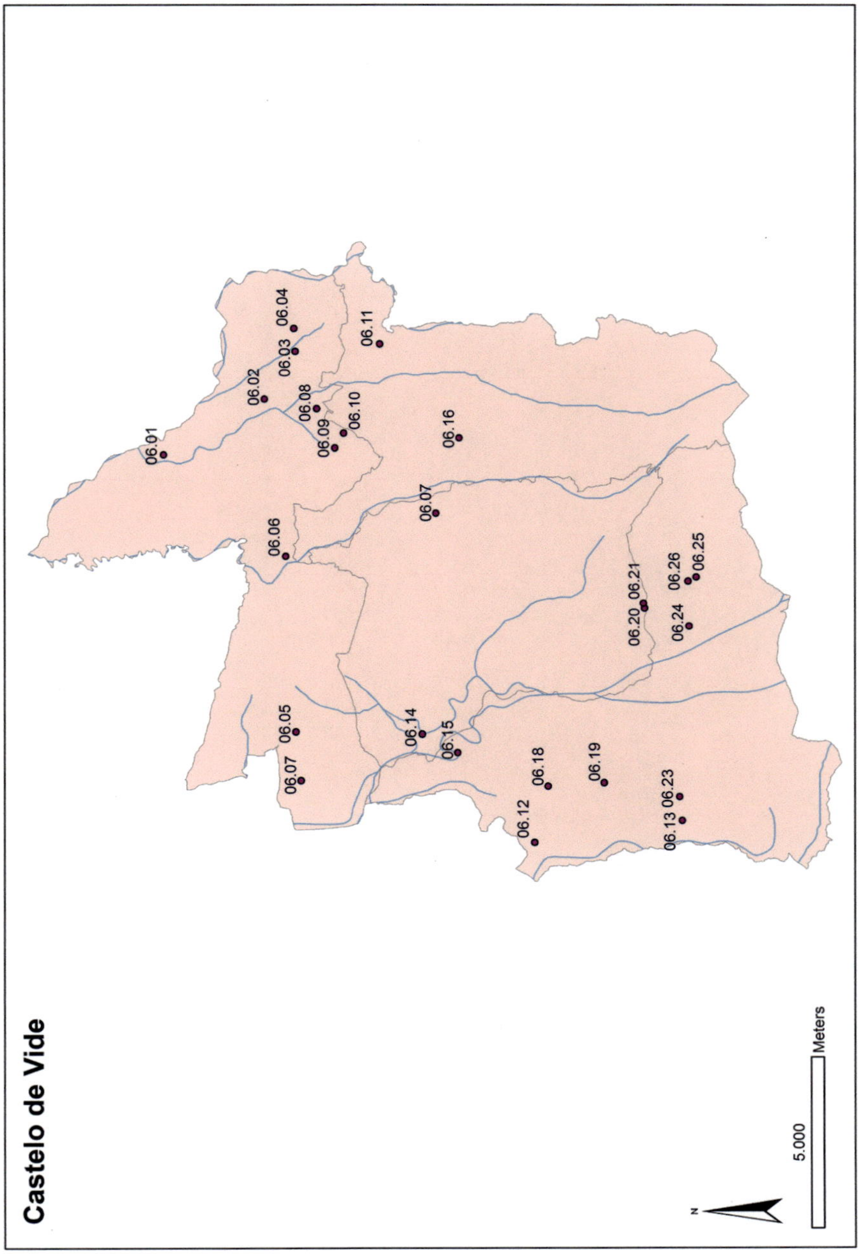

Castelo de Vide
06.01
06.02
06.03
06.04
06.05
06.06
06.07
06.07
06.08
06.09
06.10
06.11
06.12
06.13
06.14
06.15
06.16
06.18
06.19
06.20
06.21
06.23
06.24
06.25
06.26
N
5.000
Meters

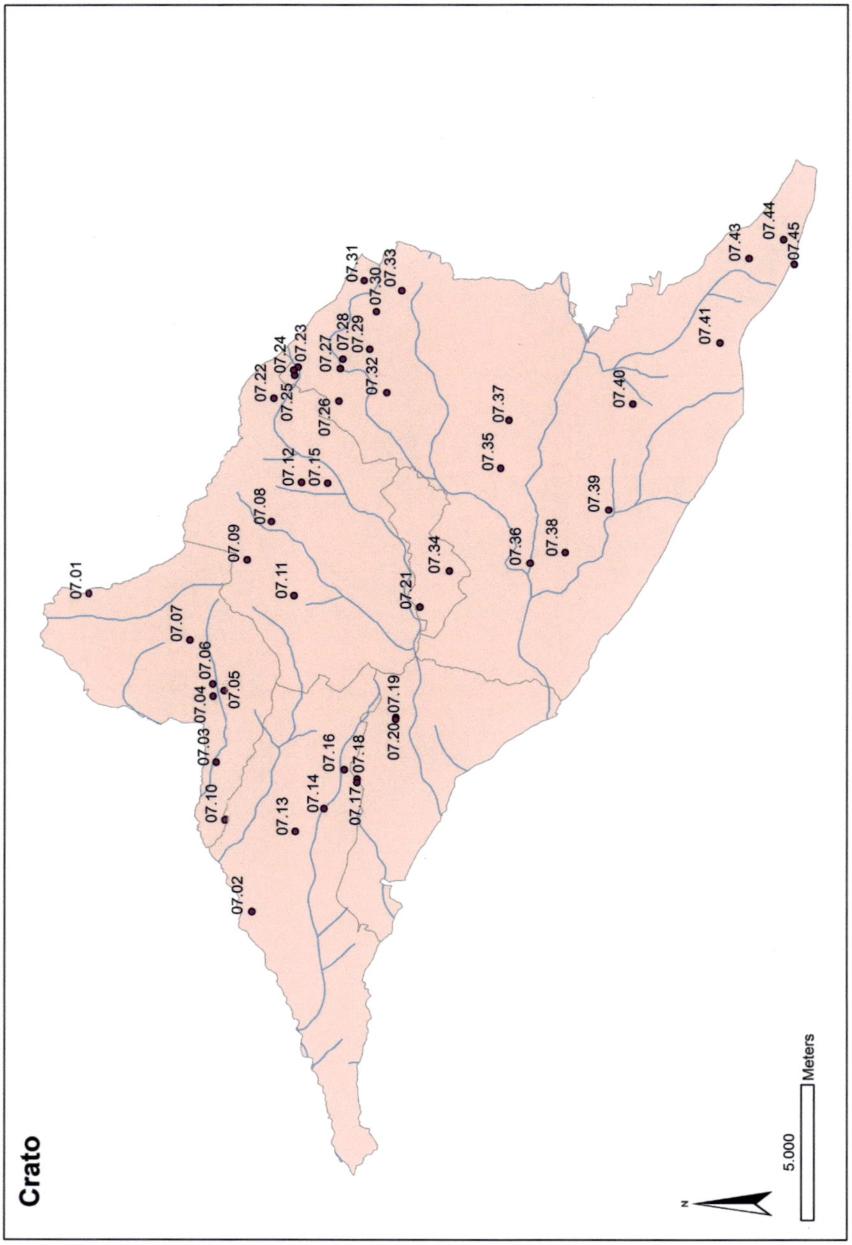
Crato
07.01
07.02
07.03
07.04
07.05
07.06
07.07
07.08
07.09
07.10
07.11
07.12
07.13
07.14
07.15
07.16
07.17
07.18
07.19
07.20
07.21
07.22
07.23
07.24
07.25
07.26
07.27
07.28
07.29
07.30
07.31
07.32
07.33
07.34
07.35
07.36
07.37
07.38
07.39
07.40
07.41
07.43
07.44
07.45
N
5.000
Meters

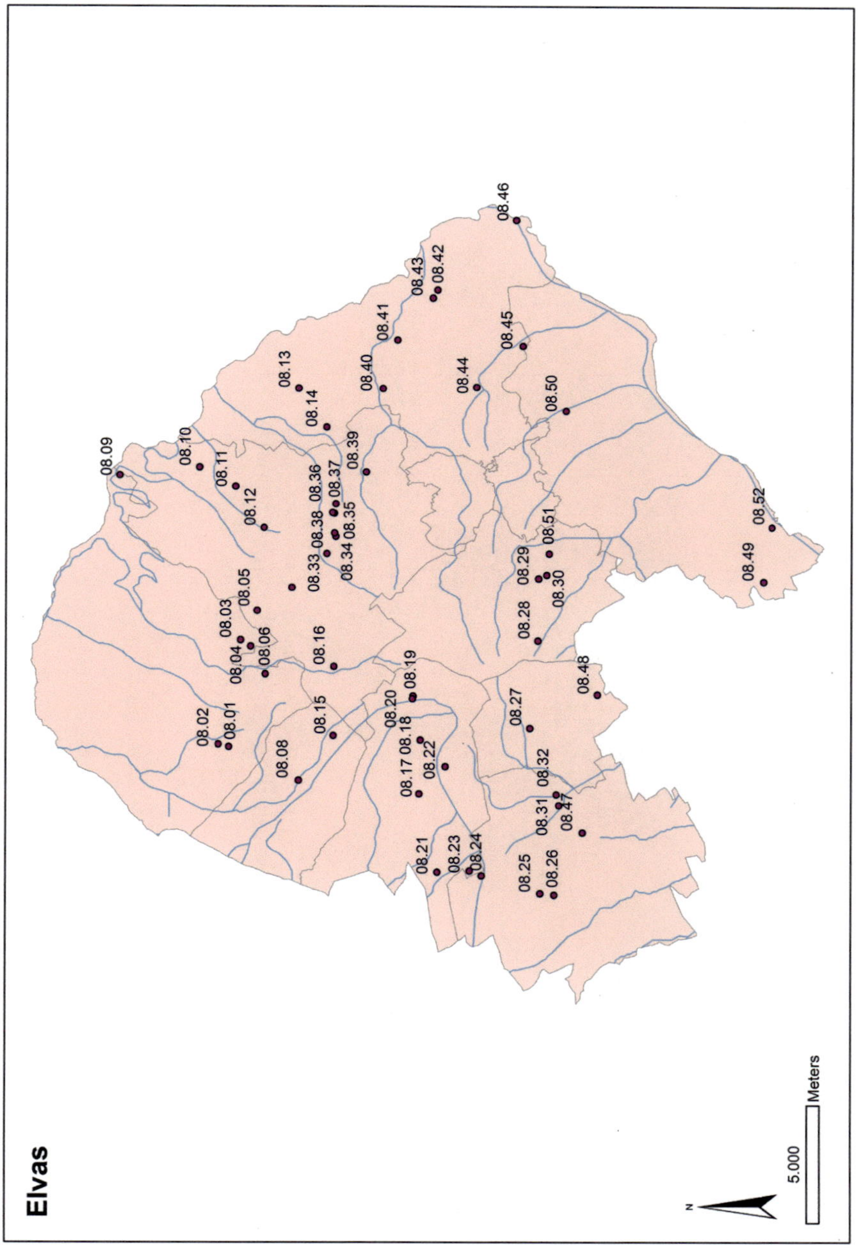
Elvas
08.01
08.02
08.03
08.04
08.05
08.06
08.08
08.09
08.10
08.11
08.12
08.13
08.14
08.15
08.16
08.17
08.18
08.19
08.20
08.21
08.22
08.23
08.24
08.25
08.26
08.27
08.28
08.29
08.30
08.31
08.32
08.33
08.34
08.35
08.36
08.37
08.38
08.39
08.40
08.41
08.42
08.43
08.44
08.45
08.46
08.47
08.48
08.49
08.50
08.51
08.52
N
5.000
Meters

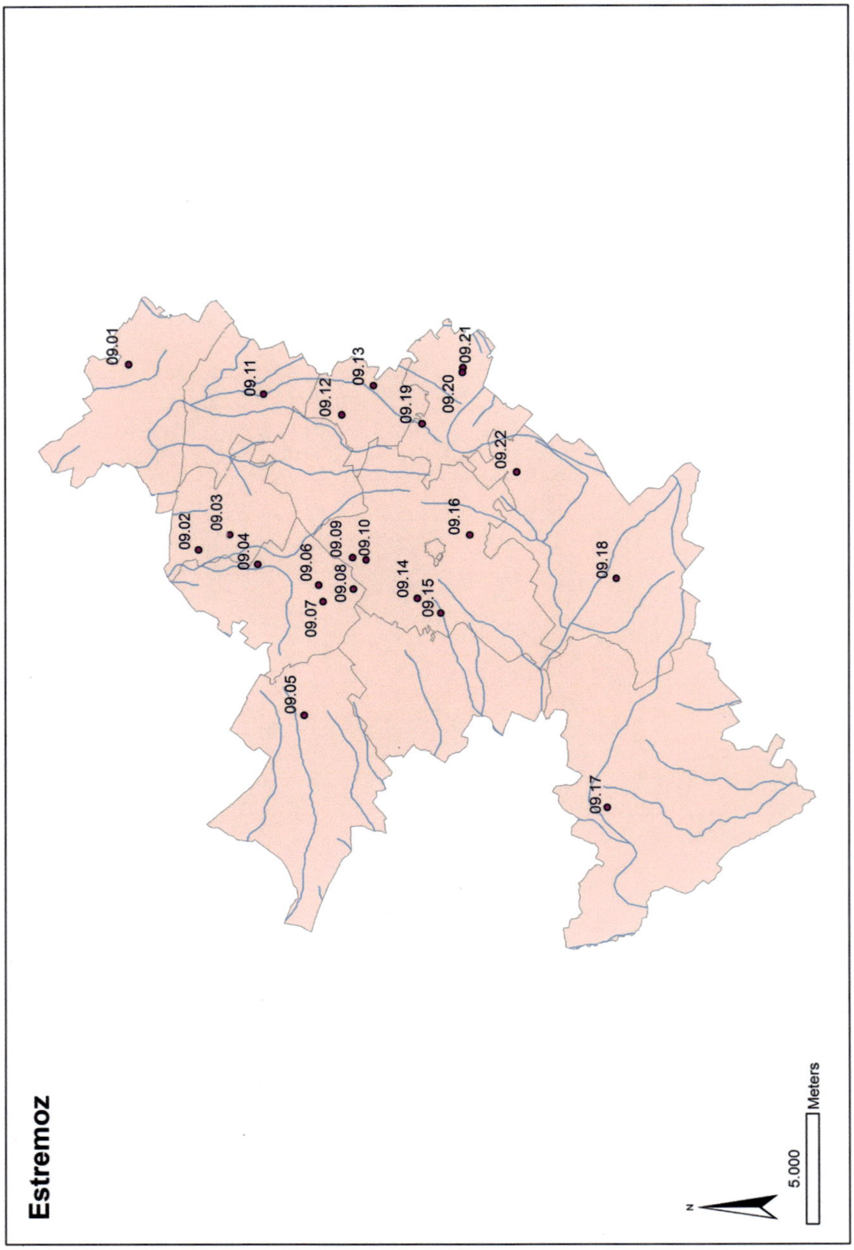
Estremoz
09.01
09.02
09.03
09.04
09.05
09.06
09.07
09.08
09.09
09.10
09.11
09.12
09.13
09.14
09.15
09.16
09.17
09.18
09.19
09.20
09.21
09.22
N
5.000
Meters

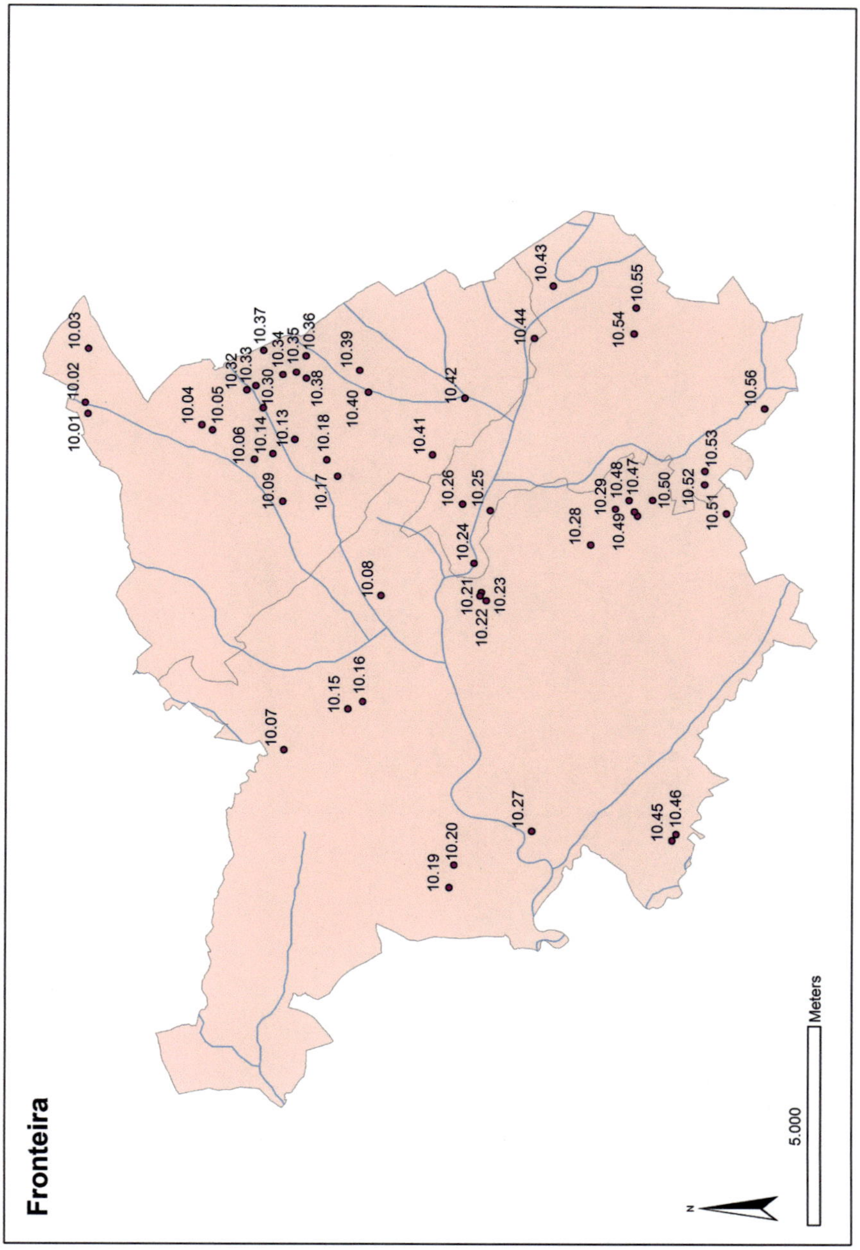
Fronteira
10.01
10.02
10.03
10.04
10.05
10.06
10.07
10.08
10.09
10.13
10.14
10.15
10.16
10.17
10.18
10.19
10.20
10.21
10.22
10.23
10.24
10.25
10.26
10.27
10.28
10.29
10.30
10.32
10.33
10.34
10.35
10.36
10.37
10.38
10.39
10.40
10.41
10.42
10.43
10.44
10.45
10.46
10.47
10.48
10.49
10.50
10.51
10.52
10.53
10.54
10.55
10.56
N
5.000
Meters

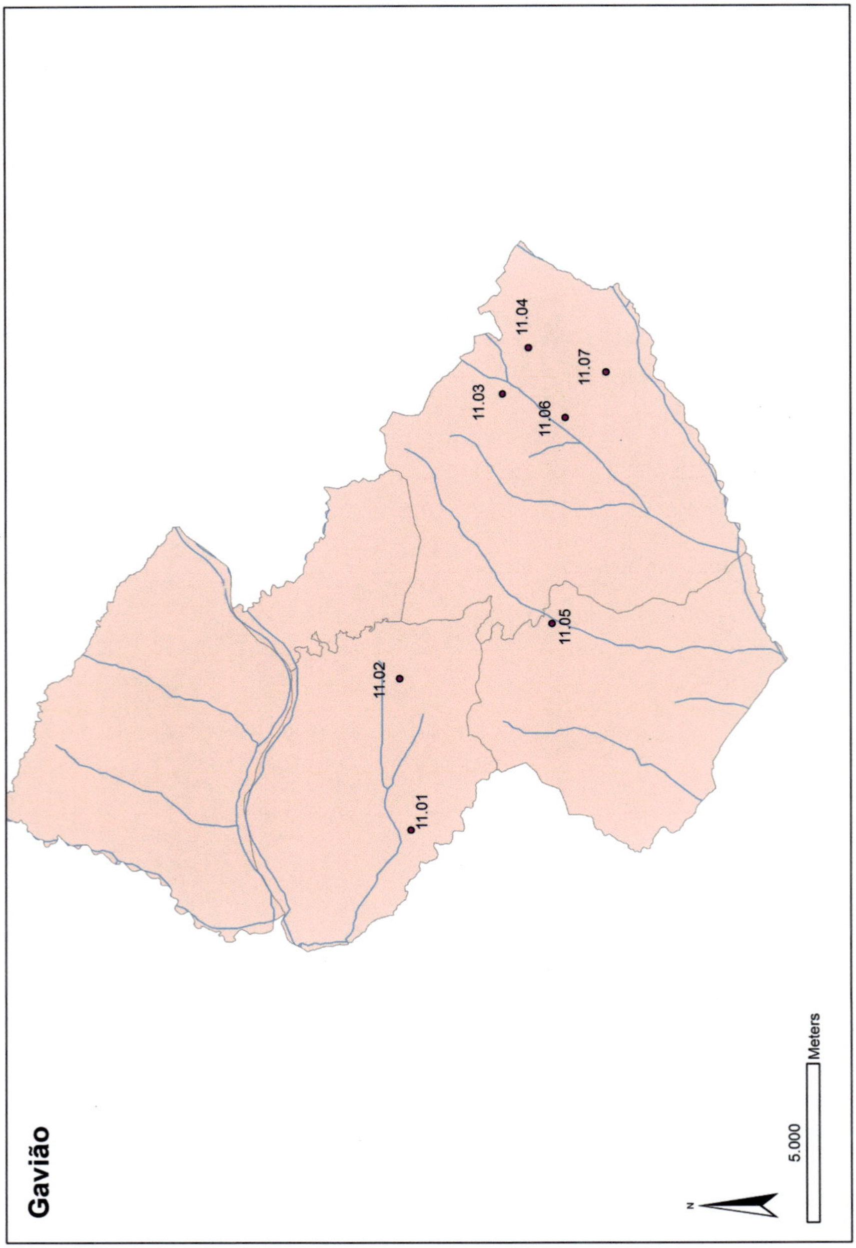

Gavião
11.01
11.02
11.03
11.04
11.05
11.06
11.07
N
5.000
Meters

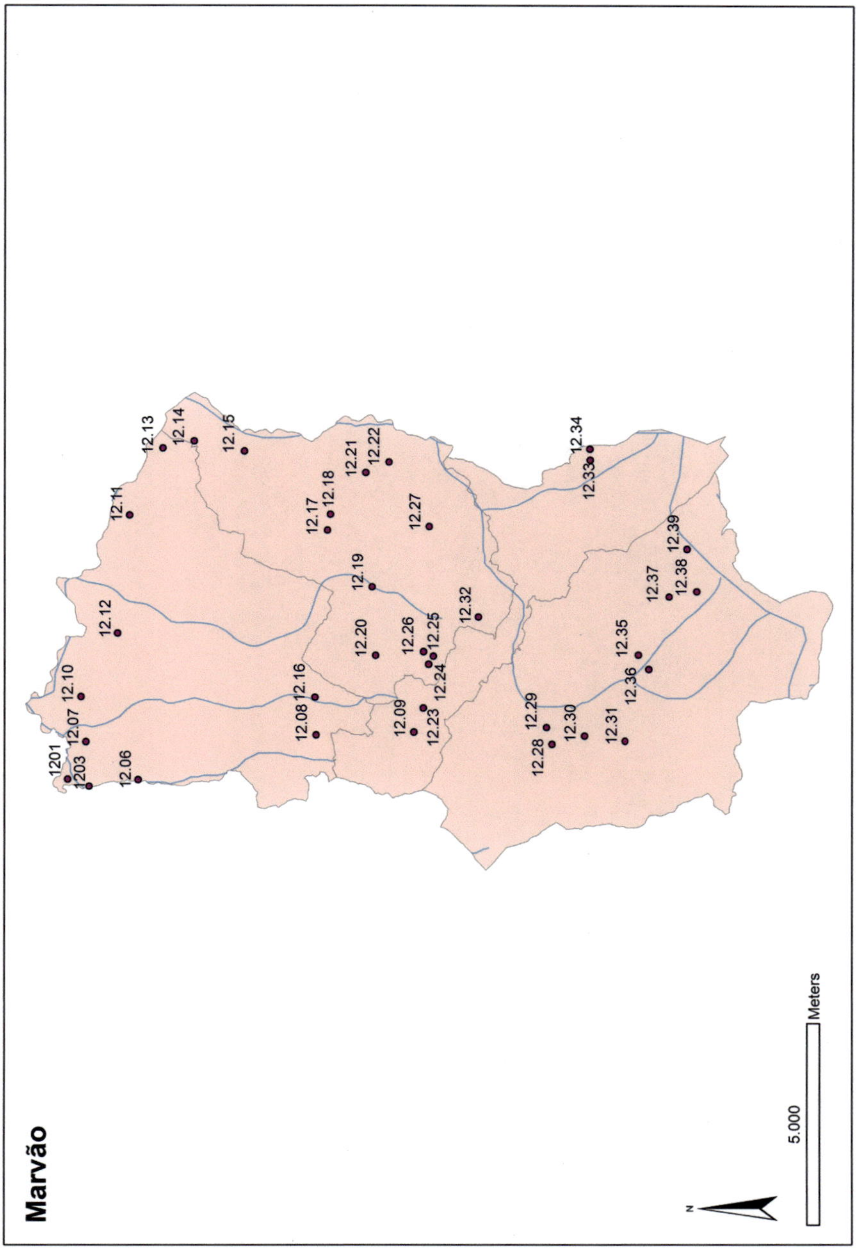
Marvão
N
5.000
Meters
1201
1203
12.06
12.07
12.10
12.08
12.16
12.12
12.11
12.13
12.14
12.15
12.17
12.18
12.19
12.20
12.21
12.22
12.27
12.09
12.23
12.24
12.25
12.26
12.32
12.28
12.29
12.30
12.31
12.33
12.34
12.35
12.36
12.37
12.38
12.39

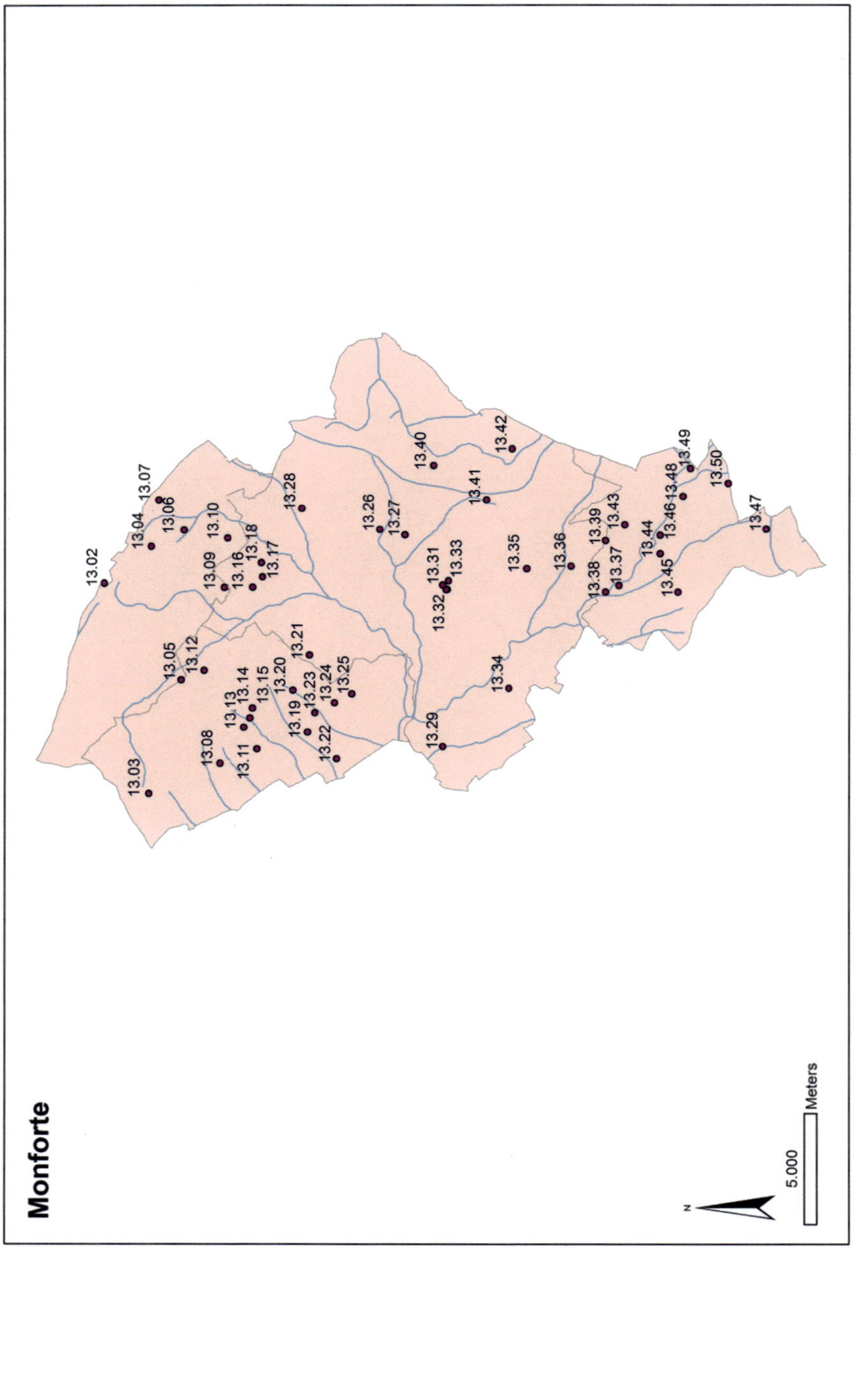
Monforte
13.02
13.03
13.04
13.05
13.06
13.07
13.08
13.09
13.10
13.11
13.12
13.13
13.14
13.15
13.16
13.17
13.18
13.19
13.20
13.21
13.22
13.23
13.24
13.25
13.26
13.27
13.28
13.29
13.31
13.32
13.33
13.34
13.35
13.36
13.37
13.38
13.39
13.40
13.41
13.42
13.43
13.44
13.45
13.46
13.47
13.48
13.49
13.50
N
5.000
Meters

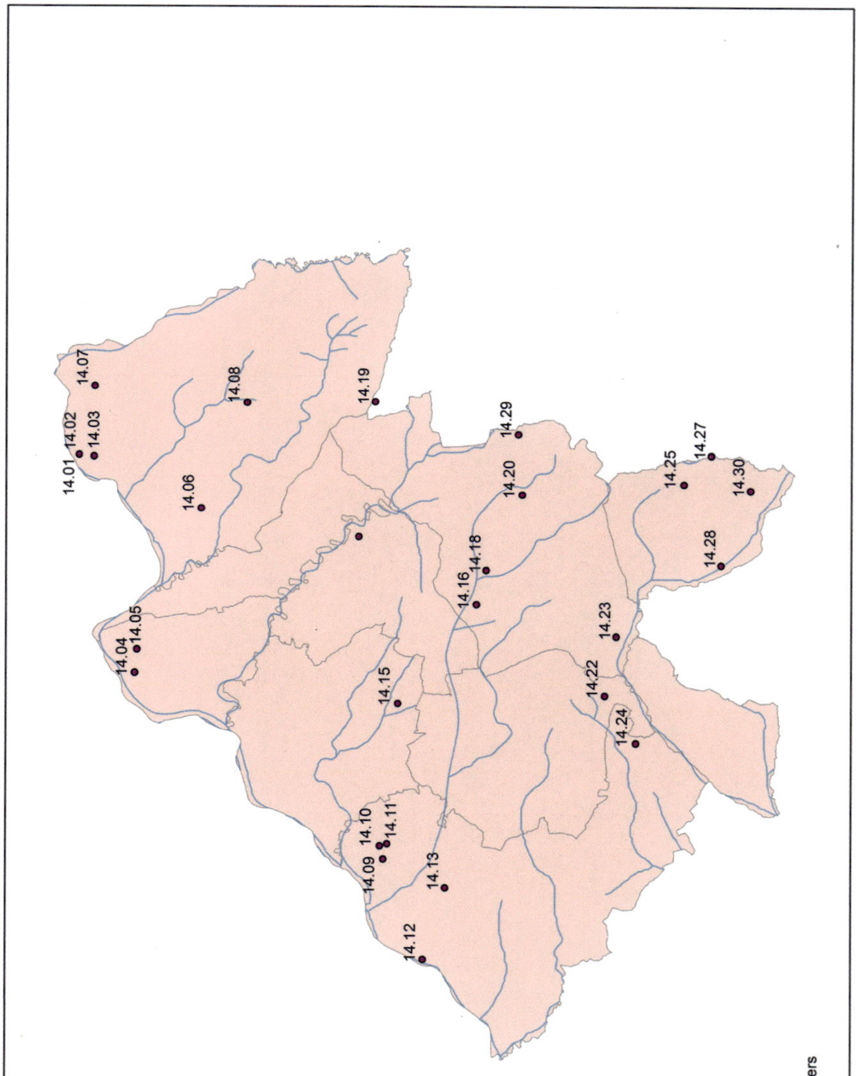

Nisa
14.01
14.02
14.03
14.04
14.05
14.06
14.07
14.08
14.09
14.10
14.11
14.12
14.13
14.15
14.16
14.18
14.19
14.20
14.22
14.23
14.24
14.25
14.27
14.28
14.29
14.30
N
5.000
Meters

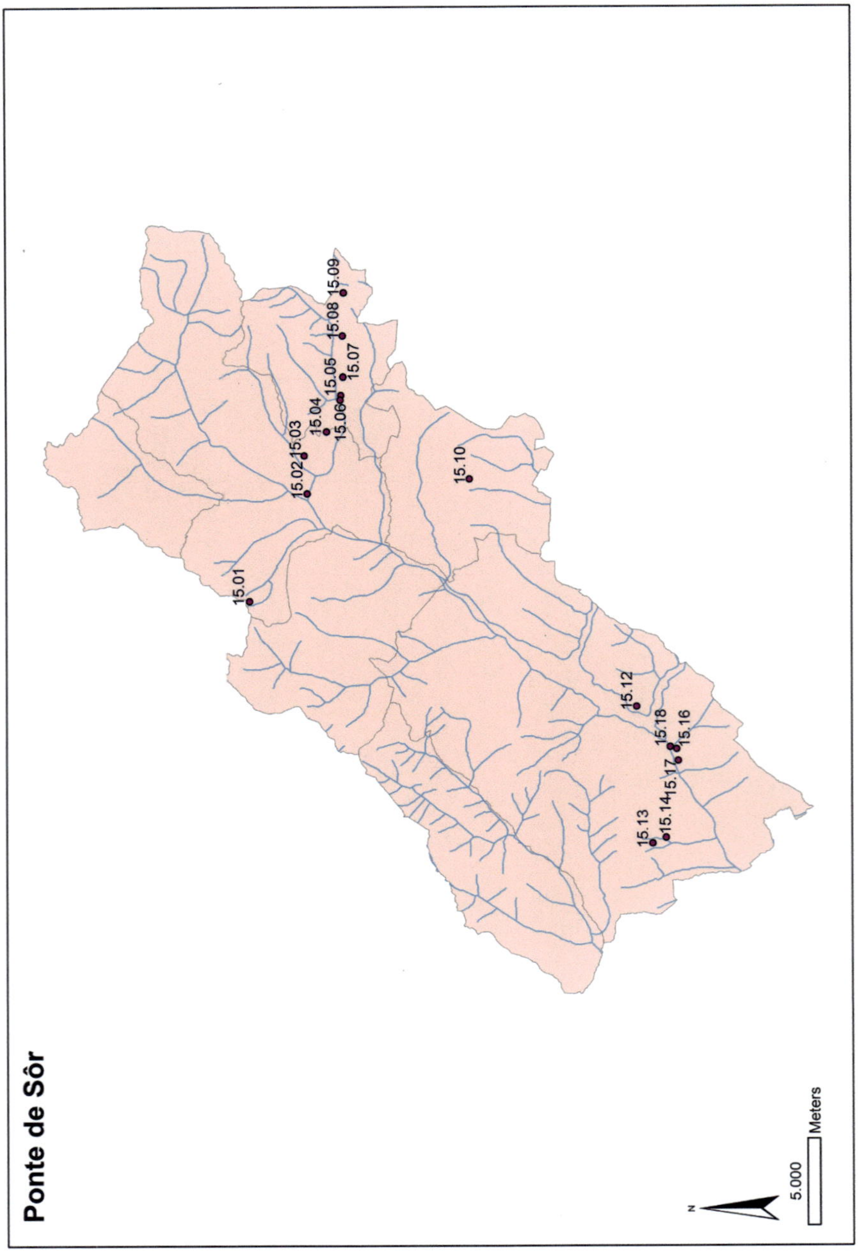
Ponte de Sôr
15.01
15.02
15.03
15.04
15.05
15.06
15.07
15.08
15.09
15.10
15.12
15.13
15.14
15.16
15.17
15.18
N
5.000
Meters

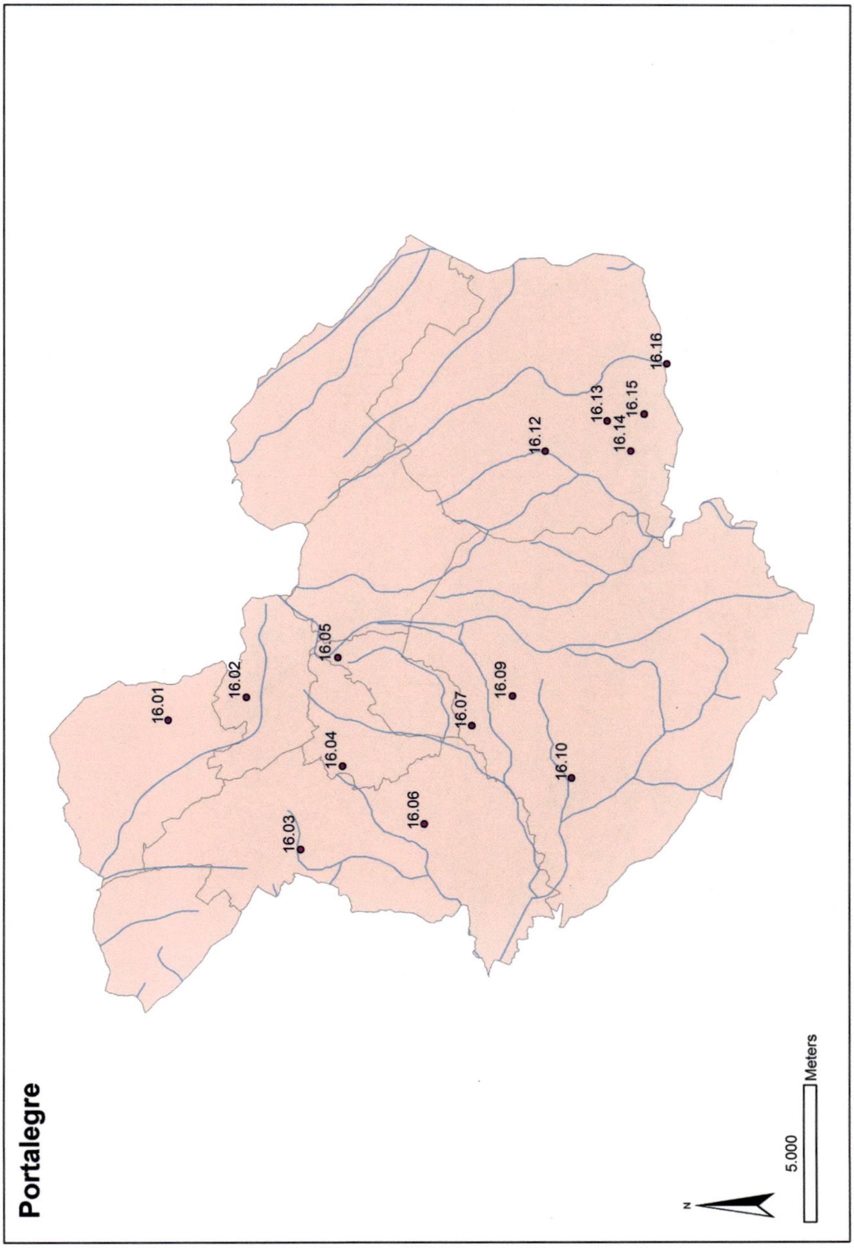

Portalegre
16.01
16.02
16.03
16.04
16.05
16.06
16.07
16.09
16.10
16.12
16.13
16.14
16.15
16.16
N
5.000
Meters

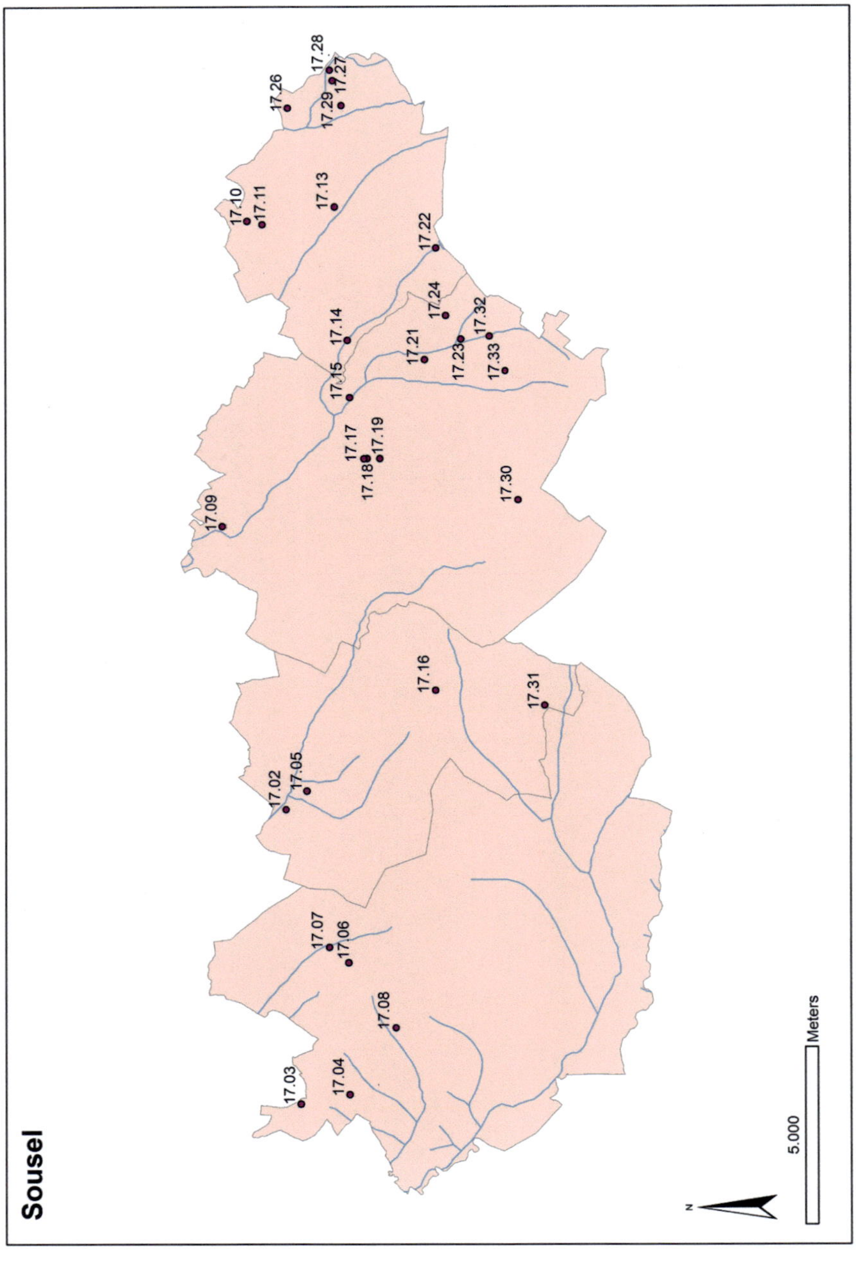
Sousel
17.02
17.03
17.04
17.05
17.06
17.07
17.08
17.09
17.10
17.11
17.13
17.14
17.15
17.16
17.17
17.18
17.19
17.21
17.22
17.23
17.24
17.26
17.27
17.28
17.29
17.30
17.31
17.32
17.33
N
5.000
Meters

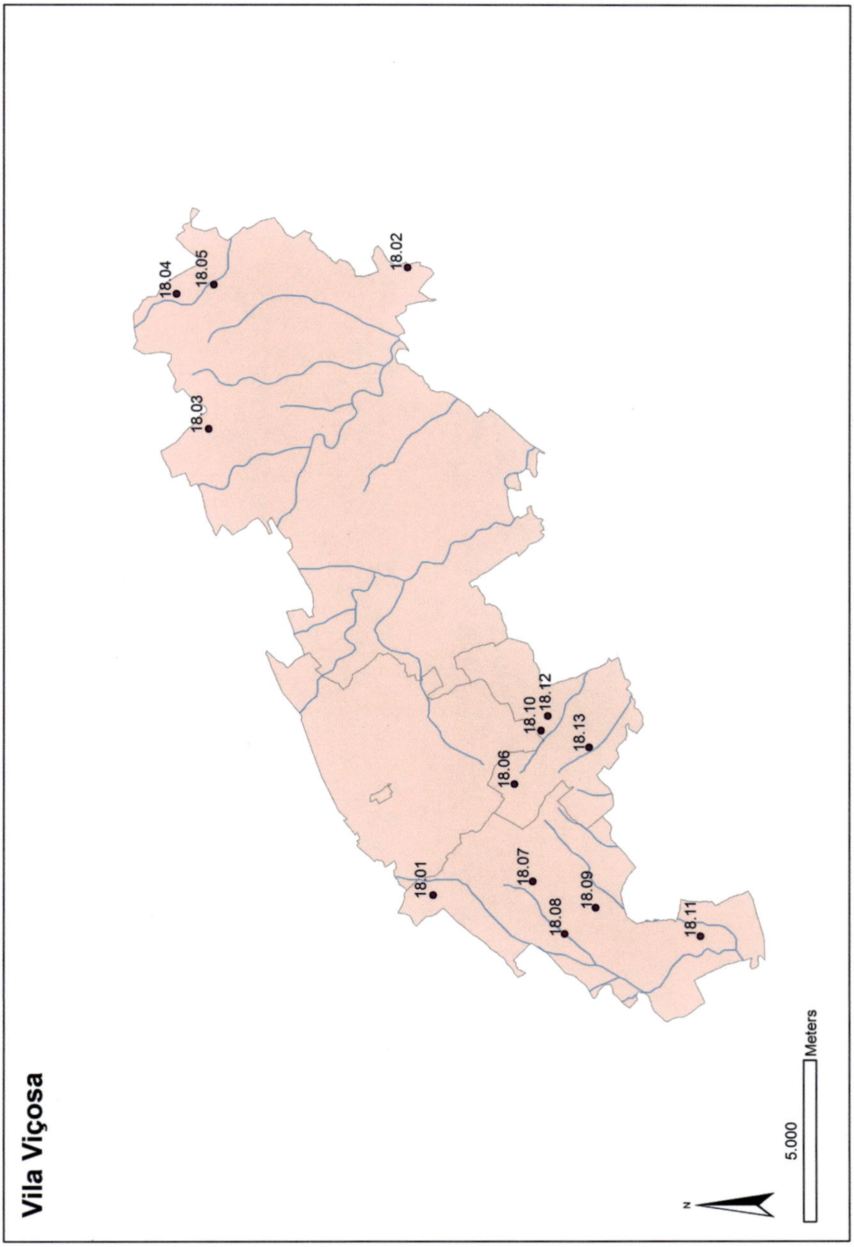
Vila Viçosa
18.01
18.02
18.03
18.04
18.05
18.06
18.07
18.08
18.09
18.10
18.11
18.12
18.13
N
5.000
Meters

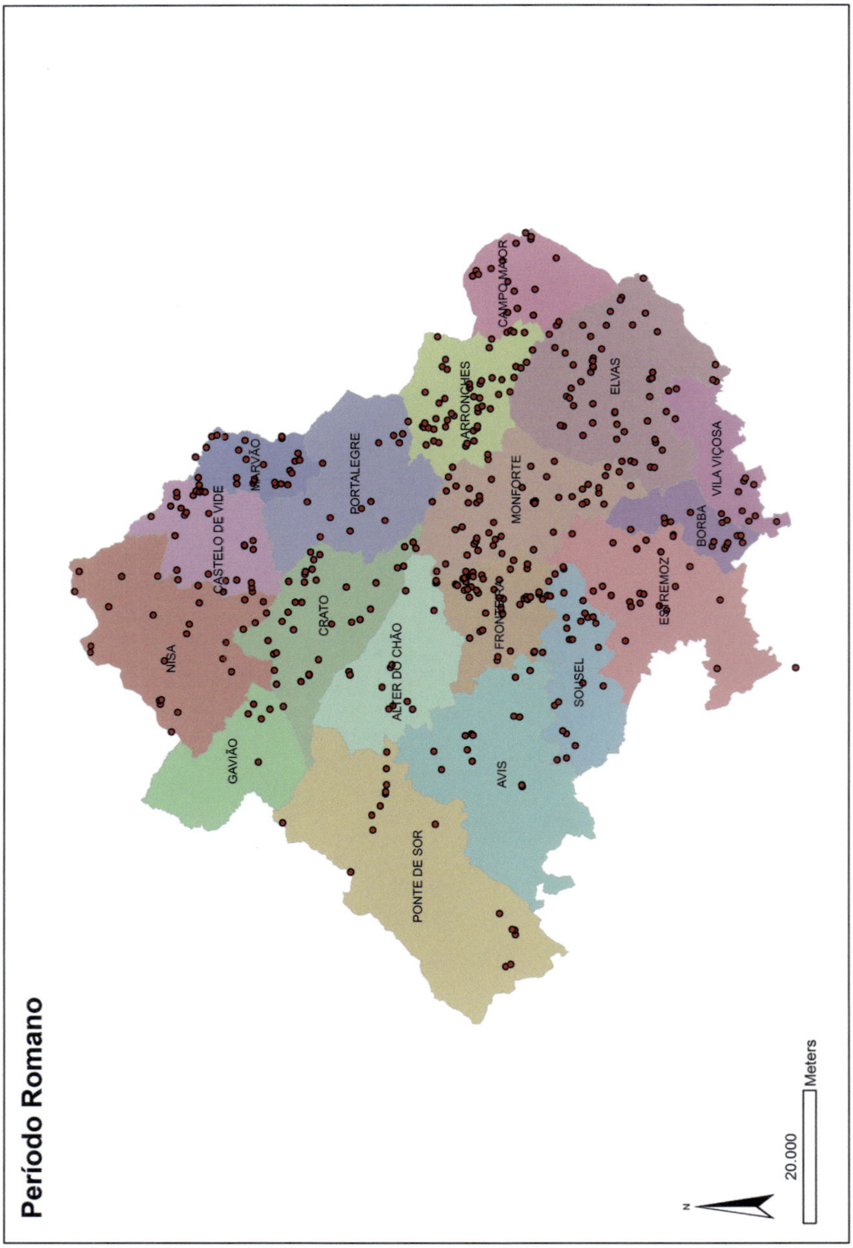

Período Romano

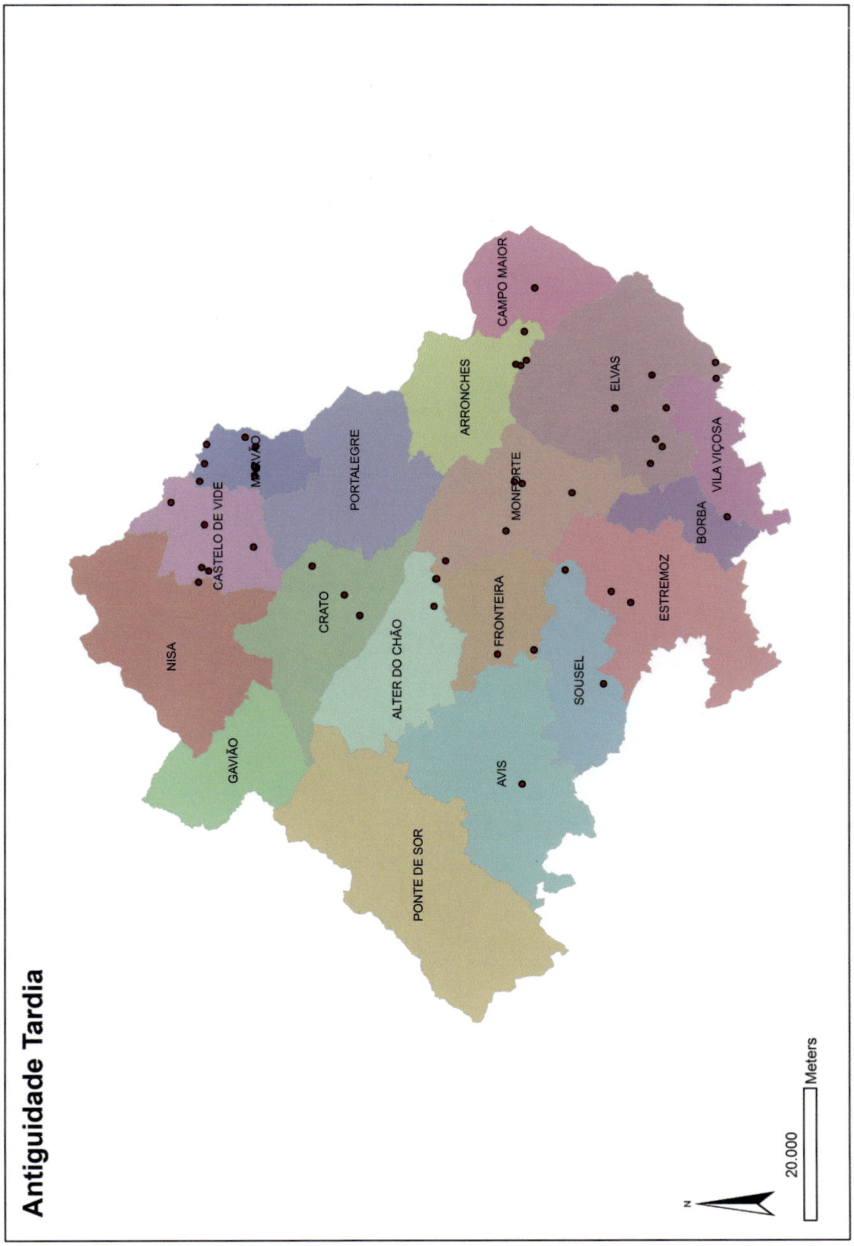

Antiguidade Tardia
CAMPO MAIOR
ELVAS
ARRONCHES
VILA VIÇOSA
PORTALEGRE
MARVÃO
CASTELO DE VIDE
MONFORTE
BORBA
ESTREMOZ
FRONTEIRA
CRATO
NISA
ALTER DO CHÃO
SOUSEL
GAVIÃO
AVIS
PONTE DE SOR
N
20.000
Meters

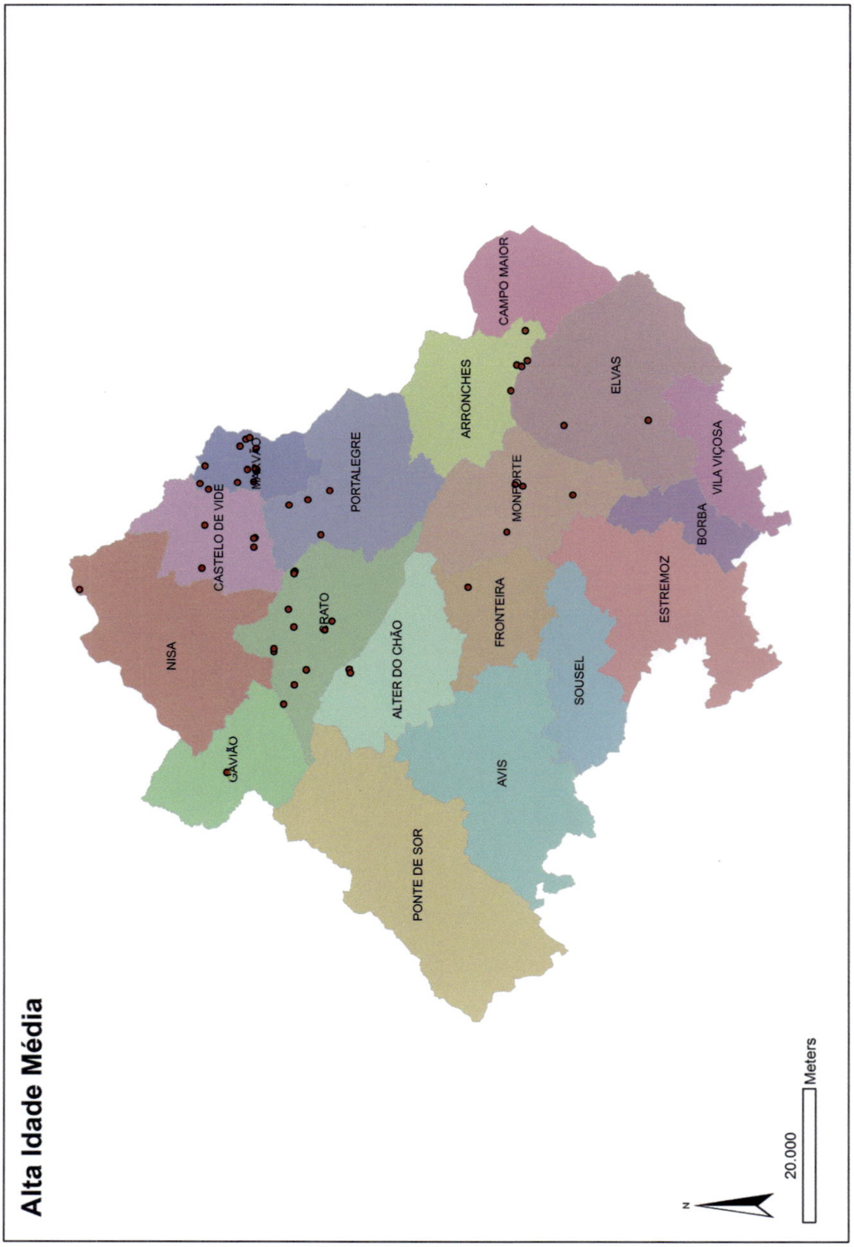
Alta Idade Média
NISA
CASTELO DE VIDE
MARVÃO
PORTALEGRE
ARRONCHES
CAMPO MAIOR
ELVAS
MONFORTE
VILA VIÇOSA
BORBA
ESTREMOZ
FRONTEIRA
SOUSEL
AVIS
ALTER DO CHÃO
CRATO
GAVIÃO
PONTE DE SOR
N
20.000
Meters

Índice Toponímico

Volumes publicados na Colecção Humanitas Supplementum

1. Francisco de Oliveira, Cláudia Teixeira e Paula Barata Dias: *Espaços e Paisagens. Antiguidade Clássica e Heranças Contemporâneas. Vol. 1 – Línguas e Literaturas. Grécia e Roma* (Coimbra, Classica Digitalia/CECH, 2009).

2. Francisco de Oliveira, Cláudia Teixeira e Paula Barata Dias: *Espaços e Paisagens. Antiguidade Clássica e Heranças Contemporâneas. Vol. 2 – Línguas e Literaturas. Idade Média. Renascimento. Recepção* (Coimbra, Classica Digitalia/CECH, 2009).

3. Francisco de Oliveira, Jorge de Oliveira e Manuel Patrício: *Espaços e Paisagens. Antiguidade Clássica e Heranças Contemporâneas. Vol. 3 – História, Arqueologia e Arte* (Coimbra, Classica Digitalia/CECH, 2010).

4. Maria Helena da Rocha Pereira, José Ribeiro Ferreira e Francisco de Oliveira (Coords.): *Horácio e a sua perenidade* (Coimbra, Classica Digitalia/CECH, 2009).

5. José Luís Lopes Brandão: *Máscaras dos Césares. Teatro e moralidade nas Vidas suetonianas* (Coimbra, Classica Digitalia/CECH, 2009).

6. José Ribeiro Ferreira, Delfim Leão, Manuel Tröster and Paula Barata Dias (eds): *Symposion and Philanthropia in Plutarch* (Coimbra, Classica Digitalia/CECH, 2009).

7. Gabriele Cornelli (Org.): *Representações da Cidade Antiga. Categorias históricas e discursos filosóficos* (Coimbra, Classica Digitalia/CECH/Grupo Archai, 2010).

8. Maria Cristina de Sousa Pimentel e Nuno Simões Rodrigues (Coords.): *Sociedade, poder e cultura no tempo de Ovídio* (Coimbra, Classica Digitalia/CECH/CEC/CH, 2010).

9. Françoise Frazier et Delfim F. Leão (eds.): Tychè *et* pronoia. *La marche du monde selon Plutarque* (Coimbra, Classica Digitalia/CECH, École Doctorale 395, ArScAn-THEMAM, 2010).

10. Juan Carlos Iglesias-Zoido, *El legado de Tucídides en la cultura occidental* (Coimbra, Classica Digitalia/CECH, ARENGA, 2011).

11. Gabriele Cornelli, *O pitagorismo como categoria historiográfica* (Coimbra, Classica Digitalia/CECH, 2011).

12. Frederico Lourenço, *The Lyric Metres of Euripidean Drama* (Coimbra, Classica Digitalia/CECH, 2011).

13. José Augusto Ramos, Maria Cristina de Sousa Pimentel, Maria do Céu Fialho, Nuno Simões Rodrigues (coords.), *Paulo de Tarso: Grego e Romano, Judeu e Cristão* (Coimbra, Classica Digitalia/CECH, 2012).

14. Carmen Soares & Paula Barata Dias (coords.), *Contributos para a história da alimentação na antiguidade* (Coimbra, Classica Digitalia/CECH, 2012).

15. Carlos A. Martins de Jesus, Claudio Castro Filho & José Ribeiro Ferreira (coords.), *Hipólito e Fedra - nos caminhos de um mito* (Coimbra, Classica Digitalia/CECH, 2012).

16. José Ribeiro Ferreira, Delfim F. Leão, & Carlos A. Martins de Jesus (eds.): *Nomos, Kosmos & Dike in Plutarch* (Coimbra, Classica Digitalia/CECH, 2012).

17. José Augusto Ramos & Nuno Simões Rodrigues (coords.), *Mnemosyne kai Sophia* (Coimbra, Classica Digitalia/CECH, 2012).

18. Ana Maria Guedes Ferreira, *O homem de Estado ateniense em Plutarco: o caso dos Alcmeónidas* (Coimbra, Classica Digitalia/CECH, 2012).

19. Aurora López, Andrés Pociña & Maria de Fátima Silva, *De ayer a hoy: influencias clásicas en la literatura* (Coimbra, Classica Digitalia/CECH, 2012).

20. Cristina Pimentel, José Luís Brandão & Paolo Fedeli (coords.), *O poeta e a cidade no mundo romano* (Coimbra, Classica Digitalia/CECH, 2012).

21. Francisco de Oliveira, José Luís Brandão, Vasco Gil Mantas & Rosa Sanz Serrano (coords.), *A queda de Roma e o alvorecer da Europa* (Coimbra, Imprensa da Universidade de Coimbra, Classica Digitalia/CECH, 2012).

22. Luísa de Nazaré Ferreira, *Mobilidade poética na Grécia antiga: uma leitura da obra de Simónides* (Coimbra, Imprensa da Universidade de Coimbra, Classica Digitalia/CECH, 2013).

23. Fábio Cerqueira, Ana Teresa Gonçalves, Edalaura Medeiros & JoséLuís Brandão, *Saberes e poderes no mundo antigo. Vol. I – Dos saberes* (Coimbra, Imprensa da Universidade de Coimbra, Classica Digitalia,2013). 282 p.

24. Fábio Cerqueira, Ana Teresa Gonçalves, Edalaura Medeiros & Delfim Leão, *Saberes e poderes no mundo antigo. Vol. II – Dos poderes* (Coimbra, Imprensa da Universidade de Coimbra, Classica Digitalia, 2013). 336 p.

25. Joaquim J. S. Pinheiro, *Tempo e espaço da paideia nas* Vidas *de Plutarco* (Coimbra, Imprensa da Universidade de Coimbra, Classica Digitalia, 2013). 458 p.

26. Delfim Leão, Gabriele Cornelli & Miriam C. Peixoto (coords.), *Dos Homens e suas Ideias: Estudos sobre as* Vidas *de Diógenes Laércio* (Coimbra, Imprensa da Universidade de Coimbra, Classica Digitalia, 2013).

27. Italo Pantani, Margarida Miranda & Henrique Manso (coords.), *Aires Barbosa na Cosmópolis Renascentista* (Coimbra, Classica Digitalia/CECH, 2013).

28. Francisco de Oliveira, Maria de Fátima Silva, Tereza Virgínia Ribeiro Barbosa (coords.), *Violência e transgressão: uma trajetória da Humanidade* (Coimbra e São Paulo, IUC e Annablume, 2014).

29. Priscilla Gontijo Leite, *Ética e retórica forense: asebeia e hybris na caracterização dos adversários em Demóstenes* (Coimbra, Imprensa da Universidade de Coimbra, Classica Digitalia, 2014).

30. André Carneiro, *Lugares, tempos e pessoas. Povoamento rural romano no Alto Alentejo. - Volume I* (Coimbra, Imprensa da Universidade de Coimbra, Classica Digitalia, 2014).

Made in the USA
Las Vegas, NV
04 November 2026

57421543R20252